公司法学

（第三版）

The Science of
Corporate Law
3th edition

刘俊海　著

图书在版编目(CIP)数据

公司法学/刘俊海著. —3 版. —北京:北京大学出版社,2020.9
21 世纪法学规划教材
ISBN 978-7-301-31618-4

Ⅰ.①公… Ⅱ.①刘… Ⅲ.①公司法—法的理论—中国—高等学校—教材 Ⅳ.①D922.291.911

中国版本图书馆 CIP 数据核字(2020)第 170313 号

书　　　名	公司法学(第三版)
	GONGSI FAXUE(DI-SAN BAN)
著作责任者	刘俊海　著
责 任 编 辑	邓丽华
标 准 书 号	ISBN 978-7-301-31618-4
出 版 发 行	北京大学出版社
地　　　址	北京市海淀区成府路 205 号　100871
网　　　址	http://www.pup.cn
电 子 信 箱	law@pup.pku.edu.cn
新 浪 微 博	@北京大学出版社　@北大出版社法律图书
电　　　话	邮购部 010-62752015　发行部 010-62750672　编辑部 010-62752027
印 刷 者	北京虎彩文化传播有限公司
经 销 者	新华书店
	787 毫米×1092 毫米　16 开本　30.75 印张　748 千字
	2008 年 8 月第 1 版　2013 年 1 月第 2 版
	2020 年 9 月第 3 版　2022 年 12 月第 4 次印刷
定　　　价	79.00 元

未经许可,不得以任何方式复制或抄袭本书之部分或全部内容。
版权所有,侵权必究
举报电话:010-62752024　电子信箱:fd@pup.pku.edu.cn
图书如有印装质量问题,请与出版部联系,电话:010-62756370

自　序

公司是市场经济社会的主人翁，是经济发展、科技进步、国家富强、百姓富庶、社会和谐的物质基础。若说宪法是国家政治生活中的根本大法，是治国安邦的总章程，那么，公司法则是公司经济生活中的根本大法，是投资兴业的总章程。实践证明，完善的公司法治是增强民族经济竞争力的必要条件，是衡量一国或者地区资本市场现代化和法治化的试金石，更是构建和谐社会的重要法律基础。凡属市场经济大国，不管其为大陆法系，抑或英美法系，无不拥有引以为自豪的公司法，无不拥有一大批职业化的公司法学者、公司法法官和公司法律师。因此，公司法学应当成为法学院系和财经院系学生的必修课程。

在多年从事公司法研究的过程中，我早就想写一本公司法教材，也有不少读者和出版社约我写这样一本教材。但由于近年忙于公司法修改的专题研究，迟迟未能如愿。在2006年撰写《新公司法的制度创新：立法争点与解释难点》期间，我从中国社会科学院法学研究所调入了中国人民大学法学院。从研究员岗位转换到教授岗位后，既要继续从事商法的学术研究工作，还要为意气风发的本科生和研究生们传授商法知识。要传授商法知识，教材似乎又必不可少。

此时，适逢北京大学出版社法律编辑室谢海燕老师热忱邀请我撰写一本公司法教科书。我欣然应允，心中的负债感总算得以缓解。撰写一本公司法精品教科书并非易事。本着弘扬核心价值观、介绍与评论通说的教材撰写规则，我为撰写这本教科书前后投入了一年多的时间。本书以《公司法》的制度设计为主线，兼及其他国家和地区的公司法，强调了基本原理、基本制度、基本概念的论述，期望能对法学院系和财经院系的同学们研习公司法起到引路指南的作用。

在此，要对鼓励与支持我撰写此书的所有家人和友人表示感谢。我要感谢妻子徐海燕教授在繁忙工作之余支持我的学术事业。我要感谢我的女儿每天带给我的阳光心情。

由于我才疏学浅，本书缺憾定所难免。尚祈读者诸君有以教之，不胜感激。

刘俊海
2008年4月15日
于中国人民大学

再 版 序 言

公司法是有生命的。公司法的生命力在于与时俱进,不断跟上变动不居的市场经济与投资活动的时代步伐。

鉴于本书第一版已售罄,加之国内法学院和财经学院的师生、律师界、司法界与企业界的强烈再版呼声,我根据北京大学出版社刘雪编辑的建议,重新修订此书。

本次第二版修订的重点是将本书 2008 年初版后出台的主要立法文件和司法解释以及新兴法律问题囊括其中。全国人大常委会于 2008 年 10 月 28 日颁布了《企业国有资产法》,2010 年 10 月 28 日颁布了《涉外民事关系法律适用法》,最高人民法院陆续颁布了配套司法解释,即 2008 年 5 月 12 日公布的《关于适用〈中华人民共和国公司法〉若干问题的规定(二)》(法释〔2008〕6 号)、2010 年 8 月 5 日公布的《关于审理外商投资企业纠纷案件若干问题的规定(一)》(法释〔2010〕9 号)以及 2011 年 1 月 27 日公布的《关于适用〈中华人民共和国公司法〉若干问题的规定(三)》(法释〔2011〕3 号)。

此次修订还对全书文字进行了完善,并充分吸纳了广大读者包括公司法学界和实务界同仁提出的技术性修改建议,包括错别字的勘误建议。

由于修改时间仓促,本书错漏之处在所难免,敬请各位读者惠予雅正。

刘俊海
2012 年 6 月 29 日
于奥地利维也纳

第三版序言

公司法是长青之法。再版以来,与公司法密切相关的法律、法规、部门规章与司法解释的升级版鱼贯而出。因此,本书涵盖了2018年10月修改的《公司法》、2020年5月出台的《民法典》、2019年3月出台的《外商投资法》、中国证监会2018年《上市公司治理准则》,中国人民银行、中国银保监会与中国证监会2018年联合发布的《关于加强非金融企业投资金融机构监管的指导意见》,最高人民法院2016年《关于民事执行中变更、追加当事人若干问题的规定》,2017年《公司法解释(四)》与2019年《公司法解释(五)》等新规则。

公司法促进公司基业长青、创造股东价值、担当社会道义的初心永远都不应改变。公司法弘扬股权文化、保护法人与股东产权、尊重公司理性自治、鼓励公司诚信创新、维护交易安全、降低交易成本、造福利益相关者、优化市场生态环境的核心价值观也应被呵护,而不应被颠覆。诞生于马车时代、蒸汽机时代的公司法规则在互联网时代、大数据时代与全球化时代需要与时俱进,也需要秉持诚实信用、公平公正、多赢共享、包容普惠、创新变革、动态开放之心予以诠释。

学海无涯。本次修订增加了我自本书第二版以来从事公司法教学科研、参加立法、仲裁与咨询等学术活动的思想点滴。生生不息的公司法实践是学以致用、服务社会的宝贵机会,也是广闻博览、慎思明辨的学习之旅。

感谢本书责编邓丽华老师在盛夏抗击疫情期间,拨冗协助我从事本书编辑工作,确保本书在秋季开学时与同学们准时见面。对她执着的工匠精神表示衷心的敬意与谢意。原供职于北京大学出版社、现加盟律师界的李铎先生前几年也曾数次催促我早日推出本书第三版。对他的温馨提示一并致谢。

刘俊海

2020年6月20日

于中国人民大学明德楼

目 录

1 第一章　公司法基础
- 1　第一节　何谓公司
- 7　第二节　公司的分类
- 16　第三节　公司法的概念、特点和调整对象
- 22　第四节　公司法的作用
- 25　第五节　公司法的渊源
- 31　第六节　中国公司法历史

37 第二章　公司设立
- 37　第一节　概述
- 38　第二节　公司设立要件
- 44　第三节　公司设立程序
- 51　第四节　公司发起人
- 54　第五节　设立中公司
- 59　第六节　公司设立无效

62 第三章　公司章程
- 62　第一节　公司章程概述
- 65　第二节　公司章程的个性化设计
- 70　第三节　公司经营范围制度
- 73　第四节　公司规章与股东协议

74 第四章　资本与股份
- 74　第一节　公司资本与资本三原则
- 80　第二节　最低注册资本制度
- 86　第三节　注册资本认缴制
- 92　第四节　股东的出资方式

98	第五节	瑕疵出资股东的民事责任
108	第六节	抽逃出资股东的民事责任
112	第七节	股份与股票的概念
116	第八节	股份发行
119	第九节	新股发行

125　第五章　股东权

125	第一节	股东权概述
129	第二节	股东权、物权与债权的比较
138	第三节	股权平等原则
142	第四节	向弱势股东适度倾斜的原则
145	第五节	股东有限责任原则
149	第六节	股东诚信原则
155	第七节	股东资格的确认
162	第八节	股东的账簿查阅权
168	第九节	股东分红权
174	第十节	股东退股权
179	第十一节	股东代表诉讼提起权

188　第六章　股权转让

188	第一节	有限责任公司股权转让合同的效力
193	第二节	有限责任公司股权变动的效力
196	第三节	有限责任公司股东向非股东转让股权的特殊限制规则
201	第四节	外商投资企业的股权转让特殊规则
208	第五节	股份有限公司的股份上市
210	第六节	股份有限公司的股份转让
214	第七节	股份有限公司股份转让的法律限制
222	第八节	非法证券活动的整治

228　第七章　公司治理

228	第一节	公司治理概述
231	第二节	股东会制度
242	第三节	董事会制度

249	第四节	董事长制度
252	第五节	总经理制度
255	第六节	监事会制度
258	第七节	公司董监高的约束与激励
268	第八节	独立董事制度
276	第九节	瑕疵公司决议的司法救济机制

285 第八章 公司债权人的保护

285	第一节	维护交易安全是公司法的重要使命
286	第二节	揭开公司面纱制度
291	第三节	公司担保
311	第四节	一人公司债权人的特殊保护
313	第五节	会计师事务所在审计业务活动中的民事侵权赔偿责任
318	第六节	债权人友好型的变更与追加被执行人制度

323 第九章 并购重组

323	第一节	并购重组概述
326	第二节	公司合并
331	第三节	公司分立
335	第四节	控制权收购
341	第五节	资产收购
342	第六节	外资并购制度
348	第七节	上市公司并购重组财务顾问制度

354 第十章 公司社会责任

354	第一节	公司社会责任概述
357	第二节	强化公司社会责任的理论根据
360	第三节	公司社会责任运动的实践
363	第四节	建设服务型政府,推动公司社会责任运动
365	第五节	强化公司社会责任是全社会的共同责任
369	第六节	完善公司社会责任制度的前沿问题展望

373 第十一章 公司债券

373	第一节	公司债券市场概述

376	第二节	公司债券的法律性质与类型化
379	第三节	公司债券的发行
381	第四节	公司债券的流转
383	第五节	公司债券持有人的利益保护机制

390 第十二章 公司财务会计制度

390	第一节	概述
392	第二节	公司会计信息质量要求
394	第三节	财务会计报告、会计要素和会计计量属性
399	第四节	公司财务会计报告的编制和提供
401	第五节	公司财务会计报告审计
405	第六节	公司净利润的分配
407	第七节	公司内部控制制度

413 第十三章 特殊类型公司

413	第一节	一人公司
415	第二节	有限合伙
419	第三节	外商投资公司
432	第四节	国有独资公司
434	第五节	企业国有资产法对国有企业的法律规制

448 第十四章 公司终止

448	第一节	概述
449	第二节	公司解散事由
452	第三节	公司僵局及其救济
459	第四节	清算中公司的独特法律地位
461	第五节	清算组及其组成人员的法律地位
465	第六节	公司清算程序
470	第七节	法院强制清算程序
472	第八节	公司终止
473	第九节	清算义务人的义务与责任

第一章

公司法基础

第一节 何谓公司

公司是市场经济社会的主人翁,是经济发展、科技进步、国家富强、百姓殷实、社会和谐、文明昌盛的物质基础。完善的公司法治则是增强民族经济竞争力的必要条件,是衡量一国或地区资本市场竞争力的试金石,更是构建稳定、透明、公平与可预期法治化营商环境的重要法律基础。美国著名法学家巴特勒教授在1921年曾如是感慨:"公司是现代社会最伟大的独一无二的发现。即使蒸汽机和电都无法与之媲美。而且,若没有有限公司,蒸汽机和电的重要性也会大打折扣。"[1]

假定投资者筹划设立公司开展经营活动,必先了解何谓公司。《公司法》[2]第2条指出:"本法所称公司是指依照本法在中国境内设立的有限责任公司和股份有限公司。"该条仅仅是对公司作出了立法分类,并未对公司给出权威的立法定义。笔者认为,公司是依法设立的、以营利为目的、并依法承担社会责任的法人。

一、公司是法人

(一)公司具有独立的权利能力、行为能力、责任能力和诉讼能力

在现代市场经济社会,民事主体主要包括自然人、法人和其他组织(如合伙企业)三类。《民法典》第57条规定:"法人是具有民事权利能力和民事行为能力,依法独立享有民事权利和承担民事义务的组织。"公司属于法人的范畴,也是最活跃的法人类型。公司一旦有效成立,即卓然独立于股东,如同婴儿自其呱呱落地之时就开始成为独立的法律主体。由于公司人格独立于股东人格,股东的死亡或变更也不妨碍公司之存续。除非公司依章程或法律解散或并入其他公司,公司可永久存在。

公司的独立法律人格意味着公司具有独立的权利能力、行为能力、责任能力和诉讼能力。《民法典》第59条指出,"法人的民事权利能力和民事行为能力,从法人成立时产生,到法人终止时消灭"。就权利能力而言,除非宪法和法律另有规定、公司的存在目的另有限制,自然人根据宪法、实体法和程序法享有的一切权利(如物权、债权、知识产权、股权、虚拟财产

---

[1] Quoted by A. L. Diamond in Orhnia (Ed.), *Limited Liability and the Corporation* (1982), Law Society of Canada, p. 42.

[2] 本书所称《公司法》,除特别注明的以外,均指2018年修正的《中华人民共和国公司法》。

权、人格权与诉权等），公司皆得享有。与公民隐私受法律保护相若，公司商业秘密亦受法律保护。但公司不享有专属于自然人的政治权利（如政治生活中的选举权与被选举权）以及以自然人人格或身体为前提的人身权利（如继承权、生命权、健康权、身体自由权等）。

就责任能力而言，公司如同自然人一样，可独立承担法律责任（包括民事责任、行政处罚、刑事责任与信用责任）①。《民法典》第60条强调，"法人以其全部财产独立承担民事责任"。公司以其全部财产对其债务承担无限清偿责任。而股东和经营者原则上不对公司债务负清偿责任。公司的债权人不得向公司的股东或经营者主张债权，股东和经营者的债权人也不得向公司主张债权。当然，在债务人股东无其他财产可供执行时，股东的债权人可依法申请法院强制执行该股东对公司享有的股权，并从中受偿。但法院执行的财产仅是股东的财产权利（股权），而非公司的财产权利（包括财产所有权）。因此，"有限责任公司"或"股份有限公司"中的"有限"二字确指"股东责任有限"，而非"公司责任有限"。

（二）公司借助公司机关实施公司行为

公司缺乏自然人的眼耳鼻舌身，须仰赖股东会（意思机关）、董事会（执行机关）或监事会（监督机关）等公司机关形成和执行公司的意思表示。公司机关制度是公司法人性的体现。公司机关与公司人格具有同一性。公司机关在公司目的范围之内实施的行为（法律行为、准法律行为、事实行为、诉讼行为或侵权行为等违法犯罪行为），均自动、当然视为公司行为。董监高（"董事、监事、高级管理人员"的简称，以下同）在执行公司职务过程中的主观故意或过失即为公司的故意或过失。《民法典》第61条指出："依照法律或者法人章程的规定，代表法人从事民事活动的负责人，为法人的法定代表人。法定代表人以法人名义从事的民事活动，其法律后果由法人承受。法人章程或者法人权力机构对法定代表人代表权的限制，不得对抗善意相对人。"第62条规定了法人对法定代表人的内部求偿权："法定代表人因执行职务造成他人损害的，由法人承担民事责任。法人承担民事责任后，依照法律或者法人章程的规定，可以向有过错的法定代表人追偿。"

（三）公司财产受物权法保护

物权是公司自治与公司资本制度的基础。《民法典》第269条第1款明确规定："营利法人对其不动产和动产依照法律、行政法规以及章程享有占有、使用、收益和处分的权利。"《公司法》第3条规定："公司是企业法人，有独立的法人财产，享有法人财产权。公司以其全部财产对公司的债务承担责任。"公司成为独立法律主体的关键在于，公司具有独立于股权和股东财产所有权的法人所有权。公司财产独立于股东、董事、经理或政府的自有财产。没有独立财产的公司，不是真正的公司和法人。公司对财产的所有权可称为"法人所有权"。作为所有权人，公司有权在强行性法律规范和公序良俗容忍的范围内，自由地占有、使用、处分公司财产，并从中受益，亦可排除包括控制股东、债权人和经营者在内的第三人的干涉、妨碍和限制。占有、使用、收益和处分为公司物权的四大积极权能，而排除第三人之干涉乃为公司物权的消极权能。

（四）法律有关法人尤其是营利法人的规定均适用于公司

依《民法通则》的分类方法，法人分为企业法人、事业单位法人、社会团体法人和国家机关法人。准此以论，公司属于企业法人范畴。因此，《民法通则》等基本民商法律有关法人的

---

① 刘俊海：《信用责任：正在生长中的第四大法律责任》，载《法学论坛》2019年第6期。

规定原则上也适用于公司。

《民法典》改弦易辙，将法人分为营利法人、非营利法人和特别法人（机关法人、农村集体经济组织法人、城镇农村的合作经济组织法人与基层群众性自治组织法人）。准此以论，公司属于营利法人范畴。鉴于一人公司严重冲击了法人的社团性理论，笔者参加全国人大法工委2016年组织的《民法总则》专家座谈会时赞同借鉴普通法系经验，采取营利法人与非营利法人的二分法，舍弃大陆法系的社团法人与财团法人的分类。

（五）公司的法人性并非绝对

有原则，必有例外。公司的法人性与股东有限责任原则均有相对性。为保护公司的债权人免于遭受控制股东"草船借箭""借尸还魂""坚壁清野""瞒天过海"等阴谋诡计与厚黑之术的不法侵害，现代公司法倾向于在例外情况下授权法院责令滥用法人资格、欺诈坑害债权人的股东对公司债务承担连带清偿责任。此即"揭开公司面纱"或公司法人资格否认的法理。《公司法》第20条第3款对此设有明文。《民法典》第83条也全面规定了普适于各类营利法人的"揭开法人面纱"制度。

二、公司具有营利性

《民法典》第76条规定："以取得利润并分配给股东等出资人为目的成立的法人，为营利法人。营利法人包括有限责任公司、股份有限公司和其他企业法人等。"传统公司作为股东个人的营利手段而设立和存在，公司的存在价值仅在于为股东营利。公司是商法人、营利法人，公司具有营利性。这为公司法涂上了浓厚的营利性色彩。美国《模范商事公司法》明确将公司称作"商事公司"（business corporations）。公司不同于非营利法人（NPO）、公益法人或非政府组织（NGO）。非营利法人，如行业协会、消费者协会、工会、研究会等，往往以谋求社会中不特定多数人的公共利益为宗旨。

公司的营利性作为经典法律概念，指公司的存在目的在于从事商事行为、追求超出资本的利润，并将利润分配于诸股东。公司的营利性体现为三点：一是公司自身的营利性；二是股东的营利性；三是高管的营利性。

公司的营利性意味着，公司具有商人的全部权利能力和行为能力，有权在法律和公序良俗不禁止的范围内开展各种经营活动，以追逐超出资本的利润。公司向消费者和其他交易伙伴提供商品和服务的行为是经营行为（商事行为），即以营利为目的，固定地、反复地、连续地开展的营业行为。每个公司在法理上具有营利性，并不意味着每个公司在实践中都能赚到钱。公司开展经营活动时不得以自己亏损或微利为由，拒绝履行法律为企业或者经营者①设定的义务和责任。公司的营利性决定了公司在达到破产界限、无法实现公司的营利目标时，应进入破产程序（包括清算程序和破产保护程序）。公司的营利性是股东营利性得以实现的基础和手段，也是公司承担社会责任的前提与保障。

股东的营利性意味着，股东有权从公司取得投资回报，公司应把股东利益最大化视为公司最高价值取向。我国当前股市投机性过强的重要原因在于，资本市场重融资、轻投资，资本市场主要是发行公司的聚宝盆，而非公众投资者的摇钱树。结果，股东领取的股利甚少，

---

① "经营者"一词有时指公司的代理人董监高，有时则指公司或企业。后者如《反垄断法》和《消费者权益保护法》中的"经营者"。

物质股利仅具"精神鼓励"作用,有些公司甚至不分股利。投资者为追求投资回报,只能寄希望于股票投机与追涨杀跌。一些营利甚丰的"铁公鸡"公司滥用"公司利益高于股东利益、股东长远利益高于股东近期利益"的理论,甚至提出"小股东利益服从大股东利益"的错误理论,长期推行低股利甚至零股利的分红政策。公司经营层、控制股东与实际控制人虽能通过丰厚薪酬和不公允关联交易等手段攫取私利,却使许多小股东饱受其害,颗粒无收。股东的营利状况既取决于公司的营利状况,也取决于公司的股利分配政策,更取决于控制股东、实际控制人的价值观。分红政策属于公司自治的范畴,法院原则上缺乏对其妥当性进行司法审查的正当依据和判断能力。但当股利分配政策沦为控制股东或经营者压榨或排挤中小股东的手段时,法院应破例对于遭受压榨或排挤之苦的中小股东提供法律救济。《公司法》注意到股东的营利性,在第 74 条第 1 项将公司连续五年盈利、连续五年具备分红条件、连续五年不分红作为股东的法定退股事由。《公司法解释(四)》[①]第 15 条更允许法院例外强制分红:"股东未提交载明具体分配方案的股东会或者股东大会决议,请求公司分配利润的,人民法院应当驳回其诉讼请求,但违反法律规定滥用股东权利导致公司不分配利润,给其他股东造成损失的除外。"这一有温度的司法态度,值得点赞。

高管的营利性意味着,公司法既要设定公司高管的约束机制,也要设定高管的激励机制,包括薪酬激励和股权激励机制。高管应是职业经理人,是重要的商人阶层。高管位高权重,直接支配和控制公司的各种资源要素。祸起萧墙的监守自盗是公司治理中的最大危险。不把高管作为商人对待,高管心态必然失衡。心理失衡之下,各种掠夺公司和股东财富的道德风险便会滋生蔓延。公平的利益激励不是万能的。但没有公平的利益激励则是万万不能的。高管的营利性既是实现高管市场化定价的理论基础,是强化高管诚信义务的抓手,也是弘扬企业家精神的立足点。因为,有偿受托人的忠诚和勤勉义务要高于无偿受托人。而且,最好的约束机制与监督机制就是奖勤罚懒的公平激励机制。民营企业中合伙人文化的勃兴即是明证。中共中央、国务院 2020 年 5 月 11 日颁发的《关于新时代加快完善社会主义市场经济体制的意见》也强调,"支持符合条件的混合所有制企业建立骨干员工持股、上市公司股权激励、科技型企业股权和分红激励等中长期激励机制"。

三、公司具有社会性

人类具有生物性,也有社会性。公司亦然。若把营利性看作公司与生俱来的自然属性,社会性则是公司后天培育养成的社会品德。从宏观角度看,公司作为独立的经济组织和民事主体,即公司居民,与自然人和其他组织一样均为重要的社会成员。从微观角度看,公司本身除了扮演股东和经营者的营利工具,还寄托和承载着债权人、劳动者、消费者、当地社区、政府、社会公众与子孙万代等利害关系人的切身利益。换言之,现代社会的公司不再是股东的公司、经营者的公司,还是社会的公司,是诸多利益相关者的公司。现代的公司已变成多元化利益的聚焦点和多重法律关系中的义务主体。《公司法》第 5 条引领世界公司社会责任立法的时代潮流,明确要求,"公司从事经营活动,必须遵守法律、法规,遵守社会公德、商业道德,诚实守信,接受政府和社会公众的监督,承担社会责任"。受公司社会责任理论的

---

① 最高人民法院《关于适用〈中华人民共和国公司法〉若干问题的规定(一)》至(五)依次简称为《公司法解释(一)》至(五)。

启迪,《民法典》第 86 条要求营利法人从事经营活动时"遵守商业道德,维护交易安全,接受政府和社会的监督,承担社会责任",并在第 9 条确立了绿色原则:"民事主体从事民事活动,应当有利于节约资源、保护生态环境。"这些法律规定都体现了公司的社会性。

四、公司具有资合性

公司的资合性是指公司内外关系的确定以资本而非股东的信用或人际关系为基础。股东之间权利的行使以其各自的出资额为衡量标准,公司对外的债务清偿以公司资本为根基。在通常情况下,公司的信用基础取决于公司的资本基础。

为维护交易安全,传统公司法创设了资本确定原则、资本维持原则和资本不变原则。《公司法》还确认了法定最低注册资本原则。资本确定原则和法定最低注册资本原则着眼于从形式上预先确定公司资本金额,资本不变原则着眼于从形式上预防资本额的减少,资本维持原则着眼于从实质上维持和保护公司的实有资产。公司的实有资产对于公司债权人的重要性高于观念上的注册资本。基于鼓励投资兴业与维护交易安全的双重立法目标的权衡,2005 年《公司法》改革形而上学的传统资本制度,大幅降低了法定最低注册资本,允许股东分期缴纳出资,空前扩大股东出资方式的多元化。2013 年《公司法》则原则废除了法定最低注册资本原则。

公司的资合性并不意味着所有公司都没有人合性。相反,非上市公司尤其是闭锁型的有限公司具有较强的人合性。人合性是把众多股东连接在一起的黏合剂。最为典型的闭锁型公司是由亲朋好友组建的有限公司,尤其是家族公司、家庭公司、夫妻公司。公司有无人合性、人合性色彩之浓淡,既取决于公司章程、股东协议的约定和股东结构,也取决于股东之间的感情纽带。

2020 年 4 月 26 日,当当网的联合创始人、创始股东李国庆与俞渝夫妻二人争夺公司公章的新闻上了热搜榜,引起了无数网友的围观点评与扼腕叹息。据报道,4 月 26 日李国庆到当当网"抢走"公司几十枚公章,并在公司张贴《告当当网全体员工书》,称已全面接管公司。当晚,当当网副总裁阚敏表示,俞渝对当当网拥有实际控制权,持股 55.23%,李国庆持股 22.38%,孩子持股 18.65% 由父母代持;当当没有董事会,只有俞渝是执行董事;公司管理层 100% 支持俞渝。双方针尖对麦芒,互不相让。[1]

夫妻股东本应是人合性最强的股东搭档,夫妻公司理应是凝聚力最强、抗风险能力最强、股权结构最稳定、公司治理最高效的资本俱乐部与事业发展平台。但随着夫妻感情的破裂,股权结构的瓦解,经营理念的差异,夫妻股东冲突必然导致公司控制权的风雨飘摇,严重影响公司可持续发展,甚至导致公司全面停摆、最终被市场淘汰出局。类似当当网夫妻股东争夺控制权的戏码在现实生活中并不罕见。

五、公司具有自治性

公司虽冠以"公"字,但绝非公法主体,而系私法主体,天然需要弘扬公司自治与股东自

---

[1] 关于本案的法律分析,可参见:刘俊海:《从公司法思维审视家族企业控制权之争》,载《检察日报》2020 年 5 月 6 日;刘俊海:《如何运用公司法思维,理性看待李国庆抢公章的行为?》,网易研究局,2019 年 5 月 1 日,https://money.163.com/20/0501/16/FBIAL75700258J1R.html?f=relatedArticle;《李国庆"抢公章"合法吗?俞渝能打什么"牌"?》,载《羊城晚报》2020 年 4 月 29 日。

治精神。公司自治精神强调,公司在强行性法律规定和公序良俗容忍的范围和限度内,有权为追求自身的经济利益,以自己的名义实施各种商事行为,从而为自己创设权利、设定义务,国家对此只能予以确认和保护,而不能予以干涉和妨碍。公司自治原则是市场经济的活力之源,也是现代公司法之魂。广义的公司自治还包括股东自治。

公司自治原则又可引申出公司财产权利尊重原则和公司行为自由原则。公司财产权利尊重原则意味着,公司依法取得的物权、债权、知识产权和股权等民事权利,代表着公司拥有的资本、劳动、土地、管理、数据、知识产权、商业秘密与商誉等财产资源,依法受到尊重与保护。这些民事权利的享有和行使是企业生存和盈利的前提条件。公司行为自由原则既包括双方行为自由(契约自由),也包括单方行为自由,还包括多方行为自由(如章程自由)。该原则有助于公司依其自主决定的意思形成民事关系。尽管有些法学家发出了"合同死亡"的感叹,但笔者认为契约自由原则并未发生动摇,而且在知识经济、网络经济与数字经济时代获得了再生与扩张。公司行为自由原则有助于公司放心大胆地开展商事流转,缔结商事关系,实现利润与社会福祉最大化。

《公司法》相信公司和股东的智慧与自治能力,扩张了公司自治空间,充分尊重股东自治、股东自由、股东民主和股东权利,大幅减少了行政权和国家意志对公司生活的过度干预。立法者已开始意识到市场智慧高于政府智慧、商人智慧高于立法者智慧的客观现实。公司自治与股东自治性理论虽在《公司法》中已充分展现,但仍有不少盲点需要填补。实践已经而且必将继续证明,弘扬公司的自治性理论对于指导未来的公司法改革、提高公司立法产品的质量具有永不磨灭的理论指导作用。

传统公司法教科书往往把社团性看作公司的核心特征。但现代公司法开始不约而同地突破公司的社团性,公开承认一人公司。2005年《公司法》在第24条果断地删除了有限公司股东的二人下限,致使一人有限公司制度在中国大地上落地生根,与我国传统文化中鼓励单打独斗、自力更生与个人奋斗的文化基因也一拍即合。因此,社团性不是公司的本质属性。当然,《公司法》对社团性理论的突破仍有局限性。建议立法者将一人公司制度引入股份公司领域,承认一人股份公司。

六、我国企业和公司登记的现状分析

公司已成为我国社会主义市场经济中的主要企业形态。国家市场监管总局企业注册局副局长陈烨2019年12月14日在中国资本市场法治论坛介绍,据统计,截至2019年11月底,我国登记市场主体已达1.2亿户。其中,个体工商户8000余万户,企业3808万户,企业中的九成是受《公司法》调整的公司。①

随着我国国有企业改革不断深化,国家产业政策不断调整,越来越多的国有、集体企业进行了规范的公司制改革,国有企业退出一般性竞争领域,部分国有、集体企业或注销或转为私营企业,同时我国加入世贸组织的承诺逐步兑现,国际资本争相涌入,市场竞争更加激烈,部分规模小的国有、集体企业因体制、机制等原因管理不善,竞争力下降,导致被兼并、破产、关闭,国有、集体企业数量持续减少,在内资企业总户数中所占比重继续下降,而公司制

---

① 陈烨:《2019年中国资本市场法治论坛会议实录(上)》,中国民商法律网,http://www.civillaw.com.cn/gg/t/?id=36429。

企业所占比重持续增加。

私营企业越来越多地采取公司组织形式,成为《公司法》的调整对象。积极的政策导向吸引了大量民间资本、产业资本和金融资本的积聚,为非公有制经济发展营造了良好的投资成长环境。

外商投资企业中亦多采取公司形式。近年来,随着外商独资经营领域放宽,外商独资企业和外商投资股份公司双双上升,中外合资、中外合作企业双双下降。这主要乃因外商独资企业的经营方式自主、灵活而备受外国投资者青睐;而中外合作企业受制于一些合作因素的干扰,如目前国家加强对国有土地资源的管理,土地的管理和使用权审批日渐严格,使投资者成本大为增加。

2019年3月15日出台的《外商投资法》全面体现了内外一致的国民待遇原则,一锤定音地彻底实现了内外资企业立法的统一并轨,终结了公司法与外资企业法之间的一般法与特别法的关系。该法第42条第1款大刀阔斧地废止了外资三法:"本法自2020年1月1日起施行。《中华人民共和国中外合资经营企业法》、《中华人民共和国外资企业法》、《中华人民共和国中外合作经营企业法》同时废止";第31条宣示了外资三法与公司法等一般企业法的最终统一并轨:"外商投资企业的组织形式、组织机构及其活动准则,适用《中华人民共和国公司法》、《中华人民共和国合伙企业法》等法律的规定"。因此,自《外商投资法》施行之日起,新设的增量外商投资企业将依《公司法》《合伙企业法》与《个人独资企业法》等法律设立、治理与运营。

第二节　公司的分类

交易安全必然呼唤公司类型法定主义。为增强公司法律关系的预期度与透明度,便于债权人与公司缔结法律关系时有所选择,公司法必须确立公司类型法定原则。具有法律意义的公司类型往往直接源于立法者授权。投资者无权在立法分类之外创新公司类型。但在市场和广大商人拥有的强大公司组织创新力面前,公司类型法定主义必须展示必要的包容性与谦抑性。换言之,在公司法允许的框架内,投资者可在股东人数、股东相互关系、股权结构和公司治理等方面作出个性化的创新设计。与其他国家和地区相比,笃信自由市场经济理念的美国诸州就能容忍和许可更多的公司类型。本节兼从法律和学理角度概述公司的主要分类。

一、有限责任公司、股份有限公司、无限公司、两合公司

以公司组织形态和股东责任为标准,公司分为有限责任公司、股份有限公司、无限公司、两合公司。其中,有限责任公司与股份有限公司中的全体股东,以及两合公司中的有限责任股东的投资风险表现为间接责任、有限责任。此种分类在立法中最为重要。

有限责任公司是指特定人数以下的股东以其出资额为限对公司债务负责的公司。《公司法》第24条规定,有限责任公司由50个以下股东出资设立。

股份有限公司是指特定人数以上的股东以其所认缴股份为限对公司债务负责的公司。《公司法》第78条规定,股份有限公司发起人为2人以上200人以下。有限责任公司与股份有限公司的关键区别不在于股东人数之多寡,而在于公司治理规则的弹性化程度与股权转让限制程度的差异化。

无限公司是指股东以其所有财产对公司债务承担无限连带清偿责任的公司。《公司法》虽未规定无限公司,但《合伙企业法》规定了普通合伙企业(general partnership)实际上,大陆法系中的无限公司与英美法系中的普通合伙异曲同工,并无本质区别,实指同一类企业形态。

两合公司是指无限责任股东以其所有财产对公司债务承担无限连带清偿责任、有限责任股东对公司债务承担有限责任的公司。《公司法》未规定两合公司,但《合伙企业法》承认有限合伙企业。其实,大陆法系中的两合公司就是英美法系中的有限合伙(limited partnership)。在此种企业形态中,普通合伙人对企业债务承担无限连带清偿责任,而有限合伙人以其认缴出资额为限对企业债务承担清偿责任。有限合伙企业堪称有限公司制度与普通合伙企业的"杂交"品种。

我国《公司法》只承认有限责任公司、股份有限公司,而未规定无限公司、两合公司、股份两合公司。因此,投资者若甘愿对公司债务承担无限责任,可选择个人独资企业、普通合伙企业与有限合伙企业的组织形式。日本、韩国、泰国和我国台湾地区虽承认无限公司、两合公司,但这两类公司在实践中数量微不足道。

二、人合公司、资合公司与中间公司

以投资者个性和公司资本要素的强弱程度为标准,公司分为人合公司、资合公司与中间公司。这是一种学理分类。

人合公司,又称人的公司,是指公司商事活动以股东个人信用为基础的公司。人合公司的股东对公司债务承担无限连带责任,交易伙伴也重视股东个人的信用和魅力而非公司自身的资本和资产信用。罗马法有谚,"吾友之友非吾友也"。投资者在选择投资伙伴或吸纳新股东时往往苛求彼此的品德、人际关系与资信状况。人合公司容易变成亲朋好友的"俱乐部",成为"家族公司"。因此,人合公司可称为个人主义的公司。

资合公司,又称物的公司,是指公司商事活动以公司资本和资产信用为基础的公司。《公司法》规定的股份有限公司、有限责任公司即属此类。股东均以其认缴出资额为限对公司债务承担有限责任。因此,交易伙伴对债务人公司的资本和资产信用的关注度胜过股东个人信用。股东加盟公司时也不苛求其他股东的资信和品德状况。结果,资合公司有望变成海纳百川的资本"俱乐部",甚至成长为上市公司。因此,资合公司可称为团体主义的公司。

中间公司,又称折中公司或人合兼资合公司,是指公司商事活动兼以公司资本和股东信用为基础的公司,即两合公司或有限合伙企业。

若说普通合伙企业(无限公司)属典型的人合公司,上市公司属典型的资合公司,有限合伙企业(两合公司)、有限公司、非上市股份公司则处于两极之间。从普通合伙企业(无限公司)至有限合伙企业(两合公司)、有限公司、非上市股份公司、非上市公众公司(我国新三板公司)与上市公司,投资者人合色彩依次淡化,公司资合色彩依次增强。虽然资合色彩浓淡有别,但有限公司与股份公司都可纳入资合公司范畴。当然,有限公司也有一定人合性,只不过人合性色彩逊于有限合伙企业(两合公司)而已。

资合公司与人合公司的区别在于,资合公司为资本之联合,人合公司乃为投资者个人之联合。资合公司的信用基础在于公司信用,公司信用又依赖于公司资本与资产之强弱。为巩固公司资本信用,维护交易安全,公司法发展出了一套复杂精致的资本制度,如资本确定原则、资本维持原则、资本不变原则、法定最低注册资本原则。而人合公司的信用基础在于股东的信用,立法者无法、也不必孜孜追求公司资本之健全、公司资产之充实。即使公司资产不足以清偿债务,公司债权人亦可直接追索股东个人责任。人合公司股东的出资形式多种多样,不拘泥于资合公司股东的出资形式。由于人合公司的债权人重视股东个人的债务清偿责任与股东的财产信用状况,人合公司堪称"个体商人的复合体"。[①]

人合公司、资合公司与中间公司的划分实益在于,立法者在设计公司法规则时,应着眼于强化资合公司与中间公司的资本信用,而不宜苛求人合公司的资本信用;债权人在与人合公司发生交易关系时,应更加关注公司股东(而非人合公司自身)的信用度与债务清偿能力。人合公司制度的设计本意是降低人合公司违约概率,提高债权人获偿机会。但人合公司的制度设计本身有时反而制造了债权人不安全感。因为,人合公司股东的信用与债务清偿能力并非坚如磐石。当人合公司及其股东的信用与债务清偿能力都不容乐观时,交易安全就会危在旦夕。无可奈何的债权人要么选择不与人合公司缔结商事关系,要么积极寻求债权担保等自我保护手段。总体说来,除非人合公司股东的信用与偿债能力殷实可靠,否则债权人宁愿选择信赖资合公司。

由于人合公司的股东投资风险大,债权人对人合公司及其股东信用往往存在合理怀疑。因此,除非股东的信用和魅力足以获得债权人信任,人合公司的竞争力与生命力远逊于资合公司。人合公司的人合性色彩较强,公司经营可能存在"人存业举、人亡业息"的人治现象,股东的变化和更迭直接影响公司的兴衰。而资合公司既容易实现股东群体与经营者群体的适当分离,也容易在股东之间形成理性、科学、民主的利益平衡与决策监督机制。当然,人合公司也并非一无是处。人合公司会给投资者带来共同参与公司决策、管理和控制的机会,也会给债权人带来公司背后股东担保公司债务的承诺。若人合公司的股东博得交易伙伴的信赖,即使公司资本基础薄弱,也有可能获得商业机会。究竟利弊何在,乃股东和债权人的市场选择和契约自由。

诚信有价。随着我国社会诚信体系的建立健全,公司信用由资本信用转向资产信用,又从资产信用走向人格信用,无论人合公司、资合公司抑或中间公司,都要提升自身的信用水准,追求诚信褒奖,远离失信制裁的黑名单(尤其是失信被执行人名单,俗称"老赖"名单)。人格信用是公司的核心信用资产。

三、母公司、子公司、相互投资公司

以公司之间的股权投资关系为标准,公司分为母公司、子公司、相互投资公司。母公司(parent company),又称控制公司,是指对其投资的公司具有控制力(包括表决权和其他控制手段)的公司;而子公司(subsidiary company),又称从属公司,是指接受母公司投资、并被母公司控制的公司。在母子公司关系之中,母公司居于主导、规划、控制、决策、指挥的地位,子公司则处于从属、执行、被控制的地位。母子公司容易使人联想到温馨的母爱。母公司呵护子公司的行为也的确存在。但在物欲横流的商界中,母公司损害子公司利益的情况亦不

[①] 〔韩〕李哲松:《韩国公司法》,吴日焕译,中国政法大学出版社2000年版,第63页。

在少数。在极端情形下,子公司竟沦为母公司的"面具"和"提线木偶"。

对于控制力的界定,可参酌《公司法》第 216 条对控股股东的定义:"其出资额占有限责任公司资本总额 50% 以上或者其持有的股份占股份有限公司股本总额 50% 以上的股东;出资额或者持有股份的比例虽然不足 50%,但依其出资额或者持有的股份所享有的表决权已足以对股东会、股东大会的决议产生重大影响的股东。"可见,控股地位不仅包括股权比例方面的控制地位,也包括表决权、决策权方面的控制地位。因此,"控股股东"应改为"控制股东"。因为,出资比例大、持股比例高的股东未必就对公司具有控制力。相反,小股东虽然出资和持股比例较小,但凭借其从其他股东获得的表决权代理威力、公司章程赋予的超过其出资比例的表决权(如持股比例为 20% 的股东可根据章程条款享有 51% 的表决权),依然可取得对公司决策一言九鼎的霸主地位。这一点不仅适用于雄踞控股地位的自然人,也适用于母公司。受美国公司法中少数上市公司推行双重股权架构的影响,我国科创板公司已开始导入同股不同权的 AB 股制度。

除了母子公司,公司家族还出现了"姊妹公司""兄弟公司""连体公司"(相互投资公司、相互持股公司)。相互投资公司是指彼此存在股权投资关系,而且各自持有对方公司的股权比例达到一定程度的公司。若一家公司对另外一家公司的持股比例或表决权比例达到控制程度,则不再属于姊妹公司的范畴,而属于母子公司的范畴。

母公司、子公司与相互投资公司(相互持股公司)共同组成了公司集团。"上阵还需亲兄弟,打仗还要父子兵"。公司家族的优点在于,容易取得规模经济效益,提升经营效率,增强风险抵御能力。缺点在于,关联交易不公允、信息披露不透明与决策程序瑕疵的现象时有产生,公司与股东间的财产边界极易模糊,子公司和相互投资公司的小股东和债权人的利益易受伤害,还会产生公司家族一荣俱荣、一损俱损的悲喜剧。在相互投资公司中,还会出现公司资本虚增、资产名不副实、误导债权人的现象。因此,立法者应针对公司家族现象作出特别规定。当然,规制思路可多种多样。

从我国当前经济发展战略看,国家应鼓励国有企业与民营企业积极发展公司集团,打造包括金融控股公司在内的世界级航空母舰。我国当前具有竞争力的公司集团不是太多,而是太少。建议借鉴德国《康采恩法》和我国台湾地区"公司法"第 6 章之一"关系企业"的立法例,在《公司法》修改时增设公司集团制度,并对相互投资公司予以相应规制。

公司集团或关联公司是公司法的重要范畴,也是税法和反垄断法中的重要范畴。但不同法律的关注角度有所不同。税法的着眼点在于预防公司集团内部上下其手、减少纳税额的偷税漏税行为,保护国家征税主体的税收利益,维护国际税收债权;反垄断法的着眼点在于遏制压抑竞争机制的不正当垄断行为,保护竞争者的合法权益以及公平的市场竞争秩序;公司法的着眼点则在于预防母公司滥用控制权和控制力,保护母子公司小股东及其债权人的合法权益。

在母子公司体制下,母公司滥用控制权不仅损害子公司利益,也损害母公司利益。因此,母子公司的小股东和债权人的权益均应得到妥当保护。

不同法律部门尽管肩负着不同使命,但对母子公司关系的认定理念、制度和技术均具有相互借鉴价值。

从常态逻辑言之,一般先有母公司之诞生,后有子公司之诞生。母子公司的诞生顺序一般不会紊乱。但在股权移转制度的作用下,既存子公司也可创造自己的母公司出来。这是

"后来居上"成语的精彩注脚。

四、开放型公司与闭锁型公司

以股东人数多寡以及股权流通性为标准,公司分为开放型公司与闭锁型公司。

开放型公司(publicly held corporation),是指股东人数众多、且股权具有高度流通性的公司,以上市公司(股权在证券交易所上市的公司)为代表。

闭锁型公司(closely held corporation),是指股东人数较少、股权流通性较低的公司。美国闭锁型公司的股东往往在 10 人以下,但各州具体情况互有参差。例如,《加利福尼亚公司法》第 158 第 1 项要求此类公司的股东不超过 35 人。闭锁型公司章程往往规定:未经老股东同意,第三人不能成为公司新股东;老股东由于死亡或转股而离开公司时,其他老股东享有优先购买权。因此,闭锁型公司往往被称为"法人型合伙"(incorporated partnership)。[①]

美国学界认为,虽然在开放型公司与闭锁型公司之间存在着"中间形态"公司(如股东人数在 300 人、具有公司专业管理团队、股权流通性不强的公司),但不能抹煞开放型公司与闭锁型公司的划分标准的科学性。[②]

美国《模范商事公司法》调整的公司既非开放型公司,亦非闭锁型公司,而是理想状态的公司。这种立法思路的优点在于,多数规定既适用于开放型公司,也适用于闭锁型公司。不过,美国许多州在以《模范商事公司法》为蓝本制定普通公司法的同时,通过特别成文立法为闭锁型公司提供特别游戏规则。美国法学会还制定了《法定闭锁型公司补充示范法》,供各州立法者参考。

开放型公司大致对应着我国的股份有限公司尤其是上市公司,而闭锁型公司大致对应着我国的有限责任公司。闭锁型公司主要由熟人社会的成员(如亲朋好友)投资设立。公司法可是一部,而公司类型却成千上万。应运而生的问题是,如何在确保公司法调整对象的周延性的前提下,落实区分立法的理念,提高法律调整的针对性,减少法律调整的任意性,避免"小孩穿大鞋""大人穿小鞋"的现象,值得各国立法者深思。

五、上市公司与非上市公司

以其股份是否在证券交易所挂牌上市流通为标准,公司分为上市公司与非上市公司。

股份挂牌交易的证券交易所既有境内证券交易所,也有境外证券交易所。在境内,截至 2020 年 4 月 30 日,我国在上海证券交易所上市的公司有 1618 家,在深圳证券交易所上市的公司 2232 家,共计 3850 家,总市值 59.4 万亿元人民币。[③]

在境外,我国公司除在我国香港地区的证券交易所上市之外,还在纽约证券交易所、伦敦证券交易所和东京证券交易所等地上市。截至 2019 年 2 月 25 日,我国在纽约证券交易所(New York Stock Exchange)、NASDAQ 以及 NYSE American 上市的公司有 156 家,股票总市值为 1.2 万亿美元,其中包括 11 家国有控股公司。但该数字不包括在美国上市的中

---

① 〔美〕R. W. 汉密尔顿:《公司法》(第 4 版),中国人民大学出版社 2001 年影印版,第 23 页。
② 同上。
③ 中国证监会:"2020 年 4 月 30 日证券市场快报",http://www.csrc.gov.cn/pub/newsite/scb/gzdt/sckb/202005/t20200508_375111.html.

概股离岸公司。①

上市公司股东人数众多,股权流通性较高,因此成为透明度和社会化程度最高的公司。与非上市公司相比,上市公司应接受更多的社会监督和政府监管。例如,新闻媒体有权旁听、采访上市公司股东大会,而非上市公司有权拒绝新闻媒体旁听、采访股东大会。

家族公司在决定是否上市时应意识到:公司上市有利有弊。好处在于,有助于拓展融资平台,提高公司的知名度和治理水平尤其是财务状况和经营状况的透明度。弊端在于,家族公司在上市以后就要接受公众投资者的监督,接受证券监管机构的行政监管和证券交易所的自律监管。在上市之前无需公开的关联交易在上市之后必须置于阳光照耀之下。

笔者于2017年8月21日向华为创始人任正非先生求证该公司是否有意上市时,他幽默地回答,那也等两千年以后再说。华为的充足现金流意味着,华为不需要通过IPO获得股权融资。华为的独特企业文化与公司治理架构意味着,华为不愿受制于证券法以及证券交易所自律规则的强制动作要求。当然,随着孟晚舟事件以及国际市场中的风云变幻,华为公司也一改从前的低调姿态,开始面对媒体,坦诚向公众介绍公司自身的股权结构(如职工持股平台)以及公司发展战略。

即使上市公司也不乏因为私有化而退市、因违法行为而被证券交易所强制退市的先例。因此,上市与否并非衡量公司成功与否的唯一标准。不能以上市论英雄。实际上,上市公司为应对公众投资者与利益相关者,须肩负更高程度的法律义务与伦理责任。欲戴王冠,必承其重。

六、一人公司与股权多元化公司

以股东人数为标准,公司分为一人公司与股权(股东)多元化公司。一人公司是指股东只有一人(含法人)的公司。以其产生的时间为标准,一人公司分为设立意义上的一人公司与存续意义上的一人公司;以其股东的持股比例为标准,一人公司分为实质上的一人公司与形式上的一人公司。

《公司法》规定了一人有限公司,但未规定一人股份公司。德国《股份法》和日本《公司法》既允许一人有限公司,也允许一人股份公司。

一人无限公司在理论上是可能的,立法者允许此类公司存在并无太大法律障碍。问题在于,一人无限公司与个人独资企业无异,无限公司与合伙企业无异。

七、内资公司与外商投资公司

以股东的国籍为标准,公司分为内资公司与外商投资公司。内资公司是指本国公民、法人依据本国法律在本国设立的公司;外商投资公司是指外国公民、法人依据东道国法律在东道国成立的公司。依《民法通则》和《外商投资法》,无论内资公司与外资公司(包括外资公司、中外合作经营公司与中外合资经营公司)均为中国法人。

在2020年1月1日之前,我国三套外商投资企业法与公司法并存,外商投资公司应优先适用外商投资企业法;外商投资企业法没有规定的,应补充适用公司法。2019年《外商投资法》将内外一致的国民待遇原则进行到底,在组织法领域实现了外资三法与《公司法》《合

---

① https://www.nasdaq.com/screening/companies-by-region.aspx?region=Asia&country=China.

伙企业法》和《个人独资企业法》的彻底并轨。这是我国商事法律改革的大喜事,也是对外开放的大喜事。这在我国企业立法史上第一次全面、充分地体现了内外一致的国民待遇原则,具有重大里程碑意义。

八、一般法上的公司与特别法上的公司

按照公司设立的法律依据,公司分为一般法上的公司与特别法上的公司。前者指根据普通公司法设立的公司;后者指根据特别商法设立的公司,如依《保险法》设立的保险公司、依《证券投资基金法》设立的基金管理公司、依《商业银行法》设立的商业银行、依《证券法》设立的证券公司。区分实益在于,立法者可针对特定产业公司在特别法中推行特殊市场准入政策与股权管理制度,以避免金融风险或特定行业风险外溢,维护社会公共利益。当然,为鼓励公平竞争、打破经济垄断和行政垄断,在辅以其他预防和救济手段的情况下,应压缩特别法上的公司类型,尽量鼓励投资者根据普通公司法投资创业。

九、总公司与分公司

以公司组织管辖系统为标准,公司分为总公司与分公司。总公司与分公司相对,母公司与子公司相对。没有总公司,就没有分公司,没有分公司,也就没有总公司。总公司,又称本公司,是指依法首先设立的公司本体;分公司是指接受总公司管辖的分支机构。

《公司法》第14条规定:"公司可以设立分公司。设立分公司,应当向公司登记机关申请登记,领取营业执照。分公司不具有法人资格,其民事责任由公司承担。公司可以设立子公司,子公司具有法人资格,依法独立承担民事责任。"因此,正确区分分公司与子公司具有实益。

其一,法律人格之有无不同。子公司虽受母公司控制,对于母公司的指示有可能亦步亦趋,但具有独立法律人格,卓然独立于母公司;而分公司虽开展活跃的商事活动,但不具备独立法人资格,在法律上不能独立于总公司。母子公司之间犹如亲子关系,二者均为独立民事主体。总公司与分公司之间犹如人与其手足之关系,分公司没有独立于总公司的独立法律人格。

其二,行为能力不同。子公司可独立对外与第三人缔结法律关系,并以自己的全部公司财产对自己的债务承担清偿责任;而分公司原则上仅能根据总公司的授权对外缔结法律关系,对于自己开展经营活动产生的债务亦不能以总公司划拨的财产为限承担清偿责任。例如,依《担保法》第10条,企业法人的分支机构不得为保证人,除非在法人书面授权范围内提供保证。又依该法第29条,分支机构未经法人书面授权或者超出授权范围与债权人订立保证合同的,该合同无效或者超出授权范围的部分无效,债权人和企业法人有过错的,应根据其过错各自承担相应的民事责任;债权人无过错的,由企业法人承担民事责任。《民法典》合同编第13章"保证合同"删除了这一规定。另,《民法典》总则编第74条规定:"法人可以依法设立分支机构。法律、行政法规规定分支机构应当登记的,依照其规定。分支机构以自己的名义从事民事活动,产生的民事责任由法人承担;也可以先以该分支机构管理的财产承担,不足以承担的,由法人承担。"但从完善公司治理的角度看,仍应强调分公司依据总公司的授权而对外缔结法律关系。

其三,诉讼主体资格不同。子公司既有独立的民事诉讼主体资格,又有独立的民事责任

能力;而分公司仅有民事诉讼主体资格,但无独立民事责任能力。依《民事诉讼法》第48条第1款,公民、法人和其他组织可作为民事诉讼的当事人。因此,分公司可担当民事诉讼中的原告、被告或第三人,但并不意味着分公司能够独立承担民事责任。相反,由于分公司财产是总公司财产的组成部分,法院或仲裁机构对分公司所作的生效判决书或裁决书对于总公司具有当然的拘束力。

其四,纳税义务主体不同。子公司为独立纳税义务主体。子公司即使与母公司一道编制合并财务报表,也应单独履行纳税义务。子公司不得以子公司营利、母公司亏损为由拒绝履行缴纳所得税义务。而分公司并非独立的纳税义务主体,分公司的经营所得须与总公司及其他分公司的经营所得合并之后计算应纳税所得额。

其五,控制程度不同。总公司对分公司的人财物产供销具有绝对的决策权和控制力,既可决定分公司负责人的任免,又可决定分公司的经营方向和日常经营活动。母公司虽能维持对子公司人员、财务和业务的高度控制力,但其控制力必须限定在法律允许的边界之内。若债权人认为母公司对子公司的控制程度近乎总公司对分公司的控制程度,则可援引"揭开公司面纱"制度请求母公司对子公司债务承担连带责任。

尽管分公司与子公司存在着本质区别,二者之间也可依法相互转化。公司可基于自身的发展战略与风险控制的考量而依法定程序将分公司转化为子公司(包括一人公司),或将子公司转化为分公司。例如,国务院于2006年11月11日正式颁布了《外资银行管理条例》,鼓励和引导在我国境内设立的外资银行分行改制为具有中国法人资格的银行或其分行。2007年3月29日,首批改制通过的四家外资银行在上海取得了《企业法人营业执照》,它们是东亚银行、汇丰银行、渣打银行、花旗银行。接着,又有6家外资银行先后获得改制通过。

十、本国公司与外国公司

以公司之国籍为标准,公司分为本国公司与外国公司。划分公司国籍的标准在不同国家有所不同,主要存在准据法主义、住所地主义、控制主义与混合主义之争。

准据法主义,是指以公司设立时所依据的法律为标准判断公司国籍。例如,根据2005年日本《公司法典》第393条第2项,在外国公司的登记中,除按照日本同种公司或最类似公司的类别,登记第911条第3款各项或第912条至第914条的各项所列事项外,必须登记外国公司设立的准据法。

住所地主义,是指以公司在本国是否存在住所为标准判断公司国籍。德国、法国、比利时、意大利等国采此立法例。

控制主义,是指以公司的实际控制人(控制股东或公司高管)的国籍为标准判断公司国籍。作为资本输出大国的英美法系采此标准。

混合主义,是指以公司设立的准据法、住所或实际控制人的国籍中的两项或多项为标准判断公司国籍。例如,根据欧盟《相互承认公司与法人公约》第1条与第2条,只要公司或法人依据成员国法律设立并在公约适用范围内有法定住所即可获得承认。

我国对公司国籍采取准据法主义与注册主义相结合的立法政策。《公司法》第191条规定:"本法所称外国公司是指依照外国法律在中国境外设立的公司。"离岸公司对我国的投资增长迅速,主要集中在英属维尔京群岛、萨摩亚、开曼群岛。

随着世界经济一体化步伐的加快,超越主权国家国籍的公司也方兴未艾。例如,根据2001年欧盟《有关欧洲公司章程的规则》而成立的欧洲公司(SE)就是超越某一欧盟成员国的欧盟公司。因为,欧洲公司成立的准据法不是某一特定的欧盟成员国,而是欧盟统一的立法规则。"一带一路"倡议的落实能否催生横跨多国法律的"一带一路公司",值得探讨。

十一、国有公司与非国有公司

以公司股权结构以及股东身份为准,公司分为国有公司(公营公司)与非国有公司(民营公司)。国有公司是指国家为唯一股东或控制股东的公司。非国有公司是指纯粹由国家之外的投资主体设立、或虽有国家参股但国家并非控制股东的公司。

国有公司主要包括三类:国有独资公司;两个以上的国有企业或两个以上的其他国有投资主体投资设立的公司(如国有企业中的中央企业与地方企业共同设立的有限公司);国家与非国有投资主体共同设立、国家持股比例超过50%的公司。

非国有公司在外延上涵盖国有公司之外的其他公司,包括纯由普通民事主体(包括自然人和法人)设立的民营公司,也包括国家与非国有投资主体共同设立、但国家持股比例未超过50%的公司,甚至包括集体所有制组织设立的公司。当然,集体所有制组织自身的产权结构究竟是公有、共有抑或总有存在学术之争。笔者主张运用法人制度梳理集体所有制组织与其成员之间的成员权关系。

区分国有公司与非国有公司的实益在于:(1) 国家对国有公司中的股权由特设的国有资产监督管理机构(如国务院国资委与财政部)代为行使;(2) 国家为维护国家安全和社会公共利益,有时对于非国有公司规定较高的市场准入门槛,甚至推行市场禁入制度;(3) 国有公司的高级管理人员在《刑法》中被视为国家工作人员。而有关国家工作人员作为犯罪主体的犯罪的刑事责任条款并不适用于非国有公司工作人员。

十二、区域性公司、跨区域公司、全国性公司和跨国公司

以公司开展商事活动(包括投资活动与经营活动)的地域范围为标准,公司分为区域性公司、跨区域公司、全国性公司和跨国公司。投资活动包括设立分支机构和子公司的活动。

区域性公司是指主要在一个特定区域开展商事活动的公司。例如专门为开发某地一项住宅项目而设立的房地产项目开发公司。

跨区域公司是指主要在一个地区开展商事活动的同时也在其他地区开展商事活动的公司。例如,依托两省市场而成立的地方性商业银行。

全国性公司是指在全国范围内开展商事活动的公司。例如,中国银行、中国工商银行、中国建设银行和中国农业银行即属此类。

跨国公司是指在一个国家或地区设有总公司或母公司,但其经营活动、分支机构和子公司覆盖全球市场的公司。例如美国的微软公司、谷歌公司与脸书公司。

随着社会主义市场经济体制的不断完善和市场竞争机制的日臻成熟,地方保护主义对外地公司的阻挠和限制将日趋式微。因此,地区性公司走向跨区域公司乃至全国性公司的制度障碍将越来越少。就跨国公司的政策而言,我国既欢迎外国投资者来华投资,欢迎跨国公司来华经商,也鼓励我国企业"走出去",到海外开拓市场,最终成长为造福世界市场的受人尊重的跨国公司。

十三、大公司与中小公司

以其经营规模为标准,公司可区分为大公司与中小公司。其中,经营规模较大的公司为大公司,经营规模较小的公司为中小公司。为贯彻实施《中小企业促进法》,工业和信息化部、国家统计局、国家发展和改革委员会、财政部于2011年6月18日印发了《中小企业划型标准规定》。这些标准根据企业职工人数、销售额、资产总额等指标,结合行业特点而制定。

任何划分标准只能是相对的。由于大中小三类公司的划分标准很难以数学公式予以精确量化,我国相关法律与政策有时把中型公司纳入大公司范畴,有时把中型公司纳入小公司范畴。例如,有的政策提"国有大中型企业",有的立法(如《中小企业促进法》)则提"中小企业"。为扩大中小微企业优惠政策的普惠范围,建议将中型公司与小微公司一道规制。

区分大小公司的实益有二:一是为立法者在构建公司法规则时能够量体裁衣,增强公司法规则的针对性与灵活性;二是在国家推出鼓励中小企业的优惠政策时明确享受政策优惠的企业范围。《中小企业标准暂行规定》乃为落实《中小企业促进法》的立法政策而推出。

浓缩的往往是精华。大公司与小公司各有优劣,很难简单地得出结论,认为大公司优于小公司。实际上,小公司具有很多优点。一是创业门槛较低,可解决大量富余劳动力的创业就业问题;二是企业规模较小,决策灵活,转向灵活,避免了公司尾大不掉的弊端;三是股权与经营者的高度结合避免了股权与经营者分离滋生的高额代理成本,股东能够以较低成本控制经营者道德风险。因此,治理健全、运转健康的小巧玲珑公司也很好。小公司不必为做大而做大。实践中有些小公司的创业者贪大求快,急于扩张为大公司,反而迅速走向灭亡,教训深刻。当然,小公司根据自身条件,在防范风险的前提下,一步一个脚印地稳步成长为大公司,也应予以鼓励。

除以上公司分类,还有其他分类。例如,在英国公司法上,除普通的资本有限公司外,还有保证有限公司(company limited by guarantee)。此类公司也可译为"信用保证有限公司"。此类公司在成立时并无公司资本,但股东在公司解散时有义务在其当初承诺的保证责任范围内清偿公司债务。

第三节 公司法的概念、特点和调整对象

一、公司法的概念

"公司法"有广、狭二义。广义的公司法,即实质意义上的公司法,泛指调整公司法律关系的法律规范的总称。因此,公司法、证券法、破产法、信托法、商业银行法、保险法、证券投资基金法、民法、会计法、税法、行政法、刑法、民事诉讼法、行政诉讼法、刑事诉讼法和国际商法等法律中有关公司的法律规范都属于公司法范畴。狭义的公司法,即形式意义上的公司法仅指以"公司法"命名的法典。我国第一部公司法典为1904年清政府颁布的《大清公司律》。《公司法》颁布于1993年,并于1999年、2004年、2005年、2013年、2018年修改五次,2005年10月27日修改幅度最大,为"修订",其余四次修改为"修正"。

公司法既包括静态的法律规则,也包括动态的规则实施状况。前者为应然公司法,可借助书本勤学慎思;后者为实然公司法,需从公司实践中萃取提炼。公司法的研习者既要学习

法条中的公司法,更要关注实践中的公司法,尤其是原生态的公司法案例。

二、公司法的特点

公司法作为商事组织法、商事主体法,是商法的核心和主要内容,亦为民法的特别法。公司法具有以下特点。

(一)公司法大致属于私法范畴

现代法律有公法、私法与社会法之别。其中,确认国家公权力的法律为公法,确认民事主体私权利(民事权利、商事权利)的法律为私法,确认社会权利和社会权力的法律为社会法。

公司法既含有私法性法律规范,也含有公法性法律规范,但以私法性规范为主。由于公司法调整的公司法律关系多为平等主体之间(股东与公司之间、股东之间、股东与高管人员之间)的法律关系,公司法当然属于私法范畴。作为私法的重要组成部分,公司法要弘扬平等、公平、自愿、诚实信用的契约精神,强调公司和股东自治,强调保护债权人,强调公司自律组织尤其是证券交易所、行业协会商会的自治。为鼓励公司为股东和社会创造财富,公司法不遗余力地协调作为平等民事主体之间的大小股东之间、股东与经营者之间以及公司内部人与外部人之间的利益冲突。这种平等主体之间的横向财产关系当然属于私法关系。

在现代公司法框架中,具有公法因素的强制性规范(包括强制规范和禁止规范)不占主导地位,更多的法律规范应让位于民事规范、任意规范、倡导规范和保护规范。总体而言,现代公司法应以任意性规范尤其是倡导性规范为主,以强制性规范与禁止性规范为辅。

作为私法规范的常见形态,任意性规范又分为倡导性规范和中立性规范。前者指若当事人不作另外选择,就应适用的法律规范;后者指当事人若不明示选择,就不适用的法律规范。相较而言,前一种规范有助于帮助公司法知识和经验有限的当事人找到不是最好、但亦非最坏的行为规范。当然,聪明睿智的当事人应善用意思自治空间,对此种任意性规范作出变通或排除。后一种规范的优点在于充分顾及当事人的意思自治;缺点在于,公司法智识有限的当事人可能无法作出明智选择。倡导性规范必须大力弘扬自由平等、公平公正的核心价值观,充分反映绝大多数当事人在相同或近似情况下的契约自由诉求,切实发挥法律兴利除弊的社会功能。

私法规范中的所有强制性规范皆为效力性规范,不存在管理性规范。将私法规范中的强制性规定肢解为效力性规范与管理性规范的思维定式("两分法")混淆了民事关系与行政关系,抹杀了公法与私法边界。扑朔迷离、削足适履的"二分法"是导致各类民商事案件同案不同判的根源之一。"二分法"仅适用于公法规范,不适用于私法规范。强制性私法规范皆为效力性规范,与之抵触的私法行为一概无效。管理性规范专属于调整行政机关与行政相对人之间纵向行政管理关系的公法(行政法)范畴。私法规范既然不调整纵向管理关系,何来管理性规范?难怪有人反对将强制性规范区分为效力性规范与管理性规范,有人认为在商法上适用该分类存在先天性难度。[1] 强制性规定影响合同效力也是困扰各国的难题。[2]

---

[1] 王文胜、朱虎等:《效力性强制性规范的识别:争论、法理与路径》,载《人民司法》2017年第7期,第103页至第111页。

[2] 石一峰:《效力性强制性规定的类型化分析》,载《武汉大学学报(哲学社会科学版)》2018年第2期,第91页。

为正本清源地纠正"二分法"误区并精准识别效力性规范,笔者提出三步法:首先,要从众多法律规范中筛查出强制性规范,避免把任意性或倡导性规范误读为强制性规范。如《公司法》第44条第1款与第108条第1款有关董事会人数的规定为倡导性规范,而非强制性规范,与之抵触的股东会决议不因此而无效。其次,要甄别该强制规范是私法规范抑或公法规范。前者涉及横向民事主体间的权责利安排,后者涉及纵向行政机关对行政相对人的监管与服务。最后,若确信强制性规范是公法规范,要看法律是否明文规定违反该规范的民事法律行为无效;若无,纵有行政处罚条款,亦应确认其为管理性规范,与之抵触的法律行为有效。该解释方法符合"非禁即入"的自由市场理念与"法无授权不可为、法定职责必须为、违法作为必问责"的法治政府理念。若强制性规范是私法规范,要看法律是否明定违反该规范的法律行为有效;若无,就应确认其为效力性规范。准此以论,公司对外担保制度并非公法规范,而系私法领域的强制性规定,当然是效力性规范。

(二)公司法渗透着浓郁的公法和社会法因素

公司法虽为私法,但为追求效率和公平兼顾的价值目标,现代公司法开始添加捍卫社会公共利益的公法性规范尤其是强制性规范。这些强制性规范的内容往往涉及公司、股东、高管人员的权利能力和行为能力的划定(包括公司类型法定化),以及中小股东、债权人和公司利益相关者合法利益的维护等。这些强制性规范体现了国家意志对公司生活的干预,因而具有公法色彩。但这些公法规范本身并非公司法的目标,而是公司法达成公司目标的一个手段。

公法规范的使命在于,恢复私法自治、清除私法自治的障碍,而非从根本上否定私法自治。例如,公司设立阶段的行政许可制度、公司运营阶段的行政监管制度、公司行为的行政登记制度、股票公开发行的核准制度、证券监督管理机构对上市公司信息披露行为的监管制度,就是为预防公司法律关系当事人滥用私法自治,捍卫公司外部人尤其是不特定多数投资者、债权人的合法利益和社会公共利益,而非彻底否定公司制度。现代公司法应限制国家公权力尤其是行政权的不当干预。公司是扩大的民事主体,而不是缩小的国家机关。保护私权、规范公权是贯穿于公司法始终的主旋律。

国家有可能以多重身份进入公司生活。只有当国家以公权力执掌者(如征税者、公司登记机关)的身份对公司行使公权力时,国家与公司的关系才纳入公法调整轨道。当国家以股东身份对国家参股或控股的公司行使股权时,国家与公司之间的法律关系依然为民事法律关系,而非行政法律关系和公法关系,发生的纠纷案件亦属民事诉讼,而非行政诉讼。

"私法的公法化"是近世学者关注的话题,但应准确理解其内涵。"私法的公法化"仅应理解为现代私法中开始越来越多地吸纳公法规范性规范和强制性规范,但不能理解为全部私法规范都转变为公法规范和强制性规范。若私法领域"全线失守",完全被公法规范所占据,公法与私法的划分界限就失去了前提,整个市场经济法律体系就只剩下孤独百年的公法了。此外,公司社会责任理论、利益相关者理论与投资长期主义的崛起也会导致人们对"私法社会化"尤其是"公司法社会化"的思考。

(三)公司法以组织法内容为主,兼有行为法因素

若把合同法、票据法视为动态的行为法、交易法,公司法可界定为静态的组织法。公司的设立、运营、变更、解散、重组和公司治理结构等方面的内容均属组织法的范畴。但公司法亦有不少行为规范,如股份发行、股权转让等方面的内容即是。组织规范更多地关注组织团

体的利益和整体秩序,旨在强化组织及其成员之间的凝聚力,提高组织的运行效率;而行为规范更多地关注交易主体的个体利益和交易自由,并致力于维护交易安全。组织规范的强制性因素一般浓于行为规范。但从整体看,公司法中的组织规范多于行为规范。

(四) 公司法以实体法内容为主,兼有程序法因素

公司法不同于民事争讼法(包括民事诉讼法和仲裁法)。公司法的主要使命在于界定公司法律关系当事人的自由、权利、义务与责任。因此,公司法规范本应限于实体规范,不应染指程序规范尤其是争讼程序规范。传统的民事争讼制度尤其是马车时代的民事争讼制度往往以传统农业社会与工业社会的民商事关系为假定调整对象。因此,有些争讼规范不但无法推动公司的存续与发展,反而压抑、妨碍了公司法实体规范的正常实施。例如,在公司董事长兼法定代表人侵害公司合法利益、而自己拒绝或怠于对公司承担侵权责任的情况下,小股东对此仅有间接利害关系、而无直接利害关系。照此推论,"喜欢多管闲事"的小股东并不具备传统《民事诉讼法》规定的原告主体资格(原告必须与本案有直接利害关系),无权代表公司对董事长提起诉讼。为纠此流弊,《公司法》2005年修改时借鉴国际先进立法经验,引进了股东代表诉讼制度。再如,《公司法》第22条规定的瑕疵公司决议的司法救济制度也属此类。程序规范的登堂入室是对传统民事诉讼制度的深度创新,也是对公司法实体规范的有力保障。整体而言,公司法规范以实体规范为主,而以程序规范为辅。除了争讼解决规范,《公司法》对股东会、董事会和监事会运作程序的规定也属于程序性规范。

(五) 公司法兼顾营利性与社会性

公司法的存在目的之一就是促成公司的营利性,弘扬效率最大化的价值追求。公司的营利性包括公司利益、股东利益和公司高管利益等三个维度。股权转让双方等公司利益相关者在从事公司领域的商事活动时也具有营利性。而这种营利性的存在又会导致公司领域经常会存在道德风险。例如,一些房地产开发公司的股东在出让股权后发现房价上涨、股权指向的目标公司净资产大幅增值,于是就吹毛求疵地主张合同无效或可撤销,以恢复自己的股东资格。再如,推行股票期权计划的高管有可能在行权时为谋求个人私利最大化而恶意操纵公司利润和公司股价。可见,营利性是一把双刃剑:既可激发公司及其股东和公司高管创造财富的积极性、主动性和创造性,也可被失信之徒滥用于侵占公司和其他利益相关者的合法财富。

传统公司法侧重公司的营利性,而忽视公司的社会性。现代公司法则在坚持营利性的同时,弘扬公司的社会性,强调公司对股东之外的利益相关者的社会责任,弘扬公平最大化的价值追求。换言之,公司法不仅有义务造福股东和债权人,而且肩负着关心消费者、劳动者、社区利益、环境利益和社会公共利益的重大责任。公司法的社会化趋势表明了现代社会中公平与效率兼顾、公司法与社会法有机融合的新趋势。既不能以公司的营利性否定公司的社会性,也不能以公司的社会性否定公司的营利性。公平培育效率,效率成全公平。这种融合趋势使得公司法获得了新的生机活力,而不会、也不可能导致公司法的萎缩或消亡。

(六) 公司法在具有相对稳定性的同时,具有较强的变动性

公司法调整的公司关系是具体、复杂而多变的。相对稳定的民法典基本上可满足抽象的民事关系的调整需求。道理很简单,民法调整的民事关系与公司法律关系相比具有抽象化、普遍化、广谱性的特点。例如,《民法通则》往往以民事主体为调整对象,而民事主体既包括自然人,也包括法人和其他组织,法人中的公司既有法人的一般性,也有其特殊性。因此,

《民法典》的设计者在规范民事主体的民事行为时不必规定公司这类特殊民事主体的特殊性,只需描述民事主体的一般性即可。法律关系越抽象、越一般、越简约,对法律规则的精确度、动态性的需求苛刻程度就越低。

而天性复杂、具体、活泼、精致的公司关系则呼唤变动不居的公司法对其迅速作出动态性的调整。除了公司法规则的变动性,公司法的理念、哲学也具有变动性。与相对稳定的传统民法规则相比,公司法堪称活性法律部门。随着资本文明的不断演进、人类智慧的日益增加,科技手段尤其是通讯、互联网、人工智能、大数据、云计算等技术手段的日新月异、经济全球化步伐的加快,人类协调公司与利益相关者利益冲突的能力以及平衡效率与公平的智慧的增强,公司法的理念与制度设计也要与时俱进。每一国家和地区在特定历史时期的每一次公司法改革,都意味着立法理念的一次创新和突破。例如,2005年《公司法》引进一人公司制度、股东代表诉讼制度、法人人格否认制度,就展现了立法者与时俱进追求公平与效率兼顾目标的立法勇气。各国的公司法改革永无止境,漫无穷期。

(七) 公司法具有技术性

与包含诸多伦理性规范的普通民法不同,公司法包含着不少技术性规范。如,股东会与董事会决议的召集期限、决议要件,行使少数股权的持股比例和持股期间等。公司法总是借助技术革命的成果作为规范和推动公司发展的重要手段。例如,传统公司法规定的通知和公告无不依赖于当时的通讯手段(如书面通知);通知和公告的期限又受制于现有通讯手段的局限性。而永葆青春活力的公司法与方兴未艾的电子商务的融合必然极大改变公司生存面貌。

在2020年新冠疫情防控期间,国内外许多公司的股东大会、董事会会议都运用虚拟会议技术在网上展开。作为独立董事,我在手机上安装了腾讯会议、飞书、钉钉、小鹅通、Zoom、Fastmeeting与Rmeet等一系列视频会议软件。

股东也可借助互联网技术行使诸多权利,进而降低公司法实施成本。以股东大会电子化工程为例,股东出席股东大会的积极性、主动性与创造性将空前提高,困惑传统公司法良久的中小股东的"理性冷漠""搭便车"现象有望得到根本扭转,公司管理层的透明度、诚信度和经营效率也将极大改善。

(八) 公司法既具有民族性,也具有国际性

有什么样的国家和国情,就有什么样的公司法。没有一部公司法没有民族性。因为,一国公司法深深扎根于一国的现实环境与历史传统,离不开该国的市场经济体制、资本市场结构和经济发展水平,离不开该国的政治制度和法治传统,离不开该国的民族文化、民族性格和民族心理,离不开该国的社会环境、文明进化程度和社会诚信状况。

全球经济尤其是资本市场的一体化必然呼唤法律一体化,尤其是公司法的一体化和国际化趋同。在全球化时代,资本已成候鸟。哪里有诚信文化,哪里就是投资乐土。资本犹如追求温暖环境的候鸟,在全球范围内川流不息地迁徙。资往高处走,水往低处流。欧盟公司法指令的陆续出台,WTO《与贸易有关的投资措施协议》(TRIMs)的问世,OECD《公司治理原则》的出炉与不断升级改版,各国公司法的频频修改及其相互借鉴,都说明了公司法的统一或协调已成为不可逆挡的历史潮流。公司法一体化不仅是国际社会对立法者的外在压力,也是增强民族竞争力的必然选择。

海纳百川,有容乃大。我国历来对外贸与外商直接投资(FDI)的依存度较高。随着我国

加入WTO,我国公司在贸易与投资领域的国际化程度将会提高。为提高我国公司法的国际竞争力,增强我国吸引国际资本的竞争力,我国公司法必须满足来自全球各地投资者合理的法律需求。我国公司法的历次改革都注重借鉴国外先进的立法例、判例和学说。

三、公司法的调整对象

公司法的调整对象为公司法律关系。公司法律关系以平等的法律主体(如公司、股东、公司高管人员与债权人)之间的民事关系为主,也含有公司及其相关主体与行政机关之间的行政关系、与证券交易所等自律机构之间的自治关系。公司法律关系可作多种分类。

从时间顺序看,公司法律关系囊括各方当事人在公司设立、组织、经营、变更和终止(含解散清算)过程中产生的法律关系。换言之,公司从"摇篮到坟墓"的生命周期中发生的法律关系都应成为公司法的调整对象。

从法律规范的基础看,公司法律关系中既有基于实体法律规范而产生的实体法律关系,也有基于程序法律规范而产生的程序法律关系。前者如公司资本制度、公司设立制度、股东权利保护、公司治理制度等;后者如股东诉讼、公司诉讼等。

从主体角度看,公司法律关系囊括了公司、股东、董事、监事、经理与其他公司利益相关者(尤其是债权人和潜在投资者)相互之间发生的各类法律关系。由于不同国家和地区法律、政治、文化、社会传统的差异,公司法律关系的主体也有不同。例如,在英美国家的公司法中,劳动者很少进入公司法视野;而在德国,劳动者则是公司监事会制度中不可或缺的重要角色。又如,债权人也是公司法律关系中的重要主体,但公司法调整债权人关系时不必重复《民法典》中的债法规则,只需从公司法的特殊视角关注债权人的公平保护,如最低注册资本制度、资本维持制度、瑕疵出资股东和抽逃出资股东对公司债权人的补充赔偿责任等皆其适例。

以公司法律关系是否涉及公司外部第三人为准,公司法律关系分为内部公司法律关系与外部公司法律关系(上述主体与公司外部第三人之间的法律关系)。这种分类的实益在于,在涉及善意第三人与权利人发生利益冲突时,应优先礼让善意第三人。例如,某公司董事会作出决议罢免了原董事长作为董事长和法定代表人的职务,另外选举一位股东担任新董事长和法定代表人。但该公司并未及时前往公司登记机关办理变更登记手续。原董事长在被解除职务的第二天依然使用其携走的公司公章与银行签订借款合同。还款期限届满后,银行有权请求该公司还本付息;该公司只能先行对银行清偿债务,然后再对原董事长行使追偿权。这乃因,公司变更董事长的行为是内部法律关系,由于该法律关系未及时对外公示,对此不知情的第三人(银行债权人)有权信赖原董事长的法人代表行为。这种先外后内、先宾后主的法律理念有助于降低交易成本,遏制道德风险外溢,体现了对处于信息占有劣势地位的第三人的呵护。

鉴于合同法乃公司法的姊妹法,证券法为公司法的特别法,公司法调整的法律关系与合同法调整的法律关系(如高管人员与公司之间的委托合同关系、股权转让合同关系)、证券法调整的法律关系(如受害股东对虚假陈述行为人提起损害赔偿之诉的法律关系)会存在交叉现象。此即法律规范的竞合现象。若公司法未对某一法律关系作出规定,补充适用一般法规定;若公司法与一般法对某一法律关系均作规定,应优先适用公司法;若公司法与公司法的特别法均对某一法律关系作出规定,则应优先适用公司法的特别法。将公司法律关系与证券法律关系、合同法律关系绝对割裂开来并不明智。

公司法调整法律关系的目的在于协调利益冲突,追求公司和利益相关者利益最大化。具体说来,其最高目标在于追求利益多赢、包容普惠(包括股东、高管人员以及其他利益相关者的利益多赢),最低目标在于避免利益多输与零和游戏,尤其是遏制控制股东和实际控制人对小股东、经营者对股东、公司内部人对公司外部人的机会主义行为。

第四节 公司法的作用

若说宪法是政治生活中的根本大法,是治国安邦、执政富民的总章程,公司法则是经济生活中的根本大法,是投资兴业、治企理财的总章程。

一、鼓励投资兴业

公司法通过预先设定公平合理的公司设立条件与简便易行的公司设立程序鼓励投资兴业。美国诸州公司法为吸引州外投资者到本州投资,争先恐后地降低公司注册门槛,触发了向逐底竞争(race to the bottom)。目前,特拉华州一举夺冠,美国的上市公司多数注册于该州。

鉴于20世纪80年代的"皮包公司"热导致的紊乱交易秩序,我国1993年《公司法》对投资者投资兴业规定了严苛门槛:严格的法定资本制尤其是较高的最低注册资本制度;严格限定股东的出资形式;严格限定智慧成果出资上限;严格限定货币出资最低限制;禁止股东以定向募集方式设立股份公司;规定了较高的公司上市门槛;规定了严格的公司转投资限制。总体而言,立法者对投资兴业采取了重安全、轻效率的立法理念。

为鼓励投资,2005年《公司法》大幅下调了公司的最低注册资本门槛,允许股东和发起人分期缴纳出资,鼓励股东出资形式的多元化,允许所有权、他物权、股权、债权、知识产权等非货币财产作价出资,废除了转投资限制,允许以定向募集方式设立股份公司,大幅下调公司上市门槛,允许民营企业与国有企业改革采取一人公司形式,取消了省级人民政府对股份公司设立的行政审批。2013年《公司法》再次放宽公司设立的门槛,2018年《公司法》推进了股份回购的弹性化与自由化。

在以上鼓励投资措施的作用下,中国成为投资者友好型的市场经济大国指日可待。截至2019年11月底,我国登记市场主体已达1.2亿户。3808万户企业中的九成是受《公司法》调整的公司。

二、降低交易成本

公司就是拟人化的资本。公司设立的过程就是资本拟人化的过程。公司法将股东的资本集合体与公司治理体系拟制为具有独立法律人格的公司,不仅扩大了公司的经营规模,而且大幅降低了交易成本。诚如获诺贝尔奖的经济学家科斯的企业理论(theory of firm)所述,企业的存在价值在于企业内部的行政成本低于企业外部市场中的交易成本。[①]

假定现代社会没有公司法,许多商事活动只能借助自然人之间成千上万的契约关系予

[①] Ronald Coase, The Nature of the Firm, 4 *Economica* 386 (1937).

以推展,市场主体也主要表现为散兵游勇式的分散个体。个体性的经营方式既无法解决资本集中的难题,也缺乏足够的竞争能力与风险抵御能力,更无法满足社会化大生产与现代市场交易的规模经济要求。若把个体商人喻为茫茫大海上的一叶孤舟,公司尤其是上市公司则可喻为万吨巨轮。

而公司法将多名、甚至成千上万股东的资本集合体拟制为单一法律人格后,不计其数的个体交易形态被代之以团体化的公司交易形态,缔约成本大幅下降,投资者之间、投资者与交易伙伴之间契约关系的透明度、标准度、预期性与稳定性显著提高。法人化的资本集合体具有独立的法律人格,可独立地开展民事活动。股东的退出、加入和死亡也不能动摇公司的独立法人地位。因此,公司作为法人化的资本联合体的地位和组织结构比起未经法人化的资本联合体更加牢固。例如,就股东间的契约关系而言,即使股东之间缺乏股东协议,也不妨碍股东按照公司法确定的默示规则行使权利。再如,公司与交易伙伴开展交易活动时,即使公司背后的股东生老病死或自由进入,也不影响交易伙伴对契约关系的预期判断。

从商务实践看,家族公司控制股东或核心人物退出或死亡时,有可能对企业的生存与发展产生巨大影响。家族企业是民营经济的压舱石,是最活跃的企业形态。但不少企业的命运取决于家族命运,尤其是企业家的个人命运。企业与企业家互为一体,婚姻家庭与公司命运紧密捆绑。一旦婚姻家庭有变、企业家入狱或死亡,家族企业就危在旦夕。很多企业随意决策、违法决策,结果人存业旺,人亡企衰。但从法律上看,家族公司的法人资格并不因此而受影响。

三、控制投资风险

从积极功能看,公司制度有助于降低交易成本;从消极功能看,公司制度有助于锁定投资风险。虽然股东对公司享有股权,公司对其财产享有物权,但股东对公司的财产(包括股东出资财产)并不直接享有物权。因而,公司的债权人原则上只能请求公司清偿债务,而不能直接请求公司背后的股东清偿公司债务。可见,公司在股东与公司债权人之间创设了一道"防火墙"。这道"防火墙"从正面看成就了公司的法律人格,从反面看赋予了股东有限责任待遇。

从历史和逻辑上看,股东取得有限责任待遇与公司取得独立法人资格的时间并不存在必然的因果关系。在公司制度诞生初期,往往先由立法者确认公司的独立法人资格,然后人们才意识到股东有限责任待遇的重要性,最后导致立法者将股东有限责任待遇立法化。这乃因,公司经营失败不但会导致股东投资颗粒无收,也会导致股东辛勤积累的固有私人财产付诸东流。若缺乏股东有限责任待遇的保护,投资者对于投资兴业活动势必望而却步。而股东有限责任待遇的制度化反过来强化了公司的独立权利能力、行为能力和责任能力尤其是公司的法人所有权制度。这就要求股东与公司之间的财产相互隔离,投资者及时足额履行出资义务,投资者及其债权人敬畏与尊重公司的法人财产,公司及其债权人敬畏与尊重股东的个人财产。虽然"揭开公司面纱"的制度设计允许法院在例外情况下责令滥用权利的股东对公司债务承担连带责任,这毕竟只是例外规则,而非一般原则,而且仅适用于失信的控制股东或实际控制人。

四、便利公司融资

公司法通过规定公司融资的条件与程序,促进公司的融资活动。资金之于公司犹如血液之于身体。公司融资的两大通道是:公司自我积累;公司向外部取得股权资本(发行新股)和债权资本(向银行融资、向投资者发行债券)。公司法通过规定增资、发债的条件与程序、规定公司对外担保的内部决策程序与外部代表程序等一系列制度安排,降低公司融资成本,提高融资规模,维护交易安全,促进公司与其相关交易伙伴的共同繁荣、协同发展。当前,我国的公司融资结构仍以银行间接融资为主、直接融资为辅。中小公司尤其是民营公司的融资瓶颈依然存在。从长远看,我国应开辟多渠道的资金融通途径,积极鼓励债券市场发展,充分发挥典当业等准(类)金融机构在方便中小微公司融资方面的积极作用。

五、鼓励公司创新自律

要在宏观上建设创新型国家,首先须在微观层面上打造创新型公司。而要打造创新型公司,就必须弘扬公司自治精神。公司自治是现代公司法的灵魂,是市场经济富有活力的秘笈。公司法鼓励公司自治,鼓励公司的商业模式创新、业务创新、产品(服务)创新、经营方式创新,允许公司章程在综合考量公司文化、发展战略、股东投资性格以及公司治理水平的基础上,量体裁衣设计个性化条款。当然,公司自治不仅意味着自由和权利,更意味着慎独自律,见贤思齐。

六、拉动经济增长

在市场经济条件下,公司是生产资料、股东、管理者、劳动力和消费者(含经营者)得以聚集、结合的最佳最大的生产要素聚合平台,是对全社会经济资源予以配置的重要市场主体,绝非合伙、个人独资企业所能比拟。从全世界发展趋势来看,公司经济力量越来越强,社会财富越来越向公司集中。公司可被誉为"现代社会的怪物""看不见的经济帝国""人类最大的软件""市场经济社会的主人翁"。我们的社会可被誉为"公司的社会",我们的世界可被誉为"公司的世界",我们的时代可被誉为"公司的时代"。

投资、消费和出口的协调拉动是促进经济增长的三驾马车。而要刺激投资,激发公司的活力,就必须充分发挥公司法的确认、规范、引导和保护作用。公司法积极鼓励公司的便捷设立,构建投资者友好型法治环境。公司法强调完善公司治理,确保公司选择的经营专才对公司股东及其他利益相关者诚实守信、勤勉尽责,并确认公司股东通过自力(对公司经营者行使任免权、直接行使重大决策权)或他力(如委托独立董事或监事)手段降低代理成本,提高经营绩效。公司理财制度确保公司能够及时筹措成本合理的股权资本(发行新股)和债权资本(发行公司债券)。公司重组与公司并购制度鼓励公司做大做强,确保公司及其背后股东之间的资产和股权能够在不同产业与地域的公司间获得合理流动与优化配置。公司解散与清算制度确保经营失败的公司及时退出市场,并鼓励公司破产重整,帮助投资者尽量收回投资,帮助债权人尽量公平受偿。市场竞争的压力、政府的干预和公司社会责任的理论还鼓励公司提高产品和服务质量、降低自身经营成本和社会成本,赚取阳光财富。因此,作为拉动国民经济增长的制度引擎,公司法有助于鼓励人民创造财富、积累财富,激励人民的冒险进取精神,全面解放和发展生产力。

七、促进社会和谐

公司不仅是经济生活中的活力细胞,也是社会生活的重要居民。公司既要为投资者创造投资回报,还肩负创造就业、缴纳税收、创新科技、传播文化、保护环境、节约资源、稳定社会、乐善好施、扶危济困、构建和谐的重大责任。公司社会责任理论与利益相关者理论表述虽有不同,但其核心内容相同,都体现了对公司社会性属性的关注。公司社会责任的核心价值观是以人为本、以民为本,而非以钱为本、以官为本。

《公司法》在弘扬股权文化的同时,在第5条旗帜鲜明地要求公司承担社会责任。这是我国社会主义公司法的一大特色,也是我国对世界公司法的一大贡献。但在实践中,有的公司对社会责任制度采取了消极抵制态度,认为该条缺乏可诉性、可裁性与可执行性;有的公司则采取了实用主义的公关作秀态度;有的公司认为自己承担社会责任会造成"劣币驱逐良币"的问题,因而不愿承担社会责任。因此,如何增强公司社会责任制度的可操作性、亲和力与吸引力,是我国当前立法者、政府部门和企业界十分关注的问题。

第五节 公司法的渊源

公司法的渊源就是公司法的表现形式,既包括由下及上的内生法律规则,也包括由上及下的外生法律规则。公司章程、股东协议、行业自律规则和商事习惯是商人们的内生法律规则,而其他法律规则为外生法律规则。内生法律规则更接近商法自治精神,更能体现市场机制的本质要求,但缺点是囿于眼界的局限性、利益的对抗性以及弱肉强食的丛林法则,内生法律规则的孕育和成长不如外生法律规则那么自觉、快捷、中立。但外生法律规则也有闭门造车之虞。所以,无论是内生法律规则,还是外生法律规则都应予以鼓励,尤其鼓励两类规则之间的良性互动,特别是二者间的相互激励、相互影响、相互补充、相互促进与相互竞争。

一、公司法

公司法兼具组织法与行为法的性质,是法院和仲裁机构裁判各类公司纠纷案件的主要依据。《公司法》的五次修改标志着我国公司立法的成熟,也意味着《公司法》的可诉性、可操作性与可预期性增强。伴随着2005年《公司法》的修订,作为配套规则的行政法规(如《公司登记管理条例》)与部门规章(如《公司注册资本登记管理规定》)的修订活动陆续展开。与特别公司法相比,《公司法》可称为一般公司法或普通公司法。与一般民法相比,《公司法》则为特别法。

二、公司法的特别法

依据特别法优先适用、一般法补充适用的原理,在公司法与其特别法有不同规定时,应优先适用特别法。公司法的特别法包括但不限于:外商投资法、全民所有制工业企业法、证券法、证券投资基金法、商业银行法、保险法等。

就外商投资而言,《公司法》第217条规定:"外商投资的有限责任公司和股份有限公司适用本法;有关外商投资的法律另有规定的,适用其规定。"2019年3月15日第十三届全国人大第二次会议表决通过的《外商投资法》承诺,外商投资在准入前享受国民待遇加负面清单管理;外商投资在准入后享受国民待遇,国家对内资和外资的监督管理,适用相同的法律制度和规则。该法第42条规定:"本法自2020年1月1日起施行。《中华人民共和国中外合资经营企业法》、《中华人民共和国外资企业法》、《中华人民共和国中外合作经营企业法》同时废止。本法施行前依照《中华人民共和国中外合资经营企业法》、《中华人民共和国外资企业法》、《中华人民共和国中外合作经营企业法》设立的外商投资企业,在本法施行后五年内可以继续保留原企业组织形式等。具体实施办法由国务院规定。"这意味着在《外商投资法》施行5年以后,三套外商投资企业法调整的外商投资企业将转而适用《公司法》《合伙企业法》或《个人独资企业法》。

就金融产业而言,《证券法》有关证券公司、《证券投资基金法》有关基金管理公司、《商业银行法》有关商业银行、《保险法》有关保险公司的特别规定也优先于《公司法》而适用。由于金融产业攸关系统性金融安全与国家经济安全,从事此类产业的公司也承受着政府更多的公权力干预。

再如,冠以"公司"之名的全民所有制企业在尚未改造成为公司前,其产权结构和治理结构仍应适用《全民所有制工业企业法》,而不适用《公司法》。我国不少大型国有企业虽然下设不少分公司、子公司,但其自身依然为非公司制的全民所有制企业法人。因此,在同一公司家族中,存在着对不同企业分别适用《公司法》与《全民所有制工业企业法》的"一家两制"现象。从长远立法改革的趋势看,要积极推动各类全民所有制企业的公司制改革,从而彻底将其从《全民所有制工业企业法》的调整轨道转向《公司法》的调整轨道。

三、证券法

证券法是公司法的特别法,是广义公司法的有机组成部分。股票的发行、交易及其他相关活动均为证券法的调整对象。国务院于1993年颁布了《股票发行与交易管理暂行条例》。全国人大常委会1998年颁布了《证券法》。鉴于1998年《证券法》存在的制度设计缺陷,例如重安全、轻效率;重管制、轻自治;重刑(行)轻民以及前瞻性不够等问题,该法后于2004年8月28日第一次修正、2005年10月27日第一次修订、2013年6月29日第二次修正、2014年8月31日第三次修正、2019年12月28日第二次修订(12章扩张为14章,240条压缩为226条)。修正是小改,修订是大改。

《证券法》的历次修改体现了强调规范与发展并举、公平与效率兼顾、诚信与创新并重、安全与快捷融合的指导思想,重视了对投资者权利的保护,完善了证券市场监管体制,健全了上市公司、证券公司和中介机构等市场主体的诚信体系建设。鉴于民事责任是法律责任中最能调动投资者维权积极性的救济措施,2019年《证券法》在强化行政责任与刑事责任的同时,激活了追究民事责任的代表人诉讼制度。

当然,《证券法》对投资者保护的重点,并不在于消除股票投资本身所蕴含的投资风险与市场风险,更不在于担保股东获得投资盈利,而在于预防和铲除股票发行与交易中的失信违法行为,确保投资者能够在公开、公平、公正和诚实的股票发行与交易市场中作出明智投资决策,持续增强公众投资者的获得感、幸福感与安全感,全面建成投资者友好型的小康社会,稳步提高上市公司质量与核心竞争力,推进资本市场治理体系与治理现代化,提高资本市服务于实体经济发展的能力,优化诚实信用、公平公正、多赢共享、包容普惠的资本市场生态环境。好运气固然很重要,好制度更根本。

《证券法》授权证监会为防范证券公司(券商)经营风险而采取铁腕监管措施。根据2019年《证券法》第140条,券商的治理结构、合规管理、风险控制指标不符合规定的,证监会应当责令其限期改正;逾期未改正,或者其行为严重危及该券商的稳健运行、损害客户合法权益的,证监会可区别情形,对其采取下列措施:(1)限制业务活动,责令暂停部分业务,停止核准新业务;(2)限制分配红利,限制向董监高支付报酬、提供福利;(3)限制转让财产或者在财产上设定其他权利;(4)责令更换董监高或者限制其权利;(5)撤销有关业务许可;(6)认定负有责任的董监高为不适当人选;(7)责令负有责任的股东转让股权,限制负有责任的股东行使股东权利。证券公司整改后,应向证监会提交报告。证监会经验收,治理结构、合规管理、风险控制指标符合规定的,应自验收完毕之日起3日内解除对其采取的前述限制措施。与《公司法》相比,这些措施代表着公权力对股东权利、公司治理和公司财务的深度干预,限制了券商自治空间(限制转让财产、在财产上设定抵押权或质权),限制了券商股东的权利(如分红权、股权转让自由、表决权),限制了股东大会与董事会的决策权(如分红决议、董监高任免权)。这些特别制度的设计理念是维护公开公平公正的资本市场秩序、保护公众投资者利益。

2005年10月,国务院转发的中国证监会《关于提高上市公司质量的意见》中指出,要建立多层次市场体系。2020年5月11日《中共中央、国务院关于新时代加快完善社会主义市场经济体制的意见》强调,加快建立规范、透明、开放、有活力、有韧性的资本市场,加强资本市场基础制度建设,推动以信息披露为核心的股票发行注册制改革,完善强制退市和主动退市制度,提高上市公司质量,强化投资者保护。

四、民法

鉴于公司法为商法,系民法特别法,应根据特别法优先适用、一般法补充适用的原理,补充适用相关的民法制度与基本原则。民法的基本原则主要有平等原则、意思自治原则、诚实信用原则、权利不得滥用原则与公序良俗原则。在公司法未作规定时,公司纠纷案件均可补充适用民法中的民事主体尤其是法人制度、法律行为制度、代理制度、民事责任制度、时效制度、物权制度、债权制度(含合同、侵权、不当得利、无因管理)等制度。例如,股权转让合同纠纷除了适用《公司法》有关股权转让的特别规定外,可补充适用《民法典》合同编有关合同的订立、履行、变更与违约责任的相关规定。又如,公司依法取得的物权享受《民法典》保护。再如,公司与公司高管之间的法律关系也可补充适用代理制度的一般规定。

若特别法为旧法,一般法为新法,仍以特别法优先。除特别法与一般法之关系,新法应优于旧法。

五、相邻法

作为公司法与其他相邻法交叉调整对象的法律关系也可补充适用相邻法(信托法、反垄断法、反不正当竞争法等)的规定。例如,股权信托关系除了适用公司法,还应适用《信托法》与《民法典》有关规定。

六、公司章程

公司章程作为充分体现公司自治精神的法律文件,堪称公司生活中的"宪法"。公司章程是公司的自治规章,既非合同,亦非法律法规。《公司法》第 11 条规定,设立公司必须依法制定公司章程。公司章程对公司、股东、实际控制人、董监高具有约束力。因此,当他们围绕公司章程产生纠纷时,除非公司章程与公司立法相互抵触,应以公司章程为准。

公司章程有实质意义与形式意义之别。实质意义上的公司章程,指规范公司的组织和活动,特别是公司、股东、董监高等相互之间权利义务关系的根本准则;形式意义上的公司章程则指记载此种规则的书面文件。《公司法》鼓励公司章程作量体裁衣的个性化设计。细节管理决定成败。公司章程对当事人的权利义务关系规定越明确,章程作为裁判依据的作用越明显。

七、股东协议

为尊重股东自由,应允许股东之间依法通过股东协议就其相互关系作出约定。例如,依《公司法》第 34 条,全体股东可自由约定不按照出资比例分取红利或不按照出资比例优先认缴出资。股东协议只要不违反公司法与公司章程,就应受到尊重。公司与特定股东签订的有效协议也应受到尊重。

当股东协议与章程的内容不一、发生冲突时,究以何者为准?鉴于股东协议的缔约方只限于股东,而不包括公司和其他当事人在内,为弘扬契约自由精神,当公司章程确定的权利义务关系与股东协议确定的权利义务关系有所不同时,除非涉及善意第三人的合法权益,应以股东协议为准。

八、自治性自律规则

沪深证券交易所、全国股转系统(新三板)、中国上市公司协会、中国证券业协会、中国证券投资基金业协会、中国注册会计师协会、律师协会等自律组织(非营利组织)的自治规章或行为守则,只要不与强行法、公序良俗和公司的本质特征相抵触,亦可作为有关公司纠纷案件的裁判依据。例如,验资机构在对股东的非货币财产出资出具不实验资报告时是否存在过错,就可参酌评估行业协会依《资产评估法》第 36 条之授权、依据评估基本准则制定的评估执业准则和职业道德准则。

九、商事习惯

在法律、公司章程和股东协议均无明文规定的情况下,在公司实践中长期反复遵行、并具有合法性、确定性与可预期性的商事习惯也可作为裁判依据。

商事习惯(商事习惯法)是在实践中被广大商人反复遵循、反复实践的商业做法。公司立法被称为国家为商人们设定的外生法律规则,而商事习惯则是商人们自发制定的内生法律规则,而且生命力极其旺盛。法官应注意发现商事习惯。实际上,沸腾的投资生活纷繁复杂,且每时每刻处于变动之中。投资活动除了遵循成文法之外,尚遵循着成文法之外的商事习惯。

《瑞士民法典》第 1 条第 2 项规定,"无法从本法得出相应规定时,法官应依据习惯法裁判"。我国台湾地区"民法典"第1条也规定,"民事,法律所未规定者,依习惯"。依王泽鉴先生解释,该条所称"习惯"系指习惯法而言。①

商事习惯要作为裁判依据必须满足三个条件:(1)内容明确具体,不能模棱两可。该商事习惯是否的确客观存在?法官对此可依据职权主动调查,也可责令有关当事人承担举证责任。(2)在实践中被广大商人普遍确信为具有实质意义的约束性行为规范而反复遵循与实践,不是偶尔适用。(3)符合自由平等、公平公正、诚实信用的核心价值观与主流的商业文化,不违反法律和行政法规中的强制性规定,不悖于公序良俗和诚实信用原则。只有当法官确信某商事习惯确实存在、广大当事人亦普遍确信该商事习惯为具有实质意义的行为规范,而且该习惯不与成文法相抵触时,方可援引该商事习惯判案。

若善良的商事习惯抵触了成文法中的恶法条款,法院应奈之何?从保守角度看,法官不宜直接援引商事习惯,但可通过司法建议书,吁请立法者废除恶法条款。从积极角度看,法官也可通过法律解释,寻求战胜恶法条款的良法条款(包括诚实信用原则与公序良俗在内的"帝王规则"),进而与商事习惯同频共振,共同作为裁判依据。

法官发现商事习惯的方式很多,并不拘泥于咨询政府部门。法官要走出法庭,积极寻求行业协会或同产业、同地区商人的协助。当公司纠纷源于契约关系时,法官援引商事习惯还应确信,争议双方当事人在缔结契约时明示或默示地愿意以该商事习惯规范双方行为。

十、法理与学说

(一)法理

法理又称条理、自然法、通常的法律原理,指从法律精神中演绎出来的一般法律原则,是谋求社会生活事物不可不然之理。②

《瑞士民法典》第1条第2项规定:"无法从本法得出相应规定时,法官应依据习惯法裁判;如无习惯法时,依据自己如作为立法者应制定之法规裁判。"《奥地利民法典》第7条规定:"无类推的法规时,应深思熟虑,依自然法则判断之。"我国台湾地区"民法典"第1条规定:"民事,法律所未规定者,依习惯;无习惯者,依法理。"

法理的寻求需要打造研究型法官队伍。美国最高法院的历任大法官几乎都在其裁判文书中留下了脍炙人口的法谚名句。布兰迪西法官曾言,"阳光是最好的防腐剂,灯泡是最有效的警察",这是强化资本市场信息披露监管的哲学基础,也是裁判上市公司信息披露虚假陈述案件的基本法理。罗马法的法谚之所以能够流传千年,主要乃因对法理的感悟引起了公众共鸣。

从公司法律体系和整体精神中抽象出来的法理也是公司纠纷案件的裁判依据。例如,尊重与保护人权、以人为本、生命至上、安全至上的理念,民商法中的"法无禁止即自由、无救济即无权利",行政法中的"法无授权不得为,法无禁止不得罚,违法作为必问责",刑法中的"罪刑法定、无罪推定、疑罪从无"的基本原则就是法理,完全适用于公司纠纷案件的裁判。

法官援引法理判案时,以竭尽成文法或习惯法之寻找为前提;若公司法乃至习惯法中存

---

① 王泽鉴:《民法总则》(增订版),中国政法大学出版社2001年版,第57页。
② 同上书,第60页。

在判案依据,法官便不得舍近求远,援引法理判案。

(二)学说

学说可否作为私法的法源,众说纷纭。否定说认为,"学说并非法源之一,学说无拘束力,但为法律继续形成之出发点。法律科学仅在于寻求法律知识,准备其适用基础,将法律素材加以整理、审查,找出解释上的困难,寻求其答案。也从事于判例的研究,找出其矛盾处,指示新的途径"。[1] 肯定说认为,学说常常是帮助法院或实务界认识社会之规范需要(存在),及其应该之规范内容(当为)的主要媒介或依据。当学说确实反映了"存在"之真相及"当为"之要求,其内容构成"实质意义之法律",从而具有法源意义。[2]

笔者持肯定说。若将法理界定为直接法源,学说可被界定为间接法源。学说的作用在于发现法律,而非创设法律。学说既包括国内外学者间的通说或多数说,也包括新说和少数说。学说主张者并非立法机构,且学说争鸣在所难免,法院和仲裁机构无论援引旧说、新说,抑或通说、少数说,均无不可。但应在判决书中详细阐明采纳该说的具体理由,避免司法专横。法官选择学说时,应见贤思齐,择善而从,并确信所引学说与本案法律关系相互契合。判决书必须自圆其说,详述裁判理由。只有辨法析理,严谨论证,才能取得胜败皆服的法律效果、社会效果、市场效果、道德效果,才能从根本上息讼宁人。裁判文书能够同时体现法律效果、社会效果、市场效果与道德效果,也就体现了政治效果。

十一、判例和司法解释

我国民商法大致上属于大陆法系,具有浓厚的成文法色彩,过去和现在都不承认判例为法律渊源。我国法院和法官不具有造法职权,法院判决也非法律创制活动,不是法律的渊源。即便最高人民法院判决也不能作为有效法律拘束该院和下级法院嗣后审理同类案件的活动。最高人民法院判决及《最高人民法院公报》刊登的典型示范判例仅对各级法院审理案件具有指导作用而已。当然,这种指导作用愈来愈明显。

借鉴英美法系的传统,承认判例法也是我国法律体系中的渊源,有利于保持我国法律的生命力和灵活性,弥补成文法之不足。有学者认为,将法院的裁判径论为法源,赋予规范性拘束力,并非妥当做法。因为,这不仅混淆了立法与司法的分际,而且使法院裁判或见解趋于固定或僵化,难以适应变动不羁社会经济活动的需要。[3] 此说言之有理,但难以解释美国法院的判例法的与时俱进及其旺盛生命力。实际上,将成文法与判例法的优点兼收并蓄也许是最佳选择。

最高人民法院应充分运用其司法解释权,通过及时制定司法解释的途径,及时发现与创新统一的裁判规则。以最高人民法院 2006 年发布的聚焦新旧法衔接适用的《公司法解释(一)》为标志,一系列司法解释相继出台,包括:聚焦公司解散清算纠纷的 2008 年《公司法解释(二)》;关注公司设立、出资、股权确认等纠纷的 2012 年《公司法解释(三)》;关注中小股东权益保护的 2017 年《公司法解释(四)》;作为中小股东权益保护升级版、加强版的短平快的 2019 年《公司法解释(五)》。以 2019 年《全国法院民商事审判工作会议纪要》(简称《九民纪

---

[1] 黄立:《民法总则》,中国政法大学出版社 2002 年版,第 58 页。
[2] 黄茂荣:《法学方法与现代民法》,中国政法大学出版社 2001 年版,第 8 页。
[3] 同上书,第 5—6 页。

要》)为代表的裁判理念重述虽非司法解释,但对于统一裁判尺度发挥了积极作用。

十二、国际条约

中华民族具有守约践诺的传统。《民法通则》第142条规定:"涉外民事关系的法律适用,依照本章的规定确定。中华人民共和国缔结或者参加的国际条约同中华人民共和国的民事法律有不同规定的,适用国际条约的规定,但中华人民共和国声明保留的条款除外。中华人民共和国法律和中华人民共和国缔结或者参加的国际条约没有规定的,可以适用国际惯例。"因此,中国与外国缔结的国际条约尤其是保护投资者的双边协定也是公司法的主要渊源。

《外商投资法》第4条第1款与第4款规定:"国家对外商投资实行准入前国民待遇加负面清单管理制度";"中华人民共和国缔结或者参加的国际条约、协定对外国投资者准入待遇有更优惠规定的,可以按照相关规定执行"。截至2014年,我国已与英国、法国、德国、瑞典、加拿大、日本、韩国等104个国家签署了双边投资保护协定。[①] 中日韩三国政府还于2014年签署了三边协定《促进、便利及保护投资的协定》。

第六节 中国公司法历史

一、1904年《公司律》

公司制度并非我国固有制度,而系舶来品。鸦片战争后,清朝不少朝野人士认为富国强兵、抵御洋货入侵的唯一途径在于扭转"重农抑商、商为四民之末"的传统观念,振兴中国工商业,导入公司制度。为此,薛福成和严复曾著文盛赞公司制度的作用。在这种历史背景下,中国公司制度应运而生。

1904年1月21日的《公司律》由清政府任命的商部左侍郎、曾在英国受过法律教育的伍廷芳主笔起草。伍廷芳1877年获伦敦林肯法律学院法学博士学位,是在英国取得律师资格的第一位中国人。他在受命起草《公司律》之前的1896年至1902年担任清政府驻美国大使。他所受的专门法律教育及其在西方国家工作的经验,使其在起草《公司律》时易于大刀阔斧地移植西方法律经验。[②] 该律以英国1856年《股份公司法》、1862年《公司法》与日本1899年《商法典》为蓝本,其中五分之三的条文仿自脱亚入欧的日本,而日本《商法典》又以德国为师;五分之二的条文仿自英国。该律堪称我国商事立法史上全面移植外国法的典范,也是我国历史上的首部公司法。

《公司律》作为《大清商律》第2章,由11节、131个条文构成。《公司律》规定了4类公司:合资公司、合资有限公司、股份公司与股份有限公司。《公司律》确立了股东有限责任原则,规定了中外股东、官民股东、新旧股东之间相互平等的原则,规定了股东诸权利,规定了董事、查账人、董事会议和众股东会议,但股东会与董事会之间的权限划分并不明确,且经理(含总办、总司理人、司事人)的资格及职责欠缺明确规定。虽然《公司律》立法技术尚显粗

[①] 商务部官方网站:http://tfs.mofcom.gov.cn/article/Nocategory/201111/20111107819474.shtml。
[②] 《清代名人传记》(第7卷),辽宁人民出版社1993年版,第275页。

糙,依其设立的公司数量不多,公司的股东人数受到限制,但《公司律》对我国后来公司制度的发展发挥了积极作用。

二、1910 年《公司律草案》

1908 年,沈家本主持的修订法律馆聘请日本法学家志田钾太郎协助起草《公司律》,因不合国情需要,经清政府访查各地商事习惯,交由农工商部修订。《公司律草案》计 334 条,于宣统二年(1910 年)提交资政院审查,但未及审议颁行,清政府已被推翻。

三、1914 年《公司条例》

1914 年 1 月 13 日颁布的《公司条例》是国民政府总统公布的,未经立法机构审议,故曰《条例》而非《律》。为配合该法实施,国民政府于 1914 年 9 月 1 日颁布了《公司条例实施办法》。《条例》以志田钾太郎的草案为蓝本,体现了大陆法系国家中民商分立的特点。

四、1929 年《公司法》

1929 年 12 月 26 日颁布的《公司法》根据民商合一的指导思想制定。当时的《民商统一提案审查报告书》从历史关系、社会进步、世界交通、各国立法趋势、人民平等、编订标准、编订体例、商法与民法的关系等 8 项理由,论证应制定民商统一法典。

该法的显著特点之一是,为节制资本而注重保护小股东利益、限制大股东表决权。若某股东有 11 股以上的表决权,应以章程限制其表决权,且每股东的表决权不得超过全体股东表决权的五分之一。又如,股东会之出席最低成数即基本定足数无论为过半数、三分之二或四分之三之比数,不仅以其所代表的股份总数为准,且须以股东人数为准。这些均为对纯粹的一股一票原则和资本多数决原则的变通规定,对当时的小股东保护具有一定积极意义。该法还禁止公司收购自己股份,这无疑有利于对公司股东和债权人的保护。

五、1946 年《公司法》

该法为鼓励投资而放松了对大股东表决力的限制。该法授权公司章程决定是否限制拥有 11 股以上表决权的股东的表决权。股东大会出席定足数的计算仅以股份总数为准,股东总数不再作为计算标准。该法强化了企业内容公开原则对潜在股东利益的保护;规定了招股章程的应记载事项;强化了董事、监事和经理对公司所负的责任。为使董事、监事与股东的利益连为一体,该法不但继续维持董事、监事由股东充任的规定,而且规定董事、监事自其出让所持全部股份时当然解任。该法规定了经理的当选资格和权责。该法还将无记名股票的发行限额由股份总数的三分之一改为二分之一,以加强股份的流通性,吸引国民投资。

六、1950 年《私营企业暂行条例》

新中国在成立后废除了国民党"六法全书",包括 1929 年《公司法》。为解除投资者的思想顾虑,鼓励私人资本投资经营有利于国计民生的企业,政务院于 1950 年 12 月 29 日颁布了《私营企业暂行条例》。《条例》第 1 条确立了保护投资者权益的指导思想。《条例》注重企业治理问题。依第 22 条,董事选任按出席股东表决权的多少决定,以尊重资本多数决原则,而监察人选任按出席股东人数多少决定,以增加小股东当选机会。为维护公司和股东的利益,第23条规定渎职的公司经营者应负法律责任。

随着生产资料私有制的社会主义改造的完成,我国开始追求生产资料所有制的公而又公,纯而又纯,企业形式仅限于国营企业和集体企业。公司组织和公司制度也开始销声匿迹,直到党的十一届三中全会以后才重新得以在中国大地复苏。

七、外商投资领域的公司立法

我国公司立法率先从外商投资企业领域起步。1979年7月1日,第五届全国人大第二次会议通过的《中外合资经营企业法》(后于1990年4月4日和2001年3月15日、2016年9月3日三次修正)实际上是我国改革开放以来在外资领域的第一部公司立法。该法第4条规定:"合营企业的形式为有限公司。在合营企业的注册资本中,外国合营者的投资比例一般不低于25%。合营各方按注册资本比例分享利润和分担风险及亏损。合营者的注册资本如果转让必须经合营各方同意。"这是我国在外资领域的第一部公司立法。1983年9月20日,国务院发布了《中外合资经营企业法实施条例》(后于1986年1月15日、1987年12月21日和2001年7月22日修订)。

1986年4月12日,第六届全国人大第四次会议通过了《外资企业法》(后于2000年10月31日和2016年9月3日修正)。经国务院1990年10月28日批准,原对外经济贸易部1990年12月12日发布的《外资企业法实施细则》(2001年4月12日、2014年2月19日修订)第18条规定:"外资企业的组织形式为有限责任公司。经批准也可以为其他责任形式。外资企业为有限责任公司的,外国投资者对企业的责任以其认缴的出资额为限。"

1988年4月13日,第七届全国人大第一次会议通过了《中外合作经营企业法》(后于2000年10月31日、2016年9月3日、2016年11月7日、2017年11月4日修正)。该法第2条第2款规定,"合作企业符合中国法律关于法人条件的规定的,依法取得中国法人资格"。经国务院1995年8月7日批准,原对外经济贸易部1995年9月4日发布的《中外合作经营企业法实施细则》第4条也规定,合作企业包括依法取得中国法人资格的合作企业。

2019年3月15日出台的《外商投资法》实现了内外资企业立法的统一并轨。该法第42条第1款大刀阔斧地废止了外资三法:"本法自2020年1月1日起施行。《中华人民共和国中外合资经营企业法》、《中华人民共和国外资企业法》、《中华人民共和国中外合作经营企业法》同时废止。"因此,外资三法圆满完成历史使命,光荣退出历史舞台。当然,对于5年过渡期间内的外资企业仍要扶上马、送一程。

2019年12月12日国务院第74次常务会议通过的《外商投资法实施条例》第49条也宣布,该条例自2020年1月1日起施行,《中外合资经营企业法实施条例》《中外合资经营企业合营期限暂行规定》《外资企业法实施细则》《中外合作经营企业法实施细则》同时废止。2020年1月1日前制定的有关外商投资的规定与外商投资法和本条例不一致的,以《外商投资法》和该条例的规定为准。

至于外商投资法施行前依照《中外合资经营企业法》《外资企业法》《中外合作经营企业法》设立的现有外商投资企业,在外商投资法施行后5年内,可依《公司法》《合伙企业法》等法律的规定调整其组织形式、组织机构等,并依法办理变更登记,也可继续保留原企业组织形式、组织机构等。但自 2025 年 1 月 1 日起,对未依法调整组织形式、组织机构等并办理变更登记的现有外商投资企业,市场监督管理部门不予办理其申请的其他登记事项,并将相关情形予以公示。

外资三法及其配套的行政法规和部门规章对于我国吸引外来资本、技术和先进管理经验,保护外国投资者合法权益发挥了积极作用,受到了国内外投资者充分肯定。从制度设计的长远影响看,外资三法不仅奠定了外商投资企业设立与运营的法治基础,也为 1993 年《公司法》的出台和国有企业的公司制改革提供了制度标杆。例如,这些立法文件中确立的董事会制度、注册资本制度、投资者有限责任制度基本上体现了有限公司制度的基本精神。

八、1993 年《公司法》

20 世纪 80 年代是我国改革开放的黄金时代。外国投资者纷纷来华设立公司,内资公司的数量也日益增多。良莠不齐的公司的野蛮生长既推动了经济发展,也给交易安全带来较大冲击。为兴利除弊,全国人大常委会和国务院都确定要抓紧制定公司法。1983 年由国家经委、国家体改委开始起草《公司法》,1986 年改为分别起草《有限公司条例》和《股份公司条例》。1988 年,国务院颁布了《私营企业暂行条例》。但受 1989 年国内政治风波的影响,公司立法处于暂停状态。

东风吹来满眼春。1992 年邓小平同志视察南方时发表的重要讲话为投资兴业活动和公司立法进程的加快指明了正确的政治方向,提供了强大的理论支持。国家体改委与国家计委、财政部、中国人民银行、国务院生产办紧急启动了公司立法程序,并于 1992 年 5 月 15 日联合发布了《股份制企业试点办法》和《股份公司规范意见》《有限公司规范意见》等一系列配套的公司部门规章。

但部门规章不能取代公司基本立法。为适应建立现代企业制度的需要,规范公司的组织和行为,保护公司、股东和债权人的合法权益,维护社会经济秩序,迫切需要《公司法》的尽快出台。1992 年 8 月,国务院提请全国人大常委会审议《有限公司法草案》。全国人大常委会委员们在审议该草案时提出,为适应社会主义市场经济发展的需要,应当制定一部覆盖面更宽一些、内容比较全面的公司法。1993 年 11 月,中共中央通过的《关于建立社会主义市场经济体制若干问题的决定》明确指出"国有企业实行公司制,是建立现代企业制度的有益探索"。该《决定》的出台更加速了公司法出台步伐。第八届全国人大常委会第五次会议于 1993 年 12 月 29 日通过了《中华人民共和国公司法》。该《公司法》体现了为国企改革和发展服务的理念,并直接借用了《决定》中提出的"法人财产权"的概念。该法后于 1999 年、2004 年、2005 年、2013 年和 2018 年修改五次,其中以 2005 年 10 月 27 日的修改幅度最大。

九、《公司法》的历次修改

1999 年 12 月 25 日,全国人大常委会修改《公司法》,增设了国有独资公司监事会,授权国务院放宽高新技术的股份公司中发起人以工业产权和非专利技术作价出资的金额占公司注册资本的比例,以及公司发行新股、申请股票上市的条件,允许在证券交易所内部为高新技术股份公司股票开辟第二板块市场。

2004年8月28日,全国人大常委会再度修改《公司法》,删去《公司法》第131条第2款"以超过票面金额为股票发行价格的,须经国务院证券管理部门批准",革除监管者的股票发行定价权,让股票发行定价机制回归市场。

但1999年和2004年的公司法修改仅是对个别条文的局部修正,无法从根本上克服1993年《公司法》的制度性缺陷和结构性缺陷。为鼓励投资兴业、维护交易安全、增强我国公司在"入世"后的国际竞争力,妥善处理公司内部人与外部人之间、公司股东与公司高管之间、大小股东之间的利益冲突,立足于我国公司实践,大胆借鉴国际先进立法例、判例与学说,全面修正《公司法》势在必行。

2004年3月"两会"期间,有601位全国人大代表和13位全国政协委员提出建议、议案或者提案,要求修订公司法。2004年12月28日,国务院总理温家宝将《公司法修订草案》提请全国人大常委会审议。经过三次审议,2005年10月27日,全国人大常委会高票通过了修订的《公司法》。

中共中央十八届三中全会于2013年11月12日通过的《关于全面深化改革若干重大问题的决定》重申,"推进工商注册制度便利化,削减资质认定项目,由先证后照改为先照后证,把注册资本实缴登记制逐步改为认缴登记制"。全国人大常委会按照特事特办的原则,于2013年12月28日审议通过了全国人大常委会《关于修改〈中华人民共和国海洋环境保护法〉等七部法律的决定》(以下简称《决定》)。修改《公司法》的《决定》文字仅有700余字。虽然修法以减法为主(删除资本实缴制、法定最低注册资本、首期最低出资额以及法定验资程序等条款),但释放了鼓励大众创业、万众创新的巨大正能量。由于此次修改时间仓促,公司法修改项目与其他修法项目打包推出亦体现了特事特办、灵活高效的务实立法理念。

股份回购是把双刃剑,有利有弊。若善用得法,股份回购可成为上市公司实施并购重组、优化资本结构、稳定公司控制权、优化治理结构、提升公司投资价值,建立健全投资者回报机制、稳定股价、提振投资信心的有益手段。为切实增强股份回购制度在服务国企改革,深化金融改革,提高上市公司质量,促进资本市场稳定健康发展中的重要作用,2018年《公司法》第142条从实体与程序双维度对上市公司回购股份实行了自由化改革。既新增了三大股份回购事由,也简化了该等股份回购的公司决策程序。对于新增股份回购事项,立法者允许上市公司依照公司章程的规定或者股东大会的授权,经董事会三分之二以上董事出席,并经全体董事过半数同意即可完成公司内部决策程序,而无需再经股东大会决议。

但此次修法仅聚焦于第142条的股份回购尤其是上市公司股份的回购制度,未触及第74条的有限责任公司股权回购制度。原因之一是,有限责任公司缺乏与之配套的具有高度流通性的股票市场,因此不存在提振股市信心的股权回购事由。原因之二是,有限责任公司不属于证监会监管范畴。基于职权法定、主体法定原则,证监会不便超越自身监管边界去跨界推动有限责任公司的股权回购制度的弹性化。实际上,由于2013年《公司法》推行了注册资本认缴制,原则废除了最低注册资本制度、促进资本制度弹性化,加之《公司法》第74条的股权回购制度,股东有序退出有限责任公司的制度需求基本上可以获得满足。

中国公司法是改革开放的产物。没有改革开放,就没有公司法。公司法的繁荣发展又反过来保障与推动了改革开放历史车轮的滚滚向前。实践再次证明,先进的制度设计就是生产力。新中国成立以来的70年是我国公司法律制度恢复和发展的70年,是西方公司法理论与中国经济实践有机结合的70年,是全国层面与地方层面的公司立法活动相互促进的

70年，也是中国公司法由被动移植到积极创新的70年，更是中国公司法在世界公司法舞台上崭露头角、孕育潜在世界影响力和领导力的70年。这70年是公司法在中华大地复苏与变革的70年，也是公司法助推国企改革、实现国有资产保值增值的70年，是积极引进国际资本、先进技术与管理经验的40年，是鼓励民营经济茁壮成长的70年。

公司法的修改永无止境，不可能一蹴而就。《公司法》的体系博大精深，与经济活动的方方面面密切相关，涉及的法律关系错综复杂。由于修改时间仓促，公司法历次修改带有阶段性修改、中度修改的特点，存在美中不足。要强国必先富民。要增强我国经济的全球竞争力，必先提高我国公司法的国际竞争力。要加强产权保护工作、弘扬企业家精神、助推实体经济发展、深化供给侧结构性改革，改善制度供给结构，提高制度供给质量，打造投资者及利益相关者友好型的营商法律环境，必须积极推出新一轮的公司法制度创新。在公司法修改程序启动前，立法者和公司法学界必须深入做好《公司法》实施效果的评估工作，以总结经验、吸取教训、发现漏洞，同时还应深入研究与大胆借鉴国外先进立法例、判例与学说。总的设计理念是：归零思考，全面修改；尊重自治，鼓励创新；精准修法，可诉可裁；瞻前顾后，左顾右盼；海纳百川，洋为中用；问题导向，靶向修法；开门立法，民主立法；重构体例，化繁为简。

公司法现代化是一个永恒的主题，也会是一个国际化的主题。从市场经济大国公司法近年来的频繁改革趋势看，《公司法》也将迎来更加频繁的制度创新。相信我国的公司法在经历市场经济的千锤百炼之后必将大放异彩！

第二章

公司设立

第一节 概 述

一、公司设立行为的概念

公司设立行为有广狭二义。广义的公司设立行为指依照法定条件和程序创设公司法律人格的各种法律行为与事实行为的总称；狭义的公司设立（或称发起人的公司设立行为）仅指发起人为创设公司法律人格而实施的一连串民事行为。公司设立的过程既涉及事实行为，也涉及法律行为；法律行为中既包括出资人或发起人的民事行为，也包括审批机关和登记机关的行政行为。此处重点讨论公司设立过程中的民事法律行为。

与"公司设立"紧密相连、但又严格区别的概念是"公司成立"。公司成立是公司诞生、取得独立法律人格的状态和事实，是公司设立行为的追求目的和实现结果。而公司设立是创设一个具有法律人格的公司组织的动态的全部过程和行为总和，是公司成立的前提。因此，公司设立行为与公司成立之间为因果关系，前者为因，后者为果。

当然，公司设立行为未必都能实现预期目的。发起人设立公司的行为有可能导致公司的成立，也有可能导致公司的不成立或失败；既可能导致公司的有效成立，也可能导致公司设立的瑕疵甚至无效。在实践中，公司在设立过程中由于各种原因而最终不能成立的现象并不少见，已设立完毕并取得法人资格的法人被法院宣布为无效的可能性也同样存在。因此，公司的成立必经设立阶段，但公司的设立过程并不必然导致公司的有效成立。

二、公司设立行为的性质

传统公司法理论认为，公司设立行为的法律性质是共同法律行为：二人以上的发起人为设立公司，以相同方向的平行意思表示而实施的民事法律行为。在二人以上发起人筹划公司设立的情况下，共同行为说固然能自圆其说；但在一人公司的情况下，由于一名发起人即可完成公司的设立过程，因而此种情况下的公司设立行为表现为单独法律行为。

笔者认为，公司设立行为均为民事法律行为，至于为共同行为抑或单独行为要视公司类型和发起人人数而定。被设立的公司为股东多元化公司或发起人为二人以上的，公司设立行为是共同行为；被设立公司为一人公司、发起人为一人的，公司设立行为是单独行为。

三、公司设立的立法态度

《公司法》对公司的设立采取准则主义为主、许可主义为辅的原则。该法第 6 条规定：

"设立公司,应当依法向公司登记机关申请设立登记。符合本法规定的设立条件的,由公司登记机关分别登记为有限责任公司或者股份有限公司;不符合本法规定的设立条件的,不得登记为有限责任公司或者股份有限公司。法律、法规规定设立公司必须报经批准的,应当在公司登记前依法办理批准手续。"

在贯彻准则主义的同时,还存在一些法定的例外前置行政许可情形。依《公司登记管理条例》第 22 条,公司申请登记的经营范围中属于法律、法规或国务院决定规定在登记前须经批准的项目的,应当在申请登记前报经国家有关部门批准,并向公司登记机关提交有关批准文件。换言之,凡是法律法规规定公司登记前置审批程序的,无论是有限责任公司,还是股份有限公司都必须一体遵循。这种情形主要发生在市场准入门槛较高的产业(如银行业、证券业、保险业、信托业等)。可预言,随着《行政许可法》实施力度的加大和服务型政府、法治政府的建设步伐的加快,我国对公司设立采取许可主义的情况将会大幅压缩。

就公开募集设立方式的股份公司而言,除遵守特殊产业的行政前置审批程序外,还要遵守《公司法》第 92 条要求:"以募集方式设立股份有限公司公开发行股票的,还应当向公司登记机关报送国务院证券监督管理机构的核准文件"。该条款只适用于以公开募集方式设立股份有限公司的场合,而不适用于发起设立以及定向募集设立的场合。由于 2019 年《证券法》第 2 章对公开发行证券全面推行注册制,并全面系统构建了以充分信息披露为基础、以审慎形式审查为核心、以重典治乱为后盾的注册制规则体系,因此证监会的核准文件会转变为"注册文件"。

《公司登记管理条例》第 21 条第 4 款专门保留了一句话,"法律、行政法规或者国务院决定规定设立股份有限公司必须报经批准的,还应当提交有关批准文件"。但由于 2005 年《公司法》废除了 1993 年《公司法》第 77 条针对所有股份有限公司规定的行政许可条款,《公司登记管理条例》第 21 条第 4 款的适用范围不会太宽。

《公司法》体现的准则主义也是严格的准则主义。例如,《公司法》第 30 条规定了原始设立股东对于其他瑕疵出资股东的连带补充清偿责任;该法第 94 条要求股份有限公司的发起人在公司不能成立时,对设立行为所产生的债务和费用负连带责任。可见发起人法律风险之重。

第二节 公司设立要件

一、概述

禾苗的生长离不开阳光、土壤和水。公司孕育也需要一定条件。《公司法》第 6 条第 1 款指出:"设立公司,应当依法向公司登记机关申请设立登记。符合本法规定的设立条件的,由公司登记机关分别登记为有限责任公司或者股份有限公司;不符合本法规定的设立条件的,不得登记为有限责任公司或者股份有限公司。"

为确保公司的"优生优育",《公司法》第 23 条规定:"设立有限责任公司,应当具备下列条件:(一)股东符合法定人数;(二)有符合公司章程规定的全体股东认缴的出资额;(三)股东共同制定公司章程;(四)有公司名称,建立符合有限责任公司要求的组织机构;(五)有公司住所。"紧接着,《公司法》第 76 条规定:"设立股份有限公司,应当具备下列条件:(一)发起人符合法定人数;(二)有符合公司章程规定的全体发起人认购的股本总额或者募集的实收股本总额;(三)股份发行、筹办事项符合法律规定;(四)发起人制订公司章程,采用募集方式设立的经创立大会通过;(五)有公司名称,建立符合股份有限公司要求的组织机构;(六)有公司住所。"上述条件可概括为三个方面:主体要件(包括股东或发起人、公司机关、公司名称)、物质要件(包括公司资本、公司住所)与规则要件(包括公司章程)。

二、适量的发起人

公司设立的目的是为提升股东价值。公司设立的资本来自股东。公司的设立过程也要依靠股东。因此,符合法定人数的有限责任公司股东或股份有限公司发起人为公司设立之第一要件。股东分为兼任发起人的股东以及不兼任发起人的股东(如以公募或私募方式设立公司时的认股人)。在股份有限公司领域,投资者以发起方式设立公司时,全体股东均为发起人,而投资者以募集方式设立公司时,仅有部分股东(2人以上200人以下)担任发起人;而在有限责任公司领域,所有股东均扮演发起人角色。与不扮演发起人角色的股东相比,发起人的法律风险更大。

基于这一法理基础,最高人民法院2011年1月27日公布的《公司法解释(三)》第1条规定:"为设立公司而签署公司章程、向公司认购出资或者股份并履行公司设立职责的人,应当认定为公司的发起人,包括有限责任公司设立时的股东。"可见发起人的职责有三:一是签署公司章程;二是认购出资;三是履行公司设立职责。

有限责任公司的股东人数为50个以下。《公司法》引进了一人有限公司制度。立法者设定50人上限的意图在于维持有限责任公司股东之间的人合性,担心股东人数越多,相互之间的团结合作程度越弱。从长远看,股东人数上限似可删除,立法者可将股东人合性问题留待股东自行识别与解决。日本2005年《公司法典》一举废除了有限公司制度,此类公司的股东上限随之土崩瓦解。

就股份有限公司而言,《公司法》第78条要求有2人以上200人以下为发起人,其中须有半数以上发起人在中国境内有住所。可见,立法者在引进一人有限责任公司的同时,并未将一人公司引向股份有限公司领域。公司的社团性仅在有限责任公司领域获得了突破,至于在股份有限公司领域仍应维持股东2人以上的要求。立法者对发起人之外股东人数未予限制的理念在于,股东人数越多,公司资本越充实,股权流通越活络。某些上市公司股东高达数十万人甚至百万人之巨。这与立法者限制有限责任公司股东人数上限的立法态度形成了明显对比。

三、不低于法定最低限额的资本

最低注册资本制度并不担保债权人的绝对安全,也不担保股东有限责任待遇的绝对安全。为打造平民化公司法,鼓励公众投资兴业,2013年《公司法》原则废除了最低注册资本要求。因此,《公司法》第23条与第76条不再要求有限责任公司股东认缴的出资或者股份有限公司发起人认购和募集的股本达到法定资本最低限额。有限责任公司的注册资本为在公司登记机关登记的全体股东认缴的出资额(第26条第1款);股份有限公司采取发起设立方式设立的,注册资本为在公司登记机关登记的全体发起人认购的股本总额;在发起人认购的股份缴足前,不得向他人募集股份;股份有限公司采取募集方式设立的,注册资本为在公司登记机关登记的实收股本总额(第80条第1款至第2款)。

没有无例外的原则。法律可基于保护债权人、捍卫公司利益的理念,在法定例外情况下,对于资金密集型、经营风险密集型的特定产业保留法定最低注册资本。依《公司法》第26条第1款与第80条第3款,法律、行政法规以及国务院决定对公司注册资本实缴、注册资本最低限额另有规定的,从其规定。例如,2019年《证券法》第121条规定,证券公司经营证券经纪、证券投资咨询以及与证券交易、证券投资活动有关的财务顾问的业务的,注册资本最低限额为人民币5000万元;经营证券承销与保荐、证券融资融券、证券做市交易、证券自营等项业务中两项以上的,注册资本最低限额为人民币5亿元;而且,证券公司的注册资本应当是实缴资本。证监会可根据审慎监管原则和各项业务的风险程度,调整注册资本最低限额,但不得少于前款规定的限额。

四、公司章程

没有规矩,不成方圆。公司不是一盘散沙,而是运转有序的组织体。章程是公司内部的小宪法,是公司的设立要件之一。缺乏公司章程,全体股东会变成缺乏统一意识与自治共识的乌合之众,股东出资也会成为一堆死钱。因此,《公司法》第11条规定:"设立公司必须依法制定公司章程。公司章程对公司、股东、董事、监事、高级管理人员具有约束力。"

《公司法》第23条和第76条都要求股东或发起人制作(含制定或制订两种情形)公司章程,但制作程序稍有不同。《公司法》第23条要求有限责任公司股东共同制定公司章程;第25条第2款要求股东在公司章程上签名、盖章,此处的"股东"实乃复数概念,指"全体股东"。当然,一人股东亦足可签署一人公司章程。该法第76条要求股份有限公司"发起人制订公司章程,采用募集方式设立的经创立大会通过"应当解释为:股份有限公司采用募集设立方式的,由发起人制订公司章程、经创立大会通过;采用发起设立方式的,由全体发起人共同制订公司章程即可。

《公司法》第25条第1款要求有限责任公司章程载明下列事项:(1)公司名称和住所;(2)公司经营范围;(3)公司注册资本;(4)股东的姓名或名称;(5)股东的出资方式、出资额和出资时间;(6)公司的机构及其产生办法、职权、议事规则;(7)公司法定代表人;(8)股东会会议认为需要规定的其他事项。

《公司法》第81条要求股份有限公司章程载明的事项略多一些:(1)公司名称和住所;(2)公司经营范围;(3)公司设立方式;(4)公司股份总数、每股金额和注册资本;(5)发起人的姓名或名称、认购的股份数、出资方式和出资时间;(6)董事会的组成、职权和议事规则;(7)公司法定代表人;(8)监事会的组成、职权和议事规则;(9)公司利润分配办法;(10)公司的解散事由与清算办法;(11)公司的通知和公告办法;(12)股东大会会议认为需要规定的其他事项。可见,有限责任公司与股份有限公司的章程大同小异,主要区别源于股份有限公司的特殊性(如公司规模更大且股份转让限制少)。

五、公司名称

(一)公司名称的功能

公司名称是一家公司区别于其他公司的主要特征,在交易伙伴尤其是消费者心目中具有身份识别的作用。就此点而言,公司名称与自然人姓名的作用大同小异。因此,公司名称不仅是公司的设立要件,更是公司的宝贵财富。

(二) 公司命名自由选择主义

就公司名称的选用而言,现代公司法奉行自由选择主义态度。因此,公司发起人应当竭尽自己的智慧和想象力,选择一个既朗朗上口、能被广大消费者牢记于心,又能为公司带来巨大财富效应的公司名称。为公司起一个响当当的有特色、有品位的好名字也是一门艺术。

(三) 法律对公司命名的适当干预

为规范公司命名秩序,维护交易安全,《公司登记管理条例》第11条要求公司名称符合国家有关规定。这些法律规则概括起来,主要包括以下内容:

(1) 公司名称单一原则。公司只能使用一个名称。若允许一家公司使用多个名称,则一旦公司交互使用公司名称,便容易误导甚至欺诈交易伙伴。

(2) 有限责任警示原则。《公司法》第8条规定:"依照本法设立的有限责任公司,必须在公司名称中标明有限责任公司或者有限公司字样。依照本法设立的股份有限公司,必须在公司名称中标明股份有限公司或者股份公司字样。"自反面言之,《公司法》第210条禁止尚未依法成立的自然人、法人或其他组织冒用"有限责任公司"或"股份有限公司"的名义,并规定了以下法律责任:由公司登记机关责令改正或者予以取缔,可并处10万元以下的罚款。个人独资企业、个体工商户或合伙企业擅自使用冒用"有限公司"或"股份公司"的名义也属禁止之列。

(3) 名称组成要素法定主义。依《企业名称登记管理规定》第7条、第8条,企业名称应当由以下部分依次组成:字号(或商号)、行业或经营特点、组织形式。企业名称应当冠以企业所在地的行政区划名称。企业名称应当使用汉字,民族自治地方的企业名称可同时使用本民族自治地方通用的民族文字。企业使用外文名称的,其外文名称应当与中文名称相一致,并报登记主管机关登记注册。

(4) 误导名称禁止主义。企业名称必须符合公序良俗的原则,不得含有下列内容和文字:有损于国家、社会公共利益的;可能对公众造成欺骗或误解的;外国国家(地区)名称、国际组织名称;政党名称、党政军机关名称、群众组织名称、社会团体名称及部队番号;汉语拼音字母(外文名称中使用的除外)、数字;其他法律、法规规定禁止的。一些小企业为彰显自己的公信力,吸引消费者的眼球,往往愿意在其名称中冠以"中国""国际"的字样。依《企业名称登记管理规定》第13条,只有下列企业才可申请在企业名称中使用"中国""中华"或冠以"国际"字词:全国性公司;国务院或其授权的机关批准的大型进出口企业;国务院或授权的机关批准的大型企业集团;国家工商行政管理局规定的其他企业。公司名称中含有"集团"字样的,还应当符合法律、法规和部门规章规定的条件。

(四) 公司名称预先核准制度

为避免公司在成立之时出现名称抢注带来的被动局面,确保公司设立效率不因公司名称选择的一波三折而受影响,《公司登记管理条例》规定了公司名称预先核准制度。其中,第17条要求设立公司时申请名称预先核准。法律、行政法规或国务院决定规定设立公司必须报经批准,或公司经营范围中属于法律、行政法规或国务院决定规定在登记前须经批准的项目的,应在报批前办理公司名称预先核准,并以公司登记机关核准的公司名称报批。

就预先核准程序而言,《公司登记管理条例》第18条规定:"设立有限责任公司,应当由全体股东指定的代表或者共同委托的代理人向公司登记机关申请名称预先核准;设立股份有限公司,应当由全体发起人指定的代表或者共同委托的代理人向公司登记机关申请名称预先核准。申请名称预先核准,应当提交下列文件:(1)有限责任公司的全体股东或者股份有限公司的全体发起人签署的公司名称预先核准申请书;(2)全体股东或者发起人指定代表或者共同委托代理人的证明;(3)国家工商行政管理总局规定要求提交的其他文件。"

预先核准的公司名称具有"保质期"。依《公司登记管理条例》第19条,预先核准的公司名称保留期为6个月。预先核准的公司名称在保留期内,不得用于从事经营活动,不得转让。

企业名称作为企业登记事项之一,应向公众提供查询服务。长期以来,各级企业登记机关通过企业登记档案查询、企业登记信息查询等方式提供企业名称查询服务,较好地履行了法定职责。但与落实企业登记便利化要求相比、与企业快速增长的需求相比,还存在着信息提供不够全面、查询不够方便、相关服务不够配套等问题,制约了企业自主选择名称,也使企业名称登记效率难以实质突破。开放企业名称库,为企业提供比较完整、系统的查询服务,是落实企业自主选择名称权利的前提条件,也是提供高效、便捷登记服务的基础工作。2016年,原国家工商总局发布《关于开放企业名称库有序推进企业名称登记管理改革的指导意见》(工商企注字〔2016〕203号),要求地方公司登记机关开放企业名称数据库,为最终取消企业名称预先核准,实行企业名称自主选择创造有利条件。

(五)公司的名称权

公司的名称权是公司在其存续阶段对自己的名称享有依法使用、并排斥他人非法使用的权利。《民法典》第1013条规定:"法人、非法人组织享有名称权,有权依法决定、使用、变更、转让或者许可他人使用自己的名称"。而该条被置于《民法典》第4编第3章"姓名权和名称权"中。可见,公司名称权是公司依法享有的民事权利,属于人身权尤其是人格权的范畴。公司的名称权具有三个特点:(1)名称权是一种人身权,具有身份识别的功能;(2)名称权具有财产权的因素;(3)名称权具有可让渡性。

六、公司机关

公司作为法人,天然缺乏类似自然人的眼耳鼻舌身等器官。公司对外作出意思表示、实施法律行为,对内开展一切决策、执行与监督活动均仰赖自然人组成的肩负特定职责的公司机关(组织机构)予以落实。因此,符合公司法要求的公司机关是各类公司的设立要件之一。

公司机关,又称公司的组织机构,包括公司的股东会、董事会(或执行董事)、监事会(监事)、法定代表人、董事长(执行董事)与经理。其中,股东会是公司的意思表示机关或最高决策机关,董事会(或执行董事)是公司的业务决策机构,监事会(监事)是公司的监督机构,法定代表人是公司对外的当然代表人,董事长是董事会的召集人与主持人,经理是对公司日常经营管理活动负总责的公司高级雇员。

无论是有限责任公司还是股份有限公司,都应设立股东会。一人公司尤其是国有独资公司仅有一名股东,可不设股东会。《公司法》第61条规定:"一人有限责任公司不设股东会。股东作出本法第37条第1款所列决定时,应当采用书面形式,并由股东签名后置备于公司。"第66条规定:"国有独资公司不设股东会,由国有资产监督管理机构行使股东会职权。国有资产监督管理机构可以授权公司董事会行使股东会的部分职权,决定公司的重大事项,但公司的合并、分立、解散、增加或者减少注册资本和发行公司债券,必须由国有资监督管理机构决定；其中，重要的国有独资公司合并、分立、解散、申请破产的，应当由国有资产监督管理机构审核后，报本级人民政府批准。"

股份公司都要设立董事会；有限公司原则上也要设立董事会，小型有限公司可豁免设立董事会，保留董事会的缩微版（执行董事）。《公司法》第 50 条规定："股东人数较少或者规模较小的有限责任公司，可以设一名执行董事，不设董事会。执行董事可以兼任公司经理。执行董事的职权由公司章程规定。"在实践中，执行董事往往享有董事会、董事长和总经理三位一体的职权。

各类股份公司都要设立监事会；有限公司原则上也要设立监事会。小型有限公司可免设监事会，但要设一至二名监事。《公司法》第 51 条第 1 款规定："有限责任公司设监事会，其成员不得少于三人。股东人数较少或者规模较小的有限责任公司，可以设一至二名监事，不设监事会。"

依《公司法》第 13 条，公司法定代表人依照公司章程的规定，由董事长、执行董事或经理担任，并依法登记。公司法定代表人变更，应办理变更登记。这意味着，董事长不再是公司的当然法定代表人，经理也有机会依章程担任法定代表人。

董事长仅存在于设有董事会的公司。若小型有限公司仅设立执行董事，就无需在执行董事之外另设董事长。

不管公司是否设有董事会抑或执行董事，都可设立经理岗位。小型有限公司也可确定由执行董事兼任经理。

七、公司住所

既然法人属于"人"的范畴，是与自然人并肩而立的民事主体，当然应有住所。公司为开展经营活动，更要有场所。法人住所是法人发生法律关系的中心地域，对确定债务的履行地、公司登记的管辖地、诉讼的管辖法院、法律文书的送达处所和涉外民事关系的准据法有着极其重要的意义。

我国现行立法将法人的主要办事机构所在地视为法人住所，不允许以主要办事机构所在地之外的地址为住所。例如，《民法典》第 63 条规定："法人以其主要办事机构所在地为住所。依法需要办理法人登记的，应当将主要办事机构所在地登记为住所。"《公司法》第 10 条和《公司登记管理条例》第 12 条亦将公司住所界定为公司主要办事机构所在地。经公司登记机关登记的公司的住所只能有一个。公司的住所应当在其公司登记机关辖区内。公司住所不同于公司的经营场所。公司经营场所既可有一个，也可有多个。依《公司登记管理条例》第 20 条和第 21 条，申请设立公司时应向公司登记机关提交公司住所证明，既可以是房屋所有权证明，也可以是房屋使用权证明与房屋租赁合同等。

而美国诸州公司法允许公司自由确定其注册办公室（registered office）。因此，公司的主要办事机构所在地不同于注册办公室。不少公司在特拉华州注册，而其主要办事机构可能处于西海岸。

公司住所不仅是公司设立要件之一，也是公司章程的绝对必要记载事项。既然是章程必备条款，公司变更住所时亦需股东大会特别决议修改章程。住所变更自股东大会修改章程之时起生效，自公司登记机关完成变更登记事项之时起可对抗第三人。若公司住所由酒店 8 楼迁至 9 楼，亦属住所变更。凡有可能导致股东或交易伙伴丧失与公司联系的住所变动都属于公司股东会决议和登记机关变更登记的范畴。

有些国家对住所变更采取登记对抗主义,非经登记,住所变更不得对抗第三人。有些国家采取登记要件主义,非经登记,一律视为没有发生变更。《公司登记管理条例》第29条规定:"公司变更住所的,应当在迁入新住所前申请变更登记,并提交新住所使用证明。公司变更住所跨公司登记机关辖区的,应当在迁入新住所前向迁入地公司登记机关申请变更登记;迁入地公司登记机关受理的,由原公司登记机关将公司登记档案移送迁入地公司登记机关。"笔者将该条解释为登记对抗主义态度。换言之,若公司依法变更了有关公司住所的章程条款,即产生住所变更的法律效力,即使尚未在登记机关办理登记也是如此,只不过不能对抗善意第三人而已。

第三节 公司设立程序

一、有限责任公司的设立程序

与股份有限公司相比,设立有限责任公司的门槛更低,程序更简单。依《公司法》第2章第1节和《公司登记管理条例》,设立有限责任公司一般要履行以下程序:(1)订立公司设立协议;(2)签署公司章程;(3)认缴出资;(4)自愿聘请验资机构出具验资证明;(5)确定公司机关及其组成人员;(6)办理登记前置的行政审批程序;(7)前往公司登记机关申请办理公司设立登记;(8)公司登记机关颁发企业法人营业执照。

(一)订立公司设立协议

实践中,公司发起人常常订立公司设立协议(即发起人协议),旨在明确发起人相互之间在公司设立阶段产生的权利义务关系。但《公司法》并无此种硬性要求。为预防发起人之间不必要的误会与利益冲突,提高公司设立的成功率,对发起人协议应予鼓励。

(二)签署公司章程

作为设立公司的重要步骤,全体发起人应当共同签署公司章程,即在公司章程上签名、盖章。为彰显郑重,有些发起人还自愿摁手印。公司章程既可由发起人亲自起草,也可委托专业律师代为起草。无论何人起草,都应体现合法严谨和量体裁衣的基本要求。有些国家的立法(如德国《有限公司法》)要求发起人对公司章程办理公证手续。我国立法并无此种要求,章程是否办理公证纯属公司自治范畴。

(三)认缴并及时缴纳出资

缴纳出资是股东取得股东资格的对价和前提。《公司法》第25条要求有限责任公司章程载明每位股东的出资方式、出资额和出资时间。股东签署公司章程之时即为确认和允诺其出资义务之时。2005年《公司法》改革了1993年《公司法》框架下的严格法定资本制,确立了法定资本制项下的分期缴纳出资制度,要求股东在公司成立之前及时足额地将自己承诺认缴的首期出资履行到位。2013年《公司法》更全面推行注册资本认缴制,原则废止了实缴制。

在章程确定以后,股东就应依《公司法》第28条按期、足额、适当地缴纳公司章程中规定的各自所认缴的出资额。此处的"认缴"是指确认缴纳、允诺缴纳、承诺缴纳而言。股东以货币出资的,应当将货币出资足额存入有限公司在银行开设的账户;以非货币财产出资的,应当依法办理其财产权的转移手续。对作为出资的非货币财产还应当评估作价,核实财产,不得高估或低估作价;法律、法规对评估作价有规定的,从其规定。发起人若未及时、足额、适当地履行出资义务,就要承受不利法律后果:除应当向公司足额缴纳外,还应当向已按期足额缴纳出资的股东承担违约责任。若该瑕疵出资股东无力充实公司资本,公司设立时的其他股东应当依《公司法》第30条对其承担连带责任。发起人股东在代人受过以后,有权向瑕疵出资股东行使追偿权。

(四)自愿聘请验资机构出具验资证明

为确保发起人出资的真实性、充分性与合法性,夯实公司资本基础、维护交易安全,2005年《公司法》第29条规定了强制验资制度:"股东缴纳出资后,必须经依法设立的验资机构验资并出具证明。"为降低公司设立成本,2013年《公司法》废除了原《公司法》有关聘请验资机构出具验资证明的强制程序。

但为避免瑕疵出资引发的不必要法律纠纷,股东可自愿聘请验资机构出具验资证明。为预防验资机构的道德风险,《公司法》第207条还规定了失信验资机构的法律责任。

(五)确定公司机关及其组成人员

为避免公司成立后群龙无首,确保公司有序经营与有效治理,发起人应在章程中确定公司机关及其组成人员。董监高可由发起人出任,也可由其他适格者出任。优先担任董监高堪称担任发起人的特别利益。

(六)办理登记前置的行政审批程序

我国对有限公司的设立采取准则主义为主、许可主义为辅的立法态度。在《行政许可法》颁布以后,公司登记前的行政前置审批程序虽然大幅压缩,但在某些特定领域依然保留。《公司登记管理条例》第22条规定,公司申请登记的经营范围中属于法律、行政法规或国务院决定规定在登记前须经批准的项目的,应当在申请登记前报经国家有关部门批准,并向公司登记机关提交有关批准文件。公司发起人取得行政许可文件后,应当尽快在合理期限内前往公司登记机关办理设立登记手续。

我国曾长期推行"先证后照"的制度模式。发起人股东首先前往行业主管部门领取行政许可,然后携带批文前往公司登记机关领取企业法人营业执照。其中的逻辑难题是:既然公司尚未取得企业法人资格,没有独立的权利能力、行为能力与责任能力,焉能以独立法人资格取得行政许可,签订借款合同、劳动合同、房屋租赁合同?当然,借助"设立中公司"的概念和强化发起人的职责可破解这一难题。先证后照制度也并非一无是处:虽不利于鼓励投资,但有助于在公司成立之前淘汰失信企业。总体来看,先证后照制度除弊有余,兴利不足。

要鼓励投资兴业,既要大幅压缩行政许可项目,也要将例外保留的行政许可项目由"先证后照"模式(行政许可前置模式)重构为"先照后证"模式(行政许可后置模式)。2013年《中共中央关于全面深化改革若干重大问题的决定》要求"由先证后照改为先照后证"。《国务院机构改革和职能转变方案》将其细化为:"对按照法律、法规和国务院决定需要取得前置许可的事项,除涉及国家安全、公民生命财产安全等外,不再实行先主管部门审批、再工商登记的制度,商事主体向工商部门申请登记,取得营业执照后即可从事一般生产经营活动;对从事需要许可的生产经营活动,持营业执照和有关材料向主管部门申请许可。"简言之,公司先领取企业法人营业执照,再前往主管部门领取行政许可。鉴于行政许可属于《行政许可法》的规制范畴,2013年《公司法》未提及"先照后证"。

先照后证模式理顺了公司设立流程,提高了公司设立的效率与存活率,降低了公司设立成本。公司取得营业执照和法人主体资格可名正言顺地开展经营活动,完成获得行政许可之前的其他筹备工作。在获得行政许可前,公司就可光明正大开展法无禁止、且不属行政许可范围的任何经营活动。即使公司最终未能获得行政许可,也可继续从事无需行政许可的普通商事活动。这有助于鼓励公司生产商品,提供服务,创造财富。

榜样的力量是无穷的。先照后证制度可倒逼行政审批制度改革。公司登记机关全面提高公司登记效率、快捷发放营业执照的改革举措会催生"多米诺"骨牌效应,倒逼审批部门提高效率,助推"照后减证"的审批制度改革。

(七)前往公司登记机关申请办理公司设立登记

《公司法》第29条要求股东在认足章程规定的出资后,由全体股东指定的代表或者共同委托的代理人向公司登记机关报送公司登记申请书、公司章程等文件,申请设立登记。通常情况下,申请人可由全体发起人担任,也可由全体股东指定的代表或共同委托的代理人担任。为明确国有独资公司设立情况下的申请人,《公司登记管理条例》第20条第1款规定:"设立国有独资公司,应当由国务院或者地方人民政府授权的本级人民政府国有资产监督管理机构作为申请人,申请设立登记。"

《公司登记管理条例》第20条第2款要求有限责任公司设立的申请人向公司登记机关提交下列文件:(1)公司法定代表人签署的设立登记申请书;(2)全体股东指定代表或共同委托代理人的证明;(3)公司章程;(4)股东的主体资格证明或者自然人身份证明;(5)载明公司董事、监事、经理的姓名、住所的文件以及有关委派、选举或者聘用的证明;(6)公司法定代表人任职文件和身份证明;(7)企业名称预先核准通知书;(8)公司住所证明;(9)国家工商行政管理总局规定要求提交的其他文件。法律、行政法规或者国务院决定规定设立有限责任公司必须报经批准的,还应当提交有关批准文件。

(八)公司登记机关颁发《企业法人营业执照》

依法设立的公司,由公司登记机关发给营业执照。公司营业执照签发日期为公司成立日期。公司凭公司登记机关核发的《营业执照》刻制印章,开立银行账户,申请纳税登记。因此,公司设立登记之日即为公司的诞生日。自公司设立登记之日起,设立中公司自动转化为具有独立法人资格的标准化公司。公司自此获得法律生命,取得法律人格。

未经公司登记机关登记的,不得以公司名义从事经营活动(《公司登记管理条例》第3条)。依《公司法》第210条,未依法登记为有限责任公司或者股份有限公司,而冒用有限责任公司或者股份责任公司名义的,或者未依法登记为有限责任公司或者股份有限公司的分公司,而冒用有限责任公司或者股份有限公司的分公司名义的,由公司登记机关责令改正或者予以取缔,可以并处10万元以下的罚款。

在数字化时代,国家推行电子营业执照。电子营业执照与纸质营业执照具有同等法律效力。

二、发起设立股份有限公司的程序

设立股份有限公司的主要方式有二:发起设立与募集设立。发起设立是指由发起人认购公司应发行的全部股份而设立公司(《公司法》第77条第2款)。

(一) 签订发起人协议

物以类聚,人以群分。对某一投资项目具有合作兴趣的投资者聚集到一起,组成风雨同舟的发起人共同体。为定分止争,提高公司设立效率,《公司法》第 79 条要求发起人承担公司筹办事务,并要求发起人签订发起人协议,明确各自在公司设立过程中的权利和义务。这是股份公司与有限公司在设立程序中的一大区别。因为,有限公司的全体创始股东均为发起人。即使没有发起人协议,立法者也推定此类公司全体股东间存在发起人协议关系。实践中,有限公司全体股东通常会通过非正式方式磨合利益关系,协调发起设立公司的思维与行动。而股份公司发起人协议之有无不仅涉及发起人的切身利益,还涉及广大债权人的交易安全,在募集设立公司的情况下更涉及认股人权益的保护问题。为预防纠纷,公司发起人与创始股东要高度重视发起人协议的严谨性。

(二) 签署公司章程

发起人协议签署以后,全体发起人应当共同签署公司章程。

(三) 认缴并及时缴纳出资

缴纳出资是股东取得股东资格的对价和前提。依《公司法》第 80 条,股份有限公司采取发起设立方式设立的,注册资本为在公司登记机关登记的全体发起人认购的股本总额;在发起人认购的股份缴足前,不得向他人募集股份;股份公司采取募集方式设立的,注册资本为在公司登记机关登记的实收股本总额。因此,立法者对发起设立股份公司情形采取注册资本认缴制,而对募集设立股份公司情形采取实缴制。

《公司法》第 83 条第 1 款从正面强调发起人出资义务的履行:"以发起设立方式设立股份有限公司的,发起人应当书面认足章程规定其认购的股份,并按照章程规定缴纳出资。以非货币财产出资的,应当依法办理其财产权的转移手续。"该条第 2 款从反面规定了发起人瑕疵出资的不利后果:发起人不依前款规定缴纳出资的,应按发起人协议承担违约责任。发起人协议未约定违约责任的,补充适用《民法典》合同编的有关规定。

(四) 确定公司机关及其组成人员

《公司法》第 83 条第 3 款要求发起人在认足章程规定的出资后选举董事会和监事会。

(五) 办理登记前置行政审批程序

依《公司登记管理条例》第 22 条,公司申请登记的经营范围中属于法律、行政法规或国务院决定规定在登记前须经批准的项目的,应当在申请登记前报经国家有关部门批准,并向公司登记机关提交有关批准文件。

(六) 前往公司登记机关申请办理设立登记

依《公司法》第 83 条第 3 款,董事会当选以后,董事会应及时向公司登记机关报送公司章程以及法律、行政法规规定的其他文件,申请设立登记。《公司登记管理条例》第 21 条将"其他文件"界定为:(1) 公司法定代表人签署的设立登记申请书;(2) 董事会指定代表或共同委托代理人的证明;(3) 发起人首次出资是非货币财产的,应当在公司设立登记时提交已办理其财产权转移手续的证明文件;(4) 发起人的主体资格证明或自然人身份证明;(5) 载明公司董事、监事、经理姓名、住所的文件以及有关委派、选举或聘用的证明;(6) 公司法定代表人任职文件和身份证明;(7) 企业名称预先核准通知书;(8) 公司住所证明;(9) 国家工商行政管理总局规定要求提交的其他文件。法律、法规或国务院决定规定设立股份有限公司必须报经批准的,还应当提交有关批准文件。

（七）公司登记机关颁发《企业法人营业执照》

三、募集设立股份公司的程序

依《公司法》第77条第3款，募集设立是由发起人认购公司应发行股份的一部分，其余股份向社会公开募集或向特定对象募集而设立公司。募集设立分为公开募集设立与定向募集设立两种。二者的共同点是发起人仅认购公司发行股份总数的一部分，剩余股份要向他人招募。在2005年《公司法》修改前，我国股份公司的募集设立仅有公开募集设立方式。

尽管定向募集股份时可更多地尊重契约自由和投资者对投资风险及投资收益的独立判断，但为预防合同欺诈，发起人应在向特定投资者募集股份时以招股说明书形式（或替代化合同文件）真实、完整、准确、客观、全面地披露募集股份指向的投资项目。投资者认同投资项目，愿意承受相应投资风险的，应当与发起人签署认股书，并按照所认购股数及时足额地缴纳股款。在通常情况下，发起人定向募集股份面对的投资者包括：为公司提供管理经验、市场份额和品牌利益的战略投资者；为公司提供巨额资金的机构投资者（如投资基金、风险基金）；与发起人存在特定法律关系的投资者（如发起人的同事或亲朋好友）等。不管特定投资者源于高尔夫俱乐部的好友，还是源于血缘关系、劳动合同关系，都不是发起人通过广告、公开劝诱和变相公开方式招募来的投资者。

下面主要介绍公开募集股份的程序。在启动以下程序之前，发起人需要做好一系列募股准备工作，包括但不限于选择证券承销商，与之签订承销协议；选择代收股款银行，并与之签订代收股款协议。有关证券承销制度的具体内容，参见证券法有关规定。

（一）签订发起人协议

鉴于发起人公开募集股份时面对成千上万不特定的公众投资者，《公司法》第79条第2款强制要求发起人签订发起人协议，明确各自在公司设立过程中的权利和义务。从理论上说，《公司法》第78条的发起人上限可高达200人。200位发起人仁智互见，要完成发起人协议签署工作并非易事。为提高公司设立效率，建议发起人自觉控制发起人团队人数、优化发起人团队结构，努力寻求志同道合的投资伙伴。

（二）起草公司章程

鉴于发起人认购的股份仅为公司股份总数的一部分，发起人不享有公司章程制定权。但作为义务，发起人应备置公司章程草案，作为未来成立大会审议通过之用。

（三）认缴发起人股份并及时缴纳出资

发起人率先垂范地认缴股份并及时缴纳出资是发起人取得未来股东资格的对价和前提，也是发起人对自己筹划的公司大计具有自信心的表现，更是遏制"空手套白狼"的欺诈风险的重要手段。《公司法》第84条规定："以募集设立方式设立股份有限公司的，发起人认购的股份不得少于公司股份总数的35%；但是，法律、行政法规另有规定的，从其规定。"

（四）公开发行股份

定向募集与公开募集存在重大区别。定向募集面对的投资者数量有限，且具有封闭性，招募投资者的行为与合同的缔结行为无异。定向募集股份原则上属传统契约自由的范畴，公权力不必深度干预。合同法中的合同订立制度原则上适用于定向募集股份。

而公开募集股份面对的潜在投资者数量成千上万，公权力必须深度干预公开募集股份的行为。为避免不良发起人打着"定向募集"幌子，变相公开募集股份、公然欺诈广大投资者,《证券法》第9条规定了视为公开发行情形的反规避措施:(1)向不特定对象发行证券;(2)向特定对象发行证券累计超过200人,但依法实施员工持股计划的员工人数不计算在内;(3)法律、法规规定的其他发行行为。非公开发行证券,不得采用广告、公开劝诱和变相公开方式。

尽管定向募集股份时更多尊重契约自由和投资者对投资风险及投资收益的独立判断,但为预防合同欺诈,发起人应当在向特定投资者募集股份时以招股说明书形式(或替代化的合同文件)真实、完整、准确、客观、全面地披露募集股份指向的投资项目。投资者认同投资项目,愿意承受相应投资风险的,应当与发起人签署认股书,并按照所认购股数及时足额地缴纳股款。

为充分发挥市场在配置资源中的基础性决定性作用,笔者曾在《中国证券报》(2013年9月30日第15版)撰文《建立新型IPO注册制势在必行》。2013年10月,党的十八届三中全会提出"推进股票发行注册制改革"。为落实这一改革部署,新版《证券法》第2章对公开发行证券全面推行注册制,并全面、系统构建了以充分信息披露为基础、以审慎形式审查为核心、以重典治乱为后盾的注册制规则体系。

为鼓励诚信的优秀公司脱颖而出,从源头上消除不合理制度设计导致的公司财务造假现象,新《证券法》求真务实,大胆精简并优化了证券发行条件,将股票发行人应当具有的"持续盈利能力"改为"持续经营能力",同时大幅简化公司债券发行条件。降低后的法定门槛能够包容不同的产业模式与盈利模式,有助于鼓励公司心无旁骛地提高产品或服务的核心竞争力,促进公司可持续发展,实现公司长远利益最大化,培育公众投资者理性的价值投资理念。

《证券法》第9条规定了公开发行股票的注册制。公开发行证券,必须符合法律、行政法规规定的条件,并依法报经国务院证券监督管理机构或者国务院授权的部门注册。未经依法注册,任何单位和个人不得公开发行证券。

依《证券法》第11条,设立股份有限公司公开发行股票,应符合《公司法》规定的条件和经国务院批准的证监会规定的其他条件,向证监会报送募股申请和下列文件:(1)公司章程;(2)发起人协议;(3)发起人姓名或者名称,发起人认购的股份数、出资种类及验资证明;(4)招股说明书;(5)代收股款银行的名称及地址;(6)承销机构名称及有关的协议。聘请保荐人的,还应当报送保荐人出具的发行保荐书。法律、行政法规规定设立公司必须报经批准的,还应当提交相应的批准文件。

依《公司法》第85条,发起人向社会公开募集股份,必须公告招股说明书,并制作认股书。认股书应当载明本法第86条所列事项,由认股人填写认购股数、金额、住所,并签名、盖章。招股说明书应附有发起人制订的公司章程,并载明下列事项:(1)发起人认购的股份数;(2)每股的票面金额和发行价格;(3)无记名股票的发行总数;(4)募集资金的用途;(5)认股人的权利、义务;(6)本次募股的起止期限及逾期未募足时认股人可以撤回所认股份的说明。

依《证券法》第23条,股票发行申请经注册后,发行人应依法在股票公开发行前公告招股说明书,并将该文件置备于指定场所供公众查阅。发行股票信息依法公开前,任何知情人不得公开或者泄露该信息。发行人不得在公告招股说明书前发行股票。

从法律性质看,招股说明书是发起人对非特定公众投资者发出的认购股份的要约邀请,但内容明确具体、对投资者认购股份产生重大影响的招股说明书亦有可能构成要约。招股说明书还是发起人向证券监督管理机构申请募股的必备法律文件。招股说明书的作用在于,帮助投资者对于拟投资项目的真实价值作出理性、科学、睿智的判断。

(五)备置认股书,以便投资者认购缴纳股款

招股说明书是要约邀请,认股书则是投资者对发起人所作的承诺。认股书签字之时原则上就是股份认购合同生效之时。因此,认股人认购股份后应按照认股书之约定,及时足额缴纳股款。若认股人未及时缴纳股款,发起人又未明示地为其垫付股款,则自动丧失股东资格,及时补缴出资、加计同期银行利息,也于事无补。代收股款的银行应当按照协议代收和保存股款,向缴纳股款的认股人出具收款单据,并向有关部门出具收款证明。

依《公司法解释(三)》第6条,股份公司的认股人未按期缴纳所认股份的股款,经公司发起人催缴后在合理期间内仍未缴纳,公司发起人对该股份另行募集的,法院应当认定该募集行为有效。认股人延期缴纳股款给公司造成损失,公司请求该认股人承担赔偿责任的,法院应予支持。在股份另行募集成功的情形下,未及时缴纳股款的认股人自动丧失股东资格,即使愿意补缴出资、加计同期银行利息,也于事无补。

(六)聘请验资机构出具验资证明

为确保发起人和认股人出资的真实性、充分性与合法性,夯实公司资本基础、维护交易安全,《公司法》第89条要求,发行股份的股款缴足后必须经依法设立的验资机构验资并出具证明。失信验资机构依《公司法》第207条承担相应的法律责任。

(七)召开公司创立大会,通过公司章程,选举董事、监事

创立大会是股东大会的前身,也是设立中公司的最高决策机构。依《公司法》第89条第1款至第2款,发起人应当自股款缴足之日起30日内主持召开公司创立大会。创立大会由发起人、认股人组成。发行的股份超过招股说明书规定的截止期限尚未募足的,或者发行股份的股款缴足后,发起人在30日内未召开创立大会的,认股人可以按照所缴股款并加算银行同期存款利息,要求发起人返还。

据《公司法》第90条,发起人应在创立大会召开15日前将会议日期通知各认股人或者予以公告。创立大会应有代表股份总数过半数的发起人、认股人出席,方可举行。创立大会的主要职权包括:(1)审议发起人关于公司筹办情况的报告;(2)通过公司章程;(3)选举董事会成员;(4)选举监事会成员;(5)对公司的设立费用进行审核;(6)对发起人用于抵作股款的财产的作价进行审核;(7)发生不可抗力或经营条件发生重大变化直接影响公司设立的,可作出不设立公司的决议。创立大会对前述事项作出决议,必须经出席会议的认股人所持表决权过半数通过。

(八)办理登记前置的行政审批程序

据《公司登记管理条例》第22条,公司申请登记的经营范围中属于法律、行政法规或国务院决定规定在登记前须经批准的项目的,应在申请登记前报经国家有关部门批准,并向公司登记机关提交有关批准文件。

(九)前往公司登记机关申请办理设立登记

创立大会选举出董事会与监事会组成人员以后,发起人作为设立中公司机关的使命即告完成。与此同时,董事会与监事会开始登场,正式承担设立中公司在正式成立之前的其他筹备工作。依《公司法》第92条,董事会应于创立大会结束后30日内,向公司登记机关报送

下列文件,申请设立登记:(1)公司登记申请书;(2)创立大会的会议记录;(3)公司章程;(4)验资证明;(5)法定代表人、董事、监事的任职文件及其身份证明;(6)发起人的法人资格证明或自然人身份证明;(7)公司住所证明。以募集方式设立股份有限公司公开发行股票的,还应向公司登记机关报送证监会的核准文件。

(十)公司登记机关颁发《企业法人营业执照》

四、其他注意事项

以上仅从法律意义上廓清了公司设立程序。若从商业角度看,以上程序依然残缺不全。投资者在公司设立程序启动之前及结束之后还有许多"课外作业"。例如,在启动公司设立程序之前,投资者为及时捕捉投资机会,往往需要花相当时间和精力参加投资洽谈会,研究投资创意,对相关产品或服务市场的前景和风险作尽职调查,并在综合考量商业道德、合作精神、管理经验、专业技术、资金实力、业界威望和信用度等诸多因素的基础上谨慎选择适合自己的投资伙伴。在公司设立程序结束后,董监高应尽快进入角色,各司其职,启动百业待兴的公司经营管理活动(包括制订公司经营计划,启动人员招聘程序)。公司还应尽早确定股东身份,及时备置股东名册,向股东出具出资证明书。立法者虽然不必、也不可能详细规定法律程序外的注意事项和法律风险,但理性睿智的发起人和投资者对此不可不察。

第四节　公司发起人

一、公司发起人概述

《公司法》没有公司发起人的立法定义。从理论上说,公司的"发起人"(promoter)是指负责筹划和实施公司设立行为,履行出资义务,依据法律规定或合同约定对公司设立行为承担相应义务和责任的当事人。

公司发起人的地位有三:一是发起人是公司的创始人和缔造者,堪称"孕育公司婴儿的孕妇"。没有发起人的投资创意和资本投入,就没有公司。二是设立中公司的机关。设立中公司虽无完全法人资格,也离不开发起人作为设立中公司机关实施的设立行为(包括签署发起人协议与公司章程、认缴出资、缴纳出资、催缴出资、办理行政许可手续等)。三是发起人之间在为设立公司而发生的民事关系中处于准合伙人和连带债务人的地位。从法理上看,发起人担任发起人伊始,就对设立中公司的潜在债务人作出了默示债务保证。发起人就是设立中公司债务的保证人。正乃因发起人之间的连带关系,在公司设立过程中的决策应采取全员一致决定原则。

公司发起人不同于"公司婴儿"的"助产士"。中介机构(包括律师、公司注册代理公司等)虽然也为公司设立提供专业服务,但并不承担公司设立不能、公司设立失败的风险,亦不承担出资义务。因此,负责从事公司设立事务的中介机构不负发起人义务,亦不享有发起人权利。

公司的设立均需发起人。只不过有限责任公司的原始投资者均为发起人,而股份有限公司的原始投资者并非都是发起人。发起人既包括股份有限公司的"发起人"(包括发起设立情形下的全体投资者、募集设立情形下的部分投资者),也包括《公司法》未使用"发起人"

概念的有限责任公司的全体股东。尽管《公司法》第2章第2节在谈及有限责任公司设立时使用了"股东"的概念,但由于在公司设立阶段公司尚未成立,并不存在"股东"的法律身份。立法者在此处所提的"股东"显然不是严谨的法律概念。从立法目的看,此处的"股东"二字应解释为"发起人(未来股东)";否则,无法解释《公司法》第30条的"公司设立时的其他股东"对瑕疵出资股东充实资本的连带责任。恰恰由于"公司设立时的其他股东"肩负着发起人的重责大任,立法者才会将对瑕疵出资股东的连带责任加于发起人,而不会殃及发起人之外的嗣后加盟股东。

二、担任发起人的资格

有限责任公司的发起人上限为50人、下限为1人;股份有限公司的发起人上限为200人、下限为2人。

就发起人的行为能力而言,发起人应具有完全民事行为能力。虽《公司法》对此语焉不详,但发起人肩负着创设公司的重责大任,理应具有完全民事行为能力。作为限制行为能力人、无民事行为能力的未成年人和精神病人不能担任公司发起人,但可借助代理人的协助以认股人的身份加入公司,或在公司成立后通过继受取得方式取得股东资格。这不是对未成年人和精神病人的歧视与限制,而是关心和爱护之举,旨在保护其免遭发起设立公司过程中之风险。

就发起人住所而言,立法者虽要求股份公司半数以上发起人在中国境内有住所,但未要求有限公司的半数以上股东须在中国境内有住所。似乎前后文之间存在着不对称现象。建议对于两类公司发起人住所一视同仁,要么同时作出限制,要么同时取消限制,以臻平等。要求发起人半数以上在中国境内有住所,有助于降低公司设立阶段的通讯与联络成本,提高公司设立阶段的工作效率。但随着国内外航空运输网络的扩大,现代通讯技术尤其是互联网与电子商务技术的深入普及,住所要求亦可删除。我国台湾地区"公司法"在2001年10月之前亦有发起人住所之限制,但此后将其删除。此种立法经验值得借鉴。

就股东或发起人的身份而言,中国人、外国人和无国籍人均可成为有限公司股东和股份公司发起人,但法律法规明确禁止的除外。至于股东为自然人抑或法人、其他组织(如合伙企业),除法律另有规定外,均无不可。

就股东或发起人的财力而言,立法者并无硬性要求。除法律法规另有规定外,腰缠万贯的富翁与消费价格敏感人群(如下岗工人、农民工)皆可成为有限公司股东和股份公司发起人。就例外情形而言,为确保证券公司的"优生优育",《证券法》第118条要求设立证券公司的主要股东及公司的实际控制人具有良好的财务状况和诚信记录,最近3年无重大违法违规记录。除例外明文规定外,立法者不苛求每位股东或发起人的最低认缴出资。从理论上说,低收入者哪怕认缴1元人民币出资,也可成为股东。立法者鼓励中小股东参与投资创业。但由于发起人要承担公司设立不能时对债权人的连带责任风险,发起人在寻求投资伙伴时通常会对其财力状况保持应有警惕。

由于发起人在公司设立期间为设立中公司的机关,《公司法》第146条有关董监高的以下消极资格要件也适用于公司发起人:(1)无民事行为能力或限制民事行为能力;(2)因贪污、贿赂、侵占财产、挪用财产或破坏社会主义市场经济秩序,被判处刑罚,执行期满未逾5年,或因犯罪被剥夺政治权利,执行期满未逾5年;(3)担任破产清算的公司、企业的董事或厂长、经理,对该公司、企业的破产负有个人责任的,自该公司、企业破产清算完结之日起未逾3年;(4) 担任因违法被吊销营业执照、责令关闭的公司、企业的法定代表人,并负有个人责任的,自该公司、企业被吊销营业执照之日起未逾3年;(5) 个人所负数额较大的债务到期未清偿。

我国法律不禁止公民异地开设公司。实际上,各地政府对外来投资者一般采取鼓励和欢迎的态度,甚至主动出面招商引资。

三、公司发起人的权利

虽然《公司法》重点规定发起人的义务和责任,而对发起人的权利与特别利益语焉不详,但从主流市场经济国家的立法例及公司实践来看,发起人一般享有以下权利和特别利益:

(1) 设立费用补偿请求权。若公司得以成立,发起人在公司设立期间代为支付的各项必要、合理的费用均应由公司予以补偿。

(2) 报酬请求权。与嗣后加入公司的股东以及募集设立公司中的认股人相比,发起人为公司设立而劳心费力,理应获得合理报酬。"羊毛出在羊身上"。有些发起人股东作为控制股东,不愿竭泽而渔,宁愿放弃发起设立报酬。

(3) 优先担任董监高。这是许多公司发起人梦寐以求的特别利益,在实践中一般容易获得满足。只不过基于发起人的贡献和领导力等因素的不同,安排的岗位和级别有所差异。发起人一旦担任董监高,便有充分的机会和资源与其他股东保持畅通交流,展示对公司和广大股东的忠诚与贡献,也有利于发起人谋求连任。

(4) 优先以非货币财产出资。自2013年《公司法》修改以后,我国不但允许股东出资形式多元化,而且废除了对非货币出资最高比例的限制。从理论上说,设立公司可以采取百分之百非货币财产出资。但非货币出资的真实性与充分性也容易引发货币出资股东以及公司的债权人的质疑,进而引发不必要纠纷。鉴于这种情况,《公司法解释(三)》第9条规定:"出资人以非货币财产出资,未依法评估作价,公司、其他股东或者公司债权人请求认定出资人未履行出资义务的,法院应当委托具有合法资格的评估机构对该财产评估作价。评估确定的价额显著低于公司章程所定价额的,法院应当认定出资人未依法全面履行出资义务。"因此,发起人可坐享"近水楼台先得月"之利,但非货币财产出资的足额性也会被其他股东或债权人质疑。

(5) 其他特别利益,如优先在公司增资扩股时认购发行新股,在公司分红时优先分红,在公司清算时优先于其他股东获得剩余资产等。

发起人的上述特别利益有些需借助公司章程予以确认,有些需要借助民法一般制度予以解释。例如,费用补偿请求权根据委托合同法理就可获得合理解释。为慎重、安全起见,也为兼顾公司与发起人的正当利益诉求,发起人特别利益应载明于章程,否则对公司没有拘束力。

四、发起人的义务与责任

发起人的义务主要表现为以诚实、勤勉的标准实施公司设立行为,包括签署公司章程、认缴出资、缴纳出资、催缴其他发起人或认股人出资、办理行政许可手续等。违反这些义务或滥用发起人权利和权力,会导致发起人的民事责任。在公司设立失败时,全体发起人还要对设立中公司的债权人承担债务清偿责任。

（一）出资瑕疵的责任

发起人负有及时足额出资的义务，并就其非货币出资财产对公司负有出资财产质量瑕疵担保责任与权利瑕疵担保责任。发起人出资存在瑕疵的，除对及时足额出资的守约发起人承担违约责任外，尚对公司承担资本充实责任，即补缴出资并承担相应的赔偿责任（如同期银行贷款利息）。在瑕疵出资的发起人怠于或拒绝充实公司资本时，公司可请求其他发起人对其承担连带责任。若发起人怠于对公司充实资本，公司的债权人有权基于代位权对于瑕疵出资的发起人及其他发起人提起代位权诉讼，请求被告对公司债务承担补充清偿责任。

（二）公司设立失败时对设立中公司债权人的债务连带清偿责任

依《公司法》第94条第1项，股份有限公司发起人在公司不能成立时，对设立行为所产生的债务和费用负连带责任。相比之下，该法并未对有限责任公司的发起人责任作此规定，诚为立法漏洞。从法解释学角度言之，发起人乃为设立中公司债务的保证人，而且发起人之间的关系为准合伙关系。因此，各类公司发起人均对公司不能成立时设立行为所产生的债务和费用承担连带清偿责任。

（三）公司设立失败时对认股人的出资返还义务

依《公司法》第94条第2项，股份有限公司不能成立时，对认股人已缴纳的股款，负返还股款并加算银行同期存款利息的连带责任。可见，在公司设立失败时，认股人优先于发起人取回已缴股款。此时，认股人的法律地位与设立中公司的债权人处于同一法律地位。若认股人已缴股款被发起人用于设立活动中的费用支出，发起人也要完璧归赵。这也从一个侧面说明了发起人的潜在法律风险。该条适用于以募集方式设立股份有限公司的情形，而不适用于以发起方式设立股份公司的情形以及设立有限公司的情形。在返还认股人出资、清偿债权人之外尚有剩余资产的，可根据发起人内部的约定比例或出资比例在发起人之间分配剩余资产。

（四）公司成立时对公司的侵权之债

依《公司法》第94条第3项，在公司设立过程中，由于发起人过失致使公司利益受损的，应对公司承担赔偿责任。该条适用于公司成功设立的情况。此种责任的性质为侵权责任，归责原则为过错责任原则，责任形态原则上为按份责任。发起人在设立公司过程中损害公司利益，且有过错的，才对公司承担侵权责任。若发起人没有过错，即无责任；部分发起人有过错，部分发起人无过错的，无过错发起人不对公司损害承担赔偿责任甚或连带赔偿责任。该责任旨在确保设立中公司的利益免受发起人或实际负责筹设人坑害之苦。

第五节　设立中公司

一、设立中公司的概念

设立中公司是指自发起人制定公司章程时开始至公司完成设立登记之前的公司雏形。"十月怀胎，一朝分娩"。"公司胎儿"有可能经过一段公司设立期间而"呱呱落地"，取得法人资格；也可能中途"流产"。

《公司法》未规定设立中公司的法律地位，对发起人或实际负责筹设人对公司所负的赔偿责任语焉不详。虽然设立中公司尚无完全的法律人格,但从商业惯例看,设立中公司在事实上的客观存在乃为不争之事实,其以"某公司(筹)"或"某公司筹备处"的名义开展活动更是司空见惯。为明确设立中公司实施的法律行为的法律效果的归属,尤其明确设立中公司与设立后公司的法律人格的内在关系尤其是权利义务的继受问题,有必要明确设立中公司的法律地位。

二、设立中公司的法律地位

(一) 设立中公司为无权利能力的其他组织

德国法将设立中公司的地位界定为无权利能力的社团。德国《民法典》第54条规定:"对无权利能力的社会团体适用关于合伙的规定;以这种社团名义对第三人所为的法律行为,由行为人个人负责;如行为人有数人时,全体行为人视为连带债务人。"德国《股份公司法》第41条规定:"在商业登记簿登记注册前以公司名义进行商业活动者,由个人承担责任;若是几个人进行商业活动,他们则作为总债务人来承担责任。"

此种立法例值得借鉴。美中不足在于,无权利能力社团说建立在公司本质为社团法人的理论基础之上。鉴于社团性不再是公司的必要法律属性,建议将"无权利能力社团说"修改为"无权利能力组织说"。设立中公司虽非依法定条件与法定程序成立的公司,但仍不视为民事主体,属于公民、法人之外的第三主体"其他组织"的范畴。发起人均为设立中公司的业务执行机关与代表人。

将设立中公司界定为无权利能力的其他组织的实益在于,可确定设立中公司在民商法中的民事主体地位。由于任何人(包括发起人)在公司成立之前不得以公司名义开展活动,而设立中公司又有别于发起人固有的民事主体地位,确认设立中公司的民事主体地位有助于稳定交易关系、保护善意第三人的安定感和预期力。

(二) 设立中公司为准合伙组织

在"其他组织"的范畴中,设立中公司更接近于合伙的特点。笔者将其称为"准合伙组织"。合伙人即为公司全体发起人。对于设立中公司的对内对外法律关系,可援引民法中的合伙关系处理。与其他合伙不同的是,设立中公司这一合伙组织仅为设立公司的目的而存在,而非为其他民事或商事目的(如生产、销售商品或提供服务)而存在。

将设立中公司界定为准合伙组织,有助于在公司立法缺乏明文规定的情况下,节约立法资源,理顺发起人之间、发起人与设立中公司之间、发起人与第三人之间的权利义务关系。

(三) 设立中公司与成立后公司为同一体

如同腹中胎儿与产后婴儿为同一体、地下蝉蛹与振羽而飞的蝉儿为同一体,设立中公司与成立后公司亦为同一体。设立中公司乃为未来公司前身。这乃因,在公司设立阶段,公司的设立要件渐次出现,距离公司诞生的时刻愈来愈近。例如,在公司章程基本确定、发起人和认股人缴纳出资完毕、公司机关成员当选之后,如同婴儿孕育过程乃是由微小的受精卵不断成长为器官较为成熟的胎儿的过程,公司设立过程也是设立中公司由不成熟状态臻于成熟状态的过程。当然,这一论断仅在公司成立的情形才有意义。若公司设立失败,自然谈不上同一体问题。

设立中公司与成立后公司为同一体的实益在于,设立中公司缔结的法律关系就是成立后公司缔结的法律关系。设立中公司的债权债务关系当然转由成立后的公司继受,而无需履行特别的债权债务移转手续。因为,设立中公司就是成立后公司的前身,而后者也是前者的法律延伸。发起人作为设立中公司的机关为设立公司而创设的法律关系就是设立中公司的法律关系,在公司成立之后自动被成立后公司继受。

三、公司设立阶段的合同债务的确定原则

设立中公司缔结的法律关系就是成立后公司缔结的法律关系。设立中公司的债权债务关系转由成立后的公司继受,而无需履行特别的债权债务移转手续。但这一结论是站在设立中公司的角度而言的,其债权人根本就不认为发起人创设的债务就是设立中公司债务。因此,必须甄别设立中公司的债务与发起人的固有债务,明确公司设立失败时设立中公司债务的负担主体等。

设立中公司债务的归属要充分体现债权人利益与公司利益、股东利益相互之间的有机协调。为保护交易安全,提高交易的预期度与透明度,应当树立"分公私、别内外、论成败、辨善恶"的十二字理念。(1)"分公私"意味着,要区分发起人为其个人利益而创设的债务及其为设立中公司的利益而创设的债务。(2)"别内外"意味着,要区分公司内部法律关系与外部法律关系,并优先礼让外部关系中的第三人。对公司设立阶段产生的债权债务的归属应当坚持外观主义标准(主要包括主体名义标准),原则上依据债权债务关系创设主体的名义而定,但在例外个案下遵循特别规则。(3)"论成败"意味着,要区分公司设立之成功与否。(4)"别善恶"意味着,要区分公司设立阶段的债权人是否善意第三人。

四、公司设立成功时公司设立合同债务的负担

(一)发起人为设立公司以自己名义创设的债权债务归属

基于外观主义法理,《公司法解释(三)》第2条第1款规定:"发起人为设立公司以自己名义对外签订合同,合同相对人请求该发起人承担合同责任的,人民法院应予支持。"此处的"合同责任"是广义概念,既包括违反合同义务的合同责任,也包括合同义务在内。若发起人为设立公司以自己名义与他人创设债权债务关系,则此种债权债务属于发起人的个人债务,应由发起人独享其利、自负其责。例如,发起人与银行签订借款合同,以筹措投资款时,银行债权人只能请求特定发起人清偿债务,而不能请求成立后的公司代为清偿。

上述原则也存在例外。即使发起人为设立公司以自己名义对外签订合同,若成立后的公司从发起人手中承担了债务,则合同相对人可请求成立后的公司履行债务。《公司法解释(三)》第2条第2款规定:"公司成立后对前款规定的合同予以确认,或者已经实际享有合同权利或者履行合同义务,合同相对人请求公司承担合同责任的,人民法院应予支持。"合同相对人既可请求公司偿债,也可请求发起人个人偿债,究竟对谁主张债权属于合同相对人的选择权。

若成立后的公司依据股东会或董事会的合法授权、依循债权债务移转规则受让了发起人与第三人的债权债务关系,则此种受让当属有效。公司的债务继受行为有多种表现形式:(1)公司以明示的形式(包括书面形式与口头形式)确认发起人与当事人之间缔结的合同关系,追认发起人创设的债权债务关系,且获得了第三人同意。(2)公司以享受发起人创设的债权利益的行为方式,默示地追认和承受发起人创设的债权债务关系,但不包括公司基于发起人的出资义务而接受发起人出资财产的行为。例如,发起人甲为履行其对公司承诺的汽

车出资义务,遂与汽车经销商签订购车合同,并通知经销商将汽车直接交付给设立中公司。在这种情况下,成立后公司接受出资财产(汽车)的行为并不等于公司继受了汽车销售款的支付义务,发起人依然要承担价款支付义务。(3) 依《公司法》第16条第2款和第3款规定的公司担保内部决策程序,公司自愿与发起人的债权人签订担保合同,担当发起人债务的担保人。在上述情况下,发起人的合同相对人可请求公司承担合同责任。

无论公司继受发起人的债权债务采取何种形式,都要具备正当理由,履行正当程序,兼顾公司利益和债权人利益。若公司缺乏继受发起人债务的法律依据,或内部决策程序存在瑕疵,其他股东有权对瑕疵公司决议提起诉讼。相比之下,公司若从发起人无偿受让权利则不存在法律障碍。

(二) 发起人以设立中公司的名义创设的债权债务的归属

若发起人以设立中公司的名义,例如以"公司(设立中)""公司筹备组""公司(筹)"等名义与他人创设债权债务关系,则此种债权债务原则上属于设立中公司的债权债务。若公司有效成立,此种债权债务当然、自动地由成立后的公司继受,与发起人无涉,债权人也无权追究发起人的债务清偿责任。《公司法解释(三)》第3条第1款明确规定:"发起人以设立中公司名义对外签订合同,公司成立后合同相对人请求公司承担合同责任的,人民法院应予支持。"其法理依据在于,设立中公司与成立后公司在人格上具有同一性。《公司法》第90条第2款规定的创立大会"对公司的设立费用进行审核"的条款并不影响此种当然继受的行为。

若上述原则被推至绝对,又会助长发起人与第三人恶意串通、损害公司利益的情形。发起人乃为商人,而非圣人或天使。公司设立过程中会存在道德风险。如何防范发起人的道德风险,又不致殃及善意第三人的债权安全,遂成为公司设立制度面临的难题。针对此种道德风险,《公司法解释(三)》第3条第2款就规定:"公司成立后有证据证明发起人利用设立中公司的名义为自己的利益与相对人签订合同,公司以此为由主张不承担合同责任的,人民法院应予支持,但相对人为善意的除外。"

若发起人为自己的利益、但以设立中公司名义对外创设了债务,此种债务负担应当区分两种情况:(1) 债权人若为善意,不知道,也没有义务知道发起人损公肥私的事实,仍有权请求成立后的公司清偿债务;(2) 债权人若主观上存在恶意或过失,明知或应知发起人损公肥私的事实以及"设立中公司债务"就是发起人固有债务的事实,则只能请求发起人清偿债务,但无权请求成立后的公司清偿债务。于是,债权人是否善意遂成为关键问题。

债权人也可同意公司将设立中公司的债务转移给发起人。一旦债务发生转移,债权人便无权请求成立后的公司履行债务。因此,债权人对设立中公司债务的转移应谨慎行事。

五、公司设立失败时公司设立合同债务的负担

公司设立存在各种风险(包括市场风险、道德风险与法律风险),且不以人的意志为转移。设立中的公司可能振羽而飞,也可能胎死腹中。公司设立失败是指在发起人设立公司的过程中,由于法律上或事实上的原因导致公司无法完成设立登记的现象。在公司设立失败的情况下,需要在区分内外关系的基础上,妥善处理好公司设立阶段的债权债务关系。

(一) 发起人在外部关系中的连带债务清偿责任

在设立行为无果而终的意外情况下,尽管发起人以设立中公司的名义与他人创设债权债务关系,但由于没有成立后的公司概括继受设立中公司的债务,发起人必须对设立中公司的债务承担无限连带清偿责任。换言之,债权人可将设立中公司的债务视为全体发起人的债务。其法理基础是,全体发起人之间围绕公司设立存在着准合伙关系。

《公司法解释(三)》第4条第1款就规定:"公司因故未成立,债权人请求全体或者部分发起人对设立公司行为所产生的费用和债务承担连带清偿责任的,人民法院应予支持。"此处的"公司"包括有限责任公司与股份有限公司。换言之,建立在发起人之间的准合伙关系基础之上的全体发起人在公司设立失败时对债权人的连带民事责任普适于各类公司。如,依《公司法》第94条第1项和第2项,股份有限公司不能成立时,发起人要对设立行为所产生的债务和费用负连带责任,并对认股人已缴纳的股款负返还股款并加算银行同期存款利息的连带责任。

若全体发起人与债权人达成了发起人各自以其认缴出资额为限对设立中公司债务承担按份清偿责任的协议,则此种协议有效;否则,债权人有权追究全体发起人对设立中公司债务的无限连带清偿责任。若不如此,将助长不肖之人恶意滥用设立公司之名而逃废债务,坑害债权人。

(二) 发起人在对外承担连带债务清偿责任之后的内部追偿规则

《公司法解释(三)》第4条第2款明确了发起人内部分担债务清偿责任的三大规则的优先序:"部分发起人依照前款规定承担责任后,请求其他发起人分担的,人民法院应当判令其他发起人按照约定的责任承担比例分担责任;没有约定责任承担比例的,按照约定的出资比例分担责任;没有约定出资比例的,按照均等份额分担责任。"

第一优先规则为发起人约定的担责比例,旨在弘扬契约精神。发起人在对外承担债务以后,可根据发起设立协议确定的债务承担比例对其他发起人行使追偿权。第二优先规则是出资比例,旨在体现权利义务相一致的公平理念。最后补充适用的规则是等份规则,旨在尊重我国传统文化中"不患寡而患不均"的强大基因。这种优先顺序体现了对发起人意思自治的充分尊重,也符合权利与义务对等、投资风险与投资收益同步的公平理念,更体现了内外有别的原则。

(三) 因部分发起人的过错导致公司未成立时发起人的内部问责机制

公司设立失败有时归咎于部分发起人的过错,特别是故意和重大过失。为体现过罚相当的理念,适度制裁过错方,《公司法解释(三)》第4条第3款规定:"因部分发起人的过错导致公司未成立,其他发起人主张其承担设立行为所产生的费用和债务的,人民法院应当根据过错情况,确定过错一方的责任范围。"这种"辨善恶"的理念符合公平原则,有助于督促全体发起人在公司设立过程中同心同德,群策群力,提高公司设立成功的概率。

六、公司设立阶段的侵权之债的承担

以债的创设原因为准,债分为合同之债、侵权之债、不当得利之债与无因管理之债。合同之债与侵权之债的根本区别在于,侵权行为受害人对债权的取得往往缺乏内心自愿与足够的心理准备;而合同债权人对未来债权的创设是自愿的,且在合同缔结前可拒绝缔约,即使选择缔约,也享有尽职调查和索取担保手段的充分机会。因此,《公司法解释(三)》第2条至第4条面对合同债务设计的规则并不适用于侵权之债。有鉴于此,《公司法解释(三)》第5条第1款与第2款在区分内外关系的基础上,细化了侵权之债的承担规则。

就外部关系而言,《公司法解释(三)》第5条第1款针对公司设立成败的不同情形规定了不同裁判规则:"发起人因履行公司设立职责造成他人损害,公司成立后受害人请求公司承担侵权赔偿责任的,人民法院应予支持;公司未成立,受害人请求全体发起人承担连带赔偿责任的,人民法院应予支持"。这体现了法律在外部关系中对债权人的保护与礼让,绽放了关怀弱势群体的人性光辉。

就内部关系而言,《公司法解释(三)》第5条第2款规定:"公司或者无过错的发起人承担赔偿责任后,可以向有过错的发起人追偿。"这体现了罚当其过的原则,有助于督促发起人在设立公司过程中见贤思齐,谨慎勤勉,自觉降低公司设立过程中的侵权概率。

七、公司设立阶段的债务负担远远超过公司注册资本的法律问题

《公司法》和《公司法解释(三)》遗留的一个悬而未解的问题是,若公司设立成功、但公司设立阶段的债务负担远远超过了公司注册资本,发起人是否享有股东有限责任待遇?换言之,债权人可否请求发起人对公司不能清偿的公司设立债务承担连带清偿责任?

假定甲乙丙作为公司发起人设立注册资本为3万元人民币的公司,各自认缴出资1万元人民币。经过全体发起人共同努力,公司得以成立,但公司设立期间的债务高达30万元人民币。债权人若请求公司清偿债务,公司暂时无力偿债;若请求发起人偿债,发起人会辩称自己是有限责任股东,不对超出自己认缴资本的公司债务承担清偿责任。

为保护公司设立阶段的交易安全,督促发起人节约公司设立成本,发起人在公司设立债务超过公司注册资本的情况下,仍应对公司设立阶段的债务承担无限连带清偿责任;除非发起人与债权人另有特别约定。具体说来,若发起人在设立公司阶段与所有债权人协商一致,允许发起人在公司设立成功的情形下不对超过公司注册资本的公司设立债务承担清偿责任,发起人当然可享受股东有限责任待遇。

第六节 公司设立无效

一、公司设立无效的概念

公司设立无效是指已在公司登记机关办理设立登记手续、领取企业法人营业执照的公司被法院或仲裁机构确认自始不具备独立法人资格,任何以公司名义所发生的债权债务均由发起人承担的情形。

公司设立无效不同于公司设立失败。公司设立无效的前提是,公司已根据法定程序取得了公司法人资格。而在公司设立失败的情况下,设立中公司没有机会取得法人资格、转化为标准公司,当然谈不上公司设立无效的问题。

公司设立无效与揭开公司面纱大异其趣。公司设立无效的后果是,公司彻底丧失其法人资格。而在揭开公司面纱的情况下,法院仅在个案中例外不承认滥用公司法人资格的股东的有限责任待遇。

《公司法》未规定公司设立无效制度,体现了立法者对公司设立无效的慎重态度,也暴露出我国公司设立无效制度的不成熟。为缓解实践中可能出现的公司设立无效现象,应在制度上谋求应对之策。

二、慎用公司设立无效制度

公司是社会经济的细胞。现代公司立法确认公司维持制度,尽可能确保更多的公司留在市场舞台上为投资者和全社会的最佳利益创造和积累财富。为此,公司设立无效制度只能作为例外制度而适用。

为慎重起见,公司设立无效应当由法院或仲裁机构宣告,而不宜由行政机关确定。法院或仲裁机构要严格限制公司设立无效制度的适用范围。对公司设立可确认无效、也可确认有效的个案,应当坚决确认有效,同时责令发起人或第三人(如瑕疵出资股东)弥补相关的法律瑕疵。在不宣布设立瑕疵公司无效的情况下,可通过揭开公司面纱制度或追究瑕疵出资股东的民事责任的方式保护公司的债权人。为晓谕公众和债权人,法院或仲裁机构的公司设立无效判决书或裁决书应予公告。

要严格限定公司设立无效的法定事由。参酌《欧盟公司法第 1 号指令》第 11 条,除非具有下列情形之一,法院不得认定公司设立无效:(1) 公司没有签署公司章程,或没有履行必需的前置审批程序;(2) 公司的经营范围违反了法律或行政法规中的强行性规定,或严重损害了社会公共利益;(3) 公司章程中没有载明公司的名称、每位股东分别认购的资本数额、已认购的资本总额;(4) 所有发起人均不具备相应的行为能力。

在公司设立无效之诉中,原告限于公司的债权人、股东、董监高和职工等利益相关者,被告为公司。为查明案情、便于瑕疵补救程序的正常进行,法院可依职权或原告请求,追加第三人(包括瑕疵出资股东)。

为避免原告滥用诉权,损害公司利益,法院可根据公司的请求,责令原告提供诉讼费用担保。主观上有恶意或重大过失的股东在败诉时亦应向公司承担实际损害赔偿责任。

原告诉讼请求是否受诉讼时效的限制,值得研究。从理论上说,公司设立无效的瑕疵较重、且处于持续之中,原告有权随时提起无效确认之诉,而不受诉讼时效的限制。由于存在瑕疵补救程序,不受诉讼时效限制的公司设立无效之诉也不会导致有效公司寿命的非正常终结。

三、瑕疵补救程序

根据企业维持原则,法院或仲裁机构对公司设立无效案件中存在的设立瑕疵应当采取鼓励补救的司法态度。凡依法可弥补的公司设立瑕疵,在判决确认无效之前,都要履行瑕疵补救程序,责令公司或第三人(出资瑕疵的股东)在指定期限内补救设立瑕疵(如补足出资瑕疵)。只有在公司或第三人逾期未能纠正瑕疵的情况下,裁判者才可判决确认公司设立无效,并判令公司清算。

法院或仲裁机构受理公司设立无效纠纷案件后,可否依职权立即责令公司停止经营,在 2003 年 11 月最高人民法院《关于审理公司纠纷案件若干问题的规定(一)》(征求意见稿)的讨论过程中存在争议。笔者认为,为避免原告滥诉封杀公司,应慎重对待公司设立无效之诉,裁判者在经过实体审理程序、判决内容确定之前不宜责令公司停止经营活动。当然,若被告公司从事违法活动、损害社会公共利益与国家利益的,裁判者可责令公司停止经营活动。

四、公司设立无效的效果

公司设立无效关系到投资者、债权人和其他利益相关者的切身利益,公司设立无效的效果界定也要慎之又慎。

首先,公司设立无效判决宣告后,公司立即进入清算程序,以尽快清理公司对外债权债务关系,避免公司设立无效行为殃及更多的利益相关者。对外清偿债务尚有剩余资产的,股东有权按其出资比例分取剩余资产。

其次,公司设立无效判决本身并不溯及公司此前交易活动的效力,不能否定公司与善意债权人业已建立的法律关系的效力。从实质上看,被宣告无效的公司并非合法的合格公司,但在债权人眼中具有"表见公司"的法律假象。为落实外观主义法理,维护交易安全,公司设立无效判决当然不应具有溯及力。

再次,发起人和认股人有义务缴清其所认购但尚未缴清的出资款项,以保护债权人的合法权益。在股东承诺分期缴纳出资的情况下,股东尚未到期的认缴资本在清算过程中也应一并缴纳。股东缴纳出资义务的加速到期有助于维护债权人利益。

最后,发起人对被确认无效的公司的全体债务承担清偿责任。发起人作为公司的缔造者理应承担公司设立瑕疵担保责任,担保公司设立行为与要件不存在瑕疵。既然在其创设公司的过程中存在重大瑕疵,导致公司设立无效,发起人当然难辞其咎,对公司债务承担赔偿责任也就顺理成章。就发起人内部关系而言,对公司设立无效有过错的发起人要对没有过错的其他发起人和投资者承担损害赔偿责任。

第三章

公 司 章 程

公司章程作为充分体现公司自治精神的法律文件,堪称公司生活中的"宪法"(或公司内部小宪法),是公司法的重要渊源。除公司章程外,公司规章与股东协议在弘扬私法自治精神、调整公司内部法律关系方面也发挥着重要作用。

第一节 公司章程概述

一、公司章程的概念

公司章程有实质意义与形式意义之别。实质意义上的公司章程,指规范公司的组织和活动特别是公司、股东、董事等经营者相互间权利义务关系的根本准则;形式意义上的公司章程则指记载此种规则的书面文件。

《公司法》第11条规定,设立公司必须依法制定公司章程。公司章程对公司、股东、董监高具有约束力。在公司设立阶段,制定公司章程乃为设立公司的要素。在公司存续阶段,章程仍是公司生存与发展之要素。

有的立法例(如法国、日本和我国)规定公司章程只有一种书面文件,而有的立法例则将公司章程区分为两种书面文件。在德国,有基本章程(Gesellschaftsvertrag)与附属章程(Satzung)之别。美国区分设立章程(Certificate of Incorporation; Articles of Incorporation)与附属章程(Bylaws)。英国亦有基本章程(Memorandum of Association)与通常章程(Articles of Association)之分。其中,设立章程或基本章程的内容比较简单,主要记载公司名称、目的、住所、股份总额等公司对外关系方面的基本事项;附属章程或通常章程的内容则比较详细,主要记载股东大会、董事、高级经理等公司内部关系方面的基本事项。而且,附属章程或通常章程不必公布于世,也无需报请主管行政机构备案。附属章程或通常章程只需股东大会或董事会认可,即可生效并付诸实施,但不能与公司法、设立章程或基本章程抵触。为尊重现行立法传统和公司习惯,我国《公司法》维持了单一公司章程。但这并不妨碍公司以内部规章制度的形式创设公司内生法律规则。

二、公司章程的法律性质

公司章程的性质为何,学者间意见纷纭。在英美法系,公司章程往往被视为一种合同,如美国一些判例视附属章程为合同。英国学界则认为公司章程是法定合同(the Statutory

Contract)。① 日本通说认为公司章程为自治法规,有学者干脆把它视为公司法的渊源。②

契约是古老的,章程是年轻的。从历史脉络看,先有契约,后有公司章程。从逻辑上看,公司章程源于契约自由、契约正义、契约严守的契约精神。因此,尊重公司章程可视为对契约精神的继承与发展。没有契约精神的弘扬,就没有公司章程作为公司宪法的应有地位的确立。将章程称为合同或者契约,可以形象地揭示章程的自治性格、私法性格,更加突出股东在塑造和影响章程方面的决定性作用。这就不难解释为什么一些美国学者喜欢从合同法视角对公司法作出自由主义的解释。

但严格说来,将章程与契约混为一谈在法学理论上有欠严谨。从合同法与公司法的制度设计而言,公司章程与合同仍有不少区别。

首先,对签署方之外的第三人拘束力不同。依据合同相对性原理,合同只能拘束缔约各方(包括双方与多方),但不能拘束缔约方之外的第三人。合同不得为第三人设定义务,只能为第三人设定利益(如利益第三人的合同)。依公司法原理,即便没有参加章程起草、签署、审议或表决的继受股东或嗣后增资股东也受章程拘束,履行章定义务。

其次,修改程序不同。依合同法一般原理,除经缔约各方同意外,合同不得更改。而依公司法一般原理,股东大会有权根据资本多数决原则,变更公司章程条款,即使小股东不同意,亦不能阻碍章程之修改或影响章程变更之效力。可见,公司章程要体现公司最高意思决定机构(股东会)的意志,即公司自身或全体股东整体的意志,但并非必然体现公司每位股东的意志。

将章程称为合同或契约,可以形象地揭示章程的自治性格、私法性格,更加突出股东在塑造和影响章程内容方面的决定性作用,只不过这种概括在法律上有欠严谨。

公司章程是由作为设立中公司机关的发起人制定的公司自治规章,并非合同。从法理上看,股东在加入公司时,明示或默示地承诺接受章程拘束。由于董事会、监事会均为公司机关,董监高为公司代理人与受托人,董监高在接受委托、委任或者聘任以后,亦负有遵守章程义务。

三、公司章程的对内效力

就其对内效力而言,公司章程对公司及其股东、董监高具有约束力。章程作为公司组织与活动的根本准则当然对公司具有拘束力。《公司法》第 7 条规定:"依法设立的公司,由公司登记机关发给公司营业执照。公司营业执照签发日期为公司成立日期。"因此,公司章程自公司成立之日起生效。

章程作为股东自治的产物,对股东具有拘束力。就原始股东而言,在多数资本的意志根据资本多数决原则被拟制为公司意志的情况下,个别股东即使反对公司章程中的某些内容,若公司章程内容不违反法律与行政法规、公序良俗原则与公司本质,个别股东仍应受章程拘束,并享受章程赋予的权利与利益。就嗣后加入的股东而言,鉴于章程已公之于众,当股东加入公司时,应推定其已明示或默示地承诺接受章程拘束。因此,《公司法》第 20 条第 1 款要求公司股东遵守法律、行政法规和公司章程,依法行使股东权利,不得滥用股东权利损害

---

① Peter G. Xuereb, *The Rights of Shareholders*, BSP Professional Books, 1989, p.12.
② 〔日〕堀口亘:《会社法》,日本国元书房1984年版,第2页。

公司或其他股东的利益。

章程对于董事、监事和高管人员具有拘束力。这乃因，章程作为被代理人——公司的公开要约文件，一旦被作为代理人的董监高承诺，就已经转化为公司与董监高之间的委托合同或雇佣合同中的重要组成部分。董监高依委托合同、雇佣合同也有义务遵守公司章程。

章程具有可诉性。公司及其股东、董监高均可依据章程主张权利，提起诉讼或仲裁；法院和仲裁机构应开门立案，凡诉必理。例如，依《公司法》第22条第2款，股东会或股东大会、董事会的会议召集程序、表决方式违反公司章程，或决议内容违反公司章程的，股东可以自决议作出之日起60日内，请求法院撤销。

章程的对内效力有助于精准厘清公司及其股东、董事、监事、经理和其他高级管理人员之间的权利与责任边界，确保各方主体安分守己、慎独自律，预防和化解股东与经营者之间、控制股东与中小股东之间的道德风险，推进公司治理现代化，构建内安外顺的公司生态环境。

四、公司章程的对世效力

就其对外效力而言，在公司登记机关登记在册的公司章程具有对抗第三人的效力。该效力之发生，并不苛求章程现实地送至第三人之手。若某章程已经登记在册，但第三人并未前往公司登记机关查询，也未要求该公司出具章程，章程记载的事项仍可对抗第三人。这乃因，章程作为被法律强制在公司登记机关登记在册的对外公示文件，不是商业秘密或个人隐私信息，包括债权人在内的公众均可自由前往公司登记机关查询。《公司法》第6条第3款也明确规定："公众可以向公司登记机关申请查询公司登记事项，公司登记机关应当提供查询服务。"随着全国企业信用信息查询系统的完善，企查查、天眼查等民间企业信用信息查询服务市场的发育，潜在交易伙伴可以随时查询到交易伙伴的公司章程。

公司章程的对世效力不仅意味着保护善意第三人对公司章程的合理信赖，还意味着可以对抗非善意第三人。例如，章程在公司登记机关登记备案的主旨在于把公司内部治理规则公之于众，以保护公司及其股东免受法定代表人与代理人的道德风险之苦。换言之，公司章程登记制度的设计本意不仅在于保护债权人和公众免受公司欺诈之苦，也在于保护公司及其股东的利益免受法定代表人、代理人甚或第三人的机会主义行为的威胁。

公司章程的对世效力有助于降低债权人的交易成本，尤其是对债务人公司的股权结构、治理结构以及信用度的信息搜索、加工与分析成本，维护交易安全，化解债务人公司与政府、债权人、劳动者、消费者等公司利益相关者之间的信息不对称与道德风险难题，构建稳定、透明与可预期的公司外部经营环境。

五、公司章程的记载事项

从法理上看，公司章程记载事项可分三种：(1)强制记载事项(绝对必要记载事项)，即章程中必须记载，若不予记载则导致整个章程彻底无效的事项。此类事项利于保护交易安全、规范公司内部治理、维护小股东和非股东利害关系人的利益，但不能过多过滥，以免妨碍公司效率。(2)推荐记载事项(相对必要记载事项)，即立法者明文列举、并允许公司从中选择记载的事项。推荐事项纵不载于公司章程，亦不影响章程的效力；但若使其产生法律效力，必须载于章程。推荐记载事项具有任意性的特点，只不过关乎公司和股东的切身利益，立法者有必要予以提示而已。公司法当中含有不少任意条款或默认条款,允许公司章程选择或排斥其适用。(3)选择记载事项(任意记载事项),即法律允许章程根据意思自治原则自由记载的其他各类事项,特别是关于公司内部经营管理的事项。公司法无需、不应当、也不可能一一列举选择记载事项。从强制记载事项到推荐记载事项再到任意记载事项,其重要性和强制性依次降低,但公司自治强度依次增强。

《公司法》第25条第1款要求有限责任公司章程载明下列事项:(1)公司名称和住所;(2)公司经营范围;(3)公司注册资本;(4)股东的姓名或名称;(5)股东的出资方式、出资额和出资时间;(6)公司的机构及其产生办法、职权、议事规则;(7)公司法定代表人;(8)股东会会议认为需要规定的其他事项。与之相若,该法第81条要求股份有限公司章程载明的事项有12项:(1)公司名称和住所;(2)公司经营范围;(3)公司设立方式;(4)公司股份总数、每股金额和注册资本;(5)发起人的姓名或名称、认购的股份数、出资方式和出资时间;(6)董事会的组成、职权和议事规则;(7)公司法定代表人;(8)监事会的组成、职权和议事规则;(9)公司利润分配办法;(10)公司的解散事由与清算办法;(11)公司的通知和公告办法;(12)股东大会会议认为需要规定的其他事项。

在《公司法》第25条第1款和第82条列举的记载事项中,有些事项应解释为强制记载事项(如公司名称和住所、发起人的姓名或名称、公司法定代表人),有些事项应解释为推荐记载事项(如股东的权利和义务、公司利润分配办法、公司的解散事由与清算办法等);"兜底条款"可理解为任意记载事项,包括但不限于发起人的特别利益、非货币出资、发起人报酬、公司设立费用、发起人的实物出资等事项。

无论是强制记载事项、推荐记载事项还是任意记载事项,一旦载入公司章程,即对公司内部关系中的当事人产生法律拘束力,登记在册的公司章程还具有对抗第三人的对世效力。

第二节 公司章程的个性化设计

一、公司章程不是"填空题"

在公司实践中,千篇一律、似曾相识的"傻瓜"章程现象较为严重。"傻瓜"相机不可能拍摄出一流的摄影作品。"傻瓜"章程也不可能催生出公司的竞争力。公司章程失灵恰恰是许多公司法律风险的定时炸弹,是公司治理失灵的病灶所在。许多公司纠纷包括公司治理中的卡壳和僵局现象源于公司章程条款的不完备、不科学、不严谨、不细腻、不具有可操作性。

假定一家公司的两名股东各自持股50%,各自派出3名董事。每当股东会与董事会作出决议,结果总是势均力敌,赞成与反对者各半,无法作出决议。该公司章程记载:"股东会与董事会的议事方式和表决程序,按照公司法的规定执行。"而《公司法》第43条第1款规定:"股东会的议事方式和表决程序,除本法有规定的外,由公司章程规定";第48条规定:"董事会的议事方式和表决程序,除本法有规定的外,由公司章程规定。"公司章程的起草者把难题踢给立法者,立法者又"甩锅"给章程起草者。若章程授权会议主持人在股东会与董事会表决出现僵局时破例行使第二票表决权,则上述难题迎刃而解。这一案例恰恰折射出了公司章程失灵现象,暴露出了公司和股东尚未学会珍惜公司自治的真实心态。

公司章程是公司对外交往的名片。章程记载着公司的股权结构与治理制度,折射出公司的核心价值观与公司文化。章程的起草和升级改版应遵循量体裁衣的设计准则,淋漓尽致地张扬公司个性。与1993年《公司法》不同,2005年《公司法》允许公司及其股东对公司章程作出个性化设计:允许章程自由选择法定代表人由董事长、执行董事或经理担任(第13条);允许章程自由选择在公司向其他企业投资或为他人提供担保时究竟由股东会还是由董事会作出授权决议(第16条)。为尊重公司自治、鼓励公司创新,登记机关应允许章程和股东协议在不违反强制性法律规范、诚实信用原则、公序良俗原则和公司本质的前提下,自由规范公司内部关系,实现章程全面改版。对律师界而言,能够设计出具有个性化的章程条款本身就是高附加值的律师服务。

二、章程起草过程中的行政指导

章程起草属于公司自治的范畴,政府本无义务协助,也无权施加干预。但长期以来,在无限政府、万能政府的理念的误导下,有些登记机关把行政指导误以为行政强制,强制公司照搬照抄章程范本,实有矫枉过正之嫌。实践中的许多章程是在公司登记机关提供的制式章程条款的基础上填充少许自然情况条款而成。公司起草章程成了小学生做填空题的作业。

基于法治政府、服务型政府、包容性政府与勤勉政府的理念,公司登记机关和证券监管机构等部门既缺乏设计完美公司章程的商业智慧,也缺乏强迫其采纳政府章程范本的正当性与合法性。登记机关可发挥柔性的行政指导职能,正确引导章程的量体裁衣。公司登记机关应胸怀对公司自治的敬畏之心,意识到登记机关商业智慧的有限性,从打造服务型登记机关入手,不再强制投资者购买或使用章程范本,即使投资者自愿购买,也允许其对章程范本进行大刀阔斧的编辑与修改。登记机关应投入精兵强将,耐心辅导投资者根据不同产业、经营规模和公司文化等具体实际情况,量体裁衣、设计丰富多彩的个性化的公司(包括有限责任公司与股份有限公司)章程条款。登记机关也可根据实用价值与创新精神并重的原则,开发出个性化更强的、针对不同投资风险偏好与投资风险负担能力的投资者的系列公司章程范本。

鉴于某些登记机关拒绝登记个性化章程,有些公司被迫采取了二元化章程策略:将公司登记机关推荐的简式"傻瓜"章程登记于公司登记机关,并将由股东大会通过的详式章程备置于本公司,以资公司内部法律关系主体遵守。未备案的详式公司章程未在公司登记机关登记,固然无法对抗第三人;但在不违反强制性法律规定的情形下,此类章程在公司内部法律关系中仍具有法律约束力。

为推动我国公司顺利赴海外上市,国务院证券委和国家体改委曾于1994年8月27日印发了《到境外上市公司章程必备条款》,要求境外上市公司遵照执行。

为规范上市公司的章程,保护上市公司股东的合法权益,中国证监会又于1997年12月16日发布了《上市公司章程指引》。证监会于2006年、2014年、2016年和2019年四次修订《章程指引》,使得章程指引更接近行政指导的真谛,更尊重公司自治精神。从文义解释的角度看,"指引"乃为指导、引导、推荐的同义词,虽具有浓厚的指向性,但不具有强制性。

为促进上市公司科学制定公司章程,提升公司治理水平,保护投资者合法权益,优化营商环境,《章程指引》2019年版做了三处修改:(1)明确存在特殊股权结构上市公司章程相关要求。依《关于在上海证券交易所设立科创板并试点注册制的实施意见》(证监会公告

〔2019〕2号)、《科创板上市公司持续监管办法(试行)》(证监会令第154号)等有关规定,在《章程指引》第15条增加一款,要求存在特别表决权股份的上市公司在章程中对特别表决权相关事项作出具体安排,并符合交易所的有关规定;(2)落实2018年《公司法》修改决定,对《章程指引》第23条至第25条有关上市公司收购本公司股份的内容进行修改,增设上市公司收购本公司股份的法定情形,明确收购方式、决策程序和股份处理要求等;(3)根据2018年《上市公司治理准则》,对股东大会召开方式、解除董事职务、董事会专门委员会设置、高管人员任职要求作出修改。

证监会2013年1月4日发布的《非上市公众公司监管指引第3号——章程必备条款》对非上市公众公司治理作了原则性规定,并要求公司章程符合《指引》的相关规定。

鉴于公司章程的自治规章性质,公司章程原则上只应接受强行性法律规范(法律和行政法规中的强制性规定)的限制,有关政府部门可通过行政指导手段向公司推荐公司章程样本,但不宜强迫公司必须采纳其推荐的公司章程;对于确有必要记载的强制性条款,可通过立法机关修改《公司法》的方式予以明确。

三、出资比例与分红比例之间的脱钩

股东间不按照出资比例分红具有合理性和必要性。有些对公司具有商业价值的资源(如名片、关系网络)无法或很难量化为具体出资形式。但1993年《公司法》硬性要求按股东出资比例(持股比例)分配股利和剩余资产的立法态度毫无变通余地。即使股东愿意作出相反的分红比例约定,公司登记机关对此类公司章程条款也不予认同,甚至拒绝为此类公司办理设立登记。于是,有些章程规定股东按照出资比例分取红利,同时在股东之间另签一份内部的股东协议(赠与合同)约定,某股东每年将分红若干赠与小股东。但由于赠与方有权在交付赠与财产之前随时撤销赠与合同,致使作为受赠人的股东即使拿着赠与合同也战战兢兢、如履薄冰。

为体现股东自治精神,现行《公司法》第34条允许有限责任公司股东的出资比例与分红比例的脱钩:"股东按照实缴的出资比例分取红利;公司新增资本时,股东有权优先按照实缴的出资比例认缴出资。但是,全体股东约定不按照出资比例分取红利或者不按照出资比例优先认缴出资的除外。"因此,股东之间可以按认缴的出资比例分红,也可按实缴的出资比例分红,也可由股东另行约定其他分红比例(如对半开)等。

在股东之间没有相反约定的情况下,股东按照实缴的出资比例分红,而非认缴的出资比例分红。假定甲乙二股东共同设立一家公司。甲股东认缴的出资比例为60%(60万元人民币),乙股东认缴的出资比例为40%(40万元人民币)。依《公司法》中的注册资本认缴制,第一年甲股东实际缴纳出资30万元,乙股东实际缴纳出资10万元。因此,双方在第一年的实际缴纳出资共计40万元人民币,其中甲股东占75%,乙股东占25%。若公司成立后第一年营利甚丰,有税后利润可资分配,则在公司章程缺乏相反约定的情况下,甲股东的分红比例为75%(而非认缴的出资比例60%),乙股东的分红比例为25%(而非认缴的出资比例40%)。若第二年甲股东的实际缴纳出资达到50万元人民币,乙股东的实际缴纳出资达到25万元人民币,则在第二年分配税后利润时,甲股东有权分取的分红比例为2/3(而非认缴的出资比例60%),乙股东的分红比例为1/3(而非认缴的出资比例40%)。因此,在全体股东实际缴纳出资到位之前,股东的各自分红比例并非变动不居。

在该案例中,若甲股东认缴出资以后,不出分文,则公司税后可分配利润只能由乙股东独享。若甲乙股东均属于"空手套白狼"之辈,在其认缴出资以后,均未出资分文,则在甲乙股东履行资本充实责任之前,甲乙股东均无权染指公司的税后可分配利润。换言之,对公司及时、足额地承担瑕疵出资的资本充实责任是此类股东分取红利的先决条件。

立法者之所以将实缴的出资比例确定为默示的分红比例,目的有二:一是为体现按资分红的公平理念,确保老实人不吃亏;二是通过多缴纳出资、多分红的利益传导机制,激励股东们争先恐后地缴纳出资。这在客观上有利于预防瑕疵出资现象,巩固公司资本,维护公司的交易安全,提高公司的信用度。

股东要想排除股东按照实缴出资比例分红的法定默示比例,只能通过全体股东签署的股东协议为之,而不能通过资本多数决的公司章程为之,否则不产生排除默示分红比例的效力。这乃因,分取红利是股东投资的首要目的,要对按照实缴出资比例分红的默示比例作出排除,必须取得全体股东(包括持股比例较少的股东)的同意。若全体股东在公司章程中排除了股东按照实缴出资比例分红的法定默示比例,而且公司章程获得了全体股东的同意,并有全体股东签名为证,即使在公司章程之外没有股东协议对此作出规定,此种章程条款在实质上就应被视为《公司法》第34条要求的股东协议。

与《公司法》第34条有关有限责任公司股东分红比例的规定相呼应,该法第166条第4款亦允许股份有限公司的股东分红比例与股东出资比例之间脱钩。但鉴于股份有限公司人数众多的股东之间很难甚至不可能就分红比例与出资比例的脱钩问题达成一致决议,该条款允许股份有限公司通过章程规定不按持股比例向股东分配股利:"股份有限公司按照股东持有的股份比例分配,但股份有限公司章程规定不按持股比例分配的除外。"全体股东若均未实际缴纳出资,则均无权分取红利,否则构成不当得利。只有如此,才能督促股东及时足额地履行缴纳出资的义务。

四、出资比例与表决比例之间的脱钩

1993年《公司法》第41条硬性要求有限责任公司的股东按照出资比例(持股比例)行使表决权:"股东会会议由股东按照出资比例行使表决权。"该条本是倡导性规定,但由于没有同时跟进但书条款,致使法院和仲裁机构对公司章程中一人一票的股东会表决方式的效力亦存在不同认识。这种法律条款性质上的模糊性无疑严重破坏了股东的投资预期和契约自由精神。

为尊重公司自治和股东自治精神,2005年《公司法》第43条(现行《公司法》第42条)毅然将上述规定由强制规范转为倡导性规范:"股东会会议由股东按照出资比例行使表决权;但是,公司章程另有规定的除外。"因此,有限责任公司章程可基于公司自治理论,自由地约定股东相互之间的表决比例。若章程规定股东会决议采取一人一票、少数服从多数的表决方式亦无不可。可见,有限责任公司股东的出资比例与表决比例之间可以依法自由脱钩。

与《公司法》第34条相比,第42条在谈及表决比例时的主要区别之一是,在"出资比例"之前没有定语"实缴的"。之所以如此,立法者在修改该条时遇到了二难选择:首先,立法者若要求股东按照实缴的出资比例行使表决权,会遭遇有些公司中全体股东都没有实际缴纳出资的尴尬。如此一来,全体股东都无权在股东会上行使表决权,股东会决议似乎也无法作出。其次,立法者若要求股东按照认缴的出资比例行使表决权,似乎也有失公允。假定甲乙

二股东共同设立一家公司。甲股东认缴的出资比例为60%(60万元人民币),但分文未出;乙股东认缴的出资比例为40%(40万元人民币),并及时足额缴清出资。若立法者要求股东按照认缴的出资比例行使表决权,那么甲股东在股东会上的表决权为60%,乙股东的表决权仅为40%,显然有悖出资与权利成正比的朴素公司伦理。

左右为难之际,立法者选择了回避。但接踵而至的问题是,既然在分期缴纳出资制度项下存在着实缴的出资比例与认缴的出资比例,那么股东表决权之计算究竟以哪一比例为准?笔者认为,破解这一难题时应当区分两种情况:(1)在有一名或多名股东实际缴纳出资的情况下,股东按其实缴的出资比例行使表决权。此种解释符合权利与义务相一致的公平观念。(2)在全体股东都没有实际缴纳出资的情况下,股东按其认缴的出资比例行使表决权。此种解释不仅能确保股东会决议的作出,而且也符合股东设立公司时对其控制权比例和表决权比例的预期。

第42条与第34条相比的主要区别之二是,股东要排除"股东会会议由股东按照出资比例行使表决权"的倡导性条款,不再苛求全体股东协议,只需公司章程即可。这乃因,股东的表决权固然重要,但与股利分取请求权(分红权)相比,毕竟稍有逊色。但此处的"公司章程"仅指公司设立时的原始章程而言。控制股东不能凭借资本多数决的优势,逆小股东意志而修改公司章程,剥夺或限制小股东的表决权。否则,小股东的控制力将如同面团一样任由控制股东肆意揉捏。

既然股东分红权与表决权的行使不拘泥于股东的持股比例,有限责任公司可自由创设无表决权或微弱表决权的优先股。无表决权或微弱表决权的股东不仅在公司赚钱分配利润时优先分取红利,在公司解散时亦可在债权人获得清偿后优先于普通股东而分取剩余财产。若公司章程在约定优先股东优先分红的同时,并未约定股东优先分取剩余财产,则优先股东只能以其持股比例为限、优先于其他普通股东分取剩余财产。

五、《九民纪要》有关表决权能否受限的态度

为细化《公司法》第42条的内涵,《九民纪要》指出,"股东认缴的出资未届履行期限,对未缴纳部分的出资是否享有以及如何行使表决权等问题,应当根据公司章程来确定。公司章程没有规定的,应当按照认缴出资的比例确定。若股东(大)会作出不按认缴出资比例而按实际出资比例或者其他标准确定表决权的决议,股东请求确认决议无效的,法院应当审查该决议是否符合修改公司章程所要求的表决程序,即必须经代表三分之二以上表决权的股东通过。符合的,法院不予支持;反之,则依法予以支持。"

六、表决权差异化安排

股份公司可否发行优先股?从理论上说,股份公司发行何种股份(包括优先股)纯属公司自治范畴,国家无权干涉。但《公司法》第131条授权国务院对股份有限公司发行该法规定以外的其他种类的股份另行作出规定。为丰富证券品种,国务院2013年11月30日发布了《关于开展优先股试点的指导意见》,正式开启优先股试点。

无表决权优先股特别是可以累计分红的无表决权优先股非常适合国有股:既可省却国有股东的多重代理环节和高额代理成本,又可调动中小股东参与公司治理的积极性和创造性。2020年5月11日中共中央、国务院《关于新时代加快完善社会主义市场经济体制的意见》指出,对充分竞争领域的国家出资企业和国有资本运营公司出资企业,探索将部分国有股权转化为优先股,强化国有资本收益功能。

国务院《关于推动创新创业高质量发展打造"双创"升级版的意见》(国发[2018]32号,以下简称"双创意见")第26条首次明确为特别表决权股份的合法性作了信用背书:"推动完善公司法等法律法规和资本市场相关规则,允许科技企业实行'同股不同权'治理结构。(证监会、发展改革委、科技部、人民银行、财政部、司法部等按职责分工负责。)"

证监会2019年1月28日发布的《关于在上海证券交易所设立科创板并试点注册制的实施意见》(以下简称"注册制实施意见")第5条指出,"依《公司法》第131条,允许科技创新企业发行具有特别表决权的类别股份,每一特别表决权股份拥有的表决权数量大于每一普通股份拥有的表决权数量,其他股东权利与普通股份相同。特别表决权股份一经转让,应当恢复至与普通股份同等的表决权"。证监会2019年3月1日发布的《科创板首次公开发行股票注册管理办法(试行)》第41条、2019年4月17日修订的《上市公司章程指引》、上交所2019年3月1日发布的《上海证券交易所科创板股票上市规则》与《上海证券交易所科创板股票发行上市审核规则》又细化了表决权差异化安排。

最高人民法院2019年6月20日印发的《关于为设立科创板并试点注册制改革提供司法保障的若干意见》也迅速予以信用背书:"尊重科创板上市公司构建与科技创新特点相适应的公司治理结构。科创板上市公司在上市前进行差异化表决权安排的,法院要根据全国人大常委会对进行股票发行注册制改革的授权和公司法第131条的规定,依法认定有关股东大会决议的效力。"

2020年1月20日上市的优刻得公司是首家推行差异化表决权的科创板公司。

第三节 公司经营范围制度

一、公司经营范围制度之由来

我国公司经营范围制度是计划经济的产物,但最早源于1946年《公司法》。该法第22条规定:"公司不得经营登记范围以外之业务。"1993年《公司法》第11条明确规定:"公司的经营范围由章程规定,并依法登记。公司的经营范围中属于法律、行政法规限制的项目,应依法经过批准。公司应在登记的经营范围内从事经营活动。"

经营范围制度从设计理念上看,源于国家和社会对本不具有法律人格的社会组织的法人资格的授予或拟制。既然公司的法人资格是国家拟制出来的,国家就有足够的法律权威和正当性划定公司的权利能力与行为能力范围。

该制度在计划经济体制下与管制型的立法思路不谋而合。若把公司比作一只鸟,公司经营范围就像一个鸟笼子。我国传统的公司经营范围制度非常苛刻、强硬,大有"顺我者昌、逆我者亡"之势。例如,1987年7月21日最高人民法院在《关于在审理经济合同纠纷案件中具体适用经济合同法的若干问题的解答》中指出,"工商企业、个体工商户及其他经济组织应在工商行政管理部门依法核准登记或主管机关批准的经营范围内从事正当的经营活动。超越经营范围或违反经营方式所签订的合同,应认定为无效合同。全部为超营项目的,全部无效;部分为超营项目的,超营部分无效"。可见,公司不能跨越经营范围之雷池半步。实践证明,公司经营范围制度极大地束缚了公司自治及其权利能力与行为能力。

二、公司经营范围制度的自治改革

公司经营范围制度对公司经营自由的极大限制,与英美早期公司法中的"越权原则"(ultra vires)殊途同归。从国际公司立法的演变趋势看,放松对经营范围的法律管制乃大势所趋。例如,美国《模范商事公司法》第2.02条第2项第2目规定公司章程可以记载设立公司所追求的目的;第3.01条第1项则规定:"除非公司章程对公司目的的范围作出限制性规定,根据本法设立的每家公司都具有从事各项合法经营活动的目的。"该法第3.04条以"越权"为题在第1款明确规定:"除本条第2款另有规定外,不得以公司缺乏权利能力为由否认公司行为的效力。"

鉴于我国正在完善社会主义市场经济体制,阔步迈向完全市场经济社会,2005年《公司法》第12条规定:"公司的经营范围由公司章程规定,并依法登记。公司可以修改公司章程,改变经营范围,但是应当办理变更登记。公司的经营范围中属于法律、行政法规规定须经批准的项目,应当依法经过批准。"与1993年《公司法》第11条相比,该条删除了"公司应在登记的经营范围内从事经营活动"的要求。这一删除举措体现了立法者创新公司经营范围制度的勇气。换言之,即使公司超越登记的经营范围从事经营活动,只要此种超营行为不违反法律和行政法规有关市场准入的强制性规定、不违反公序良俗与诚实信用原则,就属合法有效。从理论上说,一家公司的经营范围可以覆盖食品生产、软件开发、电脑销售、汽车维修等各个领域。

1994年《公司登记管理条例》第71条规定:"公司超出核准登记的经营范围从事经营活动的,由公司登记机关责令改正,并可处以1万元以上10万元以下的罚款;情节严重的,吊销营业执照。"

2005年《公司登记管理条例》废除了该条。至此,即使公司超越登记的经营范围从事经营活动,只要此种超营行为不违反法律和行政法规有关市场准入的强制性规定,不仅在民事关系中是合法有效的,而且在行政法律关系中不再承受行政处罚。但该《条例》第69条规定:"公司登记事项发生变更时,未依照本条例规定办理有关变更登记的,由公司登记机关责令限期登记;逾期不登记的,处以1万元以上10万元以下的罚款。其中,变更经营范围涉及法律、行政法规或者国务院决定规定须经批准的项目而未取得批准,擅自从事相关经营活动,情节严重的,吊销营业执照。"

三、超越经营范围而订立的合同的效力

邓小平同志1992年南方视察讲话发表以后,最高人民法院开始解放思想,对经营范围采取较为宽松的解释方法,取得了成全合同当事人、尽量使合同有效、加快商事流转的社会效果。例如,最高人民法院1999年12月《关于适用〈中华人民共和国合同法〉若干问题的解释(一)》第10条指出,"当事人超越经营范围订立合同,法院不因此认定合同无效。但违反国家限制经营、特许经营以及法律、法规禁止经营规定的除外"。

《民法典》第505条亦不认为合同仅因超越经营范围而无效:"当事人超越经营范围订立的合同的效力,应当依照本法第一编第六章第三节和本编的有关规定确定,不得仅以超越经营范围确认合同无效。"

《民法典》第153条规定:"违反法律、法规的强制性规定的民事法律行为无效。但是,该强制性规定不导致该民事法律行为无效的除外。违背公序良俗的民事法律行为无效。"只有违反法律、法规的强制性规定的合同才能被法院或仲裁机构宣布无效。不能因为某一合同违反了部门规章,就断然认定该合同无效。若法院或仲裁机构确信某一合同不仅违反了部门规章,而且违背公序良俗,就可将该合同宣布无效。

例如,企业之间的借款合同虽违反中国人民银行《贷款通则》禁止企业之间借贷的规定,但若债权人企业非以经常性的金融借贷活动为主要营业,债权人与债务人之间存在着业务合作关系,则此类借款合同的合法性应予确认。又如,若建筑工程合同违反建设部有关禁止建筑工程企业向建设单位(发包方)垫资的部门规章,则建筑工程企业的垫资行为虽有可能构成不正当竞争行为,但建筑工程合同的效力应予维持。

四、公司经营范围登记的效力

就《公司法》第12条的公司经营范围登记的效力可区分为对内效力与对外效力。

就对内效力而言,章程载明并经公司登记机关登记的公司经营范围对划清公司内部机关之间的决策权限,以及强化公司董监高的诚信义务具有刚性约束力。若管理层未经股东大会或董事会授权擅自超越公司章程载明、登记于登记机关的经营范围从事经营活动并给公司造成巨大损失,则公司有权追究管理层违反忠实或勤勉义务的责任。

就对外效力而言,由章程记载并经公司登记机关依法登记经营范围,有助于第三人了解该公司的专长经营领域。但第三人不能仅以其与相对人公司签订的合同超越了该公司经营范围而主张合同无效,公司也不能仅仅以其签订的合同超越了自己的登记经营范围而主张合同无效。

五、公司选择登记经营范围的自由度

基于公司自治精神,公司可在不违反强制性法律规定的前提下,自由选择其登记的经营范围。公司登记机关在登记公司经营范围时,应尽量尊重市场的多元化需求与公司的首创精神。

2005年《公司登记管理条例》第15条第2款规定:"公司的经营范围用语应当参照国民经济行业分类标准。"随着科技进步的日新月异,随着消费者从生存型消费到发展型消费、享受型消费、奢侈型消费的不断升级,从物质消费到精神消费的中心转移,国民经济行业不能囊括的经营范围将会越来越多。

即使对法律法规例外允许的垄断经营、限制经营、特许经营,有关政府部门也应严格按照《行政许可法》的规定,严格市场主体核准与登记制度,把好市场准入关。为兼顾宏观调控的有效性与经济行政的廉洁性和公正性,应严格规制政府发放行政许可的范围与程序。垄断经营、限制经营、特许经营的范围要少而精。应当明确:垄断经营、限制经营、特许经营是例外,而放开经营、鼓励竞争是一般原则。应当积极探索混业经营、混业监管或混业经营、分业监管的金融创新模式。即使公司经营行为属于行政许可项目,公司登记机关也应遵循透明行政、服务行政与高效行政的理念,依照法律、法规和国务院规定编制企业登记前置行政许可目录并公布。

2020年5月11日中共中央、国务院《关于新时代加快完善社会主义市场经济体制的意

见》指出,全面实施市场准入负面清单制度。推行"全国一张清单"管理模式,维护清单的统一性和权威性。建立市场准入负面清单动态调整机制和第三方评估机制,以服务业为重点试点放宽准入限制。建立统一的清单代码体系,使清单事项与行政审批体系紧密衔接、相互匹配。建立市场准入负面清单信息公开机制,提升准入政策透明度和负面清单使用便捷性。建立市场准入评估制度,定期评估、排查、清理各类显性和隐性壁垒,推动"非禁即入"普遍落实。因此,从长远看,经营范围的管制将越来越宽松。

第四节 公司规章与股东协议

一、公司规章

调整公司内部法律关系的公司内生法律规则既包括公司章程,也包括其他法律文件尤其是公司规章。例如,股东会议事规则、董事会议事规则、监事会议事规则、董事会专门委员会实施细则、公司专项规章制度(如风险管理办法)等。

公司内部规章若未登记于公司登记机关,仅能约束公司内部法律关系主体;若登记于公司登记机关,还能对抗第三人。若公司规章的名称索引载于登记在册的公司章程,公司规章应视为已登记在册,除非第三人能举证证明自己虽已尽合理努力,依然无法从公司获取(如遭到公司的悍然拒绝)或很难以合理成本获取公司规章。

为使公司内部管理规章取得对抗第三人的效力,实现公司内部治理结构的透明化,强化公众对公司内部治理的监督与约束力度,建议公司将内部规章制度通过直接登记或间接索引的方式晓谕公众。

二、股东协议

股东协议有广狭二义。广义的股东协议泛指股东之间签署的各类协议;而狭义的股东协议仅指股东之间签署的、与股东资格相关的协议。股东协议不同于公司章程,往往不在公司登记机关登记。在实践中,基于股东之间的特别关系、特别承诺或特别信任,常有股东通过协议界定彼此间的权利义务关系。但总体而言,我国公司和投资者对股东协议的重视程度不高。

1993年《公司法》对股东协议的效力语焉不详。现行《公司法》虽未设专章对股东协议作出全面系统的规定,但在分散于各章的制度设计中重视股东契约自由,允许股东协议界定股东间权利、义务、责任、利益与风险的配置。如,《公司法》第34条允许有限责任公司全体股东约定不按照出资比例分取红利或优先认缴出资;第71条将有限责任公司股东会对股东向第三人转让股权的批准行为由公司的意思表示转向股东个人的意思表示;第74条鼓励退股股东与公司达成退股协议。

基于股东自治精神,公司、股东和中介机构应更加重视股东协议的功能。除适用《公司法》的特别规定外,股东协议还要遵守《民法典》合同编的一般规定。维护合同自由和交易安全是《民法典》与《公司法》的重责大任。公司与股东签署协议时,应尊重股东平等原则,确保一碗水端平,力戒厚此薄彼。

第四章

资本与股份

资本制度是公司制度的核心。股东财产并非公司责任财产，股东原则上不对公司债权人负责。公司的信用基础与公司债权人的担保皆系于公司财产。为奠定公司生存与腾飞的物质基础，也为公司潜在债权人保留最低限度的公司资产，以减轻股东有限责任原则对市场交易安全的冲击，保护善意第三人的利益，传统公司法创设了资本确定原则、资本维持原则和资本不变原则。《公司法》还规定了法定最低注册资本制度。若说资本确定原则和法定最低注册资本制度从形式上预先确定公司资本金额，资本不变原则则从形式上预防资本额的减少，而资本维持原则从实质上维持公司资产。公司资本制度中虽有必要的倡导性规范与任意性规范，但更多的是行政规范、强制规范和管理规范。公司资本制度改革的方向是实现保护交易安全与鼓励投资兴业的目标兼顾。

第一节 公司资本与资本三原则

一、公司资本的概念

公司资本在不同语境下有不同含义。公司资本有时指股东为设立公司或扩张公司而投入公司的出资额。因此，公司资本是股东为取得股东资格、维持股东资格、强化公司盈利能力而给付的对价。广义的公司资本包括股权资本和债权资本。狭义的公司资本仅指股权资本，是股东为实现投资目的向公司缴纳的财产出资的总和。股权资本就是股东出资之和。作为股东出资额的公司资本是一个静态、抽象的确定数字概念，有别于具体的公司资产或公司财产。公司如欲增减资本，需履行法定程序。

公司资本有时指股东得以对公司主张分配权利的公司净资产，是资产负债表项下的股东权益（公司总资产减去总负债的余额）。此种意义上的公司资本代表着股东对公司的财产权利。股东转让股权的定价因素纷繁复杂，但主要取决于公司净资产以及公司未来的盈利能力。为避免概念混淆，本书将股东得以对公司主张分配权利的公司资本称为"公司净资产"，而不笼统地称之为"公司资本"。

作为股东出资总额的公司资本也不同于作为公司净资产的公司资本。因为，只要审查公司的注册资本与股东的实缴出资就可以知晓股东应予缴纳的出资额以及股东实际缴纳的出资额。而作为公司净资产的公司资本则是一个动态的概念。两名股东成立公司时一次性足额缴纳股权出资 100 万元，经过两年的努力经营，公司净资产有可能飙升到 1 亿元；再过两年,又有可能跌至 2000 万元。股东受让股权或增资扩股时往往更多地看重公司净资产以及公司的未来前景,而不斤斤计较于股东的原始出资额。

由于公司净资产是公司总资产的组成部分之一,"公司净资产"意义上的"公司资本"当然有别于客观存在的、作为公司物权标的物的各类财产。债权人虽然关注公司净资产,更关注特定的、具体的公司资产。从法律概念而言,无论公司资产来自股东的原始出资,抑或债权资本(银行信贷资金),公司对其取得的各类资产都享有物权。公司可为债权人设定担保物权。因此,债权人往往格外关注公司资产的构成、每项资产(含动产与不动产)的使用价值与交换价值(含担保价值),而非拘泥于对股东原始出资额或公司净资产的关注度。

二、资本确定原则:从实缴制走向认缴制

资本确定原则又称法定资本制,指在公司设立时股东必须充分、确实地认购公司章程确定的注册资本,公司方能合法成立。首先,公司章程要确定资本总额。其次,公司章程载明的注册资本总额必须在公司成立之时全部认缴或实缴完毕。当然,认购不同于实缴。但法定资本制项下的注册资本至少在公司成立前认缴完毕,并实缴法定最低数额。资本确定原则旨在确保公司"优生优育",在公司诞生之初就拥有足以保护债权人和其他利益相关者的资本基础。

1993 年《公司法》采行传统的严格资本确定原则,要求公司章程必须确定、载明并公示注册资本数额(第 22 条、第 79 条),并要求公司募足与该金额相对应的股份。相应地,股东必须充分、及时、确实地根据股东协议或股份认购合同缴纳出资。

2005 年《公司法》虽然确立了分期缴纳出资制度,但仍属于资本确定原则的范畴。例如,该法第 25 条要求有限责任公司章程载明公司注册资本以及股东的出资方式、出资额和出资时间;第 82 条要求股份有限公司章程载明公司股份总数、每股金额、注册资本以及发起人的姓名或者名称、认购的股份数、出资方式和出资时间。出资金额与出资时间一旦确定,投资者必须及时足额履行相应出资义务。

严格法定资本制有利于保护公司债权人,但压抑公司资金筹集的灵活性与机动性。首先,严苛的法定资本门槛意味着不少股东为筹集实缴的注册资本必须向他人借贷,容易拉长公司设立期间,导致投资者对投资兴业望而却步。其次,公司设立之初的各项业务经营活动往往处于起步和探索阶段,资金需求甚微,公司只能坐视其筹措的巨额股权资本在公司账户上闲置不用。最后,公司设立时若筹集资本过小,但公司在业务拓展后资金需求量放大,则必须召集股东大会、修改章程以增加资本,然后再发行新股。费时耗力的增资程序有可能导致公司错过高效、及时、低成本的筹资良机。

2013 年《公司法》对严格的资本确定原则进行了大胆突破,将注册资本实缴制改为认缴制,允许股东在首次出资额为零的情况下依法注册成立公司,废除了 2005 年《公司法》有关"公司全体股东(全体发起人)的首次出资额不得低于注册资本的 20%,也不得低于法定的注册资本最低限额,其余部分由股东自公司成立之日起两年内缴足;其中,投资公司可以在 5 年内缴足"的规定。这意味着,零首付开公司的美梦成真。鉴于股东在公司成立前不必实缴任何注册资本,但必须在章程载明期限内实缴其认缴出资,注册资本认缴制改革是对资本确定原则的继承与发展,而非对资本确定原则的根本否定。

依《公司法》第 26 条与第 80 条,法律法规以及国务院决定对公司注册资本实缴、注册资本最低限额另有规定的，从其规定。因此，资本认缴制为原则，资本实缴制为例外。

近年来一些实力较强、行为规范的企业尤其是民营企业纷纷热衷于投资金融机构。此举有助于扩大金融机构资本来源，补充资本金，改善股权结构，也有利于增强金融业与实体经济的良性互动发展，但也存在部分企业与所投资金融机构业务关联性不强、以非自有资金虚假注资或循环注资、不当干预金融机构经营、通过关联交易进行利益输送等问题，这既容易助长脱实向虚，也容易导致实业风险与金融业风险交叉传递。为强化投资资金来源的真实性合规性监管，中国人民银行、银保监会与证监会2018年4月27日联合发布的《关于加强非金融企业投资金融机构监管的指导意见》要求企业投资金融机构时以自有资金出资，资金来源真实合法，不得以委托资金、负债资金、"名股实债"等非自有资金投资金融机构，不得虚假注资、循环注资和抽逃资本，不得以理财资金、投资基金或其他金融产品等形式成为金融机构主要股东或控股股东。穿透识别金融机构实际控制人和最终受益人，严格规范一致行动人和受益所有人行为，禁止以代持、违规关联等形式持有金融机构股权。企业以隐瞒、欺骗等不正当手段获得行政许可的，由金融监督管理部门依法对相关行政许可予以撤销。

三、授权资本制

注册资本认缴制仍属于资本确定原则的范畴。授权资本制，指公司章程预先确定公司的资本总额，并授权董事会在公司成立后作出决议，发行资本总额中尚未发行的股份。只要公司股东实际认购了部分资本数额，公司即可成立。授权资本制的优点在于，避免了公司设立之初的资本闲置和浪费现象以及繁琐的增资程序。在公司章程授权的资本额度发行完毕以后，仍需要修改章程增加授权资本额度。

建议在条件成熟时追随现代公司立法潮流（如美国《模范商事公司法》第6.01条），引进授权资本制，允许公司设立时不必募足全部股份，而是允许公司董事会根据公司章程事先授权、斟酌公司的资金需求状况和资本市场的具体情况而适时适度发行适量股份。从法定资本制到授权资本制的变革不仅是资本制度的重大改革，也是公司治理制度中股东会中心主义走向董事会中心主义的核心标志。

四、资本维持原则

资本维持原则，又称资本充实原则或资本拘束原则，指公司在存续过程中必须经常保持与抽象的注册资本相当的现实资产。一旦公司资本得以确定、公司得以成立，公司就进入热火朝天的经营活动之中，公司资产必然随之处于潮起潮落的剧烈变动状态。此时立法者关注的核心资本问题遂由公司设立阶段转向公司运营与存续阶段。资本维持原则的立足点与出发点不仅在于保护债权人，也在于促进公司可持续发展。

《公司法》继受了资本维持原则，并设计了一系列法律规则：

其一，严格规制非货币出资行为。《公司法》第27条第1款规定了股东以非货币财产作价出资的构成要件；第2款要求非货币财产出资进行评估作价，核实财产，不得高估或者低估作价。

其二，禁止股份公司的股票发行价格低于票面金额。《公司法》第127条规定："股票发行价格可以按票面金额，也可以超过票面金额，但不得低于票面金额。"

其三，禁止抽逃出资。《公司法》第35条禁止有限责任公司股东在公司登记后抽回出资。《公司法》第 91 条规定:"发起人、认股人缴纳股款或者交付抵作股款的出资后,除未按期募足股份、发起人未按期召开创立大会或者创立大会决议不设立公司的情形外,不得抽回其股本。"抽逃出资的股东要依《公司法解释(三)》第 14 条承担民事责任。在注册资本尚未由实缴制改为认缴制的行业,情节严重,构成犯罪的,还要追究抽逃出资罪的刑事责任。

其四,追究瑕疵出资股东的民事责任。《公司法》第 28 条第 2 款要求瑕疵出资股东除向公司足额缴纳外,还要向已及时足额缴纳出资的守信股东承担违约责任。依《公司法解释(三)》第 13 条第 2 款,公司债权人请求未履行或未全面履行出资义务的股东在未出资本息范围内对公司债务不能清偿的部分承担补充赔偿责任的,法院应予支持;未履行或未全面履行出资义务的股东已承担上述责任,其他债权人提出相同请求的,法院不予支持。

其五,由于公司回购自己股份会导致公司资产的减少和偿债能力的削弱,立法者原则禁止公司回购自己股份。《公司法》第 142 条第 1 款原则禁止公司收购本公司股份,第 4 款禁止公司接受本公司股票作为质权标的。《公司法》第 74 条也限定列举三类退股事由,原则禁止股东退股。《公司法》第 74 条允许有限公司中小股东在陷入进退维谷的窘境时例外请求公司回购股权,第 142 条第 1 款允许股份有限公司为实现以下目的而例外收购本公司股份:(1)减少公司注册资本;(2)与持有本公司股份的其他公司合并;(3)将股份用于员工持股计划或者股权激励;(4)股东因对股东大会作出的公司合并、分立决议持异议,要求公司收购其股份;(5)将股份用于转换上市公司发行的可转换为股票的公司债券;(6)上市公司为维护公司价值及股东权益所必需。第 74 条与第 142 条允许公司例外回购股权(股份)、减少注册资本的效果是一致的。不同的是第 74 条项下的股权回购具有一对一(一家有限公司对一位异议股东)的特点,而第 142 条的股权回购除退股股东对股东大会作出的公司合并、分立决议持异议的情形外,往往具有一对多(股份公司对不特定多数出售股份的股东)的特点,任何股东皆可基于股东平等原则向公司出售股权。可见,对公司股权(股份)回购制度的松动化主要限于两种例外情形:一是弘扬股权文化,对中小股东权益提供退出机制;二是推行股权激励计划,构建和谐劳资关系。

其六,严格限制分红条件,禁止股东利用分红途径掏空公司资产。《公司法》第 166 条第 5 款规定:"股东会、股东大会或者董事会违反前款规定,在公司弥补亏损和提取法定公积金之前向股东分配利润的,股东必须将违反规定分配的利润退还公司。"

其七,禁止以股抵债。现实生活中,有些母公司(控制股东)无法清偿对子公司负债时愿以其对子公司所持股权折抵偿债,此即"以股抵债"现象。母公司作为子公司的债务人,本应及时足额清偿债务。母公司可否以股抵债,即以减持子公司持股比例的方式抵销其对子公司的负债?笔者持否定态度。此举违反了资本减少限制原则,减损了公司资产,违反了股东平等原则,剥夺了其他中小股东与控制股东一同退股的机会。以股抵债之风绝不可长。正确做法是,拍卖母公司对子公司享有的股权,然后将拍卖价款偿债。此举既可促成子公司的债权得以实现,又不害及债权人利益,更不违反股东平等原则,还树立了母公司率先垂范、自觉遵守公司法规则的良好榜样,可谓一举多得。

资本维持原则虽在《公司法》中多有体现,仍有待细化与加强,尤其是完善瑕疵出资与抽逃出资的民事责任追究机制。为尊重公司自治,降低投资兴业门槛,立法者 2013 年一举废除了 2005 年《公司法》第 27 条第 3 款曾规定的货币出资最低法定比例,全体股东的货币出资金额在有限责任公司注册资本构成中须占 30% 的最低比例已淡出历史舞台。

五、资本不变原则

(一)资本不变原则的功能在于限制注册资本的任意增减

资本确定原则与资本不变原则如影随形。"资本不变",不是指绝对不变,而是指不得任意变、随意变、轻易变,强调公司不得超越法定条件与程序而随意增减资本。资本不变是相对的,资本变动是绝对的。资本不变原则的着眼点在于保护债权人利益、促进公司可持续发展。资本维持原则旨在预防公司现实资产的减少,而资本不变原则旨在预防公司抽象资本的减少。若缺乏资本不变原则的约束,公司便可随意减少资本;公司资本既已减少,公司资产亦可相应缩水。可见,资本不变原则是资本维持原则的基础。

资本不变原则既限制公司随意减资,也限制公司随意增资。公司增减资本都要遵循法定程序。限制减资旨在保护债权人和其他利益相关者,而限制增资旨在预防股东免受增资的财力负担,以及未参与增资股东的持股比例因增资而被稀释。在实践中,有些增资具有正当性与合法性,着眼于增强公司核心竞争力;有些增资沦为控股股东排挤小股东、稀释小股东股权比例的雕虫小技。

(二)公司增资的柔性干预

鉴于增资扩股给中小股东权益带来的副作用,《公司法》对公司增资设定了限制性条款。其一,股东会增资决策必须基于资本绝对多数决。依《公司法》第37条第1款和第99条,公司增加注册资本,必须由股东会(非董事会)作出决议。为求慎重,股东会增资决议应遵循绝对多数决原则,而非简单多数决原则。有限责任公司增资决议须经代表2/3以上表决权的股东通过(《公司法》第43条);股份有限公司减少注册资本的决议必须经出席会议的股东所持表决权的2/3以上通过(《公司法》第103条第2款)。可见,2/3以上表决权的分母在有限责任公司与股份有限公司的各不相同。股东主体单一的公司在增资时不会稀释其他股东的股权比例,可由唯一股东决定。依《公司法》第61条,一人公司增资时由一人股东决定,但要采用书面形式,《股东决定》由股东签名后置备于公司。依《公司法》第66条,国有独资公司减少注册资本的,由国资监管机构决定。

其二,要尊重老股东优先增资权。依《公司法》第34条,有限责任公司新增资本时,股东享有法定优先增资权。股东有权优先按照实缴出资比例认缴出资,但全体股东可以另作约定。基于股份有限公司的资合性,《公司法》未规定股份有限公司股东在公司增资扩股时的法定优先购买权。若公司章程确定股东优先购买权,此种章程条款合法有效。老股东优先增资权是权利、而非义务,既可行使,也可抛弃。股东会决议无权强制股东认缴出资;否则,归于无效,任何股东均可诉请法院确认无效。由于公司增资惠及公司债权人,法律除保护中小股东的股权比例免于被稀释而赋予老股东优先增资权之外,几无其他实质限制。

其三,老股东优先增资权具有可诉性。若大股东故意侵害小股东老股东优先增资权、导致其持股比例被稀释,受害股东有权寻求司法救济,包括请求按照原持股比例认缴出资或者请求法院确认股东会所作增资决议无效。若受害股东有优先认缴出资的意愿、能力与行为,则优先的司法救济是按原持股比例认缴出资。受害股东可以仅主张侵权股东赔偿损失,但裁判者可以斟酌受害股东股权被稀释后的损害之大小、侵权股东的获益情况以及公司的经营与财务状况,审慎行使自由裁量权。但一定要预防受害股东"碰瓷"的道德风险,确保受害股东获得的损害赔偿不超过其在增资情形下获得的利益。

其四,要履行变更登记手续。依《公司法》第179条第2款,公司增加注册资本,应依法向公司登记机关办理变更登记,以晓谕公众尤其是潜在的交易伙伴,方便其及时了解增资后的公司资产信用与偿债能力。

(三) 公司减资的强度干预

鉴于公司减资会动摇公司资本信用基础,公司减资既要遵守公司内部决策程序,以尊重与保护股东的民主决策权利;也要遵守公司外部的债权人保护程序,以尊重与保护公司债权人的知情权与选择权。于是,资本不变原则遂演变为资本减少限制原则,即公司将其资本减至合理金额时,必须严格满足法定条件,履行法定程序。

1. 公司内部决策程序

我国公司治理结构的主流基调是股东会中心主义,公司减资决策权当然归属股东会。依《公司法》第37条第1款和第99条,公司减少注册资本须由股东会作出决议。有限责任公司减资决议须经代表2/3以上表决权的股东通过(第43条);股份有限公司减资决议须经出席会议的股东所持表决权的2/3以上通过(第103条第2款);国有独资公司减资的,须由国资监管机构决定(第66条)。

2. 编制资产负债表及财产清单

依《公司法》第177条第1款,公司减资时,须编制资产负债表及财产清单,以确定公司财务状况及对外债权债务关系。

3. 通知并公告债权人

依《公司法》第177条第1款,公司应自作出减资决议之日起10日内通知债权人,并于30日内在报纸上公告。此处的"通知"主要针对联络方式明确的特定债权人;"公告"主要针对联络方式不明的不特定债权人。通知义务与公告义务并行不悖。公司通知了特定债权人并不豁免其公告义务,履行了公告义务也不豁免其通知义务。若某公司在减资时已公告债权人,但怠于通知特定债权人,被遗漏债权人有权在知情后合理期间行使权利,如要求债务人公司偿债或提供相应担保,并要求从公司取回资本的股东退回资本。"通知+公告"的制度设计不仅是程序性规定,具有程序正义的价值,更是创设债权人知情权、异议权及选择权的实体性规定,因而具有实体正义的价值。违反"通知+公告"的制度不仅导致作为不当减资行为受益者的股东的民事责任,而且导致公司被行政处罚。若公司减资时未依法通知或公告债权人,公司登记机关有权依《公司法》第204条第1款责令改正,并对其处以1万元以上、10万元以下罚款。因此,通知并公告债权人是刚性程序,并非倡导性规定。

4. 债权人享有"或偿债或担保"的选择权

债权人自接到通知书之日起30日内,未接到通知书的自公告之日起45日内,有权要求公司偿债或提供相应担保。在公司减资完成前,债权人应自其知悉公司减资事实之日起尽快在法定期限内要求公司偿债或提供相应担保。若债权已届清偿期限,债权人有权自由选择要求公司偿债或提供相应担保;若债权尚未届至清偿期限,债权人只能要求公司提供相应担保;若公司拒绝或怠于提供相应担保,则债权人有权要求公司立即偿债。

5. 变更登记手续

依《公司法》第179条第2款,公司减资,应依法向公司登记机关办理变更登记,旨在晓谕公众尤其是潜在交易伙伴,使其警觉减资后的公司的资产信用与偿债能力。公司减资并不导致公司人格的变化。在公司减资完成之后,减资前及减资过程中出现的债权人均有权请求减资后的公司承担债务清偿责任。

依 2005 年《公司法》第 178 条第 3 款，公司减资后的注册资本不得低于法定最低限额。该限制旨在实现减资制度与法定最低注册资本制度之间的无缝对接，预防公司随意减资导致法定最低注册资本制度被悬空。"皮之不存，毛将焉附"。2013 年《公司法》原则废除了法定最低注册资本制度，也同步删除了前述条款。

第二节　最低注册资本制度

一、最低注册资本制度的概念

最低注册资本制度指公司成立时股东缴纳的注册资本不低于立法者规定的最低限额。最低注册资本制度滥觞于欧陆立法传统。

最典型立法例为《欧盟第二号公司法指令》第 6 条。该条第 1 项规定："为使公司得以设立或者开业，成员国法律应当规定实际认购股本的最低数额。该数额不得低于 25000 欧元。"

日本 1990 年修改《商法典》时，借鉴《欧盟第二号公司法指令》和欧陆立法例，引入了最低注册资本金制度。日本《商法典》第 168 条之 4 曾要求公司最低注册资本为 1000 万日元。已被废止的日本《有限公司法》第 9 条曾要求有限公司最低注册资本为 300 万日元。

我国台湾地区"公司法"亦授权主管部门规定最低资本金制度。

受大陆法系影响，我国 1993 年《公司法》第 23 条和第 78 条规定了最低注册资本。有限责任公司注册资本不得少于下列最低限额：(1) 以生产经营为主的公司人民币 50 万元；(2) 以商品批发为主的公司人民币 50 万元；(3) 以商业零售为主的公司人民币 30 万元；(4) 科技开发、咨询、服务性公司人民币 10 万元。股份有限公司的最低注册资本为 1000 万元人民币。该法不仅规定了较高的最低注册资本门槛（普遍高于日本和欧盟），也要求投资者在公司设立时一次性及时足额缴纳全部注册资本。

我国法定最低注册资本制度在《公司法》颁布前就已确立。《民法通则》第 41 条要求取得法人资格的"全民所有制企业和集体所有制企业有符合国家规定的资金数额"。1988 年《企业法人登记管理条例实施细则》第 15 条第 7 项针对不同行业规定了 3 万元至 30 万元人民币不等的最低注册资金。1993 年《公司法》出台前的企业立法中只有"注册资金"的概念，而无"注册资本"的概念。

二、最低公司注册资本制度的有限功能和滥用

资本是公司存续与发展的物质基础，也是公司对外开展经营活动的信用基础。法定最低注册资本制度旨在以铁腕规则确保公司责任财产的充实性、充分性，以保护债权人利益，维护交易安全。从制度设计本意而言，立法者用心良苦，无可厚非。在我国公司制度起步初期，尤其是在 20 世纪 80 年代"皮包公司"热严重扰乱经济秩序的情况下、在某些投资者和经营者缺乏法治与信用观念的背景下，最低公司注册资本制度具有合理性。该制度的特点是，强制股东在设立公司之初缴纳充分资本，从而起到保护债权人的防护网作用。此种思维可称为前端控制模式或严格准入模式。

法定最低注册资本门槛在主观上为确保公司优生优育,强化交易安全,造福债权人;在客观上有利于阻遏出资能力不强的投资者设立空壳公司,但也有矫枉过正、名存实亡之嫌。

其一,由远离商业生活的立法者或行政机关硬性规定统一的最低注册资本标准,无异于闭门造车,导致法定最低注册资本标准很难精准反映公司的不同行业性质、经营规模、雇工规模、负债规模、经营风险和实际资本需求状况。"小孩穿大鞋""大人穿小鞋"的现象都存在。若6位股东根据1993年《公司法》第23条成立一家拥有多家连锁店的商业零售有限责任公司,只需投入30万元注册资本即可;而要依该法第78条成立一家具有同等规模的商业零售股份有限公司,却需1000万元人民币。在前一种情况下,30万元最低注册资本门槛显然过低,而在后一情况下1000万元的最低注册资本门槛又可能过高。因此,法定最低注册资本制度的出发点是善良纯正的,但合理性、正当性、科学性、客观性、公平性与可行性很难确保。

其二,法定最低注册资本无法为债权人提供足够财力担保,且沦为失信投资者逃避债务的护身符。某些公司的注册资本满足法定最低注册资本门槛,但与经营活动的性质和规模相比依然过低。这种"小马拉大车"现象比比皆是。一旦债权人援引"掀开法人面纱"理论追究股东连带清偿责任时,股东就轻而易举地以自己实际出资达到了法定最低注册资本数额为由予以抗辩,许多法院似乎无能为力。

其三,过高最低注册资本门槛将中低收入人群排斥在公司王国之外,实际上是一种制度性歧视。结果,公司制度被异化为富二代、官二代、"暴发户"和胆大者的专利游戏。有意创业的草根阶层包括农民工、大学毕业生走到公司登记机关大门时,仰视着冷酷无情的法定最低注册资本制度,只能望而兴叹。而足智多谋的投资者却可左右逢源地通过虚假出资或抽逃出资的方式创办公司。"好人受气、坏人神气",劣币驱逐良币的现象由此而生。

其四,法定最低注册资本制度压抑了民间投资创业的热情,窒息了投资在拉动经济增长方面的巨大动能。该制度阻止了量大面广的民间资本进入市场,不利于充分发挥公司制度在优化资源配置和合理流动方面的积极作用。而且,苛求股东将注册资本一次性全部缴足,容易造成公司设立之初由于公司业务尚未充分展开而面临的资金闲置和浪费现象。

要贯彻投资者平等原则,鼓励投资主体多元化,刺激民间投资,大力发展中小微企业,必须对法定最低注册资本制度进行大刀阔斧的改革。

三、2005年《公司法》对最低法定注册资本的大幅下调

法定最低注册资本制度在2005年《公司法》修改过程中备受公众批评。为打造平民化公司法,鼓励草根投资,2005年《公司法》第26条第2款不再根据公司产业分别规定最低注册资本,而是雷厉风行地将有限责任公司最低注册资本统一降至3万元;但也同时声明:法律、法规对有限责任公司注册资本的最低限额有较高规定的,从其规定。为适度扩大股份有限公司制度适用范围,切实把股份有限公司制度重塑为公众投资者皆可共享的公共产品,2005年《公司法》第81条(2013年《公司法》第80条)果断地将股份有限公司法定最低注册资本由1000万元人民币降至500万元人民币。

公司最低注册资本的大幅降低,正式终结了传统公司法对最低注册资本的盲目崇拜史,对鼓励民间投资、壮大中等收入阶层、拉动经济增长、全面建设小康社会都具有积极意义。

四、域外最低注册资本制度的式微

存在者必有其因。任何制度设计都有其背后的理由和逻辑。最低注册资本制度也不例外。善良而无知的人们最初都不约而同地将债权人保护的唯一希望押在被神化的最低注册资本制度上。该制度虽非保护债权人的灵丹妙药,但因其是具有刚性的强制性法律规定、甚至是效力性规定,致使该制度被涂上了万能神秘色彩。但在实践中,外强中干的最低注册资本制度不仅很难担当起充分保护债权人的重责大任,反而很容易误导债权人。于是,在神话破灭以后,最低注册资本制度相继被弃之一隅,或被束之高阁。

在美国公司法历史上,尤其是在20世纪70年代末以前,也曾存在法定最低注册资本制度。若公司在开始营业之前没有收到最低注册资本,董事就要对公司债务承担连带责任。只不过美国各州最低资本门槛不高。多数州确定为1000美元,有些州确定为500美元,有些州要求股东出资不得低于授权资本一定比例。但最低注册资本制度一直颇受诟病。主要体现为,该制度无视不同公司的资本需求,统一设定最低公司资本,未免有主观臆断之嫌。而且,20世纪50年代的1000美元的含金量由于通货膨胀等因素到20世纪80年代已大打折扣。①

鉴于立法者主观臆断的最低注册资本在保护债权人方面效果不彰,但压抑投资创业活动的副作用非常明显,美国1969年《模范商事公司法》一鼓作气废除了法定最低资本制度。步其后尘,美国诸州在20世纪70年代以后开始不约而同地陆续废除最低注册资本制度。从理论上说,只需投入1美分的股权资本就可以在现今绝大多数州设立公司。②

美国立法动向无疑有助于鼓励社会公众投资兴业。若股东投入公司的股权资本显著不足,导致公司成为资本显著不足(资本弱化)的公司(undercapitalized corporation),严重殃及债权人利益,则法院亦可揭开公司面纱,责令躲在公司面纱背后的股东站出来,对公司的债权人承担连带清偿责任。若把借助最低注册资本以保护债权人的立法思路称为事先($ex\ ante$)预防的"前端控制"模式,则美国法院运用揭开公司面纱法理以保护债权人的立法思路堪称事后($ex\ post$)救济的"后端控制"模式。后端控制模式既鼓励投资兴业,也关怀债权人的利益,因而将债权人保护制度给无辜股东造成的伤害降至最低限度,堪称兴利防弊功能兼收、正能量最大、副作用最小的制度设计模式。

在其诞生摇篮的欧洲大陆,最低注册资本制度的实质作用也开始受到质疑。欧盟委员会于2001年9月成立的公司法高级专家组经过深入研究,在其提交的《欧洲公司法的现代调整框架》中一针见血地指出,该制度无法确保公司具备开展大量经营活动所必需的财力。他们甚至不无讽刺地认为,最低注册资本制度的唯一功能在于阻止投资者们兴高采烈地设立公司,因为他们在设立公司之前必须具备最低资本。问题是,这种制度功能是否构成保留最低注册资本的充分理由。若答案是否定的,那么只存在两个备选立法思路:要么废除最低注册资本制度,要么提高最低注册资本门槛。鉴于资本形成与维持原则是保护债权人的重

---

① 〔美〕R.W.汉密尔顿著:《公司法》(第4版),中国人民大学出版社2001年影印版,第57页。
② 前揭书,第57—58页。

要工具,学者们建议采取其他变通措施以更加有效地保护债权人。[①] 笔者曾预言,欧盟在未来废除最低注册资本制度的可能性极大。果不其然,德国2008年11月1日修改的《有限公司法》就废除了法定最低注册资本制度。

在日本公司法修改和法典化过程中,曾有三种立法建议:一是股份公司与有限公司均采300万日元;二是将两种公司的最低资本金调至300万日元以下;三是对最低注册资本金不作规定。步美国之后尘,并受欧盟未来最低注册资本制度改革思潮的影响,2005年日本《公司法典》毅然决然废除了最低注册资本制度。

五、2013年《公司法》原则废除了法定最低注册资本制度

我国2005年《公司法》第26条第2款并未废除最低注册资本制度,但大幅下调最低注册资本以鼓励投资的良苦用心与实施效果应予肯定。大幅下调公司最低注册资本的选择是正确的,也完全符合我国当时的社会经济状况。当然,这种阶段性、过渡性的注册资本灵活化措施并非治本之策。

鉴于党的十八大尤其是十八届三中全会明确了市场在资源配置中的决定性作用,鼓励非公经济健康发展,放宽外商投资准入;鉴于广大投资者和公众的法律意识与风险意识不断增强;鉴于普通产业领域的公司最低注册资本(有限责任公司3万元人民币、一人有限公司10万元人民币、股份公司500万元人民币)已然很低;鉴于揭开公司面纱制度的后端控制功能及信息披露制度、担保制度可有效取代最低注册资本的前端控制机制,为从根本上消除立法者闭门造车的苦恼,降低公司注册门槛,鼓励全民投资创业,立法者大胆借鉴美国《模范公司法》等先进立法例,于2013年12月28日一鼓作气,原则废除了普通产业公司的法定最低注册资本制度。

具体说来,2013年《公司法》废除了2005年《公司法》第26条第2款"有限公司注册资本的最低限额为人民币3万元",并将该款中的"法律、行政法规对有限责任公司注册资本的最低限额有较高规定的,从其规定"修改为"法律、行政法规以及国务院决定对有限责任公司注册资本实缴、注册资本最低限额另有规定的,从其规定"。从"较高规定"到"另有规定"意味着根本性制度变革。立法者还废除了2005年《公司法》第81条第3款"股份有限公司注册资本的最低限额为人民币500万元",并将该款中的"法律、行政法规对股份有限公司注册资本的最低限额有较高规定的,从其规定"修改为"法律、行政法规以及国务院决定对股份有限公司注册资本实缴、注册资本最低限额另有规定的,从其规定"。一人有限公司10万元人民币的注册资本亦同步删除。

2013年《公司法》既废除了法定最低注册资本制度,也授权法律法规及国务院决定在必要场合例外保留该制度。与2005年《公司法》相比,创设例外情形的法源除了法律和行政法规,还增加了国务院决定。

废除最低注册资本也有副作用。滥设公司现象有可能沉渣泛起,公司资本有可能良莠不齐,交易安全有可能面临新威胁。但大方向是,两利相衡取其大,两弊相衡取其轻。既要

---

① A Modern Regulatory Framework for Company Law in Europe: A Consultative Document of the High Level Group of Company Law Experts, www.notaries-of-europe.eu/files/position-papers/2002/DS3-reponse-cnue-17-06-02-en.pdf,2020年8月31日访问。

兴利,也要除弊,既不能因噎废食,也不能姑息养奸。保护交易安全既要靠公司法,也要靠合同法与侵权责任法,更靠政府的事中事后监管、法院的司法救济以及广大债权人、消费者(含金融消费者和投资者)的理性自觉。

六、废除法定最低注册资本制度,并不等于废除公司注册资本制度

2013年《公司法》废除了法定最低注册资本制度,但不等于公司没有注册资本。在理论上,注册资本零首付的公司、注册资本为1元人民币的公司皆有可能。但此类公司在实践中能否成功,要取决于市场和债权人的质疑、审视与选择。这就将股权出资的幅度交由股东自治决定。低收入草根阶层可自由创设公司,诚信股东为铸造与彰显信用也会自觉投入数额不菲的股权资本与债权资本。

注册资本不是越高越好,也不是越低越好。股东要切记:立法者废除最低注册资本制度并不意味着立法者鼓励股东选择一人一元公司。实际上,股东在特定产业领域的注册资本越低、公司杠杆越高,股东被揭开公司面纱的风险越大。因此,注册资本究竟几何,值得股东细思量。要鼓励诚信投资者根据自身实力、公司营业的性质和规模、交易伙伴的安全诉求等多种因素,量力而行地投入适度资本。

注册资本实缴制改为认缴制,也不等于股东认缴注册资本以后,可以永远不实缴或者100年以后再实缴出资。相反,股东在公司成立之后必须按照公司章程记载的资本缴纳的时间、金额与方式等承诺,及时足额地缴纳出资。若股东未按公司章程中的承诺履行出资义务,就要对公司、其他原始股东以及公司的债权人承担民事责任。即使公司章程承诺100年以后实缴出资,只要公司陷入清算程序或者陷入债务履行不能,实缴出资义务就会加速到期,暂容后述。

市场选择与商业伦理无法过滤的空壳公司与皮包公司会触发揭开公司面纱的法律风险。若股东投入股权资本过低,构成了对公司法人资格的滥用,则公司的债权人有权请求法院揭开公司面纱,责令股权出资显著不足的股东对公司债务承担连带责任。揭开公司面纱制度在法定最低注册资本废除以后将更有可为。在最低注册资本制度被废除的情况下,法官或仲裁员更不能、也无法以股东出资是否达到了最低注册资本门槛作为是否维持股东有限责任待遇的唯一标准。

最低注册资本制度本身在保护债权人方面从来就不是万能的。《公司法》设计的诸多防弊措施也不是保护债权人的"一本通"。因此,债权人必须用够、用足、用好合同法、物权法、担保法、侵权法等一系列法律制度中保护交易安全的智慧资源。对此,本书将在第九章详述。

具有通常智商与法律风险思维的投资者应慎独自律,见贤思齐,量力而行地认缴与实缴注册资本。这虽不源于立法者的外在强制,但源于投资者防范风险的内在动力,源于市场的选择。这就是市场的力量,法律的力量。

七、在特殊行业例外保留的法定最低注册资本制度

任何原则皆有例外。2013年《公司法》原则废除了法定最低注册资本制度。但基于维护金融安全、捍卫公共利益的理念,对资金密集型、风险密集型的特别产业,例外保留了法定最低注册资本制度。

依 2009 年《保险法》第 69 条，设立保险公司，其注册资本的最低限额为人民币 2 亿元；保监会可根据保险公司的业务范围、经营规模，上调注册资本最低限额；保险公司注册资本须为实缴货币资本。这乃因，保险公司既是营利法人，也是典型的风险密集型与风险管理专业化的企业，承担着分摊和管理巨大社会风险的重责大任，理应具备坚如磐石的注册资本。

依《商业银行法》第 13 条，设立全国性商业银行的注册资本最低限额为 10 亿元人民币。设立城市商业银行的注册资本最低限额为 1 亿元人民币，设立农村商业银行的注册资本最低限额为 5000 万元人民币，注册资本应当是实缴资本。该条还授权中国银保监会根据审慎监管要求，上调注册资本最低限额。商业银行以货币经营为主业，在全球化时代日夜穿梭于密密麻麻的债权债务关系之中，面对着成千上万的储户和债权人，不得不具备法定最低注册资本。

依 2012 年《证券投资基金法》第 13 条，设立管理公开募集基金的基金管理公司，注册资本不低于 1 亿元人民币，且必须为实缴货币资本。值得注意的是，2003 年《证券投资基金法》曾对基金管理公司主要股东的最低注册资本提出了要求："主要股东具有从事证券经营、证券投资咨询、信托资产管理或者其他金融资产管理的较好的经营业绩和良好的社会信誉，最近 3 年没有违法记录，注册资本不低于 3 亿元人民币。"对基金管理公司主要股东的最低注册资本作出规定是 2003 年《证券投资基金法》的特色，为《商业银行法》《保险法》所无。此举旨在确保基金管理公司的优生优育，预防信用不足的不肖投资者通过担任主要股东而谋取不当利益。但鉴于主要股东的金融从业经验、良好业绩、良好的财务状况、社会信誉，资产规模与合法合规性记录的重要性足以遏制主要股东恶意损害基金管理公司合法权益，为鼓励基金管理公司之间的公平竞争，适度下调基金管理公司的市场准入门槛，2012 年《证券投资基金法》删除了对主要股东的最低注册资本的要求。对子公司而言，控制股东的文化基因包括公司治理及法律风险内控的基因比经济实力更重要。

根据 2005 年《证券法》第 127 条，不同领域对应着不同注册资本门槛：证券公司（券商）经营证券经纪，证券投资咨询，与证券交易、证券投资活动有关的财务顾问业务的，注册资本最低限额为人民币 5000 万元；经营证券承销与保荐、证券自营、证券资产管理和其他证券业务之一的，注册资本最低限额为人民币 1 亿元；经营证券承销与保荐、证券自营、证券资产管理和其他证券业务中两项以上的，注册资本最低限额为人民币 5 亿元。与《公司法》允许分期缴纳不同，券商注册资本是实缴资本。证监会还可根据审慎监管原则和各项业务的风险程度，上调注册资本最低限额。该条有助于杜绝券商滥竽充数的现象。

上述特殊行业的最低注册资本制度大多符合国际惯例，有其存在的公共政策理由。但这种例外保留以法律规定为依据和限度。最低注册资本制度既不担保债权人的绝对安全，更不担保股东有限责任待遇的绝对安全。股东为公司债务提供担保、瑕疵出资、抽逃出资以及滥用公司法律人格的行为都有可能导致股东对公司债务负责。法院与仲裁机构也要对债权人尤其是侵权之债的受害人提供公平合理的救济措施。

第三节 注册资本认缴制

一、首付 20% 注册资本开公司：2005 年《公司法》允许股东分期缴纳出资

由于 2013 年《公司法》废除了法定最低注册资本门槛，广大投资者可以光明正大地出资设立注册资本较低的公司，包括注册资本为 1 元人民币的公司。但有些交易伙伴与债权人会在潜意识中对资本规模较低的陌生公司缺乏信任度。因此，忠厚、诚信的投资者往往不满足于几百元的注册资本，而愿意贡献更多注册资本以彰显自己的诚信度与经济实力。问题在于，在创业之初，不少投资者囊中羞涩，尚未完成原始积累，因而无法一次出资到位。

体恤到投资者创业之初的艰难和不易，2005 年《公司法》允许股东分期缴纳出资。就有限责任公司而言，该法第 26 条第 1 款允许全体股东（并非每位股东）的首次出资额不得低于注册资本的 20%，也不得低于法定注册资本最低限额，其余部分由股东自公司成立之日起 2 年内缴足。假定某公司注册资本为 10 万元，两名股东只要首次分别缴纳 1.5 万元出资，公司即可成立，剩余 7 万元出资可在公司成立之日起 2 年内缴纳完毕。但需要指出的是，股东首次缴纳的出资至少为最低注册资本 3 万元，并非一些媒体报道的"首付 6000 元即可开公司"。

就股份有限公司而言，2005 年《公司法》第 81 条第 1 款允许公司全体发起人首次出资额不得低于注册资本的 20%，其余部分由发起人自公司成立之日起 2 年内缴足。这样一来，发起人只要缴足 100 万元注册资本，公司即可成立，股份公司的设立门槛大幅降低。其中，20% 的首付款乃就全体股东的出资总额而言。无论个别股东的实缴出资比例高低，只要全体股东的共同首付出资款不低于公司注册资本的 20%，公司即可依法成立。

为鼓励投资公司健康发展，从而孵化出更多优质公司，增强民族经济竞争力，2005 年《公司法》第 26 条第 1 款与第 81 条第 1 款破例允许投资公司的股东（发起人）在公司成立之日起 5 年内缴足尚未实缴的注册资本。

由于确立了法定资本制项下的股东分期缴纳出资制度，2005 年《公司法》第 26 条第 1 款将有限责任公司注册资本的概念由 1993 年《公司法》第 23 条第 1 款中的"实缴的出资额"改为"认缴的出资额"；在第 81 条将股份有限公司的注册资本的概念由 1993 年《公司法》第 78 条第 1 款中的"在公司登记机关登记的实收股本总额"改为"股份有限公司采取发起设立方式设立的，注册资本为在公司登记机关登记的全体发起人认购的股本总额；股份有限公司采取募集方式设立的，注册资本为在公司登记机关登记的实收股本总额"。

2005 年《公司法》导入的分期缴纳出资制度虽有进步，仍属于法定资本制的范畴。授权资本制与法定资本制项下的分期缴纳制的相似之处在于，公司在注册资本部分到位的情况下即可成立。二者的根本区别在于，在分期缴纳制度项下，股东一次认购出资、分期缴纳出资，承担后续缴纳出资的义务；后续出资义务的主体在公司成立之时就已确定。而在授权资本制度项下，股东分期认购出资、分期缴足出资，承担后续缴纳出资的义务；后续出资义务主体在公司成立之时尚未确定，而是授权董事会在公司成立之后确定。可见，授权资本制比分期缴纳制更灵活。分期缴纳制是在立法者暂时不能移植授权资本制的情况下，对法定资本制作出的一次有益改革尝试。

二、注册资本认缴制的彻底确立

除了原则废除最低注册资本制度的门槛,2013年10月25日的国务院常务会议还强调,不再限制公司设立时股东(发起人)的首次出资比例和缴足出资的期限;公司实收资本不再作为工商登记事项;并推进注册资本由实缴登记制改为认缴登记制,降低开办公司成本。在抓紧完善相关法律法规的基础上,实行由公司股东(发起人)自主约定认缴出资额、出资方式、出资期限等,并对缴纳出资情况真实性、合法性负责的制度。

鉴于2005年《公司法》规定的首次实缴出资额的出资比例以及末次实缴出资的期限较为僵硬,2013年《公司法》积极稳妥地将注册资本实缴登记制彻底转变为认缴登记制,进而设计出兴利除弊兼顾的宽进严管新制度。

(1) 删除了2005年《公司法》第7条第2款中的"实收资本",因此公司营业执照无需载明实收资本。

(2) 将2005年《公司法》第23条第2项"股东出资达到法定资本最低限额"修改为"有符合章程规定的全体股东认缴的出资额"。

(3) 删除了2005年《公司法》第26条中的"公司全体股东的首次出资额不得低于注册资本的20%,也不得低于法定的注册资本最低限额,其余部分由股东自公司成立之日起两年内缴足;其中,投资公司可以在5年内缴足;有限责任公司注册资本的最低限额为人民币3万元"的规定,并将其中的"法律、行政法规对有限责任公司注册资本的最低限额有较高规定的,从其规定"修改为:"法律、行政法规以及国务院决定对有限责任公司注册资本实缴、注册资本最低限额另有规定的,从其规定"。

(4) 删去2005年《公司法》第29条"股东缴纳出资后,必须经依法设立的验资机构验资并出具证明"。

(5) 将2005年《公司法》第30条改为第29条,将原文"股东的首次出资经依法设立的验资机构验资后,由全体股东指定的代表或者共同委托的代理人向公司登记机关报送公司登记申请书、公司章程、验资证明等文件,申请设立登记"修改为:"股东认足章程规定的出资后,由全体股东指定的代表或者共同委托的代理人向公司登记机关报送公司登记申请书、公司章程等文件,申请设立登记"。鉴于公司注册资本并非债权人保护的唯一手段,发起人在办理公司设立登记时,无需提交验资报告,也无需登记实收资本。虽然公司实收资本无需列入公司法定登记事项,并不禁止公司自愿前往公司登记机关办理备案,并将备案实收资本作为营业执照记载事项。公司向登记机关办理实收资本备案时应提交验资报告,并向社会公示之。

(6) 删去2005年《公司法》第32条第3款"公司应当将股东的姓名或者名称及其出资额向公司登记机关登记"中的"及其出资额",因此公司只需将股东的姓名或者名称向公司登记机关登记即可。

(7) 删去2005年《公司法》第59条第1款"一人有限公司的注册资本最低限额为人民币10万元。股东应当一次足额缴纳章程规定的出资额"。

(8) 将2005年《公司法》第77条改为第76条,并将第2项"发起人认购和募集的股本达到法定资本最低限额"修改为:"有符合章程规定的全体发起人认购的股本总额或者募集的实收股本总额"。

(9) 将 2005 年《公司法》第 81 条改为第 80 条，并将第 1 款"股份有限公司采取发起设立方式设立的，注册资本为在公司登记机关登记的全体发起人认购的股本总额。公司全体发起人的首次出资额不得低于注册资本的 20%，其余部分由发起人自公司成立之日起两年内缴足；其中，投资公司可以在 5 年内缴足。在缴足前，不得向他人募集股份"修改为："股份有限公司采取发起设立方式设立的，注册资本为在公司登记机关登记的全体发起人认购的股本总额。在发起人认购的股份缴足前，不得向他人募集股份"，并将该条第 3 款中的"股份有限公司注册资本的最低限额为人民币 500 万元。法律、行政法规对股份有限公司注册资本的最低限额有较高规定的，从其规定"修改为："法律、行政法规以及国务院决定对股份有限公司注册资本实缴、注册资本最低限额另有规定的，从其规定"。

(10) 将 2005 年《公司法》第 84 条改为第 83 条，将第 1 款"以发起设立方式设立股份有限公司的，发起人应当书面认足章程规定其认购的股份；一次缴纳的，应即缴纳全部出资；分期缴纳的，应即缴纳首期出资。以非货币财产出资的，应当依法办理其财产权的转移手续"修改为："以发起设立方式设立股份有限公司的，发起人应当书面认足章程规定其认购的股份，并按照章程规定缴纳出资。以非货币财产出资的，应当依法办理其财产权的转移手续"，并将第 3 款"发起人首次缴纳出资后，应当选举董事会和监事会，由董事会向公司登记机关报送公司章程、由依法设定的验资机构出具的验资证明以及法律、行政法规规定的其他文件，申请设立登记"修改为："发起人认足章程规定的出资后，应当选举董事会和监事会，由董事会向公司登记机关报送公司章程以及法律、行政法规规定的其他文件，申请设立登记。"

为鼓励中低收入者投资兴业，2013 年《公司法》不再限制公司设立时股东（发起人）的首次出资比例和缴足出资的期限；不再将公司实收资本列为工商登记事项。股东有权自由决定首次实缴出资额的出资比例以及末次实缴出资的期限。股东可自主约定注册资本的实缴期限，但不得长于公司营业期限，也不得约定为无期限。这意味着，公司股东（发起人）有权依据意思自治原则，自主约定认缴出资额、出资方式、出资期限等，并对缴纳出资情况真实性、合法性负责。因此，注册资本实缴登记制改为认缴登记制的核心有二：一是充分尊重股东（发起人）的意思自治；二是充分保障股东认缴及实缴出资信息的真实性、准确性、完整性。

三、注册资本认缴制是对 2005 年公司资本制度改革的继承与发展

公司注册资本缴纳制度存在三种制度选项：(1) 严格模式。即股东在公司成立之前一次性全部认缴并实缴全部注册资本的严格资本制度。(2) 中庸模式。股东在公司成立前一次性全部认缴注册资本、在公司成立前实缴部分注册资本、在公司成立后分次实缴其余注册资本的折中资本制度。(3) 自由模式。股东在公司成立之前只需认缴注册资本、但无需实缴任何注册资本、在公司成立后按照公司章程或股东约定分次实缴注册资本的自由资本制度。

2005 年《公司法》第 26 条第 2 款与第 81 条废除了 1993 年《公司法》确定的严格模式，采取了温而不火的中庸模式。2013 年《公司法》大胆解放思想，采取了自由模式。此次注册资本认缴制改革的主题很鲜明，那就是继续推进服务型的一次认缴、分次实缴制改革。

四、"先上车后买票"的注册资本认缴制普适于各类公司

注册资本认缴制普适于各类公司，既包括有限公司，也包括股份公司；既包括股权多元

化的公司,也包括一人公司;既包括普通实体公司,也包括投资公司。值得注意的是,认缴制仅适用于采取发起方式设立的股份有限公司,不适用于采取募集(包括公开募集和定向募集)方式设立的股份有限公司,以遏制发起人及认购人的出资风险,避免瑕疵出资的股份在资本市场中"击鼓传花"。

虽然注册资本认缴制适用于一人公司,但依《公司法》第63条,若一人公司的股东不能证明公司财产独立于股东自己的财产的,应对公司债务承担连带责任,此即揭开公司面纱制度中的举证责任倒置制度,一人股东有义务自证清白。

《外资企业法实施细则》第30条曾有如下限制性规定:"外国投资者可以分期缴付出资,但最后一期出资应当在营业执照签发之日起3年内缴清。其中第一期出资不得少于外国投资者认缴出资额的15%,并应当在外资企业营业执照签发之日起90天内缴清。"国务院在2014年2月松动该条款:"外国投资者缴付出资的期限应当在设立外资企业申请书和外资企业章程中载明";将第15条第3项修改为:"投资总额、注册资本、认缴出资额、出资方式、出资期限";第20条第2款修改为:"外资企业的注册资本与投资总额的比例应当符合中国有关规定";删去第27条第2款及第32条。

2014年2月,国务院将《中外合资经营企业法实施条例》第13条第4项有关章程记载的内容修改为:"合营企业的投资总额,注册资本,合营各方的出资额、出资比例、出资方式、出资缴付期限、股权转让的规定,利润分配和亏损分担的比例。"《中外合作经营企业法实施细则》第13条第4项有关章程记载的内容修改为:"合作企业的投资总额,注册资本,合作各方认缴出资额、投资或者提供合作条件的方式、期限。"

顺乎认缴制改革大势,2014年2月19日国务院令第648号公布、自2014年3月1日起施行的《国务院关于废止和修改部分行政法规的决定》废止了原外经贸部与国家工商总局于1988年1月1日联合发布的《中外合资经营企业合营各方出资的若干规定》。该文件第4条曾作严格规定:"合营合同中规定一次缴清出资的,合营各方应当从营业执照签发之日起6个月内缴清。合营合同中规定分期缴付出资的,合营各方第一期出资,不得低于各自认缴出资额的15%,并且应当在营业执照签发之日起3个月内缴清。"但在实践中,该条款仍无法预防股东的迟延及瑕疵出资现象。

五、注册资本认缴制的弊端及其救济

注册资本认缴制圆了广大投资者边挣钱、边补资的投资梦,但"几家欢笑几家愁",注册资本认缴制的缺点也已逐渐暴露。一些失信投资者不足额出资、不及时出资、不适当出资。若股东承诺在公司成立后5年内缴纳全部认缴出资,但迟迟不予缴纳,必然会引发瑕疵出资股东与足额出资股东之间、瑕疵出资股东与公司之间、瑕疵出资股东与公司的债权人之间的争讼。

就瑕疵出资股东与足额出资股东之间的关系而言,由于《公司法》并未规定股东除名制度和失权催告程序,足额出资股东虽然可以追究瑕疵出资股东的违约责任及其就欠缴出资所负的法定资本充实责任,但很难将"蒸不熟、煮不烂"的无赖瑕疵出资股东扫地出门。2011年《公司法解释(三)》第17条确认了股东除名的效力,但仅限于有限责任公司的股东丝毫未履行出资义务或抽逃全部出资的情形,而无法适用于股东虽已实缴小部分出资、但未实缴大部分出资的情形。

公司章程允许股东分期缴纳出资的期限越长,就越夜长梦多,容易节外生枝。这恰恰是法院和仲裁机构重点关注的案件类型。

六、暂不实行注册资本认缴登记制的行业

根据国务院2014年2月批准的《注册资本登记制度改革方案》,现行法律法规及国务院决定明确规定实行注册资本实缴登记制的银行业金融机构、证券公司、期货公司、基金管理公司、保险公司、保险专业代理机构和保险经纪人、直销企业、对外劳务合作企业、融资性担保公司、募集设立的股份公司,以及劳务派遣企业、典当行、保险资产管理公司、小额贷款公司实行注册资本认缴登记制问题,另行研究决定。在法律、行政法规以及国务院决定未修改前,暂按现行规定执行。

七、债权人友好型的股东实缴出资加速到期制度

保护认缴出资股东期限利益为一般原则,出资义务加速到期为例外规则。鉴于认缴制创设了认缴出资股东依法延期实缴出资的期限利益;鉴于理性债权人理解认缴资本与实缴资本的区别以及期限利益风险;鉴于股东认缴与实缴的出资金额与期限登记于登记机关且能在全国企业信用信息查询系统免费查询;鉴于债权人基于对公司实缴资本的合理信赖而与公司缔结债权债务关系,保护认缴出资股东期限利益符合意思自治原则,理应成为制度常态。

自由皆有边界,权利皆有底线。为预防契约自由与期限利益之滥用,有必要在公司不能清偿到期债务时例外加速认缴出资股东的出资义务。笔者主张"附解除条件的期限利益说"或"公司可持续经营发展承诺说"。股东享受期限利益的默示前提是公司在股东实缴出资之前处于可持续经营状态(going concern)。期限利益附属于公司可持续经营能力的基础之上。尚未实缴出资的股东面向公司全体利益相关者(包括不特定债权人)作出的公司可持续发展的默示担保构成了合法有效、可诉可裁的默示契约。债权人有权基于对股东承诺的合理信赖而对公司授予信用。若公司在股东实缴出资前有足够资源与信用支撑公司正常运营,债权人无需激活股东出资加速到期机制。若公司不能清偿到期债务、正常经营难以为继,股东期限利益立即失效,出资义务加速到期。不问股东实缴期限长短,一旦公司陷入经营困局、不再是持续经营企业,股东就违反了公司可持续发展的承诺。股东承诺之违反意味着期限利益的解除条件已成就。股东期限利益因解除条件之成就而立即终止,实缴出资义务同时自动提前触发。股东的该等承诺足以创设公司、其他股东与债权人的善意信赖。该等承诺既在股东之间产生拘束力,也在股东与公司及其债权人之间产生法律效果。加速到期制度符合契约自由、契约正义与契约严守的精神,有助于稳定债权人交易预期,符合私法自治原则与公序良俗。

最高人民法院2019年11月14日发布的《九民纪要》第6条列举了出资加速到期的两种例外情形:"在注册资本认缴制下,股东依法享有期限利益。债权人以公司不能清偿到期债务为由,请求未届出资期限的股东在未出资范围内对公司不能清偿的债务承担补充赔偿责任的,法院不予支持。但下列情形除外:(1)公司作为被执行人的案件,法院穷尽执行措施无财产可供执行,已具备破产原因,但不申请破产的;(2)在公司债务产生后,公司股东(大)会决议或以其他方式延长股东出资期限的。"前一情形基于对《企业破产法》第35条的

目的解释,后一情形基于对诚实信用原则与公序良俗的解释。因例外列举不周且门槛过高,无法根治认缴制滥用顽症,建议立法完善。

其一,公司启动破产清算程序时,股东实缴出资义务加速到期。为扩大并保全债务人财产、提高债权人获偿比例、预防股东逃废出资义务,《企业破产法》第 35 条确认加速出资制度:"法院受理破产申请后,债务人的出资人尚未完全履行出资义务的,管理人应当要求该出资人缴纳所认缴的出资,而不受出资期限的限制。"既然公司因资不抵债而进入破产清算程序、债权人无法全额偿债,股东享受期限利益的条件荡然无存,股东就应在公司离场前的清算阶段提前缴纳尚未到期的出资。即使公司破产重整或和解,出资义务也应加速到期,以示股东促成重整与和解之诚意。

其二,公司启动非破产清算程序时,股东实缴出资义务也加速到期。《公司法解释(二)》第 22 条指出:"公司解散时,股东尚未缴纳的出资均应作为清算财产。股东尚未缴纳的出资,包括到期应缴未缴的出资,以及依照公司法第 26 条和第 80 条的规定分期缴纳尚未届满缴纳期限的出资。公司财产不足以清偿债务时,债权人主张未缴出资股东,以及公司设立时的其他股东或者发起人在未缴出资范围内对公司债务承担连带清偿责任的,法院应依法予以支持。"理由有二:一是公司普通清算程序以资能抵债为假定条件,但不排除嗣后转入破产清算程序的可能。既然在清算程序终结前无法确保全体债权人足额获偿,实缴出资义务必须加速到期。二是公司清算内容不限于清理公司对外债权债务,也包括向股东分配剩余财产,清结股东间的权利义责。债权人足额获偿后,股东按实缴出资比例分取的剩余财产包括股东补缴之出资。

其三,公司在执行程序中不能清偿到期债务时,股东实缴出资义务加速到期。债权人有权请求认缴出资股东在未实缴出资范围内对公司债务承担补充责任。理由有四:一在被执行公司不能偿债时,股东期限利益因解除条件之成就而立即终止;二是债权人有理由信任认缴制维护交易安全之功能公信;三是提前终止期限利益并未剥夺股东有限责任待遇,亦未实质增加其出资义务;四是认缴制旨在鼓励投资兴业,股东既已享受其利,在解释遇有疑义时,只有采取债权人友好型解释方法,方合公序良俗与公平原则。

其四,为维护交易安全,建议立法者降低《九民纪要》规定的出资加速到期门槛。只要公司不能清偿到期债务,债权人即可请求未届或已届实缴出资期限的股东在未出资范围内对公司不能清偿的债务承担补充赔偿责任。公司不能清偿到期债务的时间节点应界定为公司拒绝或怠于履行生效法律文书(包括裁判文书与公证文书)之时,不能迟至公司进入清算程序之后,也不能提前到公司不能自愿如约及时足额偿债之时。若无债权人主张,公司可启动加速到期程序;若公司拒绝或怠于主张,适格股东有权以自己名义、为公司利益而提起股东代表诉讼。

其五,加速出资到期规则适用于所有认缴出资、但实缴期限尚未届满的股东,包括发起创设公司的原始股东以及嗣后加入公司的后续股东。

第四节　股东的出资方式

一、股东出资方式多元化的合理性

随着科学技术的日新月异,物质形态和产权形态的表现形式更是五彩缤纷,创造公司商业价值的出资方式也层出不穷。现代公司法倾向于鼓励出资形式多元化。例如,美国《模范商事公司法》第6.21条第2项规定:"董事会授权发行股份可以采取的对价形式,包括任何有形的、无形的财产或可以使公司享有的利益,包括现金、本票、已经提供的劳务、劳务提供合同或公司的其他证券。"

我国《公司法》第27条大幅放宽了股东出资方式:"股东可以用货币出资,也可用实物、知识产权、土地使用权等可以用货币估价并可以依法转让的非货币财产作价出资;但是,法律、行政法规规定不得作为出资的财产除外。"因此,债权、股权、采矿权、探矿权等他物权均可作为出资财产。可以预言,此举将会鼓励成千上万的投资者拿出闲置资本进行投资创业。

二、2013年《公司法》彻底废除了非货币出资的天花板规则

鉴于许多公司成立之初需求资金甚急,2005年《公司法》第27条第3款要求有限责任公司全体股东的货币出资金额不低于有限责任公司注册资本30%。换言之,公司非货币出资形式不高于注册资本70%。该法第83条股份有限公司发起人的出资方式也存在非货币出资的天花板规则。

"30%"的货币出资底线是强制性规定,体现了立法者关心公司成长的服务型态度,但有包办代替、越俎代庖之嫌。滑稽的是,聪明商人可运用隐形的非货币出资策略,驾轻就熟地规避这一外强中干的门槛。例如,股东在承诺以500万元货币出资的同时,与设立中公司签订一份以公司有效成立为生效条件的买卖合同,约定公司以500万元价格购买该股东出售的特定生产设备。货币出资与设备买卖有机组合的两步走策略就可以实现非货币出资的真实目的,绕开了30%的法定最低货币出资门槛,规避公司设立时的非货币资产评估程序。但操作该出资策略时必须确保非货币财产出资的真实性、充分性。要警惕投资者滥用雕虫小技,恶意实施瑕疵出资行为或变相抽逃出资行为。

为彻底松绑股东出资方式,2013年《公司法》大胆删除了2005年《公司法》第27条第3款要求全体股东的货币出资金额不低于有限责任公司注册资本30%的规定。在公司设立阶段要鼓励出资方式多元化,在公司增资扩股阶段也要鼓励出资方式的多元化。

三、严格把握非货币出资的构成要件

股东出资形式多元化不是宙斯送给潘多拉的魔盒。打开股东出资多样化的闸门,不会冒出成千上万的魔鬼。但出资股东的道德风险在所难免。非货币出资形式的多样性有可能导致出资价值不足,以及股东间在实际履行出资义务方面的不平等。投机取巧的股东往往愿意拿财产价值过低的非货币出资作为取得股权的对价。

为堵塞制度漏洞,《公司法》第27条对非货币出资采取了允许存在、严加规制的立法态度。换言之,并非所有非货币财产均可作为股权出资。非货币财产作为股东出资方式必须

同时具备以下四个要件:

(一)非货币出资必须对公司具有商业价值

公司是商事企业,具有营利性。非货币出资作为公司资本的组成部分,必须为公司经营所需,对公司的生存与发展具有商业价值,具有生产或加工产品、提供服务、创造财富的价值;否则不得作为出资财产。其中的"财富"既包括物质财富,也包括精神财富、文化财富。

(二)可以用货币估价

非货币财产的商业价值应具有可确定性,且可通过价值评估机构或市场竞价机制(如拍卖程序)予以合理估值与验证。该要件旨在确保非货币出资财产的价值真实、充分,进而可作为生产经营要素参与商业活动。原因很简单,理性商人通常不会从交易伙伴购买价值无法确定的商品或服务。以债权作价出资时,该笔债权的可确定性就表现在:债权真实合法有效,而且金额可确定。以股权出资时,股权指向的目标公司必须是依法成立的公司,而非设立无效的公司抑或设立中公司。由于纷繁复杂的非货币财产的价值绝非专业人士之外的凡夫俗子所能目测把握,就离不开专业资产评估机构验证非货币财产出资的真实性与充分性。

资产评估机构既要善于确定非货币出资财产的商业价值,也要敢于淘汰和过滤不适格的非货币财产出资。为倒逼资产评估机构慎独自律,《公司法》第207条第3款规定了失信资产评估机构的民事责任:"承担资产评估、验资或者验证的机构因其出具的评估结果、验资或者验证证明不实,给公司债权人造成损失的,除能够证明自己没有过错外,在其评估或者证明不实的金额范围内承担赔偿责任。"

若一家资产评估机构从委托人收取1万元评估费,竟胆敢将花费5000元运费从荒山运到某公司的普通石头估价100万元人民币,该评估机构应在99.5万元范围内(而非5000元评估费)对接受石头出资的目标公司的债权人承担赔偿责任。出具虚假资产评估报告的法律风险与失信成本之高由此可见一斑。因此,"可以用货币估价"的潜台词和前提条件是,非货币出资股东能够找到适格诚信的资产评估机构敢于为非货币财产估值。

为规范资产评估行为,遏制资产评估机构的道德风险、提升资产评估的公信力,全国人大常委会于2016年7月通过了《资产评估法》。该法第2条将"资产评估"界定为评估机构及其评估专业人员根据委托对不动产、动产、无形资产、企业价值、资产损失或者其他经济权益进行评定、估算,并出具评估报告的专业服务行为。第4条第2款要求评估机构及其评估专业人员开展业务时遵守法律、法规和评估准则,遵循独立、客观、公正的原则。依该法第50条,评估专业人员违法给委托人或其他相关当事人造成损失的,由其所在的评估机构依法承担赔偿责任;评估机构履行赔偿责任后,可向有故意或者重大过失行为的评估专业人员追偿。

(三)可以依法转让

非货币财产权利具有可转让性。非货币出资留在公司就是公司对债权人清偿债务的责任财产。一旦公司不能及时偿债,债权人就会拍卖或变卖该财产。若该出资资产具有不可转让性,则债权就会落空。例如,特种行业的经营许可证就不构成有效的非货币出资。又如,债务标的不适于强制履行的人身性、身份性很强的非金钱债务(如明星大腕的演出服务合同),由于无法强制履行,也不能作为出资标的物。

(四)法律和行政法规不禁止

《公司登记管理条例》第14条规定:"股东的出资方式应当符合《公司法》第27条的规

定,但是,股东不得以劳务、信用、自然人姓名、商誉、特许经营权或者设定担保的财产等作价出资。"

《公司登记管理条例》第 14 条禁止劳务作价出资,主要是担心劳务出资不宜强制执行。禁止信用作价出资,主要是担心我国目前社会信用评价体系不健全,信用的商业价值不确定,存在着"失信者神气、守信者受气"的乱象。禁止自然人姓名作价出资,主要是鉴于自然人姓名不能依法转让,更不能被法院拍卖。禁止商誉出资,主要是担心资产评估机构对商誉商业价值进行评估时虚假评估的道德风险。禁止特许经营权出资,主要乃因起草者担心官商勾结、钱权交易,倒卖批文。为打击商业贿赂、推进反腐倡廉,遂有此禁。禁止设定担保的财产出资,主要是鉴于此类财产的权利上存在法律负担。若许其作价出资,公司在对此类财产行使占有、使用、处分和受益权能时,有可能随时遭受来自担保物权人的干涉。

《公司登记管理条例》第 14 条仅禁止上述六种非货币财产出资方式。从法理上看,现代法治笃信民商主体"法无禁止即可为"的理念,法律欲禁之,必以法律明文规定为前提,以确保法律规则的可预期性与稳定性。建议修改《公司登记管理条例》,原则解禁前述六大非货币财产。

凡同时具备以上四大要件的非货币财产均可作价出资。非货币出资受不同法律部门(如《民法典》《土地管理法》《城市房地产管理法》《矿产资源法》《证券法》《著作权法》《专利法》《商标法》与《海域管理法》)的规制。基于非货币出资形式的多元化与复杂性,法律及其配套行政法规往往对非货币出资作出特别规定。股东以非货币财产出资入股时,对此不可不察。

四、常见的非货币财产出资

(一) 自物权(所有权)

自物权既包括动产(如机器设备、商品、原材料)的所有权,也包括不动产所有权(如商品房的所有权、国有土地使用权);既包括有体物,也包括无体物(如电、热、核能、无线电频谱),更包括囊括各类物理形态的财产所有权。

法学家眼中的"物"不同于物理学家眼中的"物"。物权法中的"物",特指能够被人力支配和控制、兼有使用价值与交换价值(含担保价值)的物质。至于人力不能支配和控制的日月星辰,不能成为所有权的标的物。2005 年曾在北京曝出的"月球大使馆卖月亮"的丑闻不攻自破。既然卖方对月球没有所有权、且月球不属于流通物,买卖合同自然归于无效;若数额巨大,情节严重,还构成诈骗罪;不构成犯罪的,市场监督管理机关应及时处罚,吊销卖方营业执照,令其退出市场。

(二) 用益物权

用益物权,指利主体虽无所有权,但对他人享有所有权的标的物依法享有占有、使用和收益权能的财产权利,包括但不限于建设用地使用权、海域使用权、探矿权、采矿权、取水权、养殖捕捞权、承包权、地役权、门票销售权、收费高速公路经营权、收费桥梁和隧道经营权等。例如,煤矿公司可将采矿权作价出资参股发电公司;高速公路发展公司可将其享有的经营权(包括收费权)对目标公司投资入股。在一些沿海地区,必须严格区分海域使用权和荒涂承包经营权。一些地方混淆了二者的法律边界,侵害了农民权益,应予纠正。

（三）债权

债权是个广义概念，不限于金钱债权，尚包括非金钱债权。常见的债权形式包括债券（公司债券、国库券、外国政府公债等）、票据（含汇票、本票、支票）、合同权利（如房屋使用权）等债权。非金钱债权作价出资时，适于强制执行的，公司可诉请法院强制执行；不适于强制执行（基于公序良俗、公民人权与基本自由保护等理由）的，公司虽不能请求法院强制执行，但可追究瑕疵出资股东以货币形式承担的资本充实责任。

对股东以债权作价出资的正确态度是：允许存在，但严格规制。以债务人的身份为准，股东作价出资的债权既包括股东对第三人享有的债权，也包括股东对公司享有的债权。据德国通说，股东对第三人享有的债权，只要该债权具有可转让性，就可作为出资标的物。[①] 此种解释可供我国参考。

股东以其对目标公司享有的债权作价出资简称"债转股"。目标公司与特定债权人在不损害其他债权人的前提下达成合意，约定将目标公司的债权人置换为目标公司的股东，相应的债权变成股东对目标公司的出资财产。

20世纪末四大国有资产管理公司在处置国有商业银行不良债权时采取的债转股策略，就以承认债权作为出资财产为理论前提，并受到股东和债权人的普遍认同。除了政策性债转股，商业性债转股也有存在价值。债转股原则上适用于各类公司。

（四）股权

股权出资具有普遍性。股权指向的目标公司包括各类公司组织形式，既有上市公司，也有非上市公司。股权具有财产价值，且能作出价值评估，是适格的出资财产。

鉴于股权与公司所有权实际上均作用于同一公司的财产，鉴于股权价值具有变动性与高风险性，股东不得以同一股权重复对不同公司出资，并严格遵守股权价值评估制度。但债权人要意识到，债务人公司的股东以100万元房屋作价出资给公司以后，股东获得的股权以及公司取得的房屋所有权均可分别质押、抵押给不同的银行债权人，分别获得100万元、共计200万元的贷款。这是股权问世以后带来的担保财产与担保风险的倍增效应。

股权出资以后，股权价值有可能发生变动，暴涨暴跌亦为寻常之事。但不能以股权价值的剧烈变动为由否认股权出资的价值，甚或借机转嫁市场风险。其实，不仅股权价值变动不居，就是实物（如房地产）价值在投入公司后也会由于房地产市场、按揭贷款政策、房产税法出台或其他宏观调控政策而发生波动。

根据2014年2月20日原国家工商总局公布的《公司注册资本登记管理规定》第6条，股东或者发起人可以其持有的在中国境内设立的公司股权出资。以股权出资的，该股权应当权属清楚、权能完整、依法可以转让。具有下列情形的股权不得用作出资：(1)已被设立质权；(2)股权所在公司章程约定不得转让；(3)法律、行政法规或者国务院决定规定，股权所在公司股东转让股权应当报经批准而未经批准；(4)法律、行政法规或者国务院决定规定不得转让的其他情形。

依《公司法解释（三）》第11条，出资人以其他公司股权出资，符合下列条件的，法院应认定出资人已履行出资义务：(1)出资的股权由出资人合法持有并依法可以转让。此处的"持

[①] 〔德〕托马斯·莱塞尔、吕迪格·法伊尔著：《德国资合公司法》，高旭军、单晓光、刘晓海、方晓敏等译，法律出版社2005年版，第419页。

有"原因包括原始取得,也包括继受取得。"依法可以转让"主要指市场准入政策而言。(2)出资的股权无权利瑕疵或者权利负担。(3)出资人已履行关于股权转让的法定手续。此处的"法定手续",既包括《公司法》第71条的尊重与保护老股东知情权、同意权、反对权和法定优先购买权的规则,也包括《公司法》与公司章程对股份公司股份转让规定的限制性规则,还包括《企业国有资产法》规定的国有股权进场交易的规则以及《证券法》规定的公司的股票转让规则等。(4)出资的股权已依法进行了价值评估。

若股权出资不符合第1项、第2项与第3项要件,公司、其他股东或者公司债权人请求认定出资人未履行出资义务的,法院应责令该出资人在指定的合理期间内采取补正措施,以符合上述条件;逾期未补正的,法院应认定其未依法全面履行出资义务。

若股权出资不符合第4项要件,公司、其他股东或者公司债权人请求认定出资人未履行出资义务的,法院应当委托具有合法资格的评估机构对该股权出资评估作价。评估确定的价额显著低于公司章程所定价额的,法院应当认定出资人未依法全面履行出资义务。

为规范涉及外资企业的股权出资行为,提高投资便利化水平,促进外国投资者来华投资,2012年发布、2015年修正的《商务部关于涉及外商投资企业股权出资的暂行规定》,允许境内外投资者以其持有的中国境内企业(以下简称"股权企业")的股权作为出资,设立及变更外资企业。此类行为包括以新设公司形式设立外资企业;增资使非外资企业变更为外资企业;增资使外资企业股权发生变更。

(五)智慧成果(科技成果)

中共十八届三中全会强调,"建立健全鼓励原始创新、集成创新、引进消化吸收再创新的体制机制,健全技术创新市场导向机制,发挥市场对技术研发方向、路线选择、要素价格、各类创新要素配置的导向作用。建立产学研协同创新机制,强化企业在技术创新中的主体地位,发挥大型企业创新骨干作用,激发中小企业创新活力,推进应用型技术研发机构市场化、企业化改革,建设国家创新体系";"加强知识产权运用和保护,健全技术创新激励机制";"发展技术市场,健全技术转移机制,改善科技型中小企业融资条件,完善风险投资机制,创新商业模式,促进科技成果资本化、产业化"。这为鼓励包括科技成果在内的各类智慧成果的作价出资指明了方向。

党的十九大报告指出,"深化科技体制改革,建立以企业为主体、市场为导向、产学研深度融合的技术创新体系,加强对中小企业创新的支持,促进科技成果转化。倡导创新文化,强化知识产权创造、保护、运用。培养造就一大批具有国际水平的战略科技人才、科技领军人才、青年科技人才和高水平创新团队"。因此,科技成果出资符合改革方向。

智慧成果包括知识产权(著作权、专利权、注册商标专用权)与非专利技术等。在知识经济形态下,知识资本的重要性与日俱增,甚至超过了传统的金融资本和实物资本。从资本到知本,代表着知识经济对传统资本制度的挑战。为发展知识经济,促进高科技产业发展,我国应当鼓励智慧成果出资。

(六)其他出资方式

其他出资方式包括大数据、商号、商业秘密、营业、营销网络、潜在消费群体(如微博、微信等社交平台的用户规模及用户黏度)等。

五、募集设立股份公司时认股人可否采用非货币财产出资形式

《公司法》第 82 条规定:"发起人的出资方式,适用本法第 27 条的规定。"换言之,无论是以发起设立的方式设立股份有限公司,还是以募集的方式设立股份有限公司,发起人的出资方式均可采取非货币财产出资。这也是发起人作为承担发起人责任的对价而享受的特殊待遇。

问题在于,在募集设立股份有限公司的情况下,发起人之外的认股人的出资方式可否适用第 27 条的规定,采用非货币财产出资形式?从文义解释的角度来看,立法者只谈到"发起人的出资方式,适用本法第 27 条的规定",而未提及认股人(包括不特定认股人和特定认股人)。这意味着,认股人只能以货币形式出资。对此,第 85 条在谈及发起人向社会公开募集股份时,对认股人出资义务的描述可资佐证:"认股人按照所认购股数缴纳股款"。若立法者允许认股人以非货币财产出资,将会表述为"认股人按照所认购股数履行出资义务"。

鉴于发起人数量有限,承担的法律风险亦高于认股人,由发起人独享非货币财产作价出资的优厚待遇有其合理性。投资者欲享受该优厚待遇,也可申请成为发起人。若允许成千上万的认股人以五花八门的非货币财产(字画、二手消费品等)作价出资,不仅估值成本高,而且公司可能根本不需要。相比之下,货币出资的流动性强,免去了估值的成本与不便。

六、非货币财产作价出资的防弊措施

为夯实追究非货币出资股东瑕疵出资责任的证据基础,公司应将非货币出资的形式与作价金额载明于公司章程。《公司法》第 28 条要求股东按期足额缴纳公司章程中规定的各自所认缴的出资额,并依法办理其产权转移手续。

非货币出资形式的多样性可能会导致出资价值不足,也可能导致股东之间在履行实质出资义务方面的不平等。为预防瑕疵出资风险,《公司法》第 27 条第 2 款保留了 1993 年《公司法》对非货币出资进行评估作价的立法态度,要求对作为出资的非货币财产应当评估作价,核实财产,不得高估或者低估作价;法律、行政法规对评估作价有规定的,从其规定。依《公司法》第 207 条第 3 款,若资产评估机构评估作价时存在过错导致第三人损失的,应当对公司的债权人承担赔偿责任。当然,按照对等公允、双向约束、多退少补的理念,若股东以非货币财产出资,而股东出资被低估的,公司应将高于出资部分的溢价金额以货币形式退还股东。

为倒逼股东足额出资,非货币出资的股东负有出资瑕疵担保义务,即担保其出资时出资财产的真实性、有效性与充分性。若非货币出资存在瑕疵,则该股东应承担民事责任,包括对足额出资股东的违约责任、对公司的资本充实责任、对公司的债权人的补充清偿责任。问责机制是预防非货币出资瑕疵和股东道德风险的重要配套措施,暂容后述。

2013 年《公司法》删除了 2005 年《公司法》第 29 条的法定验资制度:"股东缴纳出资后,必须经依法设立的验资机构验资并出具证明。"立法本意是取消强制性的验资制度,但并不禁止股东自愿聘请验资机构。股东获得此类证明有助于自证清白。一旦公司及其债权人在嗣后主张追究股东瑕疵出资责任或者债权人主张揭开公司面纱,持有验资证明的股东可以依法抗辩,证明自己已及时足额缴纳出资。可见,自愿验资程序是未雨绸缪、居安思危,预防未来风险的自我保护机制。对于此类证据,股东应善于固定与保全。

七、出资人用自己并不享有处分权的财产进行出资的效力

股东的出资行为在性质上属于处分行为,出资人用非自有财产出资属无权处分。但出资人用自己并不享有所有权(处分权)的财产进行出资时,该出资行为的效力不宜一概断然否认。若公司取得股东无权处分的财产时属于善意取得人,就应享受《民法典》第311条的保护。此举旨在夯实公司资本基础,维护交易安全。

有鉴于此,2014年最高人民法院《公司法解释(三)》第7条第1款规定,出资人以不享有处分权的财产出资,当事人之间对出资行为效力产生争议的,法院可参照《民法典》第311条有关善意取得的规定予以认定。

八、立法前瞻:放开股东出资方式的限制

在注册资本登记自由化改革的背景下,《公司登记管理条例》第14条与《公司注册资本登记管理规定》第4条明文禁止6种出资方式的严苛态度惹人注目。《公司登记管理条例》虽在2014年和2016年进行了修订,但严苛观点依然未变。

相比之下,欧美公司法普遍允许劳务、商誉、特许经营权等作价出资。依我国台湾地区"公司法"第156条第5款,商誉亦可作价出资。鉴于劳务、商誉、特许经营权具有商业价值,为挖掘和开发可资公司利用的资源,建议《公司登记管理条例》拓宽股东出资形式,允许劳务、商誉、特许经营权等作价出资。只要非货币财产可以依法估价、依法转让,且载明于公司章程,就可留待市场自由选择。实际上,《公司法》已经预留了足够的、有效的防弊机制:(1)有限责任公司全体股东、股份有限公司全体发起人同意;否则,章程无法签署。(2)资产评估机构严格把关。若资产评估机构胆大包天,违法评估,必须对债权人承担赔偿责任。(3)瑕疵出资股东的差额补充责任也可缓解非货币出资的真实性与充分性问题。(4)若股东不愿履行自己承诺的劳务出资和劳务合同,此种瑕疵出资行为可转化为对公司的货币资本充实责任(赔偿责任)。因此,公司登记机关对非货币财产出资也应采取包容审慎的形式审查态度,不宜轻易否定具有商业价值的合法非货币财产出资。

总之,在法律和行政法规禁止出资形式时,一定要慎之又慎。由于《公司法》规定的出资形式要件和其他防弊机制基本上可以把关,对看不准的存疑问题,建议法律和行政法规采取暂时搁置的包容与务实态度,否则既有杞人忧天之嫌,也会严重束缚创造财富的资源释放应有的活力。

第五节 瑕疵出资股东的民事责任

投资者的诚信度和资本实力良莠不齐。因此,无论在货币出资还是在非货币出资的领域,都存在着大量的瑕疵出资现象。由于《公司法》鼓励非货币出资的多样性,允许股东分期缴纳出资,客观上会加剧瑕疵出资风险。出于兴利除弊兼顾的理念,为保护交易安全,提高瑕疵出资股东的失信成本,《公司法》和《公司法解释(三)》夯实了瑕疵出资股东对守约股东、公司及其债权人承担瑕疵出资责任的制度基础。

一、出资瑕疵的认定标准

股东瑕疵出资的表现形式大体分为两类：一类是出资时间的瑕疵（不及时），一类是出资财产的瑕疵。后者既包括货币出资的不足额，也包括非货币出资的品质瑕疵，还包括非货币出资的权利瑕疵。

由于商品供求关系、通货膨胀率和金融市场等多种变量因素的影响，股东投入公司的出资财产（货币财产和非货币财产）的商业价值总是变动不居。世界上没有价值和价格一成不变的商品和财产。股东的出资财产在移转给公司以后有时价格暴跌，有时价格暴涨。其实，不仅股权出资，实物（如房地产）出资的价值也会大起大落。

在判断股东出资金额是否存在瑕疵时，股东出资财产的所有权、风险负担和孳息风险的转移应参照和准用《民法典》第604条关于买卖合同的规则。除非法律另有规定或当事人另有约定，出资财产毁损、灭失、价值贬损的风险，在股东交付公司之前由股东承担，交付公司之后由公司（或设立中公司）承担。准此而论，股东非货币出资的实际价额在成立后略低于、而非显著低于公司章程所定价额的，固可免于承担补交出资差额的责任；即使股东非货币出资的实际价额在成立后显著低于公司章程所定价额，但股东交付出资之时的实际价额不低于公司章程所定价额的，也可免责。其中的关键点是，在衡量股东出资财产的真实性、充分性、合法性、有效性的时候，应以股东履行出资义务的时点予以判断，而不能以股东履行出资义务以后出资财产价格的涨跌时点去判断。

《公司法解释（三）》第15条确认了上述观点："出资人以符合法定条件的非货币财产出资后，因市场变化或者其他客观因素导致出资财产贬值，公司、其他股东或者公司债权人请求该出资人承担补足出资责任的，法院不予支持。但当事人另有约定的除外。"

假定股东甲于某年某月某日以A上市公司的1万股股票作价出资，每股按照当日的收盘价36元作价出资。股票移转给公司以后，风云突变，股票由每股36元暴跌至3.6元。乙股东主张甲股东存在瑕疵出资的行为，因为甲股东的全部股权出资财产的价值已经由36万元贬至3.6万元。甲股东则主张自己不存在瑕疵出资的行为，因为甲股东向公司履行出资义务时股权出资财产的价值就是36万元。乙股东要求甲股东继续补缴出资32.4万元（36万元－3.6万元），否则甲股东的持股比例应当缩至原持股比例的10%。最后，甲乙二股东诉至法院。笔者认为，法院应当支持甲股东的诉讼请求，确认甲股东的出资行为不存在瑕疵。

对上述案例作一反向转换。假定股东甲于某年某月某日以A上市公司的1万股股票作价出资，每股按照当日的收盘价36元作价出资。股票移转给公司以后，股票暴涨至每股360元。甲股东要求公司将自己的持股比例由原来的8%提高到80%，但遭到公司和其他股东的一致反对。公司和其他股东主张，甲股东的股权出资升值应当归功于公司的好运气，与甲股东无关。因而，公司和其他股东反对提高甲股东的持股比例。笔者认为，法院应当支持公司和其他股东的主张，甲股东无权要求公司提高自己的持股比例。因为，甲股东将股权移转给公司以后，甲股东已经丧失了对出资股权的所有权，因而股价飙升的利益只能归于股权的主体即公司，而非甲股东。

履行出资义务是股东的主要义务。基于信息占有的基本事实，出资股东自身有义务自证清白。基于这一理念，《公司法解释（三）》第20条指出，当事人之间对是否已履行出资义务发生争议,原告提供对股东履行出资义务产生合理怀疑证据的,被告股东应当就其已履行出资义务承担举证责任。

二、出资财产的主要法律瑕疵

(一) 无处分权的非货币财产出资

依《公司法解释(三)》第7条第1款:"出资人以不享有处分权的财产出资,当事人之间对于出资行为效力产生争议的,人民法院可参照物权法第106条的规定予以认定。"换言之,无处分权人将不动产或者动产作价出资转让给公司的,所有权人有权追回。除法律另有规定外,符合下列情形的,受让人公司取得该不动产或者动产的所有权:(1) 受让人公司受让该不动产或者动产时是善意的;(2) 无处分权人以合理的价格作价出资并取得了相应的股东资格;(3) 作价出资的不动产或者动产依照法律规定应当登记的已经登记,不需要登记的已经交付给受让人公司。若受让人依法取得不动产或者动产的所有权,原所有权人只能向无处分权人请求赔偿损失。

(二) 赃款出资

善意取得制度仅适用于非货币财产的无权处分情形。就违法犯罪行为人以违法犯罪所得的货币作价出资的情形而言,若接受出资的公司主观上并不知悉股东的出资货币来源于违法犯罪所得,则公司有权取得对该货币出资的所有权,违法犯罪行为人亦取得相应的股权。

但出资人的货币毕竟均有赃款性质。为保护国家、公民和法人的合法权益免受赃款出资的不法侵害,尊重善意公司对股东出资财产的合法物权,《公司法解释(三)》第7条第2款创新了追赃机制:"以贪污、受贿、侵占、挪用等违法犯罪所得的货币出资后取得股权的,对违法犯罪行为予以追究、处罚时,应当采取拍卖或者变卖的方式处置其股权。"这意味着,纪检监察机关和司法机关在追赃时可以依法取得不法行为人取得的股权,而不能要求公司返还赃款。这是追赃制度在市场经济条件下的新发展。

(三) 以划拨土地使用权出资,或者以设定权利负担的土地使用权出资的瑕疵

股东以国有土地使用权作价出资的典型权利形态是股东通过招、拍、挂等形式依法取得的没有权利限制和负担的国有土地所有权。但在现实生活中,经常有股东以划拨土地使用权出资,或者以设定权利负担的土地使用权出资。严格说来,这属于瑕疵出资的类型。但为鼓励投资,夯实公司资本基础,《公司法》和《公司法解释(三)》本着"治病救人、与人为善"的理念,采取了鼓励补救瑕疵的法律规制思路。

《公司法解释(三)》第8条规定:"出资人以划拨土地使用权出资,或者以设定权利负担的土地使用权出资,公司、其他股东或者公司债权人主张认定出资人未履行出资义务的,人民法院应当责令当事人在指定的合理期间内办理土地变更手续或者解除权利负担;逾期未办理或者未解除的,人民法院应当认定出资人未依法全面履行出资义务。"

(四) 非货币财产出资未依法评估作价的瑕疵

依《公司法》第27条第2款规定:"对作为出资的非货币财产应当评估作价,核实财产,不得高估或者低估作价。法律、行政法规对评估作价有规定的,从其规定。"违反强制评估作价的出资行为就属于瑕疵出资行为。

为保护交易安全,巩固公司资本制度,《公司法解释(三)》第9条采取了温而不火的救济策略:"出资人以非货币财产出资,未依法评估作价,公司、其他股东或者公司债权人请求认

定出资人未履行出资义务的,人民法院应当委托具有合法资格的评估机构对该财产评估作价。评估确定的价额显著低于公司章程所定价额的,人民法院应当认定出资人未依法全面履行出资义务。"

在市场经济条件下,非货币财产的价格潮起潮落,变动不居。为公允起见,出资财产的评估时点应当确定为股东认缴出资的时点,而非成讼之时。当然,法院在选择评估机构时应当贯彻公开透明的原则,应当充分尊重双方当事人的意思自治;在意思自治机制失灵时,法院要发挥服务型法院的职责,也应遵循中立、严谨、理性的原则,并加强对评估程序的法律监督,预防资产的虚假评估现象。

(五)非货币财产出资虽已交付公司使用但未办理权属变更手续的瑕疵

在现实生活中,股东已将非货币出资财产实际交付公司使用,但尚未办理财产权利变更登记手续。例如,股东已将汽车交付公司使用,但尚未将汽车所有权过户到公司名下。由于公司虽已取得对出资财产的事实占有,但尚未取得出资财产的所有权,此种情况属于出资瑕疵。瑕疵股东应对公司承担民事责任,如补办登记手续,并赔偿公司损失。

鉴于此种出资瑕疵的主要救济措施是补办权属变更手续,《公司法解释(三)》第10条第1款规定:"出资人以房屋、土地使用权或者需要办理权属登记的知识产权等财产出资,已经交付公司使用但未办理权属变更手续,公司、其他股东或者公司债权人主张认定出资人未履行出资义务的,人民法院应当责令当事人在指定的合理期间内办理权属变更手续;在前述期间内办理了权属变更手续的,人民法院应当认定其已经履行了出资义务;出资人主张自其实际交付财产给公司使用时享有相应股东权利的,人民法院应予支持。"

如果股东一直拒绝或者怠于办理出资财产权属变更手续,公司有可能遭受财产损失。在有些情况下,由于股东实际上已将财产交付给公司使用,公司由于此种瑕疵出资而蒙受的损失较小、甚至不存在,股东瑕疵出资的民事责任较轻。但在某些情况下,公司有可能因此而遭受重大损失(如由于没有财产权属证书而无法取得财产出租出售的收益)。对因此而遭受的损失,公司有权向瑕疵出资股东据实追偿。

(六)非货币财产出资虽已办理权属变更手续、但尚未交付公司使用的瑕疵

在现实生活中,有的股东未将非货币出资财产实际交付公司使用,但已办理产权变更登记手续。例如,股东虽未将汽车交付公司使用,但已将汽车所有权过户到公司名下。此种情况亦属出资瑕疵。因为,公司虽已在法律上取得对出资财产的所有权,但尚未取得对出资财产的事实占有。既然公司取得的出资财产所有权仍残缺不全,瑕疵股东自应对公司承担民事责任,如移转占有,并赔偿公司损失。由于股东尚未将财产交付给公司使用,因此公司由于此种瑕疵出资而蒙受的损失有可能大于股东已将非货币出资财产实际交付公司使用、但尚未办理产权变更登记手续的情况。

为及时消除上述瑕疵,并教育广大投资者及时交付出资财产,《公司法解释(三)》第10条第2款将出资人的股东资格与实际交付行为牢牢地捆绑在一起:"出资人以前款规定的财产出资,已经办理权属变更手续但未交付给公司使用,公司或者其他股东主张其向公司交付、并在实际交付之前不享有相应股东权利的,人民法院应予支持。"

(七)非货币财产出资既未交付公司使用、亦未办理权属变更手续的瑕疵

股东既未将非货币出资财产实际交付公司使用,亦未办理产权变更登记手续,属于彻头彻尾的出资瑕疵行为。例如,股东虽已承诺将其享有所有权的汽车作为出资财产移转给公

司,但在承诺之后既未将汽车交付公司使用,也未将汽车所有权过户到公司名下。在此种情况,瑕疵股东理应对公司承担民事责任,如交付出资财产、及时办理权属变更手续,并赔偿公司因此蒙受的损失(包括直接损失与间接损失)。

(八)以设定担保的财产作价出资的瑕疵

依《公司登记管理条例》第14条第2款,股东不得以设定担保的财产作价出资,否则,就构成瑕疵出资行为。换言之,设定担保物权负担的财产作为股东出资的财产时存在着权利上的法律负担,属于广义上的权利瑕疵,原则上不能作为对公司出资的财产,股东必须另行缴纳等值的出资财产;但若该担保物权在移转给公司之后已经基于法定原因而消灭(如随主债务的消灭而消灭),则可视为出资财产的权利瑕疵已经消除。

三、瑕疵出资股东对公司的资本充实责任

股东取得股东资格、行使股东权利的对价是履行及时足额出资义务。《公司法》第3条第2款规定了股东的及时足额出资义务;有限责任公司的股东以其认缴的出资额为限对公司承担责任;股份有限公司的股东以其认购的股份为限对公司承担责任。

《公司法》第28条第1款从正面敦促股东按期足额缴纳公司章程中规定的各自所认缴的出资额。股东以货币出资的,应将货币出资足额存入有限责任公司在银行开设的账户;以非货币财产出资的,应依法办理其财产权的转移手续。可见,《公司法》要求公司将非货币出资的形式与作价金额载明于公司章程,并要求对非货币出资进行评估作价。

若股东拒不履行及时足额出资义务,应根据第28条第2款向公司足额缴纳出资。《公司法解释(三)》第13条第1款也规定,"股东未履行或者未全面履行出资义务,公司或者其他股东请求其向公司依法全面履行出资义务的,人民法院应予支持",此即瑕疵出资股东对公司的资本充实责任。若公司怠于或拒绝对瑕疵出资股东提起追究责任的诉讼,其他股东可以自己名义、为公司利益,对瑕疵出资股东提起代表诉讼。

瑕疵出资股东不仅应向公司补交出资差额,且应赔偿公司同期银行贷款利息。从理论上说,股东瑕疵出资给公司造成的实际损失包括直接损失与间接损失。公司在股东迟迟不履行出资义务的情况下可能被迫以合法方式取得高息融资,其或放弃公司本能捕捉到、但由于股东瑕疵出资而被迫放弃的商业机会。因此,公司遭受的实际损失可能超过、也可能低于同期银行贷款利息。只要公司能够对此承担举证责任,法院即应予以支持。

瑕疵出资股东对公司的资本充实责任为法定特别民事责任。责任主体仅及于公司设立时的瑕疵出资股东自身,而不及于从瑕疵出资的原始股东继受股份的善意后手。

四、瑕疵出资股东对公司债权人的补充赔偿责任

瑕疵出资股东对公司债权人承担补充赔偿责任的法理依据,源于债权人的代位权。在公司的债权人面前,公司为债务人,瑕疵出资的股东为次债务人(债务人的债务人)。若公司缺乏债务清偿能力,又怠于请求瑕疵出资股东填补出资差额,公司的债权人可以将瑕疵出资的股东列为共同被告,请求其在出资不足的金额及其同期银行贷款利息的范围内连带承担债务清偿责任。

那么,瑕疵出资股东的债务补充清偿责任是一次性的,还是无数次的?易言之,瑕疵出资股东以其瑕疵出资的金额为限对公司一名债权人承担债务清偿责任之后,是否还需要对

公司其他债权人承担多次债务清偿责任？例如，股东甲对公司乙欠缴出资100万元，一直没有缴纳。公司乙对银行丙欠付120万元人民币，但由于经营欠佳迟迟没有履行还本付息义务。银行丙可以请求法院责令股东甲直接向自己支付100万元人民币及其迟延出资的同期银行贷款利息。银行丁知悉此事后，是否也可请求法院责令股东甲直接向自己支付100万元人民币及其迟延出资的同期银行贷款利息？推而广之，公司乙的其他债权人可否纷纷效尤，请求瑕疵出资股东履行债务的补充清偿责任？对此，《公司法解释（三）》第13条第2款规定："公司债权人请求未履行或者未全面履行出资义务的股东在未出资本息范围内对公司债务不能清偿的部分承担补充赔偿责任的，人民法院应予支持；未履行或者未全面履行出资义务的股东已经承担上述责任，其他债权人提出相同请求的，人民法院不予支持。"

笔者认为，为体现对债权人利益和瑕疵出资股东利益的平衡，法院或仲裁机构应将瑕疵出资股东对债权人的清偿责任锁定在股东出资不足的金额及其同期银行贷款利息的范围内，而且将其界定为补充清偿责任而非连带清偿责任。至于公司债权人在追究瑕疵出资股东清偿责任方面的公平性问题，可以通过公示催告程序和按比例受偿原则得以化解。具体说来，凡是公司的债权人请求瑕疵出资股东履行补充赔偿责任的，法院应依法公示催告愿意对瑕疵出资股东主张补充赔偿责任的公司债权人前来申报债权，在催告期限届满后，法院可以按照债权人的各自债权比例以及瑕疵出资股东的瑕疵出资金额，判决瑕疵出资股东在瑕疵出资总金额的幅度以内对各债权人履行补充赔偿责任。

这样既可将瑕疵出资股东的补充清偿责任锁定在瑕疵出资总金额以内，又可以贯彻债权人平等原则。若公司的债权人不请求瑕疵出资股东承担债务补充清偿责任，仅请求公司履行债务清偿责任，则无需前来申报债权。

五、公司设立时其他股东的连带责任

基于发起人及其他股东的履行出资义务的监督与保证义务，《公司法》第30条规定："有限责任公司成立后，发现作为设立公司出资的非货币财产的实际价额显著低于公司章程所定价额的，应当由交付该出资的股东补足其差额；公司设立时的其他股东承担连带责任。"《公司法解释（三）》第13条第3款对此作了解释："股东在公司设立时未履行或者未全面履行出资义务，依照本条第1款或者第2款提起诉讼的原告，请求公司的发起人与被告股东承担连带责任的，人民法院应予支持；公司的发起人承担责任后，可以向被告股东追偿。"

"连带责任"既包括瑕疵出资股东对公司的资本充实责任，也包括瑕疵出资股东对公司债权人的债务清偿责任。具体说来，在瑕疵出资股东无力或不能履行对公司及其债权人的民事责任时，无论是公司还是公司的债权人均可直接要求公司设立时的其他股东先行就瑕疵出资股东的民事责任承担连带责任。当然，公司设立时的其他股东在代人受过、承担连带责任后，可向瑕疵出资股东行使追偿权。"公司设立时的其他股东"是指在公司成立时以出资方式取得股东地位的原始股东，既包括依然保留股东资格的股东元老，也包括已经将股权转让给他人的前股东。

《公司法》第30条既适用于非货币出资瑕疵的情形，也适用于货币出资的情形。该条背后的立法思维大概有二：其一，从有限责任公司的人合性出发，作为发起人的全体股东就各股东出资的真实性、充分性与有效性互负监督义务。其二，及时足额出资的股东违反此种监督义务，就应对瑕疵出资股东的瑕疵出资行为承担连带责任。既然立法者对监督难度高的非货币财产出资瑕疵强调足额出资股东的连带责任,对监督难度低的货币财产出资领域立法者更应强调股东违反监督义务的连带责任。此乃举轻明重的解释方法。

但从公司设立时的其他股东继受股份的新股东不应承担连带责任。因为,公司设立时的其他股东承担连带责任的理论依据在于,公司设立时的其他股东作为公司发起人曾参与公司的设立过程,有义务监督其他股东出资义务的履行状况。而其后手并未参与公司设立过程,因而对瑕疵股东瑕疵出资行为的真实性与充分性不负任何监督义务。

六、公司增资时怠于监督瑕疵出资行为的董事和高级管理人员的责任

在公司设立阶段有可能出现瑕疵出资行为,在公司增资阶段也有可能出现瑕疵出资行为。在公司增资阶段,公司的董事和高级管理人员负有监督股东及时足额出资的诚信义务。若董事和高级管理人员疏于监督瑕疵出资行为,则应根据过错之大小承担相应的民事责任。

有鉴于此,《公司法解释(三)》第13条第4款明确了董事和高级管理人员的问责条件:"股东在公司增资时未履行或者未全面履行出资义务,依照本条第1款或者第2款提起诉讼的原告,请求未尽公司法第147条第1款规定的义务而使出资未缴足的董事、高级管理人员承担相应责任的,人民法院应予支持;董事、高级管理人员承担责任后,可以向被告股东追偿。"此处的"相应责任"是指与董事和高级管理人员的主观过错相适应的民事责任:若其与瑕疵出资股东存在恶意串通,则与瑕疵出资股东一道承担连带责任;若其主观上仅存在过失,则不承担连带责任,但要承担与其过失程度相适应的按份责任。值得一提的是,该条款未提及监事的民事责任,大概乃因考虑到加大股东增资义务之履行属于董事会与管理层的职责,而非监事会的职责。

七、从瑕疵出资股东受让股份的股东的法律风险

根据责任自负的原则,只有瑕疵出资股东对公司及其债权人承担民事责任。至于从瑕疵出资股东受让股份的股东,不因其从瑕疵出资股东受让股份的事实而对公司及其债权人承担补充清偿责任。换言之,不管瑕疵出资股东持有的股权是否已经让渡给他人,也不问该股权嗣后又辗转流通若干次,瑕疵出资股东作为过错行为的始作俑者都要对自己的瑕疵出资行为负责。

若新股东明知其前手瑕疵出资的事实,但为袒护瑕疵出资股东而恶意受让股权的,公司及其债权人可以请求其与瑕疵出资股东承担连带的补充赔偿责任。道理很简单:新股东在明知其前手瑕疵出资事实的情况下,对其前手支付的对价往往大大低于正常的股权转让价格。让此类股东就其不诚信的投机行为付出代价至为公平。

《公司法解释(三)》第18条规定了瑕疵出资股东的后手的连带责任:"有限责任公司的股东未履行或者未全面履行出资义务即转让股权,受让人对此知道或者应当知道,公司请求该股东履行出资义务、受让人对此承担连带责任的,人民法院应予支持;公司债权人依照本规定第13条第2款向该股东提起诉讼,同时请求前述受让人对此承担连带责任的,人民法院应予支持。受让人根据前款规定承担责任后,向该未履行或者未全面履行出资义务的股东追偿的,人民法院应予支持。但当事人另有约定的除外。"

八、瑕疵出资股东对出资到位股东的违约责任

依《公司法》第28条第2款,股东不按照前款规定缴纳出资的,除应向公司足额缴纳外,还应向已按期足额缴纳出资的股东承担违约责任。这乃因,在设立有限公司的过程中,股东之间存在着高度信赖。这种信赖关系实乃合同关系。若股东协议约定了瑕疵出资股东对及时足额缴纳出资的股东承担违约责任,则瑕疵出资股东应对其他出资到位的股东承担违约责任。从这种合同关系的角度着眼,立法者拟制出了瑕疵出资股东对足额出资股东的违约责任。立法者对失信股东之于守信股东民事责任的关注体现了立法者惩恶扬善、爱憎分明的情怀。

从弘扬公司自治和股东自治的精神看,瑕疵出资股东对足额出资股东的违约责任建立在股东之间的合同关系基础之上。因此,股东协议可以约定瑕疵出资股东向已经及时足额缴纳出资的股东承担违约责任,也可自由约定具体的违约责任(如违约金的计算方式)。即使双方并未约定违约责任的具体承担方式,也不妨碍守约股东追究违约股东的违约责任。在双方未约定违约责任形式的情况下,应适用《民法典》合同编的规定。

《公司法》只在两处提及"违约责任"。一是在第28条提及有限责任公司瑕疵出资股东对守约股东的违约责任;二是在第83条提及发起设立的股份有限公司的瑕疵出资发起人对守约发起人的违约责任:在投资者以发起设立方式设立股份有限公司的情况下,不及时足额缴纳出资的发起人应按照发起人协议承担违约责任。但这一违约责任仅适用于投资者以发起设立方式设立股份有限公司的情况下,仅存在于发起人之间。当然,发起人人数有可能高达200人。但只要存在发起人的瑕疵出资行为,就存在着违约发起人对守约发起人的违约责任。

在投资者以募集设立方式设立股份有限公司的情况下,由于发起人与其他认股人之间互不熟悉,立法者强行设定瑕疵出资发起人对其他出资到位认股人的违约责任并无法理依据。因此,《公司法》对此未予规定。

若有限责任公司股东或股份有限公司发起人都存在瑕疵出资的行为,是否还存在违约责任?回答是肯定的。《民法典》第592条规定了双方违约和与有过失规则:"当事人都违反合同的,应当各自承担相应的责任。当事人一方违约造成对方损失,对方对损失的发生有过错的,可以减少相应的损失赔偿额"。唯有如此,才能调动股东之间相互监督出资真实性、足额性与及时性的积极性。在相互追究违约责任的情况下,双方各自向对方支付的违约金或损害赔偿金可以相互抵销。但不管瑕疵出资股东之间就其违约责任的分担如何抵销,都不能影响瑕疵出资股东对公司承担的资本充实责任。

九、诉讼时效的起算点

瑕疵出资股东对守约股东所负的违约责任、对公司所负的资本充实责任、对公司债权人所负的债务清偿责任适用民法中的诉讼时效制度。依《民法典》第188条,向法院请求保护民事权利的诉讼时效期间为3年。法律另有规定的,从其规定。诉讼时效期间自权利人知道或者应当知道权利受到损害以及义务人之日起计算。法律另有规定的,从其规定。但是,自权利受到损害之日起超过20年的,法院不予保护,有特殊情况的,法院可以根据权利人的申请决定延长。守约股东、公司或其债权人通过仲裁途径寻求权利救济措施的,仲裁时效的

解释类同于诉讼时效的解释。

《企业破产法》第 35 条规定:"人民法院受理破产申请后,债务人的出资人尚未完全履行出资义务的,管理人应当要求该出资人缴纳所认缴的出资,而不受出资期限的限制。"既然在公司进入破产程序之后,债务人公司的瑕疵出资股东尚应缴纳所认缴的出资,而不受出资期限的限制;那么,在公司进入破产程序之前,债务人公司的瑕疵出资股东亦应缴纳所认缴的出资,更不受出资期限的限制。因此,可以对《公司法》第 28 条和第 30 条解释为,瑕疵出资股东的民事责任不受出资期限的限制,亦不受诉讼时效的限制。

2008 年 8 月 11 日最高人民法院审判委员会第 1450 次会议通过的《关于审理民事案件适用诉讼时效制度若干问题的规定》第 1 条明确规定:当事人可以对债权请求权提出诉讼时效抗辩,但对下列债权请求权提出诉讼时效抗辩的,法院不予支持:(1)支付存款本金及利息请求权;(2)兑付国债、金融债券以及向不特定对象发行的企业债券本息请求权;(3)基于投资关系产生的缴付出资请求权;(4)其他依法不适用诉讼时效规定的债权请求权。据此而论,无论是公司对于瑕疵出资股东的请求权,还是公司的债权人对瑕疵出资股东的请求权,抑或足额出资股东对瑕疵出资股东的请求权,瑕疵出资股东提出诉讼时效抗辩的,法院均不予支持。公司、公司的债权人以及公司守约股东追究瑕疵出资股东的民事责任的请求权之所以受到法律的特别保护,主要是出于巩固公司资本基础和信用基础、保护公司债权人和其他利益相关者的考虑。若缴付出资请求权适用诉讼时效的规定,"既有违公司资本充足原则,且不利于对其他足额出资的股东及公司债权人的保护"。① 对于该司法态度,笔者表示赞同。

《公司法解释(三)》第 19 条就瑕疵出资或抽逃出资股东的民事责任的诉讼时效问题规定得更加清晰:"公司股东未履行或者未全面履行出资义务或者抽逃出资,公司或者其他股东请求其向公司全面履行出资义务或者返还出资,被告股东以诉讼时效为由进行抗辩的,人民法院不予支持。公司债权人的债权未过诉讼时效期间,其依照本规定第 13 条第 2 款、第 14 条第 2 款的规定请求未履行或者未全面履行出资义务或者抽逃出资的股东承担赔偿责任,被告股东以出资义务或者返还出资义务超过诉讼时效期间为由进行抗辩的,人民法院不予支持。"

十、瑕疵出资股东的除名和缩股

《公司法》并未规定瑕疵出资股东的股东除名制度和失权催告程序。依据私法自治精神,公司章程可以规定瑕疵出资股东的除名制度。若公司章程并无股东除名制度,公司和足额出资股东可以敦促出资股东在合理期限内消除瑕疵出资,若瑕疵出资股东拒绝或者怠于消除瑕疵出资,则公司有权以股东会决议形式将瑕疵出资股东予以除名。

同理,公司章程可以规定瑕疵出资股东的缩股制度,即根据瑕疵出资股东的实际出资状况重新确定该股东的持股比例,至于其瑕疵出资金额可由其他股东或者股东之外的第三人按其相互比例认缴。在重新确定瑕疵出资股东的持股比例的情况下,若其他股东拒绝认购瑕疵出资的金额,还可以采取减少注册资本的方式。但减少注册资本要履行严格的债权人

---

① 《最高人民法院民二庭负责人就〈关于审理民事案件适用诉讼时效制度若干问题的规定〉答记者问》,载《人民法院报》2008 年 9 月 1 日,http://www.chinacourt.org/html/article/200809/01/319542.shtml。

保护程序(包括通知公告程序与担保机制)。为维护交易安全、省却不必要的减资程序,建议采取由其他股东或者股东之外的第三人认缴瑕疵出资的解决方案。

《公司法解释(三)》第17条确认了瑕疵出资或抽逃出资股东的除名制度:"有限责任公司的股东未履行出资义务或者抽逃全部出资,经公司催告缴纳或者返还,其在合理期间内仍未缴纳或者返还出资,公司以股东会决议解除该股东的股东资格,该股东请求确认该解除行为无效的,人民法院不予支持。在前款规定的情形下,人民法院在判决时应当释明,公司应当及时办理法定减资程序或者由其他股东或者第三人缴纳相应的出资。在办理法定减资程序或者其他股东或者第三人缴纳相应的出资之前,公司债权人依照本规定第13条或者第14条请求相关当事人承担相应责任的,人民法院应予支持。"

由于股东除名对瑕疵出资股东的制裁更为严厉,也更具有终局性,上述司法解释将股东除名限定在股东未履行出资义务或者抽逃全部出资的场合。未全面履行出资义务或者抽逃部分出资的股东不适用该种规则。股东除名后,由于该股东所认缴的出资依旧处于空洞状态,为向公司债权人传达更真实的资本信息、保证债权人利益,此时法院应当向公司释明:要么将资本中该股东未出资部分的"空洞"数额减下来,即减资;要么将该"空洞"补起来,即由其他股东或者第三人缴纳,这些是公司后续的义务。[①]

十一、瑕疵出资或抽逃出资股东的股权限制

《公司法》第34条和第4条体现了倡导股东按其实际出资分取红利和行使表决权的精神。这种立法态度有利于在公司内部的股东之间引入相互监督机制。因为,出于维护自身利益的考虑,广大股东也要睁大眼睛,监督其他股东有无瑕疵出资和抽逃出资的行为。这种对股权行使的限制可以追溯于股东实施瑕疵出资或抽逃出资的行为之时。公司或其他股东可以敦促瑕疵出资股东限期充实资本,敦促抽逃股东限期返还资本;逾期拒绝或怠于充实资本或返还资本的,公司有权确认其不享有股东资格,将其除名。但乃因其瑕疵出资或抽逃出资给公司的债权人或其他诚信股东造成财产损失的,瑕疵出资或抽逃出资股东仍不能免除其对守约股东的违约责任及其对公司的债权人的补充清偿责任。

《公司法解释(三)》第16条规定:"股东未履行或者未全面履行出资义务或者抽逃出资,公司根据公司章程或者股东会决议对其利润分配请求权、新股优先认购权、剩余财产分配请求权等股东权利作出相应的合理限制,该股东请求认定该限制无效的,人民法院不予支持。"这一观点弘扬了按股东的实际出资状况计量其股权含量的理念,有利于督促股东们及时足额缴纳出资。

当然,全体股东可以在协议中约定:瑕疵出资股东与抽逃出资股东均按其认缴的出资额行使股权,而不按其实缴的出资比例行使股权。

[①] 《规范审理公司设立、出资、股权确认等案件——最高人民法院民二庭负责人答记者问》,载《人民法院报》2011年2月16日。

第六节　抽逃出资股东的民事责任

一、股东抽逃出资责任的制度现状

股东出资的财产权利在移转给公司后就转为公司财产。未经公司同意，擅自取回股东的出资财产是对公司实施的侵权行为。股东抽逃出资的行为不仅侵害公司的财产权利，而且损害了公司债权人的切身利益，因而必须对公司承担侵权责任，对公司债权人承担补充清偿责任。现实生活中，由于抽逃出资的举证责任难以落实，加之抽逃出资的违法成本不高，不诚信股东抽逃出资的现象时有发生。有些股东一旦拿到企业法人营业执照，旋即将出资悉数抽回，用于个人消费或其他目的。对此，立法者设计了相应的法律责任体系。

《公司法》第35条规定："公司成立后，股东不得抽逃出资"；第91条亦明文规定："发起人、认股人缴纳股款或者交付抵作股款的出资后，除未按期募足股份、发起人未按期召开创立大会或者创立大会决议不设立公司的情形外，不得抽回其股本。"立法者除作出禁止股东抽逃出资的宣示性规定，又规定了抽逃出资行为的公法责任。

首先，《公司法》第200条规定了抽逃出资的行政处罚："公司的发起人、股东在公司成立后，抽逃其出资的，由公司登记机关责令改正，处以所抽逃出资金额5%以上15%以下的罚款。"《公司登记管理条例》第67条重申了这一立法态度。

其次，《刑法》第159条规定了抽逃出资罪：公司发起人、股东违反公司法的规定在公司成立后又抽逃其出资，数额巨大、后果严重或有其他严重情节的，处5年以下有期徒刑或拘役，并处或单处抽逃出资金额2%以上10%以下罚金。单位犯前款罪的，对单位判处罚金，并对其直接负责的主管人员和其他直接责任人员，处5年以下有期徒刑或拘役。全国人大常委会2014年4月24日通过的《关于〈刑法〉第一百五十八条、第一百五十九条的解释》指出，"刑法第一百五十八条、第一百五十九条的规定，只适用于依法实行注册资本实缴登记制的公司"。这意味着，抽逃出资罪的罪名依然保留，但仅适用于依法实行注册资本实缴登记制的公司，而不适用于依法实行注册资本认缴登记制的公司。但抽逃出资的股东的民事责任与行政处罚仍不能免除。

美中不足的是，《公司法》未规定抽逃出资股东的民事责任，致使现实生活中的抽逃出资现象屡禁不止。为磨砺法律之牙齿，加强对抽逃出资股东民事责任的解释势在必行。

二、抽逃出资事实的认定

股东抽逃的出资财产泛指股东从公司抽逃的各种财产，既包括股东原始出资时提供的特定财产（如用于出资的汽车），也包括公司成立后取得的其他财产（如货币）。根据谁主张、谁举证的原则，无论是公司还是公司的债权人主张股东抽逃出资事实的存在，均应承担相应的举证责任。当然，公司的债权人在行使对抽逃出资股东的代位权时要查明股东抽逃出资的事实并非易事。尤其是在公司内部人（控制股东、董事、监事、经理等高管人员）与抽逃出资股东沆瀣一气的情况下，更是存在公司的债权人与抽逃出资阵营之间的巨大信息落差。因此，公司的债权人行使代位权时应格外注意搜集股东抽逃出资的各类信息。

依《公司法解释（三）》第12条，公司成立后，公司、股东或者公司债权人以相关股东的行为符合下列情形之一且损害公司权益为由,请求认定该股东抽逃出资的,法院应予支持:(1)将出资款项转入公司账户验资后又转出;(2)通过虚构债权债务关系将其出资转出;(3)制作虚假财务会计报表虚增利润进行分配;(4)利用关联交易将出资转出;(5)其他未经法定程序将出资抽回的行为。2014年最高人民法院《关于修改关于适用〈中华人民共和国公司法〉若干问题的规定的决定》,删去《公司法解释(三)》第12条第1项。

抽逃出资与虚假出资都是欺诈性出资行为,但两种行为亦有区别。瑕疵出资时股东自始至终没有及时足额履行出资义务,而抽逃出资股东首先及时足额履行出资义务,然后又将其出资财产取回。简言之,瑕疵出资行为发生在公司未成立之前,而抽逃出资行为发生在公司成立之后。

在实践中会出现抽逃出资与虚假出资的竞合现象。(1)股东不仅存在瑕疵出资行为,而且抽逃瑕疵出资的全部财产。公司、其他股东、公司的债权人既可选择追究此类股东瑕疵出资的民事责任,也可选择追究此类股东抽逃出资的民事责任。(2)股东的部分出资财产存在瑕疵,而其余出资不存在瑕疵,股东仅抽逃无瑕疵的出资财产。在这种情况下,公司、其他股东、公司的债权人有权就股东的瑕疵出资行为追究其瑕疵出资的民事责任,有权就股东的抽逃出资行为追究其抽逃出资的民事责任。

三、抽逃出资与借款行为的区别

实践中,虽有股东明火执仗地抽逃出资,亦有狡猾股东以从公司借款的形式掩盖其抽逃出资的事实。鉴于股东的抽逃出资行为与股东从公司借款的行为有不同的构成要件与法律后果,股东抽逃出资既要对公司及其债权人承担民事责任,还有可能承担刑事责任。

实践中由于抽逃出资被追究刑事责任的案例比比皆是。例如,北京普尔斯马特会员超市8名公司高管因抽逃出资1.05亿元人民币而获刑。[①]

为稳准狠地识破抽逃出资和变相抽逃出资的行为,维护公司资产的完整性,确保公司交易伙伴的交易安全,只要股东从公司无偿取得财产即应推定为抽逃出资;但有相反证据可以推翻。法院在采信相反证据时,应综合考虑以下标准,审慎地行使自由裁量权。

(1)金额。股东取得公司财产占其出资财产大部的,抽逃出资的概率高;股东取得公司财产不占其出资财产大部的,借款的概率高。

(2)利息。以股东从公司取得财产金额有无对价为准,股东取得公司财产无利息约定的,抽逃出资的概率高,因为股东抽逃出资之时根本不会想到还本付息之事,也就没有利息之约定;股东取得公司财产有利息约定的,借款的概率高,因为股东借款之时有还款之意。

(3)还本付息期限。以股东从公司取得财产金额有无偿还期限为准,股东取得公司财产无返还期限约定的,抽逃出资的概率高;股东取得公司财产有返还期限约定的,借款的概率高。该标准比较符合借款行为的商事习惯。若借款返还期限约定过长(例如99年),甚至于超过了自然人股东的寿命或法人股东的存续期间,除非其提供了充分有效的担保手段,将其认定为抽逃出资的行为亦无不可。

(4)担保。以股东从公司取得财产金额有无担保手段为准,股东取得公司财产无担保

---

① 参见郭京霞:《合同诈骗1635万元,抽逃出资1.05亿元,北京"普马"8名高管被处刑罚》,载《人民法院报》2007年3月21日第4版。

手段的,抽逃出资的概率高;股东取得公司财产有担保手段的,借款的概率高。该标准在通常情况下符合借款行为的商事习惯,能够检验股东返还借款的诚意。

(5) 程序。以股东从公司取得财产金额有无履行公司内部决策程序为准,股东取得公司财产未履行公司内部决策程序(如股东会决议、董事会决议)的,抽逃出资的概率高;股东取得公司财产履行了公司内部的决策程序的,借款的概率高。该标准一般符合公司作为贷款人的审慎思维方式。

(6) 主体。控制股东有可能滥用控制地位,因而在抽逃出资方面与小股东相比处于优势地位。控制股东抽逃出资的概率高。

(7) 会计处理方式。以公司对股东取得财产的财务会计处理方式为准,公司的财务会计报告将股东取得公司财产的行为作为应收款处理、确认公司对该股东债权事实的,借款的概率高;公司的财务会计报告对股东取得公司财产的行为未作应收款处理的,抽逃出资的概率高。

(8) 透明度。以股东取得公司财产行为是否向其他股东公开为准,公开者借款的概率高,不公开者抽逃出资的概率高。

(9) 行为发生期限。以股东出资行为与股东取得公司财产行为之间的期限为准,股东出资行为与股东取得公司财产行为之间间隔较长的,借款的概率高;股东出资行为与股东取得公司财产行为之间间隔较短的(如在公司取得企业法人营业执照的第二天就将出资财产取回),抽逃出资的概率高。

在借款行为与抽逃出资行为界限难以划清时,应根据疑罪从无的现代刑事法治理念,将其作为借款行为处理。

四、抽逃出资股东对公司的民事侵权责任

由于股东履行出资义务之后,股东的出资财产转化为公司法人财产权的标的物。因此,股东抽逃出资是对公司财产的侵权行为。为预防公司资本和公司资产被不法侵蚀,确保股东出资的真实性、充分性,立法者有必要确认抽逃出资股东对公司的民事侵权责任。公司有权根据侵权法的基本法理追究抽逃出资股东的侵权责任,对其提起财产返还和损害赔偿之诉。股东的赔偿责任不以其抽逃出资的金额为上限。由于抽逃出资行为给公司造成的实际损失,亦应由抽逃出资股东承担赔偿责任。

若抽逃出资股东兼任公司法定代表人(董事长、执行董事或总经理),抽逃出资股东有可能既不积极清退财产,又拒绝或怠于代表公司对自己提起诉讼。慑于控制股东的高压控制,公司董事会或监事会也有可能保持沉默,更不敢对其提起诉讼。在这种情况下,其他股东有权对抽逃出资股东提起代表诉讼,要求被告股东将抽逃出资财产完璧归赵。作为被告的抽逃出资股东亦无权以公司法定代表人的身份请求法院撤诉。至于充当原告的股东是否包括自身亦实施抽逃出资行为的股东,笔者持肯定见解。只有如此,才能最大限度地调动广大股东彼此监督、相互制衡的有效机制。

五、协助抽逃出资的其他股东、董事、高管或实控人对公司所负的连带责任

基于共同侵权的法理,《公司法解释(三)》第14条第1款规定:"股东抽逃出资,公司或者其他股东请求其向公司返还出资本息、协助抽逃出资的其他股东、董事、高级管理人员或

者实际控制人对此承担连带责任的,人民法院应予支持。"承担连带责任之后的其他股东、董事、高管或实控人对抽逃出资股东享有追偿权。

六、抽逃出资股东及其他当事人对公司的债权人的补充清偿责任

《民法典》第535条规定了债权人代位权:"因债务人怠于行使其债权或者与该债权有关的从权利,影响债权人的到期债权实现的,债权人可向法院请求以自己的名义代位行使债务人对相对人的权利,但是该权利专属于债务人自身的除外。代位权的行使范围以债权人的到期债权为限。债权人行使代位权的必要费用,由债务人负担。相对人对债务人的抗辩,可向债权人主张。"基于债权人的代位权制度,抽逃出资股东应对公司债权人承担补充赔偿责任。在公司的债权人面前,公司为债务人,抽逃出资的股东为次债务人(债务人的债务人)。若公司缺乏债务清偿能力,又怠于请求抽逃出资股东填补出资差额,公司的债权人可以将抽逃出资的股东列为共同被告,请求其在出资不足的金额及其同期银行贷款利息的范围内连带承担债务清偿责任。

若其他股东与抽逃出资股东一道恶意串通实施了对公司的共同侵权行为(例如为股东抽逃出资提供协助),公司的债权人可基于债权人代位权,将前者作为共同侵权人,请求其在股东抽逃出资的金额及其同期银行贷款利息的范围内承担连带责任。

若董事、经理等公司代理人对抽逃出资行为疏于监督,怠于履行监护公司财产安全之责,违反了对公司的忠诚义务和勤勉义务,公司的债权人也可基于债权人代位权,将该等董事、经理等公司代理人列为共同被告,请求其在股东抽逃出资的金额及其同期银行贷款利息的范围内承担连带责任。

《公司法解释(三)》第14条第2款规定:"公司债权人请求抽逃出资的股东在抽逃出资本息范围内对公司债务不能清偿的部分承担补充赔偿责任、协助抽逃出资的其他股东、董事、高级管理人员或者实际控制人对此承担连带责任的,人民法院应予支持;抽逃出资的股东已经承担上述责任,其他债权人提出相同请求的,人民法院不予支持。"

抽逃出资股东之外的行为人对公司的债权人的补充清偿责任与抽逃出资股东对公司的债权人的补充清偿责任不是并行不悖的。前者的存在目的在于强化后者。因此,抽逃出资股东之外的行为人对公司的债权人的补充清偿责任既要连带于抽逃出资股东对公司的债权人的补充清偿责任,也要限定在抽逃出资股东对公司的债权人的补充清偿责任之内。当然,抽逃出资股东之外的行为人对公司的债权人承担补充清偿责任之后,有权向抽逃出资股东追偿。

至于从抽逃出资股东受让股份的股东,不因受让事实而对公司及债权人承担补充清偿责任。当然,新股东明知其前手抽逃出资的事实,但为袒护抽逃出资股东而恶意受让股权的,公司及其债权人可请求其与抽逃出资股东承担连带赔偿责任。这乃因,新股东在明知前手抽逃出资的情况下,对其前手支付的对价往往低于正常价格。此类股东应就其投机行为付出代价。

当然,债权人要对抽逃出资股东的抽逃出资事实承担举证责任。抽逃出资股东所在公司、公司登记机关、中介机构(资产评估机构、验资机构等)和商业银行等组织和个人也应积极地对债权人取证提供相应的协助和便利。

七、恶意协助股东抽逃出资的代垫资金的第三人的连带责任

与协助抽逃出资的其他股东、董事、高管或实控人的连带责任相似,修正前的《公司法解释(三)》第 15 条规定了代垫资金的第三人的民事责任:"第三人代垫资金协助发起人设立公司,双方明确约定在公司验资后或者在公司成立后将该发起人的出资抽回以偿还该第三人,发起人依照前述约定抽回出资偿还第三人后又不能补足出资,相关权利人请求第三人连带承担发起人因抽回出资而产生的相应责任的,人民法院应予支持。"该条旨在堵塞中介机构代垫注册资本、纵容抽逃出资、危害交易安全的不法行为。受简化公司注册程序的影响,最高人民法院 2014 年 2 月 17 日删除了该条。由于该情形本质上仍属于抽逃出资行为,删除该条可能纵容抽逃出资以及注册天价注册资本公司的行为。

八、抽逃出资股东的债务补充清偿责任的限制

为体现对债权人利益和抽逃出资股东利益的平衡,抽逃出资股东对债权人的清偿责任应锁定在股东抽逃出资的金额及其同期银行贷款利息的范围内,而且应被界定为补充清偿责任而非连带清偿责任。至于公司债权人在追究抽逃出资股东清偿责任方面的公平性问题,可以通过公示催告程序和按比例受偿原则得以化解。具体说来,凡是公司的债权人请求抽逃出资股东履行补充赔偿责任的,法院应依法公示催告愿意对抽逃出资股东主张补充赔偿责任的公司债权人前来申报债权,在催告期限届满后,法院可以按照债权人的各自债权比例以及抽逃出资股东的抽逃出资金额,判决抽逃出资股东在抽逃出资总金额的幅度以内对各债权人履行补充赔偿责任。这样既可将抽逃出资股东的补充清偿责任限定在抽逃出资总金额以内,又可以贯彻债权人平等原则。若公司的债权人不请求抽逃出资股东承担债务补充清偿责任,仅请求公司履行债务清偿责任,则无需前来申报债权。

股东抽逃出资不仅是民事侵权行为,而且是行政违法行为,情节严重、构成犯罪的,还应承担刑事责任。面对抽逃出资股东,公司有权对其提起侵权责任之诉,其他股东有权对其提起股东代表诉讼。

公司和其他股东还可以举报到公安机关,启动追究抽逃出资股东的刑事诉讼程序。这种刑民并举的诉讼策略对督促股东诚信慎独,预防抽逃出资行为具有重大的现实意义。当然,根据全国人大常委会 2014 年 4 月 24 日通过的《关于〈中华人民共和国刑法〉第一百五十八条、第一百五十九条的解释》,抽逃出资罪的罪名仅适用于依法实行注册资本实缴登记制的公司,但抽逃出资的股东的民事责任与行政处罚在任何公司都不能免除。

第七节 股份与股票的概念

一、股份的概念

股份具有多重含义。在一定意义上,有限公司是股份公司的简易版和缩写版。有鉴于此,2005 年日本《公司法》废止有限公司制度,并将全部由原有限公司制度调整的公司纳入股权转让受限制的股份公司的范畴。鉴于《公司法》依然维持有限公司与股份公司的二元格局,本章讨论的股份仅仅限于股份公司的股份,而不及于有限责任公司的股权。

从公司资本的角度看,股份是指资本的构成单位和最小计算单位。全体股东持有的股份总和代表的金额构成公司资本。从股东的角度看,股份是指股东资格,既包括股权,也包括股东的股款缴纳义务。因此,股份与股东权、股权有时互换使用。一股一权原则就是从股东权的含义上提及"股份"。从股票的角度看,股份是指被股票表彰的实体价值与内容。股份与股票是内容与形式的关系。二者互为表里,相互统一。随着电子商务技术的日新月异,上市公司的股份不再通过传统纸质股票表彰权利,而是通过无纸化电子数据表彰股权。

二、股份的性质

(1) 资本性。股份是资本的构成单位与计算单位,因而股份展现了资本的特性。

(2) 金额性。每一股份均代表一定的金额。而金额的背后蕴涵着股东的权利、义务与责任。而且,我国目前的股份均为有面额股份。

(3) 平等性。股份平等原则是股东平等原则的核心内容。不仅股份公司的资本划分为等额股份(《公司法》第125条第1款),而且同种类的每一股份应具有同等权利,同次发行的同种类股票,每股的发行条件和价格应相同;任何单位或个人所认购的股份,每股应支付相同价额(《公司法》第126条)。

(4) 不可分性。股份是资本的最小计算单位既决定了一股一权原则,也决定了股份项下不会再有更细的划分单位。但这不妨碍复数股东间的股份共有现象。对股份共有关系,公司法和证券法有规定的,从其规定;无规定的,类推适用《民法典》物权编第8章有关共有的规定。股份共有既可采取按份共有形式,也可采取共同共有形式。

(5) 自由转让性。股东持有的股份可以依法转让(《公司法》第137条)。原则上,公司章程不得剥夺股东的股份转让自由。股份自由转让原则促成了证券交易市场的形成,构建了完善公司治理的股价平台,尊重了投资者自由进出证券市场和股份公司的自由选择。

(6) 有限责任性。股份公司的股东仅以其认缴的股份为限对公司承担出资义务。股东在其实缴股份金额之后,不再对公司债务承担连带责任。

(7) 证券性。股份借助股票形式予以表彰,公司股票则具有有价证券的特点。因此,股份具有证券性。

(8) 权利性。股份蕴涵着股东对公司的股东权,因此股份具有权利性。

三、股份的种类

(一) 普通股与特别股

以其蕴涵的权利是否属于特别权利为准,股份分为普通股与特别股。普通股是指公司发行的无特别权利、也无特别限制的股份。普通股股东享有的股东权利较为完整,既包括表决权,也包括红利分取请求权和剩余财产分取请求权。而特别股是指公司发行的具有特别权利或特别限制的股份。

特别股以其权利内容为准,可以分为优先股、劣后股和混合股。(1) 优先股指与普通股相比,在分取股利或剩余财产方面(不包括表决权等共益权方面)享有优先权的股份。(2) 劣后股指与普通股相比在分取股利或剩余财产方面处于劣后地位的股份。当公司的发展前景十分乐观,希望认购股份者云集,而老股东担心公司发行新股伤及自身利益时,则有劣后股发行的可能。若说优先股股东往往是投资者股东,劣后股股东则往往是发起人股东、企业家股东或经营股东。在母公司愿意在财力上扶持子公司的情形下,为强化普通投资者的信心,子公司也可考虑向普通投资者发行普通股,而向母公司发行劣后股。优先股与劣后股是相对普通股而言的。(3)混合股指在股利或剩余财产分配中的某一方面优先于普通股,而在其他方面劣后于普通股的股份。

优先股、劣后股与普通股三者之间的优先关系是相对的,不是绝对的。相对劣后股而言,普通股亦为优先股。为便利公司迅速筹集资本,满足不同投资者的投资需要,现代公司法往往在普通股之外增列特别股,并明确每种股份蕴含的股东权有所差异。

《公司法》第 131 条定授权国务院对公司发行本法规定以外的其他种类的股份,另行作出规定。为丰富证券品种,拓宽多元化投资渠道,深化企业股份制改革,为企业提供灵活的直接融资工具,优化企业财务结构,推动企业兼并重组,提高直接融资比重,促进资本市场发展,支持实体经济发展,国务院 2013 年 11 月 30 日发布了《关于开展优先股试点的指导意见》,正式开启优先股试点。在试点期间,不允许发行在股息分配和剩余财产分配上具有不同优先顺序的优先股,但允许发行在其他条款上具有不同设置的优先股。

从长远看,应授权公司章程自由规定符合公司筹资需求、又合乎投资者投资偏好的具有个性化色彩、且股东与公司各取所需、皆大欢喜的特别种类股份。

(二)表决权股与无表决权股

以股东是否享有表决权为准,股份可以分为表决权股与无表决权股。

表决权股是指股东享有表决权的股份。以每股享有的表决权数量为准,表决权股可分为单数表决权股、复数表决权股与表决权受限制的表决权股。(1)单数表决权股是一股一票的表决权股。(2)复数表决权股是一股多票的表决权股。德国在第一次世界大战结束后,曾为抵御外国资本入侵德国公司的控制权而允许本国股东持有的股份享有复数表决权。(3)表决权受限制的表决权股是指当股东持有的股份数量达到法定或章程所定比例时,股东的表决权行使受到特定限制。

无表决权股,指虽在股利或剩余财产分配上享有优先地位、但不享有表决权的股份。无表决权股发端于美国。表决权本为股东参与公司治理的根本权利,股东自应倍加珍惜。但有些股东对参与公司治理兴趣不高,宁愿采取舍弃表决权、换回股利分配优先权的务实态度。与偿还股东、转换股东相同,无表决权股东多为大众股东、投资者股东,而非企业家股东。无表决权股不仅对此类股东具有无穷魅力,对控制股东而言也是福音。因为,在公司控制权结构中,无表决权股东不享有表决权意味着有表决权股东的表决力被相对放大,因而有表决权股东取得控制权的成本大大降低。无表决权股仅是没有表决权而已。至于表决权之外的其他共益权,如知情权、股东大会出席权、辩论权、质询权和代表诉讼权等仍可享有,不容剥夺。

(三)偿还股与非偿还股

以其可否由公司利润予以收回或销除为准,股份可分为偿还股与非偿还股。偿还股指可由公司利益予以收回或销除的股份。以其偿还的选择权主体为准,偿还股分为自愿偿还股与强制偿还股。前者基于公司自治而偿还,后者基于股东选择而偿还。非偿还股不得由公司利益予以收回或销除。普通股原则上为非偿还股,优先股多为偿还股。《公司法》第 142 条禁止公司收购本公司股份,但有下列情形之一的除外:减少公司注册资本;与持有本公司股份的其他公司合并;将股份用于员工持股计划或者股权激励;股东因对股东大会作出的公司合并、分立决议持异议,要求公司收购其股份;将股份用于转换上市公司发行的可转换为股票的公司债券;上市公司为维护公司价值及股东权益所必需。该条第5款还禁止公司接受本公司的股票作为质押权的标的。发行偿还股可解公司资金燃眉之急。

(四)转换股与非转换股

以其种类可否转换为准,股份可分为转换股与非转换股。转换股指在公司发行数种股份的场合,股东可通过转换权之行使将其所持的一种股份转换为另一种股份的股份。例如,根据章程规定,优先股可以在公司业绩提升、普通股股东享受可观股利时,转换为普通股。转换股进退自如、可攻可守的优点有利于吸引更多的投资者,尤其是喜欢既回避投资风险、又愿审时度势在公司利润蛋糕中分享更多份额的投资者。转换股转换时,旧股份消灭,新股份产生。非转换股指股东所持股份类别不能向其他股份类别转换的股份。

四、股票的概念与种类

(一)股票的概念

《公司法》第125条第2款将股票界定为"公司签发的证明股东所持股份的凭证"。该定义未解释股票蕴涵的股东权内容,因此有欠严谨。笔者认为,股票是指由股份公司发行的、表明股东按其所持股份享受股东权的可转让的资本证券。

股票采用纸面形式或国务院证券监督管理机构规定的其他形式。股票应载明下列主要事项:(1)公司名称;(2)公司成立日期;(3)股票种类、票面金额及代表的股份数;(4)股票的编号。股票由法定代表人签名,公司盖章。发起人的股票,应标明发起人股票字样(《公司法》第128条)。

股票与股份(股东权)互为表里。股票是形式,股东权是内容。同样的股东权内容可有多种表现形式。股东权可以表现为传统的书面股票,也可表现为电子股票或无纸化股票。即使在发行纸面股票的公司,股东为防止其股票遗失带来的繁琐问题,也可请求公司将其持股事实载明于股东名册,但注明不签发股票。而此时该股东虽不现实持有股票,仍不妨碍其享有股东权。股票除具有各类证券的一般特征,尚具有股东权决定的特殊特征。例如,股票持有人的权利乃为股东权,与公司债券持有人享有的债权泾渭分明,不应混淆。

(二)股票的分类

以其蕴涵的权利内容为准,股票可分为普通股股票与特别股股票。普通股股票,是指记载普通股东权的股票,而特别股股票则是记载特别股东权的股票,如优先股股票、后配股股票、混合股股票、无表决权股股票和偿还股股票等。

以其外在表现形式为准,股票分为记名股票与无记名股票。公司发行的股票,可以为记名股票,也可为无记名股票(《公司法》第129条第1款)。记名股票指在票面上记载股东姓名或名称的股票;无记名股票指在票面上不记载股东姓名或名称的股票。

以其票面是否记载一定金额为准,股票可分为面额股票与无面额股票。前者是指票面记载一定金额的股票;后者指票面不记载一定金额、仅显示股东持股比例的股票。

(三)股票的法律调整框架

股票及其发行、流转、变更、遗失补救等活动除受公司法调整外,尚接受证券法的调整。无论是《公司法》还是《证券法》,都不是"一本通"。从总体上看,《证券法》与《公司法》是特别法与一般法的关系。上市公司与新三板公司等公众公司不仅受《公司法》调整,也受《证券法》调整。《证券法》第2条第1款规定:"在中华人民共和国境内,股票、公司债券、存托凭证和国务院依法认定的其他证券的发行和交易,适用本法;本法未规定的,适用《中华人民共和国公司法》和其他法律、法规的规定。"

第八节　股份发行

一、股份发行的概念

股份发行是指股份公司向投资者招募股款的法律行为。从发行公司角度看,股份公司通过发行股份募集公司资本。股份公司集腋成裘、聚沙成塔的功能主要借助股份发行完成。从投资者角度看,投资者通过证券发行行为取得公司的股东地位,进而实现投资目的。

二、股份发行的原则

股份的发行要遵循公平原则(《公司法》第126条第1款)。公平原则,是指发行公司与投资者之间的权利与义务内容应大致对等,不能一方只享有权利,而另一方只负有义务,也不能一方享有权利过多,而另一方负担义务过重。由此派生出的一个要求是,虽然股权投资有风险,但股东的投资收益与投资成本、投资风险应在证券市场合理风险允许的范围之内大致成正比。公平原则既适用于发行公司与股东之间的股权关系,也适用于发行公司与承销券商之间的代理关系。

股份的发行要遵循公正原则(《公司法》第126条第1款)。公正原则,是指发行公司、承销券商及其代理人相对作为投资者、潜在投资者的多个市场主体而言,证券监管机构和市场自律机构(包括证券交易所和证券业协会)相对作为被监管者的多个当事人而言,应站在中庸、公允、超然的立场上,对每位相对人都要不偏不倚,平等对待,一视同仁;而不得厚此薄彼,因其身份不同而施行差别对待。公正原则有别于公平原则之处在于,公平原则调整双方当事人之间的权利义务关系,公正原则调整一方当事人与其余多方当事人之间的权利义务关系,强调一方当事人与其余多方当事人之间保持等边距离。为落实公正原则,《证券法》第21条要求参与证券发行申请注册的人员,不得与发行申请人有利害关系,不得直接或者间接接受发行申请人的馈赠,不得持有所注册的发行申请的证券,不得私下与发行申请人进行接触。

股份发行要遵循平等原则(《公司法》第126条第1款)。购买发行公司的股票的股东之间要充分体现同股同权的平等要求。同种类的每一股份应具有同等权利。同次发行的同种类股票,每股的发行条件和价格应相同;任何单位或个人所认购的股份,每股应支付相同价额(《公司法》第126条第2款)。

三、记名股票与无记名股票的区分

为压实发起人责任、明确法人股东身份,《公司法》第129条第2款要求公司向发起人、法人发行的股票,应为记名股票,并应记载该发起人、法人的名称或姓名,不得另立户名或以代表人姓名记名;而公司对社会公众发行的股票既可为记名股票,也可为无记名股票。

区分实益在于:(1)股东权利的行使方法有所不同。无记名股票持有人出席股东大会会议的,应于会议召开5日前至股东大会闭会时将股票交存于公司(《公司法》第102条第4款);否则,不得出席股东会。而记名股票持有人有股东名册作为权利行使证明,因而不受此限制。(2)股票转让方法不同。记名股票,由股东以背书方式或法律、法规规定的其他方式转让,转让后由公司将受让人的姓名或名称及住所记载于股东名册(《公司法》第139条);而无记名股票的转让,由股东将该股票交付给受让人后即发生转让的效力(《公司法》第140条)。

无记名股票持有人可请求公司将其所持无记名股票变更为记名股票;但记名股票无权请求公司将其所持记名股票变更为无记名股票,以规避公司法和证券法的法律规制。

四、公开发行与非公开发行

以其认购股份的身份是否特定为准,股份的发行可分为公开发行与非公开发行。公开发行股份是指向不特定公众投资者招募股份,而非公开发行是向特定投资者招募股份。

2019年《证券法》第9条规定,公开发行证券,必须符合法律、行政法规规定的条件,并依法报经国务院证券监督管理机构或者国务院授权的部门注册。未经依法注册,任何单位和个人不得公开发行证券。有下列情形之一的,为公开发行:(1)向不特定对象发行证券;(2)向特定对象发行证券累计超过200人,但依法实施员工持股计划的员工人数不计算在内;(3)法律、行政法规规定的其他发行行为。

公开发行股份与非公开发行股份的区别有二:首先,公开发行股份的特点是点对面,即特定的发起人面对不特定的社会公众提供劝诱资料,而非公开发行股份的特点是点对点,即特定的发起人面对特定的投资者提供劝诱资料。《证券法》第9条第3款禁止非公开发行证券时采用广告、公开劝诱和变相公开方式。其次,公开发行股份的认购人往往是一般的公众投资者,包括财力殷实的亿万富豪,也包括普通的工薪阶层;而非公开发行股份的认购人往往是财力殷实、且抵御投资风险能力较强的特定投资者,尤其是机构投资者。

当然,在定向募集人数高达一定临界点时,公开募集与非公开发行的区别在监管者的视野中开始消失。若向特定对象发行证券累计超过200人,即使没有采用广告、公开劝诱和变相公开方式,也视为公开发行,进而接受《证券法》对公开发行的规制。《公司法》与《证券法》在非公开发行方面相互实现了无缝对接。

无论是公开发行股份,还是非公开发行股份,都面临着保护认股人合法权益、预防发起人道德风险的重责大任。例如,《公司法》第80条第1款在谈及股份有限公司的发起设立方式时,禁止公司全体发起人在其首次出资额缴足前,向他人募集股份。可见,立法者试图遏制发起人的道德风险,预防发起人在缴足出资前就大肆募集大批投资者,从而损害投资者权益。

五、股份发行价格的最低门槛

股票发行价格可以按票面金额,也可超过票面金额,但不得低于票面金额(《公司法》第127条)。此种定价管制措施旨在落实资本维持原则,巩固公司资本基础,保护债权人合法权益。至于股份公司以超过股票票面金额的发行价格发行股份所得的溢价款则应列为公司资本公积金(《公司法》第 167 条)。

1993 年《公司法》第 131 条第 2 款还曾规定,"以超过票面金额为股票发行价格的,须经国务院证券管理部门批准"。为尊重市场自治与契约自由精神,《公司法》废除了国务院证券管理部门的价格批准权限,股票发行价格完全回归市场自治。

六、保荐人

发行人申请公开发行股票、可转换为股票的公司债券,依法采取承销方式的,或者公开发行法律、行政法规规定实行保荐制度的其他证券的,应当聘请证券公司担任保荐人。保荐人应当遵守业务规则和行业规范,诚实守信,勤勉尽责,对发行人的申请文件和信息披露资料进行审慎核查,督导发行人规范运作(《证券法》第 10 条)。保荐人犹如资本市场的"红娘",以其专业知识指导发行公司的发行行为,并以其商业信誉向证券市场监管者和社会公众投资者担保发行公司发行的真实性与合法性不存在重大法律或道德的瑕疵。

七、核准程序及其瑕疵救济

非公开发行股份的行为更多地受合同法和契约自由规则的约束,而公开发行股份的行为则要接受更多的公权力规制。例如,设立股份有限公司公开发行股票,应符合《公司法》规定的条件和经国务院批准的国务院证券监督管理机构规定的其他条件,向国务院证券监督管理机构报送募股申请和下列文件:(1)公司章程;(2)发起人协议;(3)发起人姓名或名称,发起人认购的股份数、出资种类及验资证明;(4)招股说明书;(5)代收股款银行的名称及地址;(6)承销机构名称及有关的协议。依《证券法》规定聘请保荐人的,还应报送保荐人出具的发行保荐书。法律、行政法规规定设立公司必须报经批准的,还应提交相应的批准文件(《证券法》第 11 条)。

证监会或国务院授权的部门依照法定条件负责证券发行申请的注册。按照国务院的规定,证券交易所等可以审核公开发行证券申请,判断发行人是否符合发行条件、信息披露要求,督促发行人完善信息披露内容。依照前两款规定参与证券发行申请注册的人员,不得与发行申请人有利害关系,不得直接或者间接接受发行申请人的馈赠,不得持有所注册的发行申请的证券,不得私下与发行申请人进行接触(《证券法》第 21 条)。

证监会或者国务院授权的部门应当自受理证券发行申请文件之日起 3 个月内,依照法定条件和法定程序作出予以注册或者不予注册的决定,发行人根据要求补充、修改发行申请文件的时间不计算在内。不予注册的,应当说明理由(《证券法》第 22 条)。

证监会或国务院授权的部门对已作出的证券发行注册的决定,发现不符合法定条件或者法定程序,尚未发行证券的,应当予以撤销,停止发行。已经发行尚未上市的,撤销发行注册决定,发行人应当按照发行价并加算银行同期存款利息返还证券持有人;发行人的控股股东、实际控制人以及保荐人,应当与发行人承担连带责任,但是能够证明自己没有过错的除外。股票的发行人在招股说明书等证券发行文件中隐瞒重要事实或者编造重大虚假内容,已经发行并上市的,证监会可责令发行人回购证券,或者责令负有责任的控股股东、实际控制人买回证券(《证券法》第 24 条)。

八、信息披露

依《证券法》第 23 条，证券发行申请经注册后，发行人应当依照法律、法规的规定，在证券公开发行前公告公开发行募集文件，并将该文件置备于指定场所供公众查阅。发行证券的信息依法公开前，任何知情人不得公开或者泄露该信息。发行人不得在公告公开发行募集文件前发行证券。《公司法》第 85 条规定，发起人向社会公开募集股份，必须公告招股说明书，并制作认股书。该法第 86 条要求招股说明书附有发起人制订的公司章程。

九、公司向股东交付股票的时间限制

股份有限公司成立后，即向股东正式交付股票，但公司成立前不得向股东交付股票（《公司法》第 132 条）。因为，股东权之产生必须在公司正式成立之后；若公司尚未成立、股东权尚未发生，就允许公司向股东交付股票，无异于本末倒置，而且容易危害交易安全。

十、股东名册的备置

为方便股东行使权利、公司对其股东履行义务，股份公司在发行记名股票时应置备股东名册。股东名册记载下列事项：(1) 股东的姓名或名称及住所；(2) 各股东所持股份数；(3) 各股东所持股票的编号；(4) 各股东取得股份的日期（《公司法》第 130 条第 1 款）。

但股份公司发行无记名股票时，公司无从确定股东的姓名或名称以及住所等信息，因而无法置备股东名册。因此，公司发行无记名股票的，公司应记载其股票数量、编号及发行日期（《公司法》第 130 条第 2 款）。

第九节 新股发行

一、新股发行的概念和作用

再融资制度是资本市场的一项基础性制度，在促进上市公司做优做强，支持实体经济高质量发展，服务"一带一路"、军民融合、国资国企改革等倡议和国家战略方面发挥着重要作用。而新股发行是上市公司再融资制度的核心。

新股发行是指股份公司为增加注册资本而发行股份的行为。公司公开发行新股分为两类：首次公开发行（IPO）与上市公司发行新股。股份公司为增强自身竞争力，必须不断开拓融资渠道：依赖公司自体，如将公积金转为增加公司资本；依赖公司自体之外的其他人，取得股权融资（直接融资）与债权融资（间接融资）。前者主要表现为发行新股，后者主要表现为从银行借款、向社会公众发行公司债券。举债虽能缓解公司燃眉之急，但即使长期借款也有偿债期限，该期限一旦届满，公司即负有偿还本息之义务，即使公司经营效绩不佳，但只要尚未破产，公司就应按约定利率还本付息。而公司发行新股既能充分发挥股份制度聚沙成塔的集资功能，为公司筹措巨额资金，又可通过股东与公司同舟共济的利益关联机制降低公司筹资成本与经营风险。若公司经营效绩不佳，无红可分，公司即无义务向股东分配

股利。

为深化金融供给侧结构性改革,提高直接融资比重,增强金融服务实体经济的能力,提高上市公司质量,证监会2020年对《上市公司证券发行管理办法》《创业板上市公司证券发行管理暂行办法》和《上市公司非公开发行股票实施细则》部分条款进行了修改。总体思路是:坚持市场化法治化改革方向,落实以信息披露为核心的注册制理念,提升上市公司再融资的便捷性和制度包容性。具体而言,一是精简优化再融资发行条件,规范上市公司再融资行为,支持优质上市公司利用资本市场发展壮大,大力推动提高上市公司质量。二是切实提高公司治理和信息披露质量,建立更加严格、全面、深入、精准的信息披露要求,督促上市公司以投资者决策为导向,真实准确完整地披露信息。三是调整再融资市场化发行定价机制,形成买卖双方充分博弈,市场决定发行成败的良性局面,充分发挥市场对资源配置的决定性作用,提高上市公司再融资效率。

二、《证券法》规定的新股发行条件

1993年《公司法》第137条对公司发行新股的条件规定过苛:(1)前一次发行的股份已募足,并间隔一年以上;(2)公司在最近3年内连续盈利,并可向股东支付股利;(3)公司在最近3年内财务会计文件无虚假记载;(4)公司预期利润率可达同期银行存款利率。

在2005年《公司法》修改过程中,一些全国人大代表、全国政协委员、企业界人士和专家认为,现行公司法规定的公司发行新股条件是基于当时的情况规定的,目前有些条件已经不能适应实际情况,也缺乏灵活性。根据这些意见和公司发行新股的实际需要,2005年《证券法》第13条将公司公开发行新股的条件放宽:(1)具备健全且运行良好的组织机构;(2)具有持续盈利能力,财务状况良好;(3)最近3年财务会计文件无虚假记载,无其他重大违法行为;(4)经国务院批准的国务院证券监督管理机构规定的其他条件。为保持新股发行条件的科学性和动态性,国务院证券监督管理机构可以适时增列其他新股发行的条件,但要报经国务院批准。

为鼓励诚信的优秀公司脱颖而出,从源头上消除不合理制度设计导致的公司财务造假现象,2019年《证券法》第12条第1款求真务实,大胆精简并优化了证券发行条件,将股票发行人应当具有的"持续盈利能力"改为"持续经营能力",并增加了控股股东、实际控制人的合规性要件。该条要求公司首次公开发行新股时符合下列条件:(1)具备健全且运行良好的组织机构;(2)具有持续经营能力;(3)最近3年财务会计报告被出具无保留意见审计报告;(4)发行人及其控股股东、实际控制人最近3年不存在贪污、贿赂、侵占财产、挪用财产或者破坏社会主义市场经济秩序的刑事犯罪;(5)经国务院批准的国务院证券监督管理机构规定的其他条件。

优化后的法定门槛能够包容不同的产业模式与盈利模式,有助于鼓励公司心无旁骛地提高产品或服务的核心竞争力,促进公司可持续发展,实现公司长远利益最大化,培育公众投资者理性的价值投资理念。

《证券法》第12条第2款要求上市公司发行新股时符合经国务院批准的证监会规定的条件,具体管理办法由证监会规定。第3款规定,公开发行存托凭证的,应符合首次公开发行新股的条件以及证监会规定的其他条件。

三、上市公司公开发行股票的一般条件

上市公司发行证券,可向不特定对象公开发行,也可向特定对象非公开发行。为规范上市公司证券发行行为,保护投资者的合法权益和社会公共利益,证监会依《证券法》《公司法》于 2006 年颁布了《上市公司证券发行管理办法》,并于 2008 年和 2020 年两次修订。

上市公司公开发行股票须具备以下条件:

其一,上市公司的组织机构健全、运行良好。(1) 公司章程合法有效,股东大会、董事会、监事会和独立董事制度健全,能够依法有效履行职责;(2) 公司内部控制制度健全,能够有效保证公司运行的效率、合法合规性和财务报告的可靠性;内部控制制度的完整性、合理性、有效性不存在重大缺陷;(3) 现任董监高具备任职资格,能够忠实和勤勉地履行职务,不存在违反《公司法》第 147 条、第 148 条的行为,且最近 36 个月内未受到过中国证监会的行政处罚、最近 12 个月内未受到过证券交易所的公开谴责;(4) 上市公司与控股股东或实际控制人的人员、资产、财务分开,机构、业务独立,能够自主经营管理;(5) 最近 12 个月内不存在违规对外提供担保的行为。

其二,上市公司的盈利能力具有可持续性。(1) 最近 3 个会计年度连续盈利。扣除非经常性损益后的净利润与扣除前的净利润相比,以低者作为计算依据;(2) 业务和盈利来源相对稳定,不存在严重依赖于控股股东、实际控制人的情形;(3) 现有主营业务或投资方向能够可持续发展,经营模式和投资计划稳健,主要产品或服务的市场前景良好,行业经营环境和市场需求不存在现实或可预见的重大不利变化;(4) 高级管理人员和核心技术人员稳定,最近 12 个月内未发生重大不利变化;(5) 公司重要资产、核心技术或其他重大权益的取得合法,能够持续使用,不存在现实或可预见的重大不利变化;(6) 不存在可能严重影响公司持续经营的担保、诉讼、仲裁或其他重大事项;(7) 最近 24 个月内曾公开发行证券的,不存在发行当年营业利润比上年下降 50% 以上的情形。

其三,财务状况良好。(1) 会计基础工作规范,严格遵循国家统一会计制度的规定。(2) 最近 3 年及一期财务报表未被注册会计师出具保留意见、否定意见或无法表示意见的审计报告;被注册会计师出具带强调事项段的无保留意见审计报告的,所涉及的事项对发行人无重大不利影响或在发行前重大不利影响已经消除。(3) 资产质量良好。不良资产不足以对公司财务状况造成重大不利影响。(4) 经营成果真实,现金流量正常。营业收入和成本费用的确认严格遵循国家有关企业会计准则的规定,最近 3 年资产减值准备计提充分合理,不存在操纵经营业绩的情形。(5) 最近 3 年以现金方式累计分配的利润不少于最近 3 年实现的年均可分配利润的 30%。

其四,上市公司最近 3 年财务会计文件无虚假记载,且不存在下列重大违法行为:(1) 违反证券法律、法规或规章,受到中国证监会的行政处罚,或受到刑事处罚;(2) 违反工商、税收、土地、环保、海关法律、法规或规章,受到行政处罚且情节严重,或者受到刑事处罚;(3) 违反国家其他法律、法规且情节严重的行为。

其五,上市公司募集资金的数额和使用符合下列规定:(1) 募集资金数额不超过项目需要量;(2) 募集资金用途符合国家产业政策和有关环境保护、土地管理等法律和行政法规的规定;(3) 除金融类企业外,本次募集资金使用项目不得为持有交易性金融资产和可供出售的金融资产、借予他人、委托理财等财务性投资,不得直接或间接投资于以买卖有价证券为

主要业务的公司;(4)投资项目实施后,不会与控股股东或实际控制人产生同业竞争或影响公司生产经营的独立性;(5)建立募集资金专项存储制度,募集资金必须存放于公司董事会决定的专项账户。

根据《上市公司证券发行管理办法》第11条,上市公司存在下列情形之一的,不得公开发行证券:(1)本次发行申请文件有虚假记载、误导性陈述或重大遗漏;(2)擅自改变前次公开发行证券募集资金的用途而未作纠正;(3)上市公司最近12个月内受到过证券交易所的公开谴责;(4)上市公司及其控股股东或实际控制人最近12个月内存在未履行向投资者作出的公开承诺的行为;(5)上市公司或其现任董事、高级管理人员因涉嫌犯罪被司法机关立案侦查或涉嫌违法违规被中国证监会立案调查;(6)严重损害投资者的合法权益和社会公共利益的其他情形。

四、配股的条件

配股是指上市公司向原股东配售股份。上市公司配股除符合前述公开发行股票的一般条件外,还应符合下列条件:(1)拟配售股份数量不超过本次配售股份前股本总额的30%;(2)控股股东应在股东大会召开前公开承诺认配股份的数量;(3)采用证券法规定的代销方式发行。控股股东不履行认配股份的承诺,或代销期限届满,原股东认购股票的数量未达到拟配售数量70%的,发行人应按照发行价并加算银行同期存款利息返还已经认购的股东。可见,配股的核心要件是控制配股规模,同时预防控股股东在决策过程中的道德风险,进而维护公众股东利益。

五、增发的条件

增发,是指上市公司向不特定对象公开募集股份。上市公司增发除符合前述公开发行股票的一般条件外,还应符合下列条件:(1)最近3个会计年度加权平均净资产收益率平均不低于6%。扣除非经常性损益后的净利润与扣除前的净利润相比,以低者作为加权平均净资产收益率的计算依据。(2)除金融类企业外,最近一期末不存在持有金额较大的交易性金融资产和可供出售的金融资产、借予他人款项、委托理财等财务性投资的情形。(3)发行价格应不低于公告招股意向书前20个交易日公司股票均价或前一个交易日的均价。

六、上市公司非公开发行股票的条件

非公开发行股票,是指上市公司采用非公开方式,向特定对象发行股票的行为。《上市公司证券发行管理办法》第3章专门规定了非公开发行股票的条件。

积极要件为:(1)发行对象符合股东大会决议规定的条件,不超过35名;发行对象为境外战略投资者的,应当遵守国家相关规定;(2)发行价格不低于定价基准日前20个交易日公司股票均价的80%;(3)本次发行的股份自发行结束之日起,6个月内不得转让;控股股东、实际控制人及其控制的企业认购的股份,18个月内不得转让;(4)募集资金使用符合本办法第10条的规定;(5)本次发行将导致上市公司控制权发生变化的,还应符合证监会其他规定。

该办法第39条从反面规定了消极要件。上市公司存在下列情形之一的,不得非公开发

行股票：(1)本次发行申请文件有虚假记载、误导性陈述或重大遗漏；(2)上市公司的权益被控股股东或实际控制人严重损害且尚未消除；(3)上市公司及其附属公司违规对外提供担保且尚未解除；(4)现任董事、高级管理人员最近36个月内受到过中国证监会的行政处罚，或最近12个月内受到过证券交易所公开谴责；(5)上市公司或其现任董事、高级管理人员因涉嫌犯罪正被司法机关立案侦查或涉嫌违法违规正被中国证监会立案调查；(6)最近1年及一期财务报表被注册会计师出具保留意见、否定意见或无法表示意见的审计报告。保留意见、否定意见或无法表示意见所涉及事项的重大影响已经消除或本次发行涉及重大重组的除外；(7)严重损害投资者合法权益和社会公共利益的其他情形。

七、公司内部股东会决议程序

新股发行意味着增加资本，而增加资本属于股东会的决策事项，而非董事会的决策事项。因此，《公司法》第133条要求股东大会在发行新股之前对下列事项作出决议：(1)新股种类及数额；(2)新股发行价格；(3)新股发行的起止日期；(4)向原有股东发行新股的种类及数额。

《上市公司证券发行管理办法》第41条要求股东大会就发行股票作出的决定至少包括下列事项：(1)本次发行证券的种类和数量；(2)发行方式、发行对象及向原股东配售的安排；(3)定价方式或价格区间；(4)募集资金用途；(5)决议的有效期；(6)对董事会办理本次发行具体事宜的授权；(7)其他必须明确的事项。

作为行政指导的重要内容，《上市公司证券发行管理办法》第44条还明确了股东大会的决策程序。股东大会就发行证券事项作出决议，必须经出席会议的股东所持表决权的2/3以上通过。向本公司特定的股东及其关联人发行证券的，股东大会就发行方案进行表决时，关联股东应回避。上市公司就发行证券事项召开股东大会，应提供网络或者其他方式为股东参加股东大会提供便利。

股东会决议草案并非无源之水。在实践中，股东会决议草案主要由董事会提出。为强化董事会成员的勤勉义务，上市公司董事会应就下列事项作出决议，并提请股东大会批准：(1)本次证券发行的方案；(2)本次募集资金使用的可行性报告；(3)前次募集资金使用的报告；(4)其他必须明确的事项。

八、证监会核准程序

公司公开发行新股，应向证监会报送募股申请和下列文件：(1)公司营业执照；(2)公司章程；(3)股东大会决议；(4)招股说明书；(5)财务会计报告；(6)代收股款银行的名称及地址；(7)承销机构名称及有关的协议。依《证券法》规定聘请保荐人的，还应报送保荐人出具的发行保荐书。依法实行承销的，还应当报送承销机构名称及有关的协议。

上市公司申请公开发行证券或者非公开发行新股，应当由保荐人保荐，并向证监会申报。保荐人应按照证监会的有关规定编制和报送发行申请文件。《上市公司证券发行管理办法》第46条细化了证监会核准程序：(1)收到申请文件后，5个工作日内决定是否受理；(2)证监会受理后，对申请文件进行初审；(3)发行审核委员会审核申请文件；(4)证监会作出核准或不予核准的决定。

自中国证监会核准发行之日起，上市公司应在12个月内发行证券；超过12个月未发行的,核准文件失效,须重新经中国证监会核准后方可发行。上市公司发行证券前发生重大事项的,应暂缓发行,并及时报告中国证监会。该事项对本次发行条件构成重大影响的,发行证券的申请应重新经过中国证监会核准。上市公司发行证券,应当由证券公司承销;非公开发行股票,发行对象均属于原前10名股东的,可以由上市公司自行销售。证券发行申请未获核准的上市公司,自证监会作出不予核准的决定之日起6个月后,可再次提出证券发行申请。

中国证监会应自受理新股发行申请文件之日起3个月内,依照法定条件和法定程序作出予以注册或者不予注册的决定,发行人根据要求补充、修改发行申请文件的时间不计算在内;不予核准的,应说明理由(《证券法》第22条)。

九、信息披露要求

《公司法》第134条要求公司经证监会核准公开发行新股时公告新股招股说明书和财务会计报告,并制作认股书。《上市公司证券发行管理办法》第5章更明确要求发行新股的上市公司按照证监会规定的程序、内容和格式,编制公开募集说明书或其他信息披露文件,依法履行信息披露义务。上市公司应保证投资者及时、充分、公平地获得法定披露的信息,信息披露文件使用的文字应简洁、平实、易懂。证监会规定的内容是信息披露的最低要求,凡对投资者投资决策有重大影响的信息,上市公司均应充分披露。

十、新股承销渠道

依《公司法》第134条第2款和第87条、第88条,公司公开发行新股,应由公司与依法设立的证券公司签订承销协议,并同银行签订代收股款协议。依反对解释,公司若不公开发行新股,则无需聘请证券公司从事承销工作。相比之下,《上市公司证券发行管理办法》第49条扩大了强制承销的范围,减少了发行公司自行销售股份的范围:"上市公司发行证券,应当由证券公司承销;非公开发行股票,发行对象均属于原前十名股东的,可以由上市公司自行销售。"

十一、新股定价机制

公司发行新股,可以根据公司经营情况和财务状况,确定其作价方案(《公司法》第135条)。新股作价既是发行公司的自由,也是涉及股东切身利益的重要行为。因此,公司新股发行定价虽然自由,但发行公司也要诚信定价,确保作为定价依据的新股招股说明书和财务会计报告内容真实、准确、完整,杜绝虚假记载、误导性陈述或重大遗漏;否则,要对受害的投资者承担实际损失赔偿责任。

十二、公司变更登记

新股发行成功以后,导致公司注册资本增加,而注册资本增加属于公司登记机关的变更登记范畴。因此,公司发行新股募足股款后,必须向公司登记机关办理变更登记,并公告(《公司法》第136条)。

第五章

股 东 权

股东是公司法律关系中的核心主体。没有股东，就没有公司。作为重要的民事权利，股东权神圣不可侵犯，任何第三人（包括政府）均不得随意侵害、剥夺或限制。股东权保护是公司制度具有正当性与合法性的重要前提，是资本市场具有活力的源泉，是现代公司法和证券法的核心价值追求。股东既享有权利，也负有义务。在本书中，若无特别指明，"股东权""股东权利"与"股权"可相互通用。

第一节 股东权概述

一、股东权的概念

股东权（简称"股权"）有广狭二义。广义的股东权，泛指股东得以向公司主张的各种权利，故股东依据合同、侵权行为、不当得利和无因管理等法律关系对公司享有的债权亦包括在内；狭义的股东权，则仅指股东基于股东资格、依据公司法和章程规定而享有的、从公司获取经济利益并参与公司治理的权利。本书所指的股东权除非另有说明，仅为狭义的股东权。

《公司法》第4条将股东权列举为"公司股东依法享有资产收益、参与重大决策和选择管理者等权利"。其实，"资产收益"是经济学色彩较浓的概念，未来《公司法》修改时宜改采"分取股利"的法律术语。当然，若该条能提炼股东权的内涵似乎更加理想。建议将该款改为"公司股东依本法和公司章程的规定，享有的维护自身和公司合法利益的权利，包括股利分取请求权、股东大会出席权、表决权、股东代表诉讼提起权、新股认购优先权、公司信息知情权等"。

二、股东权的性质

股东权乃系基于公司法、证券法等商事法律而享有的权利，且遵循意思自治原则（私法自治原则），故为民事权利即私权，而非公权。股东在股东大会上行使表决权时，此种表决权与公民依《宪法》享有的选举权等参政权貌似相同，实则迥异。前者为股东权中的权能，属于私权，后者属于公权。普通民事主体享有的股东权固为民事权利，国家作为股东享有的股东权仍为民事权利。这与国家作为政府采购合同一方当事人享有的合同权利为私权，均基于相同的民事法治理念。

与古老的物权和债权相比，股东权是年轻的民事权利。因此，许多国家在马车时代与农业社会制定的《民法典》并无股东权之专门规定。随着公司制度的建立健全,股东权渐次被规定在《商法典》或《公司法》之中。为向社会公众展示国家保护投资者权利的决心,《民法典》第 125 条规定了投资性权利:"民事主体依法享有股权和其他投资性权利。"在《物权法》第 67 条的基础上,《民法典》第 268 条细化了国家、集体和私人依法出资设立公司或其他企业的股权内涵:"国家、集体和私人依法可以出资设立有限责任公司、股份有限公司或者其他企业。国家、集体和私人所有的不动产或者动产投到企业的,由出资人按照约定或者出资比例享有资产收益、重大决策以及选择经营管理者等权利并履行义务"。该条是对《公司法》第 4 条的重申与强调。但这并不意味着股东权就是物权。

股东权不是单一权利,而是由财产性权利与非财产性权利构成的权利束。公司的营利性决定了股东当然享有直接从公司获得经济利益的财产性权利;但为确保此种财产性权利,法律和章程一般承认股东参与公司治理的非财产性权利。

三、股东权的分类

(一)自益权与共益权

以其行使目的为准,股东权可分为自益权与共益权。顾名思义,自益权是股东为维护自身利益而行使的权利,共益权是股东为维护包括自己利益在内的公司利益和全体股东利益而行使的权利。

自益权主要包括:股利分配请求权(第 34 条、第 166 条第 4 款)、剩余财产分配请求权(第 186 条第 2 款)、新股认购优先权(第 34 条)、退股权(股份买取请求权,第 74 条)、股份转让权(第 71 条)、股东名册变更请求权(第 73 条)等。可见,股东的自益权虽主要体现为经济利益,但不必限于直接接受金钱的形式。

共益权包括:表决权(第 42 条和第 103 条)、代表诉讼提起权(第 151 条)、临时股东大会召集请求权(第 39 条、第 100 条)、临时股东大会自行召集权与主持权(第 40 条第 3 款、第 101 条第 2 款)、提案权(第 102 条第 2 款)、质询权(第 97 条、第 150 条第 1 款)、股东会和董事会决议无效确认诉权(第 22 条第 1 款)、股东会和董事会决议撤销诉权(第 22 条第 2 款)、累积投票权(第 105 条)、会计账簿查阅权(第 33 条第 2 款)、公司解散请求权(第 182 条)等。由此可见,共益权不仅表现为对公司治理中公司决策的积极参与,也表现为对公司董监高的消极监督。

自益权与共益权间的界限并非泾渭分明。这乃因,某些共益权作为自益权的手段而行使,从而使此种权利兼具共益权和自益权的特点,例如会计账簿查阅权即属此类。

(二)单独股东权与少数股东权

以其行使方法为准,股东权可分为单独股东权与少数股东权。单独股东权,是指不问股东的持股数额多寡,仅持有一股的股东即可单独行使的权利,如股利分配请求权、剩余财产分配请求权、新股认购优先权、退股权、股份转让权等。

少数股东权,是指持有股份占公司已发行股份总数一定百分比的股东才能行使的权利。《公司法》规定了许多少数股东权。例如,股份有限公司股东要行使代表诉讼提起权须为连续 180 日(投资股东)以上单独或合计持有公司 1% 以上股份的股东(第 151 条)。唯一例外是,根据 2019 年《证券法》第 94 条第 3 款之特别授权,若上市公司董监高执行公司职务时违反法律法规或章程的规定给公司造成损失,或若控股股东、实际控制人等侵犯公司合法权益给公司造成损失,持有该公司股份的投资者保护机构可为公司利益、以自己名义向法院提起诉讼,持股比例和持股期限不受《公司法》规定的限制。该例外规则旨在维护公众投资者权益,具有公益元素。再如,股东要行使临时股东大会自行召集权与主持权必须代表有限责任公司 1/10 以上表决权(第 40 条第 3 款)或连续 90 日以上单独或合计持有公司 10％以上股份(第 101 条第 2 款)。

行使少数股东权的股东既可是持股相互结合始达一定百分比的数位股东,也可是持股达一定百分比的单个股东。股东的自益权从性质上而言均属单独股东权;而共益权中既有单独股东权(如表决权、累积投票权),也有少数股东权(如股东大会自行召集权和主持权)。自股东权保护的基本理念而言,股东的共益权原则上应为单独股东权。但为确保股东行使权利理性、慎重,预防股东滥用权利损害公司和广大股东的利益,遂有少数股东权之设。为预防急功近利的投机股东滥用权利,《公司法》除对少数股东权的持股比例予以规定,尚对少数股东权甚至单独股东权的持股期间予以规定(如股东代表诉讼提起权、临时股东大会自行召集权与主持权)。

(三) 法定股东权与章定股东权

以其产生的法律渊源为准,股东权可分为法定股东权与章定股东权。前者是指由法律(含公司法、证券法等)所规定的权利,而后者是指由公司章程所规定的权利。

(四) 固有权与非固有权

以其重要程度为准,股东权分为固有权与非固有权。固有权(法定股东权)指未经股东同意,不得以章程或公司决议剥夺或限制的权利。

非固有权(非法定股东权)指可由章程或公司决议剥夺或限制的权利。非固有权的剥夺或限制不应违反公平原则、诚实信用原则、商业惯例和公序良俗。固有权与非固有权外延的界定在不同立法例中有不同的价值判断和政策目标。例如,瑞士公司法将平等待遇权、股东大会上之表决权、对公司决议提起诉讼的权利等列为固有权;并将新股认购优先权等视为非固有权。

股东原始取得(认购股份、缴纳出资)或继受取得(受让股权)的股东资格自身就是典型的股东固有权。除非法律法规另有特别规定,未经股东本人同意,任何人不得擅自处分股东的股权。不仅公司的股东大会无权作出强制某股东有偿或无偿出让股权的决议,其他股东也无权觊觎或侵占他人的股权,政府监管部门亦无权在缺乏法律授权的情况下强制股东转让股权或褫夺其股东资格。法定例外情形常见于法院强制执行债务人的股权以清偿债务的情形。依《证券法》第 140 条特别授权,中国证监会有权责令治理结构、合规管理、风险控制指标不符合规定的证券公司限期改正,若证券公司逾期未改正或其行为严重危及该证券公司的稳健运行、损害客户合法权益,证监会有权责令负有责任的股东转让股权,限制负有责任的股东行使股东权利。中国银保监会依《银行业监督管理法》第 37 条也享有类似权力。

四、弘扬股权文化、全面推进股东权保护事业的重要作用

为完善公司法治和公司治理,必须在公司法领域弘扬以股东主权思想为核心价值观的和谐股权文化。和谐股权文化是一个内涵丰富、外延广阔的概念,主要指尊重和保护股东权利、体现股权平等、股权民主、关怀弱势股东、股东诚实守信、股东与非股东利益相关者和谐相处的核心价值观。其核心内容有六:(1) 股东主权思想;(2) 股东平等;(3) 向弱势股东适度倾斜;(4)股东民主;(5)股东诚信;(6)股东与利益相关者和谐相处。弘扬股权文化、尊重股东价值是完善公司治理的指路明灯,是推动资本市场法治建设的重要切入点,是确保资本市场又好又快和谐永续发展的战略举措,是贯穿我国资本市场发展、改革、监管与稳定的主旋律。

其一,弘扬股权文化是公司营利性的本质要求,是公司制度和市场经济的活力之源。市场经济的核心机制在于资本制度。而资本制度的核心在于公司制度。公司制度的核心又在于股权制度。股权制度的核心又在于公司的营利性与股东的营利性。在公司与消费者之间的契约关系中,公司要逐利;在公司与股东之间的股权关系上,股东也要逐利(索取公司逐利后的合法剩余份额)。否认或漠视股东营利性的公司制度不是真正的公司制度,更不是具有活力的公司制度。而公司与股东的双重逐利过程有利于提高市场的充分有效竞争程度,打破行政垄断与经济垄断格局,改善消费者福祉,提高政府税收,促进市场资源的合理流动与优化配置,实现公司利益、股东利益与社会公共利益的多赢共享。因此,弘扬股权文化、推进股权保护事业就是完善和保护市场经济体制、资本制度和竞争机制。

其二,弘扬股权文化是改善投资者关系、提升公司治理水平、强化公司竞争力的关键。公司良治的重要标志就是弘扬股权文化,尊重股东价值。凡是贬损股东价值、侵害股东合法权益的上市公司,都不可能成为具有投资价值的公司。有些公司标榜自己重视投资者关系,并在网站上虚情假意地开设投资者关系栏目,但未受到投资者的认同。有些公司虽然资本规模和经营规模庞大,但由于偏离了股权文化而被投资者抛弃,进而丧失了竞争力。弘扬股权文化有助于匡正迷失航线的公司控制股东和经营者的错误思维方式,有助于凝聚一大批认同和追求股东价值投资的投资者和管理精英,建立投资者与经营者共舞的利益共同体,有助于在公司内部和资本市场树立上下和谐、内安外顺的和谐局面。

其三,弘扬股权文化是推动资本市场和谐永续健康发展、拉动经济增长的发动机、火车头和助推器。广大投资者是整个资本市场的基石,投资者的出资是资本市场的物质基础,投资者的利益是上市公司及其高管的行为指南,投资者的意志是影响资本市场繁华衰败的决定力量。在和谐的投资环境下,广大投资者普遍拥有公平感、安全感和幸福感。保护股东权益、增进股东福祉,是打造和谐资本市场生态环境的关键。若忽视对股东权的保护,股东利益得不到维护,则势必挫伤广大股东投资的积极性,许多潜在的投资者亦将视认购股份为畏途,而公司制度最终会被沦为垃圾制度。

其四,弘扬股权文化是增强我国资本市场竞争力的重要发展战略。在资本市场国际化、全球化的今天,资本已经变成没有国界和"国籍"的高度流通资源。川流不息的国际资本,不管是机构投资者还是个人投资者,总是流向投资者权利较有保障的国家和地区。若股东权保护不力,不但有可能导致国际资本流向其他国家,也有可能导致国内民间资本的外流。国际资本市场之间的竞争与其说是市场竞争,毋宁说是制度之间的竞争,尤其是股东权保护制度之间的竞争。

其五,弘扬股权文化是资本市场法治肩负的首要任务,也是资本市场法治化程度的重要标杆。在公司世界里,复杂的公司法律关系主体之间既有共同的物质利益基础,也有利益冲突。在公司王国中,到处存在着股东与经营者之间的利益冲突、股东之间的利益冲突、公司内部人与公司外部人之间的利益冲突。不仅存在着股东利益与公司利益的对立,股东利益与公司债权人利益的对立,而且存在着股东间的利益冲突。若任由弱肉强食的自然法则调节公司法律关系主体之间的矛盾,势必导致公平公正之践踏、效率之破坏。股东权益的保护状况是检验一个资本市场是否成熟、公正的试金石,是衡量一个资本市场文明程度与法治化程度的标志。股权保护程度与资本市场的成熟程度成正比。衡量一个国家或地区的市场经济体制是否完善,可从投资者权益保护状况、消费者权益保护状况和劳动者权益保护状况等三大指标得到基本验证。在这个意义上说,公司法治的历史就是一部为股东权利保护而奋斗的历史,公司法的实质就是股东权利保护法。公司法如此,证券法如此,证券投资基金法也莫不如是。

其六,弘扬股权文化是推动国有企业公司制改革的有力保障。我国国家与国有企业之间的产权关系经历了国家所有、国家经营阶段(国营企业阶段或物权模式阶段),国家所有、企业经营阶段(两权分离阶段或债权模式阶段)和企业所有、企业经营阶段(公司制改革阶段或股东权模式阶段)。国有企业公司制改革后,国家所有制通过国家行使股东权的方式实现,至于公司的财产所有权与经营权则统一由公司行使,而国家股东权与同一公司中其他股东(含自然人与法人)的股东权则一体平等。国有企业公司制改革的成功与否,国家作为公司投资者的利益能否得到实现,完全取决于国家股东权的保护程度。若说计划经济体制下国有资产在企业领域保值增值的关键在于保护国家财产所有权或债权,那么在市场经济条件下国有资产在企业领域保值增值的关键则在于保护国家股东权。国家股东曾长期未对国有独资企业收取股利,国有企业向国家股东分红的义务长期被国有企业的纳税义务所掩盖。

总之,弘扬健康向上的和谐股权文化、切实保护好投资者权利是《公司法》与《证券法》的重要立法宗旨,并贯穿于整个资本市场法治建设的全过程。当然,要把弘扬股权文化落到实处并非易事,更非一朝一夕之事。

第二节 股东权、物权与债权的比较

所有权人为充分发掘和利用物的使用价值和交换价值,实现财富最大化,至少可借助物权、债权与股东权三种民事权利。公司和股东权的产生历史晚于物权和债权,而物权和债权被公认为保护财产静态安全和动态安全的两大民事权利。为在和谐的法律秩序中准确界定股东权的坐标,有必要界定股东权与物权、债权的关系。

一、股东权与物权的区别

物权乃直接支配特定物、而享受其利益之权利。《民法典》第114条就物权的定义及类型规定如下:"民事主体依法享有物权。物权是权利人依法对特定的物享有直接支配和排他的权利,包括所有权、用益物权和担保物权。"

以权利人与标的物之间的支配范围为准,物权分为所有权(自物权)与他物权。所有权是权利人全面永久支配标的物的权利。而他物权是权利人对他人享有所有权的物享有的权利,包括用益物权(如土地承包经营权、地役权、典权)与担保物权(如抵押权、质权与留置权)。以标的物种类为准,物权分为动产物权(如动产所有权、质权与留置权)、不动产物权(如不动产所有权、抵押权与典权)与权利物权(如权利质权)。

依《民法典》,所有权是所有权人对自己的不动产或者动产,依法享有占有、使用、收益和处分的权利(第240条);所有权人有权在自己的不动产或者动产上设立用益物权和担保物权;用益物权人、担保物权人行使权利,不得损害所有权人的权益(第241条)。

股东权与物权存在诸多重大区别。

(1) 体现的社会关系不同。物权体现了权利人对自己财产或他人财产的直接管领与支配关系,这种关系是个人法上的关系。物权早在私有制和国家产生的初期即已存在,世界上最早的法律无一不强调物权保护。诚如谢在全先生所言:"物权随社会之发展而兴起,在权利发展上,可谓系最早之产物。"[1]而股东权体现了公司与股东间的内部关系(社员关系、团体法关系),伴随着现代公司的产生而产生。因此,股东权的历史大大短于物权的历史。

(2) 性质不同。物权为支配权,权利人无须依赖他人之意思表示或行为即可直接管领、支配、使用、处分其物,并从中获得作为权利内容的利益。所有权人固然可直接使用其物,并从中受益。用益物权人和担保物权人的权利也是支配权。物权的直接支配性及其保护的绝对性决定了,物权人在其标的物遭遇侵害或有侵害之虞时,享有物上请求权(包括返还请求权、除去妨碍请求权、妨碍预防请求权)。

物上请求权的性质为何,存在物权作用说、纯债权说、准债权之特殊请求权说、非纯粹债权说、物权效力所生请求权说、物权派生之请求权说、所有权动态现象说等观点。通说认其为依存于物权之独立请求权。[2]

尽管如此,物上请求权仍源于物权的直接支配性,且为物权的最后防御和救济手段,而非物权的行使常态。相比之下,股东权中的大多数权能为请求权,如股利分配请求权、剩余财产分配请求权、股票名义过户请求权、股东大会召集请求权。股东行使此种请求权时必须依赖公司之意思或行为之介入方能实现。如,股利之取得必须经过股东大会之分配决议和董事会对于分配决议之执行,股东无权径行占有、处分公司财产,否则构成民事侵权行为,情节严重的还会构成犯罪行为。

(3) 义务主体不同。物权为绝对权,具有保护的绝对性。物权的义务主体为权利人之外的所有人。这些义务主体均负有不侵害和妨碍权利人行使权利的消极义务,但并不负有积极义务。因此,物权可称为对世权。股东权只能由股东向其投资的公司或公司法、公司章程或股东协议规定的当事人(如公司经营者和股东)主张,而不能向第三人主张,故股东权为相对权或对人权,具有保护的相对性。

(4) 内容不同。物权的内容具有财产性,而股东权既含有财产性内容(如分取股利、建设利息、剩余财产的请求权),也含有非财产性内容(如表决权、董事解任请求权)。

(5) 效力不同。物权的直接支配性决定了物权不仅具有排他效力,而且具有优先效力。就排他效力而言,已经有效存在的物权可直接排除互不相容的物权再行成立。罗马法有谚:"所有权遍及全部,不得属于两人。"[3]

而股东权主要表现为请求权,并非直接支配公司财产的权利,缺乏排他效力。同一公司可存在众多股东享有的股东权。就优先效力而言,又分为两种情况:第一,就同一标的物,发生两个以上不同内容或性质的物权时,先发生的物权优于后发生的物权,此即物权相互间的

---

[1] 谢在全:《民法物权论》(上册),中国政法大学出版社1999年版,第29页。
[2] 参见同上书,第38—39页。
[3] 同上书,第31页。

优先权。[①]这种优先权体现了时间在先与权利在先相结合的理念。物权的这种优先效力在股东权领域中不存在。即使在公司设立及发行新股时,股东取得股东权的时间顺序先后不同,但根据股东平等原则,新旧股东间的股东权仍然互相平等,无优劣、尊卑、贵贱之别。第二,物权之效力强于债权。当物权与债权共存于同一标的物时,物权无论其成立时间之先后,均具有优先于债权行使的效力,如破产法上的取回权或别除权即其适例。而在同以公司为义务主体的债权和股东权并存时,股东股利分取请求权或剩余财产分配请求权之行使非但不优先于债权,反而劣后于债权。

物权效力优于债权的原则亦有例外规定,现代民法"买卖不破租赁"理论的提出即其著例。《合同法》第229条就明确规定:"租赁物在租赁期间发生所有权变动的,不影响租赁合同的效力。"《民法典》第725条确认了所有权变动不破租赁的法理:"租赁物在承租人按照租赁合同占有期限内发生所有权变动的,不影响租赁合同的效力。"如此一来,承租人的租赁权优于后发生的租赁物所有权。

(6)渊源不同。物权为对世权,其义务主体为权利人之外的任何人,且物权的标的物构成社会经济生活的基础。为确保物权人权利之顺畅行使与第三人交易之安全,物权法的内容多为强行性法律规范,物权内容实行严格法定主义,且不容当事人随意扩张、限制或删除。股东权的义务主体仅为公司,且股东权内容原则上关乎公司与股东的利益,并间接关系到公司债权人和其他利益相关者的利益。除法律对股东权作出规定外,可由公司章程、证券交易所自治规章和合同在不违反强行法、公序良俗与公司本质的前提下对股东权的内容予以扩张、限制或删除。

(7)体现的财产利益不同。物权的标的物在物权成立之初就已存在并特定化,权利人的财产利益亦可随之确定。而股东自益权之实现与否,则视公司税后可分配利润之有无、多寡以及公司股利分配政策而定,加上证券市场及其他社会经济形势的影响,股东的财产利益能否实现以及实现程度如何均是不确定之事。

(8)功能不同。物权的功能在于保护财产的静态安全,巩固权利人与其权利标的物之间的法律归属关系,确保物权人预防和救济标的物被他人侵夺或损害。可见,物权的作用主要在于保护财富。股东权的功能在于保护股东在与公司相处过程中享有的权利与利益,从而鼓励广大民事主体向公司投资,促成股东投资保值增值。可见,股东权的主要作用在于增加和创造社会财富。

可见,股东权与物权是两种不同的民事权利。若将股东权解释为物权,就将走向否定公司法人所有权甚至公司法律人格的理论误区,或陷入违反"一物不得二主"原则的"双重所有权"的泥坑。

"一物不得二主"原则又称"一物一权"原则,乃指物权以一个物为计算单位,一个物上只能成立一个所有权,一个所有权的客体限于一个物。因此,物之一部分不能成立一个物权,数个物也不能成立一个物权。当然,如何判断某标的物是否是一个独立物、传统上公认的一个独立物可否细分为两个以上的物、传统上公认的数个独立物可否视为一个独立物,缺乏一成不变的判断公式,需要追随科技发展水平、现代交易习惯和现代法理,采取与时俱进的创

[①] 刘清波:《民法概论》,台湾开明书店1979年版,第195页。

新态度。① 国家股东对公司所享有的权利仍是股东权,而非物权。也恰恰因为如此,1993年《公司法》第4条第3款"公司中的国有资产所有权属于国家"在2005年《公司法》修改时被删除。

由于股东对公司的财产不享有所有权,股东的财产不是公司的责任财产,公司财产亦非股东的责任财产,股东的债权人原则上无权要求公司对股东债务负责,公司的债权人原则上也无权要求股东或股东投资的其他姊妹公司对该公司债务负责。股东为债务人时,若怠于或拒绝履行债务,债权人只能申请法院强制执行股东的财产(包括股东权),但无权强制执行公司的财产。司法实践中,一些地方法院在执行债务人财产时,遇到债务人无财产可供执行的情况,就擅自执行债务人投资的公司的财产。这种错误做法应予纠正。

二、股东权与物权的密切联系

股东权与物权的相同点在于,二者同为民事权利,均受到法律的尊重与保护。从理论上说,股东权与物权均可成为侵权行为的客体。二者又存在着密切关联。

首先,物权是股权产生的法律前提。股权之取得源自股份,而股份之取得又源自股东对公司的投资,而投资的法律本质在于股东将一定数额财产的所有权让渡给公司。可见,没有所有权就没有股权,股权是由所有权转换而来。在一定意义上,可以说股权脱胎于物权;股东自益权源于所有权中的收益权能,股东共益权源于所有权中的支配权能。难怪有学者主张,股东的自益权是所有权中收益权能的变形物,而股东的共益权是所有权中支配权能的变形物。② 除物权外,具有确定的财产价值、且能被公司有效利用的知识产权、债权、股权等财产权利也可作为出资形式。

其次,股权是取得物权的法律手段。股权并非为其自身的存在而存在,而是为满足股东的一定利益特别是经济利益而存在。股权的实现突出地表现为股利或剩余财产之取得,即物权或所有权之取得。只要公司存续下去,股东就有可能通过股权之行使源源不断、年复一年地取得物权或所有权,进而增加股东的财富。因此,物权是股权行使的目的,股权是取得物权的手段。

再次,股票恰恰是股权与物权互相融合的产物。随着资本市场的高度发达、上市公司数量的增加、股份证券化进程的加快,股票作为彰显股权的证券演变为资本市场中的一种独特而重要的商品。从这个意义上说,股票本身也是物权的标的物。民事主体依法取得一张股票,既意味着该民事主体对该股票享有所有权,也意味着该民事主体对发行该股票的公司享有股权。股票将股权与物权熔于一炉,既充实了物权制度的内容,又展现了股权的独立性。当然,股票的最大价值不在于一纸股票自身的所有权,而在于股票代表的股权。随着股份发行与交易的无纸化或电子化趋势,体现股权内容的形式既有纸面形式,也有电子形式。因此,在股份电子化的情形,股权与物权不再紧密融合为一体。不过,在相当长的历史时期,仍将有不少公司的股权采取书面股票形式。

最后,股东的股权与公司的所有权实质上都作用于公司财产。公司财产愈充实,公司所有权的支配力愈大,股权的财产价值愈高。正乃因股权与公司所有权的财产价值都取决于

---

① 参见谢在全:《民法物权论》(上册),中国政法大学出版社1999年版,第19页。
② 〔日〕大隅健一郎、今井宏:《最新会社法概说》,日本有斐阁1991年版,第14页。

公司财产之多寡,公司利益与股东利益的共荣共存才会变为可能。也正乃因股权与公司所有权实质上都作用于公司财产,股权与公司所有权唇齿相依,紧密相连。没有股权,就没有公司所有权;没有公司所有权,也就没有股权。为避免这两项紧密相关权利之间的碰撞,法律遂将公司所有权界定为民法上的所有权,将股权界定为另一种新型的民事权利。若将公司所有权称为实体财产权利,那么可将股权称为虚拟财产权利。

《民法典》尤其是物权编既保护投资者的投资手段,也保护其投资收益,更保护其依据投资者身份所享有的治理权。(1)就投资手段与私有财产范围而言,第266条规定:"私人对其合法的收入、房屋、生活用品、生产工具、原材料等不动产和动产享有所有权。"(2)就投资收益的保护而言,第267条明文规定:"私人的合法财产受法律保护,禁止任何组织或者个人侵占、哄抢、破坏。"这意味着投资者的投资回报(包括从公司领取的股息红利以及从受让方获得的转股收益)也受法律保护。(3)就股东权的内涵而言,第268规定:"国家、集体和私人依法可以出资设立有限责任公司、股份有限公司或者其他企业。国家、集体和私人所有的不动产或者动产投到企业的,由出资人按照约定或者出资比例享有资产收益、重大决策以及选择经营管理者等权利并履行义务。"

《民法典》对资本市场的重要推动作用不仅表现为保护投资手段和投资收益的具体制度设计,更表现为该法所体现的物权神圣、物权平等的法律理念以及旗帜鲜明地保护私人财产的政治信号。国家和社会要像旗帜鲜明地保护物权那样,旗帜鲜明地保护股权,积极推进投资者权益保护事业。

三、股东权与债权的区别

在法学界,有人认为股东权属于民法中债权的范畴。此说以日本学者松田二郎的股份债权论为代表。[①] 其实,股东权与债权有着严格区别。《民法典》第118条规定:"民事主体依法享有债权。债权是因合同、侵权行为、无因管理、不当得利以及法律的其他规定,权利人请求特定义务人为或者不为一定行为的权利。"

关于股份与公司债的区别,国外不少学者早已指出。例如,法国学者塔勒(Thaller)与波斯路(Percerou)在1931年第8版的《商法基础讲义》(Traité Elémentaire de droit Commercial)一书中自第709页至第758页即揭明此旨。

(1)体现的社会关系不同。债权体现了债权人请求债务人为一定给付(含作为与不作为)的社会关系。由于债权人与债务人是两个独立的民事主体,相互间不必存在任何组织关系或隶属关系,故债权所体现的社会关系纯为个人法上的社会关系。随着人类进入分工合作、以物易物的简单商品经济社会,债权就应运而生。而股东权则体现了公司与其股东间的社员关系或团体关系,这种关系显属团体法上的社会关系,是伴随着现代公司的产生而产生的。可见,债权之发生虽晚于物权[②],但先于股东权。

(2)产生的原因不同。债权的发生原因既有行为,亦有事实;既有法律行为,也有违法行为;合法行为中既有单方行为,也有双方、多方行为。不少国家民法将合同、侵权行为、无因管理和不当得利视为债权的发生根据。而股东权的发生根据只能是双方或多方法律

[①] 〔日〕松田二郎:《会社の社会的责任》,日本社团法人商事法务研究会1988年版,第97—184页。
[②] 谢在全:《民法物权论》(上册),中国政法大学出版社1999年版,第30页。

行为。

(3) 义务主体不同。债权人的义务主体(债务人)可是任何民事主体(含自然人、法人和其他组织),而股东权的义务主体只能是公司。

(4) 内容不同。债权的内容表现为债权人可以请求债务人为某种特定给付,但债权人原则上无权介入债务人公司的经营管理,债权请求权完全是为满足债权人自身的利益需要。当然,在例外情形下,债权人依法享有代位权与撤销权,对债务人的财产利益享有管理权。[1]《民法典》合同编第五章规定了合同即债权的两大保全措施:代位权与撤销权。股东权的内容除自益权外,尚包括共益权。股东通过表决权等共益权之行使,既可积极地推动公司事业的健康发展,又可有效地预防和纠正公司经营中的不法、不当行为。自益权之行使是为实现股东个人利益,而共益权之行使是为增进(至少不损害)公司和其他股东的利益。可见,股东权的内容比债权更丰富多彩。

(5) 效力不同。在同以公司为义务人的场合,债权要优先于股东权得到实现。例如,股东只有在公司确有可资依法分配的利润并通过股利分配决议后,方可分取股利,而且股利的分取金额与可资分配利润之多寡成正比;而公司的债权人则不问公司的营利状况和股利分配政策如何,可直接请求公司为一定给付,只有当公司清偿其对债权人的债务之后,公司方有可能向其股东分红。又如,股东在公司存续过程中,原则上不得抽回资本;在公司解散的场合,除非公司债权人的债权获得清偿,也不得分取公司的剩余财产。这些都体现了对公司债权人优于公司股东予以保护的理念。《证券法》第 25 条规定:"股票依法发行后,发行人经营与收益的变化,由发行人自行负责;由此变化引致的投资风险,由投资者自行负责。"可见,股票的投资风险高于债券投资风险。

(6) 存在期限不同。债权为有期限的权利,合同债权一般定有期限,即使合同未规定债权期限,法律也推定债权人有权随时请求履行,债务人亦有权随时履行债务。因民事侵权行为、不当得利和无因管理而产生的债权,亦非没有期限性。凡罹于诉讼时效的债权,则导致债权人胜诉权的丧失。除非债务人自愿履行罹于诉讼时效的自然债权,债权人的利益无由实现。而股东权无期限性可言,只要公司仍然存在,股东权就不会消失,即使某股东把所持股份转让出去,自己不再享有股东权,但股份受让人将作为新股东继续享有股东权。因此,公司与股东权同其命运,公司的寿命多长,股东权的寿命就有多长。

(7) 实现与消灭之间的关系不同。债务的清偿和履行,自正面看,为债权之实现;自反面看,则为债权之消灭。故债权的实现本身意味着债权的消灭。而股东权的实现(如股利之分取、表决权之行使)并不意味着股东权之消灭。易言之,股东权中某些权利的行使并不使股东权的内容和价值发生任何减损。

(8) 二者与担保制度的关系不同。债权可设定担保,既有法定担保,也有约定担保;既有人的担保即保证,也有物的担保(如抵押权、质权、留置权、典权);既有债务人担保,也有第三人担保。有担保的交易活动(secured transaction)已经成为市场经济中的常态交易活动。而股东权一般不存在担保制度。因为,股东对公司的对外债务本来就负间接有限责任(准确地说股东对公司的债务无清偿责任),这已经在很大程度上降低了股东的投资风险;若允许由公司对股东权提供担保,无异于将公司经营的风险完全转嫁给公司债权人和社会公众,既

---

[1] 谢在全:《民法物权论》(上册),中国政法大学出版社 1999 年版,第 25 页。

危害交易安全和市场经济秩序,亦有悖诚实信用原则与公平原则。因此,法律不允许公司对股东权设定担保;违反该规定的担保行为无效。但公司以外的第三人自愿为股东权提供之担保,不为法律禁止。

《证券法》第 135 条规定:"证券公司不得对客户证券买卖的收益或者赔偿证券买卖的损失作出承诺。"因此,证券公司为其客户担保某股票能带来特定水准的股利回报的行为无效。这主要基于控制证券公司之间不正当竞争行为的政策考虑。该条可作缓和性修改:"证券公司不得违法对客户证券买卖的收益或赔偿证券买卖的损失作出承诺。"毕竟,证券公司对客户是否作出上述承诺是其面对承诺风险的商业判断问题,如不构成《反不正当竞争法》之违反,不宜一概认定无效。

(9) 体现的财产利益不同。债权中的财产数额在债权成立时往往已经确定或具有可确定性;而股东自益权所体现的财产利益则无法事先确定,只能视公司在某会计年度的经营业绩和公司的股利分配政策而定。正因为如此,表现股东权的股票被称为投机证券,而表现债权的公司债券被称为增值证券。无怪乎股票市价的波动幅度大于公司债券。

(10) 转让时的限制方式不同。债权的转让一般需要通知债务人,否则对债务人不生效力;根据债权性质、当事人特别约定和法律特别规定不能转让的债权,亦不得转让。此外,别无其他限制。公司债券持有人享有的债权流通性比普通债权更高。股东权的转让原则上也是自由的,特别是上市公司的股东权在证券交易所中更是瞬息即转,具有极高度的流通性。但为贯彻特定的立法政策(如充分保护公司债权人利益,确保股东权转让的公平、公开、公正,避免某些股东利用股东权转让之机侵害公司和其他股东的利益),公司法和证券法亦对股东权转让予以一定限制,如内部交易之禁止,发起人在公司成立后一段期间内股份转让之禁止,子公司取得母公司股份之禁止等。此种限制是债权转让限制中所没有的。

(11) 二者与物权的关系不同。现代社会出现了物权债权化、债权物权化的现象。[①] 租赁权的物权化、债权人担保物权之取得,均其适例。但至今为止尚未出现股东权的物权化现象。实际上,为保护公司债权人和其他利益相关者的利益,法律也不能容忍股东权的物权化。

四、股东权与债权的共同点

首先,股东权中的不少内容与债权均为请求权。股东权中的股利分配请求权、剩余财产分配请求权、股票交付请求权、公司解散请求权等许多内容属于请求权。关于请求权与债权的关系,存在同一说与非同一说之争。同一说认为,请求权与债权同为请求他人为一定行为的权利,外延完全相同。非同一说主张,请求权系由债权产生的权利之一;由债权产生的权利除请求权外,尚包括代位权、撤销权、抗辩权、抵销权与解除权;债权虽以请求权为内容,请求权则不拘于债权,如由物权产生的恢复原状请求权即为物权的请求权。[②] 本书同意后说。

其次,股东权与债权在推动公司发展、鼓励广大民事主体积极投资方面具有相同的作用。随着股份和公司债的证券化,现代公司为大量筹集经营所需资金,往往既发行巨额股份,又发行巨额公司债。于是,股票与公司债券均为公司的有效筹资手段,均为投资者的投

---

① 谢在全:《民法物权论》(上册),中国政法大学出版社 1999 年版,第 31 页。
② 刘清波:《民法概论》,台湾开明书店 1979 年版,第 196 页。

资对象。正乃因股票与公司债券在资本市场中的积极作用,现代证券市场中的证券既包括股票,也包括债券;投资者既包括股东,也包括公司债债权人。

五、股东权与债权的联系

（一）债权是财产所有权和其他财产权利转换为股东权的必要中介

在公司募集设立的场合,发起人之外的一般投资者欲成为股东,必须认购该公司股份,认股行为创设了合同之债。认股人据此成为设立中公司的成员,并享有以公司成立为条件、以取得股东权为内容的债权。一俟公司成立,认股人的债权同时转换为股东权;若公司不能成立,则认股人可根据债权,向公司发起人这一设立中公司的代表机构请求损害赔偿,发起人负返还股款并加算银行同期存款利息的连带责任。在公司发起设立的场合,发起人欲成为公司股东,也必须签订发起设立协议。发起人据此成为设立中公司的成员,并享有以公司成立为条件、以取得股东权为内容的债权。在公司发行新股的场合,新股认购人在与公司成立股份认购合同之后、正式取得股东权之前亦处于债权人之地位。在股份买卖的场合,受让人取得股东权更要借助合同之债这把法锁。

（二）股东权为债权的标的之一

随着现代公司的涌现,股东权已成长为独立的民事权利。加之股票市场的迅猛发展,体现股东权的股票已经成为债权的重要标的之一。投资者通过一对一的协议方式转让股东权的行为固然是合同行为,证券交易市场(含证券交易所与店头市场)中快捷、大宗的集中交易活动实质上也是由无数个股东权买卖之债汇集而成的,而股东权买卖之债的标的恰恰是股东权,只不过股东权融于股票这种有价证券而已。

（三）股东权与公司债券债权在现代公司制度中存在着互动、趋同现象

公司债的股份化现象表现为,参加股利分配的公司债和永久性公司债的出现,已经使此类债券与股份的内容非常接近。但参加股利分配的公司债和永久性公司债,毕竟是公司债券的两种例外情形,而且严格说来,已具有股份的性质,而非公司债券。

股份的债券化现象主要表现在三个方面:一是股利分配优先股特别是非参加的、累积优先股和可由普通股向优先股转换的转换股的发行,大大弱化了股份的风险性和投机性,并使之非常接近于公司债;二是偿还股份和清算分配优先股的发行,使得此类股东在回收投资方面优先于普通股东;三是无表决权股份的发行,剥夺了此类股东的表决权。特别是随着现代大规模公司的兴起,股份高度分散,股东人数激增,股东本身亦分化为创业股东、投资股东和投机股东,投资者群体与经营者群体高度分离。从某些大众投资股东的角度着眼,此类股东握有的股东权与公司债券持有人握有的债权在满足投资收益方面的功能并无二致,加上一些公司为实现公司经营合理化而推行稳定股利率和股价的政策,更使股份与公司债有所接近。

但股份的债券化(债权化)并不意味着股东权性质的改变,并不意味着股东权已完全转化为债权。无论是股利分配优先股,还是清算分配优先股,仍然属于股份的范畴,此类股东虽优先于普通股东分取财产利益,但仍劣后于公司债权人。转换股之转换和偿还股份之偿还,仍然要遵守旨在保护公司债权人的资本维持原则和资本不变原则(资本减少限制原则)。无表决权股东一般都享有优先分取股利和剩余财产的权利,一旦此种优先权无法实现,其表决权便发生复活。可见,无表决权股东表决权之不享有并非绝对。至于投资股东和投机股

东事实上不愿行使表决权,并不意味着他们在法律上不享有表决权,表决权之抛弃亦为行使权利的一种方式。

可见,股份的债券化和公司债的股份化,只是说明现代公司中股东权内容的丰富多彩、股东权行使实践的斑驳陆离以及股东权与公司债债权之间的相似性,但不能因此而抹煞股东权与债权之区别。

（四）债权可依法转为股东权

现代公司法大多承认可转换公司债和附新股认购优先权公司债,从而为公司债权人向公司股东的转化提供了绿色通道。投资者取得了可转换公司债,意味着投资者日后有机会将其对公司享有的债权转化为股东权;投资者取得了附新股认购优先权公司债,意味着投资者日后有机会优先于他人认购公司发行的新股,从而取得对该公司的股东权。

不仅可转换公司债和附新股认购优先权公司债提供了债权转股权的可能性,即便普通债权人也可依法将其债权转为股东权(简称"债转股")。这也是不少市场经济国家的做法。债转股,指债权人将其对债务人公司享有的债权依法转换为对债务人公司的股东权,债务人公司对债权人的负债转换为债权人对债务人公司出资的法律行为。债转股的直接法律效果有二：一是债权人的原有债权归于消灭,但取得对债务人公司的股东权;二是增加公司注册资本。以国家公权力干预的程度为准,债转股可分为商业性债转股和政策性债转股。

商业性债转股作为商人间自主自愿的商事活动,可达成增资扩股、了结债务、重组公司资产与债权、降低资产负债率等多重商业目标。政策性债转股则是国家公权力推动的商事活动。我国的政策性债转股主要以国家经贸委与中国人民银行1999年7月30日印发的《关于实施债权转股权若干问题的意见》为法律依据。该《意见》所说的"债权"仅限于国有商业银行的不良债权。债转股的政策目标是盘活商业银行不良资产,加快不良资产的回收,增加资产流动性,防范和化解金融风险,并加快实现债权转股权的国有大中型亏损企业转亏为盈。其主要内容是,由国有商业银行组建金融资产管理公司,金融资产管理公司作为投资主体实行债权转股权,金融资产管理公司作为股东行使股东权(派员参加企业董事会、监事会,参与企业重大决策,但不参与企业的日常生产经营活动),企业相应增资减债,优化资产负债结构。

债转股要遵守强制性法律规定,不应沦为债务人公司逃废、悬空债务、欺诈债权人的手段。一般说来,债转股对债务人公司来说有吸引力。因为,债权须由债务人清偿;但若是股权,股东能否拿到股利、股利几何,要视公司经营状况和股利分配政策而定。无怪乎有些债务人在无力清偿债务的情况下,寄希望于把债权人的债权转为股东权。债转股完成后,亏损公司就不必向新股东(原债权人)支付红利,债权人的身份转换为股东后又不能退股。由于公司经营状况不好,新股东(原债权人)很难甚至无法以满意价格把股份转让他人。债权人进退维谷,既丢掉了原来的债权,又不能转让换来的股权以收回投资。

虽然债权人对公司的债权可依法转换为股东权,但股东权不能转换为债权。这乃因,股份向公司债的转化意味着股东出资之返还,有害公司财产之充实和公司债权人的利益。

为保护债转股活动中债权人的合法权益,最高人民法院2003年《关于审理与企业改制相关的民事纠纷案件若干问题的规定》第15条规定,"债务人以隐瞒企业资产或者虚列企业资产为手段,骗取债权人与其签订债权转股权协议,债权人在法定期间内行使撤销权的,人民法院应当予以支持。债权转股权协议被撤销后,债权人有权要求债务人清偿债务。"该司法态度值得肯定。2011年,原国家工商总局发布了《公司债权转股权登记管理办法》,债权转为股权的,公司应当依法向公司登记机关申请办理注册资本和实收资本变更登记。

2016年10月10日,国务院发出《关于积极稳妥降低企业杠杆率的意见》(国发〔2016〕54号),要求有序开展市场化银行债权转股权。核心要点有三:(1)以市场化法治化方式开展债转股。由银行、实施机构和企业依据国家政策导向自主协商确定转股对象、转股债权以及转股价格和条件,实施机构市场化筹集债转股所需资金,并多渠道、多方式实现股权市场化退出。(2)以促进优胜劣汰为目的开展市场化债转股。鼓励面向发展前景良好但遇到暂时困难的优质企业开展市场化债转股,严禁将"僵尸企业"、失信企业和不符合国家产业政策的企业作为市场化债转股对象。(3)鼓励多类型实施机构参与开展市场化债转股。除国家另有规定外,银行不得直接将债权转为股权。银行将债权转为股权应通过向实施机构转让债权、由实施机构将债权转为对象企业股权的方式实现。鼓励金融资产管理公司、保险资产管理机构、国有资本投资运营公司等多种类型实施机构参与开展市场化债转股;支持银行充分利用现有符合条件的所属机构,或允许申请设立符合规定的新机构开展市场化债转股;鼓励实施机构引入社会资本,发展混合所有制,增强资本实力。为增强债转股的可操作性,国务院在《关于积极稳妥降低企业杠杆率的意见》中专门增加了附件《关于市场化银行债权转股权的指导意见》。

2018年2月7日李克强主持召开的国务院常务会议指出,"支持股权投资机构参与市场化债转股";"加强市场化债转股实施机构力量,支持符合条件的银行、保险机构新设实施机构";"规范引导市场化债转股项目提高质量,推动已经签订的债转股协议金额尽早落实"。[①]

截至2017年底,各类实施机构已与102家企业签署市场化债转股框架协议,协议金额超过15000亿元。国家发改委有关负责人认为,"拓宽市场化债转股融资渠道,将依据市场化债转股业务规模、资金到位率、降杠杆质量等因素,研究对相关银行和实施机构的支持政策,推动市场化债转股扩量提质。加强指导相关市场主体在债转股协议中对企业未来债务融资行为进行规范;研究制定相关政策文件,规范转股股东行使权利;继续引导实施机构与各类社会产业资本合作开展市场化债转股,推动将市场化债转股与建立现代企业制度、国有企业混合所有制改革等有机结合"。[②]

第三节　股权平等原则

股权平等原则的核心是妥善处理股东之间包括大小股东之间的利益关系,构建控制股东与非控制股东各得其所、相互尊重、和谐相处的股东利益共同体。既反对控制股东恃强凌弱,也反对小股东以小讹大。股权平等是股权文化中重要内容,渗透于资本市场法治的全部领域。

一、股权平等的内涵

股权平等意味着在基于股东资格而发生的公司与股东、股东与股东之间的法律关系中,

[①] http://www.gov.cn/premier/2018-02/08/content_5264819.htm,2020年5月1日访问。
[②] http://www.gov.cn/zhengce/2018-02/07/content_5264773.htm,2020年5月1日访问。

所有股东均按其所持股份的性质、内容和数额享受平等待遇,并且免受不合理的不平等待遇。股权平等原则包括股份内容平等和股权比例平等两层含义。二者密不可分,相辅相成。若前者是股权平等原则的基础,强调股权的质的静态的平等,后者则是股权平等原则的核心,强调股权的量的动态的平等。

(一)股份内容平等

股权平等原则的第一层含义是股份内容平等。股份内容平等强调公司发行的每一类股份的内容相同。股份的内容应解释为股东享有的权利、利益以及股东因拥有该股份而承受的风险。公司依据法律和公司章程的规定发行数种股份时,每类范围内的股份内容应为相同。

由于股份内容平等强调持股类别相同的股东之间在权利内容上的平等,不同种类的股东享有的权利内容可以不同。例如,普通股东与无表决权股东的待遇就可不同。前者可在股东大会上行使表决权,后者则否。这两类股东的具体权利在内容上有所区别,但就实质利益来说各有优劣,不同投资风格和偏好的股东对上述两类股份可以各取所需,各得其所。因此,《公司法》第42条允许有限责任公司股东不按照出资比例行使表决权,第34条允许股东通过全体股东协议约定不按照实缴出资比例行使分红权。

无论如何,普通股东之间在股东权利内容上应遵守股权平等原则;无表决权股东之间也应遵守股权平等原则。此外,大股东和小股东、控制股东和非控制股东的划分不属于法律允许的种类股份,法律不允许大股东和小股东之间、控制股东和非控制股东之间存在不同等待遇。

(二)股权比例平等

股权平等原则的第一层含义是股权比例平等。股权比例平等强调持有相同内容和相同数量股份的股东在基于股东地位而产生的法律关系中享受相同待遇。就相同股份的持有人而言,持股比例越高,权利愈大,义务愈重,收益愈高,风险愈大。《公司法》第103条第1款关于一股一表决权的规定,第34条关于按实缴出资比例分红的规定,第186条第2款关于有限责任公司按照股东的出资比例分配、股份有限公司按照股东持有的股份比例分配的规定等皆以股权平等原则的第二层含义为前提。

由于股权比例平等以每位股东的持股比例为衡量标准,股权比例平等可称为量的平等。只有持股类别、内容和比例相同的股东之间,才有相同的权利义务可言。持股比例不同的股东享受权利和承担义务上可有所不同。换言之,股权平等不仅不反对、反而支持持股比例较高的股东比持股比例较低的股东享有更大的权利、履行更多的义务。因此,股权平等原则只能是机会上的平等,而非结果的平等;是一种动态的平等,而不是静态的平均。

(三)股权平等原则认股不认人

根据股权平等原则,只要股东们所持股份的内容和数量相同,公司就应站在中庸、公允、超然的立场上,对所有股权平等对待、一视同仁,不得厚此薄彼、有所偏爱,肆意决定某些股东权利或利益之大小。持股内容和持股比例相同的公有制股东与非公有制股东间、法人股东与个人股东间、贫富股东间、大小股东间、新旧股东间、内资股东与外资股东间、本地股东与外地股东间都是平等的。在一定意义上,股权平等原则意味着只认股,不认人。

至于股东的职业、性别、年龄、家庭背景、教育程度、经济实力、社会地位、行政级别、所有制性质、名望、民族等与股东地位无关的各种因素均在所不问。即便国家股东与其他股东相比,在法律地位、权利能力等方面也是平等的。国家股东与其他股东都是平等的民事主体。在这个意义上,国有资产监督管理机构作为国家股东代理人行使股权时,也要与其他法人股东、自然人股东一体遵守股权平等原则,不得以国家股权高于法人股权、法人股权高于自然人股权的错误逻辑侵害其他股东的合法权益。

二、股权平等原则的确认根据

鉴于股权平等原则的重要功能,主流市场经济国家公司法均承认该原则。德国旧《商法典》未规定股权平等原则。在20世纪20年代,德国法院曾在判决中运用公序良俗原则作为股权平等原则的替代理论。但其后的学说与判例均承认,股权平等原则是一项具有独立意义的基本原则。德国1978年修改《股份法》时增列第53a条,明文规定股权平等原则。《欧盟第2号公司法指令》第42条规定,"为贯彻该指令,诸成员国的法律应确保处于相同地位的全体股东获得相同的对待"。经济合作与发展组织1999年5月发表的《公司治理原则》第2章"股东权利和公平待遇以及关键产权功能"(The rights and equitable treatment of shareholders and key ownership functions)明确要求,"公司治理框架应当保护与促进股东权利之行使,并确保所有股东(包括小股东与外国股东)都能获得公平待遇;所有股东在其权利受到侵害时都有机会获得有效救济",并从八个方面对股权平等原则的贯彻提出了具体要求。

我国《民法典》第4条规定了平等原则:"民事主体在民事活动中的法律地位一律平等。"《公司法》虽未在总则中明确规定股权平等原则,但第126条规定:"股份的发行,实行公平、公正的原则,同种类的每一股份应当具有同等权利。同次发行的同种类股票,每股的发行条件和价格应当相同;任何单位或者个人所认购的股份,每股应当支付相同价额。""同种类的每一股份应当具有同等权利"既包括了财产利益方面的平等,也包括了治理利益的平等。《公司法》第103条还规定:"股东出席股东大会会议,所持每一股份有一表决权。但是,公司持有的本公司股份没有表决权。"《证券法》第4条也体现了投资者平等原则:"证券发行、交易活动的当事人具有平等的法律地位,应当遵守自愿、有偿、诚实信用的原则。"国务院转发的中国证监会《关于提高上市公司质量的意见》第2条第5项也提出要"保障投资者平等获取信息的权利"。

股权关系是平等主体的股东、公司、高管与第三人相互之间基于私法自治原则而发生的民事关系。公司法乃民法之特别法。鉴于《民法典》等民事法律确认了平等原则,在《公司法》没有明确排除平等原则的情况下,应补充适用平等原则调整股权行使与保护的关系。

三、股权平等原则的功能

(一)股权平等原则的一般功能

股权平等原则适用于基于股东资格而产生的全部法律关系。但这并不意味着,该原则仅仅适用于抽象的、一般的股东权。相反,凡基于股东资格而产生的独立的、具体的债权债务关系亦应遵循股权平等原则。

贯彻股权平等原则有利于充分有效地保护股东的财产利益和参与公司治理的利益。公司权力(包括公司治理权)的合法根基在于股东主权思想。公司的权力源于全体股东,公司的权力为全体股东利益而行使,公司的权力由全体股东来行使。但在资本多数决的治理规则影响下,控制股东与非控制股东在行使股权时的成本并不相同。只有根据股权的种类、内容与数量对持股相同的股东实行平等对待,才能确保股东公平行使自益权与共益权,共同分享公司经营和发展的成果,进而激发广大投资者的投资热情。

贯彻股权平等原则有利于妥善解决股东与经营者、股东与股东、股东与公司之间的利益关系,避免不必要的利益冲突和道德风险。在现代公司(包括上市公司与非上市公司)股权与经营权互相分离的背景下,公司经营者虽然是公司和股东的代理人,但其经营权限日益膨胀和集中。而权力过于集中必然会滋生腐败和道德风险。由于股东与经营者、股东与股东、股东与公司之间存在利益冲突,贯彻股权平等原则有助于约束和规范经营者的权力运行全过程,预防经营者将自己界定为个别控制股东的代理人而对股东实施的厚此薄彼行为。

股权平等原则既是法官和仲裁员裁决股权纠纷案件的法律依据,也是指导公司、高管处理公司与股东关系的行为指南,更是法官和仲裁员对法律规定和公司章程及其他法律文件进行解释的重要原则,还是股东据以行使股权平等待遇权的重要依据。例如,当公司并入被大股东控制的母公司时,小股东有权主张与大股东相同的待遇。当公司依法购回自己股份时,小股东应与大股东享有同等机会向公司售出股份。

(二)股东行使股利分配请求权应遵循股权平等原则

若公司与特定股东签订协议,约定公司在缺乏足资分红的利润时,有义务向特定股东补偿损失,则有悖股权平等原则。[①]

若某公司章程规定,不按持股比例而按股东各自的家庭贫富状况派发股利,也有悖股权平等原则。股利分配请求权在股东大会通过股利分配决议后,即转化成独立的、具体的、确定的股利分配请求权。公司在向股东履行股利支付债务时,必须对全体股东予以平等对待。公司不得为增进自己偏爱的某些股东的利益,而去剥夺、限制其他股东的合法权益。公司既要平等地通知全体股东有关股利分配的信息,也要平等确定股利的支付时间和支付方式(现金股利与非现金股利)。

(三)公司向股东提供股利或剩余财产外的财产利益时应遵循股权平等原则

若公司管理层对于行使股东权的某些股东提供财产利益,而拒绝对于行使股东权的其他股东提供财产利益,就违反了股权平等原则,而不问其主观动机如何。例如,公司管理层在控制股东的授意下,为确保控制股东和董事会成员的既得利益,而向某股东提供财产利益,交换条件是该股东对公司管理层的背信懈怠行为姑息养奸,就有违股权平等原则。公司违反股权平等原则向股东提供的利益应视为不当得利,收取利益的股东应予返还。若公司怠于或拒绝行使不当得利返还请求权,其他股东有权为此提起代表诉讼。公司除对接受利益的股东行使不当得利返还请求权外,尚可追究提供利益的董事或其他公司高管人员违反忠实义务的民事责任,包括对接受利益股东的不当得利返还之债承担连带责任,也包括对公司的损害赔偿责任。未提供财产利益的公司董事若对其他高管人员向股东提供财产利益的行为未尽合理监督之责,应承担违反勤勉义务之责。

(四)股东表决权之确定、股东大会之召集和决议程序应遵循股权平等原则

股东大会之召集,包括股东大会会议召集通知之发送、会议召集地点之选择、参会股东资格之确定、决议程序之确定都应充分体现股权平等原则。OECD《公司治理原则》第2章第3项第1目要求股东大会的召集程序允许全体股东都获得平等待遇,而且禁止公司方面出台

---

① 日本最高法院1970年11月24日的判例持此意见。参见《民集》,12.24.1963,《百选》74。

的程序对于股东投票造成过分困难或成本高昂的局面。股东出席股东大会时的座次排定也应符合股权平等原则,不宜有高低贵贱之别,从心理上和感情上使小股东陷入尴尬。我国社会深受官本位和等级思想的影响,应将这种影响荡涤出股东大会制度。

(五)股东行使其他股东权时亦应遵守股权平等原则

违反股权平等原则的情形也绝不止于上述几例,而是广泛及于公司治理的各类情形。例如,2015 年 G20/OECD《公司治理原则》不仅在第 2 章强调股东权利和公平待遇以及关键所有权功能;而且在第 3 章"机构投资者、股票市场与其他中介机构"(Institutional investors, stock markets, and other intermediaries)第 5 节指出,"内幕交易和市场操纵应当予以禁止,适用的规则应当予以执行。由于内幕交易会导致操纵资本市场,因此,内幕交易在大多数国家被证券法规、公司法和刑法所禁止。内幕交易被视为有悖于公司良治,原因是它们违反了平等对待股东的原则。但该等禁止规定是否有效取决于执法行动是否严格"。[①]

第四节 向弱势股东适度倾斜的原则

一、弱势股东地位的产生根源

股东之间经济实力的不对等是弱势股东地位产生的根源之一。中小股东与控制股东在经济实力方面存在不对等。中小股东的经济实力往往逊于控制股东(包括机构股东、法人股东)的经济实力。控制股东一言九鼎,呼风唤雨,左右逢源,而中小股东则拾遗补阙,位卑言轻。中小股东集体维权行动存在着高额成本,如组织费用的高昂、维权意识和维权智慧的差异性、热心维权人士的稀缺、"搭便车"的心理、中小股东之间的猜疑与不团结、控制股东瓦解中小股东阵营的策略等。这一切因素决定了中小股东的经济实力永远弱于控制股东。

信息占有的不对称是弱势股东地位产生的根源之二。公司管理层及其背后的控制股东往往垄断公司的财务经营信息,中小股东的谈判能力仍逊于控制股东或管理层。传统民事诉讼法与仲裁法预设的"谁主张,谁举证"的一般原则以及"举证责任倒置""举证责任分担"的例外规则的有限性,更是加重了中小股东的举证责任。

公司经营成本的外部化程度是弱势股东地位产生的根源之三。控制股东或管理层高举其控制下的"公司"面具,可从容不迫地委托律师与中小股东展开马拉松式的诉讼。不管控制股东或管理层胜诉还是败诉,控制股东或管理层总有办法将律师费和其他诉讼费用计入公司的经营成本,最终转嫁给广大中小股东。因此,中小股东维权成本过高,而控制股东或管理层违法成本过低。

股东先行向公司注入股权投资是弱势股东地位产生的根源之四。作为股东依法取得股东资格的前提,股东必须及时足额地向公司支付股权认购价款。就投资活动或消费活动的一般规律而言,一旦消费者向商家、投资者向公司移转了自己曾经合法拥有物权、债权或股权的财富,就丧失了对这些财富的直接管领、支配和控制。消费者丧失了对转移财富的物权,换回了债权,而债权不是支配权,而是请求权。股东丧失了对转移财富的物权,换回了股

[①] OECD (2015), G20/OECD Principles of Corporate Governance, OECD Publishing, Paris. http://dx.doi.org/10.1787/9789264236882-en.

权,而股权亦非支配权,而是请求权。在经济学上被笼统称为"被代理人"的债权人、消费者和投资者一旦丧失对财富的直接支配,往往就变成了弱者,而财富的占有者(债务人、商家和公司管理者)摇身一变成为强者。换言之,能自由支配他人财富的人是强者,而自己财富被他人支配的人只能是弱者。控制产生利益,产生权力,也产生强者与弱者。

二、向弱势股东倾斜是现代资本市场法治的理性选择

首先,向弱者适度倾斜的原则是贯彻和捍卫平等原则的必然要求。抽象的立法文件或理论体系中的法律平等、形式平等、抽象平等并不能代替残酷的现实生活中的经济不平等、实质不平等、具体不平等。要恢复强者与弱者之间(尤其是消费者与商家之间、劳动者与用人单位之间、小股东与控制股东之间)的平等地位,必须根据不同之事不同对待的平等理念,把实践中已经向强者倾斜的天平回归平等的原位,帮助弱者收复失去的平等待遇。因此,向弱势股东适度倾斜的原则不仅不违反平等原则,恰恰是坚持、捍卫和发展了平等原则,弘扬了实质平等文化,并最终贯彻了权利神圣原则。

其次,向弱者适度倾斜的原则是公平公正的核心价值观的必然要求。公平与效率虽有差异、冲突的一面,但也有相容、共生的一面。在绝大多数情况下,公平价值与效率价值具有兼容性。公平培育效率,效率成全公平。立法与政策方案越公平,就越能激发人们创造价值的内在驱动力。在绝大多数情况下,法律规则的公平性会带来结果的效率性。为构建和谐的资本市场法治环境,必须树立效率与公平并重的新思维。在受到不法侵害的广大投资者仅靠私力很难维护自身合法权益的情况下,只有靠国家的公权力和全社会的力量,才能真正有效地保护广大投资者的公共利益。

最后,向弱者适度倾斜的原则是维护社会公共利益的必然要求。由于广大人民群众为数众多,涉及千家万户,因此量大面广的投资者群体的合法权益不仅具有私权和民事权利的特点,还具有社会权和社会公共利益的特点。积万家之私乃为天下之公。因此,国家向弱者适度倾斜不仅仅是保护弱势群体的问题,也是捍卫社会公共利益的问题,是推进资本市场法治、构建和谐资本市场秩序的重要组成部分。

可见,旗帜鲜明向弱势股东尤其是中小股东倾斜是和谐股权文化的重要标志,是现代资本市场法治的理性选择,而非资本市场法治长河中的昙花一现。公司王国的通行证是资本多数决。在绝大多数情况下,控制股东可轻而易举地通过对公司决策权(包括股东会决策和董事会决策)与人事权(提名和选举多数董事、再由多数董事控制经理层人事任免)的实际控制而获得自我保护。因此,强化股权保护的重心乃在于保护中小股东。

三、向弱势股东适度倾斜的基本要求

《公司法》正视到了中小股东的弱势地位,在字里行间确认了向中小股东倾斜的原则。例如,该法第33条第2款确认的股东查账权的规定主要针对中小股东而设计,对于控制股东往往是多余的法律条款。因为,控制股东有机会亲自或借助其在公司管理层的利益代言人制作会计账簿。而会计账簿的制作者对公司会计信息的真实性当然心知肚明。又如,该法第151条确认的股东代表诉讼提起权也往往面向中小股东而设计。因为,控制股东往往可以直接作出由公司对高管和第三人提起诉讼的股东会或董事会决议,而无需舍近求远启动股东代表诉讼程序。

无论是在立法层面，还是在执法层面和裁判层面，都应旗帜鲜明地树立向弱势股东适度倾斜的新思维。向弱势股东适度倾斜主要是指法律和政策的制定要体现出对广大中小投资者的关心和爱护。法律的执行也要在实体和程序上充分体现出对广大弱势群体的应有保护和照顾。《证券法》增加规定了各级地方和部门应杜绝对强者趋炎附势、而对弱者横眉冷对的不正常现象，切实关心广大弱势群体包括中小股东的合法权益。总之，行政机关和司法机关无论是作为裁判员身份裁决纠纷，还是以一方当事人身份与广大中小股东等弱势群体发生利益冲突时，都要体现向弱者适度倾斜的新思维，避免伤害弱势群体的合法权益和正当诉求。

四、关怀弱者的理念不能偏离实质平等原则

向弱者适度倾斜既非漫无边际地向弱者过渡倾斜，亦非以弱讹强，损害强者的合法权益，而是要构建一个弱者可变强、强者可更强、强者与弱者都和谐相处、各得其所的社会与法律环境。对于当事人依法享有的实体权利（如实体性的抗辩权）和程序权利（如举证权、质证权、反诉权）也应予以一体保护。法院要在开庭、审理、裁判和执行等各个环节牢记程序正义的理念。若自然人股东滥用公司法人资格，损害债权人利益，被法院责令对公司的债权人承担连带责任的，在执行债权时要保留被执行股东生活必需品和费用，充分贯彻以人为本的精神。在理解与适用《公司法》第16条时，若担保公司的董事长未经股东会决议或董事会决议授权，擅自与银行债权人签订对外担保合同，则董事长越权签署的合同原则上无效，除非债权人善意、构成表见代表行为。银行债权人在签订担保合同之初应通过尽职调查程序，索要和研读担保公司的章程条款包括担保授权条款。不过，当前最突出的问题不是债权的过度保护，而是债权保护得很不充分。

强弱对比在公司法律关系中并非绝对，而是变动不居的。在某种法律关系中处于强者地位的债权人在另外一种法律关系中可能会沦为弱者。例如，债权人银行对债务人公司堪称弱者，但在该银行的中小股东面前又可能成为强者。又如，法院既要关注金融机构对债务人公司的债权，也要关注储户和消费者对金融机构的债权。

五、闭锁型公司中小股东的救济措施

我国的有限责任公司在数量上远远大于股份有限公司。但在《公司法》于2005年修订之前，有限责任公司中的小股东也更容易沦为饱受欺凌的弱势群体。一些公司效益虽好，但在大股东的操纵下长期不分红，小股东心急如焚，束手无策。但大股东却乐得其所，生活滋润。因为，大股东独揽公司经营大权，可怡然自得地通过担任董事长、兼任总经理等公司要职取得丰厚薪酬，通过关联交易攫取公司商业机会。大股东还可以把自己的亲朋好友提携为副董事长、副总经理、财务总监等高管人员。而小股东则无法插手董事和高管人员的职位，甚至连受聘为公司职工的机会都没有。因此，小股东不仅得不到股利，也得不到工资和薪酬，更得不到关联交易的商业机会。小股东想分红，大股东控制下的股东大会偏偏决定不分；小股东想行使知情权，大股东说"要保密"；小股东想把股份转让给大股东，又遭拒绝；小股东想把股份转让给第三人，第三人更是不敢问津。小股东向法院提起诉讼，请求解散公司，但法院往往以"司法解散，法无明文"为由拒绝立案。如此一来，小股东进退两难，形同坐牢。

进退维谷的小股东只有睿智地行使知情权、分红权、转股权、退股权和解散公司诉权等，才能与控制股东一道分享股东投资的成果。以上五大救济措施由缓到急、由弱到强、由低到高，依次相随。法院应通过释明权之行使，告知受害股东寻求个案中的最佳救济方式。虽然《公司法》仅规定了股东的查账权、转股权、退股权和解散公司诉权，但未规定中小股东请求法院强制分红的权利以及小股东请求大股东收购自己股份的权利，但这并不妨碍法院通过释明权的行使指导当事人寻求对各方利益相关者伤害最轻、救济效果最好的救济途径。

股权转让的救济方法不导致公司的解散，亦不减少公司的净资产，应成为优先于退股权与解散公司诉权被当事人和裁决机构考虑的救济途径。在运用转股权策略解决股东冲突时，除了考虑由大股东收购小股东的股权，也可考虑由小股东收购大股东的股权。若一家公司前景光明，但是一山难容二虎，那么，最为明智的双赢选择便是股东之间通过公司分立的方式化解纠纷。公司分立之后，公司一分为二，并且各成一统。公司解散的实质是杀牛分肉而后食之。而公司分立具有不可比拟的优越性，至少公司的生命通过分立方式得以延续。

《公司法》除了从自益权的角度运用前述途径救济中小股东，还注重运用共益权手段强化股东参与公司治理的权利（如股东会自行召集权、股东会出席权及表决权、建议权、质询权、股东代表诉讼提起权和对瑕疵股东会与董事会决议的诉权等权利），进而造福公司和全体股东。

六、弱势大股东的维权问题

大股东也有可能沦为弱者。在股权高度分散或高度集中的股权结构下，大股东都有可能随时陷入内部人控制的泥潭。特别是在股权转让的情况下，有些新股东为避免经理层和员工队伍的军心涣散和道德风险，往往对经理层原班人马采取集体留任的安抚、怀柔态度。但有些经理层原班人马并不知恩图报，而认为新的大股东软弱可欺。如此一来，即使新股东取得了公司大股，但未必取得公司的实际控制权。

其实，大股东未必是控制股东。控制股东也未必是大股东。尽管一名股东持股比例不高，但具有超强的组织能力和人格魅力，也能借助表决权信托、代理甚或股东投票的横向联合而荣膺控制股东的地位。弱势大股东（控制权旁落和分散的大股东）作为弱势群体也可享受《公司法》对中小股东提供的权利保护与救济措施。

第五节 股东有限责任原则

一、股东有限责任原则的含义

股东有限责任原则是指，股东仅以其认缴的出资额为限对公司承担出资义务，而不必对公司的债权人承担债务清偿责任的基本原则。《公司法》在两种法定公司形式之前明确冠以"有限"或"有限责任"字样，并在第3条第2款规定，"有限责任公司的股东以其认缴的出资额为限对公司承担责任；股份有限公司的股东以其认购的股份为限对公司承担责任"。股东有限责任原则是公司作为独立法人具有的最为重要的法律特征，也是公司成为现代市场经济社会赖以存在的基础和迅猛发展的原动力的秘笈所在。

在一定程度上，可以说股东有限责任原则与公司的法人性是同一枚硬币的正反两面，前者自股东角度而言,后者乃自公司角度而言。若不存在股东有限责任原则,公司与股东的民事主体资格势将难以彻底区分,公司的法人性亦无从谈起;若不肯定公司的法人性,实际上等于否定了股东的有限责任原则。

股东有限责任原则体现了公司的本质。《公司法》第 3 条第 2 款有关股东有限责任原则的规定应解释为强行性法律规范中的效力规定。凡违反股东有限责任原则的股东大会决议、董事会决议或公司章程条款(如规定股东应负追加出资义务的条款)均为无效,任何股东均可就此提出无效确认之诉。

以其责任形式为准,股东针对公司债权人的责任分为直接责任与间接责任;以其责任数额为准,可区分为无限责任与有限责任。[1] 其中,直接责任指股东直接向公司债权人承担履行公司债务的责任,而间接责任指股东仅对公司负出资义务,而不对公司债权人承担履行公司债务的责任。无限责任指股东在公司所负债务的范围内,以其个人财产为限负公司债务的履行责任;有限责任指股东在一定限度内就公司债务所负的责任。从理论上看,股东责任的两种划分标准经过排列组合,可将股东责任区分为直接无限责任、直接有限责任、间接无限责任与间接有限责任。

依公司股东的责任形式为准,公司可分为无限公司、两合公司、股份两合公司、股份有限公司与有限责任公司。《公司法》则只承认后两种形式。无限公司的股东负有直接无限责任。两合公司的一部分股东负有直接无限责任,另一部分股东则负有直接有限责任。有限责任公司和股份有限公司的股东则负间接有限责任。

二、股东有限责任原则的演进

股东有限责任原则之确立经历了一个漫长的过程。例如,早在 15 世纪的英国,非贸易公司的股东即被认为对公司债务不负清偿责任,并逐渐于该世纪末延伸到贸易公司。[2] 但此种做法的初衷并不是帮助股东逃避公司债务之负担,而是预防股东因履行自己债务而占有公司财产。当时的许多公司章程(charter)明确授权公司向股东征收财产以清偿债务;若公司怠于采取此种措施,公司债权人可通过类似于代位权的方式直接向股东请求给付。[3] 由此可见,此时尚无真正的股东有限责任原则。

至 19 世纪 40 年代,股东有限责任原则之缺乏在英国已成为众矢之的。1845 年至 1848 年间的经济萧条更提高了这一呼声。于是,英国 1855 年 8 月颁布的《有限责任法》明确规定具备法定条件的公司一经注册完毕,股东即负有限责任,责任的限度为股东所持股份的名义价值(nominal value),并要求"有限"字样在公司名称中反映出来。"有限"一词作为一面红旗,警示与此类危险甚大的"新发明"(公司)开展交易活动的社会公众当心自己面临的法律风险。

该法实施数月即被 1856 年《合股公司法》(Joint Stock Companies Act)取代,但股东有限责任继续被法律确认。由于此时正值自由放任(Laisssez-faire)主义经济思想的鼎盛时

---

[1] 〔日〕前田庸:《会社法入门》(第 2 版),日本有斐阁 1991 年版,第 2—4 页。
[2] Edmunds v. Brown Tillard (1668)1 Lev. 237; Salmon v. Hambrough Co. (1671) Ch. Cas. 204, H. L.
[3] L. C. B. Gower, J. B. Cronin, A. J. Easson, *Lord Wedderburn of Charlton*, *Gower's Principles of Modern Company Law*, 4th, Sweet & Maxwell Ltd. ,1979, p. 26.

期,公司之设立及股东有限责任之获得亦较为自由。由于立法者采纳了布拉姆威尔(Bramwell)勋爵使用"有限"一词的建议及"知道股东责任有限的公司对方交易伙伴应自我当心"的观点,该氏颇感自豪,并戏剧性地宣称要将"有限"(limited)一词刻入自己的墓碑。[①]

1897年Salomon诉A. Salomon & Co. Ltd一案的著名判决,标志着英国法院已经彻底领悟了股东有限责任原则的真谛。[②] 该判决认为,公司一旦合法成立并登记,就不仅仅是股东的代理人或受托人,股东也不对公司的债权人承担赔偿责任。

美国早在20世纪初就彻底确立了股东有限责任原则。[③] 美国《模范商事公司法》第6.22条第1项规定:"除支付被授权发行的股份的对价、或认股协议载明的对价外,购买公司股份的当事人不就该股份对公司或债权人承担债务清偿责任";第2项接着规定:"除非公司章程另有规定,股东个人对公司的行为或债务概不负责;但他可能因其自己的行为或活动而承担个人责任"。德国《股份法》第1条第1项开宗明义规定:"公司为具有独立法人性的公司;债权人仅以公司财产作为公司债务之担保。"

三、股东有限责任原则的社会功能

(1) 股东有限责任原则有利于限制公司股东的投资风险,鼓励大众的投资热情。限制股东投资风险最为有效的手段在于确立股东有限责任原则。股东有限责任原则一方面将股东在特定公司的投资风险锁定在股东可事先预料的金额之内,避免公司的经营失败殃及股东其余财产;另一方面使得股东借助多元化投资组合策略控制投资风险。

(2) 股东有限责任原则有利于降低股东参与公司治理、监督公司经营管理者的成本。股东的投资风险程度与其参与公司治理、监督公司经营管理者的压力成正比。投资风险程度越高,股东监督成本越高,股东进行多元化组合投资的概率越小。股东有限责任原则有利于股东事先对自己的监督成本、监督效益进行比较核算,从而合理分配自己的监督资源。

(3) 股东有限责任原则有利于降低股东对其他股东的监督成本。在缺乏股东有限责任原则的情形下,每位股东要避免自己承担与自己投资收益不成正比的巨额企业债务,必然会不惜一切代价对其余股东的个人财产进行持续性监督,以避免其余股东为逃避企业债务而藏匿、损坏、转移自己的财产。而股东有限责任原则之确立则可一笔勾销股东的这项监督成本。

(4) 股东有限责任原则有利于提高股权的流通性,推动现代证券市场的形成和发展。在股东无限责任原则的作用下,股份的价值不仅取决于企业的资产价值,而且取决于众股东的财产状况。因此,同一企业的股份之间不具有同质性和可替代性,也无法形成统一的转让价格。而在股东有限责任原则的作用下,股份的价值仅取决于公司的资产价值,取决于公司资产创造的收益水平,而与众股东的身份和财产状况无涉。同一公司的股份之间具有同质性和可替代性,统一的转让价格较易形成。这无疑为现代股票市场的萌芽、发展与繁荣打下了坚实的法律基础。可断言,没有股东有限责任原则,就没有现代证券市场。

(5) 股东有限责任原则有利于树立和巩固公司的法人资格,从而充分发挥公司应有的

---

① Gower's Principles of Modern Company Law, 4th, pp. 43-48.
② [1897] A. C. 22.
③ Dodd, The Evolution of Limited Liability in American Industry, Massachusetts, 61 Harv. L. Rev. 1351(1948).

社会经济作用。公司之所以成为独立性最鲜明的法人，关键在于股东有限责任原则之确立。股东有限责任原则意味着公司作为独立的权利义务主体必须以自己的名义履行义务（含公司债务）、承担责任。而为充分保护公司债权人，公司又必须具有履行义务、承担责任所必需的财产权利。而公司一旦获取独立的法律人格，就有可能存续几十年、一百年，乃至数百年。

(6) 股东有限责任原则有利于推动现代公司投资者职能与经营者职能的分离，进而充分发挥公司制度在整合、盘活社会经济资源方面的作用。企业所有与企业经营相互分离是现代公司的历史发展趋势。鉴于股东权与所有权的区别，为避免读者对投资者权利的性质发生误解，笔者将"企业所有与企业经营职能相互分离"重新表述为"投资者职能与经营者职能相互分离"。股东的投资风险程度与其介入公司经营管理的深度成正比，并与股东人数成反比。而股东的广泛性、分散性反过来使得股东对公司经营管理的广泛深度介入变为不可能。股东出钱、经营者出力、股东有权、经营者有德有能的公司投入结构得以形成，并随着现代证券交易制度的完善而获得强化。投资者职能与经营者职能相互分离的原则，将雄厚的货币资本与优秀的人力资本等社会资源荟萃于公司的组织之下，因而有助于实现社会资源的合理流动与优化配置，取得更大的经济和社会效益。

(7) 股东有限责任原则有利于培养对公司和股东诚实守信、勤勉尽责的公司经营者。人乃万物之灵。公司资本再雄厚，也离不开深具经营知识与经验的专门人才去具体推行股东大会和董事会的决议，并审时度势地在法律和章程的框架内作出创造性的高效决策。在股东无限责任原则的作用下，股东对公司经营管理活动的深度介入固然可确保经营管理人员对股东的忠诚度，但也容易束缚经营管理人员的手脚。而在股东有限责任原则的作用下，投资者职能与经营者职能相互分离，职业经理人得以昂首阔步走向市场经济大舞台。

四、股东有限责任原则的例外

股东有限责任原则并非绝对。不能认为，股东在以其股东资格为基础发生的任何法律关系中，均可不必向公司或公司债权人负有义务或承担责任。为维护交易安全，捍卫公平正义，现代公司法趋向于在某些场合下谨慎地承认股东有限责任的例外，对特定股东尤其是失信股东课以相应的民事责任。

（一）股东违反其诚信义务的责任

为防止和纠正资本多数决之滥用，从实质上维护股东平等原则，立法者往往确认控制股东向公司和其他股东所负的诚信义务。若股东行使表决权或行使基于股东资格的影响力以执行公司业务时存有恶意或重大过失，违反了对公司和其他股东的诚信义务，则应对公司及第三人（含公司债权人和其他股东）负有损害赔偿责任。

（二）股东滥用公司法人资格的责任

公司与股东本为各自独立的权利义务主体，但也为股东滥用公司的法人资格、逃避法律的适用提供了可能。例如，股东为逃避法定的竞业禁止义务、合同上的不作为义务和侵权责任而设立公司即属此类。在股东滥用法人资格的情形下，若拘泥于股东有限责任原则，实有悖于法人制度的目的。故在股东滥用法人资格的一定场合下，可仅就有关的特定法律关系否认股东有限责任原则，令股东直接对公司债权人履行义务、承担责任，此即揭开公司面纱法理。《公司法》第20条第3款确认了这一法理。

（三）股东对劳动债权的清偿责任

美国纽约和威斯康星两州的公司法规定，股东应对公司劳动者被拖欠的工资负有给付的个人责任，即使认购股份的款项已全额缴纳亦然。

如根据纽约州《商事公司法》第 630 条，除依据美国国会 1940 年制定的《投资公司法》注册的投资公司和在全国性证券交易所或柜台交易市场上市的公司外，每家公司的前十名大股东要就公司对雇员已提供劳务所欠的所有债务、工资或者薪水承担无限连带责任。

（四）股东接受公司违法分配利润时的责任

在此种场合下，股东应就其接受的公司违法分配的利润，负有不当得利返还之债。

第六节　股东诚信原则

一、诚实信用原则的含义

诚实信用原则是指市场主体在从事市场活动时，应讲究信用，严守诺言，应在不损害国家、他人和社会利益的前提下追求自己的利益，不应把自己利益的获得建立在损害国家、他人和社会利益的基础之上。诚实信用原则鼓励舍己利人、利己利人、利益双赢，反对损人利己、损人损己、利益双输。诚实信用原则兼具道德性规范和法律强制性规范的双重特点，虽然非具体制度，但作为抽象原则，对于一切市场主体和一切市场行为发挥着规制与制约作用。难怪诚实信用原则被称为"帝王规则"，君临法域，可见该原则之重要。

1986 年《民法通则》率先将诚实信用原则确定为民法的基本原则之一。《民法典》第 7 条重申，"民事主体从事民事活动，应当遵循诚信原则，秉持诚实，恪守承诺"。《证券法》第 4 条明确要求证券发行、交易活动的当事人遵守诚实信用的原则。《证券投资基金法》第 4 条也明文规定："从事证券投资基金活动，应遵循自愿、公平、诚实信用的原则，不得损害国家利益和社会公共利益。"《信托法》第 5 条要求信托当事人进行信托活动，必须遵守法律、法规，遵循自愿、公平和诚实信用原则，不得损害国家利益和社会公共利益。

民法为一般法，公司法为特别法。虽然《公司法》未明确规定诚实信用原则，诚实信用原则也适用于公司法和资本市场领域。

二、诚实信用原则的作用

诚信有价。从正面看，诚信之举会增加行为人的无形价值资产（包括商业机会的取得、名誉与荣誉的提升）；从反面看，失信之举则会贬损行为人的无形价值资产（包括商业机会的丧失、名誉与荣誉的贬损）。尽管如此，一些缺乏远见卓识和法律思维的股东尤其是控制股东违背诚实信用原则、不法掠夺其他股东合法财富、公司合法财富和第三人合法财富的现象屡见不鲜。虽然有不少上市公司高管纷纷落马，依然有失信股东你追我赶步其后尘，不以失信为耻，反以失信为荣。要打造和谐阳光的股权文化，就必须旗帜鲜明地弘扬诚实信用原则，鼓励股东诚信，遏制股东失信行为。

诚实信用原则既是指导股东实施法律行为、行使股权、履行义务的行为指南，也是对公司章程及其他法律文件（如股东协议）予以妥当解释的重要规则，还是指导法院和仲裁机构作出公平裁判的法律渊源。若法官或仲裁员实在无法发现其他更加具体而允当的裁判依据,诚实信用原则也可作为法理适用。例如,有限责任公司的前股东为确认自己签署的股权转让合同属于显失公平而行使账簿查阅权,就是诚实信用原则在公司法领域的必然要求。

但法官或仲裁员援引诚实信用原则裁判时,应慎之又慎,必须以竭尽其他裁判资源为前提;否则,容易滋生裁判权滥用、甚至枉法裁判的道德风险。若法官或仲裁员舍近求远,对明确具体的法律规定视而不见,专门援引诚实信用原则裁判,虽然貌似公允,但道德风险和法律风险畸高。

三、股东诚信义务

(一) 股东诚信义务的概念

股东独立于公司之外。公司与股东的民事权利能力、民事行为能力、民事责任能力并行不悖。股东在取得股东权之后,是否行使股东权利、何时行使、如何行使股东权利也应充分尊重股东的自由意志。例如,股东有权出席股东大会,也有权不出席股东大会;股东有权对无德乏能的公司高管人员提起股东代表诉讼,也有权选择不对其提起股东代表诉讼。

权利与义务相互统一。例如,股东有限责任原则既强调了股东对公司债务不必负责的理念,又隐含了股东及时、足额缴纳股款的义务。《公司法》虽然弘扬了股权文化,但未淡忘强化股东的诚信义务。如同行使其他民事权利一样,股东在行使权利时必须恪守诚实信用原则和公序良俗,尊重公司利益和其他股东的利益,不得滥用权利,侵害他人权益。换言之,股东权利和自由的足迹延伸到哪里,诚信义务的光芒就照射到哪里。

股东的诚信义务,乃是一个弹性较大的模糊语词,泛指股东恪守诚实信用原则,严肃对待股东权利,在行使股东权利时尊重公司、其他股东和公司债权人等公司利益相关者正当权益的义务。就权利主体而言,股东的诚信义务既包括对公司所负的义务,也包括对其他股东所负的义务以及对公司债权人等公司外部人所负的义务。就义务内容而言,既包括积极的作为(增进他人利益)义务,也包括消极的不作为(不损害他人利益)义务。前者诸如股东的及时足额出资义务,后者诸如股东不得欺诈其他股东和公司债权人的利益。

股东诚信义务并不苛刻。在通常情况下,只要股东善待公司的独立财产与人格,及时足额地履行出资义务,善用投资自由,审慎行使权利,就不会损害公司及其债权人的合法权益、破坏交易安全,因而可安享股东有限责任并坐等公司投资成果之分享。

(二) 禁止权利滥用条款

作为股东诚信义务的核心内容,立法者在《公司法》第20条规定了耐人寻味的禁止权利滥用条款。其中,第1款语重心长地要求公司股东应遵守法律、行政法规和公司章程,依法行使股东权利,不得滥用股东权利损害公司或其他股东的利益;不得滥用公司法人独立地位和股东有限责任损害公司债权人的利益。对于反其道而行之的失信股东,立法者在《公司法》第20条第2款和第3款规定:"公司股东滥用股东权利给公司或者其他股东造成损失的,应当依法承担赔偿责任。公司股东滥用公司法人独立地位和股东有限责任,逃避债务,严重损害公司债权人利益的,应当对公司债务承担连带责任。"

(三) 控制股东与非控制股东均负有诚信义务

负有诚信义务的股东既包括控制股东,也包括非控制股东;既包括大股东,也包括中小股东。由于控制股东与非控制股东相比,手中握有更多的财力资源、政治资源和社会资源(包括自身的资源和公司的资源),因此在难以慎独自律时给公司、其他股东和公司外部人造成的损害和灾难愈大。因此，各国立法者往往倾力强化控制股东的诚信义务，遏制控制股东、高管与实际控制人的道德风险，以图扶持中小股东。

中小股东也有可能滥用股东权利。《公司法》第33条第2款设计了预防股东滥用查账权的预先说明程序，以及公司拒绝股东查账的法定事由；第151条规定了股份有限公司股东提起股东代表诉讼的持股比例和持股期限，以及原告股东提起代表诉讼的内部救济程序；第182条规定了行使公司解散诉权的原告股东所持的表决权比例以及构成公司僵局的三大条件。立法者在公司领域弘扬诚信文化的良苦用心可见一斑。

四、控制股东对公司及其他非控制股东的诚信义务

（一）控制股东诚信义务的确立依据

控制股东要慎独自律，慎用权力。控制股东滥用权利的行为与其说是滥用权利，不如说是滥用权力。因为，控制股东不同于非控制股东之处在于，控制股东不但在法律上取得了对公司的控制权（如影响股东大会决议结果的权力），而且在事实上取得了对公司的实际控制利益（如将利益代言人选入董事会、进而影响董事会选聘公司高级管理人员）等。控制股东的诚信义务主要表现为两个方面：一是对公司及其广大股东的诚信义务；二是对公司外部人尤其是债权人的诚信义务。

中国证监会2018年《上市公司治理准则》第63条明确指出，"控股股东、实际控制人对上市公司及其他股东负有诚信义务。控股股东对其所控股的上市公司应当依法行使股东权利，履行股东义务。控股股东、实际控制人不得利用其控制权损害上市公司及其他股东的合法权益，不得利用对上市公司的控制地位谋取非法利益。"

控制股东的诚信义务与董事、监事等公司经营者所负义务的发生根据不同。后者源于经营者与公司间的委托关系，而控制股东与公司间并不存在委托关系，其与经营者在公司中所处的地位自然不容混淆。这就决定了控制股东诚信义务的发生根据只能从委托关系之外去寻求。此种发生根据并非单一，而具有多元性和立体性。易言之，控制股东的诚信义务深深扎根于股东表决权的本质、控制股东的强大表决力、公序良俗原则、诚实信用原则和股东平等原则。

（二）控制股东对公司及其他非控制股东的诚信义务的内容

控制股东既对公司负有诚信义务，也对小股东负有诚信义务。但两者的内容颇不相同。控制股东不仅在行使表决权时负有诚信义务，而且在基于其股东资格以其他方式对公司决策和业务执行活动行使影响力时，亦负有诚信义务。

控制股东对公司的诚信义务与董事对公司所负的义务既有相同之处，也有相异之点。就相同之处而言，控制股东应与董事对公司负有同样内容和同等程度的忠实义务。不确认控制股东对公司负有与董事相同的忠实义务，就很难真正避免控制股东将一己之私凌驾于公司利益之上。就相异之点而言，控制股东对公司业务执行问题行使表决权时应有的注意程度与董事对公司所负勤勉义务的注意程度颇不相同。这是因为，在公司法中，企业所有与经营相分离，除全体股东对公司履行出资义务、控制股东对公司负有忠实义务外，一般股东并不负有与董事同样的勤勉义务。但控制股东毕竟在股东大会中拥有举足轻重的表决力，对于公司利益具有广泛而深远的影响力，自然不能纵容控制股东因重大过失而侵害公司利益。在这一点上，将控制股东的注意义务理解为"通常交易上的注意义务"庶几可行。换言之,以具有普通智商和伦理观念的普通股东在相同的决策情形下应尽到的谨慎和注意程度为衡量标准。当然,作为董事和其他高管人员避风港规则的"经营判断规则"(business judgement rule)亦可为控制股东提供相当保护。表决权是共益权,融权利和权限于一体。因此,控制股东在行使表决权时肩负的诚信义务是,在为自己利益行使表决权的同时,不得不正当地侵害公司和其他小股东的利益。

(三) 控制股东的控制力表现形式

控制股东介入公司业务执行活动的途径很多,既包括表决权的行使,也包括作为公司股东资格的影响力。例如,控制股东凭仗其巨大的持股力量,对公司董事会发号施令、威胁恫吓,甚至直接决定公司的生产目标和经营政策,这些均为控制股东影响力之行使。这种影响力虽然不同于表决力,但也是源于股东权的本质,即法律允许股东所拥有的对公司利益和其他股东利益介入的权限或地位;舍去控制股东的股东资格,也就不存在行使影响力的可能性。因此,控制股东在基于其股东资格行使其影响力时,亦对公司负有诚信义务。由于对公司业务执行发挥影响力的控制股东非常类似于董事的地位,甚至可以说是公司的事实董事,故此种股东对公司所负的诚信义务应与董事对公司所负的义务为同一解释。

差异化表决权(disparate voting right)架构也称"双重或多重股权架构"(dual-class or multi-class share structure),是指上市公司创始股东与公众股东的表决权不遵循一股一票规则、创始股东所持每股表决权力量大于公众股东、但其他权利相同的股权结构。其核心特征是同股不同表决权。

据美国机构投资者理事会(CII)统计,90%的美国上市公司仍坚守一股一票原则,仅有10%左右采取双重股权架构。[①] 截至2019年9月,258家上市公司采取该架构,不含外国私募发行公司(FPIs)、持股公司及特殊目的取得公司(SPACs)[②]。差异化表决权架构以AB双重股权结构为主,创始股东所持B股享有超级表决权(特别表决权),而公众所持A股享有低级表决权。谷歌等公司设有ABC三重股权架构:A类股东一股一票,B类股东一股十票,C类股东无表决权。自由传媒(LSXMA)股权架构更复杂,ABC三系列中的每一系列又细分三类:A系列一股一票,B系列内部分别是一股十票、一股十票与一股0.1票,C系列均无表决权。

在双重股权架构下,控股股东与控制股东是不同概念。大股东未必是控制股东。控制股东包括控股股东,也包括享有控制权的小股东(controlling minority shareholders)[③]。鉴于"蛇吞象"的现象时有发生,不享有实际控制权的大股东遭受中小股东滥权之苦时也受法律保护。为严谨起见,建议立法者将"控股股东"改为"控制股东"。

控制股东滥用权利损害公司或其他股东的利益的行为五花八门,包括但不限于明火执仗地侵占公司的合法财产和商业机会,或间接地通过与公司从事不公允的关联交易而攫取公司和全体股东的正当财富。控制股东滥用股东权利给公司或其他股东造成损失的,应依法承担赔偿责任。此处的赔偿责任应理解为侵权法中的损害赔偿责任,损害赔偿范围应以

[①] https://www.cii.org/dualclass_stock,2020年5月1日访问。

[②] https://www.cii.org/files/FINAL%20format%20Dual%20Class%20List%209-27-19.pdf,2020年5月1日访问。

[③] Cronqvist, Henrik & Mattias Nilsson, Agency Costs of Controlling Minority Shareholders, 38 *Journal of Financial and Quantitative Analysis* 695, 709 (2003).

实际损失为度。《公司法》第20条禁止股东滥用权力，第21条禁止控股股东、实际控制人利用其关联关系损害公司利益；违反前述规定，给公司造成损失的，应承担赔偿责任。这两个条款关系紧密，在逻辑上存在递进关系。因此，以下重点讨论关联交易的法律规制。

(四) 关联交易的法律规制

规范关联交易行为，切实维护上市公司和股东的合法权益是上市公司治理与监管的一个难点问题。关联交易本是一个中性的概念，也是公司实践中无法回避的市场现象。它既非天使，也非魔鬼。若关联交易善用得法，会跃为天使；若滥用至极，便堕为魔鬼。

在公司起步初期，在局外人并不了解该公司资信状况的情况下，公司股东和高管等关联方与公司实施的关联交易有时发挥着雪中送炭的积极作用。问题在于，公司股东和高管等关联方有可能滥用关联交易制度，掠夺公司财富，损害公司小股东和债权人的合法权益。在我国资本市场上，关联交易是控股股东与上市公司进行业务往来、利益输送的管道，一些控股股东利用关联交易操控上市公司业绩，侵占上市公司利益。违规担保也是上市公司存在的痼疾。有些控股股东或实际控制人通过关联交易、违规担保等手段损害上市公司利益，或通过其他途径曲线转移利益，增加上市公司负担。

既然控制股东、实际控制人、董监高与公司间的关联交易难以回避，为兴利除弊，法律对关联交易不能一棍子打死，也不能姑息养奸，只能采取"允许存在、公开透明、规劝指导、严加规制"的态度。

控制股东与实际控制人明火执仗地侵占与挪用公司资金的犯罪成本近年来不断提高，于是纷纷改采掏空公司资产的关联交易。为预防法律规避，建议完善关联交易制度，拓宽关联交易外延。交易(transactions)是广义概念，不限于买卖，也含投资、借贷、担保与租赁等商事行为，更包括重要人事(董监高)任免等公司治理行为。

现行《公司法》第21条虽确认关联交易方对受害公司的赔偿责任："公司的控股股东、实际控制人、董事、监事、高级管理人员不得利用其关联关系损害公司利益。违反前款规定，给公司造成损失的，应当承担赔偿责任。"但对受害股东索赔权以及侵权责任构成要件是否包括关联人主观过错均语焉不详。因此，世界银行曾长期误认为该条款隐含的过错责任原则不符合中小股东保护理念。

为激活关联交易损害赔偿制度、提升我国营商环境竞争力，消除世行对《公司法》第21条的误解，最高人民法院2019年4月发布的《公司法解释(五)》细化了关联交易裁判规则。其中，第1条聚焦关联交易损害赔偿案件，禁止被告援引信息披露与股东会同意程序作为抗辩事由，旨在从事后救济角度保护受害公司求偿权，激活股东代表诉讼，实现股东代表诉讼与关联交易制度的无缝对接；第2条聚焦关联交易合同的无效和可撤销案件，旨在从事先预防角度阻止关联交易损害结果的发生。第1条规定："关联交易损害公司利益，原告公司依据公司法第21条请求控股股东、实际控制人、董事、监事、高级管理人员赔偿所造成的损失，被告仅以该交易已经履行了信息披露、经股东会或者股东大会同意等法律、行政法规或者公司章程规定的程序为由抗辩的，人民法院不予支持。公司没有提起诉讼的，符合公司法第151条第1款规定条件的股东，可以依据公司法第151条第2款、第3款规定向人民法院提起诉讼"；第2条规定："关联交易合同存在无效或者可撤销情形，公司没有起诉合同相对方的，符合公司法第151条第1款规定条件的股东，可以依据公司法第151条第2款、第3款规定向人民法院提起诉讼。"

世行盛赞该解释:"通过要求控股股东就不公平关联方交易承担连带责任,明晰所有权和控制结构,加强对少数投资者的保护。"在《2020年营商环境报告》中,我国少数投资者保护跃居第28名。[1]

司法解释的功能是释法,为法官细化裁判规则。司法解释无权也无力造法,不能为当事人创设行为规则。鉴于《公司法解释(五)》未从正面确立关联交易的正当合法标准,无法事先指导与引领关联交易,建议立法者从正面规定关联交易的三大原则:程序严谨、信息透明与对价公允。程序严谨,强调审计与资产评估程序、招拍挂程序、公司决议程序等,旨在弘扬程序正义理念。信息透明,强调非关联股东的知情权,公众公司要履行信息披露义务,非公众公司也要尊重股东知情权,旨在激活民主监督机制。对价公允,强调独立交易原则(arm's-length principle),旨在弘扬契约正义精神。

利益容易蒙住眼睛。自觉回避利益冲突,乃不言自明之法律公理。法官不审判自己。医生不给自己做心脏手术。关联交易切忌瓜田李下。现行《公司法》第124条仅规定上市公司关联董事回避制度:"上市公司董事与董事会会议决议事项所涉及的企业有关联关系的,不得对该项决议行使表决权,也不得代理其他董事行使表决权",遗漏了利益冲突股东的回避制度。为推进公司治理民主化,建议在各类公司全面建立利益冲突股东和董事的回避表决制度,除非全体股东或董事均为关联方。

为降低公司举证负担、提高侵权失信成本,建议将关联交易损害赔偿责任明确为客观责任或严格责任(而非过错责任),原告无需举证证明被告之恶意或过失。若立法者执意坚持过错责任说,亦应采取过错推定规则,由被告自证清白。受控制股东欺诈而以不合理低价出让股权的股东可自由选择行使合同撤销权或对控制股东行使索赔权。与控制股东恶意串通、合谋在审计与评估环节压低股权转让款的目标公司对受害股东也负有连带赔偿责任。[2]鉴于《公司法》第21条的索赔权主体仅限于公司,建议赋予股东(包括前股东)以索赔权。

为规范关联交易行为,更好地发挥关联交易兴利除弊的作用,合法的关联交易应同时满足信息透明、对价公允、程序严谨的三大监管要求。阳光是最好的防腐剂。信息透明是遏制不当关联交易的关键措施。信息披露义务人违反信息披露义务的,遭受损害的投资者有权向虚假陈述行为人提起民事损害赔偿之诉;对价明显不公允或显失公平的,公司有权依《民法典》第151条有关显失公平的民事法律行为的效力的规定,行使合同撤销权,小股东也有权挺身而出,为捍卫公司利益而提起股东代表诉讼;程序不严谨的,股东还可依《公司法》第22条关于瑕疵公司决议的救济之道请求法院予以撤销。若股东会或董事会审议某一关联交易的程序包括召集程序、表决程序存有瑕疵,小股东寻求司法救济时,股东的举证责任就应当轻一些。若小股东从表决程序上、召集程序上找不到程序瑕疵,小股东只有证明公司决议违反了强制性规定,或关联交易构成了侵权行为或显失公平的合同条款,才能请求法院确认公司决议无效或撤销关联交易合同。

---

[1] 新华社:《中国这个排名大幅上升,世界银行说原因是这8个字》,中国政府网,2019年10月25日,http://www.gov.cn/xinwen/2019-10/25/content_5444902.htm。

[2] 刘俊海:《权益受损的前小股东(原小股东)也受法律保护》,载《人民法院报》(理论版)2019年10月30日、2019年11月7日,第7版。

五、控制股东对公司外部人尤其是债权人所负的诚信义务

若控制股东滥用投资自由，滥用公司法人独立地位和股东有限责任损害公司债权人的利益，则在法律上应蒙受不利后果。依《公司法》第20条第1款，股东应遵守法律、行政法规和公司章程，依法行使股东权利，不得滥用公司法人独立地位和股东有限责任损害公司债权人的利益。与之相呼应，该条第3款明文规定，"公司股东滥用公司法人独立地位和股东有限责任，逃避债务，严重损害公司债权人利益的，应当对公司债务承担连带责任"。此即揭开公司面纱制度。

《公司法》第20条第1款与第3款并非简单的一一对应关系。若仔细咀嚼立法文字，可发现第20条第1款的外延要大大宽于第3款的外延。具体说来，该条第1款不仅禁止母公司滥用子公司的法人独立地位和股东有限责任损害子公司债权人的利益，而且禁止母公司滥用子公司的法人独立地位和股东有限责任损害母公司债权人的利益。而该条第3款仅对前一情形规定了法律后果。在实践中，国内外一些股东滥用投资自由，在英属维尔京群岛（BVI）等避税天堂注册一串母子公司，然后到中国与债权人发生交易关系，并大肆玩弄"提线木偶游戏"。数家公司甚至数十家公司的法定代表人相同，其注册地相同，机构相同，资产混同，在与债权人缔结债权债务关系时彼此混淆，互为代理人。在这种情况下，母子公司的法人壳资源既有可能用于欺诈母公司的债权人，也有可能用于欺诈子公司的债权人。第20条第3款虽然能为法院责令滥权股东对其子公司债务负责提供法律依据，但无法为法院责令子公司对滥权的母公司、祖母公司甚至曾祖母公司债务负责提供法律依据。而援引第20条第1款则可弥补该条第3款的立法漏洞。

第七节　股东资格的确认

股东权的保护水平是检验一国公司法治是否成熟、公正的试金石。而保护股东权的首要前提是确认股东资格，明辨谁是公司股东。我国近年来争股夺权的现象较为普遍，在有限责任公司尤甚。主张股东资格的证据五花八门，既有实际出资证明，也有股权转让合同、公司章程、股东名册、出资证明书和工商登记等。股东身份长期真假不分、扑朔迷离，必然阻碍公司的正常经营活动，增加股东行权的成本。

《公司法》第32条明确了甄别真假股东的标准。法院和仲裁机构不能眉毛胡子一把抓，而应将证明股东资格的证据区分为三个不同的层次：源泉证据、效力证据（推定证据）与对抗证据。

一、认定股东资格的源泉证据

股东资格不是从天上掉下来的，而是基于民事法律行为、事实行为、法律规定的事件或者法律规定的其他方式而取得。源泉证据也称基础证据，是指证明股东取得股权的基础法律关系的法律文件。源泉证据一分为二：(1) 股东原始取得股权的出资证明书或增资扩股协议书；(2) 继受取得股权的证据，包括股权转让合同、赠与合同、遗嘱、夫妻财产分割协议、共有财产分割协议等。

《公司法解释（三）》第22条规定："当事人之间对股权归属发生争议，一方请求人民法院

确认其享有股权的,应当证明以下事实之一:(一)已经依法向公司出资或者认缴出资,且不违反法律法规强制性规定;(二)已经受让或者以其他形式继受公司股权,且不违反法律法规强制性规定。"

《公司法》第31条规定:"有限责任公司成立后,应当向股东签发出资证明书";第73条扩大了出资证明书的适用范围,公司应在股权转让后注销原股东的出资证明书,向新股东签发出资证明书。这意味着,有限责任公司不仅在其成立后向原始股东签发出资证明书,而且在其存续期间也要对继受取得股权的新股东签发出资证明书。

源泉证据与其他证据(包括效力证据和对抗证据)之间的关系是源与流、因与果、根与枝的关系。一旦取得了合法有效的源泉证据,权利人就可要求公司变更股东名册,确认自己的股东资格;在股东名册变更之后,权利人有权要求公司协助办理股东变更登记手续。若公司向股东签发出资证明书以后,未及时将自己载入股东名册,股东可诉请法院强制公司协助办理股东名册。至于公司的消极不作为是否源于恶意或重大过失,在所不问。换言之,未载入股东名册、但持有源泉证据的当事人也可对公司主张股权。

二、认定股东资格的效力证据

股权关系类似于亲子关系。法律有理由推定子女知道生身父母是谁。同理,股权的实质是股东与公司之间的法律关系。股权具有请求权、相对权的色彩。因此,法律有理由推定公司知道自己的股东是谁。正是基于这一法律逻辑,《公司法解释(三)》第21条明确了股东资格确认案件中的被告:"当事人向人民法院起诉请求确认其股东资格的,应当以公司为被告,与案件争议股权有利害关系的人作为第三人参加诉讼。"公司之所以作为被告,就乃因股权关系是股东与公司之间的法律关系。公司是股权指向的目标公司和标的公司。对上市公司而言,此类证据是证券登记结算公司的股权登记资料;对非上市公司而言,此类证据是公司备置的股东名册。股权的实质是股东与公司之间的法律关系。股权具有请求权、相对权的色彩。因此,股东名册对股东资格的确认具有推定的证明力。在册股东可据此向公司主张股权;依法取得股权的未在册股东有权请求公司变更股东名册、修改公司章程,登录自己的姓名或名称。

公司有义务备置股东名册,并应股东之请求变更股东名册。股东有权请求公司履行此种法定协助义务。例如,《公司法》第32条第1款要求有限责任公司置备股东名册,第2款授权记载于股东名册的股东依股东名册主张行使股东权利。第96条要求股份有限公司将股东名册置备于本公司,第97条允许股东查阅股东名册;第139条强调记名股票转让后由公司将受让人的姓名或名称及住所记载于股东名册。

依《公司法》第73条,公司应在股权转让后注销原股东的出资证明书,向新股东签发出资证明书,并相应修改公司章程和股东名册中有关股东及其出资额的记载。对于非上市的股份公司原则上也应参照这一原则办理。上市公司的股东有权请求证券登记结算公司办理股权确认手续。

在实践中,有些公司的股东名册制度并不规范。股东名册造假的现象有可能出现,未设股东名册者也不稀奇。在此情况下,任何股东均有权请求公司根据源泉证据备置股东名册或变更股东名册;公司拒绝为之者,股东有权诉诸法院。换言之,公司没有股东名册并不妨碍股东资格的确认以及股东权利之行使。基于此,《公司法解释(三)》第23条规定:"当事人依法履行出资义务或者依法继受取得股权后,公司未根据公司法第31条、第32条的规定签发出资证明书、记载于股东名册并办理公司登记机关登记,当事人请求公司履行上述义务的,人民法院应予支持。"

与房屋产权证的法律效力相似,股东名册仅在无相反证据的情况下具有推定的证明力。易言之,在有相反的源泉证据时,股东名册可被推翻。因此,源泉证据决定效力证据的变更,而非效力证据决定源泉证据的变更。若公司出于恶意或过失未把受让人载入股东名册,具有相应源泉证据的受让人可对公司主张股权,可诉请法院强制公司协助变更股东名册,将权利人录入股东名册。若受让方从转让方取得的持股比例尚未载入股东名册,受让方也可请求公司变更股东名册,载明自己的真实持股比例。

股东提起股东代表诉讼时,若实质股东的姓名或名称纵使未经登记,但有股权信托协议、股权转让协议等证据可证明其实质股东资格,则具备原告股东资格的实质股东有权提起股东代表诉讼。对于其他股权的行使,也应作如是解释。

股东名册还具有公司免责的法律效力。公司对股东名册记载的股东履行了义务(如分红、通知出席股东会等),公司就可依法免责,从而避免双重给付导致的不利后果。若股权转让合同约定,本合同自签字之日起生效;自该日起的股东权利亦应由受让方行使。但在办理股东名册变更之前,公司向股东名册记载的转让方分配了股利,则受让方不得请求公司向自己给付股利,只能请求转让方将其取得的股利交付受让方。

若公司未设股东名册,任何股东均有权请求公司备置股东名册;公司无理拒绝的,股东有权以诉讼为之。若股东名册有假,真实股东有权请求公司根据源泉证据重新制作股东名册。非法伪造、变造股东名册的,除了对因此而遭受损害的股东承担民事责任外,还要视其行为和后果之轻重承担相应的公法责任(包括刑事责任)。

三、认定股东资格的对抗证据

对抗证据主要指在公司登记机关登记在案的章程等登记文件。《公司法》第32条第3款规定:"公司应当将股东的姓名或者名称及其出资额向公司登记机关登记;登记事项发生变更的,应办理变更登记。未经登记或者变更登记的,不得对抗第三人。"

协助办理股权变更登记手续是公司的一项法定协助义务。在实践中,若股权受让方被载入股东名册,但公司登记机关的股权变更登记手续没有办理,则该当事人有权请求公司前往公司登记机关,协助办理股权变更登记手续。公司不予申请登记的,出资人或受让人可向法院提起诉讼,请求公司履行申请登记义务。股东向公司主张权利,公司仅以其未在公司登记机关办理股东登记抗辩的,法院对其抗辩不予支持。

作为对抗证据的公司登记机关登记文件,虽不是股东资格的效力证据,但具有对抗第三人的效力。当然,此处的"第三人"不包括善意第三人,只包括主观上存在恶意或重大过失的第三人。与公司备置的股东名册相比,公司登记机关的登记资料具有较高的透明度。因此,根据外观主义法理,善意第三人理应受到礼让。例如,在某股权信托关系中,甲为名义股东,乙为实质股东。在没有办理股权信托登记的情况下,善意第三人丙信赖名义股东甲,并从甲受让了前述信托股权。在这种情况下,乙只能依据股权信托协议追究甲的违约责任,而不能请求丙返还信托股权。因此,公司登记机关的登记资料作为股东资格的对抗证据并非多余的制度安排。再如,若名义股东甲把股权转让给善意第三人乙,乙在甲违约时可申请法院强制执行该股权。

依《公司登记管理条例》第9条,有限责任公司股东或者股份有限公司发起人的姓名或者名称属于法定的公司登记事项,而股份有限公司发起人之外的股东并非法定的公司登记事项。又依《公司登记管理条例》第34条,有限责任公司股东转让股权的,应自转让股权之日起30日内申请变更登记,并应提交新股东的主体资格证明或自然人身份证明;有限责任公司的自然人股东死亡后,其合法继承人继承股东资格的,公司应依照前款规定申请变更登记;有限责任公司的股东或股份有限公司的发起人改变姓名或名称的,应自改变姓名或名称之日起30日内申请变更登记。

可见,有限责任公司的股东变更时,公司有义务前往公司登记机关办理股东变更登记;但股份有限公司股东变动时,公司无需办理股东变更登记,因而公司股东资格很难从公司登记机关求证。

四、各种证据相互冲突时的解决思路

以上三类证据相互冲突时,应区分内部法律关系与外部法律关系。

在内部关系,即大小股东之间、新旧股东之间、名义股东与隐名股东之间、股东与公司之间的股权确认纠纷中,应尽量尊重源泉证据的效力。试举例说明。若有限责任公司的股东A依法定和章定程序将股权转让给B,且不存在善意第三人,B有权要求目标公司变更股东名册、修改公司章程,公司不得以股东名册、公司章程的效力高于股权转让协议为由拒绝办理;B继而有权要求公司协助办理股东变更登记手续,将B登记为股东。若公司未在合理期限内变更股东名册、修改公司章程或协助办理股东变更登记手续,B有权诉请法院责令公司履行协助义务。

而在涉及善意第三人的外部关系中,尤其是在一股两卖的情形,应尽量尊重对抗证据的效力。假定股权受让人B在向A支付股权转让价款后怠于请求公司变更股东名册、协助办理股东变更登记,致使股权转让方A仍被登记机关登记为股东。作为第二买主的善意第三人C信赖A为适格股东和出让人,与A签订了股权转让合同,支付了合理对价,办理了股权变更登记手续。A一股两卖,有悖诚信。但C作为善意第三人有权从A受让股权,并通过股东名册之变更、公司章程之修改、公司登记资料之变更被确认为公司股东。B固可追究A的违约责任,但无法取得股东资格。道理很简单:善意第三人应受礼让。当然,C要取得股东资格,须符合《民法典》第311条的善意取得的构成要件。

既然在内部关系中优先尊重源泉证据的效力,在外部关系中优先尊重对抗证据的效力,则推定证据(股东名册)发挥作用的空间必然非常有限。当然,推定证据毕竟有助于简化公司的股权关系管理,避免公司对股东的双重给付(或者履行)的风险。

为预防证据冲突带来的道德与法律风险,原始取得和继受取得股权的当事人应当在获得源泉证据以后,尽快请求公司将自己载入股东名册,并请求公司协助办理股东变更登记手续,实现源泉证据、推定证据与对抗证据的三位一体。三类证据越趋一致,权利人取得的股东地位就越稳固,争股夺权的道德与法律风险越低。

五、股东资格确认之诉的当事人

由于股东资格的实质是股东与公司之间的法律关系,因此公司应当成为股东资格确认

之诉的被告。依《公司法解释（三）》第21条，当事人向法院起诉请求确认其股东资格的，应当以公司为被告，与案件争议股权有利害关系的人作为第三人参加诉讼。但在股权代持协议纠纷案件中，隐名股东向法院起诉请求确认其隐名股东资格的，应当以名义股东为被告，以公司为第三人。

六、名义股东与实质股东之间的股权信托关系

在多数情况下，投资者既是实质股东，也是名义股东，将其称为"股东"名实相符。但由于保护个人隐私和商业秘密、回避有限责任公司股东人数上限等原因，实质股东（隐名股东）与名义股东（显名股东）的身份发生分离的现象并不少见。例如，《公司法》第24条规定："有限责任公司由50个以下股东出资设立。"有些企业包括国有企业在推进公司制改革过程中，迫切成立全员持股的有限责任公司。但由于股东人数的上限，许多公司的职工持股计划被迫采取股权信托方式。可见，实质股东与名义股东的分离具有一定的合理性，符合契约自由的精神，本身不具有违法性。《公司法》亦未禁止一方当事人为另一方利益而代持股权。因此，不能因为《公司法》没有出现"隐名股东"的概念，就仓促得出结论，认为隐名股东不具有法律地位。运用信托法框架中的股权信托关系完全可以解释和梳理实质股东与名义股东之间的权利义务关系。

依《信托法》第2条，信托是指委托人基于对受托人的信任，将其财产权委托给受托人，由受托人按委托人的意愿以自己的名义，为受益人的利益或特定目的，进行管理或处分的行为。可见，股东的投资活动完全可采取股权信托方式。易言之，作为委托人的实际投资者基于对受托人的信任，将其股权委托给受托人，由受托人按委托人的意愿以自己的名义，为受益人的利益或特定目的，进行管理或处分。委托人、受托人与受益人之间的法律关系即为股权信托关系。股权信托的目的往往在于追求受益人的个体利益。因此，股权信托多为私益信托，而非公益信托。

股权信托在实践中运用甚广。股权信托关系的法律效力应受到尊重，但股权信托关系违反法律法规中的强制性规定（如公务员不得经商办企业的规定等）的不在此限。在股权信托关系中，受托人是名义股东，受益人则是实质股东。现实生活中，担当受托人的既有信托投资公司，也有其他法人和自然人。受托人有义务为实质股东利益而行使股权，受益人也有权要求受托人履行股权信托合同，如转交股利。若受托人违反诚信义务，反客为主，假戏真做，意欲将受托股权窃为己有，委托人或受益人可依《信托法》规定解除信托合同，并依《公司法》规定的条件把信托股权移转给受益人或委托人自己。股权信托的关键是妥善保护作为实质股东的受益人的股权利益。

基于股权信托的基本法理，《公司法解释（三）》第24条规定了股权信托的法律效力。有限责任公司的实际出资人与名义出资人订立合同，约定由实际出资人出资并享有投资权益，以名义出资人为名义股东，实际出资人与名义股东对该合同效力发生争议的，如无《民法典》第153条的民事法律行为无效的法定情形，如违反法律、法规的强制性规定或者违背公序良俗，法院应当认定股权信托合同有效。前款规定的实际出资人与名义股东因投资权益的归属发生争议，实际出资人以其实际履行了出资义务为由向名义股东主张权利的，法院应予支持。名义股东以公司股东名册记载、公司登记机关登记为由否认实际出资人权利的，法院不予支持。实际出资人未经公司其他股东半数以上同意，请求公司变更股东、签发出资证明

书、记载于股东名册、记载于公司章程并办理公司登记机关登记的,法院不予支持。

名义股东可能反客为主,盗卖其名下的股权,进而触发隐名股东与善意受让人之间的利益冲突。为预防和化解名义股东的这一道德风险,《公司法解释(三)》第 25 条强调了与善意取得制度的无缝对接。名义股东将登记于其名下的股权转让、质押或者以其他方式处分,实际出资人以其对于股权享有实际权利为由,请求认定处分股权行为无效的,法院可参照《民法典》第 311 条的规定处理。名义股东处分股权造成实际出资人损失,实际出资人请求名义股东承担赔偿责任的,法院应予支持。

根据外观主义法理,《公司法解释(三)》第 26 条规定:"公司债权人以登记于公司登记机关的股东未履行出资义务为由,请求其对公司债务不能清偿的部分在未出资本息范围内承担补充赔偿责任,股东以其仅为名义股东而非实际出资人为由进行抗辩的,人民法院不予支持。名义股东根据前款规定承担赔偿责任后,向实际出资人追偿的,人民法院应予支持。"因此,担任名义股东存在法律风险。

现实生活中,常有投资者实际缴纳全部出资,并指定亲朋好友担任名义股东。这在 2005 年《公司法》修订之前,较为常见。因为,这恰恰是实质性一人公司经常采取的一种公司组织策略。鉴于 2005 年《公司法》设计了仅针对一人公司的防弊措施,实质一人股东利用名头股东注册公司的现象仍将继续存在。若实质股东与名义股东之间缺乏委托代理协议、信托协议、担保协议等风险防范机制,名义股东向善意第三人盗卖其名下股权的现象也将继续存在。可见,投资者选择名义股东时,应慎之又慎。

七、外商投资企业中的股权信托

2010 年最高人民法院发布的《关于审理外商投资企业纠纷案件若干问题的规定(一)》(以下简称《外资企业司法解释(一)》)确认了股权信托关系。

(一)隐名股东转化为显名股东的限制条件

依《外资企业司法解释(一)》第 14 条,当事人之间约定一方实际投资、另一方作为外商投资企业名义股东,实际投资者请求确认其在外商投资企业中的股东身份或者请求变更外商投资企业股东的,法院不予支持;除非同时具备以下条件:(1) 实际投资者已经实际投资;(2) 名义股东以外的其他股东认可实际投资者的股东身份;(3) 法院或当事人在诉讼期间就将实际投资者变更为股东征得了外商投资企业审批机关的同意。

(二)股权信托协议的效力

依《外资企业司法解释(一)》第 15 条,合同约定一方实际投资、另一方作为外商投资企业名义股东,不具有法律、法规规定的无效情形的,法院应认定该合同有效。一方当事人仅以未经外商投资企业审批机关批准为由主张该合同无效或者未生效的,法院不予支持。实际投资者请求外商投资企业名义股东依据双方约定履行相应义务的,法院应予支持。双方未约定利益分配,实际投资者请求外商投资企业名义股东向其交付从外商投资企业获得的收益的,法院应予支持。外商投资企业名义股东向实际投资者请求支付必要报酬的,法院应酌情予以支持。

(三)股权信托合同的解除与违约责任

依《外资企业司法解释(一)》第 16 条,外商投资企业名义股东不履行与实际投资者之间的合同,致使实际投资者不能实现合同目的,实际投资者请求解除合同并由外商投资企业名义股东承担违约责任的,法院应予支持。

（四）公司对隐名股东的抗辩

依《外资企业司法解释（一）》第17条,实际投资者根据其与外商投资企业名义股东的约定,直接向外商投资企业请求分配利润或者行使其他股东权利的,法院不予支持。

（五）无效股权信托协议的处理

依《外资企业司法解释（一）》第18条,实际投资者与外商投资企业名义股东之间的合同被认定无效,名义股东持有的股权价值高于实际投资额,实际投资者请求名义股东向其返还投资款并根据其实际投资情况以及名义股东参与外商投资企业经营管理的情况对股权收益在双方之间进行合理分配的,法院应予支持。外商投资企业名义股东明确表示放弃股权或者拒绝继续持有股权的,法院可以判令以拍卖、变卖名义股东持有的外商投资企业股权所得向实际投资者返还投资款,其余款项根据实际投资者的实际投资情况、名义股东参与外商投资企业经营管理的情况在双方之间进行合理分配。

依《外资企业司法解释（一）》第19条,实际投资者与外商投资企业名义股东之间的合同被认定无效,名义股东持有的股权价值低于实际投资额,实际投资者请求名义股东向其返还现有股权的等值价款的,法院应予支持；外商投资企业名义股东明确表示放弃股权或者拒绝继续持有股权的,法院可以判令以拍卖、变卖名义股东持有的外商投资企业股权所得向实际投资者返还投资款。实际投资者请求名义股东赔偿损失的,法院应根据名义股东对合同无效是否存在过错及过错大小认定其是否承担赔偿责任及具体赔偿数额。

依《外资企业司法解释（一）》第20条,实际投资者与外商投资企业名义股东之间的合同因恶意串通,损害国家、集体或者第三人利益,被认定无效的,法院应将因此取得的财产收归国家所有或者返还集体、第三人。

八、被冒名顶替为股东者的法律地位

现实生活中,曾出现甲未经乙同意擅自利用乙的名义注册公司,甚至将乙登记为公司董事或其他高管的案例。既然乙被蒙在鼓里,如何确定其法律地位？

就其对于公司的关系而言,由于乙缺乏投资于公司的意思表示,亦未授权他人代为注册公司,因此被冒名顶替的乙不具备公司的股东资格。申言之,该当事人既不享有作为股东的股权,也不承担作为股东的义务和责任。若被冒名顶替者顺手牵羊地试图主张股权,也不应准许。当然,基于民法中的姓名权保护规定,被冒名顶替者可追究行为人侵害自己姓名权的民事责任。

至于股东资格则归属于实际投资者即申请公司登记的行为人。包括股权和义务、责任在内的法律关系都自动拘束实际注册公司的行为人。若行为人存在瑕疵出资或抽逃出资、滥用公司法人资格以逃避债务的行为,法律后果直接归属于实际注册公司的行为人,与被冒名顶替者无涉。若公司或公司债权人主张被冒名者承担瑕疵出资、抽逃出资的民事责任,法院也应驳回其诉讼请求。

基于上述法理,《公司法解释（三）》第28条规定了被冒名顶替为股东者的法律地位：冒用他人名义出资并将该他人作为股东在公司登记机关登记的,冒名登记行为人应当承担相应责任；公司、其他股东或者公司债权人以未履行出资义务为由,请求被冒名登记为股东的承担补足出资责任或者对公司债务不能清偿部分的赔偿责任的,法院不予支持。

在公民意识和风险意识淡漠的地区,曾有人将自己的身份证低价出售、出借他人用于开立股票账户或投资设立公司之用。这种行为不但会带来不必要的法律争讼,而且助长了欺诈失信行为。

第八节 股东的账簿查阅权

一、股东的账簿查阅权的概念

阳光是最好的防腐剂,灯泡是最有效的警察。中小股东之所以沦为弱势群体的主要根源在于信息不对称。为扭转中小股东的弱势地位、方便股东行使监督权、表决权、诉权等相关权利,《公司法》第 33 条、第 97 条赋予股东法定知情权。但在实践中,股东依法行使诉权依然困难重重,一些公司动辄以股东行权目的不正当为由拒绝股东查阅,一些公司拒绝股东携专业人士协助查阅,一些公司干脆拒绝或者怠于备置相关文件资料。

股东的账簿查阅权是指股东在查阅公司财务会计报告之外享有的查阅公司会计账簿的权利。中外各国小股东的维权实践表明,知情权是股东行使一系列权利的前提和基础。知情权不仅行使成本低,而且在扶持小股东的弱势地位、监督大股东与管理层慎独方面效果良好。小股东之所以在大股东和管理层面前沦为弱者,主要源于小股东与大股东和管理层之间在占有公司财务信息和经营信息方面的不对称。在公司实践中,许多小股东之所以长期遭受大股东欺凌与盘剥,之所以长期无法从经营绩效很好的公司获得正常分红,主要的制度根源在于小股东无法查账。

账簿查阅权滥觞于美国。美国的普通法和诸州的成文法均认许此种权利。[1] 1950 年,日本修改其《商法典》时,从美国导入此制,以期加强股东权之保护。1993 年又根据日美构造问题协议放宽了股东行使账簿查阅权的持股要件。日本一些学者根据媒体披露的公司情报资料推算,此种持股要件放宽后,得以行使账簿查阅权的股东数可增加 10 倍左右。[2]

依我国 1993 年《公司法》,有限责任公司股东仅有权查阅股东会会议记录和公司财务会计报告(第 32 条);公司股东还有权查阅公司章程(第 110 条)。由于股东会会议记录和章程都是股东公知信息,财务会计报告又易造假,股东查阅上述文件并无实益。但因 1993 年《公司法》对小股东是否有权查阅会计账簿语焉不详,虚假财务报告成了不少大股东对小股东隐瞒公司经营绩效和财务状况的"秘密武器"。而对股东最有意义的、而且不容易被造假的会计账簿和原始凭证等则无法查阅。

为强化股东的知情权,改善中小股东的信息供给,提升中小股东的弱势地位,2005 年《公司法》广泛借鉴欧美和日本等市场经济大国的先进立法经验,回应了广大中小股东的查账呼声,明确授权股东查阅公司会计账簿。针对有限责任公司,现行《公司法》第 33 条在第 1 款重申股东有权查阅、复制公司章程、股东会会议记录、董事会会议决议、监事会会议决议和财务会计报告的同时,在第 2 款明确规定:"股东可以要求查阅公司会计账簿。"由于立法者

---

[1] Harry G. Henn & John R. Alexander, *Laws of Corporations*, Horn Book Series, West Publishing Co., 1983, pp. 536-550.

[2] 〔日〕吉戒修一:《平成五年商法改正法的解说》,载《法律のひろば》1993 年 10 月号。

将查账权界定为单独股东权,对股东的持股比例与持股期限未作限制规定,因此查账权的权利行使门槛非常低。从理论上说,任何一名诚信股东都有权行使查账权。针对股份有限公司,《公司法》第 97 条也保护股东知情权:"股东有权查阅公司章程、股东名册、公司债券存根、股东大会会议记录、董事会会议决议、监事会会议决议、财务会计报告,对公司的经营提出建议或者质询。"

鉴于股东知情权为固有性、基础性股东权利,与股东资格密不可分,《公司法解释(四)》第 9 条从裁判者角度间接重申,公司章程、股东协议等无权实质性剥夺股东知情权,公司不得以此为由拒绝股东查阅或复制文件资料。为保护股东依法行权,第 7 条第 1 款强调法院对股东知情权诉讼开门立案、凡诉必理。股东依《公司法》第 33 条、第 97 条或公司章程的规定,起诉请求查阅或者复制公司特定文件材料的,法院应当依法予以受理。

二、股东的账簿查阅权的作用

股东行使查账权有助于股东高效、低成本地行使其他股东权利。"近水楼台先得月"的控制股东能有机会参与公司的经营管理活动,无需行使知情权。因此,知情权仅对"雾里看花"的中小股东具有实际意义。一旦真相大白,小股东就可轻而易举地彻底粉碎大股东垄断公司信息的"霸权",挫败控制股东先引诱小股东投资、然后鱼肉股东利益的策略。在获取相关信息与证据之后,股东既可用手投票,在股东大会上贤明地行使表决权;又可"用脚投票",行使自己的转股权、退股权和解散公司诉权;还可用诉状投票,为维护公司的利益而提起股东代表诉讼,或为维护自己利益而提起直接诉讼。例如,长期无法获得股利分配的股东是否可依《公司法》第 74 条第 1 项规定行使退股权,必须以股东行使知情权为前提。由此可见股东查账权与其他权利之间的良性互动关系。

股东行使查账权有助于提高公司在股东中间的透明度,从而规范公司治理和经营行为。阳光是最好的防腐剂。在中小股东查账的威慑、阻遏和教育功能面前,理性的控制股东和管理层往往会好自为之,诚信慎独,趋利避害,善待中小股东。查账权的这一积极作用甚至有可能大大超越其对查账股东的个体维权作用。在控制股东和管理层参与会计账簿的前期制作的情况下,立法者允许小股东参与会计账簿的后期查阅,至为公平,符合中庸、和谐的理念。因此,查账权不仅可给小股东明白,还可还控制股东和公司高管清白。

股东行使查账权还有助于帮助控制股东监督控制股东选任的公司高管。高管是公司和全体股东的代理人,本应效忠于公司和全体股东。但在现实中,高管有可能既背叛公司,又背叛广大股东,甚至背叛控制股东。如何保持控制股东对其推荐的公司高管的有效控制一直是公司投资与治理中的难题。小股东通过行使查账权,就可督促公司高管洁身自好,从而降低控制股东对公司高管的监督成本。毕竟,控制股东与中小股东在预防公司高管背信懈怠方面具有共同的利益基础。

股东行使查账权还是对各方当事人利益冲击最小的救济方法。在对中小股东提供的诸多救济途径之中,查账权的副作用最小,但效果最好。因为,股东查账的结果并不影响公司的股权结构,亦不减少公司的净资产,更不影响公司的寿命。相反,股东查账的结果有助于公司和股东们堵塞公司治理漏洞,提升公司的投资价值。因此,股东的查账权应成为各类救济方式中的首要选择。由于股东查账权并不能包医百病,更不是救济中小股东的唯一措施,股东查账之后可考虑跟进其他维权举措,包括但不限于股东代表诉讼、分红权诉讼与职务侵占罪等刑事案件举报。若控制股东、实际控制人与内部控制人能够见贤思齐，改恶向善，主动与中小股东了断恩怨、开辟新局也不失为智慧与美德。

三、股东有权查阅的特定公司文件资料

《公司法解释（四）》使用了"特定公司文件资料"的概念，但未能明确股东有权查阅的文件资料是否包括原始凭证。《公司法》第33条提及了股东有权查阅的三类文件材料：第一类是公司章程和规章制度；第二类是股东会会议记录、董事会会议决议、监事会会议决议和财务会计报告；第三类是会计账簿。在公司财务会计实践中，还有第四类公司文件资料，即原始凭证（包括合同、原始发票及收据）。在非上市公司，这四类文件的透明度依次降低，保密程度依次增强。在上市公司，公司财务会计报告以及年报、中报、季报及临时报告的透明度与公司章程相当。笔者虽在2005年《公司法》修改过程中力主确认股东查阅原始凭证的权利，但因反对意见而未能如愿，立法者对股东最关注的原始凭证语焉不详。

鉴于会计账簿并非无源之水、无本之木，而是依据原始会计凭证制作；鉴于小股东最急需查阅、而控制股东和高管最害怕的查阅对象乃为原始凭证；又鉴于会计账簿造假难度虽高于财务会计报告，但低于原始会计凭证；笔者力主法官运用目的解释方法，对"公司特定文件资料"与"会计账簿"做扩张解释，以囊括原始凭证，旗帜鲜明地支持在查阅会计账簿时对特定科目存疑的股东查阅该科目对应的原始凭证。一旦真相大白，股东维权难题将迎刃而解。

虽然股东有权查阅的公司文件资料透明度及保密程度不同，《公司法解释（四）》未能全面系统地量身定制诉讼救济规则。但笔者认为，应区分不同查阅对象而细化不同的法律规则：（1）任何股东均有权查阅与复制公司章程和规章制度，且无需签署保密承诺书；（2）任何股东均有权查阅与复制股东会会议记录、董事会会议决议、监事会会议决议和财务会计报告，但应签署保密承诺书；（3）任何股东（除非公司有证据证明股东查账目的不正当）均有权查阅会计账簿，但要事先向公司提出书面请求、说明目的，并在查阅前签署保密承诺书；（4）有权查阅会计账簿的前述适格股东在查阅会计账簿时若对特定科目存疑，有权顺藤摸瓜、深入查阅该科目对应的原始凭证，但亦应在查阅前签署保密承诺书。当然，保密义务是法定的，不以签署保密协议为前提。但保密义务不影响股东在行使诉权时提交其查阅的文件材料作为证据。

股东不仅可查阅当年的会计账簿，也可查阅往年的会计账簿。

四、股东查账程序

股东查阅公司会计账簿应遵循正当程序。《公司法》第33条第2款规定："股东可以要求查阅公司会计账簿。股东要求查阅公司会计账簿的，应当向公司提出书面请求，说明目的。公司有合理根据认为股东查阅会计账簿有不正当目的，可能损害公司合法利益的，可以拒绝提供查阅，并应当自股东提出书面请求之日起15日内书面答复股东并说明理由。公司拒绝提供查阅的，股东可以请求人民法院要求公司提供查阅。"

首先，有意查账的股东应向公司提出书面请求而非口头请求，并适当说明查账目的。股东提出书面请求的制度设计目的有二：一则为公司预留备置会计账簿的必要准备时间；二则便于公司提前发现股东滥用查账权的蛛丝马迹，从而抗辩滥权股东的查账请求。查账目的应清晰明了，不能模棱两可、不知所云。笔者认为，股东在查阅公司账簿之前对公司内部的

记账和会计处理状况特别是对公司内部究竟设有何种任意性会计账簿和会计文件一无所知,不能苛求股东在请求书中对查阅对象叙述得过于具体。只要股东在请求书中叙明其查阅账簿的具体理由和目的即可,不必叙明其查阅的具体对象。

其次,由公司对股东查账目的进行实质审查,以判断查账目的是否正当。若公司有合理根据认为股东查阅会计账簿有不正当目的,可能损害公司合法利益,就可拒绝提供查阅。此处的"合理根据"乃指真实、合法、相关的证据而言。换言之,公司要就其主张的"股东查阅会计账簿有不正当目的,可能损害公司合法利益"承担举证责任。

再次,公司即使拒绝提供查阅,也应遵循程序公正的理念,自股东提出书面请求之日起15日内书面答复股东并说明理由。拒绝理由仅限于股东查阅会计账簿有不正当目的、可能损害公司合法利益的情形,公司不能因为管理层不喜欢小股东而拒绝其查账请求。若公司拒绝或怠于在前述期限内书面答复(而非口头答复)股东并说明理由,则股东有权诉请法院强制公司提供会计账簿查阅。

最后,若拟查账股东认为自己查阅会计账簿的目的正当,不可能损害公司合法利益,有权举证推翻公司的怀疑。若公司采纳股东意见,当然可为其提供会计账簿查阅;若公司与股东之间产生分歧、协商未果,可诉诸法院。

五、目的正当与否的甄别

禁止权利滥用是现代民法的基本原则之一。《民法典》第132条规定:"民事主体不得滥用民事权利损害国家利益、社会公共利益或者他人合法权益。"《公司法解释(四)》确立了事先预防股东滥用权利与事后救济公司损失的机制。

就知情权滥用的预防机制而言,《公司法解释(四)》第8条细化了股东查账"不正当目的"的四种表现形式:(1)股东自营或者为他人经营与公司主营业务有实质性竞争关系业务的,但公司章程另有规定或全体股东另有约定的除外;(2)股东为向他人通报有关信息查阅公司会计账簿,可能损害公司合法利益的;(3)股东在向公司提出查阅请求之日前的三年内,曾通过查阅公司会计账簿,向他人通报有关信息损害公司合法利益的;(4)股东有不正当目的的其他情形。可见,不正当目的是指股权保护自身之外的其他一切目的,包括但不限于股东为公司的竞争对手刺探公司秘密,进而图谋自己或第三人的不正当竞争利益;为敲诈公司经营者而吹毛求疵、寻找公司经营中的细微技术瑕疵等。但公司不能仅以某股东对经营者不甚友好即推定其账簿查阅权之行使存有不正当目的。

与不正当目的相对的为正当目的。"正当目的",指与维护基于股东地位而享有的利益具有直接联系的目的。例如,调查公司的财务状况,调查股利分配政策的妥当性,调查股份的真实价值,调查公司管理层经营活动中的不法、不妥行为,调查董事的失职行为,调查股价下跌的原因,调查公司合并、分立或开展其他重组活动的必要性与可行性,调查股东提起代表诉讼的证据,消除在阅读公司财务会计报告中产生的疑点等,均属股东查阅会计账簿的正当目的。

六、股东行使知情权受阻的救济途径

若公司无正当理由拒绝股东行使账簿查阅权时,股东救济途径有三:一是请求法院责令公司为股东提供特定公司账簿;二是向公司负责账簿保管的负责人请求赔偿损失(含诉讼费

用);三是在遇有重大、紧急事由时,可申请法院对公司账簿采取诉讼保全措施。对于无理拒绝股东行使账簿查阅权的公司经营者,还应追究其法律责任。

依《公司法解释(四)》第 10 条第 1 款,法院审理股东请求查阅或者复制公司特定文件材料的案件,对原告诉讼请求予以支持的,应在判决中明确查阅或者复制公司特定文件材料的时间、地点和特定文件材料的名录。司法实践中,有法院判决公司向原告股东提供会计账簿,并由原告股东保管会计账簿 30 日。笔者认为,此种判决方式有所不妥。一则由原告股东保管会计账簿有遗失、涂改之风险,二则由股东保管会计账簿不便公司和其他股东使用。建议法院可判令公司将会计账簿备置于公司住所,由原告股东在营业时间查询、誊抄、复制或复印。

七、股东查账的方式

公司应无偿为股东提供会计账簿。顺乎科技发展潮流,"复制"二字应作扩张解释,除复印、抄录外,还包括拍照、录像、扫描、拷贝电子文档。但《公司法》第 33 条提及第一类与第二类文件材料时使用了"查阅、复制"的概念,在提及第三类文件资料时仅使用了"查阅"二字,容易引发会计账簿是否仅允许查阅、而不允许复制的争论。鉴于《公司法解释(四)》虽然未直面回答,但由于在第 7 条、第 9 条、第 10 条时将"查阅或复制"相提并论;鉴于一般股东无法在短暂查阅时间内消化与牢记相关文件资料信息,因而有必要复制相关文件资料,以便深入研究,笔者认为,法院应准许适格原告股东在查阅会计账簿及其支撑性原始凭证时予以复制。

会计账簿有电子版或备份时,股东可自费请求公司协助拷贝、打印或发送到股东指定的电子邮件地址、社交媒体账号(如微博微信号)或者云端存储器;无电子版时,股东可自费复印、誊写(抄录)、拍照、拍摄、扫描。

股东查阅账簿既可由本人为之,亦可获得律师、会计师或其他代理人协助。有人建议股东只能通过审计机构查账,显然有失偏颇。审计机构仅是股东行使知情权的手段,不能反客为主剥夺股东的自行查阅权利。依《公司法解释(四)》第 10 条第 2 款,股东依据法院生效判决查阅公司文件材料的,在该股东在场的情况下,可以由会计师、律师等依法或者依据执业行为规范负有保密义务的中介机构执业人员辅助进行。

八、股东及其查账辅助人的保密义务及泄密责任

权利有限度。为平衡股东与公司利益,行使查阅权的股东及其辅助人自应保守公司的商业秘密。为合理平衡公司商业秘密与股东知情权,《公司法解释(四)》确立了事先预防股东滥用权利与事后救济公司损失的机制。就预防机制而言,第 8 条细化了股东查账"不正当目的"的识别类型,第 10 条强调了查阅辅助专业人士的保密义务;就救济机制而言,第 11 条明确了泄密股东及查阅辅助人对受害公司的损害赔偿责任。股东行使知情权后泄露公司商业秘密导致公司合法利益受到损害,公司请求该股东赔偿相关损失的,法院应予支持。辅助股东查阅公司文件材料的会计师、律师等泄露公司商业秘密导致公司合法利益受到损害,公司请求其赔偿相关损失的,法院亦应支持。

九、股东可否查阅公司的原始会计凭证

有人问,若股东在查阅会计账簿后为解疑释惑,可否查阅原始会计凭证?对此,存在两种观点。一种观点认为,既然公司法对此未作规定,就应解释为股东无权查阅原始会计凭证;另一种观点认为,既然会计账簿可查阅,就可查阅会计账簿背后的原始会计凭证。

鉴于会计账簿并非无源之水、无本之木,而是依据原始会计凭证制作;鉴于小股东最急需、控制股东和高管最害怕的查阅对象乃为原始凭证(包括原始发票);又鉴于会计账簿的造假难度虽高于财务会计报告,但低于原始会计凭证,笔者力主股东有权在查阅会计账簿的同时,请求查阅赖以制作会计账簿的公司原始凭证。一旦真相大白,股东维权难题自然迎刃而解。

例如,某股东在查阅会计账簿时发现有一笔可疑的巨额广告费支出,但无法阅读或收视该广告内容。于是,该股东打定主意,一定要查阅该笔广告费的发票。而管理层则闪烁其词,拒绝查阅。笔者认为,该股东有权请求查阅该发票。

十、未依法制作或保存法定公司文件材料的董事高管的赔偿责任

股东知情权要靠公司信息披露义务予以保障。为确保股东查阅的公司文件资料真实准确完整,《公司法解释(四)》第12条明确支持受害股东诉请拒绝或怠于制作或保存公司法定文件材料的董事、高管承担赔偿责任。公司董事、高级管理人员等未依法履行职责,导致公司未依法制作或保存法定公司文件材料,给股东造成损失,股东依法请求负有相应责任的公司董事、高级管理人员承担民事赔偿责任的,法院应予支持。股东损失的金额以股东实际投资金额为基础,立足公司以往实际经营业绩并参酌同行业平均利润率而定。

十一、原股东可查阅公司的会计账簿

人走茶凉。《公司法》对前股东的知情权语焉不详。笔者在最高人民法院征求《公司法解释(四)》专家意见时曾力主保护原股东(前股东)的知情权。《公司法解释(四)》第7条不仅保护现股东的诉权,而且保护权益受损的前股东(已经出让股权的股东)的诉权:"公司有证据证明前款规定的原告在起诉时不具有公司股东资格的,人民法院应当驳回起诉,但原告有初步证据证明在持股期间其合法权益受到损害,请求依法查阅或者复制其持股期间的公司特定文件材料的除外。"因此,老股东在转让股权后的合理期限内怀疑股权转让价格由于控制股东和管理层操纵公司财务活动而过低的,仍有权查阅公司的会计账簿和原始凭证,进而决定是否行使撤销股权转让合同的权利。

首先,允许前股东查阅公司会计账簿等文件资料是诚实信用原则在公司法领域的必然要求。《合同法》第92条根据诚实信用原则确认了当事人的后合同义务。《民法典》第558条又根据诚实信用原则确认了当事人的后债务义务:"债权债务终止后,当事人应当遵循诚信等原则,根据交易习惯履行通知、协助、保密、旧物回收等义务。"鉴于《合同法》调整的合同关系既有持续性的、要求缔约各方高度精诚合作的交易关系,也有一次性清结的松散型交易关系;鉴于松散合同关系尚应遵循诚实信用原则,按照举轻明重的解释规则,团体性的公司组织关系更需要公司对前股东负有诚信义务(可称之为"后股东义务"),进而为原股东查询会计账簿等文件资料提供必要协助。

其次，允许前股东查阅公司会计账簿不仅有助于规范公司治理，而且有助于前股东对显失公平的股权转让合同行使撤销权。因为，股权转让价款往往与公司净资产状况密切相关。若老股东无权查账，作为受让方的控制股东或公司高管就可肆无忌惮地压低公司净资产和股权价值，帮助受让方以不合理低价受让股权，进而侵害老股东权利。而允许前股东查账，有利于股权出让方获取行使撤销权的充分证据，进而倒逼作为受让方的控制股东或公司高管诚信行事。

为避免原股东滥诉，《公司法解释（四）》第 7 条第 2 款要求前股东提供初步证据证明在持股期间其权益受损，且仅能请求查阅或者复制其持股期间（不含出让股权后的期间）的公司特定文件材料。这不仅为前股东行使知情权，也为前股东行使其持股期间所受损害的赔偿请求权开辟了绿色通道。

十二、出资存在瑕疵的股东的知情权

《公司法解释（四）》征求意见稿第 17 条曾全面剥夺"出资存在瑕疵的股东"的知情权。但该观点未虑及以下两种情况：一是在注册资本实行认缴制以后，很多公司的股东都存在未实缴出资的问题；二是，全体股东若都存在瑕疵出资问题，都将无权查阅公司文件资料，进而导致不公平的荒谬结果。笔者曾建议起草者删除该条款，并在确认股东资格的基础上，把上述两种情形考虑进来。最终出台的《公司法解释（四）》采纳了这一建议。

第九节　股东分红权

一、股东分红权的概念

人们在打保龄球时通常仅看见七个瓶子，而忽视其背后隐藏着的三个瓶子。同理，公司营利性的背后隐藏着股东的营利性及公司高管的营利性。行使分红权（股利分取请求权）、取得投资回报是股东投资兴业的主要目的。

股东分红权，即股东的股利分配请求权，是指股东基于其公司股东的资格和地位所享有的请求公司向自己分红的权利。股利分配请求权的性质可从抽象意义与具体意义两个层面上予以探讨。

抽象的股利分配请求权，是指股东基于其公司股东的资格和地位而享有的一种股东权权能。获取股利是股东投资的主要目的，也是公司作为营利法人的本质要求。抽象的股利分配请求权是股东所享有的一种固有权，不容公司章程或公司治理机构予以剥夺或限制。但此种固有权的内容并非必然相同，尤其当公司发行以不同顺序或数额分享股利分配的数种股份时表现得较为明显。又由于公司的经营具有风险性，股东的股利分配请求权劣后于第三人对于公司之债权，股东在每一特定年度能否分得股利、分得几何，均为未知数，故抽象的股利分配请求权为一种期待权。

具体的股利分配请求权，又称股利金额支付请求权，是指当公司存有可资分红的利润时，股东根据股东大会分派股利的决议而享有的请求公司按其持股类别和比例向其支付特定股利金额的权利。具体的股利分配请求权的性质有三：(1) 债权性。由具体的股利分配请求权所具有的债权性，又可引申出此种权利的不可侵性和与股东权分别转让的可能性。

因此,具体的股利分配请求权要受债权法的保护,债权法的原理对其完全适用。(2)社团性。具体的股利分配请求权虽然是债权,但与第三人的债权不同,具有强烈的社团性色彩,此种债权源于股东资格或地位所蕴含的抽象股利分配请求权。(3)既得权性。抽象的股利分配请求权与具体的股利分配请求权既相区别,又相联系。后者是从前者所涌流出来的,而前者又源于股东的资格和地位。

股东分红权体现了公司的营利性。公司的营利性包含三个不可或缺的内容:一是公司自身作为商人的营利性;二是投资者作为商人的营利性;三是职业经理人作为商人的营利性。就股东的营利性而言,股东有权从公司取得投资回报,公司应把股东利益最大化视为公司最高价值取向。

股东是否具有营利性是区分营利组织与非营利组织的试金石。非营利组织的存在和运转离不开足够的财力支持。而财产和经费的取得除了靠无偿的捐赠,就是有偿的交易活动。但不能仅仅因为非营利组织从事了有偿的交易活动、赚了钱,就认为非营利组织的性质转化为营利组织。《民法典》第87条规定:"为公益目的或者其他非营利目的成立,不向出资人、设立人或者会员分配所取得利润的法人,为非营利法人。非营利法人包括事业单位、社会团体、基金会、社会服务机构等。"可见,非营利法人会取得利润,但不向出资人、设立人或者会员分配所取得利润而已。

二、股利的概念和种类

分享股利是股东的投资目的之所在。股利是指公司依法定条件和程序从其可资分配的利润中向股东所支付的财产利益。

以股利具体表现形式为标准,可分为现金股利、股份股利和其他财产股利。(1)现金股利指公司以现金向股东分配的股利。现金既包括人民币(本币),也包括外币。现金股利是运用最普遍的股利形式。(2)股份股利又称"送股",指公司以本公司股份向股东分配的股利。股份股利一般是向同种类的股东分配的,对普通股东分配普通股份,对优先股东分配优先股份。但若经股东大会以特别决议形式通过决议,亦可对普通股东分配优先股份,对优先股东分配普通股份。此种交叉分配股份股利的结果是,改变了普通股东与优先股东原有的利益分配格局即持股类别与比例结构。故法律应对此种做法设定严格的程序要件。另外,对普通股东分配普通股份一般不会影响优先股东的自益权,而对优先股东分配优先股份则由于优先分红和剩余财产的股份的增多而会影响普通股东的自益权。目前我国证券投资者对大额送股的欢迎程度远逊于对现金股利的欢迎程度。(3)其他财产股利是公司以上述形式之外的其他财产向股东分配的股利,如本公司的产品、服务、本公司握有的除自己股份之外的有价证券、本公司拥有的流动资产及其他财产等均在其内。因此,房地产开发公司可用商品房作股利,电冰箱公司可用电冰箱作为股利,航空公司可用航空里程作为股利,电信运营商可用电信服务或数据流量作为股利。当公司依法定条件和程序、按股东持股类别和比例购回本公司股份时,也可视为股利。

以股利分配频度为标准,可分为常规股利和特别股利。(1)常规股利是公司在每年的一定时期(如每半年、每季度)向股东分配的股利。常规股利一般采取现金支付方式。(2)特别股利是公司向股东临时分配的、难以期望下年度再次分配的股利。特别股利既可采取现金形式,也可采取现金之外的其他财产股利形式。在分配常规股利同时附随分配的特别股利有时被称为"额外股利"。

三、我国股东分红权的现状

既然公司具有营利性，当然要全心全意地尊重与推动分红权的实现。遗憾的是，我国目前的股东分红水准普遍不高，在上市公司尤甚。实际上，我国当前股市投机性过强的重要原因在于，不少上市公司从不分红或虽然分红，但分红太少，仅具有"精神鼓励"的作用。

无奈之下，中国证监会 2004 年 12 月 7 日《关于加强社会公众股股东权益保护的若干规定》第 4 条明确要求上市公司实施积极的利润分配办法："（1）上市公司的利润分配应重视对股东的合理投资回报。（2）上市公司应将其利润分配办法载明于公司章程。（3）上市公司董事会未作出现金利润分配预案的，应在定期报告中披露原因，独立董事应对此发表独立意见；上市公司最近 3 年未进行现金利润分配的，不得向社会公众增发新股、发行可转换公司债券或向原有股东配售股份。"因此，若一家上市公司连续 3 年不分红利，该公司的再融资能力就被当然取消。此种制度之善意应予充分肯定，因为这一制度安排的理念是尊重股东的营利性，善待股东分红权。至于非上市公司和有限责任公司的股东如何行使分红权，则缺乏相关的行政指导意见。如何确保股东获得应有的投资回报，便成为公司法学者应关注的一个问题。

鉴于资本市场不仅是上市公司融资的聚宝盆，也是公众投资者的摇钱树；鉴于公众投资者的分红权具有公共利益属性；鉴于上市公司有义务为公众投资者创造投资回报；鉴于股东会机制会出现失灵现象、控制股东会存在不理想现象；鉴于我国不少上市公司在盈利后仍然推行不分红的"铁公鸡"政策严重挫伤了公众投资者的投资信心，2019 年《证券法》第 91 条要求上市公司在章程中明确分配现金股利的具体安排和决策程序，依法保障股东的资产收益权；上市公司当年税后利润在弥补亏损及提取法定公积金后有盈余时要分配现金股利。

四、股利分配要件

股东有限责任对股东是一种特权，而对债权人来说却意味着风险。根据股东有限责任的原则，股东不仅对公司债权人，而且对公司均不负有财产上的义务。因此，为加强债权人保护，各国公司法往往规定严格的股利分配要件。

（一）股利分配之实质要件

为贯彻资本维持原则，保护公司债权人，不仅公司资本的减少要遵循严格的法律规定，而且不能用公司资本向股东分红，否则便意味着向股东返还了出资，从而损害了资本维持原则。因此，股利分配的资金来源不能求诸公司资本，而只能求诸公司的利润。

依《公司法》第 166 条，公司分配当年税后利润时，应提取利润的 10% 列入公司法定公积金。公司法定公积金累计额为公司注册资本的 50% 以上的，可以不再提取；公司法定公积金不足以弥补以前年度亏损的，在依照前款规定提取法定公积金之前，应先用当年利润弥补亏损；公司从税后利润中提取法定公积金后，经股东会或股东大会决议，还可从税后利润中提取任意公积金；公司弥补亏损和提取公积金后所余税后利润，有限责任公司依《公司法》第 34 条分配；股份有限公司按照股东持股比例分配，但章程规定不按持股比例分配的除外。可见，股利分配的资金来源为当年税后利润弥补亏损、提取法定公积金与任意公积金后的余额。

巧妇难为无米之炊。只有当公司符合法定的股利分配要件、遵守有关限制股利分配的合同条款时，方能分红。公司若无可资分配的利润却仍然分红，即构成违法行为。

（二）股利分配之程序要件

股利分配与否、分红几何，既取决于公司是否有可资分配的利润，还取决于公司的意思表示，即分红政策。只有当公司宣布分红时，股东的具体股利分配请求权才得以产生。许多国家和地区的公司法将分红的决策机构界定为股东会（如德国、法国、英国、意大利、奥地利、瑞士、瑞典、日本和我国台湾地区）；但美国诸州公司法则界定为董事会。

我国《公司法》第37条第1款第6项和第99条将分红的决策机构界定为股东会，股东会有权"审议批准公司的利润分配方案和弥补亏损方案"。但依据该法第46条第5项和第108条第4款，董事会有权制订公司的利润分配方案和弥补亏损方案。可见，股利分配的意思决定权专属于股东大会，董事会只能制订股利分配方案，以供股东大会审议批准，但不得问鼎此权。不过，既然股东会的分红决议往往由董事会提出分红决议方案，董事会当然会对股东会的分红决议产生决定性影响。公司股东大会作出分红决议时必须遵守法定程序。这有利于充分保护股东的分红权，限制董事会滥权。

公司分配股利时须遵守法定程序，由股东大会通过分红决议。只有同时具备股利分配的实质要件与程序要件，股利分配行为方能生效，股东分红权才能从抽象的期待权转化为具体的债权。

五、法院原则上不宜干预公司分红政策

股东的投资收益状况既取决于公司的营利状况，也取决于公司的股利分配政策。股利分配与否取决于公司是否有可资分配的利润，还取决于公司决策。在美国绝大多数州，股东分红政策由董事会决定；而我国公司分红政策由股东大会拍板。当然，股东大会判断又有可能受到两种股利分配理念的影响：一是股东近期财富最大化的理念；二是股东远期财富最大化的理念。究竟选择哪种理念，要看股东在股东大会表决时的角逐状况而定，本身无合法与违法之别，法院不宜干涉。

公司分红政策极其复杂，属于公司自治和商业判断的范畴。从理论上说，倘若全体股东都理性诚信，股东们完全可以在公司盈利以后，基于对股东近期利益与股东远期利益的审慎权衡，共同博弈出合理的分红政策。因此，公司是否分红、分红几何，均属公司股东自治和商业判断的范畴。公司分红政策往往受制于公司的商业模式、发展战略、投资风格、公司类别（闭锁公司或公开性公司、非上市公司与上市公司）、公司持续盈利能力与发展潜力、金融市场环境及税法等多种复杂而变动不居的因素。例如，有些公司愿意奉行平稳的分红政策，而有些公司则青睐于以工资、利息、租金等形式向股东分红，或干脆不分红，一直等到公司资产积累到一定程度再由股东出让股权而获利。

既然公司分红与否、分红之多寡原则上是公司自治和股东自治的范畴，法院不宜越俎代庖。法院原则上缺乏对分红水准的妥当性进行司法审查的正当依据和专业判断能力。法官不是商人，既缺乏干预公司分红政策的合法性、正当性，也缺乏制定合理公司分红政策的商业智慧与判断能力。因此，《公司法解释（四）》第14条、第15条明确，股东请求公司分配利润的，应当提交载明具体分配方案的股东会或者股东大会决议；未提交的，法院原则上不予支持。这体现了尊重公司自治的司法理念，也弘扬了有诺必践的契约精神。合法有效的股

东会决议一旦载明具体股利分配方案,股东的分红权就由抽象的期待权转化为具体的债权,法院就有权判令公司按股东会决议确定的分红方案向原告股东分配股利。

六、股东会分红决议的司法审查:常态化司法审查机制

法官虽不是商人,但法律不允许股利分配行为完全游离于司法权的审查范围之外。我国《公司法》将股利分配决定权确定由股东会行使。法院对股利分配行为进行司法审查的落脚点主要在于股东会决议的程序性瑕疵(包括召集与决议程序的瑕疵)与实体性瑕疵。倘若股东会决议存在程序性瑕疵,股东可向法院提起公司决议撤销之诉。倘若股东会决议内容违反了法律法规中有关利润分配条件与顺序的强制性规定,股东可向法院提起公司决议无效确认之诉。因此,即使强调尊重与保护公司自治,也并不意味着股利分配行为完全游离于司法权审查范围之外。

七、法院例外干预公司股利分配政策的必备条件:例外化司法审查机制

法院不干预公司股东自治的基本原则的潜在法理基础与逻辑前提是且仅仅是,公司股东会的决策是理性的。但问题在于,这种假设前提在一些公司并不存在。有些公司完全被不理性的控制股东和实际控制人所操控,他们惯于通过不公允关联交易和不合理高薪等歪门邪道而间接分红,而不光明正大地与中小股东一起分取股利,这就使得公司自治机制和股东民主机制陷入名存实亡的失灵状态。常有控制股东与内部控制人滥用资本多数决原则,滥用"大河不满小河干""公司利益高于股东利益""股东长远利益高于股东近期利益"的理论,甚至公然搬出"控制股东利益高于中小股东利益"的错误理论,故意过分提取公积金,而不分红或很少分红并以其作为压榨小股东手段,迫使小股东黯然离场。控制股东及内部控制人表面上与中小股东同甘共苦,但实质上通过关联交易与高薪获得变相分红。有鉴于此,笔者多年来一直呼吁,遭受长期不分红之苦的中小股东有权向法院提出强制"铁公鸡"公司分派股利之诉。当分红政策沦为控制股东、实际控制人和内部人(管理层)压榨、排挤中小股东的手段时,法院只有破例对遭受压榨或排挤之苦的中小股东提供强制分红的司法救济,才能迫使公司回归为股东创造投资价值的理性轨道。

为矫正公司自治失灵现象,《公司法解释(四)》第 15 条基于尊重公司自治为原则、强制公司分红为例外的裁判理念,首次导入了例外强制分红的裁判规则:"股东未提交载明具体分配方案的股东会或者股东大会决议,请求公司分配利润的,人民法院应当驳回其诉讼请求,但违反法律规定滥用股东权利导致公司不分配利润,给其他股东造成损失的除外。"法院在适用该条时,既要有所担当,也要积极稳妥,审慎而为,关键是要严格把握强制分红的构成要件(含积极与消极要件)。

首先,公司必须有可资分配的税后利润。这是强制分红的前提条件。"巧妇难为无米之炊"。依我国《公司法》第 166 条,股利分配的资金来源为当年税后利润弥补亏损、提取法定公积金与任意公积金后的余额。倘若公司亏损,或者虽无亏损,但在依据该条款提取法定公积金与任意公积金后无红可分,法院就不能判令公司强制分红。只有当公司符合法定股利分配要件、遵守公司与债权人有关限制股利分配的合同条款时,方能分红。在没有可资分配利润、不具备分红条件的情况下强行分红,不管是公司自愿分红,还是法院强制分红,都构成违法。但这并不意味着贪婪慵懒的董事高管可高枕无忧地断言,"难言之隐,一亏了之"。股

东若认为公司亏损不正常,可以行使知情权,查阅财务会计报告、会计账簿及原始凭证,彻查公司亏损的真正原因。倘若公司亏损由董事、高管违反对公司的诚信义务(忠诚与勤勉)所致,尤其是通过不公允关联交易等方式掏空公司资产的,股东有权对其提起股东代表诉讼,诉请法院判令董事、高管对公司承担赔偿责任。倘若公司取得损害赔偿后,满足了股利分配的法定条件,法院就可进入司法审查第二步。

其次,控制股东和实际控制人滥用股东权利导致公司不分配利润,给其他股东尤其是中小股东造成损失。我国《公司法》第 37 条和第 99 条将分红决策机构界定为股东会。能够操纵与控制股东会分红决议的主体要么是控制股东,要么是其背后的实际控制人。因此,虽然《公司法解释(四)》第 15 条漏写了滥用股东权利的主体,但从目的解释角度看,滥权主体为控制股东或实际控制人。《公司法》第 20 条确认了股东滥用股东权利的违法性,以及滥权股东对受害公司和股东的侵权损害赔偿责任:"公司股东应当遵守法律、行政法规和公司章程,依法行使股东权利,不得滥用股东权利损害公司或者其他股东的利益;不得滥用公司法人独立地位和股东有限责任损害公司债权人的利益。公司股东滥用股东权利给公司或者其他股东造成损失的,应当依法承担赔偿责任。"依《公司法解释(四)》第 15 条,控股股东和实际控制人的滥权行为不仅导致其对公司和股东的赔偿责任,而且导致其控制下的股东会傀儡故意不作出分红决议的消极行为由于司法强制矫正机制而无法得逞。但原告股东应举证证明以下三项事实:(1) 控制股东实施了滥用股东权利的行为;(2) 该滥权行为与公司不分配利润之间存在因果关系;(3) 公司不分红的消极不作为给原告股东造成了财产损失。滥用权利的核心是控股股东为独自不法攫取公司利益,违反诚实信用原则与股东平等原则,故意通过不分红的方式排挤、压榨小股东。

最后,公司提列巨额任意公积金的决策欠缺必要性、合理性与正当性。失信控股股东常借口追求公司的长远利益与根本利益而故意提列巨额任意公积金,进而规避分红制度。参酌主要法域判例与学说,基于公司利益与股东利益相兼顾、股东长期利益与短期利益相平衡的原则,法院在例外干预公司分红政策时应重点关注三个问题:(1) 巨额任意公积金之提列是否必要?被告公司有义务举证证明,基于对公司经营状况、财务状况、发展战略、投融资环境、产品或服务市场状况和宏观经济形势等因素的综合判断,公积金之提列确为公司渡难关、图生存、谋发展与求壮大所必需。倘若公司所提公积金已能满足公司发展的资金需求,公司执意提列巨额任意公积金,推行零分红或象征性分红政策,漠视中小股东分红利益诉求,就欠缺必要性。(2) 巨额任意公积金之提列是否合理?即使公司提列任意公积金、牺牲股东近期分红利益符合公司大计,也应控制在必要限度内。换言之,倘若股东长远利益与公司利益的维持仅需股东牺牲 10% 的近期利益,公司就不能苛求股东牺牲 80% 的近期利益。(3) 巨额任意公积金之提列是否符合实质股东平等原则?股东平等原则要求大小股东按各自持股比例同舟共济,共享公司提列任意公积金之甘苦。控制股东不得"吃小灶",不得以任何途径从公司获得其他股东无法获得的不当利益。公司提列巨额任意公积金、确定不分红政策时,应一碗水端平,以公司利益与全体股东福祉之维护为最高指导原则,不得厚此薄彼地鱼肉部分股东、图谋控股股东私利,更不得借助不分红或零分红的伎俩排挤和打压其他小股东。在法国 1976 年的 Langlois 诉 Peter 一案中,某公司在 20 年间一直未派发股利,其公积金数量竟然高达公司资本的 161 倍,而大股东则怡然自得地以高管身份从公司领取高薪,即其典型案例。① 吃相不能太难看。

若公司提取任意公积金的行为缺乏以上任何一个要件,就构成过分提取任意公积金的行为,构成公司利益最大化理论的滥用,法院即可根据被压制小股东的诉讼请求,运用司法权干预公司分红政策,保护股东分红权。

强制分派股利之诉从性质上看,属于给付之诉,且属于股东直接诉讼,而非股东代表诉讼。理由是,股东提起诉讼的根据是股利分配请求权,而此种权利系自益权,公司向股东分派股利并非公司权利,而是其义务。换言之,此种诉讼的受益主体是股东,而非公司。

强制分派股利之诉在美国运用广泛。只不过绝大多数胜诉判例围绕闭锁型公司展开。但并不等于说,这些判例中没有公众型公司。在美国,法学院学生学习公司法时必修的经典判例之一是1919年的道齐(Dodge)诉福特汽车公司(Ford Motor Co.)一案。② 在该案中,被告公司被法院责令向股东支付19,275,386美元的股利。英国1985年《公司法》第459条亦允许股东以公司事务执行构成不公正侵害为由,向法院提起诉讼、取得法院令状。而法院的令状(order)当然包括强制公司向股东分派股利在内。我国《公司法》对股东提起的强制分派股利之诉均未设规定,亟须完善。

八、分红时间

为预防公司在作出股东会分红决议后食言自肥的失信行为,《公司法解释(五)》第4条要求公司在其分配利润的股东会决议作出后在决议载明的时间内完成利润分配;决议没有载明时间的,以章程规定为准;决议、章程均未规定时间或时间超过1年的,公司应自决议作出之日起1年内完成利润分配;决议中载明的利润分配完成时间超过章程规定时间的,股东可依《公司法》第22条第2款规定请求法院撤销决议关于该时间的规定。

简言之,若股东会决议确定的分红时间长于章程规定时间,该决议属于可撤销决议;若股东会决议确定的分红时间短于章程规定时间,分红时间以股东会决议为准;决议无规定者,依章程;决议与章程均未规定者,必须在决议之日起1年内完成,每位股东也可基于债务履行期限不明的债权,随时主张分红。但公司即便逾期1年仍未分红,股东仍可主张分红权之债,且适用3年诉讼时效。

问题是,若全体股东一致同意公司超过1年分配红利的效力如何?笔者将其解释为全体股东为帮助公司共度时艰而向公司提供的有偿资金借贷。公司应参酌民间借贷利息的计算标准向其股东支付相应的利息。

第十节 股东退股权

一、股东退股权的概念

股东退股权,又名异议股东股份收买请求权(appraisal right),是指股东会作出严重影响股东利害关系的决议(如公司营业转让之决议、为限制股份转让而变更章程的决议、公司合

---

① Cass,1976年4月22日,Rev Soc,1976,3479。
② 204 Mich. 459, 170 N. W. 668, 3A. L. R. 413(1919)。

并之决议、公司转化为有限公司之决议和公司宗旨变更之决议)时,股东有权请求公司购回自己的股份。该制度最早源于美国,并被加拿大、意大利、德国、西班牙、日本、韩国、我国台湾地区等立法例所确认。例如,日本《商法典》本来没有规定反对股东的股份买取请求权,但在 1950 年移植了美国的反对股东股份收买请求权制度,以期强化对中小股东权的保护。虽然 1892 年德国《有限公司法》没有规定公司的股东退股制度,但德国法官和学者创设了股东在例外情况下退股的制度。

《公司法》第 74 条在我国公司法历史上首次确认了股东退股权。依该条,凡有限责任公司有该条的三种法定情形之一的,对股东会该项决议投反对票的股东就可请求公司按照合理的价格收购其股权。无论是哪种情形,其共同点都是有可能加大股东投资风险,直接动摇股东的投资预期。该条的退股制度也适用于外商投资的有限公司包括中外合资经营企业。

《公司法》第 74 条仅针对有限责任公司股东而设计。至于股份有限公司的股东,立法者也未忽视其退股权。依该法第 142 条,股东因对股东大会作出的公司合并、分立决议持异议,要求公司收购其股份的,公司必须收购该股东持有的本公司股份。

《公司法》允许的退股范围依然有限。其中,股份有限公司股东的法定退股情形更少。例如,依《公司法》第 142 条,股份有限公司股东的法定退股情形仅仅是该股东对股份有限公司股东大会作出的公司合并、分立决议持异议,至于公司转让主要财产并非股东退股的法定事由。因此,有必要借鉴先进立法经验,在未来公司法修改时予以拓展。

二、股东退股权的作用

确认股东退股权对维护作为"持不同政见者"的中小股东权益至关重要。现代公司的股东会运作往往实行资本多数决原则。资本多数决的实质是,谁的持股比例高,谁的发言权大。换言之,财大气粗的控制股东说了算,而不是小股东说了算。但严格贯彻资本多数决原则的结果是,小股东的投资预期有可能因为股东会的决议而发生突然变化。例如,公司决定与另一家竞争力不强的公司合并时,有可能与小股东的投资理念(包括风险偏好)发生冲突。小股东即使在股东大会上投反对票,也无法阻挡股东大会的决议。为帮助小股东控制和规避投资风险,实现大小股东的利益平衡,有必要确认股东退股权。

确认股东退股权对公司的控制股东也有好处。因为法律为持不同投资意见的小股东预留退出通道之后,小股东可轻而易举地通过行使股份买取请求权而退出公司,而不用借助耗时费力的解散公司之诉或股东代表诉讼维护自身权益。如此一来,控制股东当然可悠然自得地将自己的利益和意志上升为公司的意志,并排除小股东的不必要干扰。一方面,控制股东享有控制权;另一方面,中小股东享有退出权,二者各得其所,共同构成了和谐的公司控制权格局。当然,为避免小股东退出公司对公司的资本信用乃至于整体商业信誉的负面作用,控制股东和公司管理层在推行自己偏好的公司决策时也应三思而行。

确认股东退股权不仅仅是立法者对股东缺乏公司决策控制力的一种利益补偿和心理同情,也是尊重股东营利性的理性选择。股东营利性与股东分红权的实现方式,既包括股东经由股东大会的分红决议获得公司自愿分配的红利,也包括股东经由法院的强制分红判决而获得合理红利,还包括股东分红未果时的急流勇退。在股东别无脱身良策的情况下,若股东能打破与公司之间的"锁链",回收自己所持股权的真实投资价值,也未尝不是幸事。正是基于股东的营利性,许多国家纷纷确认股东退股权。

三、股东退股的条件

《公司法》第 74 条规定了股东退股的三大法定情形:(1) 公司连续 5 年不向股东分配利润,而公司该 5 年连续盈利,并且符合本法规定的分配利润条件;(2) 公司合并、分立、转让主要财产的;(3) 章程规定的营业期限届满或章程规定的其他解散事由出现,股东会会议通过决议修改章程使公司存续的。兹分述如下。

(一) 长期不分红

《公司法》第 74 条第 1 款第 1 项规定的第一种股东法定退股情形是,"公司连续 5 年不向股东分配利润,而公司该 5 年连续盈利,并且符合本法规定的分配利润条件"。由此可见,股东以该理由退股必须同时满足以下三个条件,三者缺一不可:

(1) 公司连续 5 年不向股东分配利润。若公司仅连续 3 年不向股东分配利润,股东仍无法寻求退股救济。在《公司法》修改过程中,有观点建议将股东退股的条件确定为"公司连续 3 年不向股东分配利润,而公司该 3 年连续盈利,并且符合本法规定的分配利润条件的"。但为预防股东频繁退股对公司生存与发展的风险,最终出台的《公司法》将"3 年"改为"5 年"。

(2) 公司在 5 年内连续盈利。公司盈利应是连续的,而非断断续续的累积。正因为公司在 5 年内连续盈利而不分红,股东才能退股。若公司在 5 年内连续亏损,颗粒无收,股东可否退股? 回答是否定的。理由之一是,公司吸引股东留在公司的文化理念是同甘共苦。若说在公司 5 年连续盈利、但不分红的情况下允许股东以合理价格退股,是为弘扬"同甘"的理念、鼓励全体股东共享财富;那么在公司 5 年连续亏损的情况下不允许股东退股,是为弘扬"共苦"的理念、鼓励全体股东共担风险。理由之二是,在公司连年亏损的情况下,为保护公司债权人利益,也不允许股东退股。若允许股东在这种情况下退股,股东势必争先恐后分割公司财产,逃离公司,从而严重坑害债权人利益。理由之三是,投资有风险,一旦公司连年亏损,股东当然不能退股。对此,股东在投资之初就能预料到。因此,退股权对股东提供的退出通道有其特定的适用情形。

(3) 公司在 5 年内均符合《公司法》规定的分红条件。《公司法》第 166 条规定了公司向股东分配红利的法定条件。例如,在公司弥补亏损和提取法定公积金之前不得向股东分配利润。若一家公司无法在 5 年内连续符合《公司法》规定的分红条件,股东仍然不得退股;否则,无异于以牺牲债权人利益为代价增进股东一己之私,从而否定立法者保护公司债权人的立法理念。

在实践中,常有控制股东和公司高管为压榨和排挤中小股东,恶意滥用公司利益最大化理论,长期推行不分红或少分红的政策。这显然违背了股东追求投资回报的投资目的,此类公司对投资者就失去了投资价值。依《公司法》第 74 条第 1 款第 1 项规定,只要具备以上三个条件,中小股东就可逃离此类不具有投资价值的公司。

《公司法》第 74 条第 1 款第 1 项规定的退股情形仅适用于有限责任公司的股东,而不适用于股份有限公司的股东。遇有此种情形,股份有限公司的股东不能请求公司退股,只有通过股权转让才能"脱离苦海"。对于上市公司来说,由于存在着具有高度流通性的股权交易市场,股东变现股权价值的速度更快,效率更高,成本更低。

(二) 公司合并、分立、转让主要财产

这是《公司法》第 74 条第 1 款第 2 项规定的股东退股条件。天下大势,分久必合,合久

必分。对公司王国来说,也是如此。公司合并与分立是公司实践中的常见公司重组策略。强强联合需要公司合并,强弱联合也需要公司合并。为化解投资风险,缓解创业者之间的宿怨,突出每家公司的业务专长和产品特色,公司分立也有其适用空间。在控制股东将公司合并或分立诠释为百年不遇的投资机遇时,中小股东可能将其解释为灭顶之灾。立法者当然要为中小股东提供退出机会。

不慎重的公司转让主要财产足以威胁公司的存在基础,足以对公司运营的前景产生重大影响,足以从根本上动摇股东的投资预期。因此,《公司法》第74条第1款第2项将公司转让主要财产列为股东的法定退股情形。"主要财产"包括两个类型:一是从财产价值看,公司转让的财产价值在公司净资产中所占比例较高(如达到公司净资产30%以上);二是从用途、效能与重要性看,公司转让的财产属于公司的核心业务资产。若一家发电公司把自己的主要发电机组出卖给其他发电公司,无异于自我阉割发电能力,从而严重影响股东的投资预期,股东当然可以退股。当然,哪些公司财产属于"主要财产"在不同产业、不同规模的公司中仍要具体情况具体分析。

概括起来,无论是公司合并,还是公司分立,抑或转让主要财产,都是涉及公司生死存亡的重大决策,也是与股东利益尤其是中小股东休戚相关的重大问题,严重影响着股东在投资初期的投资预期。因此,允许那些坚决反对公司此种决策、但无力影响公司决策的反对派股东在公司生涯的十字路口就股东自己的何去何从作出明智选择。

依《公司法》第142条,股份有限公司股东的法定退股情形仅仅是该股东对公司股东大会作出的公司合并、分立决议持异议,至于公司转让主要财产,并非股东退股的法定事由。遇有公司转让主要财产的情形,股东不能请求公司退股,只能通过股权转让告别公司。

(三) 公司生命的延展

依《公司法》第74条第1款第3项规定,章程规定的营业期限届满或章程规定的其他解散事由出现,股东会会议通过决议修改章程使公司存续,也是股东的法定退股事由之一。公司在依据公司章程应予解散的情况下,也可基于多数股东的自有意思予以顺延。

延长公司寿命,符合企业维持原则,有利于提升雇员、公司高管、广大股东与其他利益相关者的福祉。但公司寿命之延长不仅破坏了股东当初投资于公司的投资预期,而且会带来不确定的投资风险,更会由于股东迟迟不能收回投资而耽搁其或延误在其他产业或公司中的投资计划。因此,立法者也允许有限责任公司的股东退出公司。当然,这一情形下的退股权只适用于有限责任公司的股东,而不适用于股份有限公司的股东。后者遇有类似情形,仅能出让股权。

四、股东退股的程序

《公司法》第74条第1款未规定退股股东的持股比例与持股期限。因此,持股比例较少、持股期限较短的股东也可行使退股权。但仅具备该条的法定退股情形并不当然导致股东自动退股。相反,股东退股应依循相应的正当程序。

首先,在发生法定退股情形时,股东应对股东会的相关决议投反对票。依《公司法》第74条第1款规定,只有立场坚定的反对派股东才有资格退股。依反对解释,赞成派股东抑或骑墙派股东均无权染指退股待遇。唯有如此,才能鼓励与引导股东们在股东会表决时慎思明辨、前后一贯,避免轻率行事、出尔反尔。若一名股东对公司的合并分立事项投了赞成票或弃权票,也就丧失了退股权。若某股东赞成公司的决议,嗣后又后悔,进而主张退股权,原则上也不宜支持。因此,在股东会召开时,反对股东的投票应旗帜鲜明,不能左右摇摆。为避免空口无凭,股东会的主持人应安排工作人员如实记录反对股东的投票事实。

其次,反对股东应优先启动与公司的谈判程序,并在协商未果时向法院提起诉讼。权利有"保质期"的。退股权也不例外。依《公司法》第 74 条第 2 款规定,自股东会会议决议通过之日起 60 日内,股东与公司不能达成股权收购协议的,股东可自股东会会议决议通过之日起 90 日内向法院提起诉讼。

股东与公司启动股权收购协议的谈判程序并非必要的前置程序,而是立法者推出的一个倡导性规定。股东退股的具体方案尤其是公司向股东支付的退股对价属于契约自由范畴。立法者与裁决机构对于股东与公司间的契约自由应采取乐见其成的态度。若股东跨越与公司的协商程序,径行向法院提起诉讼亦无不可。法院不宜以原告股东尚未与公司协商谈判为由拒绝立案。

股东与公司协商时应遵循诚信、和善、坦诚、宽容的原则,尽量提高谈判效率,避免马拉松式的谈判对双方的伤害。立法者将股东向法院提起退股诉讼的时间锁定为 90 日,而且自股东会决议通过之日起算,而非自股东与公司谈判破裂之日起算。依《公司法》第 74 条第 2 款的设计本意,若股东"自股东会会议决议通过之日起 60 日内"仍不能与公司达成股权收购协议,则应及时向法院起诉。此处的"60 日"规定属倡导性规定,而非强制性规定。

五、退股价格的确定

适合自己的,就是最好的。对于股东退股对价的确定而言,又何尝不是如此?立法者之所以苦口婆心地在《公司法》第 74 条第 2 款鼓励股东与公司达成股权收购协议,真正的用意也在于此。因此,若公司与股东出于诚信而为,在不损害第三人利益尤其是公司的债权人利益的前提下,必然能找到一个相对公平合理的退股对价。有鉴于此,立法者在《公司法》第 74 条第 1 款使用了一个模糊语词"合理的价格"。因此,应鼓励公司与股东通过契约自由的谈判手段发现能为双方共同接受的合理转让价格。无论是以公司上一财务年度末的净资产为基准,还是以股东退股时的净资产为基准,抑或以公司在股东退股之前三年财务会计报告中的净资产的平均值为基准,甚或以股东与公司自愿约定的价格为基准,均无不可。相互理解和彼此宽容乃是最大的商业智慧。

若双方当事人协商未果,拟退股股东当然可诉诸法院,请求法院指定一家具有法定资质的资产评估机构评估公司在股东退股之时的净资产。因此,法院在退股权诉讼中的核心裁判难点在于退股对价的确定。笔者认为,根据公司净资产和反对股东的持股比例,就可计算出反对股东股份的转让价格。由于上市公司的股票价值随时均可确定,因此上市公司股东可要求公司直接参酌股票的市场价格支付退股对价,而无需借助资产评估机构的专业活动。

六、上市公司股东原则上不享有退股权

由于非上市公司尤其是有限责任公司股权转让的流通性较弱,股份买取请求权的确是保护中小股东权益的重要手段。至于上市公司的股东可否行使股份买取请求权,各国立法例颇不相同。美国许多州对股份收买请求权的行使规定了市场例外规则。换言之,股份买取请求权只适用于小股东转让股权自由严重受限制的情况下,若异议股东的股份可通过市场转售他人，就没有必要适用股份买取请求权。

在上市公司股票正常流通的情况下，反对公司决议的股东可随时将其持有的股票在证券市场上转卖他人。这种用脚投票的救济方式既可使得该股东脱离苦海，也不减少公司的资本数额，不削弱公司对公司债权人的债务清偿能力。在上市公司股票流通性受限制，或股票流通性虽然未受限制但反对股东转让股份的结果有可能导致该股东遭受不合理损失时，法律仍应确认反对股东的股份买取请求权。若某家上市公司的股价被市场严重低估，致使股价明显低于该公司经营业绩尤其是公司的净资产状况，反对股东在股市上抛售股份的结果只能是雪上加霜，有可能蒙受非常不利的财产损失。在这种情况下，允许反对股东行使股份买取请求权就有重要的现实意义。在我国当前市场主体各种利益关系尚未理顺、市场效率尚不充分的证券市场环境下尤为如此。

七、股东退股权与中小股东其他救济措施之间的互动关系

股东退股权在救济中小股东的五大救济体系之中位于第四顺位。具体说来，股东退股权比查账权、分红权、转股权更加激烈，引发的后遗症和副作用要大一些。这乃因，股东退股权行使的结果是股东从公司获得其所持股份的财产价值，不仅导致股东资格的丧失，而且导致公司净资产的减少。这对公司债权人的保护来说绝对不是一件好事情。因此，在法院运用股东退股方法保护中小股东权益时应优选查账、强制分红与转股等方案。

退股权与其他权利之间存在着互动关系。股东退股权仅是股东享有的诸多权利簇中的一个权利。此外，其他的股东权利尤其是中小股东救济措施都可发挥替代性的权利维护和损害救济作用。例如，对控制股东和公司管理层心怀不满的异议股东可对前者损害公司利益的行为提起股东代表诉讼，也可对前者损害中小股东利益的行为（如虚假陈述、操纵市场、内幕交易）提起股东直接诉讼乃至于集团诉讼。股东究竟是选择坚守阵地，留在公司与不法控制股东或管理高层作斗争，还是选择股份买取请求权，都是股东的自由选择，法律不宜干预。再如，退股权与查账权并非相互排斥，而是具有相容性与互补性。一方面，查账权的行使可避免和减少控制股东与管理层通过财务造假规避股东退股的道德风险；另一方面，查账权的行使可为股东退股探明道路，清除障碍。

退股权对公司股权结构与治理格局的冲击和影响比解散公司诉权要和缓一些。这乃因，股东退股后公司资产虽然减少，但公司的法律人格依然存在。因此，在法院运用司法解散制度保护中小股东权益时应在法律允许的情况下优选股东退股方案。

第十一节 股东代表诉讼提起权

一、股东代表诉讼提起权的概念和性质

股东提起的诉讼以请求权来源为准，分为股东直接诉讼与股东代表诉讼（间接诉讼）。前者是股东基于自身的股东地位而提起的诉讼，包括自益诉讼（分红权之诉）和共益诉讼（如查账权之诉）。后者是股东基于公司的请求权而提起的诉讼。

为激活中小股东监督公司治理的积极性，2005年《公司法》修改时导入了英美法系的股东代表诉讼制度。依该法第151条，在董事高管和他人（控制股东、实际控制人与公司外部

人)侵犯公司合法权益,但公司拒绝或怠于对侵权人提起诉讼的情况下,有限责任公司的任何股东、股份有限公司连续180日以上单独或者合计持有公司1%以上股份的股东就可以自己的名义,为公司利益而提起股东代表诉讼。但在实践中,书面上的股东代表诉讼制度尚未被彻底激活,许多中小股东抱怨提起股东代表诉讼的障碍重重。

股东代表诉讼,是指当公司拒绝或怠于通过诉讼追究公司董事、监事、高管、控股股东、实际控制人和第三人对公司所负的义务或责任时,具备法定资格的股东有权依据法定程序以自己名义、但为公司利益而提起诉讼。

股东代表诉讼提起权是一种共益权,而非自益权。股东提起代表诉讼的诉讼原因并非属于作为公司投资者的股东,而是属于公司整体;代表诉讼获胜的结果往往导致公司利益之取得或损失之避免,而这种结果又间接使公司股东、债权人和职工受益。既然股东提起代表诉讼并非只为追求自身利益,因此代表诉讼提起权属共益权的范畴。

代表诉讼提起权在有限责任公司属于单独股东权,而在股份有限公司属于少数股东权。依《公司法》第151条,有限责任公司的任何股东,不论起持股期限多长、持股比例几何,均可具备原告股东资格。立法者之所以如此设计制度,主要是为鼓励小股东监督公司正常运营、维护公司整体利益。至于股份有限公司的股东,则并非当然具备股东代表诉讼的原告资格。原告股东必须是连续180日以上单独或合计持有公司1%以上股份的股东。立法者之所以如此设计,主要是为防止个别居心不良的投机股东滥用权利。

在立法者放宽有限责任公司股东的代表诉讼原告资格、严格限定股份有限公司股东的代表诉讼原告资格的时候,仍会发生立法者在制度设计之初的不测情势。例如,即使股份有限公司的股东资格门槛较高,仍难避免股东滥权现象;即使有限责任公司的股东资格门槛较低,仍难清除小股东起诉的障碍尤其是知情权受限而伴生的举证难问题。因此,有必要确保其他配套法律机制的跟进与配合,以避免股东代表诉讼孤军深入、无功而返。例如,为解决小股东的举证难问题,需要同步强化中小股东的查账权。

二、股东代表诉讼的被告范围

依《公司法》第151条,股东代表诉讼的被告既包括董事,也包括监事、经理和其他公司经营者;既包括公司内部人,也包括公司外的第三人;既包括民事主体,也包括行政机构。

原告股东提起的股东代表诉讼既包括民事诉讼,也包括行政诉讼。当原告股东对侵害公司合法权益的民事主体提起代表诉讼时,该诉讼属民事诉讼的范畴,适用民事诉讼程序;而当原告股东对侵害公司合法权益的行政机关提起代表诉讼时,该诉讼属行政诉讼的范畴,适用行政诉讼程序。

三、原告股东提起代表诉讼的资格

《公司法》将原告股东资格界定为有限责任公司的任何股东(包括持股1%、持股期限仅一天的股东),股份有限公司连续180日以上单独或合计持有公司1%以上股份[①]的股东。可见,立法者将有限责任公司股东提起股东代表诉讼的权利视为单独股东权,而且对有限责

[①] 《公司法解释(一)》第4条指出:"公司法第151条规定的……合计持有公司1%以上股份,是指两个以上股东持股份额的合计"。

任公司的股东资格(包括持股比例和持股期限)未作任何限制。提起股东代表诉讼的原告股东既可是一名股东,也可是相互结合的两名或两名以上的股东。

依《公司法》第151条提起代表诉讼的股东既包括记名股东,也包括无记名股东。代表诉讼制度中的原告不仅应解为狭义的名义股东,而且应包括实质股东,如股权信托(含表决权信托)中的受益人、证券投资基金券的持有人等。实质股东提起股东代表诉讼时,即使其姓名或名称未载入股东名册或公司登记机关的登记资料,若有证据证明其实质股东的资格,也有权利提起股东代表诉讼。

提起代表诉讼的原告既包括普通股东,也包括特别股东,尤其是无表决权股东。由于代表诉讼提起权与表决权是股东享有的两种平行的共益权,不得借口此类股东无表决权而限制或剥夺其代表诉讼提起权。

若股东在提起代表诉讼后死亡(自然人股东)或消灭(法人股东),则自然人股东的继承人或法人股东的概括承继人(如新设合并后的公司)可续行代表诉讼。因为股东的继承人或概括承继人在取得股份后,就变成作为真正原告的公司的新股东,与代表诉讼当然存在着间接利害关系。

《公司法解释(一)》第4条指出:"公司法第151条规定的180日以上连续持股期间,应为股东向人民法院提起诉讼时,已期满的持股时间"。笔者将其理解为从股东向法院提起代表诉讼之日起向前追溯180日,原告依然是公司的股东。此处的"连续",是指一往直前、毫不中断的意思。提起代表诉讼的原告股东只需在起诉时连续180日持股即可,但不必在不当行为发生时就具备股东资格。

立法者之所以规定180日的持股期限是为确保提起股东代表诉讼的股东为投资股东,而非从事短线交易、追涨杀跌的投机股东。在立法者眼中,投机股东仅仅顾念一己之私,没有资格通过股东代表诉讼维护公司利益。因此,在一定程度上,180日的连续持股期限不仅是对股东投资实力,也是对其面向公司的诚信度以及心理素质(尤其是持股耐心和毅力)的一大考验。加上提起诉讼以后漫长的二审之路,股东仍要努力维持自己的股东资格。若某股东第一天买到股票,第二天就发现董事长侵害公司利益。该股东要提起股东代表诉讼,就只能坐等178天。但在其具备提起股东代表诉讼的资格之前,该股东并非无所作为。该股东可呼请公司监事会和独立董事展开调查,并对全国投资者广而告之。对于舆论的压力,公司管理层不得不认真掂量。

四、公司的诉讼地位

公司是代表诉讼中必不可少的当事人,没有公司的参加,代表诉讼也很难进行下去。但公司的诉讼地位究竟是被告,还是第三人,仍然语焉不详。因此,在司法实践当中如何确定公司的诉讼地位仍然值得研究。在过去有限的司法实践中,法院通常把公司列为第三人,而不是像美国法院那样将公司列为名义上的被告、实质上的原告。

笔者认为,公司在股东代表诉讼中不应被列为原告,因为公司机关拒绝以公司名义提起诉讼;也不应被列为必要的共同诉讼人,因为在共同诉讼中公司要么与原告股东一同成为共同原告,要么与对公司承担义务或责任的行为人一同成为共同被告,这两种做法均不合乎代表诉讼与共同诉讼制度的本质;更不宜被列为无独立请求权的第三人,因为原告股东在代表诉讼中所行使的请求权恰恰是公司的请求权。唯一较为可行的选择是参酌英美国家的立法例,出于方便性与技术性的考虑,将公司列为名义上的被告。但公司与真正的被告不同,原则上必须坚持中立立场,不能积极地支配诉讼。这样,既可使判决效力直接及于公司,又可维护公司治理机构在公司结构中应有的法律地位。

不论是英美法院将公司列为名义上的被告、实质上的原告的思路,还是我国一些法院将公司列为第三人的思路,从本质上看都属于一种技术规则,就像汽车靠马路左边或右边行驶一样,具有殊途同归的制度设计效果。

五、股东提起代表诉讼的前置程序:竭尽公司内部救济规则

依《公司法》第151条,原告股东可书面请求监事会、董事会、执行董事向法院提起诉讼;监事会、董事会、执行董事收到前款规定的股东书面请求后拒绝提起诉讼,或自收到请求之日起30日内未提起诉讼,或情况紧急、不立即提起诉讼将会使公司利益受到难以弥补的损害的,原告股东方有权为公司的利益以自己的名义直接向法院提起诉讼。此即竭尽公司内部救济规则。

为充分激活公司自身免疫机制、避免不必要的股东代表诉讼,《公司法解释(四)》第23条重申了"竭尽公司内部救济"原则,细化了公司直接诉讼制度。监事会或监事起诉董事、高管的,列公司为原告,依法由监事会主席或监事代表公司进行诉讼。董事会或执行董事起诉监事或他人的,依然列公司为原告,由董事长或执行董事代表公司进行诉讼。倘若公司直接对侵权人提起诉讼,则可大幅节约中小股东的维权成本。当然,热心公司维权的中小股东也可在公司直接诉讼过程中为公司诉讼代表人献计献策,提供证据支撑。

竭尽公司内部救济规则的主要作用表现在,可向公司提供由公司亲自出面提起诉讼的机会,因为公司毕竟是真正的原告。若公司决定接受股东建议,亲自出马向责任人提起诉讼,则可节省股东提起代表诉讼的时间和费用;若公司通过诉讼外途径(如协商、调解)能更好地维护公司利益,则公司和股东都可免掉讼累;若股东提出的诉讼请求缺乏事实依据,公司有机会向股东作出澄清,从而避免误解和不必要的诉讼活动。虽然有时董事会成员与责任人存在利害关系,但在股东"先礼后兵"的请求面前,具有一般智商和伦理水准的董事将会对股东提出的诉讼事实三思而行。

依《公司法》第151条,原告股东应区分两种情况分别向不同的公司机关提出落实公司诉权的请求:董事和高级管理人员执行公司职务时违反法律、法规或公司章程的规定,给公司造成损失的,原告股东应请求监事会对其提起诉讼;监事执行公司职务时违反法律、法规或公司章程的规定,给公司造成损失的,原告股东应请求董事会或执行董事对其提起诉讼。至于控股股东、实际控制人和第三人作为被告的,股东可请求董事会对其提起诉讼。第三股东对董事会或监事会提出上述请求时,应以书面形式为之。书面请求中应载明原告股东欲提起代表诉讼的诉讼请求、主要事实和理由。董事会或监事会经过审查,可决定由公司自己直接提起诉讼,或采取其他补救措施(如通过协商追究过错行为人的责任)。在这两种情形下均无股东提起代表诉讼之余地。

若监事会、董事会、执行董事悍然拒绝了股东的书面请求,或自收到请求之日起30日内既不告知股东公司准备提起诉讼,也不告知股东公司不准备起诉,则适格股东有权直接挺身而出,启动股东代表诉讼程序。在第一种情况下,原告股东提起诉讼时应向法院出示董事会或监事会拒绝提起诉讼的书面请求;而在第二种情况下,原告股东提起诉讼时应向法院出示其至少在 30 日之前向董事会或监事会送达书面请求的有关证据(如公证送达文书、特快专递收据等)。原告股东应认真留存其向董事会或监事会送达书面请求的有关证据。

《公司法》第 151 条根据诚实信用原则和公平原则也设计了绿色通道制度。若情况紧急、不立即提起诉讼将会使公司利益受到难以弥补的损害的,原告股东有权为公司的利益以自己的名义直接向法院提起诉讼,而无需坐等一个月之后才能有所作为。此类紧急情况包括但不限于公司债权即将罹于诉讼时效,被告正在隐匿、转移或毁损公司财产等。

依《公司法》第 151 条,原告股东只需请求董事会(不设董事会时的执行董事)或监事会(不设监事会时的监事),而无需请求股东大会就是否提起股东代表诉讼作出决议。若允许股东大会作出撤诉决议,势必从根本上窒息小股东对控制股东及其支持下的公司高管提起的股东代表诉讼。

但人性有弱点。谁都无法咬自己的鼻子。内部救济程序也会存在道德风险。当监事会主席代表公司对董事长提起诉讼时,狼狈为奸的董事长与监事会主席可能达成诉讼共谋,悬空公司胜诉权。不仅董事与监事之间,公司内部人与外部人之间、控制股东与内部控制人之间的沆瀣一气都会严重损害公司利益,导致公司自治机制陷入失灵,导致竭尽公司内部救济原则陷入空转。

六、原告股东的激励机制

为细化股东代表诉讼操作规则,督促控制股东、实际控制人与内部控制人慎独自律,《公司法解释(四)》第 24 条明确股东代表诉讼中的公司为第三人,允许原告股东之外的其他股东作为共同原告以相同诉讼请求申请参加诉讼;第 25 条明确胜诉利益归属于公司、而非原告股东;第 26 条明确公司应当承担胜诉股东因参加诉讼支付的合理费用。

《公司法解释(四)》确认胜诉原告股东对公司的费用补偿请求权有利于奖励股东铁肩担道义的义举,但也要作诚信解释;否则,会便宜、放纵了损害公司利益的被告。鉴于被告的失信侵权行为与股东代表诉讼之间存在因果关系,为提升失信成本、降低失信收益,与其让受害公司承担胜诉股东的诉讼费用,不如让败诉方承担该费用更公平合理。因此,法官在适用《公司法解释(四)》第 24 条时应树立"竭尽败诉被告承担胜诉原告合理诉讼费用"的理念。具体说来,在原告股东胜诉时,法院应尽量将原告支出的合理诉讼费用(包括案件受理费、律师费和其他必要而合理的实际诉讼费用)转嫁给败诉被告承担。仅无法转嫁给败诉被告承担的合理诉讼费用才由公司承担。例如,倘若原告股东部分胜诉、部分败诉,败诉部分对应的合理诉讼费用无法由被告承担,只能由公司承担。

股东代表诉讼的胜诉利益当然归于公司,而非胜诉股东个人。如果胜诉股东无法获得奖励,败诉时要自担大部分律师费等诉讼费用,显然不符合收益与风险相匹配、权利与义务相平衡的理念。公司获得的胜诉利益有时依然处于败诉被告的实际控制之下,倘若不对胜诉股东予以利益激励,则公司和股东利益会再次受侵。为激励股东提起股东代表诉讼,美国判例法承认胜诉原告在三种情形下享有胜诉利益分享权(shareholders' right to individual proprata recovery):(1) 代表诉讼的被告是滥用公司财产的内部人[①];(2) 代表诉讼涉及的

[①] Eaton v. Robinson,19 R. I. 146,32 A. 339(1895); Backns v. Finkelstein,23 F. 2d 531(D. Minn. 1924).

公司中既有善意股东,也有恶意股东[①];(3)公司不再是运营良好的兴旺企业[②]。美国法学会《公司治理原则》第 7.18 条第 5 项也授权法院秉持公平原则,根据个案中的具体情况,在将必要金额留给公司债权人的前提下,将其判决金额的全部或一部按照股东持股比例分配给股东个人。为充分发挥法律的补偿、激励、警示和教育功能,建议法院在不害及公司债权人的前提下判决胜诉股东按其持股比例从公司胜诉利益中获得一定奖励(如胜诉金额的1%)。

七、股东代表仲裁

我国《公司法》仅例外确认了股东代表诉讼制度,并未确认"股东代表仲裁"制度,《仲裁法》亦未确立股东代表仲裁制度。这究竟属于立法者无心之失,抑或源于尊重与保护当事人意思自治原则和公司自治原则的立法理念,不无争议。倘若两家公司签署了仲裁协议,因两家公司同受某控制股东控制,守约方公司无法对违约公司提起诉讼,守约方小股东进退两难:倘若小股东对违约公司提起诉讼,法院以违约公司与守约公司之间存在仲裁条款为由裁定驳回起诉;倘若小股东对违约公司提起诉讼,仲裁机构又以违约公司与小股东之间不存在仲裁条款为由拒绝立案。建议《公司法》和《仲裁法》修改时确立股东仲裁制度,也建议《公司法解释(五)》对此作出明确。

八、行政诉讼中的股东代表诉讼

《公司法解释(四)》没有明确股东代表诉讼机制普适于民事诉讼与行政诉讼。有人认为,股东代表诉讼仅是解决民事纠纷的手段,仅限定于民事诉讼范畴,不是解决行政诉讼的手段,因此不应存在股东代表行政诉讼。笔者认为,从《公司法》第 151 条可以派生出行政诉讼中的股东代表诉讼。

首先,既然公司提起民事诉讼的权利由于公司治理失灵而卡壳,亟需股东代表诉讼跟进,公司提起行政诉讼的权利由于公司治理失灵而卡壳时,也有该制度需求。因此,股东代表诉讼制度既适用于民事诉讼,也适用于行政诉讼。股东代表诉讼的被告既包括民事主体,也包括行政机构。

其次,《公司法》第 151 条第 3 款并未将被告限定于民事主体,亦未将股东代表诉讼限定于"民事诉讼"。该条款明确规定:"他人侵犯公司合法权益,给公司造成损失的,本条第 1 款规定的股东可以依照前两款的规定向人民法院提起诉讼。"因此,其中的"他人"既包括民事主体,也包括行政机关。当原告股东对侵害公司权益的民事主体提起代表诉讼时,该诉讼属民事诉讼范畴,适用《民事诉讼法》;当原告股东对侵害公司权益的行政机关提起代表诉讼时,该诉讼属行政诉讼范畴,适用《行政诉讼法》。

最后,2000 年最高人民法院《关于执行〈中华人民共和国行政诉讼法〉若干问题的解释》第 15 条规定了股东代表行政诉讼:"联营企业、中外合资或者合作企业的联营、合资、合作各方,认为联营、合资、合作企业权益或者自己一方合法权益受具体行政行为侵害的,均可以自己的名义提起诉讼。"这意味着,最高人民法院司法解释已经承认了股东代表行政诉讼。就股东代表行政复议而言,原国务院法制办公室 2001 年 12 月 28 日对原国家工商总局《关于

---

① Brown v. De Young, 167 Ill. 549, 47 N. E. 863(1897).
② Bailey v. Jacobs, 325 Pa. 187, 189 A. 320(1937).

中外合作经营企业的合作一方是否具备行政复议申请人资格的请示》的复函(国法函[2001]282号)指出,"中外合作经营企业的合作一方,认为中外合作经营企业合法权益受具体行政行为侵害的,可以依法以自己的名义申请行政复议"。

建议《行政诉讼法》明确导入股东代表行政诉讼,《行政复议法》明确导入股东代表行政复议,并扩大股东代表行政诉讼和股东代表行政复议的适用范围,包括但不限于内资公司、外资公司、合作社企业等。在此之前,《公司法解释(五)》应有所作为。

九、股东代表诉讼不同于证券纠纷代表人诉讼

"证券纠纷代表人诉讼"与"股东代表诉讼"均有"代表"二字,但属于不同的制度设计。其一,证券纠纷代表人诉讼属于证券法的范畴,而股东代表诉讼属于公司法的范畴。其二,证券纠纷代表人诉讼旨在维护公众投资者的直接利益,而股东代表诉讼旨在维护公司的直接利益与全体股东的间接利益。其三,证券纠纷代表人诉讼的诉权源于公众投资者,而股东代表诉讼的诉权源于公司自身。为深入阐明二者的区别,此处就最高人民法院2020年7月31日颁布的《关于证券纠纷代表人诉讼若干问题的规定》(以下简称《证券代表人诉讼规定》)的制度设计理念及其主要裁判规则予以论述。[1]

《证券代表人诉讼规定》体现了投资者友好型的裁判理念,贯穿着公平与效率并重、法治与发展并举、诚信与创新兼顾的法治精神,有助于增强公众投资者的幸福感、获得感与安全感,提升人民法院全面服务于投资者权益保护事业的公信力,促进资本市场治理体系与治理能力现代化,推动资本市场服务于实体经济发展,持续优化稳定、透明、公平、可预期、有韧性和有温度的资本市场法治生态环境,值得充分肯定。

《证券代表人诉讼规定》全面激活了代表人诉讼机制的"三升三降"功能,是投资者友好型社会的压舱石。我国资本市场中的侵权、违约、失信等违法犯罪行为屡禁不止的主要根源在于"三高三低"的制度短板:一是失信收益高、失信成本低、失信收益高于失信成本;二是守信成本高、守信收益低、守信成本高于守信收益;三是维权成本高、维权收益低、维权成本高于维权收益。这恰恰是我国市场中失信违约侵权欺诈乃至犯罪乱象的根源。而《证券代表人诉讼规定》的推出有助于在法治轨道上促进"三升三降":一是提高失信成本,降低失信收益,确保失信成本高于失信收益;二是提高守信收益,降低守信成本,确保守信收益高于守信成本;三是提高维权收益,降低维权成本,确保维权收益高于维权成本,切实扭转受害投资者"为了追回一只鸡,必须杀掉一头牛"的尴尬局面。无论是普通代表人诉讼规则,还是特别代表人诉讼规则,都致力于在法治、理性、公平与透明的轨道上,将一盘散沙、散居各地的受害投资者团结起来,提高投资者的胜诉率与执行率,尊重投资者在诉讼程序中的参与权与选择权(包括默示加入权与明示退出权),进而提振投资信心,实现维权与维稳的有机统一。

《证券代表人诉讼规定》有助于倒逼资本市场主体见贤思齐,进而优化资本市场生态环境。司法解释虽是事后的裁判规则,而非事先的行为规则,但也会根本改变当事人和潜在当事人群体的思维模式与行为模式。在虚假陈述、内幕交易、操纵市场等失信行为引发的群体性证券纠纷中,上市公司及其控制股东、实际控制人、董事监事与高管是常见的被告群体,证券公司、会计师事务所、律师事务所及资产评估机构等证券服务机构也往往被列为共同被

---

[1] 刘俊海,《投资者友好型的证券纠纷代表人诉讼的制度创新》,载《人民法院报》2020年8月4日第2版。

告。这些资本市场主体的诚信度直接决定了资本市场的温度、深度与厚度。《证券代表人诉讼规定》中的许多制度设计都会倒逼资本市场各方主体慎独自律,择善而从,追求卓越。例如,在坚持败诉被告承担胜诉代表人案件受理费的原则的基础上,《证券代表人诉讼规定》第25条更旗帜鲜明地保护代表人请求败诉被告赔偿合理的公告、通知与律师等费用的权利。又如,《证券代表人诉讼规定》第29条扩张了代表人诉讼生效裁判文书的效力,凡是符合权利人范围但未参加登记的投资者在提起诉讼时,只要其主张的事实和理由与代表人诉讼生效判决或裁定所认定的案件基本事实和法律适用相同,人民法院即可裁定适用生效判决或裁定,裁定一经作出立即生效。这些规则空前降低了投资者的维权成本,大幅提高了上市公司等侵权人的失信成本,有助于从根本上遏制资本市场中见利忘义的机会主义行为,从内心深处培育资本市场主体对法律的信仰与敬畏之心以及对公众投资者的感恩之心。

《证券代表人诉讼规定》全面激活了普通代表人和特别代表人的积极维权功能,并确保和而不同的两类代表人诉讼同频共振。普通代表人诉讼是《民事诉讼法》第53条和第54条创设的传统类型,《证券法》第95条第1款、第2款也确认其在证券纠纷化解中的重要作用;而特别代表人诉讼是《证券法》第95条第3款创设的资本市场新型代表人诉讼类型。无论普通代表人诉讼,还是特别代表人诉讼,都代表和维护不特定多数公众投资者的合法权益,都受到《证券代表人诉讼规定》的规范与保护。二者和而不同,既有个性,也有共性。基于个性,《证券代表人诉讼规定》在第二部分规定了普通代表人诉讼,在第三部分规定了特别代表人诉讼。投资者保护机构作为中国证监会设立的履行保护公众投资者法定职责的法定机构,理应在化解人数众多、金额巨大、影响深远的群体性证券纠纷中发挥主渠道作用。为打通特别代表人诉讼维护公益的绿色通道,《证券代表人诉讼规定》第39条允许特别代表人诉讼案件不预交案件受理费,允许败诉或部分败诉的原告申请减交或免交诉讼费用,但是否准许,由法院视原告经济状况和案件审理情况而决定;第40条不要求申请财产保全的投资者保护机构提供担保。以上诉讼政策的优惠与便利不是投资者保护机构的"特权",而是其代表公众投资者、捍卫资本市场公共利益时的公器。基于共性,《证券代表人诉讼规定》第41条允许特别代表人诉讼案件审理缺乏明确规定时,补充适用普通代表人诉讼中关于起诉时人数尚未确定的代表人诉讼相关规定。为实现二者无缝对接,《证券代表人诉讼规定》第32条规定了普通代表人诉讼程序向特别代表人诉讼程序的转化机制,允许投资者保护机构在普通代表人诉讼公告期间受50名以上权利人特别授权时作为代表人参加诉讼,先受理普通代表人诉讼的法院若缺乏特别代表人诉讼管辖权,应将案件移送有管辖权的法院。作为投资者保护机构的中国投资者保护基金有限责任公司与中证中小投资者服务中心也要持续提升维权能力,建设学习型、研究型组织,当好公众投资者的"娘家人",并依法配合人民法院审判工作。

《证券代表人诉讼规定》弘扬了调解文化,鼓励诉调结合。我国调解文化源远流长。水低为海,人低为王。妥协共赢是人生的最大智慧,也是化解证券纠纷的最大智慧。《证券代表人诉讼规定》第3条强调充分发挥多元解纷机制的功能,按照自愿、合法原则,引导和鼓励当事人通过行政调解、行业调解、专业调解等非诉讼方式解决证券纠纷。即使当事人选择通过诉讼方式解决纠纷,人民法院在案件审理过程中也要着重调解、鼓励和解。为提高调解成功率,保障调解协议的合法性、公平性、适当性和可行性,《证券代表人诉讼规定》第18条要求代表人与被告将其达成的调解协议草案提交法院予以初步审查,第19条要求人民法院将调解协议草案通知全体原告,第20条允许对调解协议草案内容有异议的原告出席听证会或以书面方式向人民法院提交异议的具体内容及理由,第21条规定了人民法院批准调解协议草案时遵循的严谨透明程序,允许异议原告退出调解,人民法院对申请退出原告的诉讼继续审理,并依法作出相应判决。以上一系列的制度设计彰显了程序正义与结果正义相结合的调解理念,有助于确保调解方案符合广大公众投资者的根本利益,预防代表人与被告恶意串通损害公众投资者的合法权益。建议人民法院在查明事实、分清是非的基础上,弘扬调解文化,加大调解力度。更希望证券纠纷各方当事人都能换位思考、登高望远、舍小得大,握手言和,共同找到互利共赢的和解方案。法律不仅是斗争、对抗的艺术,也是重建信任、走向合作的艺术。

市场失灵时,司法权不能失灵。在资本市场法律制度被践踏、投资者的知情权与公平投资权受到侵害、商法自治与契约自由被滥用、上市公司治理失灵时,人民法院必须挺身而出,有效维护公众投资者作为弱势群体的合法权益。但徒法不足以自行。为确保《证券代表人诉讼规定》落地生根,人民法院对各类证券代表人诉讼要开门立案、凡诉必理,做到快立案、快审理、快判决与快执行,实现对投资者权益的平等保护、全面保护与精准保护,确保裁判与执行的法律效果、政治效果、社会效果、道德效果与市场效果的有机统一。证券监管机构、地方各级人民政府、证券交易所、行业协会及资本市场各方也要满腔热忱地支持人民法院公平高效地化解证券代表人纠纷,不断优化诚实信用、公平公正、多赢共享、包容普惠的资本市场生态环境。

第六章

股 权 转 让

随着现代公司的发展壮大,股权已成社会财富的重要法律载体,股权流转日益频繁。股权转让既能促成财富流转,又能促成财富的创造;既能确保老股东顺利退出公司,又能促成新股东平稳加盟;既能降低公司资源的交易成本,又不妨碍公司的正常经营。股权转让指向的公司既包括有限责任公司,也包括股份有限公司(含上市公司)。与有限责任公司相比,股份有限公司尤其是上市公司的股权流通性更强。

第一节 有限责任公司股权转让合同的效力

一、股权转让合同的成立生效主义原则及其例外

像其他合同一样,有限责任公司股权转让合同的效力也存在着有效、无效、可变更或可撤销、效力待定之别。股权转让合同究竟自成立时生效,抑或自办理批准、登记等手续完毕之时生效,《公司法》语焉不详。

依《民法典》第502条,依法成立的合同,自成立时生效,但是法律另有规定或者当事人另有约定的除外;依照法律、行政法规的规定,合同应办理批准等手续的,依其规定;未办理批准等手续影响合同生效的,不影响合同中履行报批等义务条款以及相关条款的效力。应当办理申请批准等手续的当事人未履行义务的,对方可以请求其承担违反该义务的责任。依法律、行政法规的规定,合同的变更、转让、解除等情形应办理批准等手续的,适用前款规定。

鉴于《公司法》与《民法典》在股权转让合同规制方面是特别法与一般法的关系,认定股权转让合同的效力应坚持成立生效主义为原则,批准生效主义或登记生效主义为例外的司法态度。虽然批准生效主义或登记生效主义旨在贯彻社会公共政策目标、捍卫国家利益和社会公共利益,但股权转让合同毕竟为私法行为,为弘扬契约自由精神,鼓励股权流转,确认批准或登记生效的强制规定越少越好。股权转让合同的批准主要限于国家股权和外商投资企业股权转让等情形。

《民法典》不仅确认成立生效主义原则,而且允许股权买卖双方依意思自治原则,通过附条件或附期限的方式控制股权转让合同的效力。根据《民法典》第158条,股权转让合同可以附条件,但是根据其性质不得附条件的除外;附生效条件的股权转让合同,自条件成就时生效;附解除条件的股权转让合同,自条件成就时失效。为预防当事人背信弃义、恶意促成

或阻止条件的成就,第159条推出了反制措施:附条件的股权转让合同,当事人为自己的利益不正当地阻止条件成就的,视为条件已经成就;不正当地促成条件成就的,视为条件不成就。第160条允许股权转让合同附期限,但根据其性质不得附期限的除外;附生效期限的股权转让合同,自期限届至时生效;附终止期限的股权转让合同,自期限届满时失效。

例如,当事人可约定合同自其办理公证之日起生效。但所附条件不得违反逻辑。若某合同约定"合同自买方购买的股权在公司登记机关办理变更登记之日起生效"即属违反逻辑之例。从逻辑上看,股权转让合同与股权变更登记变动之间互为因果、源流。股权变更登记是股权转让合同履行的结果,而履行合同的前提是合同有效;若合同效力尚未发生,何谈合同之履行和股权之变更登记？当事人将股权变动约定为股权转让合同生效的前提,实有本末倒置之嫌,混淆了合同行为与股权变动行为以及股权变更登记行为之间的法律边界。此种约定应解释为合同当事人对合同生效条件未作特别约定,但合同中其余条款的效力并不因此而受影响。

二、一股多卖的效力

横向的一股多卖是指某股东就同一股权分别与多名买方签订股权转让合同。失信股东的一股多卖行为往往欺诈多名买方,并导致激烈的新股东资格确认争讼。由于卖方在客观上只能履行其中一份合同,对其他买方而言必然陷入事实上或法律上履行不能的境地,从而招致对后者的违约责任或缔约过错责任。裁判者首先要从诸多买方中筛选出善意相对人,将此类股权买卖合同的撤销权交给善意相对人;若有多名善意买方、且其均不行使撤销权,而主张自己享有股东资格的,裁判者应根据公司股东名册或其他足以认定公司已接纳该股东的替代证据,从中筛选出公司股东;其他买方虽然不能被确认为股东,但有权根据股权买卖合同追究卖方的违约责任。裁判者不能由于有些买方不能取得股东资格而确认系争的股权买卖合同无效。对开发商一房二卖案件也应采取类似裁判思维。

纵向的一股多卖是指买卖双方签署股权买卖合同之后,买方又有可能将其未取得的股权转卖给第二买主,第二买主又有可能将自己未取得的股权卖给第三买主。依此类推,同一股权可能在一日内发生十次买卖关系。对纵向的一股多卖行为,只要各方当事人意思表示真实,作为合同标的物的股权真实合法、不属于禁止或限制流转范畴,买卖合同并不因买卖层次过多而当然无效。聪明的商人可以通过附条件和附期限的方式化解自己的合同风险。若十项买卖合同对股权交付期限的约定环环相扣,彼此协调,也不会产生违约问题。即使发生了违约行为,守约方可以追究违约方的违约责任。

三、股东出资瑕疵对股权转让效力的影响

出资瑕疵的事实是否影响股东的权利？当然。出资瑕疵股东与及时足额出资股东应享有不同权利、承担不同义务,股东出资充分与否对股权必然产生影响。瑕疵出资股东既然被载于股东名册或公司登记资料,就应享有权利、承担义务,而不应将其从股东范畴中抛弃出去,一概否认其股东身份。股权转让的实质是股东资格或股东身份的转让。瑕疵出资股东有权将其有瑕疵的股东资格或股东身份转让给第三人。但不能由于股东在股东名册或公司登记机关登记在册,就否认出资瑕疵事实对股权的影响,否认该类股东的出资差额补充责任。

出资瑕疵必然导致股权瑕疵。瑕疵出资股东向第三人转让的股东资格或股东身份，究竟是完美无缺的股权，抑或有瑕疵的股权？笔者持后一观点。买方承受的股东资格受制于卖方的股东资格。作为法学定理，卖方向买方转让的权利不能大于卖方拥有的权利。卖方股东资格因出资瑕疵而存在瑕疵的，买方股东资格也存在瑕疵。此种瑕疵是否会影响股权转让合同的效力，应具体分析：(1) 如果卖方在签订股权转让合同时，将出资瑕疵的事实如实告知买方，买方明知或应知这一事实，仍然受让股份，则股权转让合同有效，而且买卖双方应就瑕疵出资导致的民事责任承担连带责任。(2) 如果卖方在签订股权转让合同时，隐瞒了出资瑕疵事实，致使买方签订股权转让合同时因不明真相而受让股权，买方有权以被欺诈为由，请求法院或仲裁机构撤销或变更股权转让合同。

瑕疵出资或者抽逃出资的股东转让股权时，公司若有证据证明出让方违反出资义务或者抽逃出资，诉请将转让款直接补缴相应出资的，裁判机构应予支持。倘若公司怠于或拒绝为之，其他适格股东有权提起股东代表诉讼。当事人因股权转让合同发生纠纷，公司或其他股东以转让股权的股东瑕疵出资或者抽逃出资为由，主张以股权转让款补足出资并请求参加诉讼的，法院应将案件合并审理。

倘若股权受让人明知其前手存在瑕疵出资或抽逃出资事实仍受让其股权的，公司的债权人有权主张前后手在瑕疵出资或者抽逃出资的金额及利息范围内对公司不能清偿的债务连带承担赔偿责任。倘若瑕疵出资股东是原始股东，则公司设立时的其他原始股东也要在瑕疵出资的金额及利息范围内对公司不能清偿的债务连带承担赔偿责任。

四、无效或可撤销的股权转让合同的处理

与一般交易合同尤其是普通商品买卖合同不同，股权转让合同的签订与实际履行不仅直接影响转让双方之间的利益格局，而且间接波及合同外的利益相关者（包括公司、债权人、劳动者）的切身利益。因为，股权转让合同一旦履行，不仅转让双方之间发生对价的对待给付，而且买方有可能参与公司的实际经营管理，改变公司的经营理念、经营方针，甚至从根本上扭转公司原有的经营与财务状况。若股权转让合同嗣后被确认无效或撤销，必然在转让双方及其公司利益相关者之间掀起轩然大波。

为尊重转让双方的契约自由，促成和成全股权交易活动，法院或仲裁机构应尽量维持股权转让合同的效力。具体说来，在确认股权转让合同无效时，应严格把握合同无效的构成要件；在撤销股权转让合同时，对可撤销也可不撤销的股权转让合同，应尽量不撤销。在有机会弥补股权转让合同的效力瑕疵时，应尽量允许当事人弥补瑕疵，将有瑕疵的股权转让合同转化为有效的股权转让合同。

依《民法典》第157条，民事法律行为无效、被撤销或者确定不发生效力后，行为人因该行为取得的财产，应当予以返还；不能返还或者没有必要返还的，应当折价补偿；有过错的一方应当赔偿对方由此所受到的损失；各方都有过错的，应当各自承担相应的责任；法律另有规定的，从其规定。可见，返还财产（折价补偿）与赔偿损失乃股权转让合同被确认无效或撤销之后的主要处理措施。

就返还财产而言，转让双方都应将其从对方取得的财产予以返还，从而将合同双方当事人之间的利益关系恢复到无效合同缔结前的状态。买方有义务将其依据无效或被撤销的股权转让合同所取得的股权返还给卖方。

值得注意的是,《民法典》第 157 条的返还财产中的"财产"二字并不拘泥于"财产所有权",而泛指具有财产内容的各项民事权利,如所有权、他物权、债权、股权等。公司有义务协助卖方办理股权回转的相关手续(如修改章程、变更股东名册、前往公司登记机关办理股东变更登记)。买方依据无效或被撤销的股权转让合同取得的股利亦应完璧归赵;否则,构成不当得利。但要返还给谁,需要具体情况具体分析。买方分红时符合分红条件与程序的,应将红利返还卖方;买方分红时不符合分红条件与程序的,应将红利返还公司。

就赔偿损失而言,转让双方对由于自己过错而给对方造成的实际财产损失(包括直接财产损失与间接财产损失)应承担赔偿责任。当然,赔偿的损失仅限于返还财产之后仍无法消弭的财产损失。买方向卖方赔偿损失的范围不包括公司利益直接受损、卖方作为股东利益间接受损的部分。买方在实际经营管理公司期间不法侵害公司合法权益的行为不仅导致公司利益直接受损,而且导致股东利益间接受损。在这种情况下,只要公司遭受的损害获得了赔偿,卖方作为股东的利益损失也将获得补偿,卖方只能通过敦促公司对买方股东提起损害赔偿之诉;若公司怠于或拒绝对其提起诉讼,卖方在恢复股东资格后可依法提起股东代表诉讼。在计算卖方作为原告股东的持股期间时,卖方的股东资格视为未中断。

五、公司章程条款对股权转让行为的影响

基于公司自治与股东自治精神,公司法允许有限责任公司章程对股权转让自由加以限制或鼓励。例如,《公司法》第 71 条第 4 款规定:"公司章程对股权转让另有规定的,从其规定。"因此,章程可以规定股东向公司外部的第三人转让股权时不必征求其他股东同意,也可规定必须获得其他股东 2/3 以上同意。又如,《公司法》第 75 条既原则允许自然人股东死亡后由其合法继承人继承股东资格,又在但书条款中允许章程另作不同规定。据此,章程条款可以约定:"因继承取得股权的,经全体股东半数以上同意,取得股东资格。未取得同意的,依照公司法有关股权转让的限制性规定转让股权。"

但公司章程的规定不得违反法律和行政法规中的强制性规定,不得侵害股东的固有权。例如,公司章程不得禁止股东转让股权。又如,公司章程不得禁止股东依法退股。再如,公司章程不得授权股东会随时作出决议,无故开除某股东的股东资格,或无故强迫某股东向股东会决议指定的股东出让股权。

六、有限责任公司股权的善意取得制度

《民法典》第 311 条规定了善意取得的一般规则:"无处分权人将不动产或者动产转让给受让人的,所有权人有权追回;除法律另有规定外,符合下列情形的,受让人取得该不动产或者动产的所有权:(1)受让人受让该不动产或者动产时是善意;(2)以合理的价格转让;(3)转让的不动产或者动产依照法律规定应当登记的已经登记,不需要登记的已经交付给受让人。受让人依据前款规定取得不动产或者动产的所有权的,原所有权人有权向无处分权人请求损害赔偿。当事人善意取得其他物权的,参照适用前两款规定。"

但有限责任公司的股权转让是否适用善意取得制度,存在争议。"肯定说"着眼于维护交易安全,"否定说"着眼于维护股东的既得利益。笔者持"肯定说",主张对股权转让中的善意取得行为原则上可以准用《民法典》第 311 条。理由有三:一是有助于在区分内外法律关系的基础之上,礼让善意取得人,维护股权交易安全;二是原股东可依据侵权责任制度追究无处分权人的侵权责任,进而维护原股东的合法权益;三是确认股权善意取得制度不但有助于鼓励投资者在合理审慎地开展尽职调查的基础上大胆受让股权,而且有助于提升有限责任公司股权转让的公信力与流通性,加速有限责任公司的股权流转,拓宽有限责任公司股权的退出通道。善意取得人若无法享受善意取得制度的保护,则对有限责任公司的股权转让有可能产生不安全感,甚至对受让有限责任公司的股权望而却步,这显然在一定程度上堵塞了有限责任公司股权转让的退出通道。

由于股权不同于物权,有限责任公司的股权转让只能准用、而不能直接适用《民法典》第311条。具体说来,无处分权人将有限责任公司的股权转让给受让人的,原股东有权追回;除法律另有规定外,受让人能够证明其取得股权的行为同时符合下列三个条件的,受让人可以取得该股权:(1)在主观上,受让人受让该股权时是善意的,不存在恶意或者重大过失。这意味着,受让人受让股权时依据公司法和公司章程的规定尽到了合理的注意义务,受让人不知道、也无义务知道转让人无权处分的事实。受让人要对自己的善意主观心态承担举证责任。若无权处分人(权利人之外的其他股东)与第三人恶意串通,恶意侵占权利人的股权,则权利人有权请求法院或者仲裁机构确认该股权转让行为无效。(2)在客观上,受让方支付了合理的股权转让价款。(3)在公示公信方面,转让的股权依照法律规定已经在公司股东名册办理变更记载,且在公司登记机关办理股权变更登记。以上三个条件必须同时具备,缺一不可。

在受让人善意取得股权的情况下,原股东有权向无处分权人请求赔偿损失。损害赔偿的范围以股权的市场价值为准。

针对名义股东擅自处分代持股权的现象,《公司法解释(三)》第25条规定了善意取得制度与名义股东诚信义务兼顾的司法态度:名义股东将登记于其名下的股权转让、质押或者以其他方式处分,实际出资人以其对于股权享有实际权利为由,请求认定处分股权行为无效的,法院可参照《民法典》第311条(原《物权法》第106条)处理。名义股东处分股权造成实际出资人损失,实际出资人请求名义股东承担赔偿责任的,法院应予支持。因此,若名义股东未经隐名股东的同意,擅自转让股权,只要第三人为善意相对人,就应认定股权转让协议有效。至于因名义股东擅自转让股权给隐名股东造成损失的,隐名股东可依据双方的协议约定,追究名义股东的违约或侵权责任。若第三人知道或应当知道名义股东不是实质股东而恶意购买的,则股权转让协议构成恶意串通、损害第三人利益的合同,法院或仲裁机构应当确认其无效。

老股东的优先购买权固然重要,但仍不得对抗股权辗转流通数次之后的善意取得人。老股东只能追究侵害其优先购买权的股东或其他行为人的损害赔偿责任。

最高人民法院《关于审理外商投资企业纠纷案件若干问题的规定(一)》(简称《外资企业司法解释(一)》)第21条在规定外商投资企业或者其一方股东非法剥夺他方股东资格的救济措施时,也考虑到了善意第三人的善意取得问题。外商投资企业一方股东或者外商投资企业以提供虚假材料等欺诈或者其他不正当手段向外商投资企业审批机关申请变更外商投资企业批准证书所载股东,导致外商投资企业他方股东丧失股东身份或原有股权份额,他方股东请求确认股东身份或原有股权份额的,法院应予支持。第三人已经善意取得该股权的除外。他方股东请求侵权股东或者外商投资企业赔偿损失的,法院应予支持。

《公司法解释(三)》第28条在规定原股东擅自处分已转让股权的救济之道时也注意到

与善意取得制度的有机协调。股权转让后尚未向公司登记机关办理变更登记,原股东将仍登记于其名下的股权转让、质押或者以其他方式处分,受让股东以其对于股权享有实际权利为由,请求认定处分股权行为无效的,法院可参照《民法典》第311条处理。原股东处分股权造成受让股东损失,受让股东请求原股东承担赔偿责任、对未及时办理变更登记有过错的董事、高管或实控人承担相应责任的,法院应予支持;受让股东对于未及时办理变更登记也有过错的,可适当减轻上述董事、高管或实控人的责任。

第二节 有限责任公司股权变动的效力

一、股权转让合同与股权变动的效力关系

合同生效的时间不同于合同项下股权的变动时间。如同物权行为独立于债权行为,股权变动行为亦卓然独立于股权转让合同。法院或仲裁机构不得以股权变动尚未发生为由否认股权转让合同的效力。生效的股权转让合同仅产生卖方将其所持股权让渡给买方的合同义务,而非导致股权的自动、当然的变动。纵使股权转让合同生效,若卖方拒绝或怠于协助买方将合同项下的股权过户给买方,股权仍属于卖方,只不过买方有权依《民法典》合同编追究卖方的违约责任(如继续履行合同或解除合同、赔偿损失等)。

股权转让合同与股权变动的效力既有区别,也紧密联系。从逻辑上看,取得股权是买方缔约履约的目的,缔约履约是取得股权的手段。鉴于股权变动以股权转让合同生效为前提,买方欲圆满取得股权,应重视缔约履约的细节管理尤其是尽职调查工作。鉴于公司内部登记生效主义与公司外部登记对抗主义的法律意义,买方还要关注股权变动自身的法律规则,及时跨越公司内部登记与公司外部登记的双重法律门槛,以避免股权受让目的之落空。

二、股权变动效力的界定

签订股权转让合同仅是当事人取得股权的手段而已,取得股权则是受让方与转让方缔约的真实目的。受让方关注股权转让合同的效力,更关注股权变动的效力。前已述及,股权转让合同的生效时间要早于股权变动的生效时间,因此不能将股权变动的生效时间追溯到股权转让合同的生效时间。

《公司法》第73条规定:"转让股权后,公司应当注销原股东的出资证明书,向新股东签发出资证明书,并相应修改公司章程和股东名册中有关股东及其出资额的记载。"此处的"转让股权"当指股权转让合同生效;"转让股权后"当指股权转让合同生效后。因此,从逻辑关系上看,股权转让合同生效在前,注销(签发)出资证明书、修改公司章程和股东名册中有关股东及其出资额的记载在后。

除了公司内部的股权登记变动行为,《公司法》第32条第3款还规定了公司外部的股权登记变动行为:"公司应当将股东的姓名或者名称向公司登记机关登记;登记事项发生变更的,应当办理变更登记。未经登记或者变更登记的,不得对抗第三人。"

公司无论是在公司内部登记变动中,还是在公司外部登记变动中,都扮演着承上启下的重要角色。只不过,公司内部登记的变动主体是公司,而公司外部登记的变动主体是公司登记机关。接踵而至的问题是,股东权何时发生变动?是以股权转让合同生效之时为准,还是

以公司将受让方载入股东名册之时为准,抑或公司在公司登记机关办理股东变更登记之时为准,在司法实践中,易滋歧义。

结合前述两条的立法原意,兼顾受让方的缔约目的与善意第三人的信赖利益,应当对股权变动采取公司内部登记生效主义与公司外部登记对抗主义相结合的态度。就公司内部关系而言,公司股东名册的变更登记之时视为股权交付、股东身份(股东投资权利、义务、风险和收益)开始转移之时。就公司外部关系而言,公司登记机关的股权变更登记行为具有对抗第三人的效力。此种态度一方面有利于受让方取得和行使股权;另一方面,也有利于对善意第三人的保护。

三、公司内部登记生效主义

公司内部登记生效主义,指公司内部的股权登记变动之时即为股权变动之时。其法理依据在于,股权关系是股东与公司之间的法律关系,只有公司最清楚自己的股东姓其名谁。基于此,只能以公司将受让方载入股东名册之时或者公司向新股东签发出资证明书之时作为股权变动之时,至于公司在公司登记机关是否办理股东变更登记,原则上并不影响股权的变动效力。

依《公司法》第73条,转让股权后,公司应当注销原股东的出资证明书,向新股东签发出资证明书,并相应修改公司章程和股东名册中有关股东及其出资额的记载。可见,办理公司内部股东名册变更的直接后果是,导致股权的变动,即原股东股东权的消灭,以及新股东的股东权的产生。

就公司内部的股权登记变动程序而言,股权转让合同生效后,受让方有权向公司出示其股权转让合同,并请求公司向自己签发出资证明书,将公司章程和股东名册中的"转让方"的股东身份替换为"受让方"的股东身份。受让方也应重视股东名册中的相关事项记载,并尽量提供全面的登记资料(如电话、传真、电子邮件等联络方式以及代理人或者联系人等),以便公司及时办理相关股东事务。

协助受让方办理公司内部的变更登记手续,是股权转让所在公司依《公司法》第73条肩负的一项法定义务。若公司怠于或者拒绝办理内部变更登记手续,受让方有权对其提起诉讼,请求法院责令公司继续履行法定协助义务。受让方因此而遭受实际损失的,有权请求公司予以赔偿。即使公司已经向转让方履行了义务(如参会通知义务、股利给付义务),仍不得免除公司对受让方的协助义务。当然,聪明的公司在知悉其股东的股权转让事实后,应当积极主动地配合股权转让双方当事人办理公司内外的股东登记变更手续,以避免不必要的纠纷和资源浪费。需要强调的是,即使公司怠于或拒绝变更股东名册、签发新的出资证明书、修改公司章程,并不影响股权转让合同的效力。

若由于股权转让合同当事人(包括受让方)的过错,致使公司不知道且没有义务知道股权转让合同生效的事实,并由此导致公司没有及时变更股东名册,公司依然有权推定记载于原有股东名册上的老股东(包括转让方)有资格对公司主张股东权,公司有权只向转让方发出股东会召集通知、分配股利和剩余财产。但受让方(新股东)有权依据生效的股权转让合同请求转让方协助受让方请求公司变更股东名册。转让方在股权转让合同生效后接受股利或者剩余财产分配的,应当对受让方承担不当得利之债;但转让双方在合同中约定以股权变动作为划分股利、剩余财产分配归属的时点的,不在此限。

《民法典》第509条规定了合同附随义务：当事人应当按照约定全面履行自己的义务。当事人应当遵循诚信原则，根据合同的性质、目的和交易习惯履行通知、协助、保密等义务。当事人在履行合同过程中，应当避免浪费资源、污染环境和破坏生态。据此，转让方也有义务提供协助，如向公司交还出资证明书、确认其已向受让方转让股权的事实。

四、公司外部登记对抗主义

公司外部登记对抗主义，指在公司登记机关的股权变更登记行为具有对抗第三人的效力。就公司外部关系而言，股权转让合同原则上自合同成立之日起生效（履行批准或登记生效手续的除外）、股东权自公司股东名册变更登记之日起移转，但由于股东身份及其持股比例的变更属于公司公示事项，公司应当前往公司登记机关办理股权转让合同登记手续。此种登记从性质上看，属于对抗第三人的效力，而非股权变动的效力，亦非合同自身生效的效力。

《公司法》第32条第3款一方面要求"公司应当将股东的姓名或者名称向公司登记机关登记；登记事项发生变更的，应当办理变更登记"；另一方面，从反面明确了公司外部股权登记变动行为的对抗效力："未经登记或者变更登记的，不得对抗第三人。"对抗第三人的效力，指股权变动信息经由公司登记机关披露给社会公众以后，应当推定社会公众知道或者应当知道这些披露信息。若股权转让合同成立且股权交付后，公司怠于前往公司登记机关办理股权转让登记手续，则合同自身的效力和股东权交付的效力并不因此而受影响，只不过股东权转让双方不能凭转让合同或者公司股东名册对抗第三人而已。此处的"第三人"相对公司以及转让方之外的民事主体而言，仅指善意第三人，不包括恶意第三人以及具有重大过失的第三人。

《公司法》第32条第3款之所以采取公司外部登记对抗主义的立法态度，乃因公司登记机关的登记文件的公信力和证明力高于公司内部的股东名册或出资证明书，善意第三人（包括潜在的股东权受让方和公司的债权人）有权信赖公司登记机关的登记文件。该条款之所以未采取公司外部登记生效主义，是鉴于公司外部登记生效主义虽然对善意第三人的保护力度最大，但对受让方的利益关怀不够，且没有充分注意到股东权关系的核心在于公司与股东关系的特点。

《公司登记管理条例》第34条第1款规定，"有限责任公司变更股东的，应当自变更之日起30日内申请变更登记，并应当提交新股东的主体资格证明或者自然人身份证明"。其中的"变更之日"显然指"股权过户之日"或者"公司股东名册变更之日"。这意味着，公司股东名册变更在先，公司登记机关股权变更登记在后。办理股东变更登记的义务主体为公司，而非股权转让方或者受让方。当然，受让方有权督促公司及时前往公司登记机关办理股东变更登记手续。若公司拒绝或者怠于办理，则属违反法定义务的行为，受让方有权向法院对公司提起及时办理股东变更登记手续之诉。公司登记机关也应随时应公众之请求，开放查阅有关股东身份的登记资料。

五、公司内部登记与外部登记相互冲突时的解决思路

在理想状态下，有限责任公司股权转让的外部登记与内部登记同时进行，转让双方皆大欢喜，也不干扰善意第三人对股权转让行为的合理预期。但在现实生活中，虽已办理外部登

记,但未办理内部登记;或虽已办理内部登记,但未办理外部登记;甚至外部登记与内部登记均未办理的情况并不在少数。

在第一种情形下,受让人可以对抗第三人,但尚未有效取得股东权(股东的资格或者地位),但受让人有权依据股权转让合同要求公司补办公司内部登记手续,变更股东名册,从而有效取得股权。

在第二种情形下,受让人已经有效取得了股东权(股东的资格或者地位),甚至已在事实上行使股东的权利(如已经参加股东会、并就股东会决议进行了表决,或者已经接受了股利分配),但尚未取得对抗第三人的效力。从理论上说,转让人仍然有可能与第三人签订股权转让合同,将其股权再次转让给第三人,但因受让人已经捷足先登办理了公司内部股东名册的变更手续,致使受让第三人无法有效取得股权。在这种情况下,第三人有权依据生效的股权转让合同追究转让方的违约责任。

在第三种情形下,受让人不仅没有取得股权,而且无力对抗任何善意第三人。转让人仍然有可能将其股权再次转让给第三人,并请求公司将第三人的姓名或者名称记载于公司股东名册和公司登记机关。此时,第三人作为法律上承认的股东有权行使原股东(转让方)享有的诸项权利,并把虽已交付股权转让价款、且在事实上行使股东权利,但尚未从法律上取得股权的受让方扫地出门。当然,被"逐出"公司的受让方有权回过头来,追究转让方的违约责任。

第三节 有限责任公司股东向非股东转让股权的特殊限制规则

一、有限公司闭锁性及股东间的人合性对股权转让的影响

股权作为民事权利尤其是财产权利,可依法自由转让。但公司类型不同,股权转让的自由度也有区别。开放型股份有限公司尤其是上市公司的股东享有的股权转让自由度远远超过闭锁型有限责任公司的股东。这乃因,股份有限公司注重资合性,而有限责任公司更注重人合性,即股东间的高度信任与信赖。

基于股东人合性,《公司法》第71条第1款允许有限责任公司股东间相互转让股权,转让双方之外的其他股东应乐见其成,均不享有优先购买权,除非公司章程另有规定或股东协议另有约定。股东受让股权有时源于对公司的深厚感情,有时源于打破公司僵局的无奈之举。与外部人相比,现有股东一般都熟悉公司财务、经营和治理现状,识别与控制受让股权风险能力较强。在司法实践中,股东间转让股权的争讼较少。而在市场风险、道德风险与法律风险等多重风险叠加的情况下,有限责任公司股东向公司外部第三人出让股权时引发的争讼较多。争讼类型与成因很多,但裁判难度最大、当事人预期度最低的争议案件则围绕股东优先购买权而展开。

为维护有限责任公司的闭锁型及股东间的人合性,《公司法》第71条第2款至第3款赋予老股东一系列应对股东向公司外部第三人出让股权的既得权利,包括但不限于知情权、同意权、异议权、优先购买权及诉权。这些权能既严格区别,又密切关联。由于这些条款可诉性与可裁性较弱,致使上述权利的行使程序、救济权利、救济程序、除斥期限等都存在立法盲区。例如,侵害老股东同意权与优先购买权的股权转让合同的效力为有效、无效、可撤销抑

或效力待定？恶意规避老股东行使优先购买权的效力如何？"同等条件"的具体内涵如何理解？要营造活而有序的有限责任公司股权转让市场，《公司法解释（四）》必须对症下药，聚焦和解决这些疑点、难点、争议问题。

二、限制规则之一：其余老股东的同意权与否决权

为使有限责任公司股东的股权转让自由更具有弹性和效率，预防股权转让中的"卡壳"现象，《公司法》第71条第2款规定："股东向股东以外的人转让股权，应当经其他股东过半数同意。股东应就其股权转让事项书面通知其他股东征求同意，其他股东自接到书面通知之日起满30日未答复的，视为同意转让。其他股东半数以上不同意转让的，不同意的股东应当购买该转让的股权；不购买的，视为同意转让。"

没有全面知情，就没有理性选择。为强化股东知情权保护，《公司法解释（四）》第17条第1款与第2款加大了出让股东的信息披露义务：有限责任公司的股东向股东以外的人转让股权，应就其股权转让事项以书面或者其他能够确认收悉的合理方式通知其他股东征求同意；其他股东半数以上不同意转让，不同意的股东不购买的，法院应当认定视为同意转让；经股东同意转让的股权，其他股东（含同意股东）主张转让股东应当向其以书面或者其他能够确认收悉的合理方式通知转让股权的同等条件的，法院应当予以支持。

可见，《公司法解释（四）》不仅将《公司法》规定的股权转让事项的"书面通知"形式扩张解释为"书面或者其他能够确认收悉的合理方式"，以囊括手机短信、微博通知、微信群通知、微信语音留言等通知形式；而且明确其他老股东有权要求出让股东通知转让股权的同等条件。无论是同意还是反对股权出让给外部第三人的股东，都依法享有知情权。

三、限制规则之二：老股东的优先购买权

为维系有限责任公司股东之间的人合性，《公司法》第71条第3款规定了老股东的优先购买权，并明确了优先购买权的行使方法："经股东同意转让的股权，在同等条件下，其他股东有优先购买权。两个以上股东主张行使优先购买权的，协商确定各自的购买比例；协商不成的，按照转让时各自的出资比例行使优先购买权。"

据《公司法解释（四）》第17条第3款，法院支持其他股东在同等条件下主张优先购买权。但第20条允许转让股东基于股权处分自由原则改弦易辙，放弃出让股权的打算，除非章程另有规定或全体股东另有约定。这乃因，优先购买权不简单等同于强制缔约权。基于契约自由原则，老股东不能强迫曾有意出让股权的股东继续向自己出让股权。但基于诚实信用原则，叶公好龙的出让股东先将对外出让股权的事项告知其他股东，在其他股东有意购买时又突然变卦、取消出让股权的意思表示，显有缔约过错。因此，信赖股权出让事实的老股东有权主张合理损失赔偿。该规则设计体现了财产法和公司法层面对股东产权的尊重与保护，也体现了合同法层面对契约自由原则和诚实信用原则的敬畏与守望。

根据契约自由的精神，出让股东可与反对股东另行协商确定更高或更低的价格。若无法达成一致意见，出让股东有权要求反对股东以出让股东对第三人的报价购买股权；若反对股东拒绝，则视为其放弃优先购买权。

四、行使优先购买权的期限

权利皆有保质期。为督促股东及时行使优先购买权、避免股权转让项目久拖不决、尽快使外部第三人另作打算,《公司法解释(四)》第 19 条要求有意优先购买股权的股东自收到通知之日起,在章程规定期间、转让股东通知期间和 30 日最低期间内提出购买请求。至于上述三类期间中的哪个期间,都由股东按照先后顺序与"孰长原则"予以选择。

五、"同等条件"的解释

为确保出让股东的公平交易权,优先购买权的行使基准只能是"同等条件"。由于股权转让对价的内容、形式与期限在个案中均有特殊性,不少股东优先购买权案件的焦点在于《公司法》规定的"同等条件"这一模糊语词的解释。

《公司法解释(四)》第 18 条要求法院在解释"同等条件"时,"应当考虑转让股权的数量、价格、支付方式及期限等因素"。因此,不能将"同等条件下"简单机械地理解为同等价格。笔者认为,从商事习惯看,"同等条件"作为丰富多彩的概念,既包括司法解释列举的同等价格条件,也包括非价格因素之外的其他对价(如接受或安置现有职工、续聘现任高管、承诺增资扩股、承诺推动公司公开发行股票并上市)。建议法官高度警惕出让股东与受让第三人恶意串通,滥设和虚报不合理交易条件(如天价保证金),以吓退其他股东行使优先购买权的乱象。

六、侵害老股东同意权与优先购买权的股权转让合同的效力

在有限责任公司的语境下,股东向非股东转让股权时,必须尊重其余股东的同意权与优先购买权。若有限责任公司股东向非股东转让股权的行为未尊重老股东同意权与优先购买权(例如,有限责任公司股东未经其他股东过半数同意或未向其他股东通报转让价格等主要条件而与非股东订立股权转让合同,或与非股东订立的股权转让合同中的价格或其他主要条件低于向其他股东告知的合同条件),则股权转让合同应界定为可撤销合同。因为,这类合同违反了公司法有关出让股东行使处分权的法定限制条款,侵害了其余股东的法定优先购买权;而且其他股东是否有意、是否具有财力行使优先购买权并不确定。

此种合同有别于绝对的有效合同,否则,其余股东的优先购买权势必落空。此种合同也有别于绝对的无效合同,因为出让股东毕竟是享有股权的主体,而且其余股东未必一定反对该股权转让合同。享有法定优先购买权的股东均可请求法院或仲裁机构撤销该合同。股权转让合同被撤销后,法律关系包括股权结构将恢复原状,买方取得的股权应返还卖方。为早日安定股权交易秩序,可参照《民法典》第 152 条有关撤销权除斥期间的规定,将股东行使撤销权的除斥期间确定为 1 年,自买方记载于公司股东名册之日起算。

原告股东在提起撤销股权转让合同之诉时,可一并提出由自己行使优先购买权的诉讼请求。这乃因,原告股东提起撤销合同之诉的主要动机源于优先购买权。至于购买价格,除非出让股东与购买股东另有相反约定,应以被撤销的股权转让合同约定的价格为准。这样,既可预防出让股东的道德风险(例如,向其余股东作出转让款虚高的虚假陈述),也可提高股权转让效率,节约出让股东向其他股东征询意见的程序。那么,允许原告股东一并提出行使优先购买权的诉讼请求是否会损害其他股东的同意权和优先购买权?回答是否定的。因

为,若其他股东也珍惜、在意优先购买权,也可通过诉讼为之。若多名股东主张优先购买权,可由其协商确定各自的持股比例;无法协商确定的,可根据原告股东在其共同持股比例中的相对份额确定。

七、《公司法解释(四)》与《九民纪要》对侵犯优先购买权的股权转让合同的效力的观点

《公司法解释(四)》起草者认为,"对此类合同的效力,公司法并无特别规定,不应仅仅因为损害股东优先购买权认定合同无效、撤销合同,而应当严格依照合同法规定进行认定。正是基于此类合同原则上有效,因此法院支持其他股东行使优先购买权的,股东以外的受让人可以请求转让股东依法承担相应合同责任"。[①]《公司法解释(四)》第21条规定,"股东以外的股权受让人,因股东行使优先购买权而不能实现合同目的的,可以依法请求转让股东承担相应民事责任"。这既体现了外部受让人对有限责任公司人合性及老股东优先购买权的礼让,也体现了转让股东与外部受让人之间的契约精神。

但起草者关于此类合同效力"原则上有效"的观点并未完全转化到《公司法解释(四)》之中,"合同责任"也被"民事责任"所取代。没有例外,就没有原则。由于《公司法解释(四)》未明确例外无效、可撤销或者效力待定的情形,显然在一定程度上增加了裁判不确定因素。因此,《公司法解释(四)》在使用务实灵活的裁判技术与模糊的民法术语的同时,也回避了对损害股东优先购买权的股权转让合同效力的精准认定。

《九民纪要》认为,审判实践中,部分法院对《公司法解释(四)》第21条的理解存在偏差,往往以保护其他股东的优先购买权为由认定股权转让合同无效。准确理解该条,既要注意保护其他股东的优先购买权,也要注意保护股东以外的股权受让人的合法权益,正确认定有限责任公司的股东与股东以外的股权受让人订立的股权转让合同的效力。一方面,其他股东依法享有优先购买权,在其主张按照股权转让合同约定的同等条件购买股权的情况下,应当支持其诉讼请求,除非出现该条第1款规定的情形。另一方面,为保护股东以外的股权受让人的合法权益,股权转让合同如无其他影响合同效力的事由,应当认定有效。其他股东行使优先购买权的,虽然股东以外的股权受让人关于继续履行股权转让合同的请求不能得到支持,但不影响其依约请求转让股东承担相应的违约责任。

为彻底厘清损害股东优先购买权的股权转让合同效力、实现公司法与合同法之间的有机衔接,鉴于损害股东优先购买权的股权转让合同违反了《公司法》有关出让股东行使处分权的法定限制条款,侵害了其他股东的法定优先购买权,又鉴于其他股东是否有意、是否具有财力行使优先购买权并不确定,笔者认为,未来《公司法》修改时应将此类股权转让合同的效力界定为可撤销合同。此种合同有别于绝对的有效合同,否则,其余股东的优先购买权势必落空。此种合同也有别于绝对的无效合同,因为出让股东毕竟是享有股权的主体,其余股东未必一定反对该股权转让合同,这样把撤销合同的主动权交给其他老股东,也足以保护他们的优先购买权。倘若其他股东在其知道或者应当知道股权转让后的合理期限内无意购买或无力购买,但在股权价值大幅飙升后的数年甚至几十年以后,请求法院确认该合同无效,则不应获得法院支持。这种态度一方面有助于保护老股东的优先购买权,另一方面也有助

[①] 《最高法举行适用公司法若干问题的规定〈解释〉发布会》,国务院新闻办网站,http://www.scio.gov.cn/xwfbh/qyxwfbh/Document/1562030/1562030.htm,2020年5月1日访问。

于督促老股东及时行使权利。

八、恶意规避其他股东优先购买权的股权转让合同不能对抗其他股东的优先购买权

在实践中,有些股东为规避其他股东的优先购买权,恶意采取化整为零的方式、分阶段披露股权出让信息并向第三人出让股权,致使其他股东优先购买权被彻底架空。在某案例中,股东甲先以畸高价格向外部人乙出让1‰股权,以吓跑老股东丙的优先购买权。等乙进入公司后,甲再以合理价格向乙自由转让其余大宗股权。真相大白的老股东丙再主张优先购买权时往往被法院驳回,理由是在两个阶段的股权转让环节都不存在对原告股东知情权与优先购买权的侵害。

魔高一尺,道高一丈。为破解厚黑伎俩,《公司法解释(四)》第21条规定,转让股东未就股权转让事项征求其他股东意见或以欺诈、恶意串通等手段,损害其他股东优先购买权的,其他股东有权要求以同等条件(实际成交条件)优先购买该股权。为尽快稳定股权交易秩序、股权结构与公司经营秩序,优先购买权受损后的救济措施应自股东知道或应知同等条件之日起30日内主张,最晚不得迟于股权变更登记之日起一年。为提高股权转让效率并兼顾股权出让方利益,预防原告股东损人不利己的诉讼请求,法院鼓励股东开门见山地直接诉请按同等条件购买转让股权,或在提出确认股权转让合同及股权变动效力等诉请的同时诉请按同等条件购买转让股权,不支持其他股东仅提出确认股权转让合同及股权变动效力等请求、而不同时主张按照同等条件购买转让股权。当然,这并不妨碍原告股东非因自身原因而无法行使优先购买权时对出让股东主张损害赔偿。

九、老股东坚持受让部分股权,导致非股东放弃购买其余股权的问题

若股东甲向第三人转让股权时,股东乙仅愿意按照该股权转让合同规定的价款和其他条件对股东甲出让的部分股权行使优先购买权,但拒绝或无力受让股东甲出让的全部股权。如此一来,有可能导致第三人不愿受让股东甲持有的剩余股权。在这种情形下,股东甲可否拒绝股东乙就部分股权行使优先购买权?若允许股东甲拒绝股东乙就部分股权行使优先购买权,似乎侵害了股东乙的优先购买权;若强迫股东甲容忍股东乙就部分股权行使优先购买权,又有可能限制或剥夺股东甲的股权转让自由,导致其面临第三人不愿购买股权的窘境。具体说来,将蕴涵控制权的股权拆分出售对买卖双方都存在许多弊端:首先,卖方的股权转让自由受到限制,出售控制权的溢价利益被剥夺;其次,买方的价款负担虽然大幅降低,但享有的控制权价值已大幅衰减,有志于购买控制股权的潜在买方必然望而却步。

鉴于股权比例高意味着出资金额高、转让价款高、控制力强,应当尽量兼顾股东乙的优先购买权与股东甲的股权转让自由;若无法同时兼顾,应优先保护股东甲的股权转让自由。具体说来,可区分以下三种情况:(1)若股东乙仅愿意按照该合同约定价款对部分股权行使优先购买权,而第三人只愿意受让全部股权而不愿意受让剩余股权时,股东甲可拒绝股东乙的优先购买权,并将其股权转让给第三人。(2)若股东乙仅愿意对部分股权行使优先购买权,第三人也愿受让剩余股权,股东甲应将其所持股份一分为二,分别让渡给股东乙与第三人。(3)若股东乙愿按照合同约定价款对全部股权行使优先购买权,此种优先权应受到尊重。

十、间接股权转让引发的优先购买权问题

笔者在最高人民法院征求专家意见时曾力主规定间接股权转让情形下的优先购买权问题。由于争议较大,最终出台的《公司法解释(四)》回避了该问题。鉴于母公司与子公司各有不同的法律人格,鉴于对股权出让自由的尊重,鉴于间接转让的股权的目标公司是子公司,而孙公司股东主张优先购买权的目标公司指向孙公司,因而老股东出让的股权与其他股东主张的股权并非指向同一目标公司的股权,笔者认为,除非公司章程或者股东协议另有相反约定,股东在间接股权转让情形下不享有优先购买权。当然,倘若当事人通过股权间接转让策略恶意规避公法条款(如市场准入的行政许可制度、职工民主管理制度),必然在公司法之外产生相应的公法责任。

十一、其他问题

《公司法解释(四)》未能触及一股两卖合同的效力等问题,更无法穷尽和终结老股东优先购买权与当事人对抗优先购买权的智慧博弈。

例如,为规避老股东的同意权与优先购买权的限制,第三人在受让股权计划受挫时往往退而采取股权代持(信托)策略。出让股东表面上虽为名实相符的显名股东,实质上摇身一变为名义股东。此类股权代持合同虽在转让双方内部有效,且往往被双方自觉遵守,但不能对抗善意第三人(包括公司和其他股东)。倘若隐名股东请求公司确认自己的股东资格,其他老股东仍享有优先购买权。因为,除非隐名股东被公司与其他股东确认,隐名股东的突然现形会危及其他股东的人合性期待。

又如,为跨越优先购买权制度障碍,某股东先购买其他股东所持全部股权,然后再将股权出让他人。法律智慧与商业智慧的博弈永远在路上。

第四节 外商投资企业的股权转让特殊规则

2019年3月15日出台的《外商投资法》实现了内外资企业立法的统一并轨,废止了外资三法。2019年12月12日《外商投资法实施条例》同步废止了《中外合资经营企业法实施条例》《中外合资经营企业合营期限暂行规定》《外资企业法实施细则》与《中外合作经营企业法实施细则》。2020年1月1日前制定的有关外商投资的规定与外商投资法和本条例不一致的,以《外商投资法》和该条例的规定为准。但问题在于,2020年1月1日前之前签署的外商投资公司股权转让合同发生了纠纷,外资三法及其配套条例仍有适用空间。有鉴于此,本节依然保留。

一、特殊的转让规则

与《公司法》有关股权转让的规定相比,《中外合资经营企业法》及其《实施条例》对于中外合资经营企业的股权转让规定了特别的生效程序。依2005年《公司法》第218条,外商投资的有限责任公司和股份有限公司适用本法;有关外商投资的法律另有规定的,适用其规定。因此,判断外商投资企业股权转让行为是否生效,应当严格遵守《中外合资经营企业法》及其《实施条例》的特别规定。

《中外合资经营企业法实施条例》第 20 条规定了中外合资经营企业的股权转让程序："合营一方向第三者转让其全部或者部分股权的,须经合营他方同意,并报审批机构批准,向登记管理机构办理变更登记手续。合营一方转让其全部或者部分股权时,合营他方有优先购买权。合营一方向第三者转让股权的条件,不得比向合营他方转让的条件优惠。违反上述规定的,其转让无效。"

可见,中外合资经营企业股东权转让行为欲生效离不开四个步骤:(1) 签署股权转让协议;(2) 征得合营他方同意;(3) 报请审批机构批准;(4) 前往公司登记管理机构办理变更登记。这四个步骤缺一不可,旨在维护外商投资有限公司作为外商投资企业的特殊性以及股东之间的人合性,保持审批机构对中外合资经营企业股东身份的有效监控。最高人民法院在香港辉展有限公司与天津市轻工实业总公司合资合同纠纷上诉案中所作的(2001)民四提字第 5 号民事裁定书(法公布 2002 第 57 号),就以该案中股权变动未遵循合营企业股权转移的法律程序和法律规定,未经合营外方辉展公司同意和董事会决定,未经原审批机构的批准并办理变更登记手续,违反了《中外合资经营企业法》及《中外合资经营企业法实施条例》的规定,同时也违反了双方所签合资合同的相关约定为由,认定不发生股权变动的法律效力。从总体来看,中外合资经营企业股东转让股权的程序比起内商投资的有限责任公司要复杂些。

为正确审理案件,最高人民法院 2010 年 8 月 5 日发布了《关于审理外商投资企业纠纷案件若干问题的规定(一)》(以下简称《外资企业司法解释(一)》)。为论述方便,本节仅以中外合资经营企业为例予以剖析。

二、未经审批机构批准的股权转让协议的效力

外商投资公司的股权转让只有获得审批机构的批准才能生效。问题是,未经审批机构批准的股权转让协议的效力如何?无效,抑或未生效?《中外合资经营企业法实施条例》第 20 条指出,违反审批规定的股权"转让无效"。由于《中外合资经营企业法实施条例》为行政法规,许多法院或者仲裁机构裁判此类股权转让协议无效,而且否定该种情形合同任何条款(包括报批义务条款)的可履行性,各方当事人仅承担无效合同的后果,赔偿责任有极大的局限性。

《合同法》第 44 条及其司法解释的态度出现了转机。《合同法》第 44 条第 2 款规定:"依法成立的合同,自成立时生效。法律、行政法规规定应当办理批准、登记等手续生效的,依照其规定。"最高人民法院 1999 年 12 月 19 日发布的《关于适用〈中华人民共和国合同法〉若干问题的解释》(一)第 9 条第 1 款对《合同法》第 44 条第 2 款作了如下解释:法律、行政法规规定应当办理批准手续,或者办理批准、登记等手续才生效,在一审法庭辩论终结前当事人仍未办理批准手续的,或者仍未办理批准、登记等手续的,法院应当认定该合同未生效。依反对解释,必须办理批准手续才生效的合同,若在一审法庭辩论终结前当事人办理了批准手续,则该合同应当认定有效。

2005 年 12 月 26 日最高人民法院印发的《第二次全国涉外商事海事审判工作会议纪要》第 88 条规定,"外商投资企业的股权转让合同,应当报经审查批准机关审查批准,在一审法庭辩论终结前当事人未能办理批准手续的,人民法院应当认定该合同未生效"。

2009 年通过的最高人民法院《关于适用〈中华人民共和国合同法〉若干问题的解释

(二)》第 8 条规定,有义务对合同办理行政审批手续的一方当事人不按照法律规定或合同约定办理报批手续的,法院可以根据相对人的请求判决相对人自己办理有关手续。该规定实际上赋予了此类合同中约定的报批义务的可履行性和可诉性。

在总结上述司法解释和司法态度的基础上,《外资企业司法解释(一)》第 1 条明确指出:"当事人在外商投资企业设立、变更等过程中订立的合同,依法律、行政法规的规定应当经外商投资企业审批机关批准后才生效的,自批准之日起生效;未经批准的,人民法院应当认定该合同未生效。当事人请求确认该合同无效的,人民法院不予支持。前款所述合同因未经批准而被认定未生效的,不影响合同中当事人履行报批义务条款及因该报批义务而设定的相关条款的效力。"该条阐明了三层内容:一是重申了包括股权转让合同在内的外资合同的审批生效主义态度;二是确认了未获批准的外资合同的未生效主义态度;三是确认了合同中当事人履行报批义务条款及相关条款的效力卓然独立于未生效合同,即使合同未生效,也不影响此类合同条款的法律效力。

上述司法解释和司法态度既体现了尊重审批机关对外商投资企业的股权转让合同依法监管的理念,又体现了成全股权转让双方当事人意思自治的思想,可谓对《合同法》第 44 条的忠实解释。笔者认为,将未经审批机构批准的股权转让协议视为已成立、未生效的行为具有法理上的正当性。

理由之一是,将未经审批机构批准的股权转让协议视为未生效,贴近《合同法》第 44 条的立法原意。转让双方签署股权转让协议后未履行批准手续,自然属于已成立而尚未生效的合同。毕竟,未经审批机构批准的股权转让协议不同于已经报请审批机构批准、而遭到审批机构否决的股权转让协议。

理由之二是,将未经审批机构批准的股权转让协议视为未生效,更贴近当事人契约自由的内心真意,而且强化了转让双方继续履行股权转让协议审批程序的信心,有助于促成而非压抑股权交易活动,有助于充分体现服务型的裁判思维。如同看待四十五度斜坡上的一辆汽车一样,与其将其看作正在下滑的汽车,不如将其看作正在奋力前行的汽车更振奋人心。

理由之三是,将未经审批机构批准的股权转让协议视为未生效,有利于有效地预防转让方的投机心理和道德风险。否则,转让方在与受让方签署股权转让协议后有可能稳坐钓鱼台,迟迟不启动审批程序,而是坐等牟取高额转让利益的二次转让机会。

理由之四是,由于合同法理论储备的不足,加之立法技术较为粗糙,我国许多立法文件包括行政法规并不严格区分合同法"无效"与"未生效"。其实,就私法领域的民事行为而言,即使民事行为的法律效力要履行行政审批程序,也不能抹煞民事行为的私法自治性质,尤其不能否认报批义务作为契约义务的特点。毕竟,民事主体基于被审批的民事行为而取得的利益并非源于审批机构,而仍源于民事主体的意思自治。

三、外商投资企业股权转让合同中报批义务的履行

外资企业股权转让合同的报批义务主体原则上为转让方和外商投资企业。但在外商投资企业股权转让合同签订后,若股权价值升高,转让方就会产生道德风险,进而拒绝或者怠于履行报批义务,最终导致外资企业股权转让合同迟迟不能生效。其逻辑如下:当事人不履行报批义务,包括报批义务条款在内的整个合同条款都不生效;既然整个合同条款都不生效,当事人就不负有报批义务。其核心观点是,报批义务条款自审批之时开始生效。如此一来,只要当事人存有道德风险,故意不履行报批义务,合同就永无生效之日。

依《外资企业司法解释(一)》第6条,外商投资企业股权转让合同成立后,转让方和外商投资企业不履行报批义务,受让方以转让方为被告、以外商投资企业为第三人提起诉讼,请求转让方与外商投资企业在一定期限内共同履行报批义务的,法院应予支持。受让方同时请求在转让方和外商投资企业于生效判决确定的期限内不履行报批义务时自行报批的,法院应予支持。若转让方和外商投资企业拒不根据法院生效判决确定的期限履行报批义务,受让方另行起诉,请求解除合同并赔偿损失,法院应予支持。赔偿损失的范围可以包括股权的差价损失、股权收益及其他合理损失,旨在使转让方因不履行报批义务所获得及可能获得的利益归属于受让方,进而间接督促转让方自觉履行报批义务。

该条的核心内容是,外商投资企业股权转让合同中报批义务产生于合同成立之时,报批义务具有可履行性和可诉性。其基本理念是,已经合法成立的合同,即使因欠缺审批这一生效要件,亦对当事人具有形式约束力,任何一方当事人不能擅自撤销或解除。而且,具有契约义务性质的报批义务是撬动外资企业股权转让合同效力的杠杆。换言之,合同中关于促成合同生效的报批义务条款自合同成立之时就具有可诉性。确认当事人的报批义务对于促成外资企业股权转让合同效力、预防失信的当事人恶意拖延或者拒绝履行报批义务具有积极作用。

四、外商投资企业审批机关不予批准的股权转让合同的效力

若转让方、外商投资企业或者受让方就外商投资企业股权转让合同报批,未获外商投资企业审批机关批准,此类合同自然归于无效。在这种情况下,依《外资企业司法解释(一)》第7条,受让方可以另行起诉,请求转让方返还其已支付的转让款,法院应予支持。若受让方请求转让方赔偿因此造成的损失,法院应根据转让方是否存在过错以及过错大小认定其是否承担赔偿责任及具体赔偿数额。

五、受让方未支付转让款的合同的效力

在实践中,有些受让方在外资企业股权转让合同签订后故意采取拖延或者拒绝支付转让款的态度。为杜绝受让方的道德风险,司法解释对转让方规定了若干救济途径。若外商投资企业股权转让合同约定受让方支付转让款后转让方才办理报批手续,但受让方未支付股权转让款,经转让方催告后在合理的期限内仍未履行,转让方依《外资企业司法解释(一)》第8条,有权诉请法院解除合同并赔偿因迟延履行而造成的实际损失,法院对此应予支持。

依《外资企业司法解释(一)》第9条,若外商投资企业股权转让合同成立后,受让方未支付股权转让款,转让方和外商投资企业亦未履行报批义务,转让方请求受让方支付股权转让款,则法院应当中止审理,指令转让方在一定期限内办理报批手续,在审批机关的审批结果出来后恢复审理。该股权转让合同获得外商投资企业审批机关批准的,对转让方关于支付转让款的诉讼请求,法院应予支持。中止审理的司法态度旨在避免法院一旦判决支持了转让方要求受让方支付股权转让款的诉讼请求后,股权转让合同不能获得批准而导致转让方和受让方出现新的纠纷。

六、受让方已实际参与外商投资企业的经营管理并获取收益，但合同未获外商投资企业审批机关批准的法律救济

依《外资企业司法解释（一）》第 10 条，外商投资企业股权转让合同成立后，受让方已实际参与外商投资企业的经营管理并获取收益，但合同未获外商投资企业审批机关批准，转让方有权诉请法院责令受让方退出外商投资企业的经营管理并将受让方因实际参与经营管理而获得的收益在扣除相关成本费用后支付给转让方。

七、外商投资企业一方股东将股权转让给股东之外的第三人的纠纷解决

外商投资企业与普通有限公司一样，在老股东向股东之外的第三人转让股权时，通过老股东的同意权和优先购买权维持股东之间的人合性。

《外资企业司法解释（一）》第 11 条规定了老股东"同意权"受侵害的司法救济。外商投资企业一方股东将股权全部或部分转让给股东之外的第三人，应当经其他股东一致同意，其他股东以未征得其同意为由请求撤销股权转让合同的，法院应予支持。具有以下情形之一的除外：（1）有证据证明其他股东已经同意；（2）转让方已就股权转让事项书面通知，其他股东自接到书面通知之日满 30 日未予答复；（3）其他股东不同意转让，又不购买该转让的股权。

《外资企业司法解释（一）》第 12 条规定了老股东"优先购买权"受侵害的司法救济。外商投资企业一方股东将股权全部或部分转让给股东之外的第三人，其他股东以该股权转让侵害了其优先购买权为由请求撤销股权转让合同的，法院应予支持。其他股东在知道或者应当知道股权转让合同签订之日起一年内未主张优先购买权的除外。但为预防转让方与受让方的道德风险，上述转让方、受让方以侵害其他股东优先购买权为由请求认定股权转让合同无效的，法院不予支持。

八、转让双方私下达成的股权转让补充协议的效力

转让双方私下达成的股权转让补充协议分为两种情况：一是在报请审批机构审批时，只提交了股权转让的主协议，而未提交补充协议；二是在报请审批机构审批后，达成了补充协议，但未将其报请审批。

《外资企业司法解释（一）》第 2 条规定："当事人就外商投资企业相关事项达成的补充协议对已获批准的合同不构成重大或实质性变更的，人民法院不应以未经外商投资企业审批机关批准为由认定该补充协议未生效。前款规定的重大或实质性变更包括注册资本、公司类型、经营范围、营业期限、股东认缴的出资额、出资方式的变更以及公司合并、公司分立、股权转让等。"似乎与股权转让有关的补充协议仍以批准为生效前提，但问题是：与股权转让相关的补充协议并非都需要审批机关的行政审查与自由裁量。

笔者认为，对于转让双方私下达成的股权转让补充协议的效力，应当根据严格区分私法关系与公法关系的原则，具体情况具体分析，而不宜"一刀切"。首先，对于补充协议中的纯粹私人自治事项（例如转让价款、支付方式、违约责任等），原则上应当尊重转让双方的契约自由，不宜以补充协议未经审批机构批准而将其视为无效或者未生效。之所以如此，是因为即使这些补充协议事项报请审批机构审批，审批机构也无权越俎代庖，代替转让双方确定更

有智慧的协议条款。其次,对于补充协议中接受公权力干预的非私人自治事项(例如外商投资产业的准入政策等),应当将其视为已成立、但尚未生效的合同条款。理由可参见前段有关未经审批机构批准的股权转让协议的效力的论述,兹不赘述。

九、股权转让合同的效力与股权变动效力的区分

股权转让合同自何时起生效? 是自批准之时,还是自登记之时开始生效,对转让双方的权利义务以及外商投资企业的正常运营影响甚大。

为充分贯彻公权力对私法行为的适度干预,并早日确定转让双方之间的权利义务关系,笔者认为,应当严格区别股权转让合同的效力与股权变动的效力。其中,股权转让合同自该合同被审批机构批准之日开始生效,而非股东名册变更之日,亦非公司登记机关办理股东变更登记之日。毕竟,股权变动以及股权变动事实的公示仅是合同履行的结果,而非合同生效的条件。恰恰在审批机构审批之日,转让双方的契约自由获得了公权力的首肯。

至于股权变动的效力,应当补充适用《公司法》第32条的规定,将股东名册变更之日视为股权变动之日,而将公司登记机关办理股东变更登记之日视为可以有效对抗第三人之日。对此,原对外贸易经济合作部与原国家工商行政管理局1997年发布的《外商投资企业投资者股权变更的若干规定》第3条规定:"企业投资者变更股权应遵守中国有关法律、法规,并按照本规定经审批机关批准和登记机关变更登记。未经审批机关批准的股权变更无效。"但是该条没有规定未经登记机关变更登记的股权变更无效。更重要的是,《外商投资企业投资者股权变更的若干规定》第20条规定:"股权转让协议和修改企业原合同、章程协议自核发变更外商投资企业批准证书之日起生效。协议生效后,企业投资者按照修改后的企业合同、章程规定享有有关权利并承担有关义务。"

审批机关的批准是中外合资经营企业股权转让合同生效的前置程序。至于公司登记机关变更登记手续的目的仅在于确认股权变动的事实、保护善意第三人而已。股权转让未在公司登记机关办理变更登记手续,原则上并不影响其法律效力。

十、股权转让导致的外商投资公司的身份转换

中外合资经营企业的股东将其股权转让给其他股东或者第三人后,有可能使股东结构发生如下变化:(1)全部股权归中方股东所有,致使该公司随着股权转让的完成而转化为内资公司;(2)全部股权归外方股东所有,致使该公司转化为百分之百的外资公司;(3)全部股权归中方或者外方股东一人所有,致使该公司转换为一人公司。但无论在哪种情形,由于自2020年1月1日起三资企业法均已废止,即使因股权转让而发生的股权结构变化,都应统一适用《公司法》。公司既要办理股东变更登记手续,也要办理公司组织类型的变更登记手续。但股权转让协议的效力均不因为上述三种可能结果的出现而受影响。

十一、外商投资公司股权转让纠纷案件中的特殊程序法问题

1. 专属管辖问题

依《民事诉讼法》第34条,合同或其他财产权益纠纷的当事人可书面协议选择被告住所地、合同履行地、合同签订地、原告住所地、标的物所在地等与争议有实际联系的地点的法院管辖,但不得违反本法对级别管辖和专属管辖的规定。可见,外商投资公司股权转让合同的

当事人只要不违反级别管辖和专属管辖的强制性规定,就可以根据双方的书面合意,自由选择与争议有实际联系的地点的管辖法院。

《民事诉讼法》第265条规定了我国法院对涉外合同纠纷案件的管辖权:因合同纠纷或其他财产权益纠纷,对在中国领域内没有住所的被告提起的诉讼,若合同在中国领域内签订或者履行,或诉讼标的物在中国领域内,或被告在中国领域内有可供扣押的财产,或被告在中国领域内设有代表机构,可由合同签订地、合同履行地、诉讼标的物所在地、可供扣押财产所在地、侵权行为地或代表机构住所地法院管辖。

《民事诉讼法》第266条规定了专属管辖制度:"因在中华人民共和国履行中外合资经营企业合同、中外合作经营企业合同、中外合作勘探开发自然资源合同发生纠纷提起的诉讼,由中华人民共和国人民法院管辖。"

那么,外商投资公司的股权转让协议是否属于中外合资经营企业合同、中外合作经营企业合同的范畴?若是,则外商投资公司的股权转让纠纷只能由中国法院管辖,而不能由外国法院管辖;若否,则外商投资公司的股权转让纠纷应当允许合同当事人自由选择管辖法院。

外商投资公司的股权转让协议不同于中外合资经营企业合同、中外合作经营企业合同。理由有二:(1)内容不同。中外合资经营企业合同、中外合作经营企业合同主要调整投资各方在外商投资企业设立阶段的权利义务关系,而外商投资公司的股权转让协议主要调整转让方与受让方之间围绕股权让渡而产生的权利义务关系。(2)主体不同。中外合资经营企业合同、中外合作经营企业合同的各方当事人仅限于外商投资公司的设立者,而外商投资公司的股权转让协议的当事人未必是外商投资公司的设立者,即便是转让方自身也可能是继受取得股权的股东。

外商投资公司的股权转让协议从实质上看属于股东资格的让渡,而非中外合资经营企业合同、中外合作经营企业合同的概括转让。既然外商投资公司的设立合同与股东的股权转让关系脱钩,则外商投资公司的股权转让纠纷就不属中国法院专属管辖的范围。

2. 准据法的确定

基于鼓励契约自由的立法思想,《合同法》第126条第1款允许涉外合同的当事人选择处理合同争议所适用的法律,但法律另有规定的除外。涉外合同的当事人没有选择的,适用与合同有最密切联系的国家的法律。《民法通则》第145条亦持此立场。《涉外民事关系法律适用法》第41条也重申:"当事人可以协议选择合同适用的法律。当事人没有选择的,适用履行义务最能体现该合同特征的一方当事人经常居所地法律或者其他与该合同有最密切联系的法律。"可见,在涉外合同的当事人没有明示选择准据法的情况下,法院或者仲裁机构应当适用最密切联系原则确定准据法,以弥补契约自由原则之漏洞。

基于《合同法》第126条第2款,《民法典》第467条第2款规定了法院或者仲裁机构只能适用中国法的三类合同:"在中华人民共和国境内履行的中外合资经营企业合同、中外合作经营企业合同、中外合作勘探开发自然资源合同,适用中华人民共和国法律。"

前已述及,外商投资公司的股权转让协议不同于中外合资经营企业合同、中外合作经营企业合同,此类股权转让纠纷当然不适用《民法典》第467条第2款。也就是说,应允许转让双方自由选择处理合同争议所适用的法律(包括中方股东所在地以及外方股东所在地);若当事人没有选择准据法,则适用与股权转让协议有最密切联系的国家的法律。

股权转让合同签订地、股权转让合同履行地、诉讼标的物所在地均可视为与股权转让协议有最密切联系的国家。但股权转让协议的诉讼标的物究指转让方股东住所地、受让方股东的住所地？抑或公司住所地？在实践中容易产生分歧。鉴于股权是股东与公司之间的法律关系，股权的行使往往以公司为中心；又鉴于作为股东资格推定证据的股东名册的备置地点往往在公司住所地，笔者认为，涉外股权转让诉讼标的物应当指向公司住所地，而非转让方或受让方住所地；在涉外股权转让合同的当事人没有明示选择准据法的情况下，法院可以适用公司住所地的准据法。

当然，允许当事人自由选择的准据法仅限于私法规范（民商事规范），至于我国有关股权转让的公法规范尤其是强制性规定则不允许当事人自由选择。最高人民法院《关于贯彻执行〈中华人民共和国民法通则〉若干问题的意见（试行）》第194条也明确规定："当事人规避我国强制或者禁止性法律规范的行为，不发生适用外国法律的效力。"

3. 外商投资公司的股权执行与股权转让

根据最高人民法院《关于人民法院执行工作若干问题的规定》第55条，法院对被执行人在中外合资经营企业中的股权，在征得合资他方的同意和对外经济贸易主管机关的批准后，可将被冻结的股权转让给第三人。若被执行人除在中外合资企业中的股权以外别无其他财产可供执行，其他股东又不同意转让的，可以直接强制转让被执行人的股权，但应当保护合资他方的优先购买权。

第五节 股份有限公司的股份上市

一、股份上市的概念、种类与作用

股份上市，是指把股份在证券交易所挂牌交易的行为。股份上市的实质是把股份纳入证券交易所集中交易的客体，方便证券公司和证券投资者买卖上市股份，从而加速上市股份证券的流转和流通，更好地发挥证券市场在优化资源配置中的积极作用。

股份上市主要有两种途径：一是初始上市，即由拟上市公司向证券交易所提出申请，由证券交易所依法审核同意，并由双方签订上市协议；二是借壳上市，即非上市公司通过收购一家上市公司的控制股份而实现间接上市的目的。

股份上市利弊并存。其优点在于提升股份的流通性，吸引广大投资者从事上市股份的交易活动，方便上市公司吸引更多的股权资本，利于上市公司完善公司治理。其缺点在于，一旦股票上市的公司存在虚假陈述等道德风险，有可能损害成千上万的善意公众投资者的利益。

具备上市条件的公司应否上市，应当审慎权衡。不上市有助于简化股东关系，避免股东人数激增引发的股东纠纷，避免公司信息披露的繁琐与成本，避免公权力和社会公众的深度监督。上市有助于提升公司的知名度和透明度，增强公司的融资能力。一些家族公司为保持股权结构的闭锁性、公司财务信息的私密性与公司关联交易的随意性（当然，即使非上市公司的关联交易也不得损害公司小股东和债权人的合法权益），也可能在经过上市辅导以后改弦易辙，保持非上市公司的身份。

二、股票上市规则

股份公司申请其股票上市交易,是关系到证券投资者利益和证券市场安全度的大事。一旦问题股票在证券交易所挂牌上市,危害的就不仅是该公司的原来股东和股票持有人,而且殃及成千上万善意的投资者。因此,股份公司申请其股票上市交易不是一般的民事行为,不能完全适用契约自由原则,仅由证券交易所和股份公司说了算。

申请股票上市交易,应向证券交易所提出申请,由证券交易所依法审核同意,并由双方签订上市协议(《证券法》第46条第1款)。申请股票上市交易,应符合证券交易所上市规则规定的上市条件。证券交易所上市规则规定的上市条件,应当对发行人的经营年限、财务状况、最低公开发行比例和公司治理、诚信记录等提出要求(《证券法》第47条)。

鉴于交易所自律规则也是证券法的重要渊源,为鼓励证券交易所的自律监管,2019年《证券法》删除了旧《证券法》第49条至第61条有关证券上市的具体规则,旨在授权证券交易所在上市规则中对此作出更全面、更精准、更灵活的规定。

沪深证券交易所都出台了《股票上市规则》,并要求上市公司及其董事、监事、高级管理人员、股东、实际控制人、收购人等机构及其相关人员,以及保荐人及其保荐代表人、证券服务机构及其相关人员遵守该规则及证券交易所其他规定。证券交易所依据法律、法规、部门规章、其他规范性文件、股票上市规则及交易所其他规定和证监会授权,对上市公司及其董事、监事、高级管理人员、股东、实际控制人、收购人等机构及其相关人员,以及保荐人及其保荐代表人、证券服务机构及其相关人员进行监管。

因此,2019年《证券法》的规则瘦身旨在为证券交易所出台更强大、更有作为的自律规则提供舞台与空间,而非放松股票上市的门槛、纵容失信的劣质公司到资本市场招摇撞骗。

三、股票上市的条件

1993年《公司法》第152条对股份公司上市门槛的规定较为严苛。但看似严苛、却可轻易规避的规定实乃"包装上市""欺诈上市"得以产生和蔓延的制度根源,也是劣币驱逐良币的成因之一。诚实厚道的公司不敢虚假陈述,因而无法上市;而奸诈的公司胆大包天,敢于吹牛造假,却得以混迹证券市场。

为将公司上市条件的确定回归现实,2005年《证券法》第50条大幅下调股份公司股票的上市门槛:(1) 股票经国务院证券监督管理机构核准已公开发行;(2) 公司股本总额不少于人民币3000万元;(3) 公开发行的股份达到公司股份总数的25%以上;公司股本总额超过人民币4亿元的,公开发行股份的比例为10%以上;(4) 公司最近3年无重大违法行为,财务会计报告无虚假记载。但证券交易所可规定高于前述规定的上市条件,并报国务院证券监督管理机构批准。

2019年《证券法》对股票上市门槛未作规定,完全授权证券交易所在股票上市规则中作出规定。公司上市财务门槛的大幅下调,有助于基因较好的公司脱颖而出,有助于扩大可供投资者自由选择的证券品种和范围,且未削弱投资者保护力度。若小公司胆大妄为,不法实施包装上市和其他虚假陈述行为,骗钱敛财,广大投资者有权追究其民事赔偿责任,证券监管机构也不会坐视不管。因此,在下调公司上市财务门槛的同时,应同步提高公司的诚信与合规门槛。

四、股票终止上市

流水不腐,户枢不蠹。2019年《证券法》授权证券交易所在上市交易股票有证券交易所规定的终止上市情形时按照业务规则终止其上市交易;证券交易所决定终止股票上市交易的,应及时公告,并报证监会备案(第48条)。上市公司若对证券交易所作出的不予上市交易、终止上市交易决定不服,可向证券交易所设立的复核机构申请复核(第49条)。

五、上市公司的信息披露义务

基于证券市场公开透明原则,上市公司必须依照法律、法规的规定,公开其财务状况、经营情况及重大诉讼,在每会计年度内半年公布一次财务会计报告(《公司法》第145条)。

发行人及法律、法规和国务院证券监督管理机构规定的其他信息披露义务人,应当及时依法履行信息披露义务。信息披露义务人披露的信息,应当真实、准确、完整,简明清晰,通俗易懂,不得有虚假记载、误导性陈述或者重大遗漏。证券同时在境内境外公开发行、交易的,其信息披露义务人在境外披露的信息,应当在境内同时披露(《证券法》第78条)。

发行人的董事、高级管理人员应当对证券发行文件和定期报告签署书面确认意见。发行人的监事会应当对董事会编制的证券发行文件和定期报告进行审核并提出书面审核意见。监事应当签署书面确认意见。发行人的董监高应当保证发行人及时、公平地披露信息,所披露的信息真实、准确、完整。董监高无法保证证券发行文件和定期报告内容的真实性、准确性、完整性或者有异议的,应当在书面确认意见中发表意见并陈述理由,发行人应当披露。发行人不予披露的,董监高可以直接申请披露(《证券法》第82条)。

市场有眼睛,法律有牙齿。上市公司及其高管违反了信息披露义务,应承担相应的法律责任。信息披露义务人未按照规定披露信息,或者公告的证券发行文件、定期报告、临时报告及其他信息披露资料存在虚假记载、误导性陈述或者重大遗漏,致使投资者在证券交易中遭受损失的,信息披露义务人应当承担赔偿责任;发行人的控股股东、实际控制人、董事、监事、高级管理人员和其他直接责任人员以及保荐人、承销的证券公司及其直接责任人员,应当与发行人承担连带赔偿责任,但是能够证明自己没有过错的除外(《证券法》第85条)。

第六节 股份有限公司的股份转让

一、股份转让的概念与作用

股份转让,是指股东将其所持股份及其蕴涵的股东权移转于他人的民事行为。受让人因此成为公司新股东,取得股东权。股份一旦转让,则属股东权的权利与义务概由受让人继受。我国台湾地区1954年的判例即揭明此旨。[1] 此即股权的概括转让原则。

股份转让有助于股份公司股东回收投资。虽然股东可在法定条件下依法定程序通过公司减少资本、公司回购自己股份等方式脱离公司,但是这些退出方式的适用范围极其狭窄,权利行使成本过高。与之相比,股份转让则是一种最简便易行的股权投资退出通道。

---

[1] 参见1954年台上字第771号判例。

股份转让有助于成千上万的股份转让行为汇聚成现代化的多层次的证券交易市场尤其是证券交易所的集中交易市场。证券交易所和集中交易系统的出现反过来又推动了股份转让行为的自由化、高效化。在证券交易电子化、现代化的今天,股份转让的频率更非昔日可比。

股份转让有助于为潜在的股东提供进入特定公司股权投资的绿色通道。股份转让双方对股权指向的公司的远期投资价值仁智互见,双方的理财战略与投资思维亦有不同。股权转让行为无疑成全了转让双方彼此不同、但密切关联的投资计划。

二、股份自由转让原则

股份自由转让原则,指股东有决自主决定是否转让其所持股份、何时转让、转让给何人、转让多少股份、转让价格几何。除非法律另有规定,任何人均不得强制股东出让其股东权。《公司法》第 137 条亦规定:"股东持有的股份可以依法转让。"主流市场经济国家也普遍承认股份自由转让原则。英国的格林(Greene)大法官曾在著名判例中指出,"股东的正常权利之一是自由地处置其财产,并向其选择的任何人转让之"。[①]

确认股份自由转让原则方便现有股东离开公司变现投资收益,也便利潜在投资者加入公司追求投资收益。根据股东有限责任原则,公司财产为公司债权人唯一担保,股东原则上不能退股。当然,股东可依据公司清算程序或者严格的公司资本减少程序和公司股份回购程序收回一定数额的投资。罗马法有谚,"无论何人不负违反其个人之意思,留于团体中之义务"。既然股东不能退股,立法者就要允许股东退出公司,承认股份自由转让原则。这样,在公司经营业绩滑坡、证券市场低迷时,股东可以急流勇退,抛出股份,从而控制自己的投资风险;而在公司经营业绩辉煌、证券市场强劲时,股东可以转让其股份,从而博取股份买卖差价。股东买卖股份的动因可能不止于公司经营业绩与证券市场的因素,还会基于对自身财力状况、投资战略、投资计划、投资偏好以及相关政治、经济、法律和社会等诸种因素的综合考虑,随时作出买卖股份的投资决策。潜在投资者也可随时进入具有投资价值的公司。

股份自由转让原则有利于完善公司治理。股东对公司经营者不满时,面临两种对策:一是在股东大会上用手投票,行使表决权;二是在证券交易场所用"脚"投票,抛售所持股份。若股东不愿费时耗力地通过股东大会罢免经营者或者改变公司经营方针,抛售股份则是成本低廉的"短平快"自我保护策略。股东们痛恨经营者的腐败行为却无能为力时,抛售其所持股份不失为一种明智选择。一旦成百上千的股东不惜低价斩仓,纷纷逃离腐败无能经营者操纵的公司,其他投资者也会远离之,腐败无能经营者的厄运也在所难逃。

股份自由转让原则是股份公司的本质要求,也是强行性法律规范中的效力规定。违反该原则、限制股份自由转让的公司章程条款、股东大会决议、董事会决议应归于无效。股东大会或董事会决议无权强制股东将其股份转让给第三人,更无权开除小股东。强制转股行为违反了契约自由原则和股权自由转让原则;勒令小股东退股或无偿没收股份更是粗暴侵犯他人财产的侵权行为。传统侵权法除涵盖物权和人身权利外,还应涵盖股东权。唯有如此,才能充分尊重和保护弱势股东的权利。

---

① Re Smith & Fawcet Ltd〔1942〕Ch 304.

三、集中竞价交易转让与非集中竞价交易

以其交易是否采用集中竞价机制为准,股份转让可分集中竞价交易与非集中竞价交易。非集中竞价交易包括协议转让(包括大宗交易)、行政划拨、司法裁判、赠与、继承、共有财产分割等方式。

《公司法》第138条规定:"股东转让其股份,应当在依法设立的证券交易场所进行或者按照国务院规定的其他方式进行。"这里的"其他方式"主要包括协议转让。非集中竞价交易行为在办完相关手续后,仍要在证券登记结算公司办理清算过户。

集中交易是流通性最高的股权转让方式之一,但不是唯一的转让方式。《外国投资者对上市公司战略投资管理办法》也肯定外国投资者可以通过协议转让方式进行战略投资,取得上市公司A股股份。中国证监会《关于上市公司股权分置改革的指导意见》第20条指出,要完善协议转让和大宗交易制度,平衡市场供求。

股票的交易场所具有多层次与多元化的特点。《证券法》第37条明确要求,公开发行的股票在依法设立的证券交易所上市交易或者在国务院批准的其他全国性证券交易场所交易;非公开发行的证券,可以在证券交易所、国务院批准的其他全国性证券交易场所、按照国务院规定设立的区域性股权市场转让。

针对股票的交易方式,上市公司股票依有关法律法规及证券交易所交易规则上市交易(《公司法》第144条);而股票在证券交易所上市交易应采用公开的集中交易方式或证监会批准的其他方式(《证券法》第38条)。《证券法》第三章专门就证券交易的一般规定、证券上市和禁止的交易行为等内容作了详细规定。

四、无记名股票的转让

《公司法》第140条规定:"无记名股票的转让,由股东将该股票交付给受让人后即发生转让的效力。"因此,股票的交付,即移转股票的占有。股票的交付不是单纯的对抗要件,而是权利移转的生效要件。股票占有人可被推定为合法的股东。

依《民法典》,动产物权的设立和转让,自交付时发生效力,但是法律另有规定的除外(第224条)。根据简易交付规则,动产物权设立和转让前,权利人已经占有该动产的,物权自民事法律行为生效时发生效力(第226条)。依指示交付规则,动产物权设立和转让前,第三人占有该动产的,负有交付义务的人可以通过转让请求第三人返还原物的权利代替交付(第227条)。依占有改定规则,动产物权转让时,当事人又约定由出让人继续占有该动产的,物权自该约定生效时发生效力(第228条)。动产的以上交付方法原则上适用于股票的交付。

就上市公司与新三板公司的股票而言,由于证券登记结算机构是法定的股票托管机构,当证券登记结算机构将转让人的股票划入受让人的账户之时,即应视为股票交付之时。

无记名股票转让是合同行为,应有转让人与受让人明确而有效的意思表示。若转让双方存在主体不适格、意思表示欠缺或瑕疵、行为人欠缺代理权等情形,依民法一般原则,当解为无效或可撤销行为。

五、记名股票的转让

记名股票之转让除了与无记名股票之转让一样须有转让的意思表示和股票交付外,尚

有自己的特点。《公司法》第 139 条第 1 款规定,记名股票,由股东以背书方式或者法律、行政法规规定的其他方式转让;转让后由公司将受让人的姓名或者名称及住所记载于股东名册。可见,除法律或行政法规另有规定外,股东转让记名股票时须在股票背面签名以示其愿将股票所表明的股份移转于被背书人,此即记名股票的背书行为。背书为记名股票的唯一转让方式。受让人取得被背书的股票时,即成为该股票的合法持有人,取得股东资格,并可据以对抗第三人。记名股票的背书转让与无记名股票转让相比,转让节奏放慢了,但对保护股份转让的妥当性与安全性来说不失为妥当之道。

办理股东名义过户的法律效力在于,股票受让人只要办理了股东名义过户程序,即可被赋予形式上的股东资格。基于此种资格,新股东即可向公司行使权利,公司亦把具备此种形式资格的股东作为股东对待,而无需证明其为实质性股东,只要公司对此不存恶意或重大过失,即发生公司免责的效力。可见,无论是记名股票的受让人,抑或无记名股票的受让人,虽然可对抗第三人,但欲取得形式上的股东资格,从而据以对抗公司,均应办理股东名义过户手续。若股票持有人的前手未办理股东名义过户手续,则该股票持有人无权直接请求公司将自己的姓名或名称及其联系地址载入股东名册。

股东名义过户手续旨在为高效、低成本地妥善处理股份受让人与公司关系而设。因此,股东名义过户手续仅为对抗公司要件,而非股份转让的生效要件。若受让人没有及时将其姓名或名称及其联系地址载入股东名册,公司固然有权拒绝承认股票持有人的股东身份,但转让人与受让人之间的股份转让合同效力不因此而受影响。受让人仍享有股东名义更换请求权,仍有权将其所持股份以背书方式转让给第三人,但不得以其受背书转让而行使股东大会参加权和股利分取请求权等权利。

由于股东名册的过户手续能为股票受让人提供形式上的股东资格,故作为受让人的股东依法享有股东名义更换请求权。此项权利应为《公司法》第 139 条第 2 款的题中应有之义,且应解为固有权。当股票受让人请求公司办理股东名义更换手续时,公司除有正当的客观性理由(如在股东名册闭锁的场合,或者公司有充分证据证明股票持有人并非真正权利人),不得拒绝;否则,应对提出此种请求的股东负损害赔偿责任,且应承担公法责任(主要为行政处罚)。股东名义更换请求权,可由受让人自己单独行使,无需转让人之协助。

但在股东大会召开前 20 日内或者公司决定分配股利的基准日前 5 日内,不得进行前述股东名册的变更登记。但法律对上市公司股东名册变更登记另有规定的,从其规定(《公司法》第 139 条第 2 款)。在这一期间内,记名股东仍可自由转让其股份,只不过不能办理股份过户手续而已。既然不得进行股东名册的变更登记,纵使受让人提出申请,也不产生变更登记之效力。只有股东大会召开前 20 日以前记载于股东名册的股东始能出席股东大会并行使与表决权相联的其他权利,只有公司决定分配股利的基准日前 5 日以前记载于股东名册的股东始能行使股利分配请求权。之所以如此,旨在早日确定有权参加股东大会以及有权受领股利的股东身份,提高公司的运作效率。

若记名股票被盗、遗失或者灭失,股东可依《民事诉讼法》规定的公示催告程序,请求法院宣告该股票失效。法院宣告该股票失效后,股东可向公司申请补发股票(《公司法》第 143 条)。

第七节　股份有限公司股份转让的法律限制

一、发起人转让股份的限制

为强化公司发起人对公司和其他投资者的责任感，落实公司设立的严格准则主义精神，预防公司发起人在设立公司过程中投机钻营、赚取发起报酬和其他特别利益、不当转嫁投资风险，《公司法》第141条第1款规定："发起人持有的本公司股份，自公司成立之日起1年内不得转让。"

若发起人违反规定期限与他人订立股份转让合同，则该合同归于无效；但受让人为善意第三人的，转让合同例外有效。善意受让人应当同时满足以下两大条件：(1) 受让人在主观上有足够理由信赖转让方具有股权、但不具备发起人身份；(2) 受让人在客观上支付了合理对价，并非无偿取得股权或者以显著不合理的低价取得股权。

若发起人与受让人在股权转让协议中约定，该协议自公司成立之日起1年后生效，则该协议属于附期限的合同。此种约定完全符合《民法典》第160条的附期限的民事法律行为的要件："民事法律行为可以附期限，但是根据其性质不得附期限的除外。附生效期限的民事法律行为，自期限届至时生效。附终止期限的民事法律行为，自期限届满时失效。"

发起人亦不得通过减资手段违反股东平等原则，专门销除自己的股份，以达到和转让股份相同的目的。

《公司法》对发起人转让股份的限制既及于发起人，也及于发起人的继承人或通过合并、分立而概括承受其权利义务关系的法人。为将该限制贯彻到底，《公司法》第128条第4款要求发起人的股票标明"发起人股票"字样。

为预防原始股东的道德风险、保护受让股份的投资者的投资安全，公司公开发行股份前已发行的股份，自公司股票在证券交易所上市交易之日起一年内亦不得转让(《公司法》第141条第1款)。

二、董监高转让股份的限制

为确保董监高与公司及其广大股东的休戚与共，《公司法》和《证券法》本着宽严相济、疏堵结合的指导思想，对上市公司董监高买卖本公司股票的时点和比例作了限制性规定。

2019年《证券法》第36条规定了例外限制转让的规则：《公司法》和其他法律对依法发行的证券的转让期限有限制性规定的，在限定的期限内不得转让。上市公司持有5%以上股份的股东、实际控制人、董事、监事、高级管理人员，以及其他持有发行人首次公开发行前发行的股份或者上市公司向特定对象发行的股份的股东，转让其持有的本公司股份的，不得违反法律、法规和国务院证券监督管理机构关于持有期限、卖出时间、卖出数量、卖出方式、信息披露等规定，并应当遵守证券交易所的业务规则。

依《证券法》第186条，在限制转让期内转让证券，或者转让股票不符合法律、法规和国务院证券监督管理机构规定的，责令改正，给予警告，没收违法所得，并处以买卖证券等值以下的罚款。

为加强对上市公司董监高所持本公司股份及其变动的管理，维护证券市场秩序，中国证监会于2007年4月5日发布了《上市公司董监高所持本公司股份及其变动管理规则》(以下简称《规则》)。为加强对上市公司董监高所持本公司股份及其变动的管理,深圳证券交易所和中国证券登记结算有限公司深圳分公司2007年5月9日共同发布了《深圳证券交易所上市公司董监高所持本公司股份及其变动管理业务指引》。

上市公司董监高所持本公司股份包括登记在其名下的所有本公司股份,既包括A股、B股,也包括在境外发行的本公司股份。上述人员所持本公司股份既包括登记在其名下的所有本公司股份,也包括其从事融资融券交易时记载在其信用账户内的本公司股份。《规则》将"转让"界定为通过集中竞价、大宗交易、协议转让等方式主动减持所持股份的行为,不包括因司法强制执行、继承、遗赠、依法分割财产等原因导致的股份变动情形。

公司董监高应当向公司申报所持有的本公司的股票及其变动情况,在任职期间每年转让的股票不得超过其所持有本公司股票总数的25%(《公司法》第141条第1款)。上市公司当年没有新增股份时,上市公司董监高以上年末其所持有本公司发行的股份为基数,计算其中可转让股份的数量。上市公司当年新增股份时,要区分两种情况分别对待当年新增股份:因送红股、转增股本等形式进行权益分派导致董事、监事和高级管理人所持本公司股份增加的,可同比例增加当年可转让数量;因其他原因(因上市公司公开或非公开发行股份、实施股权激励计划,或因董监高在二级市场购买、可转债转股、行权、协议受让等各种原因)新增股份的,新增无限售条件股份当年可转让25%,新增有限售条件的股份不能减持,但计入次年可转让股份的计算基数。

实践中许多上市公司的董监高在敏感信息发布的前后买卖本公司股票,涉嫌内幕交易,但很难有足够证据予以查处。为避免上市公司董事、监事和高管人员利用信息优势为自己牟利,《规则》第13条借鉴中国证监会发布的《上市公司股权激励管理办法(试行)》,禁止上市公司董事、监事和高管人员在以下股票买卖窗口期买卖本公司股票:(1)上市公司定期报告公告前30日内;(2)上市公司业绩预告、业绩快报公告前10日内;(3)自可能对本公司股票交易价格产生重大影响的重大事项发生之日或在决策过程中,至依法披露后两个交易日内;(4)证券交易所规定的其他期间。

鉴于发起人及其利害关系人往往在公司成立后担任公司的董监高,为预防董监高在公司设立阶段发生道德风险,其所持本公司股票自公司股票上市交易之日起一年内不得转让(《公司法》第141条第2款)。

为预防董监高在任期内发生道德风险,此类人员离职后半年内不得转让其所持有的本公司股票(《公司法》第141条第2款)。

公司章程可以对公司董监高转让其所持有的本公司股票作出其他限制性规定(《公司法》第141条第2款)。基于公司自治精神,上市公司章程可对董监高转让所持本公司股份规定更长的禁止转让期间、更低的可转让股份比例或者附加其他限制转让条件(《规则》第4条)。

为强化诚实信用原则对公司代理人的约束作用,董监高承诺一定期限内不转让的,作出前述承诺的董监高在该期间内即不得转让其所持股份(《规则》第4条)。

除上述情形外,在法律、法规、中国证监会和证券交易所相关规定的其他情形下,上市公司董监高亦不得转让所持本公司股份(《规则》第4条)。

三、短线交易归入权

由于证券市场的高度流通性,法律无法宣布大股东和公司高管的短线交易行为无效,但又不能不追究其民事责任,以维护大小股东间的机会平等。为避免大股东利用其持股优势兴风作浪,危害广大投资者和公司利益,《证券法》第44条对大股东的短线交易行为采取了否定态度,也是对股份转让的期限限制。

上市公司、股票在国务院批准的其他全国性证券交易场所交易的公司持有5%以上股份的股东、董事、监事、高级管理人员,将其持有的该公司的股票或者其他具有股权性质的证券在买入后6个月内卖出,或者在卖出后6个月内又买入,由此所得收益归该公司所有,公司董事会应当收回其所得收益。但证券公司因购入包销售后剩余股票而持有5%以上股份,以及有国务院证券监督管理机构规定的其他情形的除外。

短线交易主体既包括董事、监事、高级管理人员、自然人股东,也包括其配偶、父母、子女。所有上述主体持有的及利用他人账户持有的股票或其他具有股权性质的证券都受短线交易制度的规制。

持股比例达到5%的大股东的短线交易行为虽然有效,但要承受不利的后果,公司对大股东的短线交易所得享有归入权。就民事责任而言,公司董事会代表公司主张归入权的,股东有权要求董事会在30日内执行。若公司董事会未在上述期限内执行,股东有权为了公司的利益以自己的名义直接向法院提起股东代表诉讼。公司董事会不按照第1款的规定执行的,负有责任的董事依法承担连带责任,因而会成为股东代表诉讼中的共同被告。

就公法责任而言,上市公司、股票在国务院批准的其他全国性证券交易场所交易的公司的董事、监事、高级管理人员、持有上市公司股份5%以上的股东从事短线交易、买卖本公司股票或者其他具有股权性质的证券的,给予警告,并处以10万元以上100万元以下的罚款(《证券法》第189条)。

四、证券市场从业人员的股份转让期限限制

为杜绝握有监管重权和特别信息优势的当事人实施内幕交易和其他非法交易行为,《证券法》第40条严禁证券交易场所、证券公司和证券登记结算机构的从业人员,证券监督管理机构的工作人员以及法律、法规规定禁止参与股票交易的其他人员,在任期或者法定限期内直接或者以化名、借他人名义持有、买卖股票或者其他具有股权性质的证券,或收受他人赠送的股票或者其他具有股权性质的证券。任何人在成为前列人员时,其原已持有的股票或者其他具有股权性质的证券,必须依法转让。实施股权激励计划或者员工持股计划的证券公司的从业人员可按国务院证券监督管理机构的规定持有、卖出本公司股票或者其他具有股权性质的证券。

有人主张放宽该条之限制,从严禁改为允许股票买卖、但加强披露的态度,即此类人从事股票交易的,应当在该行为发生次日将其股票交易的基本情况报其工作单位备案,并向证券交易所报告;证券交易所统一管理从事股票交易的人员名单,定期公告。

五、证券服务机构及其从业人员的股份转让期限限制

为保持审计、资产评估或者证券律师等机构和人员的公信力,确保广大投资者的证券交

易机会均等,《证券法》第 42 条严禁为证券发行出具审计报告或者法律意见书等文件的证券服务机构和人员,在该证券承销期内和期满后 6 个月内买卖该证券。除前款规定外,为发行人及其控股股东、实际控制人,或者收购人、重大资产交易方出具审计报告或者法律意见书等文件的证券服务机构和人员,自接受委托之日起至上述文件公开后 5 日内,不得买卖该证券。实际开展上述有关工作之日早于接受委托之日的,自实际开展上述有关工作之日起至上述文件公开后 5 日内,不得买卖该证券。

证券服务机构及其从业人员,违反前述规定买卖证券的,责令依法处理非法持有的证券,没收违法所得,并处以买卖证券等值以下的罚款(《证券法》第 188 条)。

六、内幕人员的股权转让期限限制

为落实证券市场的公开、公正与公平,《证券法》第 50 条禁止证券交易内幕信息的知情人和非法获取内幕信息的人利用内幕信息从事证券交易活动。为昭郑重,第 53 条不厌其烦地重申禁止证券交易内幕信息的知情人和非法获取内幕信息的人在内幕信息公开前买卖该公司的证券,或者泄露该信息,或者建议他人买卖该证券。持有或者通过协议、其他安排与他人共同持有公司 5% 以上股份的自然人、法人、非法人组织收购上市公司的股份,本法另有规定的,适用其规定;内幕交易行为给投资者造成损失的,应当依法承担赔偿责任。

七、要约收购时的股权转让期限限制

为预防资本大鳄在资本市场兴风作浪,提高市场透明度,保护投资者的知情权与选择权,《证券法》第 63 条规定了有表决权股份的披露规则。其一,通过证券交易所的证券交易,投资者持有或者通过协议、其他安排与他人共同持有一个上市公司已发行的有表决权股份达到 5% 时,应当在该事实发生之日起 3 日内,向国务院证券监督管理机构、证券交易所作出书面报告,通知该上市公司,并予公告,在上述期限内不得再行买卖该上市公司的股票,但国务院证券监督管理机构规定的情形除外。

其二,投资者持有或者通过协议、其他安排与他人共同持有一个上市公司已发行的有表决权股份达到 5% 后,其所持该上市公司已发行的有表决权股份比例每增加或者减少 5%,应当依照前款规定进行报告和公告,在该事实发生之日起至公告后 3 日内,不得再行买卖该上市公司的股票,但国务院证券监督管理机构规定的情形除外。

其三,投资者持有或者通过协议、其他安排与他人共同持有一个上市公司已发行的有表决权股份达到 5% 后,其所持该上市公司已发行的有表决权股份比例每增加或者减少 1%,应当在该事实发生的次日通知该上市公司,并予公告。

其四,违反第 1 款、第 2 款规定买入上市公司有表决权的股份的,在买入后的 36 个月内,对该超过规定比例部分的股份不得行使表决权。这是 2019 年《证券法》新增的法律后果规则,也会导致未履行信披义务的"蒙面股东"表决支持的股东大会决议存在表决程序瑕疵,进而成为可撤销决议。

八、上市公司收购完成后收购人出让股票的期限限制

人性有弱点。在实践中,有些品德不端的收购人利用控制权掏空上市公司,然后迅速套现,逃之夭夭。这种行为既削弱了公司可持续发展能力,也导致被收割"韭菜"的股民损失惨

重。为遏制上市公司收购人急功近利的机会主义行为，促进公司可持续发展，《证券法》第75条禁止在上市公司收购中，收购人持有的被收购的上市公司的股票，在收购行为完成后的18个月内转让。

九、证券违法行为被调查人的股权转让期限限制

在调查操纵证券市场、内幕交易等重大证券违法行为时，经国务院证券监督管理机构主要负责人或者其授权的其他负责人批准，可以限制被调查的当事人的证券买卖，但限制的期限不得超过3个月；案情复杂的，可以延长3个月（《证券法》第170条第7项）。相比修订前的《证券法》，限制期限由15个交易日延长到3个月，批准负责人由证监会主要负责人扩大到其授权的其他负责人。旨在重典治乱，猛药去疴。

十、国有股转让的限制

我国上市公司治理中的一大问题是股权分置现象。为奠定中国证券市场可持续健康发展的制度基础，国务院《关于推进资本市场改革开放和稳定发展的若干意见》明确指出："积极稳妥解决股权分置问题。"经国务院批准，中国证监会于2005年4月29日发布了《关于上市公司股权分置改革试点有关问题的通知》，宣布启动股权分置改革试点工作。

虽然国有股的流通性在股权分置改革以后将会空前增强，但国有股的转让仍将存在法律的特别限制。例如，《证券法》第60条规定："国有独资企业、国有独资公司、国有资本控股公司买卖上市交易的股票，必须遵守国家有关规定。"

十一、《反垄断法》的限制

为预防企业经济支配力量的过度集中，维护市场经济民主和自由竞争原则，确保公平交易，《反垄断法》第3条将具有或者可能具有排除、限制竞争效果的经营者集中列为垄断行为的三个基本类型之一。第20条又将经营者通过取得股权或者资产的方式取得对其他经营者的控制权作为经营者集中的核心内容之一。根据第21条，经营者集中达到国务院规定的申报标准的，经营者应当事先向国务院反垄断执法机构申报，未申报的不得实施集中。但第21条规定，经营者集中有下列情形之一的，可以不向国务院反垄断执法机构申报：(1) 参与集中的一个经营者拥有其他每个经营者50%以上有表决权的股份或者资产的；(2) 参与集中的每个经营者50%以上有表决权的股份或者资产被同一个未参与集中的经营者拥有的。

十二、合同的限制

公司与股东之间、第三人与股东之间、股东与股东之间签订的股份转让限制合同原则上有效，除非违背效力性规定、公序良俗以及公司或股权的本质要求。若公司与股东之间的合同彻底剥夺股东转让股份以回收投资的机会，又不允许股东退股，无异于将股东赶入进退维谷、走投无路的窘境，则该合同应属无效。若合同内容不妨碍股东收回出资，或虽限定股东转让的期限和受让人范围，但就股东受此限制而给其充分、对待的给付，则合同效力应例外得到确认。例如，公司为推行股权激励计划，与持股员工约定在劳动合同存续期间职工股东不得转让股权，该约定就具有合法性与正当性。至于第三人与股东、股东与股东之间签订的股份转让限制合同，更是契约自由的体现，应予尊重。

十三、小规模家族公司章程之限制

在股东人数较多的大规模股份公司尤其是上市公司中,应当坚决贯彻股权转让自由原则,不允许股份公司章程排斥或限制股份自由转让性。

但在小规模家族公司中适度限制股份受让方,规定股份转让应取得公司同意,并赋予其他股东优先受让权,合乎公司大多数股东的利益,亦不会对拟转让股份的股东乃至社会产生弊害。但限制股份转让的公司章程条款应在投资者成为本公司股东之前明确告知,不应隐瞒,以便投资者事先有所警觉。但允许闭锁性股份公司章程对股权转让自由予以适当限制,乃为股份公司之例外,非为常态,更非原则。

十四、公司成立之前股份转让的限制

依《公司法》第132条,股份有限公司成立后,即向股东正式交付股票。公司成立前不得向股东交付股票。因此,在公司成立之前,发起人或者认股人不得转让其未来的股东资格。尽管公司成立在即,发起人或认股人的身份很快就转化为股东,但万一公司设立失败,则准股东资格的转让只能殃及许多无辜的受让人。为保护受让人免遭不必要的欺诈之苦,公司法乃作此种设计。

《证券法》第35条严格限制股份转让标的:"证券交易当事人依法买卖的证券,必须是依法发行并交付的证券。非依法发行的证券,不得买卖。"转让违法发行股份的行为不仅不能对抗公司,自身也归无效。这是《证券法》针对上市公司股票转让所作的限制,旨在维护受让人的合法权益。

十五、公司取得自己股份的禁止

公司收购本公司股份,指公司购买自身已发行在外的股份的法律行为。鉴于公司取得自己股份有可能引发一些不利的法律后果,为预防公司取得自己股份后给股东、债权人和市场竞争秩序可能造成的弊害,世界发达公司立法例对自己股份之取得一般采取限制或禁止的立法态度。

我国2018年《公司法》第142条第1款禁止公司收购本公司股份,除非有下列情形之一:(1)减少公司注册资本;(2)与持有本公司股份的其他公司合并;(3)将股份用于员工持股计划或者股权激励;(4)股东因对股东大会作出的公司合并、分立决议持异议,要求公司收购其股份;(5)将股份用于转换上市公司发行的可转换为股票的公司债券;(6)上市公司为维护公司价值及股东权益所必需。该条款并无兜底条款。实际上,司法部提请全国人大常委会审议的公司法修改草案曾有"法律、法规规定的其他情形"的兜底性规定。立法机关删除这一兜底条款的本意是预防股份回购之滥用。

(一)公司为减少注册资本而回购股份

《公司法》第142条第1款第1项允许公司在减少注册资本、注销股份时回购股份。拟上市公司在未达到预定业绩目标或者未完成首次公开发行并上市的计划时,公司为履行增资协议约定的、对新股东承担的对赌义务,需要通过减少注册资本的方式,回购新股东的持有的股份。

公司在此种情况下回购自己股份时要严格履行法定减资程序(含债权人异议与保护制

度),确保减资行为不危害债权人。减资程序的环节有二:一是通知并公告债权人;二是履行债权人保护程序(已到期债务要清偿,未到期债务要提供担保)。

由于减少注册资本属于股东会的决策权限,公司回购股份应经股东会决议。公司收购股份后,应自收购之日起10日内注销。

(二)公司与持有本公司股份的其他公司合并

例如,在A公司兼并(吸收合并)B公司的场合,若B公司持有A公司的股份,则A公司由于承继B公司财产而回购股份。由于公司合并属于股东大会决策权限,公司在此种情况下回购股份亦应经股东会决议。公司取得本公司股份后,应当在6个月内转让或者注销。

(三)将股份用于员工持股计划或者股权激励

为调动劳动者积极性,协调股东利益与职工利益,构建和谐劳资关系,推广职工持股计划和股权激励计划,公司可例外回购自己的股份。

2018年前的《公司法》第142条第3款的规定是"将股份奖励给本公司职工"。由于员工持股计划或者股权激励的外延要广于"股份奖励",该条款在2018年修改时被扩张为"将股份用于员工持股计划或者股权激励"。又由于"本公司职工"的外延狭窄,仅限于本公司,无法囊括关联公司(如直系的母公司、子公司以及旁系的兄弟公司),因此"本公司"三字被删除。因此,若为在母公司或者其他关联公司推行员工持股计划或者股权激励也可依据法定的条件与程序由上市公司回购股份。此类扩张后的股份回购事项既可适用于上市公司,也可适用于非上市的股份公司。但在公司集团中每家公司又被法律视为相互独立的法人,因此用于本公司之外的关联公司的职工持股计划与股权激励时应严守笃行信息透明、对价公允、程序严谨的理念。

依2018年前的《公司法》第142条,公司为奖励本公司职工而收购本公司的股份时不得超过本公司已发行股份总额的5%;用于收购的资金应从公司税后利润中支出;所收购的股份应当在1年内转让给职工。

2018年《公司法》第142条删除了公司为奖励本公司职工而收购本公司的股份"不得超过本公司已发行股份总额的5%"的规定,并采取了对三种新增股份回购事由打包规定总额度的立法态度。具体说来,将股份用于员工持股计划或者股权激励、将股份用于转换上市公司发行的可转债和上市公司为维护公司价值及股东权益所必需的三种股份回购情形中的公司合计持有的本公司股份数不得超过本公司已发行股份总额的10%,并应在3年内转让或者注销。由于三种情形下的股份回购额度共计为10%,既不能简单地认为用于员工持股计划或者股权激励的额度提高了,也不能简单地认为用于员工持股计划或者股权激励的额度降低了。

为预防劳资冲突,股份公司用于员工持股计划或者股权激励的股份回购应经股东大会决议,不能由董事会说了算。根据实际情况和需要,立法者删去了原《公司法》第142条关于公司因奖励职工收购本公司股份公司,用于收购的资金应当从公司的税后利润中支出的规定。[①]

(四)异议股东在公司合并、分立时要求公司收购其股份

依2018年《公司法》第142条第1款第4项,股份有限公司股东因对股东大会作出的公

[①] http://www.npc.gov.cn/npc/xinwen/2018-10/26/content_2064120.htm

司合并、分立决议持异议时有权要求公司收购其股份。该条款类似于《公司法》第 74 条第 1 款第 2 项规定的有限责任公司的异议股东回购股份请求权:"公司合并、分立、转让主要财产的","对股东会该项决议投反对票的股东可以请求公司按照合理的价格收购其股权"。唯一所不同的是,股份有限公司异议股东的退股情形少了"转让主要财产的"情形。建议《公司法》第 142 条下次修改时增列这一回购事由。

人各有志。异议股东在公司合并、分立时有权要求公司收购其股份,公司回购股份属于公司为保护小股东而履行的义务。公司取得本公司股份后,应在 6 个月内转让或者注销。

(五)将股份用于转换上市公司发行的可转债

依《公司法》第 142 条第 1 款第 5 项,上市公司可以回购股份,以便用于转换该上市公司发行的可转换为股票的公司债券。此举旨在弘扬契约精神,尊重与保护可转债持有人的选择权。

(六)上市公司为维护公司价值及股东权益所必需

《公司法》第 142 条第 6 项授权上市公司为维护公司价值及股东权益而回购股权,旨在授权上市公司在股价低迷时通过回购股份,向市场传递护盘信号,恢复投资信心。但也要预防与警惕上市公司滥用股份回购制度作为反收购措施,以回购防御筹码、抬升股价、增加敌意收购者的收购难度与成本。这种股份回购制度之滥用目的不是维护公司价值,而是维护控制权既得利益集团的私利。

《公司法》第 142 条简化了该等股份回购的公司决策程序。"公司因前款第 1 项、第 2 项规定的情形收购本公司股份的,应当经股东大会决议;公司因前款第 3 项、第 5 项、第 6 项规定的情形收购本公司股份的,可以依照公司章程的规定或者股东大会的授权,经 2/3 以上董事出席的董事会会议决议"。对于新增股份回购事项,立法者允许上市公司依照公司章程的规定或者股东大会的授权,经董事会 2/3 以上董事出席,并经全体董事过半数同意即可完成公司内部决策程序,而无需再经股东大会决议。立法理念是体现董事会快捷决策的特点,预防由于董事会与股东会的双重决策程序导致上市公司错失回购良机、进而导致股份回购目的落空。

恰恰由于新增股份回购事项只需董事会的决策、绕开了股东会的决策程序以及资本多数决规则,因此回购股份的数量和比例均有限制。按照 2018 年《公司法》第 142 条,在这三种情况下董事会有权拍板收购的股份不得超过本公司已发行股份总额的 10%。这一方面坚持了股东会中心主义的公司治理基调、预防董事会滥用权力,另一方面提高了 2018 年《公司法》修改之前仅允许回购股份的 5% 上限,也赋予了董事会决策的必要灵活性,堪称中庸之道。

《公司法》第 142 条第 3 款新增了股份回购中的库存股份制度:"公司依照本条第一款规定收购本公司股份后,属于第 1 项情形的,应当自收购之日起 10 日内注销;属于第 2 项、第 4 项情形的,应当在 6 个月内转让或者注销;属于第 3 项、第 5 项、第 6 项情形的,公司合计持有的本公司股份数不得超过本公司已发行股份总额的 10%,并应当在 3 年内转让或者注销"。因此,在新增三大股份回购情形,上市公司可以转让股份、注销股份,也可将股份以库存方式持有。以库存方式持有的,持有期限不得超过 3 年。2018 年《公司法》提高了公司持有本公司股份的数额上限,延长了公司持有所回购股份的期限。

为贯彻资本市场的"三公"原则,防止上市公司滥用股份回购制度,引发操纵市场、内幕交易等利益输送行为,《公司法》第142条第4款要求上市公司慎独自律,自觉避免风险外溢。因此,上市公司回购股份会提振投资信心,但需要考虑上市公司的充裕自有资本和自筹资本,更需要注意"上市公司收购本公司股份的,应当依照《中华人民共和国证券法》的规定履行信息披露义务。上市公司因本条第1款第3项、第5项、第6项规定的情形收购本公司股份的,应当通过公开的集中交易方式进行"。

倘若上市公司不理性,监管者不应失灵。上市公司回购股份不应存在监管盲区。因此,立法者在修法后对国务院如何贯彻落实股份回购新制度提出了要求:"对公司法有关资本制度的规定进行修改完善,赋予公司更多自主权,有利于促进完善公司治理、推动资本市场稳定健康发展。国务院及其有关部门应当完善配套规定,坚持公开、公平、公正的原则,督促实施股份回购的上市公司保证债务履行能力和持续经营能力,加强监督管理,依法严格查处内幕交易、操纵市场等证券违法行为,防范市场风险,切实维护债权人和投资者的合法权益"。[1]因此,监管者既要不折不扣地落实股份回购制度,也要临渊履冰地采取安全保障措施,严格管控股份回购中的道德风险与法律风险。

十六、禁止接受本公司的股票作为质押权标的

公司接受本公司的股票作为质押权的标的将会产生公司购买自己股份同样的弊端,《公司法》第142条第5款规定:"公司不得接受本公司的股票作为质押权的标的。"公司不得以公司名义、为公司之计算而接受本公司股票作为质押权的标的,也不得以他人名义、为公司之计算接受本公司的股票作为质押权的标的。

法律应当例外允许公司在以下情形接受本公司股票作为质押权的标的:(1)以公司名义、为他人之计算而接受本公司的股票作为质押权的标的。(2)公司因合并或受让其他公司的全部营业而取得以自己股份为标的的质权。(3)公司为实现债权而接受自己股份为质权标的。(4)银行及其他金融机构在通常的经营活动中取得以自己股份为标的的质权。在上述四种情形下,因其并不危害公司、股东和债权人利益而应认其合法。

公司违法接受以自己股份为质押权标的时,有过错的董事和高级管理人员应当对公司或其债权人和股东承担民事责任。就公司接受自己股份为质押权标的的民事法律效果而言,既然此种行为为绝对无效,则质押权设定者和质押权人均可主张其无效。

第八节　非法证券活动的整治

一、非法证券活动的主要形式与特征

近年来,非法发行股票和非法经营证券业务(以下简称非法证券活动)在我国部分地区时有发生,个别地区甚至出现蔓延势头,严重危害社会稳定和金融安全。当前,非法证券活动的主要形式为:一是编造公司即将在境内外上市或股票发行获得政府部门批准等虚假信息,诱骗社会公众购买"原始股";二是非法中介机构以"投资咨询机构""产权经纪公司""外

---

[1] 全国人民代表大会常务委员会《关于修改〈中华人民共和国公司法〉的决定》,2018年10月26日第十三届全国人民代表大会常务委员会第六次会议通过。

国资本公司或投资公司驻华代表处"的名义,未经法定机关批准,向社会公众非法买卖或代理买卖未上市公司股票;三是不法分子以证券投资为名,以高额回报为诱饵,诈骗群众钱财。

非法证券活动是一种典型的涉众型的违法犯罪活动,严重干扰正常的经济金融秩序,破坏社会和谐与稳定。从近期发生的一些案件看,非法证券活动具有以下特征:一是按照最高人民检察院、公安部《关于经济犯罪案件追诉标准的规定》(公发[2001]11号),绝大多数非法证券活动都涉嫌犯罪。二是花样不断翻新,隐蔽性强,欺骗性大,仿效性高,蔓延速度快,易反复。三是案件涉及地域广,涉案金额大,涉及人员多,同时资产易被转移,证据易被销毁,人员易潜逃,案件办理难度大。四是不少案件涉及境外资本市场,办理该类案件政策性强,专业水平要求高。五是投资者多为离退休人员、下岗职工等困难群众,承受风险的能力差,极易引发群体事件。

二、整治非法证券活动的制度建设和组织建设

早在2001年,国务院办公厅就下发了《关于严厉打击以证券期货投资为名进行违法犯罪活动的通知》(国办发[2001]64号)。中国证监会也分别于2003年和2004年下发了《关于处理非法代理买卖未上市公司股票和有关问题的紧急通知》(证监办发[2003]15号)以及《关于打击以证券期货投资为名进行违法犯罪活动的紧急通知》(证监办发[2004]16号)。但整治非法证券活动的效果不彰。

为贯彻落实《公司法》和《证券法》有关规定,维护证券市场正常秩序和广大投资者的合法权益,国务院办公厅于2006年12月12日下发了《关于严厉打击非法发行股票和非法经营证券业务有关问题的通知》(以下简称"国办发〔2006〕99号文")。该文要求地方各级人民政府、国务院有关部门充分认识非法证券活动的危害性,增强政治责任感,完善打击非法证券活动的政策法规和联合执法机制,查处一批大案要案,依法追究有关人员责任,建立健全防范和打击非法证券活动的长效机制,从根本上遏制非法证券活动蔓延势头。

为加强组织领导,国办发〔2006〕99号文决定成立打击非法证券活动协调小组。协调小组由中国证监会牵头,公安部、原国家工商总局、原银监会并邀请最高人民法院、最高人民检察院等有关单位参加。协调小组负责打击非法证券活动的组织协调、政策解释、性质认定等工作。协调小组办公室设在证监会。国办发〔2006〕99号文要求证监会组织专门机构和得力人员,明确职责,加强沟通,与相关部门和省级人民政府建立反应灵敏、配合密切、应对有力的工作机制。非法证券活动查处和善后处理工作按属地原则由各省、自治区、直辖市及计划单列市人民政府负责。非法证券活动经证监会及其派出机构认定后,省级人民政府要负责做好本地区案件查处和处置善后工作。涉及多个省(区、市)的,由公司注册地的省级人民政府牵头负责,相关省(区、市)要予以积极支持配合。发现涉嫌犯罪的,应及时移送公安机关立案查处,并依法追究刑事责任。未构成犯罪的,由证券监管部门、工商行政管理部门根据各自职责依法作出行政处罚。不久,国务院下发了《关于同意建立整治非法证券活动协调小组工作制度的批复》(国函[2007]14号)。

整治非法证券活动协调小组成立以后,各成员单位和地方人民政府高度重视,周密部署,重点查处了一批大案要案,初步遏制了非法证券活动的蔓延势头,各类非法证券活动新发量明显减少,打击非法证券活动工作取得了明显成效,相当一部分案件已进入司法程序。但在案件办理过程中,相关单位也遇到了一些分工协作、政策法律界限不够明确等问题。为此,协调小组专门召开会议对这些问题进行了研究。根据协调小组会议精神,最高人民法院、最高人民检察院、公安部和中国证监会于 2008 年 1 月 2 日下发了《关于整治非法证券活动有关问题的通知》(以下简称《通知》)。《通知》要求各有关部门统一思想,高度重视,充分认识此类违法犯罪活动的严重性、危害性,增强政治责任感,密切分工协作,提高工作效率,及时查处一批大案要案,维护法律法规权威,维护社会公平正义,维护投资者的合法权益。

从形式上看,《通知》是由公检法三大司法机关联合中国证监会推出的一个规范性文件,兼具司法解释与部门规章的性质。从内容上看,该文件主要解决了三个问题:一是划清了非法证券发行活动的罪与非罪、此罪与彼罪的界限;二是初步明确了公检法三机关与证券监管机构、工商行政监管机关等部门之间的执法司法合作机制;三是明确了受害投资者的民事救济途径。这无疑有助于大幅降低司法机关和行政执法机关打击非法证券发行、经营行为的执法成本,提高非法证券活动的违法犯罪成本,彻底打通受害投资者的维权通道。该文件堪称依法整治非法证券活动的重要里程碑.

三、认定非法证券活动的法律界限

国办发〔2006〕99 号文明确指出要严禁擅自公开发行股票,严禁变相公开发行股票,严禁非法经营证券业务。但前提条件是,如何划分股份发行与转让过程中合法与非法的界限、罪与非罪、此罪与彼罪的界限。我国刑事法治遵循罪刑法定、无罪推定和疑罪从无等三项基本原则。基于罪刑法定原则,无论是司法解释还是部门规章都只能在法律授权的范围内对刑法条款作出解释,而不能在刑法之外创设任何刑事犯罪的罪名和刑罚。对此,国办发〔2006〕99 号文和《通知》均尝试作出界定。

(一)擅自或变相公开发行股票的认定

依《证券法》第 9 条,非公开发行是指向不超过 200 人的特定对象发行股份的行为;当事人非公开发行证券时不得采用广告、公开劝诱和变相公开方式。国办发〔2006〕99 号文将非公开发行解释为,"向特定对象发行股票后股东累计不超过 200 人";并扩大了公开劝诱的方式:"非公开发行股票及其股权转让,不得采用广告、公告、广播、电话、传真、信函、推介会、说明会、网络、短信、公开劝诱等公开方式或变相公开方式向社会公众发行。严禁任何公司股东自行或委托他人以公开方式向社会公众转让股票。"

与非公开发行相对的是公开发行。国办发〔2006〕99 号文明确指出,向特定对象转让股票,未依法报经证监会核准的,转让后,公司股东累计不得超过 200 人;向不特定对象发行股票或向特定对象发行股票后股东累计超过 200 人的,为公开发行。公开发行应依法报经证监会核准;若未经核准擅自发行股票,就属于非法发行股票。

未经依法核准,擅自发行证券,涉嫌犯罪的,依《刑法》第 179 条,以擅自发行股票或者公司、企业债券罪追究刑事责任。公司、公司股东违反上述规定,擅自向社会公众转让股票,应当追究其擅自发行股票的责任。公司与其股东合谋,实施上述行为的,公司与其股东共同承担责任。

未经依法核准,以发行证券为幌子,实施非法证券活动,涉嫌犯罪的,依《刑法》第 176 条、第 192 条等规定,以非法吸收公众存款罪、集资诈骗罪等罪名追究刑事责任。未构成犯罪的,依《证券法》和有关法律的规定给予行政处罚。

(二) 非法经营证券业务的认定

依《证券法》规定,任何单位和个人经营证券业务,必须经证监会批准。具体说来,股票承销、经纪(代理买卖)、证券投资咨询等证券业务由证监会依法批准设立的证券机构经营,未经证监会批准,其他任何机构和个人不得经营证券业务。例如,《证券法》第160条第2款就规定:"从事证券投资咨询服务业务,应当经国务院证券监督管理机构核准;未经核准,不得为证券的交易及相关活动提供服务。从事其他证券服务业务,应当报国务院证券监督管理机构和国务院有关主管部门备案。"

当事人未经批准、擅自从事证券业务的,属于非法经营证券业务,应予以取缔;涉嫌犯罪的,依《刑法》第225条,以非法经营罪追究刑事责任。对中介机构非法代理买卖非上市公司股票,涉嫌犯罪的,应当依《刑法》第225条,以非法经营罪追究刑事责任;所代理的非上市公司涉嫌擅自发行股票,构成犯罪的,应当依《刑法》第179条,以擅自发行股票罪追究刑事责任。非上市公司和中介机构共谋擅自发行股票,构成犯罪的,以擅自发行股票罪的共犯论处。未构成犯罪的,依《证券法》和有关法律的规定给予行政处罚。

非法经营罪与擅自发行股票罪之间既有联系,也有区别。实践中,这两种犯罪行为也可能密切交织在一起。例如,有可能张三先有擅自发行股票的犯罪行为,然后李四再非法代理买卖该公司的股票。但审理非法经营罪与擅自发行罪应当分别进行,审理其中的一个犯罪不必以另外一个犯罪的审理结果为前提。

(三) 关于非法证券活动性质的认定机构

《通知》指出,非法证券活动是否涉嫌犯罪,由公安机关、司法机关认定。公安机关、司法机关认为需要有关行政主管机关进行性质认定的,行政主管机关应当出具认定意见。对因案情复杂、意见分歧,需要进行协调的,协调小组应当根据办案部门的要求,组织有关单位进行研究解决。

总体而言,国办发〔2006〕99号文和《通知》有关擅自发行股票罪、非法吸收公众存款罪、集资诈骗罪与非法经营罪的界定是清晰的。当然,除了这两个规范性文件对罪与非罪、此罪与彼罪的界定之外,《刑法》及其配套司法解释是认定犯罪构成要件的根本法律依据。

四、非法证券活动中受害投资者的民事救济

长期以来,我国司法系统对涉及场外非法股票交易经济纠纷案件采取了不予立案的消极态度。根据1998年3月25日国务院办公厅转发证监会《关于清理整顿场外非法股票交易方案的通知》(国办发〔1998〕10号)的规定,最高人民法院于1998年12月4日发布了《关于中止审理、中止执行涉及场外非法股票交易经济纠纷案件的通知》(法〔1998〕145号)。虽然最高人民法院的这一举措意在配合国家解决当时STAQ、NET交易系统发生的问题,而非针对目前非法证券活动所产生的纠纷,但是绝大多数法院还是对涉及非法证券活动的各类民事诉讼案件不予立案。因此,遏制非法证券活动的法律责任仅剩下行政处罚与刑事责任,至于受害投资者追究不法行为人民事责任的司法救济通道则处于严重梗阻状态。这无疑在客观上降低了非法证券活动的违法成本,妨碍了受害投资者运用民事权利手段配合国家行政执法机关和司法机关共同整治非法证券活动的积极性、主动性与创造性。

作为对广大受害投资者维权呼声的回应,最高人民法院、最高人民检察院、公安部和中国证监会于2008年1月2日下发的《通知》开辟了民事司法救济的通道:"若非法证券活动构成犯罪,被害人应当通过公安、司法机关刑事追赃程序追偿;若非法证券活动仅是一般违法行为而没有构成犯罪,当事人符合民事诉讼法规定的起诉条件的,可以通过民事诉讼程序请求赔偿。"

原告投资者可以自己与被告存在合同关系为由,对被告提起撤销合同之诉或者违约之诉,也可被告存在侵权行为为由,对被告提起侵权损害赔偿之诉;若存在违约责任与侵权责任竞合的,依《民法典》第186条,受害投资者可择一行使。程序法依据是《民事诉讼法》,实体法依据是《民法典》《公司法》《证券法》等民商事法律及其配套的法律、法规和司法解释等。受害投资者也可在司法机关追究犯罪分子刑事责任的同时,对犯罪分子提起刑事附带民事诉讼。凡直接损害投资者合法权益的行为人都有可能成为民事诉讼中的被告,包括但不限于发行公司及其发起人、董事、监事、经理和高级管理人员,非法买卖股票的中介机构和股份的出让方等。对已经非法注销登记(如未履行公告债权人的程序)的发行公司,由于已经丧失法人资格,受害投资者可对其清算义务主体(如有限责任公司的股东、股份公司的董事等)提起民事诉讼。中介机构与发行公司及其发起人等同谋损害投资者利益的,可以请求法院判令其对受害投资者承担连带责任。

受害投资者有权要求被告人赔偿其遭受的实际损失,包括直接损失(现有财产利益的丧失)与间接损失(本应获得的利益由于被告人的行为而未取得)。但根据谁主张谁举证的原则,原告投资者要对其主张的实际损失(包括向发行公司或其发起人认缴股份的金额、向前手支付的股份购买价款、支付的税金、中介费用、同期银行贷款利息)范围承担举证责任。至于受害投资者为追究被告人的民事责任而发生的诉讼费用(如律师费)作为投资者的派生损失也应纳入实际损失的范畴。被告除依据法律规定承担连带责任外,对其他被告人的行为存在恶意串通的,也应对原告投资者承担连带损害赔偿责任。当然,在确定受害投资者的实际损失时,法院享有一定的自由裁量权。笔者主张,司法机关从犯罪分子没收的广大受害投资者缴纳的股款和股权转让款应当按照受害投资者的受损比例分配于广大投资者。这也是以人为本的司法理念的具体体现。

五、国务院关于清理整顿各类交易场所的决定

自21世纪初以来,一些地区为推进权益(如股权、产权等)和商品市场发展,陆续批准设立了一些从事产权交易、文化艺术品交易和大宗商品中远期交易等各种类型的交易场所(以下简称交易场所)。由于缺乏规范管理,在交易场所设立和交易活动中违法违规问题日益突出,风险不断暴露。一些交易场所未经批准违法开展证券期货交易活动;有的交易场所管理不规范,存在严重投机和价格操纵行为;个别交易场所股东直接参与买卖,甚至发生管理人员侵吞客户资金、经营者卷款逃跑等问题。

为防范金融风险,规范市场秩序,维护社会稳定,国务院2011年11月11日发布《关于清理整顿各类交易场所、切实防范金融风险的决定(国发〔2011〕38号)》,强调交易场所是为所有市场参与者提供平等、透明交易机会,进行有序交易的平台,具有较强的社会性和公开性,需要依法规范管理,确保安全运行。其中,证券和期货交易更是具有特殊的金融属性和风险属性,直接关系到经济金融安全和社会稳定,必须在经批准的特定交易场所,遵循严格的管理制度规范进行。

六、非上市公众公司的风险外溢与监管盲区

在多数情况下,非法证券活动的滋生与蔓延源于不法行为人的利欲熏心和胆大妄为。不法行为人往往假借非法发行股份与转让股份的手段,从受害投资者攫取不法利益。"苍蝇不叮无缝的蛋"。加强投资者法律风险教育工作,培育理性成熟的投资者队伍有助于遏制非法证券活动。

但非法证券活动的产生与公司法律制度的真空也有一定逻辑关联。我国《公司法》和《证券法》对上市公司的规定较为成熟,对有限责任公司的规定也较为完备,加之配套法规和部门规章,量大面广的有限责任公司制度板块与量小精强的上市公司制度板块已基本步入完备阶段。

相比之下,既非上市公司又非有限责任公司的中间形态公司,即公开发行股票但不在证券交易所上市的股份公司(以下简称"非上市公众公司")则处于制度真空状态。对这些公司的投资者而言,一方面其认购的股票是公开发行的,另一方面却无法在证券交易所出让这些股票。由于我国多层次资本市场建设尚不到位,一些股东为变现投资,遂在一些发行公司和中介机构的蛊惑下通过公开劝诱或者变相公开劝诱的方式转让股权。

大禹治水,堵不如疏,疏不如导。对制度设计真空导致的非法证券活动,只有改进制度设计,才能从源头上分流不法证券活动,并警醒发行公司、中介机构和投资者见贤思齐,趋利避害,改恶向善。因此,国办发[2006]99号文要求证监会尽快研究制定有关非上市公众公司的管理规定,明确非上市公众公司设立和发行的条件、发行审核程序、登记托管及转让规则等,将非上市公众公司监管纳入法治轨道。笔者主张,国家应当鼓励这类公司的股权转让进入证券交易所之外的集中交易市场,同时强化非上市公众公司对其投资者的信息披露义务。这就需要对证券交易所之外的股权集中交易市场采取允许设立、严格规范的态度。

为规范非上市公众公司的股票转让和发行行为,保护投资者权益,证监会于2012年9月28日通过,并于2013年12月26日修改了《非上市公众公司监督管理办法》。为鼓励大众创业、万众创新,支持中小微企业发展,2015年5月15日,证监会发布了《关于加强非上市公众公司监管工作的指导意见》。该《指导意见》要求按照资本市场改革和监管转型的要求,坚持市场化、法治化方向,以信息披露为本,以公司自治和市场约束为基础,强化对市场主体规范要求,增强自律组织权责,明确监管系统内部分工,构建职责明确、分工清晰、信息共享、协同高效的非上市公众公司监管体系,保护投资者合法权益,提升资本市场服务实体经济的能力。

非上市公众公司被界定为:有下列情形之一且其股票未在证券交易所上市交易的股份有限公司:(1)股票向特定对象发行或者转让导致股东累计超过200人;(2)股票公开转让。非上市公众公司包括在新三板挂牌的非上市公众公司(挂牌公司)与未在新三板挂牌的非上市公众公司(不挂牌公司)。后者又包括自愿纳入监管的历史遗留股东人数超过200人的股份公司(以下简称200人公司),以及经证监会核准通过定向发行或转让导致股东累计超过200人的股份公司。

公众公司公开转让股票应当在全国中小企业股份转让系统(新三板)进行,公开转让的公众公司股票应在中国证券登记结算公司集中登记存管。公众公司可依法进行股权融资、债权融资、资产重组等。

第七章

公 司 治 理

第一节 公司治理概述

一、公司治理的含义

公司治理(corporate governance)泛指公司管理层对股东和利益相关者诚信勤勉、促进公司基业长青、创造股东价值并担当社会道义的哲学理念、制度安排和商业实践。公司治理乃公司命运之所系。公司治理水平的高低直接关系到股东的投资价值,关系到公司的竞争力,更关系到民族经济的竞争力。

公司良治既是一种理念,也是一种制度安排,更是一种商业实践。没有公司良治理论的正确指导,就不会有一流的公司治理制度。有了一流的公司治理制度,未必就能催生出一流的公司治理实践。一些上市公司设置了独立董事,建立了完善的风险控制委员会,并印有精美的《风险控制手册》,但仍未能摆脱公司总经理一手遮天的错误决策导致的巨大财产损失。在理念、制度与实践之间,完善的公司治理制度对于落实公司良治理念、鼓励公司良治实践具有承上启下的核心作用。因此,优化公司治理自然成为公司法的重要使命。

二、公司良治的特征

良好的公司治理(公司良治)的核心特征主要包括公司治理的透明度、问责性、尊重股东价值、股东平等、公司社会责任与民主性。

(1) 公司治理应当具备透明度。透明度强调公司对股东的信息披露义务。上市公司固然要真实、准确、完整、及时、公平地依法履行信息披露义务,非上市公司也要对其股东履行信息披露义务。与公司信息披露义务相对的是股东的知情权。上市公司与非上市公司皆有信息披露义务。非上市公司虽然不必遵循《证券法》为上市公司设定的信息披露义务,但仍要履行公司法为非上市公司设定的信息披露义务。上市公司与非上市公司的股东皆有知情权。非上市公司股东可以获取的信息甚至可以超过上市公司股东。例如,《公司法》第33条明确允许有限责任公司股东请求查阅公司的会计账簿,但未明确允许上市公司股东查阅公司的会计账簿。暗箱作业的公司治理不可能是公司良治。公司良治的透明度主要针对股东而言。对债权人而言,公司治理的透明度也很重要。

(2) 公司治理应当具备问责性。问责性强调公司治理机构(含股东会、董事会、监事会)及公司经营者的岗位职责和决策程序清晰明确,违背岗位职责以及善尽岗位职责的赏罚分明,失信高管和股东的责任追究途径畅通。

(3) 公司治理应当尊重股东价值。尊重股东价值,就是要强调弘扬股权文化,为股东创造满意的投资回报。从权力的来源看,公司治理的权力来源于股东;从公司治理的目标来看,公司治理的权力要为股东利益而行使;从权力的行使过程来看,公司治理的权力要由股东参与行使。股东参与公司治理的法律途径既包括表决权,也包括知情权、建议权、监督权、诉权和股权转让自由等权利的行使。公司应当高度重视投资者关系管理工作,欢迎投资者监督。为方便投资者监督、建议,上市公司应当设立专门的渠道,随时听取股东的意见。

(4) 公司治理应当弘扬股东平等精神。公司治理既要体现同股同权的股东形式平等原则,也要体现禁止控制股东压榨小股东的股东实质平等原则。根据形式上的股东平等原则,股东按其持股类别和持股比例行使权利。但形式上的股东平等原则容易滋生股东之间的不平等。某些股东借助形式上的股东平等原则成长为控制股东,进而压榨、排挤小股东。因此,有必要向中小股东予以适度倾斜,以充分体现实质意义上的股东平等原则。

(5) 公司治理应当强化公司社会责任。公司不能唯利是图。公司不能仅以最大限度地为股东们赚钱作为自己的唯一存在目的,还应最大限度地关心股东利益之外的社会利益,包括消费者利益、职工利益、债权人利益、中小竞争者利益、当地社区利益、环境利益、社会弱者利益及整个社会公共利益等内容,既包括自然人的人权尤其是社会权,也包括法人和非法人组织的权利和利益。公司的社会责任是公司社会性的体现。公司的社会性与公司的营利性相对。公司承担社会责任就是要成为有良心的公司、受人尊重的公司。公司社会责任条款已经写进《公司法》第5条的规定。

(6) 公司治理应当具备民主性。公司治理的民主性就是要强调公司民主、股东民主,强调治理机构之间的相互分工、相互配合、相互监督与相互制衡。既要强调民主决策,也要强调民主监督。控制股东不得滥用控制权损害公司利益和中小股东利益,内部人和经营者不得滥用经营权损害外部人尤其是公司、股东和债权人的利益。

三、公司治理的主要问题

公司治理乃全球化难题。美国的安然、世通等公司治理丑闻不仅暴露出上市公司管理层"小鬼当家"的内部人控制问题(如某些 CEO 的狂妄、过于自信和贪婪),也凸现了审计委员会(Audit Committee)、律师(Attorney)和会计师(Accountant)的诚信问题。我国公司治理水平普遍不高,国际公认的诚实性、透明性、问责性原则在公司治理实践中难以落实。就上市公司而言,我国的公司治理问题主要表现为一股独大下的内部人控制、公司高管激励机制与约束机制同时疲软、信息披露不透明以及中小股东权益保护方面的制度缺陷。

中美上市公司治理实践中虽然都存在着内部人控制问题,但问题成因不同。美国上市公司的内部人控制问题主要源于股权结构的高度分散。"山中无老虎,猴子称大王"。而我国的内部人控制问题主要源于股权结构的高度集中。一股独大的股权结构致使我国的内部人控制具有"狐假虎威"的特色。无论是股权结构的高度分散,还是股权结构的高度集中,都会滋生内部人控制现象。我国上市公司的股权分置改革顺利完成、全面进入全流通时代后,依然会出现美国式的内部人控制现象。因此,正视、疏导和化解内部人控制现象,化消极因素为积极因素,是我国公司治理的长期课题。

闭锁型公司(包括有限责任公司与非上市股份公司)也存在着公司治理问题。由于闭锁型公司的股东人数较少,大股东身份与董事长、总经理身份往往合而为一,加之股权转让流通性较弱,小股东往往缺乏出让股权的机会,导致控制股东容易滥用控制地位侵害小股东参与公司治理的权利(包括控制权与分红权)。家族公司尤其是父子公司、夫妻公司、兄弟公司还存在着经营权与股权高度合一、家族成员兼任公司高管、人存政举、人亡政息的现象。

四、公司机关的概念与特征

公司机关泛指根据法律或公司章程的规定,对内经营管理公司事务,对外代表公司实施法律行为,行使权利、履行义务的个人和集体。公司机关是公司维持其人格的组织基础,是公司得以存在与开展业务活动的保障。正是因为如此,公司机关制度成为传统公司治理制度的核心内容甚至全部内容。

公司机关具有以下特征:(1) 公司机关是公司的对内决策、对内监督和对外代表机构。公司机关对内负责公司的经营管理活动,对外代表公司实施法律行为,开展民事活动。(2) 公司机关是替代公司作出并执行意思表示的机构。公司不同于自然人。公司的一切活动都要通过公司机关来实现。公司机关在法律、章程规定的范围内从事的民事法律行为就是公司的行为,这些行为不需要公司的特别授权,并由公司承受这些行为的法律效果。(3) 公司机关的活动具有连续性。作为公司机关的自然人在开展公司活动时,并不代表自己,而是代表公司。因此,作为公司机关的自然人发生变更时,继任者仍要受前任者的行为约束。《民法典》第532条指出,"合同生效后,当事人不得因姓名、名称的变更或者法定代表人、负责人、承办人的变动而不履行合同义务",即揭明此旨。

以其活动方式为准,公司机关分为独任制机构与合议制机构,前者如董事长、总经理,后者如股东大会和董事会。

以其设立依据为准,公司机关分为法定机构(如股东大会、董事会、监事会)和任意机构(如公司咨询机构、常务董事)。前者是依据法律和行政法规设立的公司机关,而后者是依据公司章程或股东会决议、董事会决议而设立的公司机关。

以其职能为准,公司机关分为权力机构(股东会)、经营决策机构(董事会或执行董事)、经营执行机构(总经理)与监督机构(监事会或执行监事)。

以其繁简程度为准,公司机关分为正式机关(例如股东会、董事会与监事会)与简式机关(如一人股东、执行董事与执行监事)。例如,普通公司的股东会为正式机关,而一人公司与国有独资公司中的一人股东(含国家股东)为行使股东会职权的简式机关。

以其活动期限为准,公司机关分为常设机构(如董事会)和非常设机构(如专门问题调查委员会)。

五、我国的公司机关架构

依《公司法》,股东组成股东大会,股东大会定时或临时地就公司经营中的基本事项作出意思决定。为贯彻股东大会的决定,股东大会选任董事组成董事会。董事会就基本事项之外的其他经营事项作出决定。董事会选举董事长作为公司的法定代表人,聘任经理负责实施董事会决议。董事会还负责监督董事、经理的业务执行行为。股东除通过股东大会对董事会、董事长和经理进行监督外,还选任监事监督董事和经理的业务执行行为。上市公司还要设立独立董事和董事会秘书岗位。

西方公司法规定的公司机关颇不相同。一种立法例是以德国为代表的双层制,即由监事会和董事会共同经营公司。具体说来,由股东大会选任监事(在适用《共同决定法》的公司,劳动者亦应依一定比例当选为监事),监事构成监事会,监事会又选任董事,由董事组成的董事会负责公司经营之指挥;监事会除选任、解任董事外,尚负责对公司业务之持续监督,并就一定事项享有同意权。在双层制中,股东会与董事会之间加设监事会,监事会为董事会的上位机关,以收对董事会监督之效。

另一种立法例是以英美法为代表的单层制,即由股东大会选任的董事组成董事会,董事会对公司之经营负责指挥,聘用高级管理人员负责具体经营,董事会并负责监督高级管理人员的经营活动。董事亦可兼任公司高级管理人员。在单层制中,只有股东会、董事会之设,无监事会之设,充其量在董事会里面设立独立董事职位,行使监督职能。

法国1966年《公司法》分别在第198条和第118条规定了单层制和双层制可由公司任意选择。尽管单层制与双层制存在不少区别,但在机构分化特别是在指挥职能与监督职能的分离方面则能收到异曲同工之妙:双层制中的董事会与监事会的分别设立固不待言,就是单层制中的独立董事仍可发挥其监督执行董事和高管人员的职能。例如,美国不少州的公司法规定上市公司董事会下设独立董事控制的审计委员会,更强化了该监督职能。

我国公司机关既不同于双层制,又不同于单层制。因为董事会和监事会各自独立地对股东大会负责,虽监事会对董事会负有监督之责,但监事会既非董事会的上位机构,亦非董事会的组成部门。我国上市公司既设监事会,又设独立董事。这与纯粹的双层制或单层制均有不同。

第二节 股东会制度

一、股东会的概念、特点和类型

股东会是由众股东对公司重大事项作出意思决定的公司权力机关。公司治理权的根基在股东民主与股东权利。而股东会就是股东民主与股东权利得以发挥作用的主要平台。

股东会具有以下特点:

(1) 股东会是公司权力机关。依《公司法》第36条和第98条,公司股东会由全体股东组成,是公司的权力机构。这一立法思维源于《宪法》第57条和第96条分别将全国人民代表大会和地方各级人民代表大会界定为最高国家权力机关和地方国家权力机关。人大与政府、法院和检察院相比是权力机关,股东会与董事会、监事会相比是权力机关。

(2) 股东会是公司的法定必备机关,而非任意机关。即使一人公司可以不设股东会,也将一人股东拟制为股东会的化身。

(3) 股东会是公司的常设机关,而非临时机关。因为,董事会、监事会或适格股东均可随时依法定条件与程序召集股东会。

(4) 股东会是会议体机关,而非法定代表人、董事长或总经理那样的独任制机关。因此,股东会会议的召集与表决要弘扬程序严谨、内容合法的主旋律,以提高股东会决策的民主化与科学化。

依《公司法》第39条和第100条,股东会会议分为定期股东会和临时股东会。其中,定期会议是指依照法律或章程在固定期限召集的股东会。例如,有限责任公司的定期会议应当依章程规定按时召开;股份有限公司年度股东会制度更表明股份有限公司股东至少每年应当召开一次股东会。《上市公司章程指引》第 42 条要求上市公司的年度股东大会每年召开 1 次,应当于上一会计年度结束后的 6 个月内举行。临时会议是公司根据适格主体的提议、为讨论涉及公司和全体股东重大利益的事项而召开的非定期会议。在有限责任公司中,代表 1/10 以上表决权的股东,1/3 以上的董事,监事会或不设监事会的公司的监事提议召开临时会议的,应当召开临时会议。在股份有限公司,遇有法定情形之一的,也应在两个月内召开临时股东大会。

二、股东会的职权

依《公司法》第 37 条、第 99 条的授权,股东会享有 11 项职权:(1)决定公司的经营方针和投资计划。(2)选举和更换非由职工代表担任的董事、监事,决定有关董事、监事的报酬事项。至于选举和更换职工董事、职工监事的决策权则归属职工代表大会、职工大会。(3)审议批准董事会的报告。股东会有权批准董事会的报告,也有权否决董事会的报告。(4)审议批准监事会或监事的报告。股东会有权批准监事会的报告,也有权否决监事会的报告。(5)审议批准公司的年度财务预算方案、决算方案。(6)审议批准公司的利润分配方案和弥补亏损方案。(7)对公司增加或减少注册资本作出决议。(8)对发行公司债券作出决议。(9)对公司合并、分立、解散、清算或变更公司形式作出决议。(10)修改公司章程。(11)公司章程规定的其他职权。这意味着,立法者通过兜底条款形式允许和鼓励公司章程基于公司自治精神赋予股东会更多的职权。

为避免控制股东滥用资本多数决,维护上市公司和中小股东的合法财产权益,《公司法》第 121 条规定了股东大会特别决策事项:(1)上市公司在 1 年内购买重大资产超过公司资产总额 30% 的决策;(2)上市公司在 1 年内出售重大资产超过公司资产总额 30% 的决策;(3)上市公司在 1 年内担保金额超过公司资产总额 30% 的决策。对于前述三类均攸关广大股东切身利益的决策,不仅董事会无权染指,股东大会也不得以普通决议作出,以免控制股东一手遮天。此处的"重大资产"或者"担保总额"并不拘泥于单项合同项下的金额,而是包括由若干合同构成、但合计总额超过前述比例的各种情形。单项合同项下的金额超过公司资产总额 30% 的,固然由股东大会作出决议;即使单项合同项下的金额未超过公司资产总额 30%、但多项合同项下的金额之和超过公司资产总额 30% 的,也要由股东大会作出决议。只有如此,才能杜绝化整为零的道德风险。

三、股东会中心主义

在公司机关制度化的初期,尽管公司机关已经分化,但股东大会在公司诸机构中处于最高的万能机构的地位。易言之,股东大会上的众股东享有公司的各种权力,凡与公司经营有关的事务无不含于其中;而董事则不过是股东大会决议的执行者而已,股东大会可随时就任何公司经营行为向董事会发号施令。董事会完全沦为股东大会的消极、机械的附庸。此即股东大会中心主义时期。股东大会中心主义与当时的政治思潮和历史背景是紧密相连的。人们往往搬用政治生活中的民主概念去理解股份公司中的股东民主,并把股份公司的章程与国家的宪法进行类比。

第七章 公司治理

随着科学技术的进步,生产力水平的提高,股份市场的发达,大规模现代股份公司日益崛起,公司参与的市场经济流转不断加快,公司的经营范围空前拓宽,公司的经营活动亦趋高度复杂化和专业化。若仍然依赖定期举行的股东大会就公司中的所有经营活动进行决策,然后再交由董事会执行,或者若仍然允许股东大会可随时干预董事会的经营决策,则无异于束缚经营者的手脚,既不利于公司发展,又有碍于交易安全。为纠此流弊,公司经营决策权的重心遂由股东大会转向董事会。由于多数股东们无法通过股东会行使公司经营的一切决策权力,董事会中的多数成员又非股东,于是出现了有股权的人没有经营权、有经营权的人没有股权的现象,此即企业所有与企业经营的分离现象。这种现象标志着股东会中心主义向董事会中心主义的变迁。

德国1937年《股份法》正式废除了19世纪的股东大会中心主义,大大削减了股东大会的权限,同时强化了董事会的经营权限及其对股东会的独立性。该态度被1965年《股份法》确认。欧陆主要公司法纷纷步其后尘。如意大利1942年的《民法典》虽未采用德国的双层制,但第2364条第4项亦将公司经营排斥于股东大会权限之外。该项规定:股东年会有权"审议批准设立章程规定的、属于股东大会权限范围内涉及公司管理的其他事项、由董事会提交股东大会讨论的事项,以及涉及董事和监事责任的事项"。

英美法系也同样发生了股东大会中心主义向董事会中心主义的变迁。如美国《模范商事公司法》第8.01条第2项明确规定:"公司的全部权力由董事会行使或由董事会授权他人行使;公司的各种经营活动和具体事务的管理工作在董事会指挥下进行;但公司设立章程和本法第7.32条授权的协议另有约定的除外。"日本亦于1950年修改其《商法典》时缩小了股东大会的权限,扩张了董事会的经营权限。该法第260条规定:"除法律或章程规定为股东大会权限内的事项外,由董事会决定公司业务的执行。"

区分股东会中心主义与董事会中心主义的标准有二:一是哪一机构享有经营管理公司的实质决策权(如是否引进授权资本制);二是立法者没有明确列举的剩余权力由谁行使。就前者而言,我国《公司法》并未明确将经营权垄断于董事会之手,更未引进授权资本制;就后者而言,立法者也未明确规定,股东会依本法或章程行使的决策权之外的其他权力皆由董事会行使。可见,我国《公司法》的态度基本上属于股东会中心主义。

我国《公司法》明确允许公司章程对股东会、董事会与总经理之间的决策权限予以合理划分,酌情增减。第37条和第46条在分别列举股东会和董事会职权外,还以兜底条款形式规定了"公司章程规定的其他职权";第49条第1款在列举经理的七大职权外增加了"董事会授予的其他职权";该条第2款还规定:"公司章程对经理职权另有规定的,从其规定。"这意味着,公司章程可将股东会的部分决策权移交董事会,也可将总经理的部分决策权上收董事会。根据第99条、第108条与第113条,上述规定既适用于有限责任公司,也适用于股份有限公司。

避免股东会决议与董事会决议撞车的上策在于,公司章程应当划清股东大会与董事会之间的权限边界。若公司章程未对容易产生纠纷的决策事项作出明确划分,则按照股东主权思想,应当将该事项解释为股东会的决策事项。值得注意的是,2005年《公司法》虽然对旧有的公司法律制度进行了脱胎换骨的改革,但基本上仍未摆脱股东大会中心主义的主流基调,尚未采行董事会中心主义的立法态度。在这种情况下,既然股东并不信赖董事会,并未明确将某一事项的决策权移交董事会,则可以解释为该事项的决策权仍然操诸股东会之手。

股东大会可否随意推翻董事会的决议,存在肯定与否定之争。肯定说的理由是,股东会是公司的最高决策机构,董事会成员由股东会任免,而且董事会对股东会负责并报告工作。笔者持否定说。理由之一是,董事会的权限与其说源于股东大会的授予,不如说来自立法者的授予。理由之二是,股东大会有权任免董事,并不意味着董事会权限由股东大会——授予。理由之三是,既然董事会代表公司所作的决策经常涉及第三人的利益,若允许股东会随意否决董事会决议,将会损害公司信誉。根据疑人不用、用人不疑的传统文化,也应作如是解释。

四、股东会的召集人与主持人

(一) 董事会

在通常情况下,股东会名正言顺地由董事会召集。但在实践中,一些董事长为预防"宫廷政变",往往拒绝召集和主持董事会,更拒绝主持股东会,也不指定副董事长或其他董事主持"两会"。为确保股东大会的及时召集,《公司法》解决了股东会主持程序的真空问题。该法第101条要求股东大会会议由董事会召集,董事长主持;董事长不能履行职务或者不履行职务的,由副董事长主持;副董事长不能履行职务或者不履行职务的,由半数以上董事共同推举一名董事主持;董事会不能履行或不履行召集股东大会会议职责的,监事会应当及时召集和主持;监事会不召集和主持的,连续90日以上单独或者合计持有公司10%以上股份的股东可以自行召集和主持。该条增加了召集股东的持股期间要求,将行使股东会召集权和主持权的股东的持股资格界定为连续90日以上单独或者合计持有公司10%以上股份的股东,旨在避免资本规模庞大的股份公司的小股东滥用权利。

2005年《公司法》不仅明确赋予副董事长和半数以上董事选定的董事在董事长怠于或拒绝履行职权时自动代行"两会"主持权,而且增设了小股东的股东会主持权,明确允许股东自行主持临时股东大会。小股东首次获得了股东会的自行召集权和主持权,而非仅仅享有修订前的《公司法》规定的召集请求权。

(二) 监事会

依《公司法》第40条第3款、第101条第2款规定,董事会或执行董事不能履行或不履行召集股东会会议职责的,监事会或不设监事会的公司的监事应当及时召集和主持。可见,在董事会失灵的情况下,监事会有必要发挥启动股东会召集程序的特别作用。

(三) 适格股东

若董事会沆瀣一气不能履行或不履行召集股东会会议的职责,监事会可以召集和主持,若监事会或监事与董事会沆瀣一气,拒不召集和主持,则股东可以自行召集和主持。为避免董事会与监事会滥用垄断股东会召集权、故意不召集股东会的情况,董事会或执行董事、监事会或不设监事会的公司的监事均不及时召集和主持股东会的,适格股东也可依《公司法》第40条第3款、第101条第2款规定自行召集和主持股东会。适格股东的条件因公司类型之不同而略有区别:在有限责任公司为"代表1/10以上表决权的股东";在股份公司为"连续90日以上单独或合计持有公司10%以上股份的股东"。

依《公司法》第38条,有限责任公司的首次股东会会议由出资最多的股东召集和主持。股东自行召集和主持的临时股东大会,董监高也应密切配合,包括协助召集股东获取股东名册,保证会议的正常召开。

若董事会为第一顺位的股东会召集人,监事会为第二顺位的股东会召集人,适格股东则为第三顺位的股东会召集人。股东自行召集和主持的临时股东大会,董监高也应密切配合,包括为召集股东提供股东名册,保证会议的正常召开。会议所必需的费用由公司承担。除了股东会的自行召集权和主持权之外,适格股东还享有召集请求权。究竟行使何种权利,宜由股东自己权衡行使权利的成本与收益而定。

也有人担心,《公司法》的上述规定有可能造成股东会会议过于频繁地召开。其实,《公司法》亦不鼓励无谓的、低效的临时股东会议。因此,笔者主张从程序上限制会议泛滥现象。如提议召开的议题应当属于股东会的职权范围;又如,公司章程也可适当限制临时股东会之间的间隔期限、适度提高提议召开临时股东会的股东的持股比例等。

(四) 清算组

清算组是公司处于清算状态时的临时公司机关。在履行清算职责的范围内,清算组亦可召集股东会。例如,依《公司法》第186条,清算组在清理公司财产、编制资产负债表和财产清单后,应当制定清算方案,并报股东会、股东大会或法院确认。这就需要清算组召集股东会。

召开股东大会时,若会议主持人违反议事规则使股东大会无法继续进行,经现场出席股东大会有表决权过半数的股东同意,股东大会可推举一人担任会议主持人,继续开会(《上市公司股东大会规则》第27条第4款)。

五、召开临时股东会会议的法定情形

为预防有限责任公司的董事会在召集临时股东会方面的消极不作为,提升其他董事、股东抑或监事的话语权,《公司法》第39条第2款规定:"代表1/10以上表决权的股东,1/3以上的董事,监事会或不设监事会的公司的监事提议召开临时会议的,应当召开临时会议。"这意味着,只要有了合格的临时股东会召集请求,董事会必须毫无条件地予以召集,不得编造理由、敷衍塞责。

《公司法》第100条着力于激活临时股东大会的召集程序。有下列情形之一的,应当在两个月内召开临时股东大会:(1)董事人数不足本法规定人数或公司章程所定人数的2/3时;(2)公司未弥补的亏损达实收股本总额1/3时;(3)单独或合计持有公司10%以上股份的股东请求时;(4)董事会认为必要时;(5)监事会提议召开时;(6)公司章程规定的其他情形。因此,2005年《公司法》第一次赋予了适格董事、股东或监事在启动临时股东会召集程序方面的权力。

为预防董事会阻挠适格董事、股东或监事召集临时股东大会,2005年《公司法》增加了召集临时股东大会的新事由:"公司章程规定的其他情形。"这就使得公司章程得以自由设计启动临时股东大会召集程序的原因。例如,章程可以规定,当公司股价跌至一定幅度时,必须召集临时股东大会。面对适格董事、股东或监事的召集建议权,董事会必须毫无条件地及时予以召集。

六、股东会的通知程序

（一）有限责任公司股东会的通知程序

依《公司法》第41条第1款规定，召开股东会会议，应当于会议召开15日前通知全体股东；但公司章程另有规定或全体股东另有约定的除外。公司章程或全体股东协议既可缩短，也可延长会议的通知期限。

（二）股份有限公司股东会的通知程序

依《公司法》第102条第1款规定，股东大会会议通知的发送期限有着不同要求：(1) 召开年度股东大会会议的，应当将会议召开的时间、地点和审议的事项于会议召开20日前通知各股东；(2) 召开临时股东大会会议的，应当于会议召开15日前通知各股东；(3) 发行无记名股票的，应当于会议召开30日前公告会议召开的时间、地点和审议事项。这乃因对于无记名股东而言，公司无从发送会议通知。

（三）通知的内容

股东大会会议通知应当载明会议召开的时间、地点和审议的事项。依《上市公司章程指引》第55条，上市公司股东大会的通知包括以下内容：(1) 会议的时间、地点和会议期限；(2) 提交会议审议的事项和提案；(3) 以明显的文字说明：全体股东均有权出席股东大会，并可以书面委托代理人出席会议和参加表决，该股东代理人不必是公司的股东；(4) 有权出席股东大会股东的股权登记日；(5) 会务常设联系人姓名、电话号码。

依《公司法》第102条第3款规定，股东大会不得对通知中未列明的事项作出决议。若股东大会对通知中未列明的事项作出了决议，就属于召集程序存在瑕疵的股东会决议，股东有权请求法院予以撤销。

七、股东和监事会提案

依《公司法》第102条第2款规定，单独或合计持有公司3%以上股份的股东，可以在股东大会召开10日前提出临时提案并书面提交董事会；董事会应当在收到提案后2日内通知其他股东，并将该临时提案提交股东大会审议。临时提案的内容应当属于股东大会职权范围，并有明确议题和具体决议事项。

就股东行使提案权的条件而言，该款将股东的持股比例界定为3%以上。之所以如此，旨在确保提案股东在股东会提案和决议中具有合理的利害关系，预防持股甚微的小股东滥用提案权。虽然该款的股东提案门槛高于提起股东代表诉讼的门槛，但未如《公司法》第151条第1款那样要求股东满足180日的持股期限。之所以如此，乃出于鼓励股东踊跃提案、积极参与股东大会的考虑。可见，该款的权利行使资格并不苛刻。

就股东提案的时间限制而言，该款要求股东的提案时间控制在股东大会召开10日前，以避免由于股东提案的拖沓而影响股东大会的效率。也正是出于此点考虑，《公司法》没有明确允许持股在一定比例以上的股东在股东大会召开时提出临时提案。

就股东提案的效力而言，董事会应在收到提案后2日内通知其他股东，并将该临时提案提交股东大会审议。可见，董事会无权过滤股东的提案，必须毫无条件地将股东提案提交股东大会审议。

依《公司法》第53条，监事会、不设监事会的公司的监事也有权向股东会会议提出提案。

八、股东表决规则

(一) 一股一票规则

股东会决议的表决实行一股一票的民主决策规则。具体说来,股东会会议表决时,股东按其出资比例或持股比例表决。

就有限责任公司而言,股东会会议由股东按照出资比例行使表决权;但公司章程另有规定的除外(《公司法》第42条)。此外,股东会的议事方式和表决程序,除本法有规定的外,由公司章程规定(《公司法》第43条第1款)。据此,章程可以规定股东表决时实行一人一票的规则,也可规定股东的表决比例与其出资比例不一致。

就股份有限公司而言,股东或其代理人出席股东大会会议,所持每一股份有一表决权。但公司持有的本公司股份没有表决权(《公司法》第103条第1款),亦不计入出席股东大会有表决权的股份总数(《上市公司章程指引》第78条第3款)。

(二) 资本多数决规则

资本多数决规则,是指股东会决议原则上由出资比例或持股比例达到多数以上的股东们的赞同才能作出决议。但股东会决议事项的重要程度不同,资本多数决的具体要求也有不同。特别重要的股东会事项须以绝对资本多数决的方式作出决议,其他事项仅须以简单资本多数决的方式作出决议。前者为特别决议,后者为普通决议。从稳妥严谨的角度以及弘扬股东民主的角度看,特别决议的范围似乎越大越好。但特别决议范围越大,意味着股东会决议"卡壳"的概率提高了,容易出现议而不决、甚至久议不决的现象。因此,特别决议只能控制在法律和公司章程确定的范围内。也要预防个别股东在公司章程中随意塞入资本绝对多数决的规则,以巩固自己的既得利益。

股东会会议作出修改公司章程、增加或减少注册资本的决议,以及公司合并、分立、解散或变更公司形式的决议,必须经代表2/3以上表决权的有限责任公司股东通过(《公司法》第43条第2款),或经出席会议的股份有限公司股东所持表决权的2/3以上通过(第103条第2款)。可见,此类股东会决议为特别决议;其他股东会决议在章程没有相反规定的情形下均为普通决议。

《上市公司章程指引》第76条和第77条对于上市公司股东会决议的类型作了梳理。普通决议包括:(1)董事会和监事会的工作报告;(2)董事会拟定的利润分配方案和弥补亏损方案;(3)董事会和监事会成员的任免及其报酬和支付方法;(4)公司年度预算方案、决算方案;(5)公司年度报告;(6)除法律、法规规定或本章程规定应当以特别决议通过以外的其他事项。特别决议包括:(1)公司增加或减少注册资本;(2)公司的分立、合并、解散和清算;(3)章程的修改;(4)公司在一年内购买、出售重大资产或担保金额超过公司最近一期经审计总资产30%的;(5)股权激励计划;(6)法律、法规或本章程规定的,以及股东大会以普通决议认定会对公司产生重大影响的、需要以特别决议通过的其他事项。股东大会就以下事项作出特别决议,除须经出席会议的普通股股东(含表决权恢复的优先股股东,包括股东代理人)所持表决权的2/3以上通过之外,还须经出席会议的优先股股东(不含表决权恢复的优先股股东,包括股东代理人)所持表决权的2/3以上通过:(1)修改公司章程中与优先股相关的内容;(2)一次或累计减少公司注册资本超过10%;(3)公司合并、分立、解散或变更公司形式;(4)发行优先股;(5)公司章程规定的其他情形。

(三) 代理投票

股东可以亲自出席股东大会,也可委托代理人代为出席和表决。《公司法》第 106 条允许股东委托代理人出席股东大会会议,代理人应向公司提交股东授权委托书,并在授权范围内行使表决权。虽然该条属于股份有限公司制度,但也适用于有限责任公司。股东代理人不限于公司的其他股东。非股东的自然人也可成为股东代理人。

股东委托代理人的原因很多,既包括身体健康原因,也包括无力承担参会交通食宿费用的经济原因,工作安排冲突无法参会的原因,由他人代理投票更为有利的原因等。

股东出具的委托他人出席股东大会的授权委托书一般应当载明下列内容:(1) 代理人的姓名;(2) 是否具有表决权;(3) 分别对列入股东大会议程的每一审议事项投赞成、反对或弃权票的指示;(4) 委托书签发日期和有效期限;(5) 委托人签名(或盖章)。委托人为法人股东的,应加盖法人单位印章。为避免代理人越权行事,委托书应注明若股东不作具体指示,股东代理人是否可以按自己的意思表决。

董事会、独立董事和符合相关规定条件的股东可以征集股东投票权。征集股东投票权应当向被征集人充分披露具体投票意向等信息。禁止以有偿或者变相有偿的方式征集股东投票权。公司不得对征集投票权提出最低持股比例限制(《上市公司章程指引》第 78 条第 4 款)。

(四) 关联股东回避表决制度

关联股东回避表决制度,是指与股东会表决事项存在关联关系的股东不得参与该事项的表决。只要某股东与股东大会的决议事项存在关联关系,不问其是大股东,还是小股东;也不问其在表决时如何投票,一律剥夺其表决权;违反表决权排除制度的投票一律无效。这有利于事先堵塞控制股东滥用表决权的漏洞。

《公司法》并未建立全面的关联股东表决权排除制度,仅在第 16 条第 3 款规定了股东回避表决的一种法定情形:公司为公司股东或实际控制人提供担保的,必须经股东会或股东大会决议,但该股东或受该实际控制人支配的股东不得参加前款规定事项的表决,该项表决由出席会议的其他股东所持表决权的过半数通过。

但立法上的局限并未妨碍中国证监会运用行政指导手段在上市公司建立全面的关联股东回避表决制度。依《上市公司章程指引》第 79 条和《上市公司股东大会规则》第 31 条第 1 款,股东大会审议有关关联交易事项时,关联股东不应当参与投票表决,其所代表的有表决权的股份数不计入有效表决总数;股东大会决议的公告应当充分披露非关联股东的表决情况。公司应当根据具体情况在章程中制订有关关联关系股东的回避和表决程序。

从长远看,有必要在《公司法》中建立关联股东在股东大会上的回避表决制度,这既是对国际惯例的借鉴,也是对我国关联股东表决权排除经验的总结。

(五) 累积投票制

股东累积投票权,指股东大会选举董事或监事时,每一股份拥有与应选董事或监事人数相同的表决权,股东拥有的表决权可以集中使用。

累积投票(cumulative voting)与非累积投票(non-cumulative voting)或直接投票(straight voting)相对。后者指股东持有的每一股份最多只有一个表决权,而且股东将其全部表决权集中投向一个候选人时其拥有的投票权总数不超过其股份总数。可见,累积投票制度的本质是一股多票,而直接投票制度的本质是一股一票。

《公司法》第105条规定:"股东大会选举董事、监事,可以依照公司章程的规定或者股东大会的决议,实行累积投票制。"由于董事、监事选举是公司自治的范畴,立法者未对累积投票采取强制态度,而采取了鼓励态度。《上市公司章程指引》第82条第4款要求公司在章程中规定董事、监事提名的方式和程序,以及累积投票制的相关事宜。

九、股东会决议记录

依《公司法》第41条第2款和第107条,无论是有限责任公司,还是股份有限公司的股东会都要对所议事项的决定作成会议记录,以使得股东会决议内容明确,便于操作与执行。略有不同的是,对有限责任公司股东会决议而言,出席会议的股东应当在会议记录上签名;对股份有限公司股东会决议而言,主持人、出席会议的董事应当在会议记录上签名。会议记录应当与出席股东的签名册及代理出席的委托书一并保存。

上市公司股东大会会议记录的内容较为规范。依《上市公司章程指引》第72条和《上市公司股东大会规则》第41条,股东大会会议记录由董事会秘书负责,会议记录应记载以下内容:(1)会议时间、地点、议程和召集人姓名或名称;(2)会议主持人以及出席或列席会议的董事、监事、董事会秘书、经理和其他高级管理人员姓名;(3)出席会议的股东和代理人人数、所持有表决权的股份总数及占公司股份总数的比例;(4)对每一提案的审议经过、发言要点和表决结果;(5)股东的质询意见或建议以及相应的答复或说明;(6)律师及计票人、监票人姓名;(7)章程规定应当载入会议记录的其他内容。出席会议的董事、董事会秘书、召集人或其代表、会议主持人应当在会议记录上签名,并保证会议记录内容真实、准确和完整。会议记录应当与现场出席股东的签名册及代理出席的委托书、网络及其他方式表决情况的有效资料一并保存,保存期限不少于10年。

十、董监高列席股东大会的义务

《公司法》第150条规定:"股东会或者股东大会要求董事、监事、高级管理人员列席会议的,董事、监事、高级管理人员应当列席并接受股东的质询。"这就为股东对董监高行使质询权奠定了坚实的法律基础。

列席股东会或股东大会是董监高的义务,而非其权利。若股东会或股东大会要求董监高列席会议,董监高当然有义务出席;若股东会或股东大会拒绝董监高列席会议,则董监高无权出席股东会或股东大会。现实中就曾发生过自行召集临时股东大会的股东拒绝公司董事会成员出席股东大会的案例。

《公司法》的缺陷在上市公司治理实践中获得了一定程度的补救。《上市公司股东大会规则》第26条就规定:"上市公司召开股东大会,全体董事、监事和董事会秘书应当出席会议,经理和其他高级管理人员应当列席会议。"可见,出席股东会会议已成为全体董事、监事和董事会秘书的义务,列席股东会会议已成为经理和其他高级管理人员的义务。该《规则》第29条和《上市公司章程指引》第70条均要求董监高在股东大会上就股东的质询作出解释和说明。

董监高有权利,也有义务出席股东大会,包括年度股东大会与临时股东大会。出席股东大会是董事会与监事会组成人员的权利,因为他们有权在股东大会上为自己的行为申辩;这更是他们的义务,因为他们有义务接受任何一名股东有可能在股东大会上提出的质询。临时股东大会的召集股东应当意识到：公司董事会职权在新一届董事会成员被选举出来之前不得中断。这与公法中政府职能在议会选举期间不得中断的法理相似。董事出席旁听股东大会，并回答股东在股东大会上有可能提出的质询，是公司机关正常运转的必然要求。当董事会成员被临时股东大会的召集股东拒之门外时，有权以公司名义对该股东提起民事诉讼，要求法院强制股东允许董事会成员出席临时股东大会；对于临时股东大会在排除董事会成员参加的情形下作出的股东大会决议，董事会有权以公司名义要求法院撤销该股东大会决议。

《公司法》不仅确认了董监高列席股东大会的义务，也确认了股东质询权。董监高的说明义务与股东的质询权相对。任何股东均有权就公司经营管理事项质询董事、监事。除质询与会议议题和议案无关、质询涉及公司商业秘密不能在股东大会上公开外，董事、监事应现场予以答复或说明；董事、监事需另作调查，延期答复的除外。若董事、监事无正当理由拒绝答复，股东有权请求法院责令董事、监事答复，否则法院有权责令股东大会休会，直至董事、监事答复为止。

十一、股东大会规则自治

鉴于《公司法》不可能就股东大会召开和表决程序的具体规则详述无遗，我国《公司法》第43条第1款规定："股东会的议事方式和表决程序，除本法有规定的外，由公司章程规定。"《上市公司股东大会规则》第27条第4款也要求上市公司制定股东大会议事规则。

公司章程可以在不违反公司法中的强制性规定的情况下，自由设计详细的、具有可操作性的股东会召开和表决的程序规则，包括但不限于开会通知、参会者登记、提案审议、股东质询、股东讨论、股东辩论、投票、计票、监票、表决结果的宣布、会议决议的形成、会议记录及其签署、公告等内容。

例如，为提高股东会的决策质量，方便股东认真消化股东大会的议题与议案，公司章程可以强化股东知情权，明确股东的讨论权和辩论权，助其高效行使表决权。通过股东之间、股东与公司管理层之间坦诚、善意、具有建设性的辩论，可以寻找到实现公司利益和股东利益最大化的最优路径。缺乏讨论、辩论的股东大会缺乏活力和建设性，宛如一潭死水，仅仅具有程序性的价值而已。要提升股东大会在公司治理中的基础作用，应充分尊重股东的讨论权和辩论权。既要鼓励股东畅所欲言，也要确保股东大会秩序井然。股东大会主席在组织股东讨论和辩论的顺序、掌握讨论和辩论的时间、避免讨论和辩论变成人身攻击等方面负有重要职责。

在实践中，我国许多上市公司还依《上市公司股东大会规范意见》的要求，聘请律师出席并见证股东大会，对股东大会的召集程序、召开程序、参会人员资格、表决程序的合法性等问题出具法律意见。一些公司还同时聘请公证人员出席股东大会，对股东大会的有关事项进行公证。但应明确，无论是律师，还是公证员，也无论是公司出资聘请，抑或股东出资聘请，都应当对法律、事实和职业道德负责，不得片面讨好出资者。现实生活中，曾有某公司董事会与其公众股东分别聘请的公证员就同一临时股东大会决议的合法性进行现场公证。结果，董事会聘请的公证员认定股东大会决议合法有效，而公众股东聘请的公证员认定股东大会决议违法无效。这不能不说是公证人的尴尬。

十二、现场股东会的替代表决形式

为提高股东决策的效率,降低股东决策成本,《公司法》第37条第2款对有限责任公司股东会采取了非常务实、开放的态度:"对前款所列事项(股东会决策事项,笔者注)股东以书面形式一致表示同意的,可以不召开股东会会议,直接作出决定,并由全体股东在决定文件上签名、盖章。"此举既有助于节约股东决策成本,也有助于体现全体股东的真实意思表示,更为杜绝甚至圆满解决以后的纷争提供了书证。但适用该条款时应当恪守三大要求:一是全体股东对特定决策事项一致表示同意;二是股东的一致同意采取书面形式,不能采取口头形式,以昭慎重;三是每位股东均在决定文件上签名、盖章。

随着电子商务技术和互联网技术的突飞猛进,股东会既可采取现场表决,也可采取网络表决或其他表决方式。《上市公司章程指引》第80条要求公司在保证股东大会合法、有效的前提下,通过各种方式和途径,包括提供网络形式的投票平台等现代信息技术手段,为股东参加股东大会提供便利。上市公司股东大会采用网络或其他方式的,应当在股东大会通知中明确载明网络或其他方式的表决时间以及表决程序(《上市公司股东大会规则》第21条)。

十三、程序严谨、内容合法的八字方针

《公司法》第22条从反面规定了内容存在法律瑕疵的股东会决议无效确认制度和程序存在法律瑕疵的股东会决议撤销制度。依反对解释,可以发现该条和《公司法》其他条款字里行间流露出来的立法意图在于,股东大会会议应当遵循程序严谨、内容合法的八字方针。为贯彻《公司法》激活股东大会的立法意图和制度设计,公司、股东、董监高都要规范股东大会活动。

(一)程序严谨

程序严谨是指股东会会议的召集程序、表决方式不仅应当遵守法律、法规中的程序规则,而且应当遵守公司章程中的程序规则。依《公司法》第22条第2款规定,凡是程序上违反法律、法规和公司章程的股东会决议,是可撤销决议。股东有权请求法院撤销此等决议。

在实践中,存在一些股东会、董事会混合共同召开的"一勺烩现象",部分原因是参会人员既是股东代表,也是董事会成员。但严格说来,股东会与董事会是公司的两个不同的决策机构,不应由于两个机构的参会人员的重叠和交叉就否认两个机构以及两个机构的决议的差异。由此,公司的股东会会议与董事会会议作为不同的会议,应当分别召开、分别表决、分别制作决议。

股东会的表决程序也应合法。例如,《公司法》第43条第2款规定:"股东会会议作出修改公司章程、增加或者减少注册资本的决议,以及公司合并、分立、解散或者变更公司形式的决议,必须经代表2/3以上表决权的股东通过。"由此,未经代表2/3以上表决权的股东通过的公司章程修正案就属于可撤销的决议。

《公司法》第103条第2款规定,股东大会作出决议,必须经出席会议(签到簿签到)的股东所持表决权过半数通过。但股东大会作出修改公司章程、增加或减少注册资本的决议,以及公司合并、分立、解散或变更公司形式的决议,必须经出席会议的股东所持表决权的2/3以上通过。依文字解释,凡在股东大会会议签到簿上签到的股东或其代理人所持的股份均应被计入出席会议的股东或其代理人所代表的表决权总数。签到后又退席的股东所持的股

份也应被计入出席会议的股东或其代理人所代表的表决权总数,而不应被排斥在外。

(二) 内容合法

内容合法是指股东会会议的实体内容应当遵守法律、法规中的强制性规定,遵循诚实信用原则,不得损害他人的合法权益。若某上市公司股东大会决议责令全体流通股东各自将其持有的半数股份转让给重组方,则此种股东大会决议属于无效。理由是,股东大会作为公司的最高决策者,只能处分公司的财产权利,而不能处分股东的私有财产。股权不属于公司的财产,而属于股东的私人财产。因此,此种股东大会决议属于侵权行为,任何股东均有权请求法院确认无效。再如,某公司的股东大会决议责令全体股东按其各自的持股比例增资扩股,或为公司举债提供担保,否则公司有权开除拒绝或怠于增资扩股或为公司举债提供担保的股东的资格。该决议就属于无效决议。这乃因,增资扩股,或为公司举债提供担保,与其说是股东的义务,不如说是股东的权利。

第三节　董事会制度

一、董事会的法律地位

董事会是公司治理架构中承上启下的经营意思决定机构。依《公司法》第 2 章第 2 节与第 4 章第 3 节的规定,董事会是由董事组成的、就公司经营的一般事项作出意思决定的公司必备、常设的合议制业务执行机构。在公司的治理架构中,董事会位于股东会与经理层的中间层,处于承上启下的地位。由于董事会是一个合议制集体决策机构,董事会权限的行使应当以会议方式为之。做实做强董事会对于上市公司抑或非上市公司都具有重要意义。

董事会是一个意思决定机关,而非公司的代表机关。因此,董事会决议的对外法律效力需要借助法定代表人或代理人的意思表示行为。将董事会称为公司的"大脑"亦不为过。因此,董事会与法定代表人或代理人的关系有如"脑"与"口"的关系。

二、董事会的人数与任期

董事会由董事组成。董事会的规模因公司规模与公司的组织形式有所不同。(1) 有限责任公司董事会成员为 3 人至 13 人(《公司法》第 44 条第 1 款)。(2) 股东人数较少或规模较小的有限责任公司,可以设一名执行董事,不设董事会。执行董事可兼任公司经理(《公司法》第 50 条)。(3) 股份有限公司设董事会,其成员为 5 人至 19 人(《公司法》第 108 条第 1 款)。以上有关董事人数的法律规定为倡导性规定,而非强制性规定,更非效力规定。因此,超出以上人数的董事选举仍属合法有效。

董事会的成员通常由股东会选举产生,但在法定情形下由职工选举产生。换言之,董事会成员在通常情况下仅限于股东代表,但在法定情形下包括职工代表。(1) 两个以上的国有企业或两个以上的其他国有投资主体投资设立的有限责任公司,其董事会成员中应当有公司职工代表;其他有限责任公司董事会成员中可以有公司职工代表。董事会中的职工代表由公司职工通过职工代表大会、职工大会或其他形式民主选举产生(《公司法》第 44 条第 2 款)。(2) 国有独资公司董事会成员中应当有公司职工代表,董事会成员由国有资产监督管理机构委派;但董事会成员中的职工代表由公司职工代表大会选举产生(《公司法》第 67

条)。(3)股份有限公司董事会成员中可以有公司职工代表。董事会中的职工代表由公司职工通过职工代表大会、职工大会或其他形式民主选举产生(《公司法》第108条第2款)。

董事任期由章程规定,但每届任期不得超过3年。董事任期届满,连选可以连任。董事任期届满未及时改选,或董事在任期内辞职导致董事会成员低于法定人数的,在改选出的董事就任前,原董事仍应当依照法律、法规和公司章程的规定,履行董事职务(《公司法》第45条、第67条和第108条第3款)。

三、董事会的职权

《公司法》第46条和第108条第4款规定的董事会职权包括:(1)召集股东会会议,并向股东会报告工作;(2)执行股东会的决议;(3)决定公司的经营计划和投资方案;(4)制订公司的年度财务预算方案、决算方案;(5)制订公司的利润分配方案和弥补亏损方案;(6)制订公司增加或减少注册资本以及发行公司债券的方案;(7)制订公司合并、分立、解散或变更公司形式的方案;(8)决定公司内部管理机构的设置;(9)决定聘任或解聘公司经理及其报酬事项,并根据经理的提名决定聘任或解聘公司副经理、财务负责人及其报酬事项;(10)制定公司的基本管理制度;(11)公司章程规定的其他职权。

董事会的上述职权可以分为三类:一是决策权。例如,决定公司内部管理机构的设置,制定公司的基本管理制度等职权。这乃因,董事会乃是就公司经营的一般事项作出意思决定的合议制业务执行机构。二是人事权。例如,决定聘任或解聘公司经理、副经理、财务负责人及其报酬事项。三是监督权。既然董事长由董事会选举和罢免,经理由董事会聘任和解聘,董事会当然有权对董事长和经理(含兼任经理的董事)进行监督。此种监督既含对业务执行的合法性监督,也含对业务执行的妥当性监督。

《公司法》第37条和第46条在分别列举股东会与董事会的职权时,根据公司自治的精神,分别增加了"公司章程规定的其他职权"。这就有利于公司股东自由调节股东会与董事会之间的权力边界,避免不必要的权力冲突。此外,《公司法》剥夺了董事长在董事会闭会期间代行董事会部分职权的法律资格,在客观上也会充实董事会的决策权限范围。

从长远看,股东大会中心主义的权力配置规则让位于董事会中心主义。鉴于在董事会成员不能诚实守信、勤勉尽责的情况下,赋予董事会的权力越多,对公司和全体股东的杀伤力越大,立法者暂时未彻底采行董事会中心主义的立法态度。

四、董事会会议的召集

(一)召集权主体

董事会是公司经营管理决策的大脑,董事长则是董事会大脑中的中枢神经。为鼓励董事会会议的及时召集,预防董事会会议召集不能的情况,切实将竞争机制引向董事会,《公司法》规定了多元化、有序化的董事会会议召集权主体。首先,《公司法》第47条和第109条第2款均规定董事长是召集和主持董事会会议的第一责任主体。对于董事长而言,召集董事会会议不仅是权力,更是义务与职责。其次,《公司法》第47条和第109条第2款均规定了董事长拒绝、怠于或不能召集董事会会议的救济措施。董事长不能履行职务或不履行职务的,由副董事长召集和主持;副董事长不能履行职务或不履行职务的,由半数以上董事共同推举一名董事履行职务。

除了董事们的召集权，《公司法》第 110 条还授权股份有限公司股东、董事、监事请求董事长召集和主持董事会临时会议。代表 1/10 以上表决权的股东、1/3 以上董事或监事会，可以提议召开董事会临时会议。董事长应当自接到提议后 10 日内，召集和主持董事会会议。董事会召开临时会议，可以另定召集董事会的通知方式和通知时限。

对于董事会成员在股东会上当选后的首次董事会会议由谁召集与主持，《公司法》语焉不详。笔者认为，可由当选时获得股东表决数量最多的董事召集与主持。若该董事拒绝或怠于召集或主持，可由半数以上董事共同推举一名董事履行职务。

（二）召集程序

就股份有限公司而言，依《公司法》第 110 条，董事会每年度至少召开两次会议，每次会议应当于会议召开 10 日前通知全体董事和监事。董事会召开临时会议，可以另定召集董事会的通知方式和通知时限。

就有限责任公司而言，2005 年《公司法》删除了 1993 年《公司法》第 49 条"召开董事会会议，应当于会议召开 10 日以前通知全体董事"的要求。由此，有限责任公司副董事长或其他董事在召集和主持董事会会议以推翻董事长时，无需提前 10 天通知全体董事，只要在合理的期限内通知其他董事即可。但也不排除有限责任公司公司章程基于公司自治精神规定"召开董事会会议，应当于会议召开 10 日以前通知全体董事"。

鉴于监事有权依《公司法》第 54 条列席董事会会议，并对董事会决议事项提出质询或建议，因此召集董事会的通知不仅应当送达各位董事，还应送达各位监事。否则，亦构成董事会召集程序方面的法律瑕疵。

五、董事会会议的议事方式与表决程序

（一）公司章程自治

由于大多数有限责任公司股东较少、经营规模较小，《公司法》对有限责任公司董事会会议的议事规则规定得较为简略，而是授权公司章程对此作出量体裁衣的设计。第 48 条第 1 款明确规定："董事会的议事方式和表决程序，除本法有规定的外，由公司章程规定。"立法者对股份有限公司的董事会的议事方式和表决程序虽然规定得较为详细，但也允许章程在法律允许的范围内作出个性化设计。

（二）最低董事出席人数的法定要求

依《公司法》第 111 条第 1 款规定，董事会会议应有过半数的董事出席方可举行。之所以如此，是为提高董事会的出席率，提升决策的科学化与民主化。

（三）董事代理投票

《公司法》第 112 条第 1 款规定，董事会会议，应由董事本人出席；董事因故不能出席，可以书面委托其他董事代为出席，委托书中应载明授权范围。可见，董事在缺席董事会会议时只能委托其他董事代为出席，而不能委托董事之外的其他人代为出席。虽然该条在《公司法》第 4 章"股份有限公司的设立和组织机构"之中，但对于有限责任公司亦无不适用之理。

（四）董事会会议的书面通讯表决

虽然董事会会议通常采取面对面的现场会议方式，但由于董事会成员可能天各一方，一旦遇有紧急情况，董事会很难迅速决策。因此，实践中的董事会临时会议采用书面通讯表决方式开会。董事会书面通讯表决，是指公司分别向董事会成员送达审议议案或传阅审议议

案,董事在会议通知规定的有效期限内,在议案表决书及会议决议上亲笔签字表决。

董事会书面通讯表决的关键点有四:一是要尽量限制书面通讯表决方式,因为书面通讯表决方式无法取代现场会议的互动交流与切磋争鸣。二是要充分尊重董事的知情权。公司既要向董事们送达议案,也要送达为董事决策所必需的背景资料。三是要充分尊重董事决策的必需时间。一些公司要求董事们自接到通知时起3个小时内将投票传真回公司,导致董事们缺乏充分的时间消化和分析相关决策资料,至于向外部专业人士咨询的时间更是无法保障。四是确保董事投票的真实性。董事以传真或电子邮件方式将议案表决书及决议发回公司后,原件也应随后寄回公司,以备存档。

(五)一人一票规则与少数服从多数规则

董事会决议的表决实行一人一票的民主决策规则。《公司法》第111条第2款的规定即属此例。这不同于股东会会议表决时,股东按其出资比例或股份数量表决的一股一票规则。董事长作为董事会的一名成员,也只能行使一票表决权。

董事会决议的表决实行少数服从多数规则。在董事会作出普通决议时,实行简单多数决规则;在董事会作出重大决议时,实行绝对多数决规则。《公司法》仅规定了简单多数决规则,而未规定绝对多数决规则。但这并不妨碍公司章程对于董事会的特定事项实行绝对多数决规则。例如,《公司法》第111条第1款的规定就属于简单多数决规则:董事会作出决议必须经全体董事的过半数通过。此处的"全体董事"究竟指董事会的全体成员,抑或出席董事会的全体董事,语焉不详。参酌国际公司法惯例,应当解释为出席董事会的全体董事。否则,将会压抑董事会决策效率,导致董事会决议屡屡卡壳。

董事会决议与股东会决议的表决规则之所以不同,乃因董事会成员为公司和广大股东的受托人,贵在经营管理智慧,只有一人一票规则才能实现董事们的科学决策;而股东作为公司的投资者,只有一股一票才能体现投资收益与投资风险之间的正比关系。

(六)董事会决议僵局的打破

实践中,有些董事会决议在表决时出现反对票与赞同票旗鼓相当的僵局现象,在股权结构势均力敌的情况下尤为如此。前已述及,董事会决议原则上实行一人一票、少数服从多数的规则。但为尽快打破董事会决议僵局,董事会会议的主持人可以破例行使第二次表决权。如此一来,董事会决议得以及时高效作出,存在瑕疵的董事会决议依然可以获得法律救济。当然,主持人的第二票表决权属于例外规则,仅在公司僵局的例外情形下才能适用,在未出现僵局时,主持人不能行使第二票表决权。

(七)会议记录

为规范董事会的决策程序,强化董事的决策责任,《公司法》第48条第2款与第112条第2款要求董事会对所议事项的决定作成会议记录,出席会议的董事应当在会议记录上签名。

六、董事的决策责任

《公司法》第112条第3款规定了董事的决策责任。董事应当对董事会的决议承担责任。董事会的决议违反法律、法规或公司章程、股东大会决议,致使公司遭受严重损失的,参与决议的董事对公司负赔偿责任。但经证明在表决时曾表明异议并记载于会议记录的,该董事可以免除责任。董事对公司的赔偿责任的性质乃为违反诚信义务(包括忠诚义务与勤勉义务)的侵权行为。

依《公司法》第 112 条第 3 款,董事对错误的董事会决议承担赔偿责任的条件有四:(1)董事参加了董事会,并没有旗帜鲜明地投票反对错误的董事会决议。即使某董事在表决时态度暧昧,并不旗帜鲜明地赞同或反对某一错误决议,或在审议时提出反对意见、但在表决时画圈赞同决议,或没有证据证明某董事在表决时曾表明异议并记载于会议记录,该董事依然要就错误决策对公司承担赔偿责任。这意味着,弃权票与赞成票在董事会决议违法违章的情况下并无本质区别。投弃权票不等于投反对票。无论是支持抑或纵容违法的董事会决议,都不能免责。(2)董事会决议违反了法律、法规或公司章程、股东大会决议。若某董事会的决议虽使公司遭受了严重损失,但并未违反法律、法规或公司章程、股东大会决议,参与决议的董事即可免责。(3)错误的董事会决议给公司造成严重损失,而非一般损失。若错误的董事会决议仅给公司造成轻微损失或一般损失,便不存在董事的赔偿责任。(4)董事的赞同或弃权行为与公司损失之间存在因果关系。

董事要免除自己对错误决议的法律责任,就必须严肃认真地对待董事会决议。遇到存疑问题时,董事应当主动向董事长或经理层提出质询;必要时可以公司的费用,咨询公司外部专业人士。遇到违法违章决议时,具有反正气节的董事应当挺身而出,予以制止,敢于说不。即使由于自身力量之不足,未能阻止违法违章决议,也应在表决时投反对票,并将自己的反对意见载入会议记录,以求自保。

鉴于承担决策责任的主体是参与决议的董事,若某董事由于正当理由(如因车祸而变为植物人)没有参会,当然可以免责。至于没有正当理由而不参会的董事,也可免参与错误决策的责任。面对董事耍滑的这一招数,公司董事长或其他合法召集人可以针锋相对地要求该"骑墙"董事委托其他董事投票或以通讯方式投票。如此一来,"骑墙"董事耍滑头就很难。而且,股东会可由此认定该董事不具备承担决策责任的勇气和能力,进而罢免该董事。

对于"骑墙"董事来说,唯一较为可靠的选择是对董事会决议投反对票。若被反对的董事会决议得以作出,而且合法正确,没有给公司造成损失,反对董事自然可以免责。若被反对的董事会决议违法违章,给公司造成了损失,反对董事亦可免责。因为,该董事似乎"出污泥而不染",颇有先见之明。但董事不分青红皂白,一律对所有董事会决议投反对票,也会引发股东和其他董事会成员对该董事的不信任。当然,若董事不愿承担任何决策责任,应当急流勇退,毅然辞职。但辞职只能摆脱辞职之后的潜在法律责任,而不能免除辞职之前的既存法律责任。

若某董事甲完全作为法人股东乙的傀儡在董事会行使表决权,若甲董事对于一个违反法律、法规或公司章程、股东大会决议的董事会决议投了赞成票,则甲董事应当对公司遭受损失承担赔偿责任,甲董事不得借口自己是"稻草人"董事而主张免责。但甲董事在对公司承担赔偿责任后,有权向乙股东追偿。我国不承认法人可以担任公司董事。董事的价值在于其特有的经营管理经验。董事投票本应反映出自己对决策事项的独到见解。董事投票时要对公司和全体股东负有诚信义务,而不是对推荐自己就职的乙股东效忠。若甲董事浑浑噩噩,对公司经营管理事务一无所知,对背后乙股东的指示言听计从,只能承担赔偿责任的法律风险。

七、利害关系董事回避表决制度

鉴于有利害关系的董事容易被利益蒙住双眼，难以对董事会审议的事项作出理性、公正的判断，为确保董事会决策程序的严谨性与公正性，《公司法》第124条规定了利害关系董事在董事会上的回避表决制度："上市公司董事与董事会会议决议事项所涉及的企业有关联关系的，不得对该项决议行使表决权，也不得代理其他董事行使表决权。该董事会会议由过半数的无关联关系董事出席即可举行，董事会会议所作决议须经无关联关系董事过半数通过。出席董事会的无关联关系董事人数不足三人的，应将该事项提交上市公司股东大会审议。"

因此，关键难点在于如何确定关联关系。此处的"利害关系"即"关联关系"。依《公司法》第216条第4项规定，关联关系泛指公司控股股东、实际控制人、董监高与其直接或间接控制的企业之间的关系，以及可能导致公司利益转移的其他关系。此种关系的外延甚广，既包括财产关系，也包括人身关系；既包括持股关系，也包括雇佣关系、合伙关系、委托关系、买卖关系、租赁关系、承包关系等利害关系；既包括直接的关联关系，也包括间接的关联关系；既包括法人的关联关系，也包括自然人的裙带关系。我国传统文化注重人际关系，因而人际关系也盘根错节，复杂敏感。

凡是决议事项涉及的企业与某董事有关联关系的，董事均应自行回避。若该董事不自觉回避，董事会其他成员、监事会和任何股东都有权要求其回避。否则，该董事参与通过的董事会决议就是程序存在瑕疵的可撤销决议。依《公司法》第22条第2款规定，股东有权对董事没有回避表决的董事会决议向法院提出撤销之诉。

若利害关系董事人数甚众，致使出席董事会的无关联关系董事人数不足3人（例如，只剩余2名董事或1名董事）的，由于有权表决董事人数过少，很难对董事会审议事项作出缜密、周全的决策，此即董事会的失灵现象。为稳妥、严谨起见，也为确保广大股东的利益不受不当决策之损害，在此种情况下，只能由股东大会取代董事会作出决策。虽然股东大会的运作成本高于董事会，但为充分尊重和弘扬程序正义的公平价值，也只能作出上述选择。

遗憾的是，该条在第4章"股份有限公司的设立和组织机构"中的第5节"上市公司组织机构的特别规定"之中。从体系解释的角度看，利害关系董事回避表决制度仅限于上市公司的治理框架。至于非上市公司，尤其是股份有限公司和有限责任公司，似乎无须遵守这一规定。鉴于董事受人之托、承人之信、纳人之财，潜伏着道德风险，笔者主张对该条作扩张解释，从而将其适用于各类公司的董事会决议。

八、董事会专门委员会制度

（一）董事会专门委员会的法律地位

为确保董事会的运作效率，《上市公司治理准则》第6节规定了董事会专门委员会制度。其中，第52条授权上市公司董事会按照股东大会的有关决议，设立战略、审计、提名、薪酬与考核等专门委员会。各专门委员会对董事会负责，各专门委员会的提案应提交董事会审查决定。

（二）董事会专门委员会的主要职责

战略委员会的主要职责是对公司长期发展战略和重大投资决策进行研究并提出建议。

审计委员会的主要职责是：(1) 会议聘请或更换外部审计机构；(2) 监督公司的内部审

计制度及其实施;(3)负责内部审计与外部审计之间的沟通;(4)审核公司的财务信息及其披露;(5)审查公司的内控制度。

提名委员会的主要职责是:(1)研究董事、经理人员的选择标准和程序并提出建议;(2)广泛搜寻合格的董事和经理人员的人选;(3)对董事候选人和经理人选进行审查并提出建议。

薪酬与考核委员会的主要职责是:(1)研究董事与经理人员考核的标准,进行考核并提出建议;(2)研究和审查董事、高级管理人员的薪酬政策与方案。

(三)董事会专门委员会的组成

专门委员会成员全部由董事组成,为发挥独立董事的监督优势,避免独立董事沦为"稻草人",具有监督职能的审计委员会、提名委员会、薪酬与考核委员会、诉讼等专门委员会之中独立董事应占多数并担任召集人。审计委员会中至少应有一名独立董事是会计专业人士。至于董事会下设的具有经营决策职能的投资委员会、战略委员会,理应吸收内部董事和外部关联董事参加,但其构成比例略低于独立董事。

美国学者克莱恩认为,内部董事参与投资委员会的程度与公司经营绩效成正比。[①]因此,《上市公司治理准则》第38条第2款要求独立董事在审计委员会、提名委员会、薪酬与考核委员会中占多数并担任召集人,而未要求独立董事在战略委员会中占多数。公司董事会可以自主决定战略委员会、投资委员会等专门委员会的主要成员是独立董事还是内部董事。关键是要充分发挥内部董事在参与公司长期发展战略和重大投资决策方面的建设性作用。

(四)董事会专门委员会的工作条件

为解决专门委员会专业知识匮乏的实际问题,增强专门委员会独立履行职责的能力,各专门委员会可以聘请中介机构提供专业意见,有关费用由公司承担。

九、董事会秘书制度

《公司法》第123条明文规定了董事会秘书制度:"上市公司设董事会秘书,负责公司股东大会和董事会会议的筹备、文件保管以及公司股东资料的管理,办理信息披露事务等事宜。"董事会秘书制度源于对我国上市公司董事会秘书实践的总结。

《上市公司治理准则》第28条要求上市公司设董事会秘书,负责公司股东大会和董事会会议的筹备及文件保管、公司股东资料的管理、办理信息披露事务、投资者关系工作等事宜。董事会秘书作为上市公司高级管理人员,为履行职责有权参加相关会议,查阅有关文件,了解公司的财务和经营等情况。董事会及其他高级管理人员应当支持董事会秘书的工作。任何机构及个人不得干预董事会秘书的正常履职行为。中国证监会2004年12月7日发布的《关于加强社会公众股股东权益保护的若干规定》也规定了董事会秘书的法律地位。

董事会秘书制度源于美国。但美国公司法中仅有"公司秘书"(secretary of the corporation)制度,而无"董事会秘书"制度。因此,"董事会秘书"实乃对美国"公司秘书"的误译。而且,美国公司中不存在监事会,公司秘书实际上只服务于董事会;而在我国公司中虽然存在监事会,但由于董事会秘书的定语为"董事会",因此我国公司的董事会秘书亦只服务于董事会。可见,我国的董事会秘书制度实乃美国公司秘书制度的翻版,二者并无实质区别。

---

① April Klein, Firm Performance and Board Committee Structure, 41 *J. L. & Econ.* 277(1998).

董事会秘书堪称上市公司的行政中枢。其职责可以分为以下几类：(1) 负责公司股东大会和董事会会议的筹备、召集和表决的程序管理工作。如起草会议通知、起草股东会决议、起草董事会决议、记录会议内容等。(2) 负责股东会决议、董事会决议和其他重要公司文件的保管。依《上市公司治理准则》第32条，董事会会议记录应当真实、准确、完整。出席会议的董事、董事会秘书和记录人应当在会议记录上签名。董事会会议记录应作为公司重要档案妥善保存，以作为日后明确董事责任的重要依据。(3) 负责信息披露的具体操作事项。《上市公司治理准则》第93条详细规定了董事会秘书的工作职责："董事长对上市公司信息披露事务管理承担首要责任。董事会秘书负责组织和协调公司信息披露事务，办理上市公司信息对外公布等相关事宜。"上市公司董事会秘书负责信息披露事项，包括建立信息披露制度、接待来访、回答咨询、联系股东、向投资者提供公司公开披露的资料等。《关于加强社会公众股股东权益保护的若干规定》也要求董事会秘书具体负责公司投资者关系管理工作。(4) 协助独立董事工作。《关于加强社会公众股股东权益保护的若干规定》要求董事会秘书积极配合独立董事履行职责。

不少非上市公司也自愿设立董事会秘书制度。有些董事会秘书为专职人员，有些则为兼职；有些董事会秘书由办公室主任兼任，有些董事会秘书由法律部经理兼任，有些董事会秘书由企管部经理兼任。还有些董事会秘书兼任公司董事会成员。不管董事会秘书是否兼职，其承担的职责与上市公司的董事会秘书相似，在股东会和董事会会议的程序管理方面扮演着非常活跃的角色。对于此种公司治理实践应予鼓励。

第四节　董事长制度

一、董事长的法律地位和产生方法

董事长是公司的法定、必备、常设的一元化业务执行机关。董事长是董事会的核心组成人员，对于董事会的正常运转负有重责大任。在通常情况下，董事长还是公司法定代表人。但董事长不是凌驾于董事会之上的领导者。

无论是有限责任公司，还是股份有限公司，董事会仅设董事长一人，可以设副董事长。但董事长的产生方法有所不同。(1) 有限责任公司董事长的产生办法较为宽松自由，可由公司章程自由规定（《公司法》第44条第3款）。若章程规定董事长由股东会选举产生亦无不可。(2) 股份有限公司董事长和副董事长由董事会以全体董事的过半数选举产生（《公司法》第109条第1款）。无人过半数的，重新选举。若依然无人过半数，可以得票较多者当选。(3) 国有独资公司董事长、副董事长由国有资产监督管理机构从董事会成员中指定（《公司法》第67条第3款）。

董事长的任期与其他董事相同，原则上不超过本届董事会的任期，除非下一届董事会无法正常及时地选举产生。

二、董事长的法定职权

（一）主持股东会

股东会的召集权主体不同于主持权主体。股东会的召集权原则上归属于董事会，而非董事长。有限责任公司设立董事会的,股东会会议由董事会召集,董事长主持。召集权主体的作用在于作出召开股东会会议的决策,主持权主体的作用在于负责股东会会议的程序管理事务,包括但不限于担任司仪、控制和合理分配会议时间、维持股东会会议秩序。当然,董事长享有股东会会议主持权并非绝对。依《公司法》第 40 条第 1 款和第 3 款、第 101 条,董事长不能或不履行股东会的主持职务的,由副董事长主持;副董事长不能履行职务或不履行职务的,由半数以上董事共同推举一名董事主持。董事会不能履行或不履行召集股东大会会议职责的,监事会应当及时召集和主持;监事会不召集和主持的,适格股东(股份有限公司中连续 90 日以上单独或合计持有公司 10% 以上股份的股东、有限责任公司中代表 1/10 以上表决权的股东)可以自行召集和主持。因此,董事会无法垄断股东会会议的召集权和主持权。

(二) 召集和主持董事会

董事长既是董事会会议的召集权主体,也是董事会会议的主持权主体。当然,董事长享有董事会会议召集权与主持权并非绝对。根据前述两条,在董事长拒绝或怠于召集和主持董事会会议的情况下,董事会会议由副董事长召集和主持;副董事长不能履行职务或不履行职务的,由半数以上董事共同推举一名董事召集和主持。

(三) 董事会上的一票表决权

董事长在董事会表决时与其他董事一样平等地行使一票表决权,从而强化董事会民主决策。但在董事会表决出现赞成与反对旗鼓相当、僵持不下局面时,应允许公司章程授权董事长破例行使第二次表决权,以打破决策的僵局。

(四) 检查董事会决议的实施情况

该职权虽规定于《公司法》第 4 章"股份有限公司的设立和组织机构"之中,但也适用于有限责任公司的董事长。因为股份有限公司与有限责任公司虽有诸多差异,但董事长的岗位性质有许多近似之处。而且,为确保董事会决议得到经理层不折不扣的执行和落实,也有必要允许董事长对照董事会决议的具体内容,督促经理层逐条予以落实。当然,董事长行使检查权时不能越俎代庖,事无巨细地直接干预公司的日常经营管理事务。实际上,由于董事长的这一职权仅限于巡视、督办与检查,亦不当然滋生董事长过分滥权的消极现象。

董事长的以上四大法定职权主要围绕董事会决策、董事会决策的执行监督与对外代表而展开。董事长只要殚精竭虑、勤勉履职,就能为公司治理之完善作出重大贡献。因此,董事长的以上四大职权并非"虚权",董事长并非无所作为,而是有所作为、大有可为。此外,董事长可依章程出任法定代表人或行使有限度的决策权。

实践中,有的董事长权力意识过于膨胀,不能慎独自律,不能正确对待董事长的角色地位,一手遮天、独断专行,甚至凌驾于公司董事会甚至股东会之上。其他董事尤其是小股东代表敢怒而不敢言。有的董事长常以"公司一把手"自居。有的董事长胆大包天,赤裸裸地霸占本应属于股东会或董事会的职权。有的董事长凭借法人代表身份,擅越股东大会和董事会作出决策,如擅自拍板收购濒临破产的企业、大量向银行借款或提供巨额债权担保等。董事长个人肆意独裁既降低了公司的决策质量,违反了公司决策的民主化、科学化原则,也为侵吞公司财产、侵害股东利益尤其是中小股东利益大开方便之门。为提高董事会的决策质量,强化董事会的集体决策功能,提高公司的治理水准,实现公司和全体股东利益最大化,就必须杜绝董事长个人独裁现象。

三、董事长职务的代理

综合《公司法》第 47 条、第 101 条第 1 款与第 109 条第 2 款规定,董事长不能履行职务或不履行职务的,由副董事长主持;副董事长不能履行职务或不履行职务的,由半数以上董事共同推举一名董事履行职务。

能够代理董事长履行职务的主体仅限于副董事长和董事,而不包括董事之外的其他民事主体,不担任董事的经理亦无资格代理董事长履行职务。而且,代行董事长职务的副董事长和董事要严格按照由副董事长至普通董事的优先顺序确定,只有当副董事长不能履行职务或不履行职务时,其他董事才能代行董事长职务。

董事长或副董事长不能履行职务或不履行职务的情况有多种表现形态:一是主观上不愿意履行职务,例如不愿召集与主持董事会会议。这种不愿意既可表现为明目张胆地拒绝履行职务,也可表现为躲躲闪闪地怠于履行职务。二是客观上不能履行职务。这种不能又包括事实上不能(如在偏远山区自驾游过程中发生车祸受重伤,且无便捷的通讯工具与外界保持联系)与法律上不能(如被公安机关羁押)。

副董事长和董事可以代行的职务范围包括董事长依法可以行使的全部职责,如主持股东会会议、召集和主持董事会、在董事会上行使表决权、监督董事会决议实施情况等。

四、公司的法定代表人

公司的法定代表人是指依法自动享有对外代表公司实施法律行为资格的自然人。公司法定代表人是独任制的公司机关。

《民法典》第 61 条第 1 款至第 2 款规定:"依照法律或者法人章程的规定,代表法人从事民事活动的负责人,为法人的法定代表人。法定代表人以法人名义从事的民事活动,其法律后果由法人承受。"法定代表人之所以"法定"的法律逻辑前提是,其必须"依照法律或者法人章程的规定代表法人"。只有依法依章获得法人合法有效充分授权,才有资格代表法人向相对人作出或接受意思表示;否则,法定代表权会沦为无源之水、无本之木,法人也不应承受法定代表人越权行为的法律后果(权利、义务与责任)。脱离代表权的合法性与正当性基础而默许、纵容越权代表行为,无论以债权人保护之名,抑或以立法者拟制之名,均有舍本逐末之讥,有悖法定代表人制度设计理念。

依 1993 年《公司法》第 45 条第 4 款、第 113 条第 2 款规定,董事长为公司唯一的、绝对的、当然的法定代表人。问题在于,一概由董事长担任公司法定代表人容易导致公司经营活动的僵化。为扩大公司选择法定代表人的自治空间,2005 年《公司法》第 13 条规定:"公司法定代表人依照公司章程的规定,由董事长、执行董事或者经理担任,并依法登记。公司法定代表人变更,应当办理变更登记。"

既然董事长不再是公司当然的法定代表人,公司章程选择总经理担任法定代表人亦无不可。股东们若不愿意董事长担任法定代表人,就可以在章程中载明由总经理担任法定代表人。若董事长不担任法定代表人,董事长仅仅具有公司代理人的身份,并将丧失基于传统的法定代表人地位而享有的一切权力。例如,依现行《公司法》第 128 条第 3 款,股票由法定代表人签名,公司盖章。若董事长不担任法定代表人,便无权在股票上签名。根据 1993 年《公司法》,总经理要与第三人签订合同必须取得董事长签署的授权委托书。而根据现行《公司法》，在总经理担任法定代表人的情况下，董事长要与第三人签订合同必须取得总经理签署的授权委托书。因此，2005年《公司法》修订以后，董事长应当与时俱进，转变观念。当然，若股东们信任董事长的诚信度、健康状况和对外交往能力，而且董事长也愿意勇挑重担，公司章程也可规定董事长兼任法定代表人。

法定代表人越权签署合同的行为为越权代表行为。《合同法》第50条规定："法人或者其他组织的法定代表人、负责人超越权限订立的合同，除相对人知道或者应当知道其超越权限的以外，该代表行为有效。"该条可称为"越权代表制度"，旨在维护交易安全，在法定条件下例外将法定代表人的越权代表行为或无权代表行为视为有权代表行为，并对其签署的合同赋予法律效力。若公司能够举证相对人并非善意，则法定代表人的越权代表行为无效，其越权签署的合同亦归无效。

《民法典》第504条继续确认越权代表行为原则有效、例外无效的规则："法人的法定代表人或者非法人组织的负责人超越权限订立的合同，除相对人知道或者应当知道其超越权限外，该代表行为有效，订立的合同对法人或者非法人组织发生效力。"若代表行为无效，合同内容纵不违法，也不对法人有拘束力。若代表行为有效，合同也未必有效。鉴于《合同法》第50条仅从公司与法定代表人双边关系角度评判代表行为效力，未从合同内容角度评判合同效力，《民法典》第504条既重申表见代表行为有效，且强调合同对法人生效。

越权代表行为的发生根源在于：许多董事长或总经理误以为自己是公司的第一把手，误以为自己有权利签署任何合同；一些交易伙伴对法定代表人地位的认识也存在神秘感，似乎法定代表人权大无比，是公司的第一把手。这些都是误解。要减少表见代表发生的概率，就必须教育董事长认清自己的法律角色，教育社会公众了解法定代表人制度。

第五节　总经理制度

一、总经理的地位

总经理有广狭二义。狭义的总经理仅指由董事会聘任、并对公司日常经营事务负总责的高级管理人员。广义的总经理既包括总经理，也包括冠以"总经理"之称的公司中层高级管理人员，如部门总经理、部门总监。本节讨论的总经理仅限于狭义的总经理。

公司总经理是公司常设的辅助业务执行机关。相对于董事会而言，总经理处于辅助业务执行机关的地位。在实践中，董事会往往负责业务经营的决策，而总经理往往负责业务经营的执行，并对公司日常经营管理事务负总责，是整个经营团队的负责人。

公司总经理是公司的高级雇员。作为公司的高级劳动者，总经理履行劳动合同约定的义务，行使劳动合同约定的权利，享受《劳动法》与《劳动合同法》等相关法律的保护。

公司总经理是公司的代理人。基于总经理与公司之间的劳动关系以及《公司法》的规定，产生了总经理人的代理人地位。总经理作为公司的代理人享有《公司法》授予的法定代理权限、公司章程和董事会授予的委托代理权限。

《公司法》对于有限责任公司采取了允许公司任意设立经理的态度。该法第49条规定："有限责任公司可以设经理，由董事会决定聘任或者解聘。"有限责任公司的资本规模和经营规模千差万别，股东和董事的经营才干和精力状况又有不同，有限责任公司可以从本公司的具体情况出发决定是否设经理岗位。公司不设经理、也不设立董事会的，可以设执行董事。执行董事兼具董事会与总经理的职权。《公司法》对股份有限公司和国有独资公司采取了强制设立经理的态度。该法第68条规定："国有独资公司设经理，由董事会聘任或者解聘"；该法第113条规定："股份有限公司设经理，由董事会决定聘任或者解聘。"

从总体而言，经理既独立于董事会，又受制于董事会。具体说来，经理既独立行使法定经营权限，又在许多方面受制于董事会。(1) 在人事任免上，依《公司法》第49条、第68条和第113条，经理由董事会聘任或解聘，并对董事会负责。(2) 在决策权的配置上，董事会仍就既非公司基本事项、亦非日常生产经营中琐碎事项的中观事项享有决策权。(3) 在对外代表权上，董事长可依《公司法》第13条以及章程规定处于公司法定代表人的重要地位。(4) 在对内业务执行上，董事长也是业务执行机构。依《公司法》第109条第2款，董事长召集和主持董事会会议，检查董事会决议的实施情况。

在经营者兼任上，董事亦可兼任经理。依《公司法》第50条，股东人数较少或规模较小的有限责任公司，可以设一名执行董事，不设董事会。执行董事可以兼任公司经理。依该法第68条第2款，经国有资产监督管理机构同意，董事会成员可以兼任经理。依该法第114条，股份有限公司董事会也可决定由董事会成员兼任经理。

二、总经理的职权

《公司法》第49条第1款和第113条第2款规定了总经理的8项职权：(1) 主持公司的生产经营管理工作，组织实施董事会决议；(2) 组织实施公司年度经营计划和投资方案；(3) 拟订公司内部管理机构设置方案；(4) 拟订公司的基本管理制度；(5) 制定公司的具体规章；(6) 提请聘任或解聘公司副经理、财务负责人；(7) 决定聘任或解聘除应由董事会决定聘任或解聘以外的负责管理人员；(8) 董事会授予的其他职权。

《公司法》第49条第2款还规定："公司章程对经理职权另有规定的，从其规定。"这表明公司章程既可扩充经理的职权，也可压缩经理的职权。立法理念是，立法者担心有些公司的经理滥权，遂将是否压缩、扩张以及如何压缩、扩张的自由裁量权回归公司股东。

总经理既然是公司的代理人和受托人，当然要对公司履行忠诚义务与勤勉义务。

三、董事长与总经理的角色区分

现实中经常出现公司董事会成员兼任经理，董事长兼任总经理的现象。《公司法》并未禁止董事长兼任总经理，反而采取了鼓励的态度。股东人数较少和规模较小的有限责任公司中的执行董事可兼任公司经理（第50条）；经国有资产监督管理机构同意，国有独资公司的董事会成员可以兼任经理（第68条第2款）；股份有限公司的董事会可以决定由董事会成员（包括董事长）兼任经理（第114条）。

除英国伦敦证券交易所要求公司的董事长由外部非执行董事担任外，许多国家的立法者对此也语焉不详。因此，在实践中，董事长兼任总经理或CEO的现象在许多市场经济国家较为普遍。原因有二：董事长兼任总经理或CEO符合公司自治的精神；而且，董事长兼任总经理或CEO有利于提高决策和执行的效率。

笔者认为，从合法性看，董事长有权兼任总经理、法定代表人。但对其妥当性，应当具体情况具体分析。具体说来，在中小规模的公司尤其是家族公司，董事长兼任总经理、法定代表人亦无不可,但在规模庞大的公司尤其是上市公司,应当实行董事长与总经理互相分离的原则。换言之,董事长可以兼任法定代表人,但不宜兼任总经理,更不宜同时兼任总经理和法定代表人。理由有三:

第一,董事长与总经理分设有利于避免公司经营者过分专权,完善公司内部民主与制衡机制。权力过大,必然滋生腐败或懈怠,此乃万古不易之真理。董事长兼总经理在公司决策体系中位高权重,权倾一时,若不能慎独自律,必然走向个人独裁与专制。不仅其他董事的意见听不进去,股东也往往被消音。这对一家公司的民主治理来说风险极高。即使董事长兼总经理乃是有道的"明君",也很难担保其决策行为"百发百中"。以董事长兼总经理的决策高效掩盖一人大脑在品德方面的潜在风险、在智慧方面的短浅有限绝非公司之幸。

第二,董事长与总经理的法律角色不同,肩负的法律义务各异。具体说来,董事长的主要职责在于团结和集中全体董事会成员的智慧和经验,就公司经营管理中的重要事项作出决策。董事长在组织董事会的决策行为时贵在登高望远、举重若轻。董事要懂大事。而总经理的主要职责在于团结整个经营管理团队,将董事会的中观决策付诸实施。总经理在开展日常管理经营活动时贵在举轻若重。因此,总经理应当精力旺盛。难怪欧美国家大型公司董事会的多数成员年龄普遍偏高,而经理层成员的年龄普遍偏低。之所以如此,董事年龄越高,经验与学识越丰富,思维方式越缜密,决策质量就越高;而经理层年纪越轻,执行活动就越有效率。不同的法律角色应当由不同主体扮演。

第三,从保护经营者自身利益的角度出发,经营者也应自觉避免董事长兼任总经理。因为,同时兼任董事长与总经理两项职务的经营者会面临两个法律角色的双重法律风险。若擅长决策而不长于执行的公司高管以董事长身份参与决策并无不妥,但其以总经理身份执行董事会决策时由于执行工作不当给公司造成损失,仍然要对公司承担赔偿责任。反之,若不擅长决策而长于执行的公司高管在执行活动中对公司无咎可责,但其仍应就其以董事长身份参与决策时的过错行为对公司承担赔偿责任。换言之,合格的董事长未必就是合格的总经理;合格的总经理未必是合格的董事长。可见,董事长兼任总经理的风险相当之高。董事长是否兼任总经理,应当认真评估其面临的法律风险,更不用说披星戴月的双重工作压力给经营者身心健康导致的不利影响。正因为如此,英国伦敦证券交易所要求董事会主席只能由非执行的外部董事担任。这一做法值得我国参考。

当然,对于董事长不宜兼任总经理应作限定解释:不妨碍副董事长兼任副总经理,也不妨碍董事长兼任副总经理、董事兼任经理。但严格说来,董事长是否兼任总经理应由董事会决定。董事长兼任总经理虽易导致专权,但只要存在相应的、有效的权力制衡机制,并不可怕。

四、总经理的越权代理行为

总经理在代表权限和代理权限内与第三人实施的法律行为,依照《民法典》关于代理行为、合同的订立、合同的效力的规定对公司产生约束力,公司应当承受由此引发的债权债务。

若公司总经理在代理权限以外以公司名义与第三人实施法律行为,则属无权代理行为。狭义的无权代理,指总经理的行为超越了法律、公司章程、股东大会决议和董事会决议授予总经理的权限范围。总经理的无权代理行为原则上对公司不产生约束力。依《民法典》第171条,行为人没有代理权、超越代理权或者代理权终止后,仍然实施代理行为,未经被代理人追认的,对被代理人不发生效力。相对人可以催告被代理人自收到通知之日起30日内予以追认。被代理人未作表示的,视为拒绝追认。行为人实施的行为被追认前,善意相对人有撤销的权利。撤销应当以通知的方式作出。行为人实施的行为未被追认的,善意相对人有权请求行为人履行债务或者就其受到的损害请求行为人赔偿。但是,赔偿的范围不得超过被代理人追认时相对人所能获得的利益。相对人知道或者应当知道行为人无权代理的,相对人和行为人按照各自的过错承担责任。

广义的无权代理行为既包括狭义的无权代理,也包括表见代理。《民法典》第172条的表见代理制度适用于经理越权代理的情形:行为人没有代理权、超越代理权或代理权终止后以被代理人名义订立合同,相对人有理由相信行为人有代理权的,该代理行为有效。

表见代理指本来属于无权代理行为,但因被代理人与无权代理人之间的关系具有授予代理权的外观即外表授权,导致相对人相信其有代理权而与其实施法律行为,法律使之发生与有权代理同样的法律效果。在这种情况下,若善意第三人有足够理由相信总经理有代理权限,那么善意第三人受法律保护,总经理在代表权限和代理权限以外以公司名义与第三人实施的法律行为对公司产生约束力。至于公司由此遭受的损失可向违法实施表见代理行为的总经理追偿。

第六节　监事会制度

一、监事会的法律地位

监事会是现代公司治理中的法定必备监督机关。依《公司法》第2章第2节、第4章第4节规定,监事会是对公司的财务及业务进行监督的法定、常设监督机构。

完善监事会制度,强化监事会对公司经营者的监督,对于改善公司经营业绩、保护股东权益意义甚大。由于股东会不可能经常以集会的方式对董事会与经理层的业务决策及执行行为开展监督,股东会就有必要选任监事组成监事会对公司的业务和财务开展监督。

但在现实生活中,监事会监督乏力的现象较为普遍。这种现象既有制度层面的原因,也有人员层面的原因(如同事监督同事、下级监督上级、内部人监督内部人等)。1993年《公司法》对监事会的监督权限和监督手段规定得比较薄弱,监事又多是公司内部人,尤其是资历和级别低于董事的工作人员。虽然监事会与董事会在法律上立于平等地位,但由于大多数监事(尤其是内部监事)的个人职务级别低于大多数董事,致使监事会的事实地位低于董事会。监事会身处董事会之外,对董事会和经理层的运作情况自然存在较重的隔膜。脆弱的制度设计、虚化的机构加之疲软的人员,很难确保监事会制度发挥积极的监督作用。因此,2005年《公司法》对于监事会制度进行了脱胎换骨的改革,既扩充了监事会的监督职权,又强化了监事会的监督手段。

二、监事会的人数与任期

监事会成员原则上由股东会选举产生。股份公司的股东会选举监事时,可依公司章程的规定或股东大会的决议,实行累积投票制(《公司法》第105条)。但在以下例外情形,监事不由股东会选举产生:(1)国有独资公司的监事会成员由国有资产监督管理机构委派(《公司法》第70条第2款);(2)监事会成员中的职工代表由公司职工代表大会选举产生(《公司法》第51条第2款、第70条第2款、第117条第2款)。

为壮大监事会规模,兼顾小规模公司的意思自治,《公司法》第51条第1款规定:"有限责任公司设监事会,其成员不得少于3人。股东人数较少或规模较小的有限公司,可以设1至2名监事,不设监事会。"因此,原则上各类有限责任公司都要设监事会,小规模公司可例外不设监事会,但要设1至2名监事。立法者强力推进监事会制度建设的主旨在于建立经营权与监督权的相互制衡机制,避免控制股东与经营层的滥权失信行为。至于"股东人数较少或规模较小"的界定留待公司自治。此处的"规模"既包括资本规模,也包括雇工规模与负债规模。若一人公司规模较大,也要设监事会。

股份有限公司监事会的成员也不得少于3人(《公司法》第117条第1款)。之所以未规定更高的法定人数,乃为尊重公司治理机构的设置自由,避免立法者的无谓不必要干预,避免公司不必要的经济负担和内部职工利益与股东利益之间的冲突。

与普通有限责任公司和股份有限公司不同的是,国有独资公司监事会成员不得少于5人(《公司法》第70条第1款)。主要是鉴于国有独资公司的股权结构中缺乏国家股东之外的其他股东,因而先天缺乏来自其他股东的监督力量。为保护国有资产保值增值,降低国有独资公司经营者的代理成本,立法者特别注意提高董事会的规模。

监事的任期每届为3年。监事任期届满,连选可以连任。监事任期届满未及时改选,或监事在任期内辞职导致监事会成员低于法定人数的,在改选出的监事就任前,原监事仍应当依照法律、法规和公司章程的规定,履行监事职务(《公司法》第52条)。

三、监事会主席

有限责任公司监事会设主席一人,由全体监事过半数选举产生。监事会主席召集和主持监事会会议;监事会主席不能履行职务或不履行职务的,由半数以上监事共同推举一名监事召集和主持监事会会议(《公司法》第51条第3款)。

股份有限公司监事会设主席一人,可以设副主席。监事会主席和副主席由全体监事过半数选举产生。监事会主席召集和主持监事会会议;监事会主席不能履行职务或不履行职务的,由监事会副主席召集和主持监事会会议;监事会副主席不能履行职务或不履行职务的,由半数以上监事共同推举一名监事召集和主持监事会会议(《公司法》第117条第3款)。

与普通有限责任公司和股份有限公司不同的是,监事会主席不是由全体监事过半数选举产生,而是由国有资产监督管理机构从监事会成员中指定(《公司法》第70条第2款)。

四、职工监事

为充分体现职工代表在公司治理结构中的话语权与监督权,更好地维护职工合法权益,构建和谐的劳资关系,《公司法》第51条第2款、第70条第1款至第2款、第117条第2款要求监事会应当包括股东代表和适当比例的公司职工代表,其中职工代表的比例不得低于1/3,具体比例由章程规定。监事会中的职工代表由公司职工通过职工代表大会、职工大会或其他形式民主选举产生。

五、监事会的监督职权

《公司法》第 53 条的监事会职权可简称为"监察权",包括但不限于以下一系列职权:

(1) 财务检查权。监事会有权检查公司财务。监事会既可检查本公司的财务,也可基于股东的知情权尤其是账簿查阅权,对子公司的经营、业务及财产状况进行调查。

(2) 违法人员弹劾权。监事会有权对董事、高级管理人员执行公司职务的行为进行监督,对违反法律、法规、公司章程或股东会决议的董事、高级管理人员分别向其选任机关(选任董事的股东会、选任总经理的董事会、聘任中层经营骨干的总经理)提出罢免的建议。

(3) 违法行为纠正权。当董事、高级管理人员的行为损害公司的利益时,要求董事、高级管理人员予以纠正。既包括防患于未然的纠正行为,也包括事后补救的纠正行为。

(4) 股东会召集请求权与自行召集权。提议召开临时股东会会议,在董事会不履行本法规定的召集和主持股东会会议职责时召集和主持股东会会议。监事会的股东会召集权可分为主动召集(依职权)与被动召集(依股东之请求)。

(5) 提案权。监事会有权向股东会会议提出提案。

(6) 诉权。应股东之请求,监事会有权对失信的董事和高级管理人员提起诉讼。监事会决定对任法定代表人的董事长或总经理提起诉讼时,监事会主席或监事长可以被列为原告公司的法定诉讼代表人。若监事会怠于或拒绝对失信的董事和高级管理人员提起诉讼,提出前述请求的股东有权向法院提起股东代表诉讼。

(7) 章程规定的其他职权。为强化监事会的监察权限,公司章程也可依《公司法》第 53 条第 7 项之授权,赋予监事会更多的权限。例如,在董事、经理与公司签署合同时,代表公司实施法律行为。代表公司的监事长或监事在此种特定情形下享有对公司的代表权。

可见,监事会的监督内容既包括会计监督,又包括业务监督;既包括合法性监察,又包括妥当性检查;既包括事先监督,又包括事中监督与事后监察。监事会的监督职权与其说是权力,不如说是义务。监事会必须勤勉尽责地履行以上监督职责,方能不辱公司代理人的监督使命。

六、监事会的监督手段

其一,监事会、不设监事会的公司的监事发现公司经营情况异常,可以进行调查;必要时,可以聘请会计师事务所等协助其工作,费用由公司承担(《公司法》第 54 条第 2 款)。此处的"等"字微言大义,包含了律师事务所等中介机构。可见,公司监事会代表公司聘请中介机构的费用完全由公司负担,只需由监事长或监事会主席签字即可,无需董事长或总经理的签字。这就彻底打破了 1993 年《公司法》制约监事会聘请专业人士协助监事会履行监督职责的制度瓶颈,开辟了通向公司内部监事会与外部中介机构里应外合、精诚合作的光明大道。

其二,监事会、不设监事会的公司的监事行使职权所必需的费用,由公司承担(《公司法》第 56 条、第 118 条第 2 款)。例如,监事会成员为调查公司董事、经理的商业贿赂行为而远赴外地出差的差旅费和通讯费用由公司承担。

其三,监事可以列席董事会会议,并对董事会决议事项提出质询或建议(《公司法》第 54 条第 1 款)。这样就可以确保耳聪目明的监事行使知情权和建议权。一旦行使知情权和质询权,监事就可以理直气壮地行使监督职权。对于监事提出的有根有据、有针对性的建议,董事会和经理层应当认真听取,不予采纳的应当书面说明理由。

其四,董事、高级管理人员应当如实向监事会或不设监事会的有限责任公司的监事提供有关情况和资料,不得妨碍监事会或监事行使职权(《公司法》第150条第2款)。

为避免裁判员与运动员的角色混淆,确保监事的独立性,《公司法》第51条第4款和第117条第4款禁止董事、高级管理人员兼任监事。此处的"高级管理人员"包括经理及财务负责人等高级管理人员在内。为确保诚信监事"喊疼"的权利,公司章程还可规定监事有权在被选任或解任的股东大会上陈述意见。

七、会议规则

监事虽可单独行使监督职权,但对于重大监督决策而言,仍需在监事会内部以会议的形式作出决议。监事会会议的意义不仅在于作出决议,也在于成为监事之间沟通信息、协调监督步伐的重要信息平台。

有限责任公司的监事会每年度至少召开一次会议,监事可以提议召开临时监事会会议。监事会的议事方式和表决程序,除《公司法》有规定的外,由章程规定。监事会决议应当经半数以上监事通过。监事会应当对所议事项的决定作成会议记录,出席会议的监事应当在会议记录上签名(《公司法》第55条)。

与有限责任公司监事会会议规则的唯一区别在于,《公司法》第119条第1款要求股份有限公司的监事会每6个月至少召开一次会议。可见,立法者希望股份有限公司的监事会的集会频率高一些,履行监督职责更活跃些。

第七节 公司董监高的约束与激励

为强化公司董监高的诚信义务,2005年《公司法》专门开辟第六章规定了公司董监高的资格和义务。

一、公司董监高的范围

(一) 董事的种类

董事是由股东大会选举、并作为董事会成员参与公司经营决策活动的自然人。董事以其与公司间的委托合同关系或信托关系而立于公司受托人的地位。这种关系既包括法律上的委托关系或信托关系,也包括事实上的委托关系或信托关系。

以其是否兼任公司高管职务为准,董事可分为内部董事与外部董事。其中,外部董事以其是否具有独立性为准又可区分为独立董事与非独立董事。

以其代表的利益为准,董事可以分为股东代表董事与职工代表董事。我国国有独资公司的董事会成员就包括职工代表董事。国有独资公司、两个以上的国有企业或两个以上的其他国有投资主体投资设立的有限责任公司,其董事会成员中应当有公司职工代表,其他有限责任公司董事会成员中可以有公司职工代表。董事会中的职工代表由公司职工通过职工代表大会、职工大会或其他形式民主选举产生(第44条第2款、第67条)。

（二）监事

监事是由股东大会选举、并作为监事会成员参与公司经营监督活动的自然人。以其代表的利益为准，监事可以分为股东代表监事与职工代表监事。

以其是否与公司存在劳动合同关系为准，监事可以分为外部监事与内部监事。

（三）高级管理人员

高级管理人员是由董事会或总经理聘任的、从事公司日常经营管理活动的自然人。《公司法》视野中的"高级管理人员"范围甚广。《公司法》第216条第1项将"高级管理人员"界定为"公司的经理、副经理、财务负责人，上市公司董事会秘书和章程规定的其他人员"。这里所说的"其他人员"可以囊括CEO（首席执行官）、CFO（首席财务官）、COO（首席运营官）、CTO（首席技术官）等公司自由设立的高阶经营管理岗位。有些公司不设总经理岗位，只设CEO（首席执行官），因此CEO与总经理是同义语。

二、公司董监高的任职资格

（一）积极资格

公司董监高的积极资格既包括《公司法》和一般民事法律规定的一般积极资格（如具备完全民事行为能力），也包括特别法设定的特别积极任职资格。例如，《证券法》第131条要求证券公司的董监高正直诚实、品行良好，熟悉证券法律法规，具有履行职责所需的经营管理能力。证券公司任免董事、监事、高级管理人员，应当报国务院证券监督管理机构备案。又如，《证券投资基金法》要求基金管理公司的董事、监事和高级管理人员应当熟悉证券投资方面的法律、法规，具有3年以上与其所任职务相关的工作经历；高级管理人员还应当具备基金从业资格（第16条）。笔者曾担任两家基金管理公司的独立董事，接受选任时还必须通过证监会的任职条件审核。

（二）消极资格

为防范公司高管的道德风险，《公司法》第146条第1款禁止下列人员担任公司的董监高：

（1）无民事行为能力或限制民事行为能力；

（2）因贪污、贿赂、侵占财产、挪用财产或破坏社会主义市场经济秩序，被判处刑罚，执行期满未逾5年，或因犯罪被剥夺政治权利，执行期满未逾5年；

（3）担任破产清算的公司、企业的董事或厂长、经理，对该公司、企业的破产负有个人责任的，自该公司、企业破产清算完结之日起未逾3年；

（4）担任因违法被吊销营业执照、责令关闭的公司、企业的法定代表人，并负有个人责任的，自该公司、企业被吊销营业执照之日起未逾3年；

（5）个人所负数额较大的债务到期未清偿。

公司违反前款规定选举、委派董事、监事或聘任高级管理人员的，该选举、委派或聘任无效（《公司法》第146条第2款）；董监高在任职期间出现本条第1款所列情形的，公司应当解除其职务（《公司法》第146条第3款）。这就使得董监高的行为能力、道德操守和信用状况不仅仅是走向公司高管岗位的必要条件，也是维持其高管岗位的必要条件。一旦公司或其股东发现公司高管存在着不得担任公司高管的法定情形，就可以依法解除其职务。若某董事长在任期间由于遭遇车祸变成了神志不清的"植物人"，或因接受巨额商业贿赂而锒铛入狱时,则董事会应当解除其董事长职务,股东大会应当罢免其董事职务。

除了《公司法》规定的前述普通消极资格,特别法也规定了特定行业的特别消极资格。例如,依《证券法》第124条第2款规定,有下列情形之一的当事人不得担任证券公司的董监高:(1)因违法行为或者违纪行为被解除职务的证券交易场所、证券登记结算机构的负责人或者证券公司的董事、监事、高级管理人员,自被解除职务之日起未逾5年;(2)因违法行为或者违纪行为被吊销执业证书或者被取消资格的律师、注册会计师或者其他证券服务机构的专业人员,自被吊销执业证书或者被取消资格之日起未逾5年。

对特定行业的特别任职资格,有些特别法还规定了特别任职资格取消制度,即市场禁入制度。例如,《证券法》第221条规定,违反法律、行政法规或国务院证券监督管理机构的有关规定,情节严重的,国务院证券监督管理机构可以对有关责任人员采取证券市场禁入的措施。"证券市场禁入"是指在一定期限内直至终身不得从事证券业务、证券服务业务,不得担任证券发行人的董事、监事、高级管理人员,或者一定期限内不得在证券交易所、国务院批准的其他全国性证券交易场所交易证券的制度。

三、董监高对公司的诚信义务

由于股东无法对公司的日常经营管理活动事必躬亲,必然仰赖德高望重的贤达人士为其开展经营活动。其中,具有经营决策专长的人士担任董事,具有操作和执行才干的人士担任经理,明察秋毫、刚正不阿的人士担任监事。因此,公司高管是现代公司和全体股东仰赖的受托人。公司高管既然承人之信、受人之托、纳人之财,就必须对公司和全体股东履行忠诚与勤勉两大义务。因此,强化公司高管的诚信义务,平衡公司高管与公司之间、公司高管与股东之间的利益冲突是公司治理制度的重要使命。

我国通说认为,公司与其董监高之间的关系为委托(委任)合同关系。董监高作为受托人既要履行《民法典》规定和委托合同约定的受托义务,也要履行公司法和特别法规定的受托义务。虽然董监高为公司服务的具体职责有所不同,但在诚实守信、勤勉尽责的问题上都具有一般性。

英美法系通常借助信托法中的信托义务(fiduciary duty)概念来解释公司与其董事和高级管理人员之间的法律关系。鉴于我国已于2001年4月颁布《信托法》,《信托法》为受托人设定的信托义务又高于《民法典》合同编项下的委托合同规则为受托人设定的受托义务,也可用信托义务概括我国公司与其董监高之间的关系。当然,无论是用委托合同还是信托关系解释公司与其董监高之间的关系,都是殊途同归,二者并无本质区别。

1993年《公司法》自第59条至第62条对董事忠实义务的具体表现形式列举不周,诸如没有规定董事不得篡夺公司信息和机会、不得压抑小股东等义务;立法技术也似嫌粗糙。为强化公司高管的诚信义务,2005年《公司法》第6章专门规定了公司董监高的资格和义务,并在我国公司法历史上开天辟地要求董监高遵守法律、法规和公司章程,对公司负有忠实义务和勤勉义务。此即董监高的诚信义务。此种诚信义务一分为二:一为忠实义务,二为勤勉义务。其中,忠实义务强调公司高管的道德操守和忠贞不渝,而勤勉义务强调公司高管的专业水准和敬业精神。

在理论与实践上较有争议的一个问题是,股东推荐到公司任职的高管应对谁负有诚信义务?从法律上看,公司高管应当对公司和全体股东利益负责,而不仅对推荐其到公司任职的股东负责;但在实践中,公司高管往往对其派出股东的利益负责,否则就很难维系其作为公司高管的岗位。当然,睿智的公司高管应当尽量选择兼顾派出股东利益与公司利益的经营管理方案。

四、董监高的忠实义务

董监高作为公司的代理人在思想上应当始终效忠于公司,并在行为上始终以公司利益最大化作为自己的行为指南。根据忠实义务,公司高管不得将自己或第三人的私利凌驾于公司利益之上,不得以牺牲公司利益为代价追求自己或第三人的私利,不得在公司不知道或未授权的情况下取得属于公司的有形利益(如资金、实物)或无形利益(商业机会、商业秘密),不得擅自担任公司竞争者的代理人或合作伙伴、从而削弱公司的竞争力。简而言之,公司高管的任何行为(包括积极的作为与消极的不作为)不得有悖于诚实代理人对被代理人所负职责。

董监高的忠实义务是其对公司所负的首要诚信义务,而勤勉义务则位居其次。中外公司法协调公司与其代理人利益冲突的关键点也在于强化公司高管的忠实义务。金无足赤,人无完人。重大德、宥小过是评价公司高管的重要价值判断标准。

忠实义务之所以被强调得重于勤勉义务源于以下原因:首先,从对公司的伤害程度看,违反忠实义务的行为比违反勤勉义务的行为对公司的杀伤力更大。公司及其全体股东将公司的财产及其命运拱手交给公司高管,公司高管握有公司经营重权。小人得志的公司高管一朝权在手,便将令来行。作为公司吸血虫的小人高管在公司内部恶意作乱,疯狂鱼肉公司和全体股东利益,有可能使公司像泰坦尼克号一样迅速沉没。而违反勤勉义务的行为虽然未能给公司利益做加法,却不会像违反忠实义务的行为那样马不停蹄地给公司利益做减法。当然,这并不意味着,违反勤勉义务的行为对公司有益、甚至无害,更不意味着我们应当允许和纵容违反勤勉义务的行为。相反,违反忠实义务的行为与违反勤勉义务的行为都应受到谴责和否定。但我们应当意识到:违反忠实义务的行为比违反勤勉义务的行为给公司造成的损害更大。违反忠实义务的行为应当引起立法者和法官、仲裁员的更高关注。

其次,从义务的履行难度看,履行忠实义务比履行勤勉义务更容易。公司高管只要坚守不背叛公司的道德底线,不被私利蒙住自己的双眼,就可以轻而易举地对公司尽忠。公司与其高管之关系犹如主仆关系。忠犬尚能效忠于主人,况人乎? 不仅经营专才,即便是布衣平民甚或6岁学童都知道仆人要忠诚于主人,而不得背叛主人的基本伦理常识。既然任何不具备专业知识的诚信之人都能履行忠实义务,而具备经营管理才干的公司高管竟敢违反,是可忍,孰不可忍! 难怪美国法院裁判的涉及公司高管违反诚信义务的案件主要围绕忠实义务而展开。笔者预言,在中国司法实践中,公司追究公司高管的民事责任将主要围绕忠实义务而展开,在我国社会信用体系普遍脆弱的情况下尤为如此。

最后,从追究义务违反的责任来看,违反忠实义务的责任追究难度要小于违反勤勉义务的责任追究。上帝的归上帝,恺撒的归恺撒。在公司高管失信悖德的情况下,法官和仲裁员只要拿出伦理价值的天平进行利益衡量,何者应当归属公司,何者应当归属公司高管,可谓泾渭分明,很少存在艰涩的裁判模糊地带。而在公司高管违反勤勉义务的情况下,法官和仲裁员就会发现伦理价值的判断标准开始失灵,被迫代之以勤勉义务的衡量标准,进而出现法官和仲裁员迷茫的情况。

五、董监高的主要失信行为

为落实董监高的忠诚义务,《公司法》第148条详细列举了公司法禁止的七大失信行为。其中,第1款第5项首次规定了不得篡夺商业机会的义务:"未经股东会或者股东大会同意,利用职务便利为自己或者他人谋取属于公司的商业机会。"唯恐诚信义务的列举存在疏漏,立法者在第148条第1款第8项设置了兜底条款"违反对公司忠实义务的其他行为",从而有助于将各类经营者的道德风险一网打尽。

兹将公司高管的失信行为分述如下:

(一) 挪用公司资金

此种行为是指公司高管违反法律、章程规定的权限和程序,擅自将公司资金用于背离公司资金特定使用目的的行为。如公司高管挪用公司资金用于个人炒股,即其适例。

(二) 将公司资金以其个人名义或以其他个人名义开立账户存储

既然是公司资金,自应以公司名义存储,不应以个人名义存储。否则,年深日久不仅导致公司高管或其亲朋好友赚取公司的资金利息,而且容易导致公司资金的不法流失,还容易导致公权力对公司监管的失序现象(如公司的偷漏税现象)。

(三) 违反公司章程的规定,未经股东会、股东大会或董事会同意,将公司资金借贷给他人或以公司财产为他人提供担保

公司高管擅自将公司资金借贷给他人,非法剥夺了公司的资金所有权尤其是控制权,增加了公司讨债的风险和成本。由于此种借贷行为往往缺乏合法有效的担保手段,公司债权很容易沦为呆坏账甚至死账。擅自将公司资金借贷给他人,实际上为公司创设了或然债务。若公司没有合法有效的反担保手段,则公司高管的"助人为乐"行为实际上谋取了自己或其背后第三人的不当利益,但将公司推向了巨额债务的火山口上。

(四) 违反公司章程的规定或未经股东会、股东大会同意,与本公司订立合同或进行交易

依反对解释,只要公司高管与本公司订立合同或进行交易的行为遵循了公司章程的规定或经过股东会、股东大会的合法决策程序(包括事先批准程序与事后追认程序),则此种合同行为或交易行为的效力就应予以尊重。

这里所说的"与本公司订立合同或进行交易"既包括公司高管自己与本公司订立合同或进行交易,也包括公司高管的配偶、子女或其他利益相关者与本公司订立合同或进行交易。例如,公司高管将本公司或子公司委托、租赁、承包给自己的配偶、子女及其他利益相关者经营;或者,公司高管控制下的公司选择公司高管的配偶、子女及其他利益相关者作为供应商,并发生有悖等价有偿规则与商事习惯的非正常业务往来。

(五) 未经股东会或股东大会同意,利用职务便利为自己或他人谋取属于公司的商业机会,自营或为他人经营与所任职公司同类的业务

该项规定实质上包含两类失信行为:第一类是篡夺公司的商业机会,第二类是竞业行为。《公司法》借鉴英美法系尤其是美国判例法中的重要经验,将"不得篡夺商业机会的义务"引入我国成文立法,具有很强的针对性。二者的共同点是私自与公司抢客户、夺市场。

该项规定之所以禁止公司高管的竞业行为(公司高管自营或为他人经营与所任职公司同类的业务的行为),乃是出于"一仆不侍二主"的考虑,不允许公司高管脚踩两只船。民间有谚:"同行是冤家。"若公司高管既为甲公司提供经营管理服务,又为甲公司的竞争者乙公

司提供经营管理服务，在甲乙公司角逐同一商业机会时，或要求公司高管对其他公司保守商业秘密时，公司高管应何去何从？公司高管要么择一而从，厚此薄彼；要么择二而从，同时伤害两家公司；要么同时与两家公司一刀两断。可见，公司高管在心灵上很难安宁平静，在行为方式上很难左右逢源。"与所任职公司同类的业务"包括但不限于"同类的营业"，可以是完全相同的商品或服务，如公司生产红葡萄酒，董事也投资设厂生产葡萄酒；"同类的营业"也可是同种或类似、且有竞争关系或替代关系的商品或服务，如公司作为电信增值服务商提供 ADSL 宽带上网服务，而董事也投资创设公司开辟拨号上网服务。公司高管竞业的方式多种多样，既包括自己投资设立公司或其他企业，与公司展开竞争；也包括担任与公司有竞争关系的公司的高管人员。竞业的时间既可发生于公司营业阶段，也可发生于公司准备营业阶级或试营业阶段，还可发生于公司暂时中止营业阶段。

至于竞业的时间是否仅及于董事任职阶段，易言之，董事在被解任或辞任后能否从事与原任职公司同类的营业，《公司法》并未明文规定，完全留待公司章程或公司与公司高管之间签订的协议予以确定。若公司章程与聘任协议未设明文规定，则公司高管可以从事与公司业务有竞争关系的就业或投资活动。例如，若股东会同意公司高管自营或为他人经营与所任职公司同类的业务，其他竞争公司也有此种意思表示，则法律自无禁止之必要。

（六）接受他人与公司交易的佣金归为己有

在实践中，许多公司高管与交易伙伴发生交易活动时，肆无忌惮地在交易往来中收受商业贿赂（如折扣费、中介费、回扣、佣金、礼金等）据为己有或私分。为打击愈演愈烈的商业贿赂行为，中共中央办公厅与国务院办公厅于 2006 年 2 月共同印发了《关于开展治理商业贿赂专项工作的意见的通知》。

《反不正当竞争法》第 7 条禁止商业贿赂。经营者不得采用财物或者其他手段贿赂下列单位或者个人，以谋取交易机会或者竞争优势：(1) 交易相对方的工作人员；(2) 受交易相对方委托办理相关事务的单位或者个人；(3) 利用职权或者影响力影响交易的单位或者个人。经营者在交易活动中，可以明示方式向交易相对方支付折扣，或者向中间人支付佣金。经营者向交易相对方支付折扣、向中间人支付佣金的，应当如实入账。接受折扣、佣金的经营者也应当如实入账。经营者的工作人员进行贿赂的，应当认定为经营者的行为；但经营者有证据证明该工作人员的行为与为经营者谋取交易机会或者竞争优势无关的除外。

《公司法》第 147 条第 2 款明文禁止董监高利用职权收受贿赂或其他非法收入，侵占公司的财产。《刑法》第 163 条规定了收受商业贿赂罪："公司、企业或者其他单位的工作人员利用职务上的便利，索取他人财物或者非法收受他人财物，为他人谋取益，数额较大的，处 5 年以下有期徒刑或者拘役；数额巨大的，处 5 年以上有期徒刑，可以并处没收财产。公司、企业或者其他单位的工作人员在经济往来中，违反国家规定，收受各种名义的回扣、手续费，归个人所有的，依照前款的规定处罚。国有公司、企业或者其他国有单位中从事公务的人员和国有公司、企业或者其他国有单位委派到非国有公司、企业以及其他单位从事公务的人员有前两款行为的，依照本法第 385 条、第 386 条的规定定罪处罚。"

（七）擅自披露公司秘密

公司高管擅自向公司外部第三人披露公司的秘密，是一种有悖诚信的行为。无论泄密行为是有偿的，还是无偿的，都破坏公司竞争力。此处所说的"商业秘密"是广义概念，不拘泥于《反不正当竞争法》第 9 条第 4 款界定的商业秘密："不为公众所知悉、具有商业价值并经权利人采取相应保密措施的技术信息、经营信息等商业信息"。

商业秘密具有四个特点:私密性、财产性、实用性与加密性。技术信息包括技术诀窍(Know-how)。经营信息包括客户名单、业务渠道、营销方式等。除了狭义的商业秘密,《公司法》第148条第1款第7项禁止公司高管披露的公司秘密还包括上市公司尚未公开披露的董事会决议、财务会计数据、董事长或总经理健康状况等。既然公司高管不得擅自向公司外部第三人披露公司秘密,公司高管自身擅自利用公司秘密也在禁止之列。

《反不正当竞争法》禁止经营者实施下列侵犯商业秘密的行为:(1)以盗窃、贿赂、欺诈、胁迫、电子侵入或者其他不正当手段获取权利人的商业秘密;(2)披露、使用或者允许他人使用以前项手段获取的权利人的商业秘密;(3)违反保密义务或者违反权利人有关保守商业秘密的要求,披露、使用或者允许他人使用其所掌握的商业秘密;(4)教唆、引诱、帮助他人违反保密义务或者违反权利人有关保守商业秘密的要求,获取、披露、使用或者允许他人使用权利人的商业秘密。经营者以外的其他自然人、法人和非法人组织实施的违法行为也视为侵犯商业秘密。第三人明知或应知商业秘密权利人的员工、前员工或其他单位、个人实施前述违法行为,仍获取、披露、使用或允许他人使用该商业秘密的,视为侵犯商业秘密。

(八)违反对公司忠实义务的其他行为

为避免挂一漏万,《公司法》第148条第1款第8项设计了兜底条款,从而涵盖公司高管的其他失信行为。

公司高管浪费公司资产的不当职务消费行为也是违反忠实义务的行为。公司高管薪酬过高也是腐败,是浪费公司资产的行为。例如,公司高管在公司发生亏损期间,购买或更换豪华小汽车、豪华装修办公室、添置高档办公用品等;利用公司公款进行高消费娱乐活动;利用公司公款支付或报销应由个人承担的购置住宅、住宅装修、物业管理等生活费用;超过公司规定的标准报销差旅费、业务招待费;使用信用卡、签单等形式进行高额消费,但不提供原始凭证和相应的情况说明,等等。

公司高管为近亲属及其他利益相关者从公司牟取私利的手段也五花八门。例如,公司高管支持或允许配偶、子女及其配偶或其他利益相关者在与本公司有业务关联、依托关系的其他公司投资入股,从而间接利用关联交易攫取公司财富。

尽管公司高管的失信行为变化莫测,但万变不离其宗的一点是:公司高管慷公司之慨、求一己之私。换言之,以牺牲公司利益为代价,换取公司高管或其背后利益相关者的不法利益,而且公司利益之损失与公司高管或其幕后人员利益之实现存在因果关系。

六、强化公司高管忠实义务的其他措施

《公司法》对经营者忠实义务的规定绝不限于第148条,而是遍及立法体系的各个角落。例如,针对公司经营者通过操纵关联关系而从公司"抽血"的监守自盗现象,《公司法》第21条禁止公司的控股股东、实际控制人、董监高利用关联关系损害公司利益;否则,应就公司给造成的损失承担赔偿责任。

针对国有独资公司的某些经营者私自"耕种自留地",侵占国有独资公司商业秘密与商业机会的不诚信现象,《公司法》第69条禁止国有独资公司的董事长、副董事长、董事、高级管理人员未经国有资产监督管理机构同意在其他有限责任公司、股份有限公司或其他经济组织兼职。中纪委、中组部、原监察部、国务院国资委2004年12月12日联合印发的《国有

企业领导人员廉洁从业若干规定》第 5 条也明文禁止国有企业领导人员违反规定兼任下属企业或其他企业、事业单位、行业组织、中介机构的领导职务，或经批准兼职的，擅自领取兼职工资或其他报酬。

为遏制管理层收购中经营者空手套白狼，依靠公司借款收购公司股份的现象，《公司法》第 115 条禁止股份有限公司直接或通过子公司向董监高提供借款。

为预防经营者自我定价过高，强化股东对代理人滥权营私行为的监督力度，《公司法》第 116 条要求股份有限公司定期向股东披露董监高从公司获得报酬的情况。该条有助于为股东在股东大会上行使表决权、在法院行使诉权、在市场上行使"用脚投票"的权利，提供必要信息。

为确保公司经营者与公司全体股东在利益上形成共同体，同甘共苦、风雨同舟，《公司法》第 141 条第 2 款要求公司董监高向公司申报所持本公司的股份及其变动情况，在任职期间每年转让的股份不得超过其所持有本公司股份总数的 25%；所持本公司股份自公司股票上市交易之日起 1 年内不得转让；上述人员离职后半年内不得转让其所持有的本公司股份；同时授权公司章程对公司董监高转让其所持有的本公司股份作出其他限制性规定。为避免利益冲突，《公司法》第 51 条第 4 款和第 117 条第 4 款禁止董事、高级管理人员兼任监事。

七、公司董监高的勤勉义务

《公司法》第 147 条第 1 款明文规定了公司高管的勤勉义务。高管的勤勉义务又称"善良管理人的注意义务""勤勉、注意和技能义务"或"注意和技能义务"，指公司高管在从事公司经营管理活动时应当恪尽职守，敬业精进，深思熟虑，尽到普通谨慎的同行在同类公司、同类职务、同类相关情形中所应具有的经营管理水平。

要衡量董事是否履行了勤勉义务，必须设计相应的衡量标准。单纯的主观标准仅注重公司高管是否忠诚地贡献了其实际拥有的全部能力。如此一来，公司高管的经营能力越低，法律对其勤勉义务的要求越低；反之，公司高管的经营能力越高，法律对其勤勉义务的要求越高。从另一角度看，单纯的主观标准考虑到了公司高管间经营能力的差异，并突出了公司高管的诚信义务，因此有其合理的一面。但其不足之处是迁就了庸才，不利于督促公司高管与时俱进、不断提高自己的经营能力与工作水平。

单纯的客观标准将公司高管个人的实际知识、经验或资格弃之一隅，仅关注法律假定的一个处于相同或类似位置的普通谨慎之人在相同或类似环境下所应尽到的注意程度。该标准无疑加重了庸才高管的勤勉义务；同时，由于该标准实质上采取了企业家市场中高管经营水平的平均值，因而对于大多数公司高管来说也较为公平。美中不足之处在于，当某公司高管实际拥有的知识、经验或资格高于一般高管时，该标准的适用则有可能放纵有过错的公司高管，这对于其知识、经验或资格低于一般公司高管的其他公司高管来说，未免有失公平。

鉴于单纯的主观标准与单纯的客观标准均有缺憾，笔者主张，判断公司高管勤勉义务的履行状况，应当以普通谨慎的公司高管在同类公司、同类职务、同类相关情形中所应具有的注意、知识和经验程度作为衡量标准；若有证据表明某公司高管的知识、经验和资格明显高于此种标准的证明时，应当以该公司高管是否诚实地贡献出了他（她）实际拥有的全部能力作为衡量标准。只有如此，才能剔除单纯的主观标准与单纯的客观标准所蕴含的缺陷，并把二者的合理内核有机地结合起来。

此种衡量标准在司法实践中仍有赖于法官在遵守法定标准的前提下,对于个案中的具体事实(如普通谨慎公司高管的设定、公司的目的、经营范围、公司治理结构、业务执行方法、公司高管的健康状况、市场风险程度等各种相关情形)进行广泛斟酌和自由裁量。根据勤勉义务的要求,公司高管应当在法律、公司章程允许的公司目的范围之内和其应有的权限内行事;应当出席公司的相关会议,应当熟悉公司会计提供的财务会计报表和律师提供的法律咨询;在发现公司聘任的雇员不胜任时,应当及时建议公司将其解聘;对公司董事会决议的事项有异议的董事应当将其异议记入公司董事会会议记录;当其不能履行勤勉义务时,应当及时辞任。

八、公司高管的问责机制

(一) 公司对失信公司高管的归入权与损害赔偿请求权

公司高管若违反了对公司所负的诚信义务,则应对公司承担相应的民事责任。从公司角度而言,公司对失信公司高管享有归入权与损害赔偿请求权。

就归入权而言,《公司法》第148条第2款规定要求董事、高级管理人员的失信所得收入归公司所有。可见,只要公司高管违反了对公司的忠实义务,其取得的不法财产(包括自己直接取得的公司财产,也包括自己从第三人取得的回扣或报酬)无论金额高低,均推定为公司所有财产。公司对失信公司高管取得的财产所享有的权利即为归入权。公司对失信公司高管取得财产的归入权仅适用于公司高管违反忠实义务的场合,而不适用于公司高管违反勤勉义务的场合。

公司的归入权既有《公司法》第148条第2款为特别法律依据,也有《信托法》第26条的支撑。该条规定:"受托人除依照本法规定取得报酬外,不得利用信托财产为自己谋取利益。受托人违反前款规定,利用信托财产为自己谋取利益的,所得利益归入信托财产。"在公司与公司高管的法律关系中,公司高管立于受托人的地位,而公司立于委托人与受益人的地位。因此,运用该条解释公司对其失信高管的归入权也名正言顺。

公司除对失信高管享有归入权外,还享有损害赔偿请求权。《公司法》第149条规定:"董事、监事、高级管理人员执行公司职务时违反法律、行政法规或者公司章程的规定,给公司造成损失的,应当承担赔偿责任。"此类民事赔偿责任究系严格责任原则,抑或过错责任原则,立法者语焉不详。鉴于高管对公司承担赔偿责任的前提是"执行公司职务时违反法律、法规或公司章程的规定",鉴于违反忠实义务和勤勉义务的行为都存在故意或过失,在追究公司高管的民事赔偿责任时应当坚持过错责任原则。

公司的损害赔偿请求权与归入权并行不悖。若甲公司董事长钱某篡夺公司商业机会,并攫取交易利润100万元人民币,则甲公司对于钱某的100万元人民币不法所得享有归入权。若贪心不足的钱某在篡夺公司商业机会时故意向公司长期客户丙公司提供假冒伪劣产品,结果导致丙公司的消费者遭受人身与财产双重损害,进而导致丙公司断绝了与甲公司的战略合作伙伴关系,并撤销了后续的5000万元订单。若后续订单的利润可达500万元人民币,则甲公司除了追索钱某囊中的100万元不法所得外,还可要求钱某赔偿损失500万元人民币。

(二) 追究失信高管民事责任的法律程序

高管责任追究直接关系着公司的切身利益,也间接影响到广大股东的合法权益。若公司高管拒绝或怠于向公司承担责任，公司可直接对该公司高管提起诉讼。若公司拒绝或怠于通过诉讼追究公司高管责任，具备法定资格的股东还可依《公司法》第151条，对失信高管提起代表诉讼。

当公司高管实施公司经营范围外的活动或其他违反法律和章程的行为，致使公司有发生损害之虞时，具备法定资格的股东还可行使违法行为停止请求权。股东代表诉讼的主要功能表现为事后救济，而违法行为停止请求权的主要功能则表现为事前预防。股东还可通过行使表决权、申请政府主管部门开展行政调查、在新闻媒体上予以揭露真相等途径维护公司和全体股东的合法权益。若股东仍无力追诉高管对公司的责任，可将其所持股权转让出去。若上市公司的多数股东因无力追究公司高管责任而纷纷抛售股票，势必会形成对高管的无形压力，从而迫使公司追究失信高管的责任或提请公权力机关启动调查程序。

董事、高级管理人员违反法律、法规或公司章程的规定，损害股东利益的，股东可向法院提起诉讼（《公司法》第152条）。此类诉讼属于直接诉讼的范畴，不同于股东代表诉讼。主要区别在于，直接诉讼的目的是维护股东自身利益，而股东代表诉讼的目的是维护公司和全体股东利益；直接诉讼的请求权基础在于股东对董事、高级管理人员的损害赔偿请求权，而股东代表诉讼的请求权基础在于公司对其董事、高级管理人员的损害赔偿请求权。

公司除依法追究公司高管的民事责任外，还可依法将其解任。对于情节严重、构成犯罪的，还可向司法机关进行举报，依法追究其刑事责任。

九、经营判断规则

经营判断规则（business judgment rule）是美国法院发展出来的、免除董事就合理经营失误承担责任的一项法律制度。美国法学会《公司治理原则》第4.01条第3项将经营判断规则表述为："若作出经营判断的董事或经理符合下述3项条件，就应认为其诚实地履行了本节规定的义务：(1)该当事人与所作经营判断的内容没有利害关系；(2)该当事人有正当理由相信其在当时情形下掌握的有关经营判断信息充分、妥当、可靠；(3)该当事人有理由认为他的经营判断符合公司最佳利益。"

经营判断规则符合公司经营业务的复杂性、商业决策的自身特点以及董事会的运作特点。董事会审议事项芜杂，无法就每一问题进行长时间深入细致的研究和讨论，更无暇就经营层提请董事会审议之外的其他众多事宜主动进行经营判断。该规则的实质是"不以成败论英雄"，因而有利于鼓励董事在公司经营中大胆创新，更好地为公司与股东们创造价值。建议法院和仲裁机构在强调公司高管勤勉尽责的同时，导入经营判断规则。

十、公司高管的激励机制

治水的良策不仅在于堵截，更在于疏导。公司是商人，股东是商人，公司高管更是商人。公司高管既然是商人，就具有逐利性，就有权对其为公司经营管理提供的服务获得公平报偿。因此，下一次公司法改革时立法者应当在制度设计上确认公司高管的营利性，并大力引进股票期权、董事经理责任保险、经营判断规则、年薪制等利益激励措施。

合理而丰厚的薪酬体系有利于调动公司高管勤勉经营的积极性、主动性与创造性。不仅适用于民营企业，也适用于国家控股和国有独资的公司。成功的薪酬体系离不开三大机制：竞聘上岗、职责明确、考核公正。竞聘上岗，是指享受年薪制的公司高管应当通过公开、公平、公正的竞争程序角逐自己的工作岗位。若公司高管凭借暗箱操作窃居公司要职,则有悖激励机制的初衷。职责明确,是指公司高管的职责应当清晰、明确,不允许公司高管浑水摸鱼,随意开脱责任。考核公正,是指高管的经营管理业绩应当按照既定的考核方法予以评估确定。

公司高管的薪酬水准不能太高,也不能太低。在计划经济体制下,企业高管的收入过少,历来为人诟病。近年来,公司高管尤其是上市公司高管年薪动辄上千万元人民币甚至数千万元人民币,引起社会上的强烈不满。公平合理的薪酬水准既要体现高管对公司的贡献,又要兼顾公司其他管理人员甚至一线员工的收入水准,更要关注股东获取的股利水准。因为,创造公司财富的源动力既有人力资本,也有金融资本。就人力资本而言,除了董监高以外,中层管理人员和基层员工也在兢兢业业地创造财富。高管的薪酬可以适度高于中层管理人员和基层员工,但不宜过于悬殊,相差几十倍、上百倍。就金融资本而言,作为剩余索取权人的股东应当是高管的委托人和"主人"。只有在股东获取丰厚的真金白银股利时,公司高管才能获取自己作为"仆人"的合理薪酬。若股东颗粒无收或者仅获得了精神股利(鼓励),则公司高管缺乏坐收高薪的合法性。因此,公司高管在取得天价薪酬时必须在意中层管理人员和基层员工的感受,在意股东们的感受,在意社会公众的感受。在我国收入悬殊现象日益严重的今天,有良知的理性高管应当采取谦恭的薪酬观。

股票期权(stock option)被誉为激励公司高管努力经营的"金手铐"。根据公司与其高管之间的股票期权合同,只要公司经营业绩提升,公司高管就可按约定价格购买约定的本公司股票若干。若公司经营失败、公司股权价值下跌,则公司高管再按约定价格购买约定的本公司股票若干,无异于遭受灭顶之灾。因此,公司经营越好,公司高管的获利空间越大;公司经营越差,公司高管的损失金额越高。为摘掉、变现"金手铐",公司高管也会"不用扬鞭自奋蹄"。

为鼓励善意、勤勉、谨慎的公司高管积极进取,公司可以为其董事购买高管责任保险。高管责任保险一举两得:一则有利于减轻公司高管的赔偿责任;二则有利于运用责任保险市场准确甄别并及时淘汰滥竽充数的公司高管。

第八节 独立董事制度

独立董事制度对于维护中小股东权益、完善公司治理,具有重要意义。《公司法》第122条要求"上市公司设立独立董事,具体办法由国务院规定"。上市公司必须设立独立董事,非上市公司包括有限责任公司也可自愿设立独立董事。可见,独立董事制度是我国上市公司治理制度中的重要内容。

一、独立董事制度的概念和起源

"独立董事"一词源于美国的"independent directors",在英国被称为非执行董事(non-executive directors)。独立董事不兼任公司高管职务,属外部董事范畴;又不与公司存在实质利害关系,故不同于关联董事。

美国传统公司治理结构中并不存在独立董事制度。最早引入独立董事制度的联邦公司立法为1940年《投资公司法》。至于投资公司之外的公司,尤其是上市公司的董事会在20

世纪70年代前基本由内部董事控制。偶尔设立的外部董事往往由公司总裁的亲朋好友担任。结果,外部董事往往对公司总裁言听计从,唯唯诺诺。20世纪70年代初的"水门事件"暴露出来的公司丑闻引起美国广大中小投资者对董事会监督职责的怀疑,也促使美国证监会强制要求所有上市公司设立由独立董事组成的审计委员会,以审查财务报告、控制公司内部违法行为。此前,美国证监会已经通过个案协商方式推展独立董事制度。例如,美国证监会在与被处罚上市公司达成的多件调解书中要求违规公司设立独立董事,或将原属内部人把持的重权移交独立董事。此后,纽约证券交易所、全美证券商协会、美国证券交易所也纷纷要求上市公司的董事会多数成员为独立董事。① 美国密歇根州的《公司法》更是率先在各州立法者中间确立了独立董事制度。

在实践中,美国独立董事在董事会结构中的比重日渐增加。在目前上市公司董事会席位中,独立董事席位大约为2/3。② 独立董事的作用亦日益彰显。20世纪90年代,大量经营效益滑坡的公司的总裁被独立董事们掌控的董事会扫地出门。据美国一些学者对266家公司在1970年、1976年和1980年董事会的结构和公司业绩的调查研究,证明公司董事会的独立性与公司业绩存在正比例关系。③ 到了20世纪90年代,更有学者发现强有力证据,认为公司经营绩效与独立董事的独立程度成正比。④

英国非执行董事制度的建立也如火如荼。英国建立独立董事制度的直接导火索是1990年冬、1991年春广大投资者高度怀疑英国公司财务信息披露的真实性以及董事会对公司管理层的有效控制。于是,在1991年5月成立了由凯德博雷(Adrian Cadbury)勋爵为主席、由金融报告理事会、伦敦证券交易所和会计师协会组成的专门委员会,并于1992年底发表了著名的《凯德博雷报告》(全称为《凯德博雷委员会有关公司治理财务方面的报告》)。该《报告》要求每个公司的董事会都要设立具有一定才干和数量的非执行董事,并使其观点得以影响公司的经营决策。《凯德博雷报告》出台后的执行效果较好。就非执行董事数量而言,上市公司和其他公司巨头纷纷设立非执行董事,以至于出现了非执行董事供不应求的局面。⑤

独立董事制度还移植到法国和日本等国,大有蓬勃扩张之势。经济合作与发展组织《公司治理原则》第5条第5项也要求董事会对公司事务作出客观判断时应独立于管理层,并明确要求董事会设立足够数量的非执行董事对有可能产生冲突的事项(如财务报告、提名、高管人员与董事薪酬)作出独立判断。

独立董事制度对于提高公司决策的科学性、效益性、安全性,强化公司竞争力,预防公司内部控制人鱼肉公司和股东利益,强化公司内部民主机制,维护小股东和其他公司利害关系人的利益发挥了积极作用。当然,英美法系的独立董事制度并非完美无瑕。完善独立董事制度也是英美法系面临的重要课题。

---

① 〔美〕R. W. 汉密尔顿:《公司法》(第4版),刘俊海、徐海燕译,中国人民大学出版社2001年版,第341页。
② 同上书,第342页。
③ Barry D. Baysinger & Henry N. Butler, Revolution Versus Evolution in Corporation Law: The ALI's Project and the Independent Director, 52 *Geo. WASH. L. REV.* 562-68(1984).
④ Ira M. Millstein & Paul W. MacAvoy, The Active Board of Directors and Performance of Large Publicly Traded Corporations, 98 *Colum. L. Rev.* 1283, 1299-1315 (1998).
⑤ John Shaw, The Cadbury Report: Two Years Later. See *Comparative Corporate Governance*, Edited by Klaus J. Hopt & Eddy Wymeersch, Watlter de Gruyter & Co. ,1997, pp. 26,31.

二、我国独立董事制度的建立健全

我国上市公司多由国有企业转制而来,流通性不强的国家股、国有法人股控股现象普遍,致使大股东或母公司得以控制董事会和经理层,董事会与经理层互相兼任,重叠程度过高。内部人控制现象,不仅导致公司经营者游离于广大中小股东的监督之外,而且导致公司经营者及大股东肆无忌惮地蚕食上市公司。独立董事制度是根治内部人控制、遏制一股独大(霸)的一剂良药,有利于维护中小股东利益和其他利益相关者利益,充实董事会知识结构,提高董事会决策质量。

1993年《公司法》并未规定独立董事制度。1997年中国证监会发布的《上市公司章程指引》允许上市公司根据需要设立独立董事。国家经贸委与中国证监会1999年联合发布的《关于促进境外上市公司规范运作和深化改革的意见》率先在海外上市公司强制推行独立董事制度,明确要求境外上市公司董事会换届时,外部董事应占董事会人数的1/2以上,并应有2名以上的独立董事。可惜,这一硬性要求只适用于境外上市公司,而不适用于境内上市公司。在总结经验的基础上,中国证监会2001年8月公布了《关于在上市公司建立独立董事制度的指导意见》(以下简称《指导意见》),开始在上市公司全面推行独立董事制度。同年,中国证监会要求基金管理公司建立独立董事制度。2002年1月中国证监会与国家经贸委发布的《上市公司治理准则》更在第3章专节规定独立董事制度。

为突出独立董事制度的强制性色彩、提升独立董事制度的法律效力,《公司法》第122条规定:"上市公司设立独立董事,具体办法由国务院规定。"这意味着,上市公司既要设立监事会,也要设立独立董事。因此,上市公司设立独立董事制度是公司大法的根本要求,而非中国证监会部门规章的要求。为规范和推进上市公司的独立董事制度建设,目前国务院正在依《公司法》授权,积极酝酿出台《上市公司独立董事条例》。

我国独立董事制度正在上市公司与基金管理公司中顺利推展,独立董事作用日趋明显。但由于立法滞后和市场环境、传统文化障碍等配套措施的原因,实践中出现了独立董事花瓶化、荣誉化、顾问化等问题。需要指出的是,世界上只有更好的公司监督机制,没有最完美的公司监督机制。独立董事制度更非万能。没有理由苛求独立董事制度"包治"公司治理"百病"。我们面临的任务是完善、而非压抑和排斥独立董事制度。

三、独立董事制度与监事会的关系

独立董事制度最早发端于美国。但美国与英国公司法均确立单层制的公司治理结构。换言之,公司机关中仅有股东大会和董事会,无监事会之设。独立董事实际上行使了双层制中监事会的职能。而在德国、荷兰等国公司法确定的双层制下,公司由董事会负责经营管理,但要接受监事会的监督,董事也由监事会任命。双层制与单层制的共同点在于,实现经营职能与监督职能的分开。若说单层制在董事会内部实行了独立董事监督职能与内部董事经营的分开,双层制则在董事会外部另设上位机构行使监督之责。

美国建立独立董事制度的初衷在于,彻底转变除了股东大会和股东代表诉讼无人挑战董事会权威的局面,在董事会内部强行嵌入监督机制。若说德国的监事会是董事会的外在监督机制,美国的独立董事则是董事会的内在监督机制。结构虽有不同,功能却无二致。换言之,美国承认公司法上传统的董事会作为一元化的公司经营机关存在着制度设计上的瑕疵。美国公司法上若存在监事会制度，还其是否还要建立独立董事制度，还是未解之谜。

我国《公司法》确定了股东大会、董事会、监事会和经理构成的公司治理结构。看似双层制，实与双层制不同。原因在于，监事会与董事会均为平行的公司机关，同时对股东大会负责；监事会既不握有重大决策权，也无董事任免权。当然，监事会还是被赋予了法定的监督之责。依《公司法》的规定，在上市公司与基金管理公司存在着独立董事与监事会并存的现象。如何确保二者间的各司其职与通力合作，避免二者不必要的权力斗争，是确保公司效率和股东利益的重要问题。

监事会与独立董事作为公司机关或公司机关的组成人员，不应存在凌驾于公司和股东利益之上的特别利益，均对公司和全体股东利益负责，两者在公司治理结构中不应存在本质性利害冲突。独立董事与监事会在职权范围上既存在交叉与重叠，也存在不少差异。

首先，监督对象不同。独立董事的监督对象包括公司内部人（包括董事和经理层）和控制股东，而监事会监督对象包括独立董事在内的全体董事（含董事长）、董事会秘书、经理、财务总监等高管人员。

其次，监督职权不同。法律和行政规章明确赋予监事会的职权只能归属监事会，独立董事不得行使；反之亦然。监事会应当围绕公司经营的合法性、妥当性对董事（含独立董事）和经理行使《公司法》规定的监督职责。独立董事的主要权限应当限定于《公司法》载明的董事会职权中的关键部分，如向董事会提议聘用或解聘会计师事务所；向董事会提请召开临时股东大会，提议召开董事会；聘请独立财务顾问，从而对董事会提交股东大会讨论的事项出具独立财务顾问报告。因此，只要独立董事在《公司法》规定的董事会权限范围内运作，不侵占监事会的权限范围，就不会存在独立董事与监事会职权冲突的问题。

最后，若独立董事与监事会监督意见相左，均应向股东大会据实披露，由股东大会最后定夺；小股东若认为股东大会决议存在瑕疵，可向法院提起股东大会决议撤销之诉或无效确认之诉。

要从根本上避免独立董事与监事会制度叠床架屋，减少监督资源的不必要浪费（如独立董事与监事的薪酬、重复聘请中介机构的费用），应从制度上革除当前独立董事与监事会并存的格局，授权公司自由选择独立董事制度或监事会制度。

四、独立董事与外部董事的构成比例

独立董事的能力和品德不管如何优秀，毕竟孤掌难鸣。单个或少数独立董事很难在董事会中产生支配性影响。美国独立董事制度有效的主要原因在于独立董事在董事会中占据优势地位。我国《公司法》亦未触及独立董事的最低比例。中国证监会《指导意见》要求上市公司在2002年6月30日前，董事会成员中应当至少包括2名独立董事；在2003年6月30日前董事会成员中应当至少包括1/3独立董事。鉴于我国独立董事既要监督与制衡内部控制人，也要监督与制衡控制股东，为使独立董事的声音不被内部董事和关联董事吞没，独立董事应在董事会中占据多数席位。

五、独立董事的资格保障

个体独立董事资格之优劣关系到整个独立董事制度能否发挥其应有作用。大体而言，独立董事既应具备普通董事的任职资格，也应具备其他特殊资格（包括利害关系上的独立性和超脱性以及过硬的业务能力)。

独立性是独立董事的价值所在,也是独立董事有别于内部董事与外部关联董事的关键所在。独立董事的权利与利益均以其独立性为前提。与公司和大股东存在千丝万缕利害关系的人士虽可担任内部董事或外部关联董事,但不得担任独立董事。根据中国证监会《指导意见》第3点规定,下列人员不得担任独立董事:(1) 在上市公司或其附属企业任职的人员及其直系亲属、主要社会关系(直系亲属是指配偶、父母、子女等;主要社会关系是指兄弟姐妹、岳父母、儿媳女婿、兄弟姐妹的配偶、配偶的兄弟姐妹等);(2) 直接或间接持有上市公司已发行股份1%以上或是上市公司前10名股东中的自然人股东及其直系亲属;(3) 在直接或间接持有上市公司已发行股份5%以上的股东单位或在上市公司前5名股东单位任职的人员及其直系亲属;(4) 最近一年内曾经具有前三项所列举情形的人员;(5) 为上市公司或其附属企业提供财务、法律、咨询等服务的人员;(6) 章程规定的其他人员;(7) 中国证监会认定的其他人员。

《上市公司治理准则》第34条禁止独立董事在上市公司兼任除董事会专门委员会委员外的其他职务;第35条禁止独立董事与其所受聘上市公司及其主要股东存在可能妨碍其进行独立客观判断的关系;第36条第2款要求独立董事独立履行职责,不受上市公司主要股东、实际控制人以及其他与上市公司存在利害关系的组织或者个人影响,并敦促上市公司保障独立董事依法履职。

独立董事还应具备足以与非独立董事相匹配,甚至更强的业务能力,包括担任独立董事所必需的专业知识和工作经验。这种专业知识和工作经验囊括企业管理、法律、财务、工程技术和其他专业技术。证监会《指导意见》要求独立董事具备与其行使职权相适应的任职条件。担任独立董事应当符合下列基本条件:(1) 根据法律、法规及其他有关规定,具备担任上市公司董事的资格;(2) 具有本《指导意见》所要求的独立性;(3) 具备上市公司运作的基本知识,熟悉相关法律、法规、规章及规则;(4) 具有5年以上法律、经济或其他履行独立董事职责所必需的工作经验;(5) 章程规定的其他条件。

从知识结构上看,独立董事集体的专业知识应当搭配合理,不宜高度重叠,且能囊括公司管理、财务、法律、营销等内容。独立董事不宜全部由法学家担任,也不宜全部由经济学家或任何一类专业人士担任。鉴于上市公司独立董事的业务素质事关千万投资者切身利益,立法者有必要干预独立董事的业务知识结构,对于业务知识构成规定一个硬性比例。

六、独立董事的特别职权

为充分发挥独立董事作用,独立董事除享有公司法和其他法律法规赋予董事的一般职权外,还依照法律法规和公司章程针对相关事项享有特别职权。

《指导意见》要求上市公司赋予独立董事以下特别职权:(1) 重大关联交易(指上市公司拟与关联人达成的总额高于300万元或高于上市公司最近经审计净资产值的5%的关联交易)应由独立董事认可后,提交董事会讨论;独立董事作出判断前,可以聘请中介机构出具独立财务顾问报告,作为其判断依据;(2) 向董事会提议聘用或解聘会计师事务所;(3) 向董事会提请召开临时股东大会;(4) 会议召开董事会;(5) 独立聘请外部审计机构和咨询机构;(6) 可以在股东大会召开前公开向股东征集投票权。但上述权利不属于单个独立董事的权利,而以取得全体独立董事的1/2以上同意为前提。如上述提议未被采纳或上述职权不能正常行使，上市公司应将有关情况予以披露。若上市公司董事会下设薪酬、审计、提名等委员会的，独立董事应当在委员会成员中占有 1/2 以上的比例。

独立董事除履行上述职责外，还有权依《指导意见》第 6 点对以下事项向董事会或股东大会发表独立意见：(1) 提名、任免董事；(2) 聘任或解聘高级管理人员；(3) 公司董事、高级管理人员的薪酬；(4) 上市公司的股东、实际控制人及其关联企业对上市公司现有或新发生的总额高于 300 万元或高于上市公司最近经审计净资产值的 5% 的借款或其他资金往来，以及公司是否采取有效措施回收欠款；(5) 独立董事认为可能损害中小股东权益的事项；(6) 章程规定的其他事项。独立董事应当就上述事项发表以下几类意见之一：同意；保留意见及其理由；反对意见及其理由；无法发表意见及其障碍。如有关事项属于需要披露的事项，上市公司应当将独立董事的意见予以公告，独立董事出现意见分歧无法达成一致时，董事会应将各独立董事的意见分别披露。

七、独立董事的工作条件

为保证独立董事有效行使职权，《指导意见》要求上市公司为独立董事提供必要的条件。

(1) 上市公司应当保证独立董事享有与其他董事同等的知情权。凡须经董事会决策的事项，上市公司必须按法定的时间提前通知独立董事并同时提供足够的资料，独立董事认为资料不充分的，可以要求补充。当 2 名或 2 名以上独立董事认为资料不充分或论证不明确时，可联名书面向董事会提出延期召开董事会会议或延期审议该事项，董事会应予以采纳。上市公司向独立董事提供的资料，上市公司及独立董事本人应当至少保存 5 年。

(2) 上市公司应提供独立董事履行职责所必需的工作条件。上市公司董事会秘书应积极为独立董事履行职责提供协助，如介绍情况、提供材料等。独立董事发表的独立意见、提案及书面说明应当公告的，董事会秘书应及时到证券交易所办理公告事宜。

(3) 独立董事行使职权时，上市公司有关人员应当积极配合，不得拒绝、阻碍或隐瞒，不得干预其独立行使职权。

(4) 独立董事聘请中介机构的费用及其他行使职权时所需的费用由上市公司承担。

(5) 上市公司应当给予独立董事适当的津贴。津贴的标准应当由董事会制订预案，股东大会审议通过，并在公司年报中进行披露。除上述津贴外，独立董事不应从该上市公司及其主要股东或有利害关系的机构和人员取得额外的、未予披露的其他利益。

(6) 上市公司可以建立必要的独立董事责任保险制度，以降低独立董事正常履行职责可能引致的风险。

八、独立董事的任免

(一) 独立董事的任命

上市公司董事会、监事会、单独或合并持有上市公司已发行股份 1% 以上的股东可以提出独立董事候选人，并经股东大会选举决定。独立董事的提名人在提名前应当征得被提名人的同意。提名人应当充分了解被提名人的职业、学历、职称、详细的工作经历、全部兼职等情况，并对其担任独立董事的资格和独立性发表意见，被提名人应当就其本人与上市公司之间不存在任何影响其独立客观判断的关系发表公开声明。例如，证券类上市公司的被提名人要声明并保证自己在担任上市公司独立董事期间不存在任何影响本人独立性的关系。

在选举独立董事的股东大会召开前,上市公司董事会应当按照规定公布上述内容,并将所有被提名人的有关材料同时报送中国证监会、公司所在地中国证监会派出机构和公司股票挂牌交易的证券交易所。上市公司董事会对被提名人的有关情况有异议的,应同时报送董事会的书面意见。中国证监会在15个工作日内对独立董事的任职资格和独立性进行审核。独立性被中国证监会持有异议的被提名人,可作为公司董事候选人,但不作为独立董事候选人。在召开股东大会选举独立董事时,上市公司董事会应对独立董事候选人是否被中国证监会提出异议的情况进行说明。

(二)独立董事的任期

独立董事每届任期与该上市公司其他董事任期相同,任期届满,连选可以连任,但是连任时间不得超过6年。

(三)独立董事的罢免

独立董事连续3次未亲自出席董事会会议的,由董事会提请股东大会予以撤换。除出现上述情况及《公司法》规定的不得担任董事的情形外,独立董事任期届满前不得无故被免职。提前免职的,上市公司应将其作为特别披露事项予以披露,被免职的独立董事认为公司的免职理由不当的,可作出公开声明。

(四)独立董事的辞职

独立董事在任期届满前可以提出辞职。独立董事辞职应向董事会提交书面辞职报告,对任何与其辞职有关或其认为有必要引起公司股东和债权人注意的情况进行说明。如因独立董事辞职导致公司董事会中独立董事所占的比例低于《指导意见》规定的最低要求时,该独立董事的辞职报告应当在下任独立董事填补其缺额后生效。

九、独立董事的问责机制

独立董事固然有独立性,但不是断线风筝,必须对公司与股东利益负责,并关怀其他利害关系人的利益。中国证监会《指导意见》要求独立董事对上市公司及全体股东负有诚信与勤勉义务。独立董事应认真履行职责,维护公司整体利益,尤其要关注中小股东的合法权益不受损害。《上市公司治理准则》第37条要求独立董事依法履行董事义务,充分了解公司经营运作情况和董事会议题内容,维护上市公司和全体股东的利益,尤其关注中小股东的合法权益保护;独立董事应当按年度向股东大会报告工作;上市公司股东间或者董事间发生冲突、对公司经营管理造成重大影响的,独立董事应当主动履行职责,维护上市公司整体利益。

独立董事与非独立董事一样,对公司和全体股东负有诚信义务(含忠实义务与勤勉义务)。独立董事对于公司和全体股东负有忠实义务。违反忠实义务的,要对公司甚至股东承担民事赔偿责任。在衡量独立董事与非独立董事是否违反忠实义务的时候,不应适用不同标准。独立董事的独立性不是独立董事逃避责任的护身符。

独立董事也要严格履行勤勉义务。而判断独立董事是否履行注意义务的标准是,以普通谨慎的独立董事在同类公司、同类职务、同类相关情形中所应具有的注意、知识和经验程度作为衡量标准;但若某独立董事的知识经验和资格明显高于此种客观标准,应以该董事是否诚实地贡献了他实际拥有的全部能力作为衡量标准。独立董事客观上投入公司的时间有限,且不在公司担任其他职务。这一事实可能构成法院在个案中判断独立董事是否免责或减责的正当理由。换言之,内部董事既是公司董事、又是公司高级雇员,理应承担比独立董事更重的勤勉义务。为帮助法院准确衡量独立董事是否违反勤勉义务,独立董事协会可制定自律性的《独立董事最佳行为准则》。若独立董事自觉无力履行勤勉义务,与其到头来承担违反勤勉义务的责任,不如拒绝担任公司高管为妥。

投入与独立董事职务相匹配的足够精力与时间是独立董事的义务。同时兼任多家公司独立董事者,应在每家公司投入足够精力与时间履行董事义务。为预防独立董事兼任数量过多导致的法律问题,《指导意见》指出,"独立董事原则上最多在5家上市公司兼任独立董事,并确保有足够的时间和精力有效地履行独立董事的职责"。

在司法实践中导入经营判断规则有利于减轻或免除善意、勤勉、谨慎的独立董事的赔偿责任,鼓励其积极进取精神。独立董事可购买董事责任保险,以减轻赔偿责任,公司也可提供部分保险费补贴。责任保险市场有助于准确甄别并及时淘汰滥竽充数的独立董事。

十、独立董事的利益激励机制

独立董事在利益驱动不足的情况下容易滋生懈怠心理,很难全身心投入公司的经营管理。调动独立董事为公司经营献计献力的动力源仅仅由良心和菩萨心肠提供是不够的。独立董事违反对公司的忠实义务和勤勉义务,要承担责任。独立董事分文不取,既不符合按劳取酬的分配原则、权利与义务相一致的理念,更难以获得独立承担民事赔偿责任的经济能力。在实践中,声称自己从某上市公司未领分文的某独立董事陆某被中国证监会罚款后,不少独立董事应声辞职。这一现象值得深思。

美国20世纪初的独立董事报酬也很微薄。随着独立董事群体的壮大,独立董事的报酬已有明显提高。据柏格特、凯里与艾尔森对1724家美国公司的统计,每位董事的平均年薪由1992年的1.63万美元上升到1996年的1.83万美元;大公司董事的平均年薪由1992年的2.37万美元上升到1996年的2.67万美元。78%的被调查公司还向董事们提供出席董事会及其委员会会议的津贴。董事每次参会的平均津贴由1992年的700美元上升到1996年的900美元;在此期间,大公司董事每次参会的津贴稳定在1000美元左右;在此期间,被调查公司平均每年举行董事会会议7.2次(大公司平均8.1次,小公司6.5次)。[1] 这些统计数字是针对董事群体的,而不限于独立董事。但由于独立董事是董事中的主体部分,上述统计数字对研究独立董事的薪酬也有一定助益。许多公司为吸引独立董事,还推出股权和股票期权激励机制。有些公司向独立董事提供退休养老福利计划。尽管许多股东权保护团体抱怨独立董事福利过于丰厚,但不少公司认为这对于提升独立董事素质具有积极作用。

根据中国证监会《指导意见》第7点第5项规定,上市公司应当给予独立董事适当的津贴;津贴标准由董事会制订预案,股东大会审议通过,并在公司年报中披露。如何确定独立董事报酬是个令人棘手的问题。由于各地经济发达程度不同,各公司独立董事薪酬也有较大区别。[2]《公司法》可规定独立董事薪酬结构(包括固定现金年薪、股份薪酬与股份期权),也可授权公司章程酌定。但立法必须确保独立董事不能成为类似于内部董事的利益中人。至于独立董事薪酬的具体数额,立法者无权干预,应委诸独立董事市场确定。

---

[1] Sanjai Bhagat, Dennis C. Carey & Charles M. Elson, Director Ownership, Corporate Performance, and Management Turnover, 54 *Bus. Law*, 885 (1999).

[2] 李东平:《三大问题困扰独董制度实践》,载《证券时报》2003年3月23日。

独立董事可否持有任职公司股份？美国学者柏格特与布莱克的研究成果表明，独立董事持有本公司的股份越多，公司的经营绩效越高；他们建议美国公司的独立董事获得更多的激励。[①] 但立法者也面临两难问题：禁止独立董事持股时，立法者担心其缺乏参与公司治理的积极性、主动性与创造性；允许独立董事持股时，立法者又担心其丧失独立性。关键是控制独立董事的持股上限。依我国证监会《指导意见》第3条第2项，直接或间接持有上市公司已发行股份1%以上或是上市公司前10名股东中的自然人股东及其直系亲属不得担任独立董事。依反对解释，只要独立董事的持股比例不超过1%，或尚未达到上市公司前10名股东的程度，就不构成公司的大股东，自然具有担任独立董事的资格。因此，独立董事可有限度地持有任职公司股份。

十一、独立董事的角色定位

独立董事要恪尽职责，既要发挥参与决策的职责，也要发挥监督职责，还要发挥顾问和咨询职责。在监督者与顾问之间，前者是第一位的，后者是第二位的。作为监督者，独立董事有义务确保公司经营行为合乎法律、法规和公司章程的规定；作为顾问，独立董事应为提升公司业绩献计献策。前一角色使内部董事和其他高管人员对独立董事心存敬畏，后一角色使内部董事和其他高管人员满怀感激。因此，监督者与顾问角色之间并不必然发生矛盾。独立董事不应只满足于监督角色，公司有理由期待独立董事的专业知识和经验为公司创造财富；独立董事也不应只满足于顾问角色，因为公司完全可以聘用各类一流顾问，顾问角色并非我国引进独立董事制度的初衷。

独立董事制度是新生事物。独立董事与其他董事共谋公司大业必然存在磨合期。面对非独立董事的冷待、排挤和封杀，独立董事要挺起腰杆，凭着高尚人格与过硬素质履行职责。独立董事被内部人收买，或对内部人侵害公司和股东利益的行为充耳不闻、随波逐流的，要对公司和股东承担民事责任。为确保独立董事对全体股东利益负责，《公司法》应确认独立董事对广大股东的报告和说明义务，打通独立董事与广大股东间的信息沟通渠道。

第九节 瑕疵公司决议的司法救济机制

一、公司决议瑕疵及其救济类型

公司决策的科学性与民主性是公司良治之魂。《公司法》规定了公司民主决策机制。其中，公司宏观决策由股东会负责，微观决策由管理层负责，中观决策由董事会负责。股东会和董事会作为公司治理机构，均通过召开会议、民主审议的方式作出决策。从法理上看，真实合法有效的公司决议（包括股东会决议与董事会决议）必须遵循程序严谨、内容合法的基本要求。

但在实践中，有些公司决议程序有名无实甚至走过场，公司决议由控制股东或实际控制人独家炮制。有些公司为欺诈监管者、股东、债权人与其他利益相关者，竟敢无中生有地炮

[①] Sanjai Bhagat & Bernard Black, The Uncertain Relationship Between Board Composition and Firm Performance, 54 *Bus. Law*, 921 (1999).

制出根本不存在的公司决议。有些会议从召集到表决都有程序瑕疵,有些决议内容严重违反法律法规及章程。上市公司的决议效力之争(如 2016 年 6 月万科公司董事会决议引发的效力之争)还容易演变为资本市场与经济生活中的新闻焦点。因此,《公司法解释(四)》的首要任务就是为决议效力瑕疵提供司法救济,倒逼公司决策的民主性、严谨性与合法性,实现公司治理的有效性。

笔者历来主张公司决议凝聚了公司意志,代表着公司意思表示,属于民事法律行为范畴,瑕疵决议必须纳入司法审查范围。但反对者认为,召开会议并作出决议,是公司意志的形成过程,而非公司的意思表示,因此不属于民事法律行为,不存在是否成立的问题。《民法典》第 134 条一锤定音地将法人决议视为民事法律行为之一种:"民事法律行为可以基于双方或者多方的意思表示一致成立,也可以基于单方的意思表示成立。法人、非法人组织依照法律或者章程规定的议事方式和表决程序作出决议的,该决议行为成立。"该法第 85 条还指明了瑕疵决议救济之道:"营利法人的权力机构、执行机构作出决议的会议召集程序、表决方式违反法律、行政法规、法人章程,或者决议内容违反法人章程的,营利法人的出资人可以请求人民法院撤销该决议。但是,营利法人依据该决议与善意相对人形成的民事法律关系不受影响。"

《公司法解释(四)》起草者表示,"《民法总则》明确将包括公司在内的法人的决议行为,规定在民事法律行为制度中,对此《解释》应当严格贯彻"。[①] 这就彻底否定了阻碍瑕疵公司决议接受司法审查的错误观点,给公司决议性质学术之争画上句号。

公司决议一旦有效作出,就被拟制为公司的意思,对公司全体股东、经营者乃至未来加入公司的股东具有拘束力。但公司决议出现瑕疵并非罕见。公司决议瑕疵有广、狭二义。狭义的瑕疵仅指决议内容的瑕疵;广义的瑕疵既包括决议内容的瑕疵,也包括决议程序的瑕疵。公司决议瑕疵事关全体股东切身利益。法律既不能坐视损害股东大会民主、损害公司和股东利益的瑕疵而不问,也不能容忍当事人不分瑕疵之轻重随意随时发起推翻公司决议效力的"地雷"战。法律允许股东就有瑕疵的公司决议分别提起决议撤销之诉和决议无效确认之诉,旨在借助司法权力舒缓公平与效率在股东大会领域的紧张对峙。

《公司法》第 22 条则严格区分了公司决议的不同瑕疵,并在此基础上分别规定了不同的救济措施:公司决议内容违反法律、法规的无效;股东会会议召集程序、表决方式违反法律、法规或公司章程,或决议内容违反公司章程的,股东可自决议作出之日起 60 日内,请求法院撤销。因此,控制股东滥用资本多数作出的股东会决议以及操纵董事会成员作出的董事会决议的效力大打折扣。

二、决议瑕疵之诉的不同原告

正是由于决议无效和不成立的瑕疵较重、危害较重,《公司法解释(四)》拓宽了原告范围,既包括股东,也包括董事、监事等。笔者认为,此处的"等"仅限于与本案有利害关系的其他自然人、法人或者其他组织。银行债权人在债务人公司违反借款合同之约定而继续举债或者为他人提供担保时,可对相关公司决议提起无效确认之诉。当涉及公司改制或者并购

[①] 《最高法举行适用公司法若干问题的规定〈解释〉发布会》,国务院新闻办网站:http://www.scio.gov.cn/xwfbh/qyxwfbh/Document/1562030/1562030.htm,2020 年 5 月 1 日访问。

的决议损害职工利益时,职工亦应对该瑕疵决议享有诉权。

而决议撤销之诉的原告,仍仅限于股东,而且是在起诉时保有股东资格的股东。根据《公司法》第22条第2款,会议召集程序、表决方式违反法律法规或章程,或决议内容违反章程的,股东只能自决议作出之日起60日内请求法院撤销。现实中有些公司故意把有程序瑕疵的决议锁进保险柜,等待决议作出之日起60日后再拿出来晓谕全体股东,即使股东愿意起诉,也超越了除斥期间。可见,从决议作出之日这一时点起算除斥期间,存在被恶意滥用的立法漏洞,《公司法解释(四)》亦未能弥补。建议将60日除斥期间"自决议作出之日起算"改为"自原告股东实际知道或应当知道决议作出之日起算",时点起算的选择权应按"孰晚原则"交给原告。

三、公司决议无效确认之诉

(一) 立法规定

依《公司法》第22条第1款规定,凡是内容违反法律、法规的公司股东会或董事会决议均属无效。"法律、法规"应运用限缩解释方法将其解释为强制性规定。为确保公司决议的稳定性与公信力,公司决议的无效确认应当以诉讼为之。

(二) 诉讼的性质

违反强行性法律规定的公司决议,本来就属当然无效,无需以何种特别手段予以消除,股东提起决议无效确认之诉,只是通过法院判决宣布该无效决议为无效。

(三) 内容瑕疵的范例

由于法律、法规中的强制性规定往往是清晰的,因此法院在判断某一公司决议内容是否存在法律瑕疵时容易做到一目了然。例如,某公司的决议责令全体股东按其各自持股比例增资扩股,或为公司举债提供担保,否则公司有权开除拒绝或怠于增资扩股或为公司举债提供担保的股东的资格。该决议就属于无效决议。这乃因,增资扩股,或为公司举债提供担保,与其说是股东的义务,不如说是股东的权利。再如,若某公司董事会决议开除某董事的资格,该决议也属无效。因为,董事由股东会而非董事会任免。

(四) 公司决议无效的法律后果

公司决议无效,意味着公司决议自始、确定、当然、绝对不发生法律效力。"自始"无效意味着,公司决议自其作出时开始就不发生表决力占优势地位的股东或董事欲发生的效力。"确定"无效意味着,公司决议不仅自其作出时不生效,而且日后也无生效之可能。"当然"无效意味着,无效公司决议无须任何人主张,理所当然不生效力,而且任何人均可主张其无效。"绝对"无效则是对前述三个含义的强调而已。

罗马法有谚:"有效之部分,不因无效之部分,而受影响(Utile per inutile non vitatur)。"公司决议全部内容无效的,整个决议当然无效。若决议各项内容不具有可分性,则部分决议事项无效导致整个决议当然无效;若决议各项内容具有可分性,则部分决议事项无效并不必然导致决议中的其他事项无效。换言之,除去无效决议事项,公司决议亦可成立的,则其他决议事项仍为有效。

公司决议无效不仅意味着不发生表决力占优势地位的股东欲实现的法律效果,而且意味着有可能发生其他连带或附带的相反法律效果。例如,当控制股东通过股东会决议侵占公司财产时,将发生公司(可借由股东代表诉讼实现)对控制股东的侵权行为损害赔偿请求权,以及所有物返还请求权;股东根据无效股东会决议分取不应分取的股利时,公司对分取股利之股东享有不当得利请求权等;控制股东通过股东会决议开除股东资格时,被开除股东资格的股东享有股东资格恢复请求权等,均属此类。

由于内容违法的公司决议自始、确定、当然、绝对无效,任何利害关系人(包括股东、董事、监事)都有权请求法院确认此类公司决议无效。但提起此类诉讼的利害关系人必须符合《民事诉讼法》第119条第1项规定的条件,即必须与本案有直接利害关系。例如,债权人可请求法院确认债务人公司股东会违反法定分红条件而作出的分红决议无效。

(五) 判决的效力

公司决议无效确认之诉的判决效力具有对世性,即其效力及于第三人;且具有绝对的溯及力。但根据外观主义法理,为保护交易安全起见,公司决议被法院确认无效后,不影响、也不能对抗善意第三人依据无效公司决议而取得的利益。

与程序存在瑕疵的公司决议撤销之诉不同,股东或其他利害关系人提起公司决议无效确认之诉时不受《公司法》第22条第2款规定的除斥期间的限制。

四、公司决议撤销之诉

(一) 立法规定

《公司法》不仅注重公司决议的内容合法,而且更强调公司决议的程序严谨。程序严谨,是指股东会会议的召集程序、表决方式不仅应当遵守法律、法规中的程序规则,而且应当遵守公司章程中的程序规则。依《公司法》第22条第2款规定,股东会或股东大会、董事会的会议召集程序、表决方式违反法律、行政法规或公司章程,或决议内容违反公司章程的,股东可自决议作出之日起60日内,请求法院撤销。简言之,凡是程序上违反法律、行政法规和公司章程的股东会和董事会决议,是可撤销决议。任何股东均有权请求法院撤销此等决议。

(二) 瑕疵公司决议撤销之诉对司法实践的影响

基于公司自治和股东自治精神,法院在审判实践中原则上应当尊重公司股东会和与董事会依法作出的决议,不能越俎代庖。例如,股东会决议任免哪位董事、董事数额多寡、股东是否可分红、分红几何,董事会决议选举谁为董事长、聘请何人担任总经理,均属公司的决策自由。法院对于公司决议的实体内容,原则上不宜干预,除非实体内容违反了法律、法规中的强制性规定。但法院有权应股东之所请,对于召集程序与表决程序存在法律瑕疵的公司决议进行司法审查。

(三) 公司决议撤销之诉的性质

公司决议撤销之诉为形成之诉。形成之诉,指原告主张法律上一定事由即形成原因之存在,当此种存在为法院所认可时,根据法院判决形成新的法律关系的诉讼。公司决议之撤销,涉及众多股东,影响公司正常运营甚巨。为求慎重,股东撤销公司决议的权利,即撤销权(形成权之一种)必须诉请法院或仲裁机构为之。股东请求法院撤销有瑕疵的公司决议的权利,即撤销诉权,是形成诉权。为实现法律关系的早日确定,法律必须锁定撤销权的行使或存续期间。此期间为除斥期间,亦为不变期间,不得展期。股东提起公司决议撤销之诉时,公司决议实际上已经发生效力。换言之,只有当法院撤销该决议的判决确定时,该决议才开始丧失法律效力;在此之前,公司决议在法律上仍然有效。

(四) 作为撤销原因的公司决议瑕疵

1. 召集程序方面的瑕疵

诸如:(1)召集通知之遗漏。(2)股东会或董事会召集通知中未载明召集事由、议题和议案概要。(3)股东依法提出的议案概要未被记载在会议通知上。(4)召集人不适格,即召集股东会或董事会的人缺乏股东资格。(5)决定召集股东会的董事会决议因出席董事人数不足而无效。(6)召集通知的期间过短,股东缺乏充分的时间作出相应的参会准备。

2. 表决程序之瑕疵

主要包括:(1)由于股东会或董事会现场对参会者或其代理人身份查验不严,非股东或非董事的代理人参与了表决。(2)公司决议缺乏公司章程确定的定足数(股东会有效召开所要求的股东所代表的最低股份总数)。(3)违反了章程关于表决代理人仅限于股东或董事的规定。(4)会议主持人拒绝适格代理人行使表决权。(5)负有说明义务的董事、监事对于股东的质询拒绝作出说明或说明不充分。(6)股东会或董事会主席无正当理由限制或剥夺股东的发言权或辩论权。

3. 决议内容违反章程

章程是规范公司内部关系的自治规章,而非适用于外部人的法律,对于内容违反章程的股东会或董事会决议比起内容违反法律的股东会或董事会决议更应当强调尊重股东自治和公司自治。因此,《公司法》第22条第2款将内容违反章程的股东会或董事会决议列入撤销原因之一。例如,章程规定公司的董事在7名以内,监事在5名以内,但决议超过这些名额选任董事、监事;章程规定只能选任中国公民担任董事,决议却选任外国公民担任董事,等等。决议内容侵害了章程规定的小股东的自益权和共益权,亦为可撤销。

(五) 原告和被告之确定

《公司法》第22条赋予股东的公司决议撤销诉权为单独股东权。任何股东(即使仅持有一股)均可提起决议撤销之诉,而不问其是否记名、有否表决权,也不问其是否曾亲自出席股东会或董事会。作为原告,股东资格必须从起诉时起至判决生效期间始终具备。若在此期间,原告股东将其全部股份转让出去,即丧失原告资格。若某股东在公司决议之时尚未取得股东资格,但其前手(出让股份的股东)在公司决议之时具有股东资格,且享有公司决议撤销诉权的,则在除斥期间内受让股份成为股东者,亦可提起决议撤销之诉。但原告股东须对此负举证责任。

对股东会或董事会的召集程序和决议方法未当场表示异议的股东不得提起公司决议撤销之诉。否则,将允许这些股东任意反复,影响公司安定甚巨,法律秩序亦不允许任意干扰。这样,既可消除个别股东见风使舵的投机心理,也可督促股东对股东会或董事会召集程序和决议方法方面的瑕疵当场提出反对意见,从而便利股东会或董事会及时修正瑕疵,最终提高公司决议的效率和稳定性。

若股东会或董事会召集方法与决议方法虽有瑕疵,但会议全体成员在无异议的情况下一致通过了公司决议,则参加股东会或董事会之股东不享有公司决议撤销诉权;嗣后从这些股东继受股份的股东亦无由取得公司决议撤销诉权。

决议撤销之诉的被告是公司。这乃因公司民主原则(少数服从多数原则)将股东会上控制股东的意思拟制为公司的意思,将董事会上多数董事的意思拟制为公司的意思,既然公司决议体现了公司的意思,自然可将公司列为决议撤销之诉的被告。

（六）除斥期间

鉴于可撤销决议的瑕疵轻于无效决议的瑕疵，为提高诉讼效率，节约司法资源，督促股东及早行使权利，《公司法》第 22 条第 2 款规定："股东会或者股东大会、董事会的会议召集程序、表决方式违反法律、行政法规或者公司章程，或者决议内容违反公司章程的，股东可以自决议作出之日起 60 日内，请求人民法院撤销。"可见，股东行使决议撤销之诉的除斥期间为 60 日。这一较短的除斥期间并非诉讼时效。若无人在除斥期间内提起决议撤销之诉，则决议瑕疵因时间之流逝而获治愈，从而变成具有确定法律效力的决议。

（七）判决之效力

民事行为被撤销的效力不仅拘束行为当事人，而且亦及于第三人。同理，为求得法律关系的确定性和划一性，撤销公司决议的判决效力不仅应当及于原告股东与公司之间，而且原则上及于当事人之外的所有人，此即撤销决议判决的对世效力。

就时间效力而言，决议撤销判决的效力应当溯及于决议之时无效。当被撤销的公司决议仅涉及公司内部关系（即公司、股东、公司机关与经营者相互之间的法律关系）时尤为如此。董事、监事选任决议，股利分配决议，董事、监事报酬决议等均属此列。

公司决议作为共同法律行为被法院判决撤销后，判决原则上应对公司内外关系具有溯及力，以示对可撤销决议效力之否定。但董事在判决撤销前依该决议内容或根据董事会惯常的代理权限（经营裁量权）而从事的各种交易行为（含票据行为）、签订的各类合同，即应适用表见董事、表见代表或表见代理的法理保护善意第三人。

《公司法解释（四）》第 6 条基于内外有别、善恶有报的理念指出，"决议被人民法院判决确认无效或者撤销的，公司依据该决议与善意相对人形成的民事法律关系不受影响"。这有助于维护交易安全、保护善意第三人对公司决议外部辐射效力的合理信赖，美中不足是对决议被确认无效或撤销后的内部效力语焉不详。笔者认为，决议被确认无效或撤销后的内部效力陷入自始无效、确定无效、当然无效、绝对无效的境地。

公司决议被撤销后，视为自始无效，固然不发生表决力占优势地位的股东欲实现的法律效果，而且意味着有可能发生其他连带或附带的法律效果。例如，股东根据公司决议分取股利后，若股利分配决议被撤销，则公司有权依据不当得利制度向分取股利的股东行使不当得利返还请求权。

若公司决议各项内容不具有可分性，部分决议事项被撤销当然导致整个决议被撤销；若决议各项内容具有可分性，则部分决议事项被撤销并不必然导致决议中的其他事项被撤销。换言之，股东提起公司决议撤销之诉时，可选择只申请撤销部分决议事项，而保留其他决议事项的效力。例如，年度股东大会召开时，董事会就其提交议案的主要内容回答了股东们的质询，但当股东质询董事会缘何提出少分或不分现金股利的议案时，董事会拒绝回答。若股东嗣后对其他决议事项不存异议，仅请求法院撤销公司决议中的股利分配事项，法院自当允许，不必责令原告股东修改其诉讼请求。

（八）瑕疵显著轻微的公司决议的法律效力

公司治理和公司决议应当树立精品意识，精益求精，完善细节管理。但若公司决议的瑕疵显著轻微，根本不存在影响决议实质内容的可能性，自不应允许个别股东借题发挥，吹毛求疵，滥用诉权。但法院裁定驳回股东决议撤销之诉时，必须同时满足以下两个条件：一是仅召集程序或决议方法违反了法律、法规或章程；二是此种瑕疵显著轻微，而且并未影响决议内容。

何谓"瑕疵显著轻微",应采取举证责任倒置原则,由被告公司承担举证责任。例如,股东会或董事会开会时间比预定计划迟延了数分钟,当属此类。法官在判断被告举证是否成立时,应当站在中立、公允的立场上,以具有普通智商和伦理观念的理性股东为衡量标准,结合诚实信用原则和商业惯例,对个案予以审慎判断。为追求法律关系的稳定性,法院应当对于可撤销、也可不撤销的决议采取与人为善的态度,尽量维持决议的效力。

《公司法解释(四)》第 4 条引入了合理容错机制。股东请求撤销决议时,倘若"会议召集程序或者表决方式仅有轻微瑕疵,且对决议未产生实质影响的,人民法院不予支持"。这意味着,法院不允许个别股东吹毛求疵,随意动摇公司决议效力。笔者赞赏最高人民法院遏制股东滥诉、追求决议效率的良苦用心,但也担忧"轻微瑕疵"的过度解释与滥用会带来新的不确定性裁判变量。例如,在实践中常有被告公司抗辩称,虽然原告小股东未被通知参会,但即使其参会,也因持股比例很少而无法撼动股东会决议结果。按照该说法,即使公司不通知小股东参会,也属于轻微瑕疵。该谬论颇有诱惑力与欺骗性。

问题是,有些法官潜意识中也有忽视程序民主的思维定式。有法官着眼于原告股东的举证责任而认为:若原告股东能举证证明不存在某程序瑕疵,决议结果必然受实质影响,则该瑕疵不轻微;否则,该瑕疵认定为轻微。有法官着眼于被告公司自证清白的举证责任倒置而认为:若被告能举证证明不存在某程序瑕疵,决议结果也不会受实质影响,则该瑕疵就属轻微;否则,就不属轻微。尽管后者比前者对原告股东更友好一些,但本质上二者并无二致,都助长了控制股东以强凌弱的公司治理乱象,体现了结果导向,忽视了程序导向,而程序正义、程序严谨、程序民主恰恰是公司良治的精髓。

过分强调少数服从多数的民主理念,会忽视程序正义以及中小股东或少数派董事参与决议程序的权利,包括但不限于质询权、发言权、辩论权,忽略资本多数决暴政的危险。控制股东、实际控制人及内部控制人只要能控制多数股份或表决权以及董事会多数席位,便可高枕无忧、肆无忌惮、堂而皇之地以公司名义作出损公肥私、损人利己的决议。即使剥夺反对派股东和董事参会、审议、质询、辩论并表决的正当权利,违反了会议召集与表决程序,也属于忽略不计的"轻微瑕疵"。在我国股权结构高度集中、一股独大现象司空见惯的特殊背景下,公司决议的黑箱作业现象时有发生,"轻微瑕疵"标签之滥用如同溃坝蚁穴,将会摧垮公司民主、股东民主、董事民主、程序正义、公开透明的价值观与公司治理根基,导致控制股东和内部控制人更任性、更蔑视中小股东以及少数派董事的声音,并催生出更多的公司决议瑕疵。

有鉴于此,"轻微瑕疵"四字必须作严格限定解释,只要违反了公司法或章程规定的决议规则,践踏了诚实信用、公开透明、民主开放的公司决议惯例,不管是恶意而为的雕虫小技,抑或属于厚黑学的阴招损招坏招,均不属轻微瑕疵。如,会议比预定计划迟延了十分钟,会议室没有提供饮用水与空调设施,就属于轻微瑕疵。临时股东会就召集通知中未载明的事项作出决议、公司未通知反对派小股东或董事参会、公司不合理提前并缩短参会注册时间并将无法注册的反对股东或董事排斥于会议室门外、故意制造交通事故导致参会者无法参会、临时改变会议地点迫使参会者扑空、采取鼓掌通过等不精准的计票方式等都不属于轻微瑕疵。

由于程序"轻微瑕疵"属于被告可以主张的抗辩利益,原告当然不就瑕疵之轻重承担举证责任。而且,原告股东仅需举证证明公司决议存在程序瑕疵,而无义务举证证明决议结果受到该程序瑕疵的实质影响。而被告不但有义务举证证明程序瑕疵之轻微、决议结果实际未受该瑕疵实质影响,而且有义务证明该程序瑕疵不可归咎于被告的过错(故意或过失)。法官在判断被告举证是否予以采信时,应站在中立、公允的立场上,以具有通常智商和伦理观念的理性股东或董事作为衡量标准,结合诚实信用原则和商业习惯,对个案予以审慎判断。

从长远看,建议《公司法》或《公司法解释(四)》修改时将决议撤销之诉的例外情形限定为"会议召集程序或者表决方式仅有不可归咎于公司过错的显著轻微瑕疵,且未对决议产生实质影响"的情形。即使在法律规则和裁判规则修改之前,法官判案时也应采此解释,以倒逼公司治理水平之提升。

五、原告股东担保制度

为防止股东滥用决议撤销之诉、图谋不当利益,《公司法》第22条第3款规定了原告股东担保制度:"股东依照前款规定提起诉讼的,人民法院可以应公司的请求,要求股东提供相应担保。"据此,无论是提起公司决议无效确认之诉,还是公司决议撤销之诉的股东都在公司提出相应请求的情况下根据法院的裁定负有担保提供义务。至于担保的性质,则为诉讼费用担保。换言之,担保的范围仅限于公司有可能发生的合理诉讼费用,而与争议项下的公司决议所涉及的标的金额无涉。

公司请求法院责令原告股东提供担保是有条件的。具体说来,只有当作为被告的公司能够证明股东为恶意时才有权请求法院责令原告股东提供合理担保,法院才能裁定原告股东提供相当担保。"恶意",系指明知有害公司,而无追求股东正当利益之目的。若原告股东出于恶意或重大过失而败诉,自应对公司负损害赔偿责任。至于股东是否存在恶意,被告公司应当承担举证责任。

《公司法》第22条第3款规定的原告股东担保制度旨在预防股东滥诉,但在实践中常被被告滥用,致使许多中小股东面对巨额担保费用望而兴叹。例如,两位中小股东曾诉请法院撤销某上市公司董事会决议,被告于2016年9月23日要求二原告分别提供6亿元诉讼担保金,数额之巨震惊市场。《公司法解释(四)》未能弥补这一漏洞,诚属遗憾。为在预防股东滥诉与预防公司封杀诉权之间寻求中庸平衡,建议《公司法解释(五)》明确诉讼费用担保费用的计算方式与酌量因素。

六、公司决议的撤销变更登记

公司决议代表着公司的意思表示。公司决议的内容不同,对公司法律关系的影响也不同。为对外彰显公司决议的内容,增强公司决策的透明度,对抗第三人,公司往往根据法律之强制要求或自己之意思自治前往公司登记机关办理相应的登记手续。既然登记事项得以变更所依据的股东会决议或董事会决议已经被确认无效或被撤销,公司已经作出的变更登记必须恢复原状。

为此,《公司法》第22条第4款明文规定:"公司根据股东会或者股东大会、董事会决议已办理变更登记的,人民法院宣告该决议无效或者撤销该决议后,公司应当向公司登记机关申请撤销变更登记。"基于被撤销或被宣告无效的公司决议而在公司登记机关予以登记的事项,在法院撤销决议或宣告决议无效的判决生效后,公司登记机关应当根据公司的申请,撤销原登记。原则上,公司登记机关不得依职权主动为之。若公司拒绝或怠于申请撤销登记,则在瑕疵股东会决议无效确认之诉或撤销之诉中胜诉的当事人(如股东、董事、董事长)有权请求法院向公司登记机关发出协助执行通知书。公司登记机关必须依法办理撤销登记手续,而无需苛求公司之申请。

七、决议不成立之诉

鉴于决议内容瑕疵与程序瑕疵之外尚有决议不成立的极端情形,鉴于决议不成立、决议内容瑕疵、决议程序瑕疵的瑕疵程度依次递减,《公司法解释(四)》导入了决议不成立之诉,与《公司法》第22条规定的无效决议确认之诉与决议撤销之诉一起构成了决议效力瑕疵的三大救济支柱。传统两分法项下的决议瑕疵或指向实质内容,或指向议决程序,二者必居其一。由"两分法"走向"三分法"是该司法解释精细化的重要标志。

但两分法裂变为三分法后,由于新设概念的边界设定需要相应压缩既有概念的外延,决议不成立之诉与决议撤销之诉的界限随之模糊起来。依《公司法》第22条第2款,决议撤销之诉主要针对会议"召集程序、表决方式"违反法律法规或章程的情形。而细究《公司法解释(四)》第5条列举的决议不成立的四类瑕疵,包括公司未召开会议(应开会而未开会)、会议未对决议事项进行表决(表决程序欠缺)、出席会议人数或股东所持表决权不符合公司法或章程规定(出席定足数不适格)及会议表决结果未达到公司法或章程规定的通过比例(表决结果未达标),在本质上均属表决程序瑕疵。加之《公司法解释(四)》第5条第5项的兜底条款,可以预言,不少法官在甄别这两类诉讼与寻求裁判依据时会深感困惑。

为消除裁判的不确定性,鉴于决议不成立之诉中的程序瑕疵程度比决议撤销之诉中的程序瑕疵更严重,笔者认为,"召集程序、表决方式"的普通程序瑕疵原则上属于可撤销范畴,仅有情节严重的前述四类瑕疵方属于决议不成立情形。因此,建议法官对兜底条款"导致决议不成立的其他情形"作严格限缩解释,以免掏空决议撤销之诉制度、进而危及公司决议的稳定性。

第八章

公司债权人的保护

第一节 维护交易安全是公司法的重要使命

《公司法》不仅肩负着提高公司效率的历史使命,而且肩负着维护交易安全的重大责任。公司效率不仅取决于公司及其股东的营利性,而且离不开交易安全。公司效率与公司安全作为矛盾的两个方面既相对立,也相统一。立法者和司法者的法律艺术就表现在如何寻求二者的动态平衡和统一。现代公司法致力于解决以下三大难题:协调大小股东之间的利益冲突;协调股东与其代理人之间的利益冲突;协调公司内部人与外部人之间的利益冲突。而公司内部人与外部人之间的利益冲突则主要包括公司债务人与其债权人(包括契约之债的债权人与侵权之债的债权人)之间的利益冲突。

一、兴利除弊的安全型公司法的极端重要性

为加速商事流转,降低制度性交易成本,必须打造兴利除弊的安全型公司法,营造债权人友好型的法治化营商环境。保护交易安全的重责大任需要遵循民法规则,更需筑牢公司法安全网。公司法中的交易安全制度设计只能加强,不能削弱。

首先,基于社会契约论,立法者赋予公司法人资格、授予股东有限责任待遇乃系基于公司及其股东尊重与善待债权人的默示承诺。保护债权人是法人制度创设与存在的前提与基础。没有债权人保护的配套制度设计,公司制度就会丧失存在的正当性与合法性。保护和造福债权人,就是保护公司制度与公司生态环境。

其次,从债权人重要而尴尬的角色看,债权人虽是公司的贵人与利益相关者,但与债务人公司相比在信息占有方面永远处于相对弱势地位。鉴于公司生存发展永远离不开债权人的慷慨授信、理性隐忍与理性合作,《公司法》既肩负提高公司效率、鼓励投资兴业的天职,也肩负维护交易安全、呵护债权人的使命。没有债权人的安全福祉,也就没有公司及其股东的营利效率。立法艺术的最高境界就是寻求效率与安全之间的最佳动态平衡点。

再次,从公司债务人的独特组织形式看,股东仅对公司债务承担有限责任、公司债务自负的制度设计天然存在风险外溢的道德风险。公司面纱背后的控制股东、实际控制人和高管皆有滥用公司法人制度逃废债务之虞。债权人保护本属合同法与担保法职责,公司法本不必涉足。但一般债法规制的债权人和债务人均为抽象法律人格,立法者无法针对公司债务人作出量体裁衣的个性化制度约束。忽略或遗忘公司债务人特质性的必然结果是,眉毛胡子一把抓,作为债务人的自然人与法人、公众公司与闭锁公司都适用同一规则。虽体现债

务人形式平等原则,但忽视了公司债务人逃废债务的独门绝技。

最后,从担保工具箱看,公司法蕴含着债权人保护的富矿资源。无论人保与物保,抑或执行程序内外的担保,公司与股东都是活跃的担保人。公司法人财产与股权财产都是日益重要的担保品。公司对外担保的民主决策程序与法定代表人制度也是公司治理的重要内容。因此,担保法与公司法水乳交融。

二、公司法在保护债权人方面的特殊性

公司法保护债权人的自身特色是把债权人友好型的法治基因植入公司细胞,融入公司法内部的所有制度设计,包括但不限于资本制度、股东瑕疵出资或抽逃出资制度、股权质押制度、股东退股制度、股份回购制度、公司治理制度、揭开公司面纱制度、股东债权居次清偿制度。基于一般法与特别法的关系,公司法对公司债权人的特别保护条款优先适用;普通债法对债权人的一般保护条款补充适用。《民法典》项下的担保制度与债权保全制度(包括债权人的代位权与撤销权)均普适于公司的债权人。公司法保护的债权人包括民事关系中的债权人,也包括公法关系(尤其是税收关系)中的国家债权人,除非依其本质不予适用的除外情形。

三、脱实向虚现象背后的高杠杆风险呼吁债权人友好型的公司法

富贵险中求。有交易必有风险。公司总在应对风险挑战的过程中破浪前行。钓鱼离不开鱼竿,吃饭离不开筷子。为捕捉商机,公司必然借助信用杠杆。我国公司的杠杆率尤其是资产负债率普遍较高。国家统计局的信息查询显示,我国房地产企业2018年的资产负债率是79.1%。2019年2月末,我国规模以上工业企业资产负债率为56.9%,创2016年4月以来新高。资产负债率过高会纵容企业盲目扩张与虚假繁荣,削弱企业的内生发展动力与抗风险能力,危及交易安全,制约宏观经济的平稳健康发展。既然高杠杆不仅是公司自治的家务事,还会产生危害金融安全的风险外溢,去杠杆乃成为我国"三去一降一补"的供给侧结构性改革的重中之重。

合理控制企业资产负债率需要宏观调控政策的精准性,也需要债权人放贷、尽调与债权担保的有效性,更需要公司法制度创新。建议激活揭开公司面纱制度,适度扩大最低注册资本制度与实缴注册资本制度的产业适用范围,授权金融监管机构对金融机构与准金融机构(如房地产公司与开展支付业务的电子商务平台)适度调整其净资本,净资本与负债的比例,净资本与净资产的比例,负债与净资产的比例,以及流动资产与流动负债的比例等风险控制指标。

第二节 揭开公司面纱制度

一、引进揭开公司面纱制度的必要性

揭开公司面纱制度又称"公司人格否认""公司法人资格否认""股东有限责任待遇之例外""股东直索责任",指控制股东为逃避法律义务或责任而违反诚实信用原则,滥用法人资格或股东有限责任待遇,致使债权人利益严重受损时,法院或仲裁机构有权责令控制股东直

接向公司债权人履行法律义务、承担法律责任。公司法人资格否认制度以公司法人资格之存在为前提。若某公司自始至终未取得法人资格或法人资格存在瑕疵,就谈不上公司人格之否认。公司人格否认制度与股东有限责任制度一张一合,共同构成了现代公司制度的核心内容。但公司人格否认制度的产生要晚于公司制度数百年。

在实践中,一些控制股东绞尽脑汁运用三十六计中的"草船借箭""借尸还魂""坚壁清野""金蝉脱壳""瞒天过海""天女散花""暗渡陈仓"等计谋,大肆玩弄"拉线木偶游戏",滥用公司的法人资格,违法侵占和转移公司财产、悬空债权、欺诈坑害债权人的情形比比皆是。奸诈股东为逃避投资风险,甚至于欺诈公司债权人,不惜注册五六家"糖葫芦公司",以便滥用公司法人资格。一些公司改制活动名曰"建立现代企业制度",实则意在逃废债务、欺诈债权人。

鉴于维护交易安全是现代公司法的重要使命之一,《公司法》第 20 条第 1 款要求"公司股东应当遵守法律、行政法规和公司章程,依法行使股东权利,不得滥用股东权利损害公司或者其他股东的利益;不得滥用公司法人独立地位和股东有限责任损害公司债权人的利益"。并在第 3 款一举导入了揭开公司面纱制度:"公司股东滥用公司法人独立地位和股东有限责任,逃避债务,严重损害公司债权人利益的,应对公司债务承担连带责任。"即使《公司法》没有规定揭开公司面纱制度,也并不妨碍法官援引侵权法、表见代理制度甚或诚实信用原则责令债务人公司的股东对公司的债权人承担债务清偿责任。

为统一裁判思维,《九民纪要》要求"在审理案件时,需要根据查明的案件事实进行综合判断,既审慎适用,又当用则用。实践中存在标准把握不严而滥用这一例外制度的现象,同时也存在因法律规定较为原则、抽象,适用难度大,而不善于适用、不敢于适用的现象,均应当引起高度重视";并将《公司法》第 20 条第 3 款规定的滥用行为概括为人格混同、过度支配与控制、资本显著不足等三类情形。

二、原告的范围

《公司法》第 20 条所称"公司债权人"既包括民事关系中的各类债权人,也包括劳动关系中的债权人,还包括行政关系中的特殊债权等。在纳税人滥用公司法人资格、偷漏税时,税收征收管理机关也有权援引该条请求公司及其背后的滥权股东承担缴纳税款的连带责任。

法官在揭开公司面纱之时,应区分自愿的债权人与非自愿的债权人。侵权行为的受害人往往缺乏事先与侵权人讨价还价的机会,更无从容时间向侵权人索要真实、合法、有效的担保手段。侵权行为发生之前,侵权的具体损害也不确定。鉴于受害人往往是社会弱势群体(如劳动者、行人、消费者),为体现以人为本的思想,法官在考虑是否揭开公司面纱时,应对侵权行为的受害者稍加宽容,对自愿的债权人稍加吝啬。当然,这也并非绝对。若契约之债的债权人蒙受了债务人公司及其控制股东的欺诈,法院也应采取与非自愿的债权人相同或近似的态度。

揭开公司面纱制度是为保护公司债权人的利益、而非股东的利益而设。因此,控制股东不得为自己利益而主张揭开子公司的面纱。否则,控制股东可以随心所欲地揭开公司面纱,进而为自己规避风险、给他人制造风险。

三、原告债权人的举证责任

《公司法》第 20 条第 3 款，债权人要主张揭开公司面纱请求股东承担连带责任，须就以下内容承担举证责任：(1) 股东实施了滥用公司法人独立地位和股东有限责任的行为，而且构成了逃避债务的行为。其中的"公司法人独立地位"和"股东有限责任"乃一体两面，法律并不苛求被告股东既滥用公司法人独立地位，又滥用股东有限责任。(2) 债权人利益受到严重损害，而非一般损害。"严重损害"不是一般损害或轻微损害，而是公司不能及时足额清偿全部或大部分债务。不能简单地因为债务人公司暂时不能清偿债务，就视为债权人利益受到了严重损害。造成严重损害的原因不仅在于债务人公司拒绝或怠于清偿债务，更在于债务人公司滥用公司法人资格。(3) 股东的滥权行为与债权人的损失之间存在合理的因果关系。以上三大举证责任缺一不可。可见，债权人承担着比较沉重的举证责任。

《公司法》第 63 条对于一人公司采取了法人格滥用推定的态度，即举证责任倒置的态度。问题是如何理解第 63 条与第 20 条第 3 款之间的相互关系？通读立法框架，第 20 条第 3 款的规定位于第一章"总则"，而第 63 条的规定位于分则中的第二章"有限责任公司"。可见，前者为一般法律规定，后者为特别法律规定。依据特别法优于普通法的原则，第 63 条有关举证责任倒置的规定应优先适用。

四、被告范围

揭开公司面纱不等于说追究所有股东对公司债务的连带责任。揭开公司面纱的后果仅应加于控制股东身上。《公司法》第 20 条所称的"股东"既包括一人公司中的唯一股东，也包括股东多元化公司（含有限责任公司和股份有限公司）中滥用权利的控制股东，但不包括诚信慎独的股东尤其是小股东。因此，揭开公司面纱时应注意区分消极股东与积极股东。只有积极股东或控制股东才应蒙受公司面纱被揭开的不利后果。

奸诈之人有可能滥用"稻草人"股东之名，行滥用公司法人资格之实。因此，应当对《公司法》第 20 条所称"股东"作扩张解释，从而将实际控制人（包括实质股东）涵盖其内。至于法院应否区分自然人股东与法人股东，应具体情况具体分析，不宜一概而论。诚信的自然人股东有可能慎独自律，而奸诈的法人股东也有可能大肆玩弄厚黑学与三十六计，疯狂地欺诈债权人，巨额地逃废债务。

若董事违背对公司的忠实与勤勉义务，应对公司承担民事责任；若公司怠于或拒绝对其提起诉讼，股东可为公司利益提起股东代表诉讼。若公司及其股东均不对其提起民事诉讼，公司的债权人可以基于代位权制度对失信董事提起代位权诉讼。公司债权人可援引《公司法》第 20 条第 3 款要求滥用公司人格的股东对公司债务连带负责，而不宜据此要求公司的董事对公司的债务连带负责。若董事自身兼具股东身份，则债权人可以针对该董事的股东身份向法院提起揭开公司面纱的诉讼。

五、被告股东滥用事实的认定

《公司法》第 20 条在实践中能否得到妥当执行的关键难点在于如何理解"滥用"二字。毕竟，法官和仲裁员都不能滥用"滥用"二字。"滥用公司法人独立地位和股东有限责任"是相对于"合理使用公司法人独立地位和股东有限责任"而言的。"滥用"是模糊语词，是高度弹性化的概念。稍有不慎,合理使用就有可能被认定为滥用。而合理使用公司法人独立地位和股东有限责任恰恰是现代公司帝国得以成长壮大的制度秘笈。因此,努力消除"滥用"二字的不确定性,增强"滥用"二字的可操作性,便成为法解释学中的难点问题。

从我国公司实践看,控制股东滥用公司法人独立地位和股东有限责任的情况五花八门。《九民纪要》将《公司法》第20条第3款规定的滥用行为概括为人格混同、过度支配与控制、资本显著不足等三类情形。《九民纪要》提及的"人格混同""过度支配与控制"应统一归入为法律人格高度(严重)混同的范畴,机构、人员、资产、财务与业务等五大人格要素的混同是关键;"资本显著不足"应限缩为"股权资本显著不足"。

本书将最常见的情形概括为两种:股权资本显著不足以及股东与公司之间人格的高度混同。

(一)股权资本显著不足

若把最低注册资本门槛划入前端控制的范畴,则揭开公司面纱可纳入后端控制的范畴。美国诸州公司法已无最低注册资本制度。这意味着,美国公司法对公司债权人的保护策略是后端控制策略,也就是"秋后算账",而非前端控制策略。其优点之一是,立法者不形而上学地预设一个缺乏科学性的最低注册资本门槛,因而不压抑投资者兴办公司的积极性与创造性;优点之二是不放弃在公司设立之后审视股权资本之多寡,并进而决定是否揭开公司面纱。在缺乏前端控制的情况下,投资兴业活动如鱼得水。为落实后端控制策略,美国法院在司法实践中提炼出股权资本显著不足的概念,并乐意在此种情形下为保护公司的债权人而揭开公司面纱。

股权资本显著不足,是指股东投入公司的股权资本与公司从债权人筹措的债权资本之间明显不成正比例的公司资本现象。其中的"股权资本"是指被告股东在内的股东投入公司的股权资本总额,而债权资本是指公司从包括原告债权人在内的所有债权人筹措的债权资本,而不限于主张揭开公司面纱的特定债权人的债权数额。股权资本显著不足既包括股东出资低于最低注册资本的情况,也包括股东出资虽高于最低注册资本、但显著低于该公司从事的行业性质、经营规模(包括营业额、销售量)、雇工规模和负债规模所要求的股权资本的情况。在《公司法》大幅下调公司最低注册资本后,最低注册资本在保护债权人方面的神话已经破灭。假定一家房地产有限公司的两名股东出资均高于法定最低注册资本(有限责任公司的3万元最低注册资本)。若该公司股东投入公司的股权资本为1000万元人民币,而公司从银行筹措债权资本10亿元人民币,则股权资本和债权资本的比例为1:100。这显然是一家"小马拉大车"的资本显著不足的公司。法院或仲裁机构应毫不犹豫地揭开这家公司的面纱,责令背后"大腹便便"的控制股东对公司债务连带负责。

当然,法院或仲裁机构在考虑股东投入公司的股权资本的充足性时,还应兼顾股权资本的替代化风险抵御措施,如责任保险范围的充分性等。若一家公司的股权资本及其为赔偿用户等债权人的潜在损失而购买的责任保险共同作用,足以保护公司的债权人,则法院或仲裁机构可以不揭开公司面纱。

(二)股东与公司之间人格的高度混同

在股东对公司的过度控制下,股东与公司之间人格的高度混同现象错综复杂。既包括核心人格特征(如人员、机构、业务、财务、财产)的混淆,也包括外围人格特征(如信封信纸、电话号码、传真号码、电子邮件地址、网址、工服)的混淆。最常见的现象是"一套人马,两块牌子"。具体说来,有以下几种表现形式:(1)股东与公司之间在资产或财产边界方面的混淆不分。属于子公司的财产登记在母公司名下;子公司的财产经常处于母公司的无偿控制和使用之下;控制股东长期掏空公司的资产尤其是优质资产,而未对公司予以充分、公平的赔偿等;控制股东对公司负有巨额债务,而公司在控制股东的操纵下长期拒绝或怠于追索。(2)股东与公司之间在财务方面的混淆不分。股东甚至和公司共用一本账,共享一个银行账号。(3)股东与公司之间在业务方面的混淆不分。股东与交易伙伴签订的合同往往由公司履行;公司与交易伙伴签订的合同往往由股东履行。(4)股东与公司之间在机构方面的混淆不分。(5)股东与公司之间在人员方面的混淆不分,母子公司之间的董事、经理和其他高级管理人员交叉任职过多过滥。(6)子公司的机关陷入瘫痪状态,母公司直接操纵子公司的决策活动。(7)其他方面的人格混同。为慎重起见,法院或仲裁机构在认定股东与公司之间人格的高度混同的事实时,应严格掌握标准,不宜因为存在单一的、非关键的混淆现象就遽然否定公司法人资格。

除了股权资本显著不足以及股东与公司之间人格的高度混同,控制股东滥用公司法人独立地位和股东有限责任的情况还有其他表现形态。例如,有人建议控制股东操纵下的公司拒不清算,也可视为揭开公司面纱的情况。本书亦深表赞同。

六、被揭开面纱的公司类型

揭开公司面纱制度适用于各类股东设立的各类公司,既适用于上市公司,也适用于非上市公司;既适用于股东主体多元化的公司,也适用于一人公司。在《公司法》降低最低注册资本的门槛后,各类公司及其控制股东势必良莠不齐,有限责任公司股东滥用法人资格的概率可能高一些,法院否定公司法人资格的概率因而水涨船高。

《公司法》第63条对一人公司股东采取了法人格滥用推定态度,大幅降低了一人公司债权人的举证负担。可预言,在未来司法实践中,一人公司被揭开公司面纱的概率将在诸多公司类型中位居榜首,尤其在市场准入门槛很低、经营风险很高的产业。例如,出租车司机张某以自己一辆价值20万元的轿车作价出资设立一人公司后,由于交通肇事导致多名行人丧生。若一人公司没有购买足额的责任保险,而且在交通肇事时汽车毁损,受害人家属就可以考虑请求法院揭开公司面纱,由一人股东张某对受害者家属承担损害赔偿责任。这一观点不仅适用于一人单车公司,也适用于一人单船公司。

有限责任公司尤其是一人公司被揭开公司面纱的概率高,并不意味着股份有限公司就不能被揭开公司面纱。只要股东滥用公司法人资格、逃避债务的,债权人就有权请求法院揭开公司面纱。在美国,至今尚未发生上市公司被揭开公司面纱的案例。这与美国上市公司的股权结构高度分散、不存在一股独霸的市场结构、恶意股东很难滥用公司法人资格有密切关联。鉴于我国许多上市公司存在着一股独大和一股独霸的高度集中的股权结构,不少控股股东尚未养成慎独自律的行为习惯,控股股东滥用上市公司人格欺诈债权人、悬空债权人的现象比比皆是。本书认为,若恶意股东滥用了上市公司的人格,导致了上市公司丧失法人应有的独立性,具备了揭开公司面纱的条件,法院也应审慎地揭开上市公司的面纱。

若设立中的公司对外发生债务,发起人违约侵权,则债权人完全可以追究发起人的民事责任,而无需启动揭开公司面纱的程序。从逻辑上说,揭开公司面纱的默示前提是存在可资揭开的法人面纱。若一家设立中的公司未取得法人资格,自然无公司面纱可以揭开。

七、揭开公司面纱的法律效果

揭开公司面纱的效力仅限于特定当事人之间的具体法律关系,具有浓郁的相对性与特定性,而不具有绝对性与对世性。即使某公司的法人资格被否认,也并不意味着该公司的法人资格在其他法律关系中被否认。这与公司因解散、破产而清算,从而在制度上绝对、彻底丧失法人资格的情形大相径庭。因此,公司人格否认法理的适用条件和法律效果比起彻底消灭公司法人资格要缓和、温和得多。

公司人格否认的不利后果只能归于有过错的当事人(尤其是控制股东)头上,而不殃及无辜当事人。假定控制股东滥用法人资格,大量侵占公司财产,给公司债权人造成不利,债权人只能追究控制股东的债务清偿责任,但不能伤及其他善意中小股东。

八、揭开公司面纱制度要审慎适用

从现代公司法国家的经验看,股东有限责任依然是原则,揭开公司面纱依然是例外。尽管我国《公司法》第20条第3款将揭开公司面纱制度上升为成文法律制度,但并不等于说揭开公司面纱已成公司法的基本原则。我国引进了揭开公司面纱制度,法院和仲裁机构仍要原则上尊重公司的法人资格,严格把握否认公司资格的构成要件,将否认公司法人资格的情形控制在例外情形下,避免揭开公司面纱的判决遍地开花,更不能将其视为法院解决执行难问题的灵丹妙药。揭开公司面纱制度成文化的作用不仅在于揭开公司面纱,更在于预防揭开公司面纱制度之滥用。公司法人资格可否定、也可不否定的情况,坚决不否定。

第三节 公司担保

一、公司具有担保行为能力,但对外担保需履行民主决策程序

由于担保的潜在风险,我国古代遂有"一不为媒、二不作保"之说。从偏旁部首看,"保"字由左边的"人"与右边的"呆"二字构成,堪称"呆人"。可见,担保有风险乃古今之通理。从私法自治的角度言之,除非法律另有禁止,民事主体均有为他人债务设定担保的民事权利能力和行为能力。公司为他人债务提供担保(包括人的担保和物的担保)都属于公司自治范畴。对于专门以提供担保为营业范围的专业担保公司来说,若禁止其担保活动,其业务活动必将枯竭。对于其他产业的公司来说,一概否定其担保能力亦缺乏逻辑说服力量。将公司担保能力回归公司自己,固然会造成担保风险,但对强化债权人保护、维护交易安全贡献卓著,担保公司还可通过强化公司治理、追究高管人员责任而预防和救济担保风险。立法者不应因噎废食,而应允许公司按其内心真意授权董事长或总经理对于第三人债务提供担保。

主要市场经济国家和地区明确允许公司对外提供担保。例如,美国《模范商事公司法》第3.02条第5项允许公司以其全部或部分财产设定抵押或质押,第7项则允许公司为他人债务提供保证。依该法第8章第6节有关董事利益冲突交易行为的法律规制,若子公司董事在母公司强大压力下以子公司财产对母公司提供担保,有可能构成利害冲突交易,要接受相关法律规则的制约。若公司为其股东提供担保的行为对公司是公平的,不损害公司的利益,且遵循了信息披露要求,则可以得到法律确认。

二、我国公司的对外担保决议制度

法定代表人未经公司决议授权,擅自以公司名义对外签订担保合同的乱象损害了公司及股东利益,加剧了公司经营风险,削弱了公司竞争力,放纵了债权人授信时的疏忽懈怠,是制约公司可持续发展的重大隐患。1993年《公司法》第60条第3款曾警示"董事、经理不得以公司资产为本公司的股东或者其他个人债务作保",意在从规制代表人与代理人角度全面剥夺公司对外担保能力。为增强其可诉性,2000年最高人民法院《关于适用〈中华人民共和国担保法〉若干问题的解释》(以下简称《担保法司法解释》)第4条重申,违反该条款的担保合同无效;除债权人知道或应知的外,债务人、担保人应对债权人损失承担连带赔偿责任。但公司法定代表人越权对外担保现象依然普遍,上市公司为母公司提供大量关联担保、致使上市公司自身受损的现象引发广泛关注。[①]

为根治法定代表人对外滥保顽疾、提升公司风控水准、健全内部合规体系、制衡法定代表人代表权、保护中小股东权益、培育理性审慎债权人,2005年《公司法》导入公司担保民主决议制度。其一,第16条要求各类公司为人作保时依章程规定由董事会或股东会决议;章程对担保总额及单项担保数额有限额规定的,不得超过限额;公司为股东或实控人作保的,须经股东会决议;受益股东或受实控人支配的股东不得参加表决,该项表决由出席会议的其他股东所持表决权过半数通过。其二,第104条要求股份有限公司董事会对法定章定的对外担保事项及时召集股东大会会议进行表决。其三,第121条要求上市公司股东大会就其在一年内担保金额超过公司资产总额30%的担保事项作出决议,并经参会股东所持表决权2/3以上通过。其四,第148条第1款第3项禁止董事高管违反章程规定,未经股东会或董事会同意,以公司财产为人作保。

良法虽是善治前提,但徒法难以自行。法定代表人越权滥保在2006年以后仍屡禁不止,不少公司因代人受过而债台高筑,濒临破产。为从制度源头预防与化解公司对外担保风险,强化法定代表人诚信义务,理顺公司内部决策权与外部代表权之间的法律逻辑,提升债权人尽调水平,妥善平衡债权人、主债务人、担保人公司及其中小股东之间的利益关系,促进实体经济可持续发展,既要在解释论层面重述裁判理念、统一裁判思维,也需在立法论层面创新制度。

三、公司对外担保制度被悬空虚置是法定代表人对外越权担保乱象的主要根源

《公司法》第16条是总则一般规定,第104条、第121条与第148条系分则特别规定;前三条着眼公司的事先决策,后条瞄准董事高管违反忠诚义务的事后问责。厉言正色的四大法律条款组成的公司对外担保制度成龙配套,阐明了"原则禁止、例外允许、严格规制"的理念,每条规定均为效力性规范。此制包括正面强制性规范与反面禁止性规范;有体现程序正义的程序性规范,也有否定滥保结果的实体性规范。

根据效力性规范说,法定代表人越权担保合同无效。广东省高级人民法院在信达深圳分公司诉赛臣公司、翠林公司等借款合同纠纷上诉案中指出,依《公司法》第16条第1款,翠林公司对外担保须依章程经董事会或股东会决议通过;"翠林公司签订上述《最高额保证合

[①] 曹士兵:《公司法修订前后关于公司担保规定的解读》,载《人民司法》2008年第1期,第22页。

同》时其董事会成员包括杨福兴、孙力、王忠明、毛荣根、温显来、邹美才,而在翠林公司《董事会会议决议》上签名的人员为'杨福兴、王东方、孙力、孙德毅',明显不符合章程关于形成有效董事会决议的相关要求。故一审认定上述《董事会会议决议》无效,进而认定《最高额保证合同》无效,有事实和法律依据。信达深圳分公司关于《公司法》第16条属公司内部治理规范、不应调整公司对外关系及该规定不属效力性强制规定,缺乏依据。"[1]瑞安法院在李运春诉李道康与月亮湾公司民间借贷纠纷案中也认为,保证人为原告作保时违反《公司法》第16条,担保行为无效[2]。

而反对说认为,法定代表人越权担保合同有效。最高人民法院在熊代辉、杨耿诉姚文、姚洪、金德源公司等股权转让纠纷上诉案中指出,"《公司法》第16条所规定的公司对外担保须经股东会决议是公司对内的程序性规定,并不涉及公司以外第三人的审查义务。公司是否召开股东会以及是否形成决议,是公司内部控制程序,不能约束与公司进行交易的第三人。"[3]最高人民法院在中原银行开州路支行诉安投集团公司等金融借款合同纠纷再审案中认为其"立法本意在于限制公司主体行为,防止公司的实控人或高管损害公司、小股东或其他债权人利益,不属效力性强制性规范,不能仅以违反该规定为由否定担保合同效力"。[4]

以《公司法》第16条为核心的公司对外担保制度在实践中被束之高阁的根源在于其效力性规范地位被长期冻结虚化。效力性规范说虽为正解,但尚未凝聚为共识。甲说将其误解为任意性或倡导性规定[5];乙说将其误解为强制性规定中的管理性规范[6];丙说则反对将其理解为效力性强制性规定或管理性强制性规定,再依《合同法》第52条第5项认定担保合同效力。[7]

同案不同判现象必然扩张自由裁量权,滋生司法腐败专横,贬损司法公信力,提高制度性交易成本,加剧系统性金融风险,破坏营商环境的稳定性、透明性、公平性与可预期性。最高人民法院2019年11月14日公布的《全国法院民商事审判工作会议纪要》(《九民纪要》)坦承,"关于公司为人作保的合同效力问题,审判实践中裁判尺度不统一,严重影响了司法公信力,有必要予以规范"。该纪要开始关注被越权代表公司及其中小股东诉求,认为越权担保构成《合同法》第50条项下的越(无)权代表。但因刻意回避了《公司法》第16条的效力性规范性质,纠偏措施不免保守拘谨、逻辑不周,难以标本兼治。

四、公司对外担保制度是效力性规范的法理依据

公司对外担保制度不是任意性、倡导性规范,而是强制性规定,但非柔性的管理性规范,而是刚性的效力性规范。法定代表人越权签署的担保合同一概无效。此说有利于引导与规范公司内部决策、民主治理与风险控制,限制与约束法定代表人对外代表权限,警示与教育

---

[1] 广东省高级人民法院(2012)粤高法民二终字第19号民事判决书。
[2] 浙江省瑞安市人民法院(2013)温瑞商初字第35号民事判决书。
[3] 最高人民法院(2017)最高法民终610号民事判决书。
[4] 最高人民法院(2017)最高法民申370号民事裁定书。
[5] 胡旭东:《公司担保规则的司法续造——基于145份判决书的实证分析》,载梁慧星主编:《民商法论丛》(第50卷),法律出版社2012年版,第70页。
[6] 王保树、崔勤之:《中国公司法原理》,社会科学文献出版社2006年版,第42页。
[7] 最高人民法院民事审判第二庭编著:《全国法院民商事审判工作会议纪要》,人民法院出版社2019年版,第74页。

外部债权人审慎注意代表权来源的真实性、合法性与关联性,精准锁定法定代表人背后公司的真实理性意思表示。

其一,效力性规范说忠实体现了法人决议制度与法定代表人制度的设计本意,理顺了公司内部决议权与外部代表权之间的源流、本末与主从关系。意思自治乃私法之魂,贯穿于商事组织法与交易法之始终。公司自治的核心是公司理性民主决议,而公司决议又依靠对外代表(或代理)行为付诸实施。因此,现行《公司法》第 16 条将规范重心由 1993 年《公司法》第 60 条项下的董事经理行为转变为公司担保内部意思决定程序,使之符合团体法律行为逻辑[①]。《民法典》第 61 条规定:"依照法律或者法人章程的规定,代表法人从事民事活动的负责人,为法人的法定代表人。法定代表人以法人名义从事的民事活动,其法律后果由法人承受。"法定代表人之所以"法定"的逻辑前提是,其代表法人时须遵循法律或章程规定。法定代表人只有获得法人合法有效充分授权,才有资格代表法人向相对人作出或接受意思表示;否则,法定代表权会沦为无源之水、无本之木,法人也不承受越权代表后果(权利、义务与责任)。以债权人保护为名,脱离代表权的合法性与正当性基础而默许、纵容越权代表行为,有舍本逐末之讥。公司内部决议权(决策权)与对外代表权既严格区别,又紧密相连、无缝对接,不能相互割裂,本末倒置。《九民纪要》第 17 条也承认:"担保行为不是法定代表人所能单独决定的事项,而必须以公司股东会、董事会等公司机关的决议作为授权的基础和来源。"

其二,效力性规范说有助于促进公司民主治理与契约理性自由的有机融合,扭转商事裁判"去公司法化"现象。该说尊重公司治理中法人意思形成与表达的法律逻辑与商事习惯,敦促公司内部决议弘扬程序严谨、内容合法、信息透明、决策理性的民主治理精神,促进公司外部代表遵循对外表意统一化、意思表示与意思决定一致化的契约自由精神,最终实现公司内部决议制度、对外代表(包括广义代理)制度与外部契约制度的有机衔接,打破公司法与合同法的制度藩篱。一些判例在公司法合同法交叉案件中引《合同法》而弃《公司法》,动辄以契约之名扭曲公司法核心价值,以非理性的法定代表人签字代替理性的公司民主意志,以合同法律关系否定公司法律关系。结果,要么否认公司法的强制性规定尤其是效力性规范,要么将其贬为调整公司内部家务事的"家法",摒于裁判依据之外。这种"重合同法、轻公司法、去公司法、边缘化公司法"的思维定式直接导致公司法基本制度(如公司民主决议、中小股东保护、公司资本与股利分配等制度)被冻结或悬空,亟待拨乱反正。公司法案件的公正裁判需要合同法(行为法、交易法)思维,更离不开公司法(组织法、企业法)思维。捍卫效力性规范说有助于终结"去公司法"的裁判乱象。

其三,效力性规范说契合公司为人作保的特殊性,尊重与保护公司的生存权与发展权。公司是稳就业、稳金融、稳外贸、稳外资、稳投资、稳预期的压舱石。在残酷的市场竞争中,公司生存与发展诚属不易。在新冠疫情等不可抗力与全球市场风险叠加导致经济下行时尤为如此。公司为人作保时并非主债务人。对外担保并非双务有偿交易。债权人无功受禄,须确保公司自愿作保,不应强人所难,攫取不当担保利益。效力性规范说将公司对外担保决策全面导入科学民主透明理性的法治轨道,确保公司在可持续发展前提下量力而行、适度为保,根除法定代表人损害公司核心利益的萧墙之祸,培育公司核心竞争力,并倒逼诚实债权人放弃损人利己的机会主义心理,静待与尊重担保人公司深思熟虑的担保决策。

---

① 钱玉林:《公司法第 16 条的规范意义》,载《法学研究》2011 年第 6 期,第 132 页。

其四,效力性规范说有助于弘扬股权文化,保护无辜股东免受越权滥保之苦。有些债权人拒绝或怠于审慎尽调公司决议的借口是,公司决议是公司内部自己人的家务事,与债权人无关。其实,处于相对弱势地位的中小股东与控制股东、法定代表人之间经常存在利益冲突,并非"自己人"。在采取双重股权架构的上市公司(如谷歌与脸书),持股比例小的创始股东享有一股多票的特别表决权,被称为"控制权小股东"[①]。小股东未必是非控制股东,控股股东也未必是控制股东。在控股股东仅控股不控权、中小股东不控股但控权时,股东利益冲突已转型为控制股东与非控制股东间的冲突。在股东会审议表决对外担保事项时,控制股东因资本多数决规则而稳操胜券,异议股东仍享有知情权、监督权与诉权。若纵容法定代表人越权作保,异议股东或董事的知情权、质询权、辩论权与表决权及公司治理的程序正义与结果正义都将荡然无存。若控制股东与法定代表人沆瀣一气,控制权与法定代表权合二为一,滥保危害更甚。拥有充足风控资源的债权人不易,未从债务受益分文的担保人公司的非控制股东更值得同情。债权人可通过专业尽调选择优质主债务人,并在获得有效担保前舍弃授信机会。债权人自我保护策略进退自如,实无理由以邻为壑,加害无辜股东。效力性规范说将激活法定代表人对公司民主的信仰之心,对制衡规则的敬畏之心,对全体股东的感恩之心。潜在受害股东可用手投票(表决权)、用脚投票(股权出让权),也可用诉状投票(诉权)。

其五,效力性规范说有助于提高担保有效性,培育理性审慎债权人。有人主张借鉴英美法的"推定公知"或"固有授权"规则,放宽相对人审查义务,提高判定合同无效门槛,实现对交易相对人保护[②],但未虑及公司为人作保时并非主债务人的事实。债权人要感恩担保人,更要慎独自律。损人利己悖德。利人利己则是智慧与美德。效力性规范说警示债权人在缔结担保合同前尽到合理审慎注意义务、提升尽调质量,赋能担保人基于理性自治的意思表示而提供真实合法充分有效的担保手段,保护债权人免遭担保合同无效之灾,加速商事流转,维护金融安全。只有最严格的制度,才能催生出最有竞争力的债权人尤其是金融机构。在当事人对保证方式语焉不详时,《担保法》第 19 条采取债权人友好型理念,要求按连带责任保证承担保证责任;而《民法典》第 686 条改采保证人友好型理念,要求按一般保证承担保证责任。一叶知秋。为防范系统性金融风险,债权人必须自立自重自强。

其六,效力性规范说有助于平等保护债权人、担保人公司及其中小股东的三大法益诉求,同步追求交易安全、投资安全与公司善治的三大价值目标。有人主张通过对《公司法》第 16 条直接立法目的即规范维护目标的解释,推导出其所欲求的最佳行为范式。[③] 公司对外担保制度反对零和游戏规则,倡导民主透明理性担保,督促债权人在尊重公司理性自治与中小股东诉求的法治轨道上获得担保利益,预防公司及其股东与债权人遭受法定代表人道德风险的三重侵害,提取不同利益相关者的最大利益公因式,画大各方利益同心圆,优化公司及其股东与债权人之间包容普惠、多赢共享的法治化营商环境。此制事关公司生存、公司善治、中小股东保护与法定代表人信托义务等公序良俗,具有防范风险外溢的公益属性,理应

[①] Cronqvist, Henrik & Mattias Nilsson, Agency Costs of Controlling Minority Shareholders, 38 *Journal of Financial and Quantitative Analysis*, Vol. 56, pp. 695-709 (2003).

[②] 吴越:《法定代表人越权担保行为效力再审》,载《政法论坛》2017 年第 5 期,第 94—104 页。

[③] 吴飞飞:《公司担保合同行为的最佳行为范式何以形成——公司越权担保合同效力认定的逆向思维》,载《法学论坛》2015 年第 1 期,第 61 页。

被解释为效力性规范。

其七,效力性规范说有助于实现法定代表人角色精准定位,清除公司"一把手"错误思维,激活公司民主治理功能,促进公司治理现代化。有些法定代表人自我意识膨胀,误以为自己是公司唯一对外代表人与公司最高决策者的"一把手"。此乃法定代表权角色错位之源。殊不知,公司宏观事项决策权归股东会,中观事项决策权归董事会,微观事项决策权归经理层。法定代表人仅是公司信使而已,譬如公司喉舌;而股东会(董事会)如同公司大脑。对外代表权源于公司决策权。真正体现公司真实意思表示的是公司决议,而非法定代表人签字或盖章。从时间轴看,先有公司内部决议行为,后有公司对外代表行为;即使公司决议追认越权代表行为,治愈代表权瑕疵,也仅意味着公司决议对外部代表行为的控制力、决定力与约束力,而不意味着代表权可凌驾于公司决议权之上。从逻辑轴看,公司决议的内容与效力决定了代表权限之有无及大小。法定代表人不是公司最高决策者,不得挟代表权以令公司,擅自决定或变更公司决议内容。对外代表权要向民主决议权看齐,不得反客为主。

其八,从立法谋篇布局看,《公司法》第 16 条、第 104 条、第 121 条与第 148 条等四大条款环环相扣、互为犄角,组成了效力性规范群。既宣示严格限制公司为人作保的态度,也敦促公司例外担保时启动民主决议程序;既禁止董事高管越权担保,也蕴含越权担保合同无效的信号,因而可诉可裁可执行。总则条款是整部法律的指南针,统领与指引法律解释。《公司法》第 16 条荣登总则,彰显了公司对外担保制度的极端重要性,绝非倡导性或政策宣示性条款。

其九,效力性规范说完全符合《民法典》第 153 条的效力性规范推定理念与《九民纪要》识别效力性规范的类型化方法,有助于精准识别无效担保合同。《民法典》第 153 条规定:"违反法律、行政法规的强制性规定的民事法律行为无效,但是,该强制性规定不导致该民事法律行为无效的除外。违背公序良俗的民事法律行为无效。"除非有明示但书条款,违反强制性规定的民事法律行为一概无效。公司对外担保制度既系强制性规定并构成公序良俗组成部分,且法未明定越权担保合同有效,也完全契合《九民纪要》第 30 条列举的涉及"金融安全、市场秩序、国家宏观政策等公序良俗"的效力性规范。

其十,效力性规范说有助于消除同案类案不同判现象,铸造司法公信。党的十八届四中全会强调,"统一法律适用标准"。好法官的最高境界是随心所欲而不逾矩。裁判者解释法律时须慎用自由心证与自由裁量权,以免滑入司法腐败或专横之渊。撼腐败易,去专横难。若强制性规定被误贬为任意性规定、效力性规范被降级为管理性规范,必将动摇公众法律信仰,破坏法治统一性、权威性与可预期性。而效力性规范说稳定透明、简便易行,除法定例外情形,越权担保合同一律无效,法律效果、社会效果、政治效果、伦理效果、市场效果与国际效果(六大效果)也将臻于统一。

其十一,最高人民法院近年来开始反思忽视投资安全与中小股东的狭隘思维定式。江必新副院长认为,"当公司法定代表人未经股东同意以公司财产对外作保、债务人无能力偿还借款时,法官即面临如何在债权人和公司(股东)间分配风险的问题。我们过去的惯性思维是保护交易安全,不应该让债权人承担风险,而是让公司(股东)承担。但深入思考会发现,这种保护交易安全的价值倾向并非无懈可击";"司法至少应该努力在交易安全和投资安全之间实现价值平衡,特别是要给予中小股东以有效的保护"。① 法律是有温度的。捍卫效力性规范说,就是保护中小股东权益。若法定代表人或控制股东自愿以个人资产与信用对外作保,固属个人自由,但与公司及其中小股东无涉。

五、债权人索要并审查担保人公司章程与决议的法定注意义务

(一) 债权人的法定注意义务为合理审慎的形式审查义务

理性债权人注意义务源于法律规定、合同约定或商事习惯。公司对外担保制度创设债权人注意义务的理念在于：公司担保人并非主债务人；法定代表人并非公司最高决策者；缔约代表权限源于公司意思表示。最高人民法院在吴文俊诉天利公司、周文英民间借贷纠纷再审案中强调了注意义务："法律规定具有公示作用,吴文俊应知晓。因法律有明确规定,吴文俊应知天利公司为戴其进债务作保须经股东会决议,而其并未要求戴其进出具股东会决议,吴文俊显然负有过错,因而不能被认定为善意第三人。"②

诚实善良理性债权人与公司担保人签署担保合同前的尽调活动应遵守"四看"规则：看章、看人、看决议、看章程。债权人应及时索要并审慎审查担保人公司的章程、授权决议、公章、法定代表人名章或签名等印信资料的真实性、合法性、关联性与充分性。审查重点在于公司决议是否存在伪造变造、不成立、无效或可撤销等法律瑕疵。在不损害公司商业秘密的前提下,债权人可请求全程旁听股东会或董事会审议担保事项的会议。

债权人若经合理审慎审查,确信相关担保文件与印信资料符合公司对外担保制度,未发现该等文件虚假或违法等瑕疵,就有充分理由相信行为人有代表权,并与之签署担保合同。只要公司抗辩事由不足以推翻债权人之善意,债权人就受礼遇。公司为隐名控制股东或实控人债务作保时,名义股东本应回避表决。若主债务人未记载于章程、股东名册和登记资料,致使相对人虽已审慎尽调,仍未发现股权代持关系及名义股东未回避表决导致股东会决议可撤销的瑕疵,则属善意；若明知或应知该事实,则非善意。

债权人合理审慎审查义务既非宽松的形式审查义务,也非严苛的实质审查义务,而是合理审慎的形式审查义务。注意义务过松会纵容债权人疏忽懈怠,不利于维护交易安全与防范金融风险；注意义务过苛则会推高融资成本,降低授信效率,不利于金融服务于实体经济发展。《九民纪要》认为,"债权人对公司机关决议内容的审查一般限于形式审查,只要求尽到必要的注意义务即可,标准不宜太过严苛"。但对形式审查遗漏了"合理审慎"要求,应予纠正。理性债权人在审查股东会决议时应核对决议与章程中的股东签名或盖章,在审查董事会决议时应核对决议与章程记载的姓名及登记资料中的董事签名。就上市公司决议而言,债权人可向董事会秘书核对股东会或董事会的召集与表决情况,也可善意信赖上市公司公开披露的担保决议信息。若印章形状明显不规范、造假痕迹显著,一般理性人不借助专家鉴定亦能识破,则未能识破的债权人存在过失。

衡量债权人注意义务的履行有主观标准与理性人标准(客观标准)之别。主观标准强调特定债权人是否恪尽其实际拥有的能力、知识与经验。债权人注意能力越强,注意标准越高；反之亦然。该标准强调债权人能力差异,鞭打快牛,迁就鲁莽轻率债权人,难以督促债权

---

① 江必新：《关于裁判思维的三个维度》,载《中国审判》2019年第3期,第10—11页。
② 最高人民法院(2014)民申字第1876号民事裁定书。

人审慎勤勉索取担保。而理性人标准强调普通债权人在相同或类似情形下应尽的注意程度,提取普通债权人注意能力的平均值,反映多数债权人的实际注意水平,但会加重平庸债权人注意义务、惩罚疏忽懈怠债权人、放纵精明专业债权人。鉴于以上标准均有缺憾,基于扬长避短的理念,建议采取理性人标准为主、主观标准为辅的折中标准。原则上以具有通常智商、情商、法商与德商的普通理性债权人在相同或者近似场合所尽到的审慎、注意、勤勉、智慧、经验与技巧作为衡量标准。债权人若达标,即为善意。若有证据证明特定债权人的实际注意能力明显高于理性人标准,则以该债权人是否诚实地尽其注意能力作为衡量标准。中庸标准有助于激励勤勉,惩戒懈怠。

在姜申英诉运盛公司、中鑫汇通公司等民间借贷纠纷上诉案中,上海市第一中级人民法院强调了债权人对担保公司决议的形式审查义务:"运盛公司属于公众性的上市公司,该公司对外作保未经该公司董事会决议授权或追认,也剥夺了其他股东的知情权和决策权,如运盛公司一旦对外承担担保责任又得不到追偿,将严重危害大多数股东和上市公司广大中小公众股东及公司债权人的利益。且上述涉系争担保的相关法律规定和章程均是通过公众媒体公示的,对违反这些法规、章程为大额债务担保可能严重危害其他股东和社会公众利益,姜申英在签订系争协议时,应完全有所意识并作为善意相对人为防止社会公众利益受损,同时也为防范自身商业风险,应尽到基本的形式审查义务。"[1]上海市高级人民法院再审时重申,运盛公司"章程明确规定,对外担保应由董事会审议,并应当取得董事会全体成员三分之二以上签署同意;而运盛公司向姜申英作保并未经董事会决议,且运盛公司在此之前对外发布了钱仁高辞职公告及法定代表人变更信息。故再审申请人姜申英在签订系争担保协议时,未尽其应尽的基本的形式审查义务,应承担相应的法律后果"。[2] 有人认为,"债权人的这种审查义务是实质审查"。[3] 其实,姜申英未索要董事会授权决议的过失属于形式审查而非实质审查的范畴。

(二)要破除公章至上论与法定代表人至上论

根深蒂固的公章至上论或法定代表人至上论是债权人拒绝或怠于审查公司担保决议的思想根源,甚至演变为潜规则。有银行仅因法定代表人身份与公司担保决议所盖公司印章的真实性而笃信决议的真实性,怠于深入鉴别其真伪。此说漠视公司决议须由表决股东或董事签章(而非仅由公司盖章)的形式要件,有违公司良治规则与理性契约精神。法定代表人要炮制加盖本公司印章的公司决议并非难事。

也有判例仅凭公司公章或法定代表人签名就认定越权担保合同有效。如,最高人民法院在周亚诉贤成矿业公司等民间借贷纠纷再审案中认为,"公司作为不同于自然人的民商事主体,其法定代表人的行为即是公司的行为。即便法定代表人行为越权,贤成矿业公司也只能通过内部追责程序维护自己的权利,而非主张担保行为无效"。[4]

法定代表人代表行为、公司内部决议行为及公司用印仪式间的边界泾渭分明。表彰公司真实意思表示的载体既体现为法律仪式层面的公司公章、法定代表人的名章、签名或指

---

[1] 上海市第一中级人民法院(2018)沪01民终10784号民事判决书。
[2] 上海市高级人民法院(2019)沪民申1282号民事裁定书。
[3] 编辑部:《2019年度法院十大商事案件》,载《人民法院报》2020年1月18日,第4版。
[4] 最高人民法院(2015)民申字第2086号民事裁定书。

印,更体现为法律行为层面的股东会(董事会)决议。基于公司决议行为与对外代表行为的严格区别,法定代表人仅系对外代表而已,而非公司内部至高无上、一言九鼎的最高决策者。

"认章认人而不认决议"的思维定式有违公司民主治理理念,也严重偏离契约精神。既然公司尚未形成对外缔约的意思表示、未授权法定代表人对外缔约,何来要约、承诺与合意?契约精神的核心是契约自由、契约正义与契约严守。既无契约自由理性,何来契约严守?

《九民纪要》第41条也开始否定公章万能论:"法人以法定代表人事后已无代表权、加盖的是假章、所盖之章与备案公章不一致等为由否定合同效力的,法院不予支持。"签约人是否享有代表权的关键事实,比公章真假及备案的琐碎细节更重要。假章未必导致合同不成立或无效。

(三)章程对法定代表人代表权之限制可对抗第三人(相对人),债权人应主动索要公司章程

软法不软。章程具有软法与自治法属性,是内生型公司法规则,对公司具有拘束力。登记于登记机关的章程兼具对抗非善意第三人及保护善意第三人合理信赖的双重公示公信效力。公司自治意识启蒙以来,"傻瓜章程"日渐式微,升级版章程开始管控担保风险。

有人认为,"章程关于担保能力、担保额度以及担保审批程序等方面的规定,系调整公司内部法律关系的规范,在公司内部产生相应的法律后果,通常不能对抗担保债权人等公司以外的第三人,对以担保违反公司法章程为由主张担保关系无效的,除非涉及公司为内部人员作保,一般不予支持"。[①]《九民纪要》第18条否定了债权人主动查阅章程的注意义务,"在公司提供非关联担保时,无论章程是否对决议机关作出规定,也无论章定决议机关为董事会或股东会,只要债权人能证明其在订立担保合同时对董事会或股东会决议进行了审查,同意决议人数及签字人员符合章程规定,就应认定其构成善意,但公司能证明债权人明知章程对决议机关有明确规定的除外";第41条更忽视了章程的代表权限制:"法定代表人或其授权之人在合同上加盖法人公章的行为,表明其是以法人名义签订合同,除《公司法》第16条等法律对其职权有特别规定的情形外,应当由法人承担相应的法律后果。"

重法律轻章程、重明知轻应知的思维,既未尊重章程对决议机关的理性自由选择,也未体谅《公司法》鼓励章程自治的良苦用心,更未深刻领悟私法自治理念。依《民法典》第61条第3款,"法人章程或者法人权力机构对法定代表人代表权的限制,不得对抗善意相对人",被登记公司章程对代表权的限制仍可对抗相对人。理由有四:其一,该条款普适于各类法人,是广谱性法律规范;而《公司法》第16条、第104条与第148条鼓励章程限制法定代表人对外代表权限,系为公司量身定制的特别规定。依《民法典》第11条有关特别民事法律规定优先适用的原则,特别规定应优先适用。其二,章程因登记于公司登记机关而有透明度,公众皆可查询。其三,相对人应知而不知《公司法》创设的法定注意义务,纵依《民法典》第61条第3款也非善意。其四,尊重与保护章程自治有助于完善公司治理,鼓励章程个性化设计,提高章程与公司的匹配度。

债权人索要章程后即可知悉公司是否已自我剥夺对外担保能力。若是,债权人应谢绝其担保;若否,债权人应关注章定的担保决策机构、权限、限额与程序,索要适格决议。债权

---

① 孙晓光:《加强调查研究探索解决之道——就民商事审判工作中的若干疑难问题访最高人民法院民二庭庭长》,载《人民司法》2007年第13期,第11页。

人不索要章程的消极不作为本身就是过错。若法定代表人提交的未登记章程与登记章程相抵触,债权人可要求其澄清释明"阴阳章程"现象,也可主张以登记章程为准,并载于担保合同。若遭拒绝,债权人可另觅担保。

(四)债权人在索要公司决议时要精准识别公司决策机构

由于公开透明的法定或章定担保决策机构是立法者与公司深思熟虑的理性选择,债权人理应依法依章向法定代表人索要适格公司决议。若全体股东均在担保合同上签字,全体股东签名可视为股东会决议。若担保人是一人公司,债权人应索取股东书面决定;若一人股东是法人,应按法人章程确定决定机关;若股东兼任法定代表人,无需索取。

《公司法》第16条区分了关联担保和非关联担保情形下的不同决议机关。凡公司为股东、实控人作保的,债权人须索要股东会决议。未经股东会决议授权的事实自动排除善意相对人之存在。债权人要自称善意,须举证证明其在缔约前已审慎审查股东会决议,且确信该决议已遵守利害关系股东回避表决规则。鉴于该条款未要求公司为董监高作保时适用股东会决议程序,建议立法者将公司为股东、实控人、董监高及其他关联方受益人作保一律纳入股东会决议的授权范畴。

凡公司为非关联方作保的,债权人须索要章定机关的担保决议。若章程明定董事会决议,而债权人仅索取股东会决议,亦属有效。公共治理与公司治理有区别,也有共性。基于人民主权思想,对法治政府而言,法无授权不可为;对人民而言,法无禁止皆可为。基于股东主权及股东会中心主义治理结构[①],章程未明定决策权归属时的决策权仍保留于众股东之手。若章程未明定决议机关,债权人索要股东会决议或董事会决议均无不可。但谨慎债权人应优先索要股东会决议。这是尊重股东主权的美德,也是谨慎自保的智慧。网络化时代的股东会与董事会运作效率虽已相差无几,但化解法律风险的效果不同。

(五)债权人对公司担保文件存疑时,应深入求证甚或公证

债权人若经审慎尽调仍未发现公司决议瑕疵,无咎可责;若决议记载内容已暴露合理存疑的瑕疵,债权人就应敦促法定代表人就疑点问题(如同一股东或董事在不同法律文件上的签名显著不一致)提交补强证据,包括对担保文件办理公证。若公证处未能发现文件瑕疵,债权人当然为善意。

六、公司对外担保制度的例外豁免情形

(一)例外豁免不应扩大化

为提取担保人公司及其股东与债权人的最大利益公因式,预防法定代表人越权担保,公司对外担保制度普适于公司各类对外担保情形。只要公司不为自身债务作保,都要一体遵循。基于诚信原则、公平原则与商事习惯,在不损害公司核心利益与根本利益、不违背公序良俗的前提下,可允许法定例外情形下的法定代表人或代理人对外签署担保合同前无需获得公司决议授权。

(二)《九民纪要》列举的四种例外情形

2019年7月《九民纪要内部征求意见稿》第20条采公司利益说。2019年8月《九民纪要公开征求意见稿》第20条改取意思表示推定说,并被《九民纪要》第19条采纳;即便债权

---

① 刘俊海:《现代公司法》(上册)(第3版),法律出版社2015年版,第294—295页。

人明知或应知没有公司决议,也应认定担保合同符合公司真实意思表示,合同有效:(1)公司是以为人作保为主营业务的担保公司、开展保函业务的银行或非银行金融机构;(2)公司为其直接或者间接控制的公司开展经营活动向债权人作保;(3)公司与主债务人之间存在相互担保等商业合作关系;(4)担保合同系由单独或共同持有公司2/3以上有表决权的股东签字同意。笔者赞同第一种情形,主张限缩第二种情形,废除最后两种情形。

(三)公司为自己债务作保(自益担保)的例外豁免

公司对外担保制度旨在规范公司为他人债务作保,而无意干涉公司自益担保。即使公司未就自益担保作出授权决议,法定代表人签署的担保合同也有效。因公司已从负债中受益,自益担保并不损害公司权益,反会提升商誉水准,实现商誉增值。为遏制管理层盲目举债的非理性冲动,章程可增设举债及担保的自律规则。

(四)非上市公司为子公司作保时的例外豁免

子公司包括母公司以显名或隐名形式直接或间接控制的各类子公司。广义子公司包括孙公司、曾孙公司、玄孙公司等在内。证监会与原银监会2005年联合发布的《关于规范上市公司对外担保行为的通知》强调,上市公司为控股子公司作保时,必须履行公司内部决策程序。而《九民纪要》第19条认为母公司为子公司作保时无需公司决议,即可拘束母公司。

笔者主张在甄别担保人公司类型的基础上采取差异化政策:(1)上市公司为子公司作保时应遵守公司担保决议制度,以体现公众股东友好型理念;(2)非上市公司为子公司作保时可例外豁免,以体现债权人友好型理念;(3)鉴于全资子公司之债在经济实质上可视为母公司之债,若母公司法定代表人为全资子公司作保,可准用母公司自益担保的豁免规则。

上市公司为子公司作保时必须遵守公司担保决议制度。理由有五:(1)上市公司股权在证券交易所上市交易,股东众多,不特定且变动不居。(2)理性冷漠、一盘散沙的公众股东普遍缺乏有效制衡控制股东、实控人与法定代表人的动力、资源与手段。(3)法定代表人越权担保容易产生风险外溢的社会不稳定因素,损害公众股东利益。(4)上市公司设立子公司旨在隔离相互间的市场与法律等风险,使得公众股东对上市公司、上市公司对子公司依次享受股东有限责任待遇。法定代表人恣意以母公司资产为子公司作保会摧垮风险防火墙,殃及母公司及公众股东。(5)控制权不简单等同于控制事实。面对尾大不掉的子公司内部控制人,母公司有时力不从心。对新三板公司等公众公司,可准用上市公司对外担保规则。

而非上市公司法定代表人为子公司作保时纵未履行母公司决议程序,担保合同亦拘束母公司。原因有六:(1)母公司为子公司债务作保时可准用母公司自益担保规则,符合公平原则。子公司之债虽非母公司之债,但母公司既握有控制权、享受财务报表合并之利,为子公司债务作保符合权利义务平衡的公平理念。(2)母公司抛弃有限责任股东待遇而慷慨作保,符合诚信原则与公序良俗,有别于子公司法定代表人为母公司越权担保。(3)母公司通常可管控子公司信用滥用风险与授信使用效率,并督促其如约偿债。(4)母公司为子公司作保前可索要反担保,以夯实代偿债务后的追偿权。(5)母公司股权不公开上市流通,股东人少且相对稳定。有限公司的闭锁性与股东的人合性尤甚。即使法定代表人越权担保,风险也不波及公众股东。(6)母公司法定代表人为子公司作保时要恪守信托义务。即使担保合同有效,也不妨碍受损母公司及其股东通过直接诉讼或股东代表诉讼追责背信行为。

（五）专业化营业担保的例外豁免

鉴于专业担保机构持续、反复地为客户提供担保服务；鉴于担保业务行政许可足以创设债权人对表见代表与表见代理的合理善意信赖；鉴于内部合规与风控体系可有效遏制业务人员操作风险，债权人无需坐等担保机构公司机关逐笔审议担保项目并作出决议，否则会降低担保业务效率，贻误商机，损害核心竞争力。担保机构不得以担保合同未经公司机关决议授权为由食言自肥，主张担保合同无效。

（六）担保人公司与主债务人存在互保关系时不应例外豁免

传统银行授信倾向于锦上添花，而非雪中送炭。在嫌贫爱富的债权人面前，独木成林的超级大企业无需借助互保增信。有些中小企业为破解融资难题，被迫抱团互保。鉴于担保人受益于互保结盟，《九民纪要》认为法定代表人越权签署的互保合同破例有效。该例外的法理基础是利益衡量，而非公司担保意思表示的拟制。但互保联盟弊大于利：任一互保方失信，都会透支互保圈信用，拖累圈内所有公司，最终损及债权人，积聚巨大金融风险。鉴于互保圈恶性循环风险及互保嗜瘾性，建议禁止互保豁免，斩断游离于公司治理之外的恶性互保圈。公司可为其他互保方作保，但不得违反公司对外担保制度。

（七）不构成股东会决议的股东签字同意不能取代公司决议

2019年8月《九民纪要公开征求意见稿》第20条认为，在为他人（不包括股东或实控人）作保由持有公司50%以上表决权的股东单独或共同实施的情形，纵无公司机关决议，也应认定担保合同符合公司真实意思、合同有效。《九民纪要》第19条改为："担保合同系由单独或共同持有公司2/3以上有表决权的股东签字同意。"

将2/3以上有表决权股东签字同意拟制为公司真实意思表示，貌似尊重资本多数决规则，但忽略了股东民主精神，侵害了未签字同意股东的知情权、质询权、辩论权与表决权。资本多数决规则以股东会会议为平台。若因部分股东签字同意而毁弃股东会决策机制，必将纵容法定代表人与控制股东合谋滥保。为激活民主决策机制，维护程序正义价值，确保公司担保决议程序严谨、内容合法、信息透明，尊重异议股东利益诉求，抵制以强凌弱的丛林法则，越权担保合同纵获2/3以上有表决权股东签字同意，也无法取代股东会召集与表决程序。仅信赖部分股东签字、而不重视股东会决议的债权人绝非善意。

七、公司对外担保制度与表见代表制度的同频共振

（一）保护善意相对人离不开表见代表制度的拾遗补阙

人非圣贤，世事难测。债权人索要并审查公司决议时，会遭遇公司决议不成立、无效、可撤销甚至伪造变造的不测风险。公司决议瑕疵事实本身并不意味着相对人明知或应知该事实，因而不足以排除善意相对人的存在。理性相对人即使审慎注意，也难以发现所有决议瑕疵。为预防裁判者的马后炮思维苛责相对人在审查公司决议时尽到实质审查义务，遂有必要引入表见代表制度，以保护法定代表人越权担保时的善意债权人。

《民法典》第504条继续确认越权代表行为原则有效、例外无效的规则："法人的法定代表人或者非法人组织的负责人超越权限订立的合同，除相对人知道或者应当知道其超越权限外，该代表行为有效，订立的合同对法人或者非法人组织发生效力"。若代表行为无效，合同内容纵不违法，也不对法人有拘束力。若代表行为有效，合同也未必有效。鉴于《合同法》第50条仅从公司与法定代表人双边关系角度评判代表行为效力，而未提及合同效力，《民法

典》第504条既重申表见代表行为有效,且强调合同对法人的拘束力。

《公司法》或《民法典》均非"一本通"。我国民事法律制度建设一直秉持"民商合一"的传统,把许多商事法律规范纳入民法之中。[1] 表见代表制度就是公司对外担保制度的自然延伸与有益补充。两项制度并不相斥,而是彼此兼容、无缝对接、有机衔接、同频共振。当且仅当担保合同不违反担保制度之外的效力性规定或公序良俗,且债权人已审慎审查担保公司的章程、授权决议、法定代表人身份及印章等印信资料而仍未能发现法定代表人越权担保的事实时,善意债权人才能例外寻求表见代表制度庇护。

作为一般原则,法定代表人越权担保时代表行为与担保合同均无效,除非善意债权人主张表见代表制度庇护。《九民纪要》第17条也强调区分缔约时债权人是否善意,分别认定合同效力:债权人善意的,合同有效;反之合同无效。但善意与否的确定标准无法从表见代表制度本身找到答案。裁判者援引《民法典》第504条时不能脱离《公司法》第16条等担保规则,否则会错配相对人是否善意的举证分配规则与证据判断标准,无法公平确认越权担保合同效力。

最高人民法院在敬业担保公司诉圣帝隆房地产公司等追偿权纠纷再审案中也注意到两大制度联系:"在判断公司法定代表人违反该规定越权签订担保合同是否对公司有效时,还应考察该行为是否构成《合同法》第50条规定的表见代表,相对人是否尽到了合理的审查义务,是否为善意","谢利明在代表圣帝隆房地产公司向敬业担保公司出具《反担保保证书》时未提供《公司法》第16条第1款规定的圣帝隆房地产公司董事会或股东会决议等相关文件,而敬业担保公司作为专门从事担保业务的专业机构,本应对谢利明是否越权尽到更为谨慎的审查义务,但其并未进行形式上的审查,因此不构成善意。"[2]

为消除同案不同判现象,必须把两大制度共同纳入法定代表人越权担保案件的裁判依据,并以公司担保制度为核心依据。不能以表见代表制度排斥或弱化公司对外担保制度乃至公司法体系。

(二) 表见代表制度与表见代理制度和而不同

二者均旨在尊重外观主义、维护交易安全、促成商事交易、加速商事流转。但二者礼让善意相对人的程度与规则不同。首先,表见代表制度仅适用于法定代表人越权签约情形,而表见代理制度普适于各类代理人(如董事、高管、雇员或中介机构)越权签约情形。其次,法定代表人具有法定性与唯一性,普通代理人具有意定性与多元性。再次,法定代表人比普通代理人位高权重,更易创设善意相对人对公司意思表示的合理信赖。最后,法定代表人与代理人角色不同,举证责任有别。

有人主张在不构成表见代表情形下类推适用无权代理规定裁判[3];有人反对类推适用,认为代理与代表的制度不同,法律与事实基础不同[4]。这种分歧源于观察两种制度的个性与共性的角度。从狭义说看,法定代表人代表公司表意为"代表",代理人代表公司表意是"代

---

[1] 王晨:《关于〈中华人民共和国民法典(草案)〉的说明》,2020年5月22日在第十三届全国人民代表大会第三次会议上的讲话。
[2] 最高人民法院(2016)最高法民申2633号民事裁定书。
[3] 周伦军:《公司对外作保的合同效力判断规则》,载《法律适用》2014年第8期,第6页。
[4] 邹海林:《公司代表越权担保的制度逻辑解析——以公司法第16条第1款为中心》,载《法学研究》2019年第5期,第72—73页。

理"。但二者都代表公司意思表示,广义代理范畴涵盖了代表。与《合同法》第 49 条和第 50 条并排规定表见代理与表见代表的体例不同,《民法典》将其分拆规定于总则编第 172 条与合同编第 504 条。从《民法典》的潘德克吞编纂技术及体系解释言之,在越权代表制度资源枯竭时,自可补充适用越权代理规则。在公司对外担保制度的强大作用下,表见代表与表见代理的举证规则实已相差无几。

（三）善意相对人的界定标准

法律中的"善意"(bona fide)特指相对人不知情、且对不知情本身无过错的主观心态。法定代表人越权签署担保合同时相对人的"善意"确指相对人不知道、且无义务知道法定代表人越权缔约事实的主观心态。

从正面看,《民法典》第 504 条保护的相对人仅限于签约时的善意者,不包括心存恶意或过失者。若债权人对章程决议予以审慎审查后仍不知法定代表人越权事实,并基于对其法定代表权外观的善意信赖而缔约,则越权代表行为及越权签署的担保合同均属有效。受损公司可向越权代表人内部求偿,但与善意债权人无涉。

从反面看,《民法典》第 504 条拒绝保护明知或应知法定代表人越权事实的相对人。过错包括恶意（明知或故意）与过失（应知而不知）两种形态。恶意与过失相对人均不受表见代表制度保护。债权人明知法定代表人越权而与其签约显系恶意,债权人应知而不知法定代表人越权而与其签约是过失,均非善意相对人。表见代表制度不相信过失者的眼泪。

2019 年 7 月《九民纪要内部征求意见稿》第 24 条坚守了过错的经典定义,认为过失相对人不享受表见代表制度保护。但《九民纪要》将善意外延扩张为"债权人不知道或者不应当知道法定代表人超越权限订立担保合同",并将非善意相对人限缩解释为"明知决议系伪造或者变造的"恶意债权人,值得商榷。首先,"不知道"虽非恶意,但应知而不知亦为过失。允许过失相对人受表见代表制度保护,有违立法本意。其次,"不应当知道"易滋歧义,似乎知情会侵害他人隐私或商业秘密。殊不知,公司法鼓励债权人对法定代表人审慎尽调。"不知道"应改为"没有义务知道"。最后,建议"或者"改为"而且",整句修改为:"债权人不知道且无义务知道法定代表人超越权限订立担保合同的事实"或"债权人不知道法定代表人超越权限订立担保合同,且对不知情本身并无过失"。

（四）认定善意相对人的"两步法"证据规则

《民法典》第 172 条与《合同法》第 49 条推定相对人恶意,推定无权代理行为不能拘束被代理人,除非相对人能自证清白,证明自己与无权代理人签约时不仅无过错,且有合理理由信赖表见代理权限。而《民法典》第 504 条与《合同法》第 50 条推定相对人善意与越权代表行为有效,除非公司能举证证明相对人在缔约时明知或应知法定代表人越权签约的事实。相对人善意推定的理念是,既然法定代表人是公司精挑细选的唯一对外代表机关,理性相对人有正当理由善意信赖表见代表的外观法律事实。

若公司能举证证明相对人明知或应知法定代表人越权代表的事实而与其签约,越权代表行为与越权签署的合同均无效,对公司不产生拘束力；否则,越权代表有效。因《公司法》创设了相对人的法定注意义务,公司只要证明法定代表人越权担保违反了法定或章定的决策程序、决策权限与担保限额,即可完成债权人并非善意的初步举证责任。

债权人既要就公司初步证据的真实性、合法性与关联性发表质证意见,更要举证证明其已尽合理审慎注意义务。债权人若不能推翻公司的初步证据及证明目的,即被认定为非善意相对人。从趋利避害着眼,债权人自证清白是权利,也是义务。对债权人的举证,公司仍可质证并继续举反证推翻。举证责任与质证权如影随形。谁有优势证据,谁胜诉。

可见,公司对外担保制度在设定相对人注意义务、否定越权担保合同效力方面的强大功能已将传统表见代表制度中的相对人友好型举证责任倒置规则完美重塑为"两步法"证据规则:第一步是相对人善意推定的举证责任倒置规则;第二步是公司与相对人的举证责任分配规则。这实质上非常接近于表见代理情形下"谁主张,谁举证"的被代理人友好型证据规则。债权人要主张表见代表制度保护,必须承担《公司法》为其创设的自证清白责任。难怪2019年7月《九民纪要内部征求意见稿》未区分表见代表与表见代理,一概采取被代表人(被代理人)友好型的证据规则。可惜《九民纪要》未提及表见代理。

(五) 非善意相对人的类型化

其一,未索取并审慎审查章程与决议的债权人非属善意。公司对外担保制度是理性化解法定代表人滥权风险的安全网,代表着全体股东和董事制衡法定代表人的利益诉求,凝聚着本无债权债务关系的担保人与相对人之间动态博弈的最佳平衡点,理应受到尊重。债权人若因迷信法定代表人头衔或公章,而拒绝或怠于索要并审慎核查章程及决议,非恶即过,皆非善意。若担保金额超过法定或章定限额,债权人更非善意。

其二,担保决议机构不适格时的债权人非属善意。理性债权人只要审慎核对法定章定决议机构与法定代表人提供的公司决议,就会发现决议机构不适格瑕疵。拒绝或怠于对比,乃重大过失。董事长或总经理办公会若违反章程,擅自决定对外担保,就属决议机构不适格。

其三,明知或应知公司决议无效的债权人非属善意。《公司法》第22条第1款规定了公司决议无效制度:公司决议内容违反法律法规的无效。《公司法解释(四)》第6条仅保护善意相对人:公司决议被法院判决确认无效或者撤销的,公司依据该决议与善意相对人形成的民事法律关系不受影响。

其四,明知或应知公司决议不成立的债权人不属善意相对人。《公司法解释(四)》第5条新增公司决议不成立确认之诉,列举了导致决议不成立的五种情形。若"股东会决议"仅加盖公司公章,而无股东签名或盖章,也属不成立决议。若多位参会者签名显然由笔体与笔顺相同的一人书写、且无委托授权手续,债权人忽视该瑕疵就有过失。

其五,明知或应知公司决议可撤销的债权人非属善意。依《公司法》第22条第2款,可撤销决议包括会议召集程序、表决方式违反法律法规或章程的决议,以及内容违反章程的决议。如,利害关系股东或董事违反《公司法》第16条第3款或第124条规定的回避表决规则的决议为可撤销。《民法典》第85条仅保护可撤销决议的善意相对人:"营利法人依据该决议与善意相对人形成的民事法律关系不受影响"。相对人在签约时若不知且无义务知悉公司决议可撤销为善意;若明知或应知公司决议可撤销,则非善意;若在明知决议已被撤销后仍轻率与法定代表人签约,更非善意。可撤销决议被生效裁判文书撤销前虽处有效状态,但存在被撤销风险。善意理性相对人不应火中取栗。

其六,明知或应知公司决议被伪造或变造的债权人非属善意。有些决议的伪造或变造技术炉火纯青,真假难辨。理性债权人若已尽审慎注意义务,仍未发现伪造变造瑕疵,当属善意。

其七,即使债权人在审查决议时已尽审慎注意义务,且未发现公司决议虚假、不成立、无效或可撤销的瑕疵,但若明知或应知公章之虚假、法定代表人之不适格(如登记在册的原法定代表人被公司罢免法定代表人身份),或章程之虚假,仍非善意相对人。

八、法定代表人越权签署的担保合同无效的法律后果

依《民法典》第153条,法定代表人违反公司对外担保制度的效力性规范而越权签署的担保合同一概无效,除非存在两种例外情形:一是被越权代表公司自愿通过民主决策程序追认越权行为,补救越权瑕疵,将越权代表行为与越权签署的合同均由无效转为有效;二是善意相对人主张表见代表制度保护。前者为主动型、自愿型例外,后者为被动型、强制型例外。

(一)被越权代表公司不对无效担保合同相对人(债权人)承担赔偿责任

鉴于公司对外担保制度旨在保护公司免受萧墙之祸,作为非主债务人的担保公司有权拒绝追认法定代表人越权签署的担保合同,而相对人在签约时明知或应知担保行为未获公司决议授权,依《民法典》第155条与第157条,越权担保合同对被越权代表公司自始没有法律约束力,公司不对相对人承担赔偿责任;相对人依据无效担保合同从公司取得的担保财产要返还或折价补偿,未实际交付占有但已办理担保登记手续的,要注销担保登记;公司还有权要求相对人赔偿公司因无效担保合同而遭受的损失(如律师费与诉讼保全费)。依《民法典》第154条,若相对人和法定代表人恶意串通向公司转嫁担保风险,担保合同更是无效。公司是受害者,不对侵权者担责。否则,会违背公序良俗,颠覆诚实守信、公平公正的核心价值观。

(二)善意相对人可追究法定代表人越权担保的责任

善意相对人若因轻信法定代表人而未另觅担保、且主债权未获清偿的,可向主债务人行使债权,也可要求法定代表人按其过错程度分担责任与风险。基于无权代理与无权代表的效力同质性,依《民法典》第171条第3款与第4款,越权签署担保合同未被追认的,善意相对人有权请求法定代表人履行担保责任或赔偿损失,但赔偿范围不得超过公司追认时相对人所得利益;相对人明知或应知越权代表事实的,相对人和法定代表人按各自过错担责。鉴于相对人与法定代表人的过错均与公司无涉,只能在相对人与法定代表人之间分配责任、风险与损失。公司对相对人不担责,行为人担责后也无权向公司追偿。

(三)《九民纪要》不同版本对被越权代表公司责任规定的一波三折

2019年7月《九民纪要内部征求意见稿》第26条排除了被越权代表公司的责任,主张行为人越权担保未经公司追认且不构成表见代表,相对人主张由行为人担责的,依《民法总则》第171条确定行为人责任;相对人不能举证证明与其订立担保合同的行为人的,应判决驳回其诉请。2019年8月《九民纪要公开征求意见稿》第21条重申参照《民法总则》第171条确定法定代表人责任,但也罗列了不同观点。甲说主张公司承担选任监督法定代表人的过错责任,其担责部分不应超过债务人不能清偿部分的1/3;但债权人与法定代表人恶意串通、债权人知道或应知法定代表人越权、债权人与法定代表人此前签订担保合同时曾经审查过法定代表人有无代表权而本次未审查的,公司不担责。乙说主张参照《民法典》第171条,公司不担责。《九民纪要》第20条为相对人追究被越权代表公司的缔约过错责任打开了一扇门:"担保合同无效,债权人请求公司承担担保责任的,人民法院不予支持,但可按担保法及有关司法解释关于担保无效的规定处理"。此说值得商榷。

（四）《民法典》《担保法》及其司法解释均未创设法定代表人越权签署的担保合同无效时公司的缔约过错责任

步《担保法》第5条后尘，《民法典》第388条第2款规定了普适于各类无效担保合同的缔约过错责任："担保合同被确认无效后，债务人、担保人、债权人有过错的，应当根据其过错各自承担相应的民事责任"。

但该条款并未创设法定代表人越权担保合同无效时公司的缔约过错责任。理由有四。其一，公司不是主债务人，也未作出担保授权决议，缺乏与债权人缔约的意思表示，并非担保合同缔约方，对合同无效无咎可责。若被越权代表公司存在创设表见代表外观事实的过错，担保合同就例外有效；既然越权担保合同是无效合同，意味着被越权代表公司并无过错。其二，法定代表人越权签署的无效担保合同不同于其在代表权范围内签署的无效担保合同。《民法典》第388条第2款的适用前提是：担保合同虽无效，但已成立；担保人系担保合同当事人、且具有建立担保合同关系的意思表示。而法定代表人越权担保时，公司缺乏与相对人缔约的意思表示，因而无从成立被越权代表公司与相对人的契约关系。其三，缔约过错责任源于缔约行为。公司既无缔约行为，何来缔约过错？有过错的相对人既可自责，也可问责行为人缔约过错。其四，相对人将无辜公司及其中小股东视为"背锅侠"，有违立法本意。公司对外担保制度保护的核心法益是中小股东利益，而中小股东恰恰无力控制法定代表人，因而需要切割法定代表人的越权风险。若中小股东能控制法定代表人，焉何存在法定代表人越权担保乱象？！

有判例错引《担保法司法解释》第7条问责被越权代表公司："主合同有效而担保合同无效，债权人无过错的，担保人与债务人对主合同债权人的经济损失，承担连带赔偿责任；债权人、担保人有过错的，担保人承担民事责任的部分，不应超过债务人不能清偿部分的二分之一。"最高人民法院在罗伟华诉南昌绿地申人公司等民间借贷纠纷再审案中认为，债权人"罗伟华对绿地申人公司所提供担保未尽合理审查义务，具有过错。其仅以《公司法》第16条系公司内部管理规范为由提出抗辩，理据不足；二审判决判令绿地申人公司所作担保无效的同时由绿地申人公司对债务人杨骏不能偿还的部分在50%范围内承担赔偿责任，裁判结果并无不当"。①

即使援引《担保法司法解释》裁判法定代表人越权担保案件，也应援引第4条（而非第7条）及其上位法依据。若债权人明知或应知法定代表人越权担保，被越权代表公司就不对债权人损失担责。债权人对公司对外担保制度置若罔闻，显有过错。《担保法司法解释》第4条虽指向1993年《公司法》第60条，但2005年《公司法》禁止法定代表人违规越权担保、保护无辜公司及股东权益的力度更大。裁判者对此不可不察。

（五）董事会越权决议并不导致法定代表人越权签署的担保合同全部无效

假定章程分别规定股东会与董事会的担保决策权限（500万元以下由董事会决议，以上由股东会决议），而董事会超过决策限额作出担保决议（1亿元），该决议并非整体无效。若法定代表人基于该决议签署担保合同，合同中董事会越权决策的部分（9500万元）构成越权代表，董事会有权决策的部分（500万元）构成有权代表，公司应在董事会有权决策范围（500万元）内对债权人承担担保责任。

---

① 最高人民法院（2018）最高法民申5596号民事裁定书。

九、章程对担保决策机构是股东会或董事会未作约定的情况下，债权人应优先索要股东决议

依《公司法》第 16 条第 1 款规定，公司为股东或实际控制人之外的他人提供担保，依照公司章程的规定，由董事会或股东会、股东大会决议。若章程对担保决策机构是股东会或董事会未作约定的情况下，债权人应优先索要股东决议。首先，基于股东主权思想，公司权力源于股东，公司权力的目的在于追求股东福祉，公司权力应由股东参与行使。由股东大会作出决议比起由董事会作出决议更接近股东主权思想。其次，从股东会与董事会的权力配置来看，《公司法》尚未采取美国公司法框架下的董事会中心主义，而打上了股东会中心主义的深厚烙印。鉴于股东会的决策事项在重要性上往往大于董事会的决策事项，而担保行为对股东股东的切身利益影响甚巨，也应将担保行为的决策机构解释为股东会。最后，董事会类似于公法生活中的政府，参酌政府职权法定原则，在公司章程授权不明的情况下，应解释为董事会不能超越章程赋予的权力，不能当然享有担保决策权。至于股东会决议究竟由股东会作出过半数的普通决议抑或超过 2/3 的特别决议，应由章程规定。若公司章程亦未规定股东会的决议程序规则，则股东会的担保决议应解释为普通决议。

债权人为稳妥起见，也可敦促担保公司先行修改公司章程，明确究竟由股东会决议抑或董事会决议对此作出决议。待担保公司的章程对此作出明确规定后，债权人再要求担保公司出具相应的决议，并根据审查决议的结果决定是否逾期签订担保合同。这一做法稳妥至极，但其美中不足的是效率不高。毕竟，股东会作出修改公司章程的决议比起作出担保决议更困难一些。

在股东人数较少的有限责任公司中，若全体股东同时兼任公司董事，股东会决议与董事会决议并无实质区别，只要有董事会决议就可以视为满足了《公司法》第 16 条第 1 款的要求。

十、公司为股东债务提供担保时的回避程序规则

《公司法》对公司为其股东设保采取了更加宽松、灵活的态度，更好地实现了公司利益、被担保股东的利益、未被担保的股东利益和债权人利益的平衡与协调。虽然承认公司的担保能力，包括子公司为母公司提供担保的能力，但为预防控制股东和实际控制人侵害公司和中小股东合法权益，防范控制股东和实际控制人的道德风险，《公司法》规定了若干强制性的程序行为规范。

依《公司法》第 16 条第 2 款和第 3 款规定，公司为公司股东或实际控制人提供担保的，必须经股东会决议。前款规定的股东或受前款规定的实际控制人支配的股东，不得参加前款规定事项的表决。该项表决由出席会议的其他股东所持表决权的过半数通过。换言之，公司为公司股东或实际控制人提供担保的，必须经股东会决议，董事会不能拍板。立法者基于对无利害关系股东尤其是中小股东自治能力的信任，将公司可否为其股东提供担保、何时提供担保、担保金额几何、担保形式若何、如何提供担保、如何要求被担保股东提供反担保等问题的决策权交给与担保决议事项并无利害关系的理性股东。

《公司法》第 16 条第 2 款和第 3 款的立法本意主要是保护公司和无利害关系股东免遭公司作保的风险。若一家公司适用利害关系股东回避表决的结果是全体股东都有利害关

系,全体股东都从公司担保行为中受益,并不存在无利害关系股东,就没有必要排除全体股东的表决权。换言之,所有从公司设保行为中受益的股东均可行使表决权,而无需回避。即使第16条被解释为在任何情况下均应适用的条款,也应允许当事人采取逐一回避的变通措施作出股东会决议。

若一家公司只有一名股东,则该股东可以自行作出由一人公司为自己债务提供担保的决定。应注意的是,依《公司法》第61条,此种决定应采用书面形式,并由股东签名后置备于公司。

十一、上市公司对外担保的特殊决议程序

从法理上看,上市公司有权为其股东债务提供担保。若控制股东滥用权利,违法违规责令上市公司为控制股东债务提供巨额担保,就容易侵害上市公司中小股东及其债权人的合法权益。现实中,有些母公司把上市公司变成了自己的"担保器",要求子公司为母公司债务提供担保,而上市公司中小股东和债权人常被蒙在鼓里,或虽知情却无能为力。有些上市公司不仅给母公司提供担保,还要为祖父公司、姊妹公司甚至母公司的姊妹公司提供担保,形成盘根错节的"担保圈"或"担保链"。一旦担保链条中的某个公司出现违约,就很容易把关联公司及其债权人拖向危险边缘。

《公司法》除在第16条公司提供担保的一般规则之外,还在第121条规定了上市公司提供担保的特殊规则:上市公司在一年内担保金额超过公司资产总额30%的,应由股东大会作出决议,并经出席会议的股东所持表决权的2/3以上通过。此条适用情形以担保金额为准予以界定,而且仅适用于上市公司为股东外第三人提供担保的情况,不适用于上市公司为母公司债务提供担保的情况,也不适用于非上市公司为股东或实际控制人以外第三人债务提供担保的情况。若上市公司为母公司提供担保,则不适用该条,而适用《公司法》第16条第2款和第3款有关股东会表决程序包括回避表决制度的规定。若非上市公司为股东或实际控制人之外的第三人债务提供担保,则适用《公司法》第16条第1款。

为规范上市公司(金融类上市公司除外)对外担保行为和银行业金融机构审批上市公司提供担保的贷款行为,有效防范上市公司对外担保风险和金融机构信贷风险,中国证监会与原中国银监会依《公司法》《证券法》《银行业监督管理法》和《担保法》等法律法规,于2005年12月联合发布了《关于规范上市公司对外担保行为的通知》(以下简称《通知》),该《通知》自2006年1月1日起施行。《通知》所称"对外担保"既包括上市公司为他人提供的担保,也包括上市公司对控股子公司的担保。

由于上市公司担保的法律风险主要源于上市公司的内部决策程序,《通知》要求规范上市公司对外担保行为,严格控制上市公司对外担保风险。其一,上市公司对外担保必须经董事会或股东大会审议。因此,董事会或股东大会不能通过转授权的方式把自己的决策权让渡给其他决策机构。其二,上市公司章程应明确股东大会、董事会审批对外担保的权限及违反审批权限、审议程序的责任追究制度。其三,应由股东大会审批的对外担保,必须经董事会审议通过后,方可提交股东大会审批。须经股东大会审批的对外担保包括但不限于下列情形:(1)上市公司及其控股子公司的对外担保总额(包括上市公司对控股子公司担保在内的上市公司对外担保总额与上市公司控股子公司对外担保总额之和)超过最近一期经审计净资产50%以后提供的任何担保;(2)为资产负债率超过70%的担保对象提供的担保;

(3)单笔担保额超过最近一期经审计净资产10%的担保;(4)对股东、实际控制人及其关联方提供的担保。股东大会在审议为股东、实际控制人及其关联方提供的担保议案时,该股东或受该实际控制人支配的股东,不得参与该项表决,该项表决由出席股东大会的其他股东所持表决权的半数以上通过。其四,应由董事会审批的对外担保,必须经出席董事会的2/3以上董事审议同意并作出决议。其五,上市公司董事会或股东大会审议批准的对外担保,必须在中国证监会指定信息披露报刊上及时披露,披露的内容包括董事会或股东大会决议、截至信息披露日上市公司及其控股子公司对外担保总额、上市公司对控股子公司提供担保的总额。其六,上市公司在办理贷款担保业务时,应向银行业金融机构提交《公司章程》、有关该担保事项董事会决议或股东大会决议原件、刊登该担保事项信息的指定报刊等材料。

为有效防范银行业金融机构发放由上市公司提供担保的贷款风险,《通知》强调规范银行业金融机构的贷款担保审批行为。首先,各银行业金融机构应严格依《担保法》《公司法》、最高人民法院《关于适用〈中华人民共和国担保法〉若干问题的解释》等法律法规,加强对由上市公司提供担保的贷款申请的审查,切实防范相关信贷风险,并应及时将贷款、担保信息登录征信管理系统。其次,各银行业金融机构必须依据本《通知》、上市公司《公司章程》及其他有关规定,认真审核以下事项:(1)由上市公司提供担保的贷款申请的材料齐备性及合法合规性;(2)上市公司对外担保履行董事会或股东大会审批程序的情况;(3)上市公司对外担保履行信息披露义务的情况;(4)上市公司的担保能力;(5)贷款人的资信、偿还能力等其他事项。再次,各银行业金融机构应依《商业银行授信工作尽职指引》等规定完善内部控制制度,控制贷款风险。最后,对由上市公司控股子公司提供担保的贷款申请,比照上述规定执行。该《通知》要求各银行业金融机构将上市公司对外担保纳入统一授信管理,严格按照有关规定进行审批和管理。

十二、反担保措施

为降低公司对外担保的风险,除强调民主决策机制,还应鼓励公司从股东或其他被担保人寻求真实、充分的反担保措施。在担保实践中,担保人一般要求主债务人就担保行为提供反担保。反担保一般成为担保人为主债务人提供担保的对价。反担保人既可以是主债务人,也可以是主债务人以外的第三人。当然,如何预防反担保的虚假性、非充分性也将成为公司提供担保时格外关注的重要问题。

十三、自益担保的包容与边界

鉴于公司为自身债务提供担保是为自身举债,举债资金用于公司自身的发展,因此担保风险的控制主体就在本公司。因此,公司章程可自由规定内部决策程序;规定不明的,股东会和董事会均可被解释为决策权主体。

唯一的例外是上市公司。依《公司法》第121条,上市公司在一年内购买、出售重大资产或担保金额超过公司资产总额30%的,应由股东大会作出决议,并经出席会议的股东所持表决权的2/3以上通过。可见,上市公司为自己的债务提供担保、且金额超过公司资产总额30%时,亦应由股东大会作出决议。

第四节 一人公司债权人的特殊保护

一、概述

一人公司的随意创设与运营有可能动摇公司对外承担债务的财产基础，危害交易安全和商事流转。不能慎独自重的一人股东可以更加容易地滥用一人公司外壳，达到损害债权人的目的。

为保护交易安全，降低交易风险，立法者在《公司法》第2章第3节规定了对债权人的六大特殊保护措施，从而使得我国的一人公司制度成为世界上最安全的一人公司制度：(1)"计划生育"政策。一个自然人只能投资设立一家一人有限公司，且该一人有限责任公司不能投资设立新的一人有限责任公司(第58条)。但法人可以同时或先后设立多家一人有限责任公司，法人设立的一人有限责任公司亦可设立新的一人有限责任公司。这一态度有助于保护国有企业的公司制改革。许多公司为避免股东多元化公司蕴涵的法律风险，被迫采取分公司的形式开展投资与交易活动。但分公司不能独立承担民事责任，分公司创设的债务就是总公司的债务。因此，分公司的法律风险之高可以想象。而一人公司制度则使国有企业改革如虎添翼。(2)名称披露要求。一人公司应在公司登记中注明自然人独资或法人独资(第59条)。(3)特别书面决策要求。一人股东行使股东会决策范围内的决策权应以书面形式作出，并由股东签字后置备于公司(第61条)。(4)法定强制审计。自然人投资设立的一人公司在每一会计年度终了时应编制财务会计报告，并经会计师事务所审计(第62条)。(5)法人格滥用推定制度(第63条)。

公司法保护债权人的法律制度也适用于一人公司。因此，要牢固坚持资本保护原则，妥善保护债权人利益；要严格规制一人公司的设立过程，杜绝股东虚假出资、抽逃出资行为。民法和合同法当中的自己代理和双方代理制度也适用于一人公司与股东、董事之间的交易关系。

二、一人公司及其股东的信息披露义务

阳光是最好的防腐剂，电灯是最有效的警察。债权人误入一人公司的连环陷阱的主要原因在于其与一人公司及股东间的信息不对称。《公司法》对公司信息披露制度的要求原则上适用于一人公司。依《公司法》第6条第3款，公众可向公司登记机关申请查询公司的登记事项，公司登记机关应提供查询服务。这样就可确保一人公司登上交易舞台之前就向全社会如实披露自己的股权结构和治理结构，进而尊重善意第三人的知情权，方便善意第三人自主选择交易伙伴。债权人只要及时准确地掌握了一人公司的投资链条和公司家谱，自然会作出明智选择。

一人公司信息披露制度的核心是公司名称的信息披露。若不存在强行性名称披露要求，一人公司的股东有可能为攫取商业机会而故意隐瞒或极力淡化自己的一人公司身份。《公司法》第59条规定："一人应当在公司登记中注明自然人独资或者法人独资，并在公司营业执照中载明。"

名称的信息披露制度旨在强化交易伙伴的知情权与选择权。一人公司及其股东在公司

登记和公司经营过程中都应善始善终地标明"一人公司"字样。此种标明既包括在公司登记机关如实填写公司名称,也包括在一人公司与第三人的往来信件、传真、信封、公司名片等载体中表明其为一人公司。只要从商事习惯出发,正常人或理性人能够判断某公司为一人公司的名称均无不可,例如"独资有限公司""有限公司(独资)"等均其适例。

借鉴《欧盟第12号公司法指令》第3条,出现存续意义上的一人公司时,一人公司及其股东有义务前往公司登记机关办理变更登记。为配合公司信用体系的建设,还应鼓励民间征信机构建立一人公司的信用档案,俾使社会公众对一人公司的财产状况、信用状况了然于胸。这样既可保障一人公司及其股东的利益,又可保障债权人的利益,从而形成多赢格局。

法律有牙齿。为救济违反信息披露义务的行为,立法者在未来修改《公司法》时,有必要强制各家一人公司及其股东对全部一人公司的债务承担连带清偿责任。立法理念在于,一人公司及其股东只需举手之劳便可将一人公司的全部投资链条画面清晰地展现于交易伙伴面前,但却逆立法者意志而动,误导交易伙伴和社会公众,当然应为此付出连带偿债的违法代价。

三、法人资格滥用推定制度

《公司法》第63条规定了法人资格滥用推定制度:"一人有限责任公司的股东不能证明公司财产独立于股东自己的财产的,应当对公司债务承担连带责任。"该条款既确立了一人股东滥用法人资格推定原则,又允许股东以反证推翻。原告债权人可直接将作为债务人的一人公司及其股东列为共同被告,且没有义务就被告股东滥用法人资格和股东有限责任待遇的事实承担举证责任,也没有义务就自己遭受的严重损失与被告股东滥用行为之间的因果关系承担举证责任。这种举证责任倒置或转换的立法技术可称为"有罪推定"技术。

这与《公司法》第20条第3款就股东多元化公司被揭开公司面纱时的原告举证责任规定有着截然不同。《公司法》第20条第3款体现了谁主张、谁举证的原则。可见,股东多元化公司的债权人在主张揭开债务人公司面纱方面比起一人公司的债权人承担着更重的举证责任。

鉴于第20条第3款写在总则,而第63条写在分则(第2章第3节),因此前者属一般法律规定,后者属特别法律规定。在一人公司的情况下,第63条的举证责任倒置具有优先适用的效力。既然是举证责任倒置,就允许一人股东通过反证说明自己与公司之间的财产界限泾渭分明,进而推翻其滥用法人资格的推定,最终享受股东有限责任待遇。一人股东为证明公司财产独立于股东自己的财产,可以出示一人公司的财务会计报告(包括资产负债表、损益表、现金流量表)、审计报告和财产清单等。若一人股东能够证明股东与公司的财产单独建账、两者财产法律边界清晰,法院就应驳回一人公司的债权人对一人股东的诉讼请求。当然,一人公司的债权人有权对一人股东的证据发表质证意见,也有权出示反证,以证明一人股东与一人公司的财产并未保持相互独立。若一人公司的股东不能证明公司财产独立于股东自己的财产,就应推定一人股东滥用了公司法人资格,从而对公司债务承担连带责任。

滥用法人资格推定制度坚持了一人公司作为有限责任公司的基本法理命题,划清了一人公司与个人独资企业的界限,避免将大量合格的一人公司误作个人独资企业处理的"一刀切"现象,给予一人股东证明自己清白、从而享受股东有限责任待遇的机会。这种制度设计还在审判实务中通过举证责任转换的程序规则,在个案中实践公平正义理念,体现对债权人利益的妥当关怀,且有利于降低公司法人格否认制度的操作成本。

滥用法人资格推定制度对一人股东也至为公平。因为,一人公司的控制权主体只有一人股东。一人股东具有足够的信息优势划清其与公司间的财产界限。若一人股东无法划清这一界限,法院令其对一人公司的债权人承担连带责任也毫无冤枉而言。这一制度安排还有利于从反面督促一人股东尊重一人公司的法律人格,进而将股东与其一人公司之间保持必要法律界限的思维入脑入心。

对于实质意义上的一人公司(名为两名股东、实为一家大股东控制的有限责任公司),不宜适用《公司法》第63条。主要理由是,实质意义上的一人公司很难认定,若允许实质意义上的一人公司适用第63条,容易增加法官在行使自由裁量权方面的难度。因此,债权人对于名为两名股东、实则为一家大股东控制的有限责任公司主张债权时,要追究其股东的连带责任,只能由原告债权人依《公司法》第20条第3款规定对被告股东滥用公司人格承担举证责任。

四、一人公司债权人的特殊保护措施原则上不适用于国有独资公司

从体系解释的方法来看,国有独资公司的特别规定被排列在《公司法》第2章第4节,位于第3节"一人有限责任公司的特别规定"之后。从一般法理看,国有独资公司既然属于一人公司的特殊类型,当然应在其特别规定不敷使用时,可以补充适用第3节的规定(包括第63条)。

《公司法》第64条明确规定:"国有独资公司的设立和组织机构,适用本节规定;本节没有规定的,适用本章第一节、第二节的规定。"言外之意,即使立法者没有规定国有独资公司的特别规定,也只能补充适用《公司法》第2章第1节和第2节有关普通有限责任公司的规定,而不能补充适用该章第3节有关一人公司的一般规定。由此观之,国有独资公司的债权人欲追究国有独资公司的国家股东的连带责任,只能适用《公司法》第20条第3款规定的原告债权人举证责任,而不能适用第64条的举证责任倒置。

第五节 会计师事务所在审计业务活动中的民事侵权赔偿责任

一、立法和司法解释的出台背景

会计师事务所的审计业务旨在提高交易透明度和安全度。为维护交易安全,确保公司净资产的真实性,并向广大债权人披露真实的公司偿债能力,依《公司法》第164条,"公司应在每一会计年度终了时编制财务会计报告,并依法经会计师事务所审计"。但缺乏职业操守和专业水准的审计机构反倒容易误导债权人和交易伙伴。

近年来,因会计师事务所为上市公司编制虚假财务会计报告而导致众多投资人权益受损的事件时有发生。2001年,在我国证券市场暴露出来的"银广夏事件"中就有个别会计师事务所不实审计问题的踪影。2002年以来,又有近三十家上市公司在虚假陈述民事赔偿案件中被投资者告上法庭,涉及会计师事务所审计责任的约有7家。会计师事务所不实审计产生的民事赔偿责任亟待明确。

除了强化会计师事务所的独立性,《公司法》第207条第3款还规定:"承担资产评估、验资或者验证的机构因其出具的评估结果、验资或者验证证明不实,给公司债权人造成损失的,除能够证明自己没有过错的外,在其评估或者证明不实的金额范围内承担赔偿责任。"为正确审理涉及会计师事务所在审计业务活动中民事侵权赔偿案件,维护社会公共利益和相关当事人的合法权益,最高人民法院2007年6月11日发布了《关于审理涉及会计师事务所在审计业务活动中民事侵权赔偿案件的若干规定》(以下简称《审计侵权司法解释》)。据此,利害关系人有权以会计师事务所在从事《注册会计师法》第14条的审计业务活动中出具不实报告并致其遭受损失为由,向法院提起民事侵权赔偿诉讼,法院应依法受理。这对于推动注册会计师行业的健康发展、维护交易安全具有重要意义。

二、利害关系人向会计师事务所提起诉讼的法律基础

利害关系人对会计师事务所提起民事诉讼基于其对会计师事务所提供的专业服务瑕疵的损害赔偿请求权。此种损害赔偿请求权源于侵权法,也可通过信托关系予以解释。具体说来,被审计单位是委托人,利害关系人为强制审计制度和其他专业服务制度的受益者,而会计师事务所则处于受托人的地位,会计师事务所受人之托、承人之信、纳人之财,就应诚实守信、勤勉尽责。但会计师事务所违反了信托义务,就应对作为受益人的利害关系人承担赔偿责任。既然《审计侵权司法解释》的全名为《关于审理涉及会计师事务所在审计业务活动中民事侵权赔偿案件的若干规定》,可见其主要从侵权法的角度理解和处理利害关系人与会计师事务所之间的民事纠纷。

三、原告的确定

《审计侵权司法解释》第2条第1款将作为原告的利害关系人界定为"因合理信赖或使用会计师事务所出具的不实报告,与被审计单位进行交易或从事与被审计单位的股票、债券等有关的交易活动而遭受损失的自然人、法人或其他组织"。换言之,利害关系人是指因合理信赖会计师事务所出具的有瑕疵的报告而与被审计单位发生债权、股权(交易关系或投资关系)等民事法律关系,并因此而遭受损失的自然人、法人或其他组织。《公司法》第207条第3款中的"债权人"除了公司的一般债权人,是否尚包括公司的股东在内,值得研究。本书认为,对于"债权人"一词应作扩张解释,既包括普通债权人,也包括因信赖会计师事务所的审计报告而成为公司股东的投资者。

四、不实报告的界定

《审计侵权司法解释》第2条第1款将不实报告界定为"会计师事务所违反法律法规、中国注册会计师协会依法拟定并经国务院财政部门批准后施行的执业准则和规则以及诚信公允的原则,出具的具有虚假记载、误导性陈述或重大遗漏的审计业务报告"。《审计侵权司法解释》的草稿中曾使用"瑕疵报告"的概念,其实,瑕疵报告与不实报告的名称争论并无太大实益,关键是如何界定其内涵。《公司法》第207条第3款使用了"不实"字样,为求体例统一,《审计侵权司法解释》使用了"不实报告"一词。

五、被告和第三人的确定

与会计师事务所出具不实报告的过错相比,被审计单位的过错更甚,而且攫取了利害关

系人基于信赖不实报告而向被审计单位转移的主要财富。因此,从情理上看,原告债权人对会计师事务所提起民事诉讼时必然也会对被审计单位提起诉讼。这样的好处在于,既方便法院查明案情,也提高原告胜诉后的执行率,更符合社会公众的法律感情。因此,利害关系人未对被审计单位提起诉讼而直接对会计师事务所提起诉讼的,法院应依《审计侵权司法解释》第2条第1款告知其对会计师事务所和被审计单位一并提起诉讼;即使利害关系人拒不起诉被审计单位,法院也应通知被审计单位作为共同被告参加诉讼。

大型会计师事务所的分支机构遍布全国各地,其开展的审计业务触及的利害关系人也成千上万。但会计师事务所的分支机构并非独立法人,因此在利害关系人对会计师事务所的分支机构提起诉讼的情况下,法院可依《审计侵权司法解释》第2条第2款规定将该会计师事务所列为共同被告参加诉讼。又依《审计侵权司法解释》第11条,会计师事务所与其分支机构作为共同被告的,会计师事务所对其分支机构的责任部分承担连带赔偿责任。

现实生活中,股东的瑕疵出资现象和抽逃出资现象俯拾皆是。有些纯粹归咎于股东的失信行为,有的可归咎于股东与会计师事务所的狼狈为奸。因此,在公司的债权人因信赖会计师事务所的不实报告而与公司缔结法律关系时,往往不会放纵瑕疵出资股东或抽逃出资股东。因此,若利害关系人提出被审计单位的出资人虚假出资或出资不实、抽逃出资,且事后未补足,法院就可依《审计侵权司法解释》第2条第3款规定将该出资人列为第三人参加诉讼。瑕疵出资股东或抽逃出资股东之所以被列为第三人、而非被告,而且法院并非依职权追加第三人而系根据原告债权人的请求而追加第三人,主要乃因瑕疵出资股东和抽逃出资股东自身并非公司债务的当然承担主体,其依据公司法原理仅对公司债务承担补充清偿责任。

六、过错推定规则

就作为债权人的利害关系人与作为审计报告制作者的会计师事务所之间的信息占有状态而言,利害关系人处于明显的信息占有弱势地位。若拘泥于传统的谁主张谁举证的举证规则,许多利害关系人将由于自己无法举证而承受败诉后果。有鉴于此,《公司法》第207条第3款对会计师事务所的民事赔偿责任采取了过错推定态度。

与这一态度相适应,《审计侵权司法解释》第4条继续采取了过错推定的司法态度。具体说来,会计师事务所因在审计业务活动中对外出具不实报告给利害关系人造成损失的,应承担侵权赔偿责任,但其能够证明自己没有过错的除外。会计师事务所在证明自己没有过错时,可向法院提交与该案件相关的执业准则、规则以及审计工作底稿等。

根据过错推定规则,在追究会计师事务所的民事责任时,法院有权推定承担资产评估、验资或验证的机构在出具不实的评估结果、验资或验证证明时主观上存在过错(包括故意或过失),但会计师事务所有权通过反证推翻法院推定。既然法院有权推定会计师事务所主观上存在过错的事实,原告债权人就没有义务就此种过错以及自己遭受的损失与此种过错之间的因果关系承担举证责任。这种举证责任倒置或转换的立法技术可以形象化地称为"有罪推定"技术,既有利于降低债权人的举证责任负担,也提供了诚信会计师事务所免责的绿色通道。

七、会计师事务所与被审计单位承担连带赔偿责任的情形

由于被审计单位与会计师事务所之间存在委托合同关系,被审计单位有可能滥用自己选择会计师事务所的商业机会向会计师事务所施加压力,迫使其作出对被审计单位有利、但对债权人等利害关系人不利的审计报告。一些会计师事务所为自身的生存与发展,在被审计单位的金钱和利诱面前,也会放松对自身的道德约束,甚至彻底解除自己对被审计单位不当要求的心理抵抗防线。即使被审计单位并不明火执仗地要求会计师事务所"造假",也可利用自己单方接触会计师事务所的近水楼台之便,有目的地控制自己对会计师事务所提供的审计资料(包括会计账簿与原始凭证),进而把会计师事务所"拉下水"。虽然从理论上不排除会计师事务所受被审计单位蒙蔽欺诈的可能性,但鉴于会计师事务所的专业审计特点,实践中的不实报告往往出于被审计单位与会计师事务所之间的沆瀣一气。

为伸张正义,维护利害关系人的正当权利,《审计侵权司法解释》第5条第1款列举了会计师事务所与被审计单位承担连带赔偿责任的6种情形。具体说来,注册会计师在审计业务活动中存在下列情形之一,出具不实报告并给利害关系人造成损失的,应认定会计师事务所与被审计单位承担连带赔偿责任:(1)与被审计单位恶意串通;(2)明知被审计单位对重要事项的财务会计处理与国家有关规定相抵触,而不予指明;(3)明知被审计单位的财务会计处理会直接损害利害关系人的利益,而予以隐瞒或作不实报告;(4)明知被审计单位的财务会计处理会导致利害关系人产生重大误解,而不予指明;(5)明知被审计单位的会计报表的重要事项有不实的内容,而不予指明;(6)被审计单位示意其作不实报告,而不予拒绝。为堵塞会计师事务所辩称自己内心确非明知的诉讼计谋,《审计侵权司法解释》第5条第2款明确规定:"对被审计单位有前款第2项至第5项所列行为,注册会计师按照执业准则、规则应知道的,人民法院应认定其明知。"因为,会计师事务所在这一情形下的恶意与重大过失义务有区分之必要。如此一来,无论是奸诈的会计师事务所,还是明显不具备执业基本资质的会计师事务所,都会彻底放弃利用法律漏洞蒙混过关的心理企图,进而改恶向善,见贤思齐。

在司法实践中,会计师事务所对被告承担连带责任的判例早已出现。2006年7月31日,湖北省武汉市中级人民法院曾对湖北蓝田股份公司(后改名为"生态农业")造假案作出判决:被告生态农业赔偿83名原告540多万元,包括华伦会计师事务所在内的其他8名被告承担连带赔偿责任。此案是会计师事务所在我国虚假陈述证券民事赔偿案中承担连带责任的首例判决。

八、会计师事务所过失的认定及其责任分配

《审计侵权司法解释》对会计师事务所的民事责任采取过错推定态度属于证据法层面的制度设计,旨在便利原告利害关系人诉讼。从实体法(侵权法)层面看,过错推定态度仍属于过错责任的范畴。根据过错责任原则,若会计师事务所存在过错导致第三人损失的,应承担与其过错相适应的民事责任;若会计师事务所存在故意的,应与公司债务人一道对公司债务承担连带民事责任。在可以确定会计师事务所的主观过错并非故意、而系过失的情况下,法院应根据会计师事务所的过错的大小确定民事责任的承担比例。有鉴于此,《审计侵权司法解释》第6条第1款规定:"会计师事务所在审计业务活动中因过失出具不实报告,并给利害

关系人造成损失的,人民法院应当根据其过失大小确定其赔偿责任。"

过失的认定并非易事。依《审计侵权司法解释》第6条第2款规定,注册会计师在审计过程中未保持必要的职业谨慎,存在下列情形之一,并导致报告不实的,法院应认定会计师事务所存在过失:(1)违反《注册会计师法》第20条第2项和第3项的规定,依该条,若委托人故意不提供有关会计资料和文件,或若因委托人有其他不合理要求,致使注册会计师出具的报告不能对财务会计的重要事项作出正确表述,则注册会计师执行审计业务时应拒绝出具有关报告;(2)负责审计的注册会计师以低于行业一般成员应具备的专业水准执业;(3)制定的审计计划存在明显疏漏;(4)未依据执业准则、规则执行必要的审计程序;(5)在发现可能存在错误和舞弊的迹象时,未能追加必要的审计程序予以证实或排除;(6)未能合理地运用执业准则和规则所要求的重要性原则;(7)未根据审计的要求采用必要的调查方法获取充分的审计证据;(8)明知对总体结论有重大影响的特定审计对象缺少判断能力,未能寻求专家意见而直接形成审计结论;(9)错误判断和评价审计证据;(10)其他违反执业准则、规则确定的工作程序的行为。

法院确定会计师事务所承担与其过失程度相应的赔偿责任时,应按照下列情形处理:(1)应先由被审计单位赔偿利害关系人的损失。被审计单位的出资人虚假出资、不实出资或抽逃出资,事后未补足,且依法强制执行被审计单位财产后仍不足以赔偿损失的,出资人应在虚假出资、不实出资或抽逃出资数额范围内向利害关系人承担补充赔偿责任。(2)对被审计单位、出资人的财产依法强制执行后仍不足以赔偿损失的,由会计师事务所在其不实审计金额范围内承担相应的赔偿责任。(3)会计师事务所对一个或多个利害关系人承担的赔偿责任应以不实审计金额为限。此种制度设计体现了对会计师事务所的风险控制的合理照顾。尤其是此条赋予会计师事务所的先执行抗辩权,是会计师事务所降低执业风险的一个重要壁垒。该条在实践中的法律效果和社会效果究竟如何,值得观察。

九、免责事由

依据经典的过错责任原则,若会计师事务所对于不实报告的出具不存在过错,则会计师事务所可以免责。依《审计侵权司法解释》第7条,若会计师事务所能够证明存在以下情形之一,即可对利害关系人免于承担民事赔偿责任:(1)已经遵守执业准则、规则确定的工作程序并保持必要的职业谨慎,但仍未能发现被审计的会计资料错误;(2)审计业务所必须依赖的金融机构等单位提供虚假或不实的证明文件,会计师事务所在保持必要的职业谨慎下仍未能发现其虚假或不实;(3)已对被审计单位的舞弊迹象提出警告并在审计业务报告中予以指明;(4)已经遵照验资程序进行审核并出具报告,但被验资单位在注册登记后抽逃资金;(5)为登记时未出资或未足额出资的出资人出具不实报告,但出资人在登记后已补足出资。

依《审计侵权司法解释》第9条,会计师事务所在报告中注明"本报告仅供年检使用""本报告仅供工商登记使用"等类似内容的,不能作为其免责的事由。此种记载类似于合同法中的无效格式条款(霸王条款)。

十、过错相抵

依过错相抵规则,在侵权人与受害人主观上均存在过错的情况下,侵权人承担民事责任时应予以适度减轻。换言之,由于受害人自身过错而导致的财产损失应从侵权人的民事赔偿责任中予以扣除。鉴于利害关系人并非专业审计人士,《审计侵权司法解释》第8条在规定过错相抵规则的同时,没有惩罚受害者出于过失而信赖会计师事务所出具的报告的行为:利害关系人明知会计师事务所出具的报告为不实报告而仍然使用的,法院应酌情减轻会计师事务所的赔偿责任。至于减轻多大比例,授权法官在个案中行使自由裁量权。这样既可适度减轻会计师事务所的民事责任,又可强化利害关系人的自我当心意识,还可预防和减少社会财富的损失,降低交易成本。

十一、会计师事务所的最高责任限额

从全球范围看,尽管审计师的民事责任日益扩张,但诉讼和立法也为审计师的民事责任承担提供了防御性的保护措施。在安然系列丑闻发生前,审计师成功地通过各种责任上限和时效立法等方式限制其自身责任。① 但我国现行立法并未规定此种最高限额,因此司法解释不宜创设此种法律规则。

但《公司法》第207条第3款仅要求承担资产评估、验资或验证的机构"在其评估或者证明不实的金额范围内承担赔偿责任"。《审计侵权司法解释》第10条第3项亦规定会计师事务所对一个或多个利害关系人承担的赔偿责任应以不实审计金额为限。但该条的适用范围仅限于法院依该司法解释第6条"确定会计师事务所承担与其过失程度相应的赔偿责任"的情形。从文义解释的角度看,该条不适用于会计师事务所由于故意而对利害关系人承担赔偿责任的情形。换言之,若会计师事务所出于故意而出具不实报告时,并无最高赔偿限额的适用。

就会计师事务所出于过失而出具不实报告的情况而言,《审计侵权司法解释》的态度还可以细化。首先,要将会计师事务所的民事赔偿责任控制在评估或证明不实的金额范围内,而非收费金额范围之内,也不管债权人之多寡。其次,为确保债权人公平受偿,建议建立债权催告制度,从而使广大债权人都有机会申报债权,然后按其债权比例在上述限额内获得公平清偿。这样,既可使会计师事务所的民事责任和交易风险得到限制,又可以捍卫债权人之间的平等对待原则。

第六节 债权人友好型的变更与追加被执行人制度

一、变更与追加被执行人的司法解释旨在向债权人倾斜

为破解执行难,保护债权人合法权益,最高人民法院2016年11月7日发布了《关于民事执行中变更、追加当事人若干问题的规定》(以下简称《变更追加当事人司法解释》)。为妥善平衡债权人保护与案外利害关系人之间的利益冲突,司法解释既允许债权人(申请执行人)在具备正当与法定事由的情形下申请追加被执行人;又严格限定被追加为被执行人的主

---

① 有关美国情况,参见 Bily v. Arthur Young & Company, 834 Pacific Reporter, Second Series 745(California Supreme Court 1992)。有关德国情况,参见《德国商法典》第323条(过失审计师的责任限额是100万马克,审计上市公司的责任限额是400万马克)。有关法国情况,参见《法国商法典》第225—242条。依该条,诉讼时效期限是从发现损害行为起3年。

体范围,并根据法定条件与程序保护异议人的权利,确保不殃及无辜的案外人和第三人。《变更追加当事人司法解释》由两部分组成:一部分内容是要解决申请执行人侧(债权人侧)的变更、追加;另一部分内容是要解决被申请执行人侧(债务人侧)的变更、追加。前者主要是债权人群体内部利害关系人的利益与资源的再分配;后者则是债务人群体内部利害关系人的义务、责任与风险的再配置。限于篇幅,本节仅讨论第二部分内容。

在执行程序中可以追加被执行人,意味着债权人可以跨越诉讼程序,直接追加更多更有清偿实力的、与原被执行人有特定法律联系的当事人成为被执行人,进而极大提高债权人获偿的概率和效率。对于最高人民法院在执行程序中送来的这份"大礼包",债权人当然欢天喜地。但几家欢喜几家愁。被执行人的追加意味着诉讼程序中并未被列为被告的案外人成了被执行人,若拒绝履行生效裁判文书,就会被强制执行,甚至会被添加到"老赖"(失信被执行人)的黑名单。① 因此,追加被执行人的制度既增强了申请执行人的获得感,也增加了被追加为被执行人的利害关系人的焦虑感。

二、申请执行人有权请求法院变更、追加的被执行人范围

依《变更追加当事人司法解释》,可向法院申请变更、追加当事人的权利人范围包括:

1. 公司合并后的存续公司或新设公司。基于公司合并制度,作为被执行人的法人或其他组织因合并而终止,申请执行人可申请变更合并后存续或新设的法人、其他组织为被执行人。

2. 分立后的新设公司。基于公司分立制度,作为被执行人的法人或其他组织分立时,申请执行人可申请变更、追加分立后新设的法人或其他组织为被执行人,对生效法律文书确定的债务承担连带责任。但被执行人在分立前与申请执行人就债务清偿达成的书面协议另有约定的除外。

3. 个人独资企业投资人。个人独资企业不是独立法人,不能独立承担民事责任。个人独资企业与其投资者之间没有民事责任的"防火墙"。作为被执行人的个人独资企业,不能清偿生效法律文书确定的债务,申请执行人可申请变更、追加其投资人为被执行人。个人独资企业投资人作为被执行人的,法院可以直接执行该个人独资企业的财产。

4. 个体工商户字号所有人。个体工商户是商个人、商自然人,直接面对债权人清偿债务。个体工商户的字号为被执行人的,法院可以直接执行该字号经营者的财产。

5. 普通合伙人。合伙企业不是法人,除了有限责任合伙人之外,所有普通合伙人在合伙企业落难、对外清偿债务时,都负有连带责任。基于合伙法制度,作为被执行人的合伙企业,不能清偿生效法律文书确定的债务,申请执行人有权申请变更、追加普通合伙人为被执行人。

6. 尚未足额缴纳出资的有限合伙人。有限合伙人的对外责任类似于有限责任公司的股东。基于有限责任合伙人的出资义务,作为被执行人的有限合伙企业,财产不足以清偿生效法律文书确定的债务,申请执行人有权申请变更、追加未按期足额缴纳出资的有限合伙人

---

① 据传,由于某位赖姓全国人大代表在参加审议最高人民法院工作报告时不满最高人民法院将失信被执行人形象化地称为"老赖",最高人民法院立即虚怀纳谏,在以后的正式文件中取消了"老赖"的提法,恢复了"失信被执行人"的用语。

为被执行人,在未足额缴纳出资的范围内承担责任。

7. 分公司。分公司不是子公司,不是独立法人。分公司的所有资产或财产都可用于清偿总公司对外负债。基于分公司的法律地位,倘若作为被执行人的分公司不能清偿生效法律文书确定的债务,申请执行人有权申请变更、追加该法人为被执行人。法人直接管理的责任财产仍不能清偿债务的,法院可以直接执行该法人其他分公司的财产。被执行人公司直接管理的责任财产不能清偿生效法律文书确定债务的,法院可依职权直接执行该法人分支机构的财产,而无需债权人的申请。

8. 非法人的其他组织背后的责任主体。非法人组织不能独立承担民事责任。换言之,非法人组织背后的实际控制人必须对该组织的债务承担清偿责任。因此,个人独资企业、合伙企业、法人分支机构以外的其他组织作为被执行人,不能清偿生效法律文书确定的债务时,申请执行人有权申请变更、追加依法对该其他组织的债务承担责任的主体为被执行人。

9. 瑕疵出资股东(包括实际缴纳出资义务尚未届满时的股东)。《公司法解释(三)》第13条规定了瑕疵出资股东对公司债务的补偿清偿责任。因此,被执行人公司的财产不足以清偿生效法律文书确定的债务时,申请执行人有权申请变更、追加未缴纳或未足额缴纳出资的股东或依公司法规定对该出资承担连带责任的发起人为被执行人,在尚未缴纳出资的范围内依法承担责任。

10. 抽逃出资股东。《公司法解释(三)》第14条规定了抽逃出资股东对公司债务的补偿清偿责任。因此,被执行人公司的财产不足以清偿生效法律文书确定的债务,申请执行人有权申请变更、追加抽逃出资的股东为被执行人,在抽逃出资的范围内承担责任。

11. 瑕疵股权的出让人。《公司法解释(三)》第18条重申了瑕疵股权的出让人对公司债务的补偿清偿责任,第13条第3款重申了《公司法》第30条规定的设立时足额出资的原始股东对其他瑕疵出资的原始股东的连带责任。有鉴于此,被执行人公司财产不足以清偿生效法律文书确定的债务,其股东未依法履行出资义务即转让股权的,申请执行人有权申请变更、追加该原股东或依公司法规定对该出资承担连带责任的发起人为被执行人,在未依法出资的范围内承担责任(第19条)。遗憾的是,该司法解释漏写了本应一并被追加为被执行人的两类特定主体:一是已被《公司法解释(三)》第18条规定的应当与瑕疵出资股东共同承担连带责任的非善意的瑕疵股权受让人。二是《公司法解释(三)》第13条第3款规定的在公司增资时未能诚实守信、勤勉尽责,致使公司出资未缴足的董事与高管。若债权人要让这两类被漏写的主体承担责任只能零星提起民事诉讼,而不能享受《变更追加司法解释》的快速直通车。建议《变更追加当事人司法解释》修改时完善。

12. 未能举证证明自己财产独立于一人公司财产的一人股东。《公司法》第63条规定了一人股东不能举证证明一人公司财产独立于该股东个人财产时对公司债权人的连带责任。基于法人格滥用的推定制度,倘若作为被执行人的一人有限责任公司财产不足以清偿生效法律文书确定的债务,而且该股东不能证明公司财产独立于自己的财产,则申请执行人有权申请变更、追加该股东为被执行人,对公司债务承担连带责任。

13. 未经清算就注销公司的清算义务主体。《公司法解释(二)》第20条规定了有限责任公司股东、股份公司董事的董事和控股股东以及公司的实际控制人未经依法清算就办理注销登记时对公司债务的相应赔偿责任。有鉴于此,倘若被执行人公司未经清算即办理注销登记,导致公司无法进行清算,申请执行人有权申请变更、追加有限责任公司的股东、股份有限公司的董事和控股股东为被执行人,对公司债务承担连带清偿责任(第21条)。但该司法解释有两个漏洞:一是遗漏了《公司法解释(二)》第19条规定的有限责任公司股东、股份有限公司的董事和控股股东,以及公司的实际控制人在公司解散后,恶意处置公司财产给债权人造成损失,或者未经依法清算,以虚假的清算报告骗取公司登记机关办理法人注销登记时对公司债务的相应赔偿责任。《变更追加当事人司法解释》貌似整合了《公司法解释(二)》第19条和第20条,实则不然。因为《变更追加当事人司法解释》列举的情形无法覆盖《公司法解释(二)》第19条项下的情形;二是遗漏了《公司法解释(二)》第20条第1款规定的公司的实际控制人在公司未经依法清算就以虚假清算报告办理注销登记时对公司债务的相应赔偿责任。公司的实际控制人不同于控股股东,而是控股股东的背后控制人。司法解释漏写了公司的实际控制人主要考虑到实际控制人若不登记于公司登记机关,则很难认定。执行法院的畏难情绪可以理解,但申请执行人一般会协助执行法院发现被执行人背后的实际控制人。但由于司法解释漏写了实际控制人,导致为实际控制人恶意规避债务预留了后门,亟需制度补漏。当然,《变更追加当事人司法解释》也有可圈可点的大胆创新之处:把《公司法解释(二)》第20第1款条规定的被追加的被执行人的民事责任性质由"清偿责任"明确为连带责任。这一司法举措体现了债权人保护力度的加大,但被追加的被执行人可能会心有微词。

14. 在被执行公司解散时无偿接受公司财产的股东或主管部门。基于债务随着资产走的朴素理念,倘若作为被执行人的公司被注销或出现被吊销营业执照、被撤销、被责令关闭、歇业等解散事由后,其股东、出资人或主管部门无偿接受其财产,致使该被执行人无遗留财产或遗留财产不足以清偿债务,申请执行人有权申请变更、追加该股东、出资人或主管部门为被执行人,在接受的财产范围内承担责任。

15. 清算承诺人。《公司法解释(二)》第20条第2款规定,被执行人"公司未经依法清算即办理注销登记,股东或者第三人在公司登记机关办理注销登记时承诺对公司债务承担责任,债权人主张其对公司债务承担相应民事责任的,法院应依法予以支持"。基于此,作为被执行人的公司未经依法清算即办理注销登记,在登记机关办理注销登记时,倘若第三人书面承诺对被执行人的债务承担清偿责任,申请执行人有权申请变更、追加该第三人为被执行人,在承诺范围内承担清偿责任。

16. 因无偿调拨、划转而接受财产的第三人。基于债务随着资产走的朴素理念,作为被执行人的公司财产依行政命令被无偿调拨、划转给第三人,致使该被执行人财产不足以清偿生效法律文书确定的债务,申请执行人有权申请变更、追加该第三人为被执行人,在接受的财产范围内承担责任(第25条)。但该条在执行中也应严格把握构成要件,不得滥用。笔者认为,当事人被追加为被执行人必须同时具备以下三个条件:(1)被执行人的法人或其他组织的"财产"必须是被执行人的固有财产,而不包括其为他人依法代持的信托财产;(2)被执行人的固有财产"依行政命令被无偿调拨、划转给第三人",不包括国有资产管理机构在内的委托人依法解除股权代持关系或股权信托关系的情形;(3)"财产依行政命令被无偿调拨、划转给第三人,致使该被执行人财产不足以清偿生效法律文书确定的债务"。因此,倘若财产没有依行政命令被无偿调拨、划转给第三人,或者虽然财产依行政命令被无偿调拨、划转给第三人,但与被执行人财产不足以清偿生效法律文书确定的债务之间没有因果关系,也不应追加依法取得该财产的第三人为被执行人。

三、被变更或追加被执行人的当事人的救济权利

人性的弱点之一是潜伏着不理性因素。这种潜在的不理性虽然不会随时爆发,但在重大诱惑或者沉重打击面前可能会像火山一样爆发。债权人也是如此。为预防债权人在执行程序中大规模追加无关被申请人为被执行人的不理性做法,也为彰显执行程序中的程序正义,体现对被申请人异议权利的尊重与保护,《变更执行当事人司法解释》规定了一系列限制不当变更或追加被执行人的程序规则。

其一,申请人申请变更、追加执行当事人,应当向执行法院提交书面申请及相关证据材料。

其二,要履行公开听证程序。除事实清楚、权利义务关系明确、争议不大的案件外,执行法院应当组成合议庭审查并公开听证。经审查,理由成立的,裁定变更、追加;理由不成立的,裁定驳回。被申请人有提出异议的权利。

其三,被申请人有权申请复议一次。被申请人、申请人或其他执行当事人对执行法院作出的变更、追加裁定或驳回申请裁定不服的,可以自裁定书送达之日起10日内向上一级法院申请复议。上一级法院对复议申请应当组成合议庭审查,并自收到申请之日起60日内作出复议裁定。

其四,被裁定变更、追加的被申请人申请复议的,复议期间,法院不得对其争议范围内的财产进行处分。申请人请求法院继续执行并提供相应担保的,法院可以准许。

其五,被申请人或申请人对执行法院依据《变更追加当事人司法解释》第14条第2款、第17条至第21条规定作出的变更、追加裁定或驳回申请裁定不服的,可自裁定书送达之日起15日内,向执行法院提起执行异议之诉。被申请人提起执行异议之诉的,以申请人为被告。申请人提起执行异议之诉的,以被申请人为被告(第32条)。至于该司法解释第15条规定的分公司与第16条规定的非法人其他组织背后的责任主体被变更或追加为被执行人具有清晰的法律依据与法理依据,且不存在责任金额、份额的界定与划分,因此无需启动执行异议之诉。至于第22条规定的在被执行公司解散时无偿接受公司财产的股东或主管部门、第23条规定的清算承诺人以及第25条规定的因无偿调拨、划转而接受财产的第三人也与此相若,不复赘述。

其六,被申请人提起的执行异议之诉,法院经审理,按照下列情形分别处理:(1)理由成立的,判决不得变更、追加被申请人为被执行人或者判决变更责任范围;(2)理由不成立的,判决驳回诉讼请求。诉讼期间,法院不得对被申请人争议范围内的财产进行处分。申请人请求法院继续执行并提供相应担保的,法院可以准许。

其七,申请人提起的执行异议之诉,法院经审理,按照下列情形分别处理:(1)理由成立的,判决变更、追加被申请人为被执行人并承担相应责任或者判决变更责任范围;(2)理由不成立的,判决驳回诉讼请求。

第九章

并购重组

第一节 并购重组概述

一、并购重组的概念与特征

并购重组有助于提高公司资本的运营效率,实现公司资源的合理流动与优化配置,避免公司资源的不必要浪费。资本市场愈发达,公司重组活动愈趋活跃。

并购重组具有广狭二义。狭义的并购重组仅限于公司并购,包括公司合并、公司收购与公司分立(分割)。而广义的并购重组泛指公司之间、股东与公司之间、股东之间依据私法自治原则,为实现公司资源的合理流动与优化配置而实施的各种商事行为。公司之间的并购重组活动包括两家以上公司之间的公司合并和公司分立行为。股东与公司之间的并购重组活动包括一家公司背后的股东与另外一家收购公司之间的控制权收购活动以及资产收购活动。股东之间的公司并购重组行为包括一家公司与另外一家公司背后的股东之间的股权转让活动。

并购重组具有以下特征:

(1)并购重组活动是受到公司法强制性规范适度干预的商事活动。并购重组作为商事活动,当然要弘扬私法自治的精神,反对行政权的不当干预和"拉郎配"措施。在我国并购重组实践中,由政府硬性捏合的不少公司并购重组活动出现了并购重组后公司经营绩效大不如前的滑坡现象。因此,并购重组活动应当尊重市场的自身规律,弘扬公司及其股东们的商业智慧。但为保护中小股东、公司债权人以及参与公司广大职工的切身利益,公司法有必要为并购重组活动设定必要的强制性规范。

(2)并购重组的主体既包括公司,也包括股东。并购重组活动是公司组织事项的重大调整,股权结构、经营范围、发展战略或公司治理结构的任何变化,都直接攸关股东的切身利益,当然需要广大股东的深度介入。股东的这种介入程度有时表现为出让自己的股权(在股份转换的情况下,目标公司的股东将自己持有的全部股权作价出资给另外一家公司,从而取得对后一公司的股权),有时表现为股东限制自己股权的行使(在公司重整的情况下,限制股东的分红权与表决权),有时表现为股东在股东大会上对公司重整活动行使表决权和决策权,有时表现为反对股东对公司行使退股权。

(3)并购重组的客体是公司与股东享有的物权、债权、股权、知识产权等各种财产权利。相应的,并购重组手段就包括资产收购、营业转让、营业租赁、公司合并、股权收购、控制权收购、股份转换、公司重整、公司组织形式变更等类型。

（4）并购重组适用于各类公司。不仅股份有限公司，有限责任公司包括一人有限公司和国有独资公司也可参与公司重组活动。从广义看，公司制企业与合伙企业（包括有限合伙和有限责任合伙）之间也可发生并购重组活动。例如，有限责任公司可以担任一家合伙企业的普通合伙人或者有限合伙人。实际上，有限合伙就是有限责任公司制度与普通合伙制度的"混血儿"。

二、并购重组的类型

市场经济体制的优势之一在于鼓励和允许资源的合理流动与优化配置。公司大事，合久必分，分久必合。传统并购重组仅限于公司合并与公司分立两种形式。随着资本市场的不断发育和成熟，并购重组方式日趋多元。由于许多并购重组行为逾越了传统契约法的边界，立法者遂有必要规范和引导花样不断翻新的公司重组行为。并购重组可以作多种分类。

其一，以并购重组的客体为准，并购重组可以分为公司部分财产的并购重组、公司人格的并购重组、公司股权的并购重组、公司控制权和公司经营方式的并购重组。（1）公司部分财产的并购重组。主要包括公司资产收购、营业转让。在这类并购重组中，卖方公司丧失了对出售资产或营业的所有权，换回了货币或其他等值财产，进而得以购进其他急需财产。发生流转和变化的仅为各方公司的资产形态，至于各方公司的法人资格不受影响。（2）公司人格的并购重组。主要包括公司合并与公司分立。此类并购重组或者导致一家以上既存公司的消灭（在吸收合并与新设分立的情况下），或者导致一家以上新设公司的诞生（在新设合并与存续分立的情况下）。（3）公司股权的并购重组。主要指两家公司之间发生的股权流转行为以及公司转换制度（包括股份交换与股份移转）。由于股份转换的结果不仅导致股权的流转，而且导致新设母公司的诞生，因此股份转换既是股权重组活动，也是公司人格重组活动。（4）公司控制权的并购重组。一家公司通过收购另外一家公司的大宗股权，或者建立表决权信托等方式取得对后一公司股东会或董事会的绝对或者相对控制权，至于目标公司的法人资格依然存在，发生流转与变化的仅限于公司股东会和董事会中的控制权。当然，一家公司取得控制权以后，可以通过改变目标公司的发展战略和经营方针，进而壮大公司的规模经济效益。（5）公司经营方式的并购重组。在公司自身无意或无力经营，或者虽有意和有力经营、但经营成本显著过高的情况下，可以采取营业租赁或者承包经营的方式，将营业的经营权在一定期限内让渡给具有经营管理经验和卓越声誉的同行公司。

其二，以并购重组的公司数量为准，并购重组分为公司之间的并购重组以及公司自身的并购重组。（1）公司之间的并购重组。既包括既存公司之间的并购重组，也包括既存公司与新设公司之间的并购重组，还包括子公司与分公司之间的相互转换。子公司可以转变为分公司，分公司也可转变为子公司。为加大对下属公司的控制力度，母公司可依法定程序兼并子公司，从而将子公司上收为分公司。例如，胜利油田原本是一家独立公司，后被整合为中石化股份公司的分公司（胜利油田分公司）。为避免总公司对分公司债务承担民事责任的法律风险，总公司也可将其特定分公司的资产作为出资设立一家子公司甚至全资控股子公司。（2）公司自身的并购重组。既包括公司组织形式的改变（如有限责任公司与股份有限公司之间的组织形式转换），也包括公司与其股东、债权人之间的权利义务关系的改变（如公司重整制度)。

其三,以并购重组的主体为准,公司并购重组可分为内资并购重组与外资并购重组。前者指内资公司之间的并购重组,后者指外资公司与内资公司之间的并购重组。

其四,以并购重组的效果为准,公司并购重组可以分为以壮大公司资产规模和经营规模为目的的增重型并购重组(如公司合并、公司控制权收购、营业收购)以及以收缩公司资产规模和经营规模为目的的瘦身型并购重组(如公司分立、营业出售)等。

其五,以参与并购重组公司的竞争力为准,公司并购重组可以分为扩张型并购重组(如公司合并、公司控制权收购、营业收购)和康复型并购重组(如公司重整)。前者使得强者更强,后者使得弱者变强。前者针对本已具备较强竞争力的公司而言,后者针对病入膏肓、但有挽救希望的公司而言。

当然,并购重组的不同手段之间并非截然对立,有时相互结合、搭配使用,共同服务于并购重整战略一盘棋。例如,看似对立的公司合并与公司分立也可共同组合。试举例说明。A公司通过存续分立一分为二,一为A公司,二为新设B公司;B公司又可兼并C公司。再如,A公司可以分立为B公司和C公司,D公司可以分立为E公司和F公司;之后,C公司可与F公司合并,E公司可与B公司合并。

三、并购重组的法律适用

并购重组既然体现契约自由、公司自治和市场竞争的精神,当然应当适用《公司法》和《民法典》等民事基本法律。既然并购重组行为属于平等主体之间的民事行为,就要充分尊重各方当事人的自由选择,原则上公权力不宜强行干预。

但并购重组的结果有可能涉及竞争者、消费者、劳动者的切身利益,有时甚至影响到国家宏观调控政策尤其是产业政策、社会公共利益和国家利益、国家安全。有些并购重组有可能排除和限制竞争,有些并购重组旨在从广大消费者掠夺暴利,有的并购重组旨在大量裁员,有的并购重组与国家宏观调控政策背道而驰,有的公司重组威胁到国家安全。因此,对有可能损害国家利益(包括作为民事主体的国家利益以及作为公权力主体的国家利益)、社会公共利益和国家安全的并购重组,立法者与监管者必须予以干预。

我国《反垄断法》专章规定了"经营者集中",旨在约束与控制公司经济力量的过度集中。中国证监会《上市公司收购管理办法》第4条也明文禁止上市公司的收购及相关股份权益变动活动危害国家安全和社会公共利益;上市公司的收购及相关股份权益变动活动涉及国家产业政策、行业准入、国有股份转让等事项,需要取得国家相关部门批准的,应当在取得批准后进行;外国投资者进行上市公司的收购及相关股份权益变动活动的,应当取得国家相关部门的批准,适用中国法律,服从中国的司法、仲裁管辖。2006年9月8日,商务部、国务院国有资产监督管理委员会、国家税务总局、原国家工商行政管理总局、中国证券监督管理委员会和国家外汇管理局重新发布的修订后的《关于外国投资者并购境内企业的规定》第12条也要求外国投资者并购境内企业并取得实际控制权,涉及重点行业、存在影响或可能影响国家经济安全因素或者导致拥有驰名商标或中华老字号的境内企业实际控制权转移的,当事人应就此向商务部进行申报。

第二节 公司合并

一、公司合并的概念与特征

公司合并指两家以上的公司不经过清算程序,直接合并成为一家公司的法律行为。公司合并的主要动因包括但不限于:(1)取得规模经济效益,扩大市场占有率,增强公司竞争力,提升公司的社会形象和知名度;(2)利用公司合并机会,将劣势公司的亏损充抵强势公司的盈利,以实现节税目的;(3)避免公司在激烈的市场竞争中被淘汰出局,等等。当然,具体到公司合并中的一方当事人而言,动机会有所不同。对于强者公司来说,公司合并旨在愈并愈强;而对于弱者公司而言,公司合并则可躲过破产一劫。在经济全球化的时代,一些民族企业为与跨国公司抗衡,也会选择公司合并。

公司合并具有以下特征:

(1)公司合并是公司之间的契约行为。公司合并的主体是公司,而非股东,合并的意思表示由合并各方公司股东会分别作出。公司合并要充分体现私法自治精神,要力戒公司合并过程中的"拉郎配"现象。当然,这并不排除政府依据反垄断法的授权,为维护公平竞争秩序而对公司合并予以行政审查;也不排除政府依据法律或者行政法规的授权,为保护自然资源与生态环境而对小规模的采矿企业作出强制合并的行政决定。

(2)公司合并是合并各方公司实施的共同行为。与合伙合同、公司设立协议相似,合并各方的意思表示内容相同、方向平行,均指向相同的合并内容。这与意思表示方向相反、但相互合作的买卖合同迥然有异。

(3)公司合并前原公司的股东资格并不消失。虽然公司合并会导致一家或多家公司的法人资格的消失,但被注销的公司的股东并不因此而丧失股东权利;相反,他们要在存续公司或新设公司中取得相应的股东资格。当然,这并不排除异议股东在公司合并之时行使退股权,进而脱离公司。

二、公司合并的类型

(一)吸收合并或者新设合并

以合并前后公司的组织形态变化为准,公司合并分为吸收合并和新设合并。依《公司法》第172条,公司合并可以采取吸收合并或者新设合并。

吸收合并,又称存续合并、公司兼并,是指一家公司吞并和吸收另外一家公司,存续公司的资本规模和业务规模更大,而被合并公司未经清算而解散,并将其全部资产和负债转让给存续公司的法律行为。其中,被合并公司股东所持的股份转换为对存续公司所持的股份。在吸收合并中,合并一方的法人资格得以保全,而其他公司的法人资格则告消灭。

新设合并,又称新创合并、创设合并,是指两家以上的公司未经清算而解散,并将其全部资产和负债转让给一家新设公司的法律行为。在新设合并中,所有公司均丧失法人资格,新公司在此基础上得以破土而出,被合并公司股东所持的股份转换为对新设公司所持的股份。

吸收合并与新设合并各有利弊。就吸收合并而言,兼并公司并不消失,亦无需设立新公司,合并程序较为简单,但对兼并对价心怀不满的被兼并公司管理层和股东可能会滋生"被吃掉"的失落感,被兼并公司的许多资源尤其是无形资产(如商誉、商标和上市公司壳资源等)也可能被弃置,进而导致资源浪费。就新设合并而言,各家公司的高管和股东平起平坐进入新公司,不存在孰高孰低的问题,但其缺点在于新设公司程序繁琐、消灭的原公司的诸多资源(如知名度和上市公司的壳资源)在事实上和法律上无法或很难传承给新设公司。

但无论是吸收合并,还是新设合并,都取决于合并各方的市场地位和博弈关系。势均力敌的公司有可能选择新设合并,原有公司消灭;而竞争力相差悬殊的公司有可能选择吸收合并方式。

(二) 同类公司合并与不同类公司合并

以合并各方公司的组织形式是否相同为准,公司合并可以分为同类公司合并与不同类公司合并。同类公司合并,是指组织形式相同的公司之间的合并,如有限责任公司之间的合并、股份有限公司之间的合并、上市公司之间的合并;不同类公司合并,是指组织形式不同的公司之间的合并,如有限责任公司与股份有限公司之间的合并、非上市公司与上市公司之间的合并、一人公司与股东多元化公司之间的合并等。

同类公司合并后的公司组织形式一般并不发生变化,而不同类公司合并后的组织形式则不可能与原公司组织形式保持相同:在某些情况下,合并后公司采取原公司的组织形式之一(例如,股份有限公司兼并有限责任公司之后依然保留股份有限公司的法律身份);而在某些情况下,合并后公司采取原公司之外的其他组织形式(例如,一人公司与一家有限责任公司新设合并后组建一家股份有限公司)。

《公司法》并未禁止不同类型组织形式的公司合并。根据私法自治原则,法无禁止即可为。因此,不同类型组织形式的公司合并具有合法性。至于合并后的公司组织形式,要由各方合并公司及其广大股东根据吸收合并与新设合并的不同特点以及合并后公司是否满足特定公司组织形式的法定门槛而定。一般说来,股份有限公司与有限责任公司合并的,存续公司或新设公司采取股份有限公司的形式有利于扩大公司规模,提升股权的流通性,更符合公司合并的战略目标。有限责任公司股东经由公司合并一跃而为股份有限公司甚至上市公司的股东;股份有限公司的资本规模和经营规模亦可壮大。

(三) 普通公司兼并与简易兼并

公司兼并以其是否需要获得各方公司股东会同意为准,可以区分为普通公司兼并与简易兼并。普通公司兼并,是指履行股东会决议程序的公司兼并。而简易兼并指仅需履行董事会决议程序的公司兼并。《公司法》并未确认简易兼并制度。美国《模范商事公司法》及受其影响下的立法例(包括我国台湾地区"企业并购法"第19条)确认简易兼并。

简易兼并仅适用于对子公司持有90%以上有表决权股份的控制公司兼并其子公司的情形。鉴于母公司已经保持对其子公司的高度控制力和影响力,公司兼并只不过将此种借助股权纽带的间接高度控制关系转化为法人资格内部的直接高度控制关系而已;又鉴于母公司已经拥有子公司股东会上90%以上的表决权,即使履行股东会决议程序,子公司的反对派小股东也无力推翻股东会决议,立法者遂决定分别以母子公司的董事会决议程序取代母公司(兼并公司)与子公司(被兼并公司)各自本应履行的股东会决议程序,以提高公司兼并效率。但立法者对公司合并中反对股东退股权以及债权人保护程序的规定依然适用于简易兼并的情况。可见,简易兼并制度只是简化了公司内部的决策程序而已,而不能忽略对子公司反对股东和债权人的权利保护条款。

依《公司法》第74条和第142条,无论是母公司的股东,还是子公司的股东,只要反对公司合并的股东会决议,就可行使退股权。笔者认为,鉴于公司合并之前母子公司之间已经存在高度控制关系,公司合并后对母公司的股东一般不会产生重大影响,因此在未来立法改革时,在母公司持有子公司90%以上有表决权股份的情况下,母公司兼并子公司似乎不必赋予母公司的反对股东以退股权,只需赋予子公司股东退股权即可。

三、公司合并的程序

(一)董事会草签公司合并协议

公司合并协议的极端重要性远非公司在日常经营活动中缔结的买卖契约和服务契约所能比拟。作为董事对公司履行勤勉义务的重要组成部分,合并各方的董事会应当负责代表各自所在公司就合并事项进行充分协商,草签合并协议或者拟定意见一致的合并方案,并经各方公司董事会分别讨论通过。必要时,合并各方董事会应当聘请律师事务所、会计师事务所和投资银行等中介机构提供相应的专业服务。《公司法》没有规定公司合并协议的主要条款,意在鼓励契约自由。

(二)股东大会作出公司合并的特别决议

董事会起草的公司合并协议草案并非已经成立和生效的合同。只有当合并各方公司的股东会分别作出同意合并的特别决议后,公司才能依法成立。

股东会有权对公司合并、分立、解散、清算或者变更公司形式作出决议(《公司法》第37条第1款第9项)。但在股东会作出决策之前,董事会负责拟订公司重大收购、收购本公司股票或者合并、分立、解散及变更公司形式的方案(《上市公司章程指引》第107条第7项)。鉴于公司合并对公司及其股东来说关系重大,公司合并属于资本绝对多数决事项,而非资本简单多数决事项,公司合并决议属特别决议,而非普通决议。因此,股东会作出公司合并的决议时,必须经代表2/3以上有限责任公司表决权的股东通过(《公司法》第43条第2款),或者必须经出席会议的股东所持股份有限公司表决权的2/3以上通过(《公司法》第103条第2款)。若公司发行了不同类别的股份,那么公司合并决议还需得到各类股份股东以绝对资本多数决规则表示同意。

在合并各方公司的股东会上,董事会应当解释合并协议草案的内容,说明合并协议草案诸条款,尤其是股份转换比例的法律和经济理由。报告还应当说明报告起草中遇到的所有特殊的评估困难。在必要的情况下,董事会应当聘请会计师事务所审查合并协议草案,并向股东提交书面报告,对公司合并的对价尤其是股份转换比例是否公平合理发表意见。

股东大会决议的内容包括两个不可或缺的重要内容:一是批准合并协议草案;二是为推行公司合并计划而修改公司章程。

(三)异议股东保护程序

由于不同股东对公司合并对价以及合并后公司发展前景的评价不同,公司合并决议很难获得全体股东一致同意。为保护对公司合并持反对意见的少数派股东的正当权益,法律例外赋予此类股东退股权。在有限责任公司,对股东会作出的公司合并决议投反对票的股东可以请求公司按照合理的价格收购其股权。自股东会会议决议通过之日起60日内,股东与公司不能达成控制权收购协议的,股东可以自股东会会议决议通过之日起90日内向法院提起诉讼(《公司法》第74条)。在股份有限公司,股东对股东大会作出的公司合并决议持异议的,也有权要求公司收购其股份;但公司回购的股份应当在 6 个月内予以注销(《公司法》第 142 条)。

就异议股东而言,除了对股东会作出的公司合并决议投反对票的股东,解释上还应当包括在股东会召开前明确以书面形式表示反对公司合并、并放弃参加股东会权利的股东。这种解释既有利于保护异议股东退股权,又有利于公司合并决议的顺利作出。因为,此类异议股东的表决权不计入出席股东大会股东所代表的表决权总数,有助于提高赞成公司合并决议的通过率。

(四) 签订公司合并协议,并予公告

股东大会作出公司合并决议后,应当在合理期限内签订公司合并协议,并编制资产负债表及财产清单。公司应当自作出合并决议之日起 10 日内通知债权人,并于 30 日内在报纸上公告(《公司法》第 173 条)。从理论上说,若一方公司股东会决议修改公司合并协议,各方公司董事会就需对合并协议草案进行新一轮的修改。

(五) 债权人保护程序

在通常情况下,尤其是在强强联合的情况下,公司合并对债权人来说都是大好事。因为两家债务人公司的优质资产加在一起更有利于债权人的及时足额受偿。但在强弱联合的情况下,强公司的债权人则未必欢迎公司合并。因为,此种合并有可能将强公司彻底拖垮。债权人的优质债务人公司有可能一夜之间由上亿元净资产的公司帝国变成净资产为零甚至为负的劣质债务人公司。这种深刻的教训在现实生活中也经常发生。在弱弱联合的情况下,也有可能发生债权人利益受到贬损的情况。既然公司合并潜藏着对债权人利益的损害,立法者对此当然不能漠然待之。

《公司法》第 173 条规定:"公司合并,应当由合并各方签订合并协议,并编制资产负债表及财产清单。公司应当自作出合并决议之日起 10 日内通知债权人,并于 30 日内在报纸上公告。债权人自接到通知书之日起 30 日内,未接到通知书的自公告之日起 45 日内,可以要求公司清偿债务或者提供相应的担保。"可见,《公司法》未规定公司合并的公告次数,允许拟合并公司在法定期限内只公告一次。这就要求债权人格外留意债务人公司的合并信息,并在公司合并完成之前尽快在法定期限内要求公司清偿债务或者提供相应担保。

若债权人未在前述期限内要求公司清偿债务或者提供相应的担保,则应当视为债权人承认公司合并行为。但债权人有权请求合并后的存续公司或新设公司承担债务清偿责任。《公司法》第 174 条规定:"公司合并时,合并各方的债权、债务,应当由合并后存续的公司或者新设的公司承继。"

即使公司合并各方未履行通知与公告义务,或者未按债权人要求清偿债务或者提供相应的担保,亦不影响公司合并的效力,只不过此种合并行为不能对抗分立前各公司的债权人而已。换言之,债权人保护程序不是公司合并的生效要件,而是公司合并的对抗要件。

(六) 公司变更登记

公司合并,登记事项发生变更的,应当依法向公司登记机关办理变更登记;被合并公司解散的,应当依法办理公司注销登记;设立新公司的,应当依法办理公司设立登记(《公司法》第 179 条第 1 款);因合并而存续的兼并公司,其登记事项发生变化的,应当申请变更登记(《公司登记管理条例》第 38 条第 1 款)。

公司合并时的变更登记应当遵循严格的时间要求。公司合并的,应当自公告之日起 45

日后申请登记,提交合并协议和合并决议或者决定以及公司在报纸上登载公司合并公告的有关证明和债务清偿或者债务担保情况的说明。法律、法规或者国务院决定规定公司合并必须报经批准的,还应当提交有关批准文件(《公司登记管理条例》第38条第2款)。

除了办理公司登记机关的登记手续外,因合并而消灭的公司项下的物权依《民法典》需要办理登记手续的,还应当办理以新设公司或兼并公司为受让人的变更登记手续。

在通常情况下,公司合并只需履行以上程序,但在公司合并存在垄断之虞的情况下,公司合并还要履行有关部门的反垄断审查程序。

四、公司合并同时发生的法律效果

(1)被合并公司终止其存在,丧失其法人资格。在新设合并的情况下,原公司均自动丧失法人资格;在吸收合并的情况下,兼并公司继续存在,被兼并公司自动丧失法人资格。由于合并前公司的权利义务关系由合并后公司概括继受,无论是在新设合并还是在吸收合并的情况下,原公司之消灭均无需履行清算程序。

(2)合并前公司的股东变成存续公司或新设公司的股东。但依《公司法》第74条和第142条,股东若对股东会作出的公司合并决议持异议,有权要求公司以合理价格收购其所持股权(股份)。

(3)权利义务的概括承继。因合并而消灭的各家公司项下的全部权利义务(包括资产和负债)一概由存续公司或新设公司继受。消灭公司的财产也要依法(包括物权法、知识产权法等)办理权利移转手续。这种继受不仅在存续公司或新设公司与被合并公司之间生效,而且对第三者也产生法律效力。《民法典》第67条规定:"法人合并的,其权利和义务由合并后的法人享有和承担。"据此,合并后公司继受合并前公司的债权时,无需通知债务人公司即可生效;合并后公司继受合并前公司的债务时,亦不以债权人的同意为生效要件。权利义务的概括继受不仅包括实体法上的权利义务,也包括程序法上的权利义务。就消灭公司尚未完结的诉讼、仲裁(包括商事仲裁与劳动仲裁)及其他争讼程序而言,均由存续公司或新设公司承受消灭公司的当事人地位。

五、公司合并无效规则

违反《公司法》《民法典》和其他法律、法规中强制性规定的公司合并协议无效。鉴于公司合并涉及多方公司及其股东、职工、债权人等利益相关者的切身利益,公司合并无效只能由法院通过司法审查程序予以确认。公司合并中的任何一方当事人和利害关系人均可向法院提起公司合并无效确认之诉。

公司合并行为由法院判决宣告无效后,应当及时予以公告。第三人若对公司合并无效判决提出异议,应当在该判决公告后的合理期限内提出。

法院在确认公司合并无效时除了严格遵守法定的司法审查程序,还应严格遵守实体法律规则,并充分弘扬鼓励公司合并的司法理念。法院可以确认其有效、也可确认其无效的,应当尽量确认其有效。对于可以补救的法律瑕疵,法院应当责令有关公司在一定期限内予以改正。

为维护交易安全,宣告公司合并无效的判决本身并不影响存续公司在判决公告之前所负的债务的效力。

第三节 公司分立

一、公司分立的概念与特征

公司资本重组既包括扩张型的公司合并（含吸收合并与新设合并），也包括收缩型的公司分立。公司分立，俗称"公司拆分"或者"公司分家"，指一家公司不经过清算程序，分设为两家以上公司的法律行为。

公司分立是现代公司开展资产重组、调整公司组织结构、降低投资风险、提高公司盈利能力的重要经营战略之一。公司分立原因很多，包括但不限于：(1) 调整公司的主营范围，将模糊的经营范围清晰化，进而实现产品和服务的精品化、专业化，提升公司的核心竞争力。(2) 削减人浮于事的公司内部官僚组织机构，提高公司经营管理效率，完善公司治理，避免公司规模过大导致的尾大不掉问题等。(3) 消除势均力敌但势不两立的股东尤其是经营者股东之间的对抗，避免公司僵局与公司内部的权力斗争。与其让两个控制股东为利益争斗而头破血流，不如将公司一分为二，由两个控制股东分别坐山为王。(4) 增强消费者对专业产品与服务的识别能力和信任度。(5) 使得公司的营利模式更加清晰，方便投资者理解与判断公司的投资前景与投资风险。(6) 作为落实反垄断法的公权力措施，政府对具有垄断地位的大公司予以强制拆分。

公司分立具有以下特征：

(1) 公司分立是根据分立前公司的单方意思表示即可生效的法律行为。公司分立的主体是公司，分立的意思表示由分立前公司的股东会作出。当然，为贯彻反垄断法，政府亦有权依据法律授权采取强制拆分的反垄断措施。

(2) 公司分立前原公司的股东资格原则上并不消失。不管分立前的公司是否解散，分立前公司的股东仍享有在存续公司或新设公司中的股东资格。当然，这并不排除异议股东在公司分立之时依法行使退股权，进而脱离公司。

(3) 公司分立导致既有公司数量的增加，而公司合并导致既有公司数量的减少。

二、公司分立的类型

（一）新设分立与存续分立

以公司分立前后的组织形态变化为准，公司分立可以分为新设分立与存续分立。新设分立，又称解散分立，是指公司全部资产分别划归两个或者两个以上的新公司，原公司解散。新设分立实质上是对新设合并的逆向操作。例如，A公司分立为B公司与C公司，A公司则告消灭。当公司股东或者管理层围绕公司的投资和经营决策产生重大分歧，或者公司业务过于繁杂致使股东很难对公司各项业务的投资价值作出判断时，公司股东或者管理层往往倾向于公司分家。

存续分立，又称派生分立，是指公司以其部分资产另设一家或者数家新公司，原公司存续。存续分立实质上是对吸收合并的逆向操作。例如，A公司分立为A公司与B公司，其中原来A公司的法人资格依然保留。在实践中，总公司为实现资产扩张、降低投资风险，往往把其分公司改组成具有法人资格的全资子公司。此时总公司亦转化为母公司。母公司仅以其投资额为限对新设子公司债务负有限责任。公司也可划出部分资产作为投资,与其他股东共同发起设立新公司。

(二) 自愿分立与非自愿分立

以其发生原因为准,公司分立可以分为自愿分立与非自愿分立。自愿分立基于公司董事会与股东大会的主观意志而进行;而非自愿分立则基于国家公权力的干预而进行。在西方市场经济国家,政府为贯彻反垄断法和竞争政策,经常采用强制拆分即非自愿分立的方式,把违反反垄断法的大公司分割为若干互相竞争的小公司。我国亦对电信、电力等一些垄断企业进行过强制拆分。

(三) 物的分立与人的分立

以分立后公司发行的股份的归属主体为准,公司分立可以分为物的分立与人的分立。由被分立公司取得存续公司或新设公司发行的股份的,为物的分立;由被分立公司的股东取得存续公司或新设公司发行的股份的,为人的分立。在前一情形下,若被分立公司只有一家,则新设公司为存续公司的全资子公司(一人公司),存续公司为新设公司的唯一股东。

三、公司分立的程序

(一) 董事会起草公司分立方案

拟分立公司的董事会应当以书面形式起草公司分立方案。公司分立方案至少应当载明下列事项:(1) 拟分立的公司的类型、名称和住所;(2) 股份交换的比例及现金的支付金额;(3) 分配股份的条件;(4) 新取得股份的股东开始享有公司利润分配请求权的日期以及影响该权利的特殊条件;(5) 被分立公司的营业活动开始在会计上被视为存续公司或新设公司的营业活动的日期;(6) 存续公司或新设公司赋予被分立公司特别股股东、股票之外的证券持有人的权利或者其他有关方案;(7) 对注册会计师事务所以及拟分立公司的董监高赋予的特别利益;(8) 向分立后公司或存续公司转移公司资产与债务的精确说明和分配情况;(9) 向拟分立公司的股东分配存续公司或新设公司的股份的情况及其分配标准;(10) 存续公司和新设公司的章程草案等。

(二) 公布公司分立方案

为帮助广大股东正确判断公司分立的利弊,使得股东在参加股东会决议之前有所准备,拟分立公司应当在决定该问题的股东大会会议召开之前按法定方式将公司分立方案通知全体股东。

(三) 股东大会作出公司分立的特别决议

鉴于公司分立对公司命运与广大股东的切身利益密切相关,公司分立由股东会作出决议(《公司法》第37条第1款第9项)。公司分立属于资本绝对多数决事项,而非资本简单多数决事项,公司分立决议属特别决议,而非普通决议。因此,股东会作出公司分立决议时,必须经代表2/3以上有限责任公司表决权的股东通过(《公司法》第43条第2款)或者必须经出席会议的股东所持股份有限公司表决权的2/3以上通过(《公司法》第103条第2款)。若公司发行了不同类别的股份,公司分立决议还需得到各类股份股东以绝对资本多数决规则表示同意。

董事会应当在分立公司的股东会上解释分立方案的内容,说明编制分立方案尤其是股份转换比例的法律和经济理由,以及报告起草中遇到的特殊评估困难。必要时董事会应当聘请会计师事务所审查分立方案,并向股东会提交书面报告,对公司分立草案的内容尤其是股份转换比例是否公平合理发表意见。

股东大会决议的内容包括两个不可或缺的重要内容:一是批准分立方案;二是为推行公司分立计划而修改既有的公司章程或通过新设公司的章程。在新设公司的情形下,就公司分立而召开的股东会可以视为新设公司的发起人会议。

(四)异议股东保护程序

不同股东对公司分立的利弊有着不同的看法。因此,公司分立决议很难获得全体股东一致同意。为保护对公司分立持反对意见的少数派股东的正当权益,法律例外赋予此类股东退股权。在有限责任公司,对股东会作出的公司分立决议投反对票的股东可以请求公司按照合理的价格收购其股权。自股东会会议决议通过之日起60日内,股东与公司不能达成控制权收购协议的,股东可以自股东会会议决议通过之日起90日内向法院提起诉讼(《公司法》第74条)。在股份有限公司,对股东大会作出的公司分立决议持异议的股东也有权要求公司收购其股份;但公司回购的股份应当在6个月内予以注销(《公司法》第142条)。

(五)分割公司财产

公司分立,其财产作相应的分割。公司应当在合理期限内编制资产负债表及财产清单(《公司法》第175条)。在存续分立的情况下,由于财产分割导致存续公司财产之减少,存续公司应当将资本减少事项记载于公司章程。

(六)债权人保护程序

为保护债权人利益免于不当公司分立行为的威胁,《公司法》第175条规定:"公司应当自作出分立决议之日起10日内通知债权人,并于30日内在报纸上公告。"由于《公司法》未规定公司分立的公告次数,允许拟分立公司在法定期限内只公告一次,债权人应当格外留意债务人公司的分立信息。即使被分立公司未履行通知与公告义务,亦不影响公司分立的效力,但分立后公司不得以公司分立的事实对抗分立前公司的债权人。

为保护交易安全,《公司法》第176条明确规定了公司分立后诸分立公司之间的连带清偿责任:"公司分立前的债务由分立后的公司承担连带责任。但是,公司在分立前与债权人就债务清偿达成的书面协议另有约定的除外。"这意味着,债权人可以只对分立后的一家公司主张债权,也可同时对分立后的全部公司主张债权。被选择的公司应当如期清偿债务,而不能相互推诿,互踢皮球。《民法典》第67条第2款亦规定:"法人分立的,其权利和义务由分立后的法人享有连带债权,承担连带债务,但是债权人和债务人另有约定的除外。"二者除在文字表述上稍有差异外,其立法理念并无二致,都在于加大债权人的保护力度,但允许拟分立公司与债权人秉于契约自由精神,达成相反之约定。例如,拟分立公司可在分立前与债权人约定:拟分立后的公司按照约定比例分别对债权人承担按份债务清偿责任,但彼此之间不存在连带责任;也可约定:只有分立后的特定公司对于原公司债务负责,至于其他分立后的公司不对原公司债务负责。

(七)办理公司分立登记

公司分立的,应当依法向公司登记机关办理相应登记手续。(1)被分立公司解散的,应当依法办理公司注销登记;(2)设立新公司的,应当依法办理公司设立登记(《公司法》第179条第1款);(3)分立后存续公司登记事项发生变化的,应当申请变更登记(《公司登记管理条例》第38条第1款)。

公司分立时的变更登记应当遵循严格的时间要求。公司分立的，应当自公告之日起45日后申请登记，提交分立决议或者决定以及公司在报纸上登载公司分立公告的有关证明和债务清偿或者债务担保情况的说明。法律、法规或者国务院决定规定公司分立必须报经批准的，还应当提交有关批准文件(《公司登记管理条例》第38条第2款)。

四、公司分立同时发生的法律效果

(1) 被分立公司的权利义务由分立后的存续公司或新设公司概括继受。换言之，分立前公司的资产和负债分别移转于新设公司和存续公司。这种移转不仅在被分立公司与存续公司、新设公司之间生效，对第三人也产生法律效力。

(2) 公司分立前的债务由分立后的公司承担连带责任，但公司在分立前与债权人就债务清偿达成的书面协议另有约定的除外。分立后公司的连带责任系就对外关系而言。就对内关系而言，分立后的存续公司或新设公司通常根据其接受资产的比例而定其内部债务承担比例。但是此种内部债务分担比例除非得到债权人同意，并不能对抗债权人，更不能摆脱连带责任的束缚。此种连带责任仅指向分立公司所负债务，而不及于分立后公司单独创设的债务。

(3) 视公司分立的具体形式，原公司终止存在或者存续。在新设分立的情况下，原公司均丧失法人资格，但由于分立前公司权利义务关系由分立后公司概括继受，原公司之消灭无需履行清算程序；在存续分立的情况下，原公司之一保留法人资格。

(4) 被分立公司的股东按照公司分立决议确定的内容变成存续公司或新设公司的股东。但依《公司法》第74条和第142条，股东若对股东会作出的公司分立决议持异议，有权要求公司以合理价格收购其所持股权(股份)。

(5) 分立后的新设公司之间、新设公司与存续公司之间互相独立，均为独立法人。

五、公司分立无效规则

违反《公司法》和其他效力性规定的公司分立行为无效。鉴于公司分立涉及多方公司及其股东、职工、债权人等利益相关者的切身利益，公司分立无效只能由法院通过司法审查程序予以确认。公司分立中的任何一方当事人和利害关系人均可向法院提起公司分立无效确认之诉。

公司分立行为由法院判决宣告无效后，应当及时予以公告。第三人若对公司分立无效判决提出异议，应当在该判决公告后的合理期限内提出。

法院在确认公司分立无效时既要严格遵守法定的司法审查程序，还应严格遵守实体法律规则，并充分弘扬鼓励公司分立无效的司法理念。法院对某一公司分立行为可确认其有效、也可确认其无效的，法院应当尽量确认其有效。对于可以补救的法律瑕疵，法院应当责令有关公司在一定期限内予以改正。

为维护交易安全，宣告公司分立无效的判决本身并不影响分立公司在公司分立无效判决公告前所负的债务的效力。

第四节 控制权收购

一、控制权收购的概念与特征

控制权收购又称公司收购,是指一家公司以有偿方式取得另外一家公司股权,进而获得目标公司控制权和控制地位的法律行为。控制权,是指股东依法对公司股东会、董事会决策发挥主导性影响力的法律地位或资格。

《证券法》第4章规定了上市公司的收购。依《上市公司收购管理办法》第84条,有下列情形之一的,为拥有上市公司控制权:(1) 投资者为上市公司持股50%以上的控股股东;(2) 投资者可以实际支配上市公司股份表决权超过30%;(3) 投资者通过实际支配上市公司股份表决权能够决定公司董事会半数以上成员选任;(4) 投资者依其可实际支配的上市公司股份表决权足以对公司股东大会的决议产生重大影响;(5) 中国证监会认定的其他情形。

控制权收购是资本市场中较为常见的公司重组方式。在市场力量的驱使下,收购公司通过大量收购目标公司的股权,依法获得对目标公司的控制权,进而通过控制权的行使整合收购公司与目标公司之间的资源,消除散兵游勇的无序竞争以及两败俱伤的恶性竞争,做大做强公司集团。资源整合的主体既包括收购公司与目标公司,也包括以收购公司与目标公司为核心成员的势力更大、范围更广的公司集团。资源整合的内容既包括公司集团的发展战略、知识产权战略、成员公司的角色定位,也包括公司集团内部的关联交易和高级管理人员的流动。若两家水泥公司的生产场所相近,产品的销售半径完全相同,致使双方各自低价倾销,双双出现亏损。经过一家公司收购另一家公司控制权之后,就可以重新实现各自的主要经营范围的再调整:竞争力较强的公司继续生产水泥,竞争力较弱的公司根据国际市场订单转型种植和加工绿色农产品(如西红柿酱)。如此一来,恶性竞争得以避免,新市场得以开拓。

控制权收购具有以下法律特征:

(1) 控制权收购是收购公司整合目标公司资源的手段,但其收购标的指向目标公司股东手中的大宗股权。收购公司收购目标公司股权的目的并不限于股权自身蕴涵的财产价值和分红利益,而且包括股权背后蕴涵的控制权和控制利益。因此,《证券法》中的"上市公司收购"实乃上市公司控制权的收购。当然,取得公司控制权的方式多种多样,除收购股权外,还有表决权信托、表决权协议等契约手段。

(2) 控制权收购既具有股权转让的一般性,又有股权转让的特殊性。鉴于目标公司的股东可以自由决定其是否出卖股权,公司收购其他公司的股权时应当遵守公司法与证券法有关股权转让的一般法律规则。本书对于有限责任公司和股份有限公司的股权转让已作详细阐释,兹不赘述。鉴于公司的控制权收购行为指向目标公司的控制权,因而会触发收购公司与目标公司之间、收购公司与目标公司股东之间、收购公司与目标公司管理层之间的复杂利益关系,许多国家公司法与证券法往往对控制权收购作出特别规定。

(3) 控制权收购完成后,收购公司虽然成为目标公司的控制股东,但目标公司继续保留其独立的法人资格。公司合并的结果是导致既存公司数量的减少,其中一家以上的公司丧失其法人资格。公司合并与控制权收购虽有区别,但亦有密切关联。在资本运作实务中,一些公司在揭开控制权收购的序幕之后实施公司合并战略。之所以如此,是因为收购公司取得目标公司控制权以后,不仅可以取得股东会上的控制权,而且有能力改选董事会,从而为公司合并的股东会决策和董事会决策扫除法律障碍,提高公司合并的成功率。

二、控制权收购的类型

以收购的股权对象为准,控制权收购可以分为有限责任公司的控制权收购与股份有限公司的控制权收购。其中,股份有限公司的控制权收购又可分为上市公司的控制权收购与非上市公司的控制权收购。

以收购方收购要约的送达对象是否特定为准,控制权收购可以分为公开要约收购与特定要约收购。实践中通常所说的"要约收购"乃指受要约方不特定的控制权收购,通常所说的"协议收购"乃指受要约方特定的控制权收购。《证券法》第62条也规定,投资者可以采取要约收购、协议收购及其他合法方式收购上市公司。

以控制权收购是否获得目标公司董事会的支持为准,控制权收购可以分为友好收购与敌意收购。其中,友好收购是指被目标公司董事会支持的控制权收购,敌意收购是指被目标公司董事会反对和抵制的控制权收购。虽然控制权收购标的指向目标公司的股权,而股权出售与否的决策主体是目标公司股东而非目标公司管理层,但目标公司管理层可通过引导、建议、暗示甚至反收购防御措施等手段对股权收购的进程和命运握有重要话语权与影响力。在友好收购的情况下,目标公司董事会之所以选择与收购公司合作,往往乃因目标公司董事会成员在收购行为完成之后仍能稳操公司经营权,其既得利益不因新股东的加盟而丧失。而在敌意收购的情况下,目标公司董事会的经营权和既得利益由于得不到收购公司的支持与保护,往往会顽强抵抗敌意收购,进而增加收购公司取得目标公司控制权的难度。当然,目标公司的广大股东并不当然因目标公司董事会的好恶而亦步亦趋。

三、上市公司控制权收购的法律规定

与非上市公司控制权收购相比,上市公司控制权收购涉及的法律关系更加复杂,公司法与证券法的干预力度更大,以协调收购各方公司及其股东、债权人、劳动者、经营者和社会公众的利益。上市公司控制权收购立法的价值取向在于,既提高控制权收购的效率以及上市公司资产通过证券市场得以优化的效率,又要着眼于尊重与维护目标公司股东及其利益相关者的正当利益诉求。《证券法》第4章对上市公司收购的条件和程序作了专门规定。依2005年《证券法》第101条第2款的授权,中国证监会于2006年7月31日依照该法原则发布了《上市公司收购管理办法》,并于2008年8月27日、2012年2月14日、2014年10月23日与2020年3月20日四次修订。

(一)持股达到5%的信息披露义务

为便于公众投资者及时掌握收购方的背景信息,《证券法》第63条第1款规定了持股比例达到法定门槛的较大股东的信息披露义务。通过证券交易所的证券交易,投资者持有或者通过协议、其他安排与他人共同持有一个上市公司已发行的有表决权股份达到5%时,应当在该事实发生之日起3日内,向国务院证券监督管理机构、证券交易所作出书面报告,通知该上市公司,并予公告,在上述期限内不得再行买卖该上市公司的股票,但国务院证券监

督管理机构规定的情形除外。

（二）持股增减幅度达到5%的信息披露义务

为使潜在收购人及时浮出水面，尊重广大投资者的知情权与选择权，协助其及时跟踪控制权收购方的持股变化信息，《证券法》第63条第2款要求投资者持有或者通过协议、其他安排与他人共同持有一个上市公司已发行的有表决权股份达到5%后，其所持该上市公司已发行的有表决权股份比例每增加或者减少百分之五，应当依照前款规定进行报告和公告，在该事实发生之日起至公告后三日内，不得再行买卖该上市公司的股票，但证监会规定的情形除外。

（三）持股增减1%的信息披露义务

《证券法》第63条第3款要求投资者持有或者通过协议、其他安排与他人共同持有一个上市公司已发行的有表决权股份达到5%后，其所持该上市公司已发行的有表决权股份比例每增加或者减少1%，应当在该事实发生的次日通知该上市公司，并予公告。

（四）信息披露义务及表决权限制

《证券法》第64条要求前述公告包括下列内容：(1) 持股人的名称、住所；(2) 持有的股票的名称、数额；(3) 持股达到法定比例或者持股增减变化达到法定比例的日期、增持股份的资金来源；(4) 在上市公司中拥有有表决权的股份变动的时间及方式。

为倒逼收购人履行信息披露义务，《证券法》第63条第4款明确规定，违反该条第1款、第2款规定买入上市公司有表决权的股份的，在买入后的36个月内，对该超过规定比例部分的股份不得行使表决权。但该限制不适用于违反该条第3款。立法理念是持股增减1%的幅度对市场冲击有限，只需履行嗣后的信息披露义务即可，立法者无意限制其股权转让自由与表决权自由。

（五）要约收购制度

为确保目标公司的全体股东都有机会向收购公司出售自己的股权，《证券法》第65条建立了强制要约制度。通过证券交易所的证券交易，投资者持有或者通过协议、其他安排与他人共同持有一个上市公司已发行的有表决权股份达到30%时，继续进行收购的，应当依法向该上市公司所有股东发出收购上市公司全部或者部分股份的要约。收购上市公司部分股份的要约应当约定，被收购公司股东承诺出售的股份数额超过预定收购的股份数额的，收购人按比例进行收购。

发出收购要约时收购人必须公告上市公司收购报告书，并载明下列事项：(1) 收购人的名称、住所；(2) 收购人关于收购的决定；(3) 被收购的上市公司名称；(4) 收购目的；(5) 收购股份的详细名称和预定收购的股份数额；(6) 收购期限、收购价格；(7) 收购所需资金额及资金保证；(8) 公告上市公司收购报告书时持有被收购公司股份数占该公司已发行的股份总数的比例（《证券法》第66条）。

收购要约约定的收购期限不得少于30日，并不得超过60日（《证券法》第67条）。

收购要约对收购公司具有法律拘束力。在收购要约确定的承诺期限内，收购人不得撤销其收购要约。收购人需要变更收购要约的，应当及时公告，载明具体变更事项，且不得存在下列情形：(1) 降低收购价格；(2) 减少预定收购股份数额；(3) 缩短收购期限；(4) 国务院证券监督管理机构规定的其他情形（《证券法》第68条）。

根据股东平等原则，收购要约提出的各项收购条件，适用于被收购公司的所有股东。

上市公司发行不同种类股份的，收购人可以针对不同种类股份提出不同的收购条件（《证券法》第69条）。

为保护目标公司股东的投资预期，预防收购公司的道德风险，采取要约收购方式的收购人在收购期限内不得卖出被收购公司的股票，也不得采取要约规定以外的形式和超出要约的条件买入被收购公司的股票（《证券法》第70条）。

（六）协议收购制度

依《证券法》第71条，采取协议收购方式的收购人可依法律法规规定同被收购公司的股东以协议方式进行股份转让；以协议方式收购上市公司时，达成协议后，收购人必须在3日内将该收购协议向国务院证券监督管理机构及证券交易所作出书面报告，并予公告；在公告前不得履行收购协议。

为维护交易安全，协议双方可以临时委托证券登记结算机构保管协议转让的股票，并将资金存放于指定的银行（《证券法》第72条）。

收购人收购或者通过协议、其他安排与他人共同收购一个上市公司已发行的有表决权股份达到30%时，继续进行收购的，应当依法向该上市公司所有股东发出收购上市公司全部或者部分股份的要约。但是，按照国务院证券监督管理机构的规定免除发出要约的除外。收购人依照前款规定以要约方式收购上市公司股份，应遵守《证券法》第65条第2款至第70条的规定（《证券法》第73条）。

（七）上市公司退市与组织形式变更

依《证券法》第74条，若收购期限届满时被收购公司股权分布不符合证券交易所规定的上市交易要求的，该上市公司的股票应当由证券交易所依法终止上市交易；其余仍持有被收购公司股票的股东，有权向收购人以收购要约的同等条件出售其股票，收购人应当收购，以保护未能在前一阶段出售股权的股东得以抽身而去，取回投资。

若目标公司的股权结构由于控制权收购而发生巨大变化，致使收购行为完成后的目标公司不再具备股份公司的条件，该公司应依法变更企业形式。若股份公司股东由于控制权收购而缩减为一人，则该公司应当变更为一人有限公司。

控制权收购往往是公司合并的前奏。若收购行为完成后，收购公司又与目标公司合并、并将该公司解散，则被解散公司的原有股票应由收购公司依法更换（《证券法》第76条）。如此一来，被解散公司的股东就转变为收购公司或者新设公司的股东。

（八）收购结果信息披露制度

为强化公权力机关和公众投资者对收购行为和收购公司的监督力度，收购公司应在控制权收购行为完成后15日内将收购情况报告中国证监会和证券交易所，并予公告（《证券法》第76条第2款）。

（九）收购公司的股权转让期限限制

为预防收购公司短期逐利的机会主义行为，在上市公司收购中，收购人持有的被收购的上市公司的股票在收购行为完成后的18个月内不得转让（《证券法》第75条）。相比旧《证券法》，2019年《证券法》将锁定期由12个月延长到了18个月。

四、敌意收购中的反收购措施

（一）目标公司董事会抵抗敌意收购的动因

敌意收购成功后可能导致目标公司董事会的重新组阁，因此目标公司董事会痛恨敌意收购；目标公司股东却因敌意收购者的高额要约而可从中受益。美国哥伦比亚大学法学院教授贝纳德·布莱克风趣地说："本杰明·富兰克林在1789年曾断言，死亡和税收是生活中最确定的两件事。若他活到今天，他会加上第三件确定无疑的事实，即股东从收购中获利。"[①]

收购公司在敌意收购成功后不仅会触及目标公司管理层的个人既得利益，也可能伤及股东之外的利益相关者（如面临裁员威胁的目标公司职工），甚至通过机会主义行为掠夺公司及其全体股东的合法财富。

若目标公司董事会为谋求个人私利而挫败敌意收购，则反收购措施缺乏正当性；若目标公司董事会为捍卫目标公司及其背后广大股东和利益相关者的正当利益而挫败敌意收购，则反收购措施具有正当性；若目标公司董事会为捍卫目标公司及其背后广大股东和利益相关者的正当利益而挫败敌意收购，并使管理层自身间接受益，则反收购措施依然具有正当性。

（二）目标公司董事会的诚信义务

正因为判断目标公司管理层反收购措施的正当性基础在于捍卫目标公司及其背后广大股东和利益相关者的正当利益，因此中国证监会《上市公司收购管理办法》第8条要求被收购公司的董监高对公司负有忠实义务和勤勉义务，公平对待收购本公司的所有收购人。被收购公司董事会针对收购所作出的决策及采取的措施，应当有利于维护公司及其股东的利益，不得滥用职权对收购设置不适当的障碍，不得利用公司资源向收购人提供任何形式的财务资助，不得损害公司及其股东的合法权益。目标公司管理层采取反收购措施时应当遵循的首要行为准则就是对目标公司及其全体股东利益负责。目标公司及其全体股东的利益是目标公司管理层的行为指南。管理层不得以牺牲目标公司及其全体股东的利益为代价，谋求一己之私。在此前提下，管理层应当对相互竞争的多家收购公司一视同仁，不得厚此薄彼。

（三）常见的反收购措施

在美国资本市场中，目标公司抵御敌意收购的反收购措施五花八门。近年来，随着我国资本市场中敌意收购现象的流行，此类反收购措施也纷纷被目标公司董事会仿效。有些目标公司董事会还创造性地发明了若干反收购措施。

（1）修改公司章程，提高新股东提案权的门槛。依《公司法》第102条第2款规定，单独或者合计持有公司3%以上股份的股东可在股东大会召开10日前提出临时提案并书面提交董事会；董事会应当在收到提案后2日内通知其他股东，并将该临时提案提交股东大会审议。有些目标公司董事会在收购公司改选董事会之前抢先一步修改公司章程，提高股东提案的法定门槛（如将持股比例由3%提高到20%），或者在股东提案的法定条件之外增设持股比例的要求（如额外要求新股东提案之前连续180天成为公司股东）。

[①] 崔之元：《美国二十九个州公司法变革的理论背景及对我国的启发》，载《中国与世界》1997年第4期。

(2) 修改公司章程,限制收购公司的表决权数量。例如,为击败敌意收购,一些章程规定,任何股东不论拥有多少股票,最多只能享有 20% 的表决权。与之相反,一些公司章程授权目标公司的管理层或其背后的支持股东们享有一股多票的超级表决权。这类条款显然违反了传统公司法的"一股一表决权"原则。

(3) 修改公司章程,提高股东会表决要件。例如,将股东会的某一普通决议事项改为特别决议事项,由简单多数决规则改为绝对多数决规则。

(4) 修改公司章程,将董事会统一任期改为交叉任期。一些章程规定,当股东会改选目标公司董事会时,每年只能改选其中的 1/3。这样,即使收购公司顺利取得了目标公司的控制权,依然无法在收购完成后两年内改选董事会大部分成员。为避免夜长梦多,收购公司有可能知难而退。

(5) 修改公司章程,提高董事的任职门槛。有些章程规定董事就职前在本公司和本行业的最低任职时间,旨在提高收购公司在收购成功后改选董事会的难度。

(6) 修改公司章程,概括授权董事会基于公司社会责任理论和非股东利益相关者理论采取相应的反收购措施。目标公司董事会基于维护职工利益、社区利益和环境利益等非股东利益相关者的理由,可以采取相应的反收购措施。鉴于敌意收购成为公司董事、职工和公司所在地的居民和社区的众矢之的,美国各州立法者纷纷从 20 世纪 80 年代末开始干预敌意收购,授权公司董事会以考虑非股东的其他利害关系人的利益为挡箭牌,防御和阻止敌意收购的进行。

(7) 变更劳动合同,增设有利于目标公司职工利益的条款。一些劳动合同约定,在敌意收购者收购成功后,不得解除与目标公司职工的劳动合同关系;或者有义务向目标公司职工支付高额安置费用。此种反收购条款的实质在于打职工牌。

(8) 管理层持大股。在敌意收购之前,管理层或其后台股东通过大量持有目标公司的股权而逼退收购公司的收购企图。

(9) 增设"金降落伞"(golden parachute)条款。目标公司章程事先规定,当收购公司改选董事会、解聘目标公司管理层时有义务向其给付巨额的货币补偿或非货币福利计划(如终生免费提供奔驰车的交通便利、终生养老保险),以使目标公司管理层平安着陆,欢度余生。此种"金降落伞"可能使收购公司知难而退。

(10) 寻求"白衣骑士"(white knight)。目标公司董事会邀请与目标公司管理层态度友好的公司参与到公司收购大战中来,进而取得对目标公司的控制权,击败敌意收购公司。

(11) "毒丸"(poison pill)计划。毒丸计划的实质是,收购人取得的股权比例超过特定门槛时,就会自动激活目标公司股东们对目标公司或者收购公司的股权购买活动,并冻结收购人的股权购买能力,从而导致收购人收购目标公司股权的目的彻底落空,或者不合理地加大收购股权的成本,以至于达到难以忍受的程度。

(12) 出售"皇冠明珠"(crown jewel)。目标公司董事会通过资产转让或者营业转让,把目标公司的战略资产和优质资产转移到收购人触摸不到的地方,打消敌意收购公司觊觎目标公司优质资产的企图。

(13) "绿色邮件"(green mail)。有些目标公司董事会为躲避敌意收购之灾,向收购公司允以高额补偿或者商业贿赂,以求偏安于一隅。商业贿赂具有违法性。

(14) 请求反垄断执法机构禁止敌意收购。若控制权收购导致垄断之嫌,目标公司董事会可以请求反垄断执法机构行使公权力,以保护公平竞争、反对垄断为由禁止敌意收购。

反收购措施不限于以上内容。值得注意的是,有些反收购措施合法有效,而有些则违法无效。而衡量特定反收购措施合法与违法的界限是:某一章程条款的修改、股东会决议或董事会决议的作出是否符合程序严谨、内容合法的要求;而判断内容合法的标准主要在于是否违反了《公司法》《证券法》等法律法规中的强制性规定,是否违反了目标公司控制股东和管理层对目标公司及其全体股东所负的诚信义务尤其是忠诚义务,是否符合股东平等原则。由于我国在股权结构法律制度等方面与美国等资本市场发达国家存在着许多差异,被其他国家视为合法的反收购措施在我国有可能是违法的;反之亦然。

第五节 资产收购

一、资产收购的概念与特征

资产收购,是指一家公司以有偿对价取得另外一家公司的全部或者部分资产的民事法律行为。资产收购是公司寻求其他公司优质资产、调整公司经营规模、推行公司发展战略的重要措施。

资产收购具有以下法律特征:

(1) 资产收购协议的主体是作为买卖双方的两家公司,而不包括公司股东在内。因此,资产收购与控制权收购、股权收购的主体存在本质区别。

(2) 资产收购的标的是出售公司的某一特定资产,而不包括该公司的负债。收购公司不需要承担目标公司的负债,而且可以从目标公司资产中自由选择自己中意的优质资产。这就大大锁定了收购公司的资产重组成本,提高了资产重组风险的可预见度。因此,资产收购不同于一方公司概括收购其他公司债权债务的营业转让行为。

(3) 资产收购行为完成后,收购公司与目标公司各自保持自己的独立法律人格。其中收购公司以合理对价取得本公司发展需要的优质资产,目标公司出售资产后取得相应的对价形式。可见,资产收购不同于公司合并。

(4) 资产收购的法律关系虽然较为简单,但也可能发生相应的交易成本。在股权转让与控制权收购的情况下,由于交易定价的主要参考因素之一是总资产与负债之差额,因而股权转让与控制权收购的税收成本较低;而在资产收购的情况下,收购公司需要负担每项资产的流转税收负担。

二、资产收购的程序

(1) 内部决策程序。资产收购因其规模之不同而需履行不同的公司内部决策程序。上市公司在一年内购买、出售重大资产或者担保金额超过公司资产总额30%的,应当由股东大会作出决议,并经出席会议的股东所持表决权的2/3以上通过(《公司法》第121条)。对于非上市公司包括有限责任公司,《公司法》未作强制要求,而是授权公司章程自由选择交由股东会抑或董事会决策。但根据公司法和公司章程必须经股东大会作出重大资产转让或受让决议的,董事会应当及时召集股东大会会议,由股东大会就上述事项进行表决(《公司法》第104条)。

(2) 签署资产收购协议。作为买卖双方的公司应当根据自愿协商、平等互利的精神以及各自公司内部治理机构的授权签署资产收购协议。

(3) 依法办理相关资产的交付手续。《民法典》对于不动产与动产的交付规定了不同的法律规则:不动产物权的设立、变更、转让和消灭,经依法登记,发生效力;未经登记,不发生效力,但是法律另有规定的除外(第209条第1款);动产物权的设立和转让,自交付时发生效力,但是法律另有规定的除外(第224条);船舶、航空器和机动车等的物权的设立、变更、转让和消灭,未经登记,不得对抗善意第三人(第225条)。

三、资产收购过程中反对股东的保护

公司资产不仅是公司对债权人的债务清偿基础,也是公司发展壮大的物质基础。因此,当公司之间出售或者购买重要的资产时必然导致双方公司股东对公司投资价值的不同判断。为保护对公司转让主要财产持反对意见的少数派股东的正当权益,法律例外赋予此类股东退股权。在有限责任公司,对股东会作出的公司转让主要财产的决议投反对票的股东可以请求公司按照合理的价格收购其股权(《公司法》第74条)。该条将公司合并、分立、转让主要财产同时列举为股东退股的法定事由。当然,何谓"重要资产"和"主要财产"需要在公司章程中予以详细界定。

相比之下,《公司法》第142条仅将股份有限公司合并、分立决议列为股东退股的法定事由,而未同时将公司转让主要财产列为股东退股的法定事由。因此,股份有限公司的股东并不因公司转让主要财产而享有退股权。鉴于股份有限公司的股权与有限责任公司的股权相比,具有更高程度的流通性,股东可以通过转让股权方式而收回投资。此外,股东还可在股东会上行使否决权,以抵制公司主要财产的转让行为。若公司董事会成员由于道德风险而擅自转让公司主要财产的,异议股东还可对其提起股东代表诉讼。

第六节 外资并购制度

一、外资并购的概念与类型

外资并购即涉及外资的公司购并,既包括外国投资者并购国内公司,也包括国内投资者并购外国公司。本节仅讨论外国投资者并购国内公司的问题。依2003年1月原外经贸部、国家税务总局、原国家工商总局、国家外汇管理局联合发布的《关于外国投资者并购境内企业的规定》(以下简称《并购规定》)第2条,外国投资者并购境内企业,系指外国投资者购买境内非外商投资企业(以下称"境内公司")股东的股权或认购境内公司增资,使该境内公司变更设立为外商投资企业(以下称"股权并购");或者,外国投资者设立外商投资企业,并通过该企业协议购买境内企业资产且运营该资产,或外国投资者协议购买境内企业资产,并以该资产投资设立外商投资企业运营该资产(以下称"资产并购")。

可见,外资并购包括股权并购与资产并购两种基本形式。其中,股权并购又包括两种:(1) 外国投资者购买境内公司股东的股权;(2) 外国投资者认购境内公司增资,使该境内公司变更设立为外商投资企业。资产并购也可细分为两种:(1) 外国投资者设立外商投资企业,并通过该企业购买并运营境内公司的资产;(2) 外国投资者购买境内公司资产,并以该

资产投资设立外商投资企业运营该资产。

商务部研究院 2007 年 9 月 8 日在厦门发布的《2007 中国外商投资报告》指出，2006 年中国以并购方式新设外商投资企业 1274 家，实际使用外资金额 14.1 亿美元，占同期中国吸收外资总量的比重分别为 3.1% 和 2.2%。从全球看，收购兼并已经成为跨国投资的主要方式，过去十余年占跨国投资总额的 2/3 以上。[①]

当前中国利用外资已经进入了一个新阶段，对外资的需求开始从数量为主转向以质量为主，资金流动从流入为主转向流入和流出双向并重，吸收外资的方式从新设企业为主转向新设和并购两种方式并重。中国要继续保持较大规模吸收外资，通过吸收外资更多地吸收全球的技术、知识、管理、观念、人才等优势资源。[②]

从长远看，既要继续鼓励内资并购，也要鼓励外资并购，以全面提升我国民族经济的核心竞争力。《并购规定》于 2006 年 9 月 8 日修订。除外资公司重组中国公司外，中国公司也已开始远赴海外资本市场，并购外国公司。

二、外资并购的法律框架

外资并购既涉及并购双方当事人及其股东的民事权利，还涉及目标公司职工等利益相关者的切身利益，更涉及劳动法和劳动合同法、产业政策、国有资产监管、外商投资企业审批与登记、证券市场监管、税务监管和外汇监管等诸多法律事项，因此外资并购除了遵守《公司法》和《民法典》的一般规定，尚需遵守以下法律规则。

（1）产业政策。外国投资者并购境内企业，应符合中国法律、法规和规章对投资者资格的要求及产业、土地、环保等政策。依《外商投资产业指导目录》不允许外国投资者独资经营的产业，并购不得导致外国投资者持有企业的全部股权；需由中方控股或相对控股的产业，该产业的企业被并购后，仍应由中方在企业中占控股或相对控股地位；禁止外国投资者经营的产业，外国投资者不得并购从事该产业的企业。签署的股权信托无效。被并购境内企业原有所投资企业的经营范围应符合有关外商投资产业政策的要求；不符合要求的，应进行调整（《并购规定》第 4 条）。

（2）国有资产监管。外国投资者并购境内企业涉及企业国有产权转让和上市公司国有股权管理事宜的，应当遵守国有资产管理的相关规定（《并购规定》第 5 条）。

（3）外商投资企业审批与登记。外国投资者并购境内企业设立外商投资企业，应依照本规定经审批机关批准，向登记管理机关办理变更登记或设立登记（《并购规定》第 6 条第 1 款）。

（4）证券市场监管。若被并购企业为境内上市公司，还应依《外国投资者对上市公司战略投资管理办法》，向国务院证券监督管理机构办理相关手续（《并购规定》第 6 条第 2 款）。

（5）税收监管。外国投资者并购境内企业所涉及的各方当事人应当按照中国税法规定纳税，接受税务机关的监督（《并购规定》第 7 条）。

[①] 黄芳：《商务部报告：中国尚无行业真正被外资垄断》，http://news.sohu.com/20070908/n252035865.shtml，2020 年 5 月 1 日访问。

[②] 同上。

(6) 外汇监管。外国投资者并购境内企业所涉及的各方当事人应遵守中国有关外汇管理的法律和行政法规，及时向外汇管理机关办理各项外汇核准、登记、备案及变更手续(《并购规定》第 8 条)。

三、并购基本制度

(一) 享受外资企业待遇的外资持股比例门槛

依《并购规定》第 9 条，外国投资者在并购后所设外商投资企业注册资本中的出资比例高于 25% 的，该企业享受外商投资企业待遇。以下两类外资企业不享受外资企业待遇：(1) 外国投资者在并购后所设外商投资企业注册资本中的出资比例低于 25% 的，除法律和行政法规另有规定外，该企业不享受外商投资企业待遇，其举借外债按照境内非外商投资企业举借外债的有关规定办理。(2) 境内公司、企业或自然人以其在境外合法设立或控制的公司名义并购与其有关联关系的境内公司所设立的外商投资企业不享受外商投资企业待遇，但该境外公司认购境内公司增资，或者该境外公司向并购后所设企业增资，增资额占所设企业注册资本比例达到 25% 以上的除外。依该款所述方式设立的外商投资企业，其实际控制人以外的外国投资者在企业注册资本中的出资比例高于 25% 的，享受外商投资企业待遇。

(二) 审批机关

外资并购的审批机关为商务部或省级商务主管部门，登记管理机关为国家市场监督管理总局或其授权的地方市场监督管理局，外汇管理机关为国家外汇管理局或其分支机构。并购后所设外商投资企业，根据法律、法规和规章的规定，属于应由商务部审批的特定类型或行业的外商投资企业的，省级审批机关应将申请文件转报商务部审批，商务部依法决定批准或不批准。

(三) 名为外资并购、实为内资并购的审批

境内公司、企业或自然人以其在境外合法设立或控制的公司名义并购与其有关联关系的境内的公司，应报商务部审批。当事人不得以外商投资企业境内投资或其他方式规避前述要求。

(四) 外资并购对境内目标公司债权债务的影响

外国投资者股权并购的，由于目标公司的法人资格依然存在，公司净资产亦不因外资并购而减少，并购后所设外商投资企业承继被并购境内公司的债权和债务。由于被出售的营业资产本身并非独立法人，因此外国投资者资产并购的，出售资产的境内企业承担其原有的债权和债务。外国投资者在决定选取何种并购方式时，债务负担也是重要的考虑因素。

当然，这并不排除外国投资者、被并购境内企业、债权人及其他当事人根据契约自由原则对被并购境内企业的债权债务的处置另行达成协议，但是该协议不得损害第三人利益和社会公共利益。债权债务的处置协议应报送审批机关。出售资产的境内企业应当在投资者向审批机关报送申请文件之前至少 15 日，向债权人发出通知书，并在全国发行的省级以上报纸上发布公告。

(五) 并购价格评估

《并购规定》第 14 条第 1 款要求并购当事人以资产评估机构对拟转让的股权价值或拟出售资产的评估结果作为确定交易价格的依据。并购当事人可以约定在中国境内依法设立的资产评估机构。资产评估应采用国际通行的评估方法。禁止以明显低于评估结果的价格转让股权或出售资产,变相向境外转移资本。若资产评估机构存在道德风险或执业过失,导致境内公司或其股东的债权人损失的,资产评估机构应当依《公司法》第 207 条第 3 款对受损债权人承担赔偿责任。

(六) 关联关系披露

《并购规定》第 15 条要求并购当事人应对并购各方是否存在关联关系进行说明,若有两方属于同一个实际控制人,则当事人应向审批机关披露其实际控制人,并就并购目的和评估结果是否符合市场公允价值进行解释。鉴于实践中有人采用信托、代持或其他方式规避前述要求,该条禁止当事人采用信托、代持或其他方式规避前述要求。

(七) 对价给付期限的规制

股权与资产的转让本属民事行为,对价几何、何时支付原则上属于契约自由范畴。但为预防不良国际资本的投机行为,消除外资并购的道德风险,《并购规定》第 16 条对于对价给付期限进行了严格规制。外国投资者并购境内企业设立外商投资企业,外国投资者应自外商投资企业营业执照颁发之日起 3 个月内向转让股权的股东,或出售资产的境内企业支付全部对价。对特殊情况需要延长者,经审批机关批准后,应自外商投资企业营业执照颁发之日起 6 个月内支付全部对价的 60% 以上,1 年内付清全部对价,并按实际缴付的出资比例分配收益。

外国投资者认购境内公司增资,有限责任公司和以发起方式设立的境内股份有限公司的股东应当在公司申请外商投资企业营业执照时缴付不低于 20% 的新增注册资本,其余部分的出资时间应符合《公司法》、有关外商投资的法律和《公司登记管理条例》的规定。其他法律和行政法规另有规定的,从其规定。股份公司为增加注册资本发行新股时,股东认购新股,依照设立股份有限公司缴纳股款的有关规定执行。

外国投资者资产并购的,投资者应在拟设立的外商投资企业合同、章程中规定出资期限。设立外商投资企业,并通过该企业协议购买境内企业资产且运营该资产的,对与资产对价等额部分的出资,投资者应在前文所述的对价支付期限内缴付;其余部分的出资应符合设立外商投资企业出资的相关规定。

外国投资者并购境内企业设立外商投资企业,若外国投资者出资比例低于企业注册资本 25% 的,投资者以现金出资的,应自外商投资企业营业执照颁发之日起 3 个月内缴清;投资者以实物、工业产权等出资的,应自外商投资企业营业执照颁发之日起 6 个月内缴清。

(八) 并购后的持股比例

外国投资者协议购买境内公司股东的股权,境内公司变更设立为外商投资企业后,该外商投资企业的注册资本为原境内公司注册资本,外国投资者的出资比例为其所购买股权在原注册资本中所占比例。外国投资者认购境内有限责任公司增资的,并购后所设外商投资企业的注册资本为原境内公司注册资本与增资额之和。外国投资者与被并购境内公司原其他股东,在境内公司资产评估的基础上,确定各自在外商投资企业注册资本中的出资比例。外国投资者认购境内股份有限公司增资的,按照《公司法》有关规定确定注册资本。

(九) 投资总额与注册资本的比例关系

为避免并购后公司的股权资本显著不足,进而维护交易安全,《并购规定》第 19 条规定,外国投资者股权并购的,除国家另有规定外,对并购后所设外商投资企业应按照以下比例确定投资总额的上限:(1)注册资本在210万美元以下的,投资总额不得超过注册资本的10/7;(2)注册资本在210万美元以上至500万美元的,投资总额不得超过注册资本的2倍;(3)注册资本在500万美元以上至1200万美元的,投资总额不得超过注册资本的2.5倍;(4)注册资本在1200万美元以上的,投资总额不得超过注册资本的3倍。《并购规定》第20条规定,外国投资者资产并购的,应根据购买资产的交易价格和实际生产经营规模确定拟设立的外商投资企业的投资总额。拟设立的外商投资企业的注册资本与投资总额的比例应符合有关规定。

四、股权并购制度

依《并购规定》第21条,外国投资者股权并购的,投资者应根据并购后所设外商投资企业的投资总额、企业类型及所从事的行业,依照设立外商投资企业的法律、法规和规章的规定,向具有相应审批权限的审批机关报送下列文件:(1)被并购境内有限责任公司股东一致同意外国投资者股权并购的决议或被并购境内股份有限公司同意外国投资者股权并购的股东大会决议。要求被并购境内有限责任公司股东一致同意外国投资者股权并购的决议,实际上突破了《公司法》第71条有关股权转让的规定。此外,被并购境内股份有限公司同意外国投资者股权并购的股东大会决议究竟采取绝对多数决规则,抑或绝对多数决规则,《暂行规定》并不清晰。鉴于股东的股权转让自由,亦将股份有限公司股东会决议解释为简单多数决。(2)被并购境内公司依法变更设立为外商投资企业的申请书。(3)并购后所设外商投资企业的合同、章程。(4)外国投资者购买境内公司股东股权或认购境内公司增资的协议。(5)被并购境内公司上一财务年度的财务审计报告。(6)经公证和依法认证的投资者的身份证明文件或注册登记证明及资信证明文件。(7)被并购境内公司所投资企业的情况说明。(8)被并购境内公司及其所投资企业的营业执照(副本)。(9)被并购境内公司职工安置计划。(10)《并购规定》第13条、第14条和第15条要求报送的文件。并购后所设外商投资企业的经营范围、规模、土地使用权的取得等,涉及其他相关政府部门许可的,有关的许可文件应一并报送。

依《并购规定》第22条,股权购买协议、境内公司增资协议应适用中国法律,进而排除了当事人自由选择其他准据法的自治空间。此类并购协议应当包括以下主要内容:(1)协议各方的状况,包括名称(姓名)、住所、法定代表人姓名、职务、国籍等;(2)购买股权或认购增资的份额和价款;(3)协议的履行期限、履行方式;(4)协议各方的权利、义务;(5)违约责任、争议解决;(6)协议签署的时间、地点。

依《并购规定》第25条,外国投资者并购境内企业设立外商投资企业,除本规定另有规定外,审批机关应自收到规定报送的全部文件之日起30日内,依法决定批准或不批准。决定批准的,由审批机关颁发批准证书。外国投资者协议购买境内公司股东股权,审批机关决定批准的,应同时将有关批准文件分别抄送股权转让方、境内公司所在地外汇管理机关。股权转让方所在地外汇管理机关为其办理转股收汇外资外汇登记并出具相关证明,转股收汇外资外汇登记证明是证明外方已缴付的股权收购对价已到位的有效文件。

依《并购规定》第26条第2款,外国投资者股权并购的,被并购境内公司应依照本规定向原登记管理机关申请变更登记,领取外商投资企业营业执照。被并购境内公司在申请变更登记时,应提交以下文件,并对其真实性和有效性负责:(1)变更登记申请书;(2)外国投资者购买境内公司股东股权或认购境内公司增资的协议;(3)修改后的公司章程或原章程的修正案和依法需要提交的外商投资企业合同;(4)外商投资企业批准证书;(5)外国投资者的主体资格证明或者自然人身份证明;(6)修改后的董事会名单,记载新增董事姓名、住所的文件和新增董事的任职文件;(7)原国家工商行政管理总局规定的其他有关文件和证件。投资者自收到外商投资企业营业执照之日起30日内,到税务、海关、土地管理和外汇管理等有关部门办理登记手续。

五、资产并购制度

依《并购规定》第23条,外国投资者资产并购的,投资者应根据拟设立的外商投资企业的投资总额、企业类型及所从事的行业,依照设立外商投资企业的法律、法规和规章的规定,向具有相应审批权限的审批机关报送下列文件:(1)境内企业产权持有人或权力机构(如股东会)同意出售资产的决议;(2)外商投资企业设立申请书;(3)拟设立的外商投资企业的合同、章程;(4)拟设立的外商投资企业与境内企业签署的资产购买协议,或外国投资者与境内企业签署的资产购买协议;(5)被并购境内企业的章程、营业执照(副本);(6)被并购境内企业通知、公告债权人的证明以及债权人是否提出异议的说明;(7)经公证和依法认证的投资者的身份证明文件或开业证明、有关资信证明文件;(8)被并购境内企业职工安置计划;(9)《并购规定》要求报送的其他文件。购买并运营境内企业的资产涉及其他相关政府部门许可的,有关的许可文件应一并报送。外国投资者协议购买境内企业资产并以该资产投资设立外商投资企业的,在外商投资企业成立前不得以该资产开展经营活动。

依《并购规定》第24条,资产购买协议应适用中国法律,并包括以下主要内容:(1)协议各方的状况,包括名称(姓名),住所,法定代表人姓名、职务、国籍等;(2)拟购买资产的清单、价格;(3)协议的履行期限、履行方式;(4)协议各方的权利、义务;(5)违约责任、争议解决;(6)协议签署的时间、地点。

依《并购规定》第26条第1款,外国投资者资产并购的,投资者应自收到批准证书之日起30日内,向登记管理机关申请办理设立登记,领取外商投资企业营业执照。

六、并购对价的支付手段

根据契约自由原则,并购各方当事人可以在不违反国家有关法律和行政法规的前提下,自由约定并购公司对目标公司的对价给付形式,包括但不限于货币、实物、股权、债权、知识产权等。依《并购规定》第17条,作为并购对价的支付手段应符合国家有关法律和行政法规的规定。外国投资者以其合法拥有的人民币资产作为支付手段的,应经外汇管理机关核准;以其拥有处置权的股权作为支付手段的,应经外汇管理机关核准。鉴于股权价值本身的不确定性,为保护目标公司及其股东免受外国投资者"空手套白狼"的欺诈之苦,《并购规定》对外国投资者的股权支付手段作了严格规定。

作为并购对价的股权是指外国投资者持有的境外公司的股权,或者境外公司对于境内公司或其股东增发的股份。

(1)境外公司的主体要件。境外公司应合法设立并且其注册地具有完善的公司法律制度,且公司及其管理层最近3年未受到监管机构的处罚;除《并购规定》规定的特殊目的公司外,境外公司应为上市公司,其上市所在地应具有完善的证券交易制度(《并购规定》第

28条)。

(2)股权要件。作为并购对价的股权应符合以下条件:第一,股东合法持有并依法可以转让;第二,无所有权争议且没有设定质押及任何其他权利限制;第三,境外公司的股权应在境外公开合法证券交易市场(柜台交易市场除外)挂牌交易;第四,境外公司的股权最近1年交易价格稳定(《并购规定》第29条)。但第3项和第4项条件不适用于特殊目的公司。

(3)并购顾问报告。外国投资者以股权并购境内公司,境内公司或其股东应当聘请在中国注册登记的中介机构担任顾问。并购顾问应就并购申请文件的真实性、境外公司的财务状况以及并购是否合规作尽职调查,并出具并购顾问报告,就前述内容逐项发表明确的专业意见。并购顾问应符合以下条件:第一,信誉良好且有相关从业经验;第二,无重大违法违规记录;第三,应有调查并分析境外公司注册地和上市所在地法律制度与境外公司财务状况的能力。

七、特殊目的公司

特殊目的公司(Special Purpose Vehicle,SPV)系指中国境内公司或自然人为实现以其实际拥有的境内公司权益在境外上市而直接或间接控制的境外公司。特殊目的公司为实现在境外上市,其股东以其所持公司股权,或者特殊目的公司以其增发的股份作支付手段,购买境内公司股东的股权或者境内公司增发的股份,但要遵守《并购规定》第4章第3节规定。当事人以持有特殊目的公司权益的境外公司作为境外上市主体的,该境外公司应符合该节对于特殊目的公司的相关要求。

境内公司在境外设立特殊目的公司应向商务部申请办理核准手续。办理核准手续时,境内公司除向商务部报送《关于境外投资开办企业核准事项的规定》要求的文件外,另须报送以下文件:(1)特殊目的公司最终控制人的身份证明文件;(2)特殊目的公司境外上市商业计划书;(3)并购顾问就特殊目的公司未来境外上市的股票发行价格所作的评估报告。获得中国企业境外投资批准证书后,设立人或控制人应向所在地外汇管理机关申请办理相应的境外投资外汇登记手续。

特殊目的公司境外上市交易,应经国务院证券监督管理机构批准。特殊目的公司境外上市所在国家或者地区应有完善的法律和监管制度,其证券监管机构已与国务院证券监督管理机构签订监管合作谅解备忘录,并保持着有效的监管合作关系。权益在境外上市的境内公司应符合下列条件:(1)产权明晰,不存在产权争议或潜在产权争议;(2)有完整的业务体系和良好的持续经营能力;(3)有健全的公司治理结构和内部管理制度;(4)公司及其主要股东近3年无重大违法违规记录。

特殊目的公司境外上市的股票发行价总值,不得低于其所对应的经中国有关资产评估机构评估的被并购境内公司股权的价值(《并购规定》第43条)。

第七节 上市公司并购重组财务顾问制度

一、财务顾问制度的出台背景和现实意义

上市公司并购重组财务顾问业务是为上市公司的收购、重大资产重组、合并、分立、股份

回购等对上市公司股权结构、资产和负债、收入和利润等具有重大影响的并购重组活动提供交易估值、方案设计、出具专业意见等专业服务。上市公司并购重组财务顾问(以下简称"财务顾问")是市场自律机制的重要组成部分,也是证券业中方兴未艾的专业领域。

我国资本市场的本质属性决定了资本市场的发展与改革必须坚持市场化取向,建立以市场主体约束为主导的市场化监管机制,放松行政管制,减少行政审批。中国证监会《上市公司收购管理办法》明确设立财务顾问制度,将并购重组从证监会直接监管下的全面要约收购,转变为财务顾问把关下的部分要约收购;将完全依靠中国证监会的事前监管,转变为实施财务顾问制度下的中国证监会适当事前监管与重点强化事后监管相结合。在这一制度框架下,财务顾问机构能否切实履行其职责,能否真正督促并购重组活动的相关当事人自我约束、自觉规范运作并维护市场秩序,是有效发挥市场自律作用的前提和基础。

但从财务顾问机构执业现状看,财务顾问机构在专业水平、职业操守和风险控制等方面还远远不能达到市场要求。为规范财务顾问业务活动,充分发挥并购重组顾问作为"第一看门人"的应有作用,切实保护投资者的合法权益,促进上市公司规范运作,中国证监会依《证券法》和其他相关法律、法规的规定,于2008年6月3日发布了《上市公司并购重组财务顾问业务管理办法》(以下简称《办法》),并自2008年8月4日起施行。《办法》的指导思想是强化中介机构责任、建立财务顾问负责制,由财务顾问事前把关、事中跟踪、事后持续督导,通过对财务顾问和财务顾问主办人"明责、尽责、问责"的要求,形成市场力量自我约束机制,提高市场效率。

二、行政监管为主、自律监管为辅的财务顾问监管体制

中国证监会对财务顾问实行资格许可管理,对财务顾问及其负责并购重组项目的签名人员(以下简称财务顾问主办人)的执业情况进行持续性监督管理。中国证监会及其派出机构可以根据审慎监管原则,要求财务顾问提供履行尽职调查义务的证明材料、工作档案和工作底稿,并对财务顾问的公司治理、内部控制、经营运作、风险状况、从业活动等方面进行非现场检查或者现场检查。中国证监会有权依《办法》对违法的财务顾问及其财务顾问主办人采取监管谈话、出具警示函、责令改正等监管措施以及罚款等处罚措施。中国证监会建立监管信息系统,对财务顾问及其财务顾问主办人进行持续动态监管,并将其违法事项记入诚信档案。中国证监会负责颁布《考试大纲》,并组织财务顾问主办人胜任能力考试。

中国证券业协会依法对财务顾问及其财务顾问主办人进行自律管理。中国证券业协会可依《办法》制定财务顾问执业规范,组织财务顾问主办人进行持续培训。财务顾问可以申请加入中国证券业协会。财务顾问主办人应当参加中国证券业协会组织的相关培训,接受后续教育。中国证券业协会对财务顾问及其财务顾问主办人违反自律规范的行为,依法进行调查,给予纪律处分。

三、财务顾问业务核准制度

鉴于我国现阶段证券业发展水平参差不齐,《办法》确立了财务顾问业务核准制度。只有被中国证监会核准的、具有上市公司并购重组财务顾问业务资格的证券公司、证券投资咨询机构或者其他符合条件的财务顾问机构才能从事财务顾问业务。未经中国证监会核准,任何单位和个人不得从事该业务。《办法》对证券公司、证券投资咨询机构和其他机构的业

务资格要求依次从严。

鉴于中国证监会《证券公司管理办法》已对证券公司的资质、股东和管理人员等方面有相应规定,因此《办法》仅从公司净资本、内部控制制度和内部防火墙制度、会计信息真实可靠、具有财务顾问主办人的数量等方面对证券公司的资格条件作出规定:(1)公司净资本符合中国证监会规定;(2)具有健全且运行良好的内部控制机制和管理制度,严格执行风险控制和内部隔离制度;(3)建立健全的尽职调查制度,具备良好的项目风险评估和内核机制;(4)公司财务会计信息真实、准确、完整;(5)公司控股股东、实际控制人信誉良好且最近3年无重大违法违规记录;(6)财务顾问主办人不少于5人;(7)中国证监会规定的其他条件。为稳妥起见,对上市公司并购重组活动涉及公开发行股票的情形,发行人应聘请具有保荐资格的证券公司从事相关业务,其他机构无权从事此类业务。

鉴于证券投资咨询机构的市场进入门槛低于证券公司,《办法》将能够从事财务顾问业务的证券投资咨询机构限定在已取得中国证监会投资咨询业务许可的范围内,并从实缴注册资本和净资产、从事证券业务资格的人员和财务顾问主办人数量、从事公司并购重组财务顾问业务经验、最近2年每年财务顾问业务收入等方面对证券投资咨询机构从事财务顾问业务的资格条件作出较为严格的规定:(1)已经取得中国证监会核准的证券投资咨询业务资格;(2)实缴注册资本和净资产不低于人民币500万元;(3)具有健全且运行良好的内部控制机制和管理制度,严格执行风险控制和内部隔离制度;(4)公司财务会计信息真实、准确、完整;(5)控股股东、实际控制人在公司申请从事财务顾问业务资格前一年未发生变化,信誉良好且最近3年无重大违法违规记录;(6)具有2年以上从事公司并购重组财务顾问业务活动的执业经历,且最近2年每年财务顾问业务收入不低于100万元;(7)有证券从业资格的人员不少于20人,其中,具有从事证券业务经验3年以上的人员不少于10人,财务顾问主办人不少于5人;(8)中国证监会规定的其他条件。

《办法》对其他机构从事财务顾问业务规定的门槛最高。除符合证券公司和证券投资咨询机构要达到的基本条件外,还应具备下列条件:(1)具有3年以上从事公司并购重组财务顾问业务活动的执业经历,且最近3年每年财务顾问业务收入不低于100万元;(2)董事、高级管理人员应当正直诚实,品行良好,熟悉证券法律、法规,具有从事证券市场工作3年以上或者金融工作5年以上的经验,具备履行职责所需的经营管理能力;(3)控股股东、实际控制人信誉良好且最近3年无重大违法违规记录;(4)中国证监会规定的其他条件。资产评估机构、会计师事务所、律师事务所或者相关人员从事财务顾问业务,应当另行成立专门机构。

四、财务顾问主办人的从业资格标准

财务顾问主办人是指接受财务顾问指定,具体负责并购重组财务顾问业务的人员。由于财务顾问主办人的职业道德和专业水准是财务顾问执业质量的关键,《办法》借鉴对保荐代表人的资格管理经验,确立了财务顾问主办人制度,要求财务顾问机构必须具有一定数量、符合一定条件的财务顾问主办人方可开展业务。财务顾问机构在接受业务委托后应当指定2名财务顾问主办人负责,同时,可以安排一名项目协办人参与。

财务顾问主办人应当具备下列条件:(1)具有证券从业资格;(2)具备中国证监会规定的投资银行业务经历;(3)参加中国证监会认可的财务顾问主办人胜任能力考试且成绩合格;(4)所任职机构同意推荐其担任本机构的财务顾问主办人;(5)未负有数额较大到期未

清偿的债务;(6)最近24个月无违反诚信的不良记录;(7)最近24个月未因执业行为违反行业规范而受到行业自律组织的纪律处分;(8)最近36个月未因执业行为违法违规受到处罚;(9)中国证监会规定的其他条件。

五、委托关系的建立

为预防纠纷,财务顾问与委托人应当签订委托协议,就委托人配合财务顾问履行其职责的义务、应提供的材料和责任划分、双方的保密责任等事项作出约定。财务顾问接受上市公司并购重组多方当事人委托的,不得存在利益冲突或者潜在的利益冲突。

财务顾问从事财务顾问业务,应当公平竞争,按照业务复杂程度及所承担的责任和风险与委托人商议财务顾问报酬,不得以明显低于行业水平等不正当竞争手段招揽业务。

财务顾问的委托人应当依法承担相应的责任,配合财务顾问履行职责,并向财务顾问提供有关文件及其他必要的信息,不得拒绝、隐匿、谎报。财务顾问履行职责,不能减轻或者免除委托人、其他专业机构及其签名人员的责任。

六、财务顾问的诚信义务

财务顾问应当遵守法律、法规、证监会的规定和行业规范,诚实守信,勤勉尽责,对上市公司并购重组活动进行尽职调查,对委托人的申报文件进行核查,出具专业意见,并保证其所出具的意见真实、准确、完整。《办法》第17条要求,证券公司、证券投资咨询机构或者其他财务顾问机构受聘担任上市公司独立财务顾问的,应当保持独立性,不得与上市公司存在利害关系;存在下列情形之一的,不得担任独立财务顾问:(1)持有或者通过协议、其他安排与他人共同持有上市公司股份达到或者超过5%,或者选派代表担任上市公司董事;(2)上市公司持有或者通过协议、其他安排与他人共同持有财务顾问的股份达到或者超过5%,或者选派代表担任财务顾问的董事;(3)最近2年财务顾问与上市公司存在资产委托管理关系、相互提供担保,或者最近一年财务顾问为上市公司提供融资服务;(4)财务顾问的董监高、财务顾问主办人或者其直系亲属有在上市公司任职等影响公正履行职责的情形;(5)在并购重组中为上市公司的交易对方提供财务顾问服务;(6)与上市公司存在利害关系、可能影响财务顾问及其财务顾问主办人独立性的其他情形。

财务顾问及其财务顾问主办人应当严格履行保密责任,不得利用职务之便买卖相关上市公司的证券或者牟取其他不当利益,并应当督促委托人、委托人的董监高及其他内幕信息知情人严格保密,不得进行内幕交易。

七、尽职调查职责

财务顾问应接受并购重组当事人的委托,对上市公司并购重组活动进行尽职调查,全面评估相关活动所涉及的风险。尽职调查是财务顾问业务顺利推展的基础和前提。财务顾问对上市公司并购重组活动进行尽职调查时重点关注以下问题,并在专业意见中对以下问题进行分析和说明:

(1)涉及上市公司收购的,担任收购人的财务顾问,应当关注收购人的收购目的、实力、收购人与其控股股东和实际控制人的控制关系结构、管理经验、资信情况、诚信记录、资金来源、履约能力、后续计划、对上市公司未来发展的影响、收购人的承诺及是否具备履行相关承诺的能力等事项,因国有股行政划转或者变更、在同一实际控制人控制的不同主体之间转让股份、继承取得上市公司股份超过30%的,收购人可免于聘请财务顾问。

(2) 涉及对上市公司进行要约收购的,收购人的财务顾问除关注第1项所列事项外,还应当关注要约收购的目的、收购人的支付方式和支付条件、履约能力、是否将导致公司退市、对收购完成后剩余中小股东的保护机制是否适当等事项;收购人公告要约收购报告书摘要后15日内未能发出要约的,财务顾问应当督促收购人立即公告未能如期发出要约的原因及中国证监会提出的反馈意见。

(3) 涉及上市公司重大资产重组的,财务顾问应当关注重组目的、重组方案、交易定价的公允性、资产权属的清晰性、资产的完整性、重组后上市公司是否具备持续经营能力和持续盈利能力、盈利预测的可实现性、公司经营独立性、重组方是否存在利用资产重组侵害上市公司利益的问题等事项。

(4) 涉及上市公司发行股份购买资产的,财务顾问应当关注本次发行的目的、发行方案、拟购买资产的估值分析及定价的公允性、拟购买资产的完整性、独立性、盈利能力、对上市公司影响的量化分析、拟发行股份的定价模式、中小股东合法权益是否受到侵害、上市公司股票交易是否存在异常等事项;涉及导致公司控制权发生变化的,还应当对本次发行的特定对象进行核查。

(5) 涉及上市公司合并的,财务顾问应当关注合并的目的、合并的可行性、合并方案、合并方与被合并方的估值分析、折股比例的确定原则和公允性、对上市公司的业务和财务结构的影响、对上市公司持续盈利能力的影响、合并后的整合安排等事项。

(6) 涉及上市公司回购本公司股份的,财务顾问应当关注回购目的的适当性、回购必要性、回购方案、回购价格的定价模式和公允性、对上市公司现金流的影响、是否存在不利于上市公司持续发展的问题等事项。

(7) 财务顾问应当关注上市公司并购重组活动中,相关各方是否存在利用并购重组信息进行内幕交易、市场操纵和证券欺诈等事项。

(8) 证监会要求的其他事项。

为确保尽职调查质量,财务顾问应当建立尽职调查制度和具体工作规程,对上市公司并购重组活动进行充分、广泛、合理的调查,核查委托人提供的为出具专业意见所需的资料,对委托人披露的内容进行独立判断,并有充分理由确信所作的判断与委托人披露的内容不存在实质性差异。委托人应当配合财务顾问进行尽职调查,提供相应的文件资料。

财务顾问利用其他证券服务机构专业意见时,应对其进行必要的审慎核查,对委托人提供的资料和披露的信息进行独立判断,不得偏听偏信。财务顾问对同一事项所作的判断与其他证券服务机构的专业意见存在重大差异的,应当调查、复核,并可自行聘请相关专业机构提供专业服务。

八、规范化运作辅导

财务顾问要对委托人进行证券市场规范化运作的辅导,使其熟悉有关法律、法规和中国证监会的规定,充分了解其应承担的义务和责任,督促其依法履行报告、公告和其他法定义务。财务顾问应当采取有效方式对新进入上市公司的董监高、控股股东和实际控制人的主要负责人进行证券市场规范化运作的辅导,包括上述人员应履行的责任和义务、上市公司治理的基本原则、公司决策的法定程序和信息披露的基本要求,并对辅导结果进行验收,将验收结果存档。验收不合格的,财务顾问应当重新进行辅导和验收。

九、发表专业意见

财务顾问在充分尽职调查和内部核查的基础上,按照中国证监会的相关规定,对并购重组事项出具财务顾问专业意见,并作出以下承诺:(1)已按照规定履行尽职调查义务,有充分理由确信所发表的专业意见与委托人披露的文件内容不存在实质性差异;(2)已对委托人披露的文件进行核查,确信披露文件的内容与格式符合要求;(3)有充分理由确信委托人委托财务顾问出具意见的并购重组方案符合法律、法规和中国证监会及证券交易所的相关规定,所披露的信息真实、准确、完整,不存在虚假记载、误导性陈述或者重大遗漏;(4)有关本次并购重组事项的财务顾问专业意见已提交内部核查机构审查,并同意出具此专业意见;(5)在与委托人接触后到担任财务顾问期间,已采取严格的保密措施,严格执行风险控制和内部隔离制度,不存在内幕交易、操纵市场和证券欺诈问题。财务顾问的法定代表人或者其授权代表人、部门负责人、内部核查机构负责人、财务顾问主办人和项目协办人要在财务顾问专业意见上签名,并加盖财务顾问单位公章。

十、组织协调

财务顾问代表委托人向中国证监会提交申请文件后,应当配合中国证监会的审核,并承担以下工作:(1)指定财务顾问主办人与中国证监会进行专业沟通,并按照中国证监会提出的反馈意见作出回复;(2)按照中国证监会的要求对涉及本次并购重组活动的特定事项进行尽职调查或者核查;(3)组织委托人及其他专业机构对中国证监会的意见进行答复;(4)委托人未能在行政许可的期限内公告相关并购重组报告全文的,财务顾问应当督促委托人及时公开披露中国证监会提出的问题及委托人未能如期公告的原因;(5)自申报至并购重组事项完成前,对于上市公司和其他并购重组当事人发生较大变化对本次并购重组构成较大影响的情况予以高度关注,并及时向中国证监会报告;(6)申报本次担任并购重组财务顾问的收费情况;(7)中国证监会要求的其他事项。

十一、持续督导

上市公司并购重组事项完成后,财务顾问并非完事大吉。相反,财务顾问将上市公司扶上马以后还要送一程。具体说来,财务顾问自上市公司并购重组完成后的规定期限内依然承担持续督导责任。财务顾问应当通过日常沟通、定期回访等方式,结合上市公司定期报告的披露,做好以下持续督导工作:(1)督促并购重组当事人按照相关程序规范实施并购重组方案,及时办理产权过户手续,并依法履行报告和信息披露的义务;(2)督促上市公司按照《上市公司治理准则》的要求规范运作;(3)督促和检查申报人履行对市场公开作出的相关承诺的情况;(4)督促和检查申报人落实后续计划及并购重组方案中约定的其他相关义务的情况;(5)结合上市公司定期报告,核查并购重组是否按计划实施、是否达到预期目标,其实施效果是否与此前公告的专业意见存在较大差异,是否实现相关盈利预测或者管理层预计达到的业绩目标;(6)中国证监会要求的其他事项。

在持续督导期间,财务顾问应当结合上市公司披露的定期报告出具持续督导意见,并在定期报告披露后的15日内向上市公司所在地的中国证监会派出机构报告。财务顾问还应建立健全内部检查制度,确保财务顾问主办人切实履行持续督导责任,按时向中国证监会派出机构提交持续督导工作的情况报告。

第十章

公司社会责任

第一节 公司社会责任概述

一、公司社会责任的概念

强化公司社会责任不仅是公司法的重要内容,也是构建和谐社会的重要内容。公司社会责任(corporate social responsibility),是指公司不能仅仅以最大限度地为股东们赚钱作为自己的唯一存在目的,还应当最大限度地关怀和增进股东利益之外的其他所有社会利益,包括消费者利益、职工利益、债权人利益、中小竞争者利益、当地社区利益、环境利益、社会弱者利益及整个社会公共利益等内容,既包括自然人的人权尤其是社会权,也包括法人和非法人组织的权利和利益。公司社会责任理论与利益相关者(stakeholder or non-shareholder constituencies)理论表述虽有不同,但其核心内容相同,都体现了对公司营利性之外的社会性的关注。公司社会责任的核心价值观是以人为本,而非以钱为本。

公司社会责任是权利本位与社会本位有机融合的公司法现代化成果,是现代公司制度文明自我修正与进化的结果。我国现行《公司法》在保护股东价值的同时,强化了公司社会责任。公司既有营利性,也有社会性。公司的社会性决定了公司利益不能被简单理解为股东利益。公司既要为股东创造投资价值,也要善待劳动者、债权人、供应商、消费者、社区居民、自然资源、生态环境与公序良俗。股东与其他利益相关者的利益既相互对立,又辩证统一于公司利益基础之上。[①]

中外公司社会责任运动皆有其独特的哲学基础。在西方市场经济国家,边沁与穆勒主张的、为绝大多数人谋求最大福祉的功用主义(或多数人主义)与康德的权利学说,罗尔斯的正义论一起共同构成了企业利益相关者理论的三大当代哲学基础。[②] 我国公司社会责任的哲学基础包括社会主义市场经济理论,也包括以人为本的儒释道等传统文化。

担当社会责任是公司良治的核心特征,也是国家治理现代化的微观基础。党的十六届六中全会《决定》强调"着眼于增强公民、企业、各种组织的社会责任"。十七大报告重申"引导人们自觉履行法定义务、社会责任、家庭责任"。十八届三中全会指出要"以规范经营决

[①] 刘俊海:《强化公司的社会责任——建立我国现代企业制度的一项重要内容》,载王保树主编:《商事法论集》第2卷,法律出版社1997年版。

[②] Timothy L. Fort & Stephen B. Presser, *The Legal and Ethical Environment of Business*, West Academic Publishing, 2017, p. 2.

策、资产保值增值、公平参与竞争、提高企业效率、增强企业活力、承担社会责任为重点,深化国有企业改革"。十九大报告指出,"强化社会责任意识、规则意识、奉献意识"。十九届四中全会强调,"完善文化企业履行社会责任制度,健全引导新型文化业态健康发展机制"。因此,公司社会责任是社会主义市场经济的重要特征之一。

公司社会责任既是一种公司治理理念,也是一种制度安排,更是一种商业实践。没有公司社会责任的理念,便没有成熟的制度设计;没有自觉的公司社会责任实践,公司社会责任理论也就成了无源之水。而其中的制度设计则扮演着承上启下的作用。

就理念而言,公司社会责任是一种资本观、财富观。公司社会责任强调资本的社会性与伦理性,强调资本有伦理,商业有道德。公司既要取得阳光财富,也要善用阳光财富。不仅公司取得财富的过程要符合法律和商业伦理的要求,而且公司使用与处分财富的过程也要符合法律和商业伦理的要求。公司社会责任就是对资本无伦理、商业无道德的极端理论的彻底否定。

就制度设计而言,公司社会责任的贯彻落实离不开兴利除弊的法律制度与伦理制度的完善设计。例如,政府应当通过政府采购、简化行政手续等手段鼓励公司承担社会责任;立法者应当鼓励投资者尤其是机构投资者的公司社会责任投资。

就商业实践而言,公司应当自觉出台惠及劳动者、消费者、环境利益与社会公共利益的社会责任政策。公司社会责任运动的最高境界不是通过法律与外在舆论的强大压力迫使公司承担社会责任,而是帮助公司社会责任理念深深扎根于公司投资者及其经营者的心灵深处,并随时转化成自觉自愿的公司社会责任运动。

二、法律意义上的公司社会责任与伦理意义上的公司社会责任

按照公司社会责任的规范来源为准,公司社会责任可以分为法律意义上的社会责任(如及时足额地履行债务、纳税、支付劳动者工资、保护环境)与伦理意义上的社会责任。落实法律意义上的公司的社会责任主要靠法律责任追究机制,而法律责任又以强大的国家公权力为后盾。可见,法律意义上的公司社会责任乃为刚性的社会义务。强化法律意义上的公司社会责任的条款散见于整个法律体系。立法者不需要、也没有足够的智慧制定一部包罗万象的《公司社会责任法》。但作为底线,公司必须履行法律层面的社会义务,如劳动法、消费者权益保护法、产品质量法、税法和环境保护法设定的社会义务。

若说法律为公司设定的社会责任是有限的,那么伦理为公司设定的社会责任则是无限的。聪明的公司不仅应当成为守法经营的模范,而且应当成为诚实敦厚的儒商。落实道德意义上的公司社会责任主要靠奖励、良心、舆论与市场。可见,伦理意义上的公司社会责任乃为柔性的社会义务。但缺乏商业道德、不诚实守信的公司,即使算得上合法公司,也必将为市场所唾弃。有远见、有出息的公司应当努力追求卓越,争取成为劳动者、消费者和社会公众信赖和敬重的、信誉卓著的贵族公司与儒商,而不应把自己定位为"死猪不怕开水烫"的无赖公司与奸商。

公司承担社会责任应当量力而行,适度承诺。公司承担社会责任有一个默示前提:公司有能力承担社会责任。若公司陷入瘫痪、破产,就无力承担社会责任。因此,公司社会责任的承诺和标准的确定应当定位于谋求公司利益、股东利益与非股东利益的多赢,将公司社会责任负担控制在公司可持续发展的范围之内。

三、实体意义上的公司社会责任与程序意义上的公司社会责任

公司社会责任既有实体层面的含义,又有程序层面的含义。作为程序意义上的概念,公司社会责任要求公司决策程序考虑和反映社会利益与社会权。例如,德国的职工监事制度允许职工代表通过担任监事的途径参与公司的决策程序(如任免董事、决定董事报酬、其他重大决策)和监督活动。作为实质意义上的概念,公司社会责任要求公司决策的结果能够对社会利益与社会权负责。例如,美国采取公司利益相关者理论的诸州立法允许公司董事会在作出反收购决策时可以不拘泥于股东利益最大化的思维方式,而可以为增进利益相关者的正当权益采取反收购措施。

四、我国《公司法》对公司社会责任的态度

我国《公司法》在追求股东价值最大化的同时,强化了公司的社会责任。公司既具有营利性,也具有社会性。既然公司具有社会性,就不能将公司利益仅仅还原为股东利益;相反,公司理应对其劳动者、债权人、供应商、消费者、公司所在地的居民、自然环境和资源、国家安全和社会的全面发展承担一定责任。股东与其他利益相关人的利益既相互对立,又辩证统一于公司利益基础之上。公司的社会责任既包括商法上的社会责任,也包括商业伦理上的社会责任。

为体现以人为本的科学发展观,《公司法》第 5 条旗帜鲜明地要求:"公司从事经营活动,必须遵守法律、行政法规,遵守社会公德、商业道德,诚实守信,接受政府和社会公众的监督,承担社会责任。"这是我国社会主义公司法的一大特色,也是我国立法者对世界公司法的一大贡献。虽然美国诸州的公司法中有许多保护和增进公司股东之外其他利害关系人利益的条款,但大多限于在公司董事会面临敌意收购的威胁时,授权或者要求董事会为非股东利益相关者的利益而采取必要的防御措施。虽然德国的《共同决定法》等相关法律中设有职工监事制度,但在其《股份法》和《有限公司法》的总则中缺乏强调公司社会责任的一般条款。

我国《公司法》不仅将强化公司社会责任理念列入总则条款,而且在分则中设计了一套充分强化公司社会责任的具体制度。例如,《公司法》完善了职工董事制度与职工监事制度。就职工监事制度而言,《公司法》第 51 条第 2 款、第 70 条和第 117 条要求监事会应当包括股东代表和适当比例的公司职工代表,其中职工代表的比例不得低于 1/3,从而有助于扭转一些公司中职工监事比例过低的现象。就职工董事制度而言,《公司法》第 44 条第 2 款和第 67 条要求两个以上的国有企业或者两个以上的其他国有投资主体投资设立的有限责任公司以及国有独资公司的董事会成员中有公司职工代表;第 44 条第 2 款和第 108 条第 2 款允许其他有限责任公司和股份有限公司设立职工代表董事制度。

鉴于公司重组经常造成职工下岗的严重影响,借鉴欧盟的立法经验尤其是 2001 年的《欧盟委员会关于全部或部分转让企业或营业时雇员权益的保护指令》,我国《公司法》第 18 条第 3 款规定:"公司研究决定改制以及经营方面的重大问题、制定重要的规章制度时,应当听取公司工会的意见,并通过职工代表大会或者其他形式听取职工的意见和建议。"

《公司法》第 142 条虽然原则禁止公司回购自己股份,但例外允许公司为将股份奖励给本公司职工而回购不超过本公司已发行股份总额的 5% 的股份;同时规定用于收购的资金应当从公司的税后利润中支出,所收购的股份应当在 1 年内转让给职工。

为保护职工在公司解散的情况下获得适当的保护,《公司法》第186条第2款要求公司在缴纳所欠税款之前,除了支付职工工资,还要支付社会保险费用和法定补偿金。

《公司法》第5条的社会责任条款体现了立法者重视公司社会责任的基本理念,因此位于公司法总则较为妥当。该公司社会责任条款不仅是强制性、倡导性的法律规定,而且对于统率公司法分则规定、指导法官和律师解释公司法、指导股东和其他公司法律关系当事人开展投资和决策活动具有重要的现实意义。在公司设立、治理、运营、重组、破产等各个环节适用与解释《公司法》时,也应始终弘扬公司社会责任的精神。

例如,公司社会责任条款授权董事会决策(包括制定反收购措施)时考虑并增进职工、消费者等利益相关者利益。又如,根据公司社会责任的立法理念,公司维持原则应当得到充分尊重。法院在公司解散诉讼、公司破产诉讼、公司设立无效诉讼中要尽量维持公司的生命力。法官在行使自由裁量权的时候,对于可解散、也可不解散的公司,坚决不予解散;对于可破产清算、也可实行破产重整的公司,坚决予以破产重组;对于可确认无效、也可采取瑕疵补救措施确认设立有效的公司,坚决采取瑕疵补救措施。此外,为落实扩大就业、保护环境等社会公共政策,应当鼓励大公司优先采购中小企业以及环境友好型企业的商品或者服务。

第二节 强化公司社会责任的理论根据

一、强化公司社会责任是公司社会性的本质要求

强化公司社会责任的理论依据在于公司的社会性。公司作为投资者的逐利工具,当然具有营利性。但公司作为社会组织的一种,更具有社会性。一些西方传统的经济学家先入为主地假定所有的人都是追求个人私利最大化的经济人,然后推理出相应的经济问题的解决方案。其实,自然人既有动物性,也有社会性。同样,公司的营利性犹如自然人的自然性。在关注到不言而喻的公司的营利性同时,必须强化公司的社会性,体认到公司乃社会中的构成人员而已。公司既是经济人,也是社会人。受人尊重的公司必定是营利性与社会性兼顾的公司。只注重公司的营利性,而不注重公司的社会性,只能沦为富而不贵的公司。

二、强化公司社会责任是公司巨大经济力量的题中应有之义

美国两位研究人员安德森和卡瓦那发表的10项伟大的研究结论表明,在世界上最大的经济一百强中,51个是公司,国家只占49个。其中,日本的丰田公司强于挪威,通用公司强于丹麦。更为重要的是,公司经济力量的集中加深了从公司扩张活动中受益的人群与非受益者之间的不平等。[1]

权利、权力、义务与责任的性质意味着社会义务蕴含于几乎所有的法律权利、法律权力或实际力量之中。所有权的社会化已成为当代物权法和财产法的核心特征之一。社会义务或社会责任在诚实信用、公平正义原则的作用下,日益渗透私人所有权和私法自治的国际化趋势。蕴含于民事权利中的社会义务与其在社会中的实际影响成正比。从常理看,无论何

---

[1] Sarah Anderson & John Cavanagh, "The Top 200—The Rise of Global Corporate Power", Institute for Policy Studies, December 25, 1996.

人,其经济实力和社会影响越大,其肩负的社会义务和社会责任越重;反之亦然。公司不能存在于社会真空之中。公司既然从社会汲取营养、赚取利润,就应承担起解决社会问题、尊重与推动社会法与社会政策的重责大任。公司经济实力越强,就应承担越重、越广泛的社会义务。公司社会责任应当与公司力量的规模紧密挂钩。

三、强化公司社会责任有助于提升公司的核心竞争力

首先,强化公司社会责任有助于提升公司的诚信度,改善公司形象,预防公共关系危机,避免诚信株连。在许多产业陆续迎来微利时代的情况下,未来的公司竞争不再是单纯的新技术、新产品、人才的竞争,而是社会责任品牌的竞争。自觉承担社会责任是聪明的公司占领市场份额的竞争方略和经营方略。有些公司及其股东对社会公众利益麻木不仁,漠不关心,无法获得社会公众发自内心的尊重。唯有自觉承担社会责任的成功公司才能成长为受人尊重的公司。

其次,强化公司社会责任有助于降低公司的生产经营成本。例如,许多公司采取了循环经济的理念之后,不仅有助于保护全社会的环境质量,而且有助于降低公司经营成本。又如,长期雇用员工的政策有助于培育雇员的永久忠诚度。从长远看,公司的社会责任支出实际上是一种"零存整取"的长期投资活动,有助于推动公司远期利益的最大化。因此,公司在承担社会责任时,应当立足于长远利益的最大化,自觉舍弃近期的、局部的利益追求。

再次,强化公司社会责任有助于降低公司的筹资成本。投资者总是喜欢投资于诚信经营的公司。对公司利益相关者不诚信的公司,很难保持对投资者的诚信度。当前,国际社会中投资者的社会责任投资意识日益觉醒。国际上的公司社会责任投资浪潮一浪高过一浪。不具有社会责任感的公司即使具有骄人的经营业绩,但若不是受人尊重的公司居民,也不会吸引到巨额投资。有志于到海外证券市场融资的公司及其控制股东对此不能不察。

最后,强化公司社会责任有助于吸引认同公司社会责任理念的消费者。和气生财。公司越是善待消费者,越是具有更强的竞争力。公司应当清醒地意识到:消费者是公司的衣食父母,而不是自己的对手和敌人。公司的真正对手是其市场上的竞争者,而非消费者。公司在激烈竞争中获胜的唯一法宝就是善待自己的消费者,全面尊重消费者的一系列权益,及时对消费者关注的问题、价值和目标作出反应和调整,及时按照消费者需求调整自己的经营思路和市场营销战略,注重在降低生产和交易成本的同时,尽可能地向消费者提供更多的实惠、便利和承诺。只有这样,才能切实增强消费者对公司及其产品或者服务的信心和信任,乃至于对整个消费品市场的信心和信任。因此,公司自觉承担消费者的社会责任既是确保消费者合法权益的基础,也是公司占领市场份额、赚取利润的远期经营方略之一。近年来我国也出现了数起公司在消费者诉讼中虽然获得胜诉判决,但仍然失掉市场的反面案例。因为,不管出于什么理由,消费者不太可能因为自己败诉给商家,就会忠诚于这一商家。

四、强化公司社会责任有助于完善社会主义市场经济体制

我国社会主义市场经济体制虽已初步建立,但影响发展的体制机制障碍依然存在,改革攻坚面临深层次矛盾和问题。市场经济活动中仍然存在着诸多不和谐因素。突出表现在,政府与商人、商人与商人、商人与社会、政府与社会之间的法律关系经常发生紊乱、错位,商人的违约、侵权、违法、犯罪等失信现象以及政府官员的以权谋私、弃权谋私的现象频频发

生,甚至成为常态。商业欺诈、商业贿赂与官员腐败已成为危害市场经济健康发展的三大毒瘤。无论是消费品市场,还是资本市场,抑或劳动力市场,都存在类似问题。

若公司自觉承担社会责任,彻底告别商业欺诈、商业贿赂,告别滥用市场支配地位的垄断思维和垄断活动,必将有助于从根本上恢复市场经济固有的市场秩序(包括企业与消费者、劳动者和其他交易伙伴之间的公平交易秩序,以及企业之间的自由竞争秩序),完善社会主义市场经济体制。

五、强化公司社会责任有助于拉动国民经济又好又快地稳定增长

公平培育效率。强化公司社会责任当然有助于拉动国民经济又好又快地稳定增长。此处仅以消费对国民经济的发动机作用为例予以说明。消费活动是市场经济之源。消费活动催生与孕育了广袤的市场舞台。消费活动是经济增长的火车头与引擎机。在市场经济国家,公司和民族经济的命运主宰者不是商业领袖抑或政治精英,而是广大消费者。在一定程度上,可以说消费决定生产,消费需求领跑着生产供给,消费者的购买力在拉动着经济增长。没有消费者与消费活动就没有市场经济。但从我国总体情况看,消费者与商家之间仍然存在着经济实力、信息占有和缔约能力的不对称,消费者的弱势地位尚未从根本上扭转。企业的社会信用体系尚不健全,商家的失信成本较低。近年来,侵权事件不断,并呈扩大趋势。这种现象的存在严重打击了消费者的消费信心,致使不少消费者持币待购,制约了不少产业的可持续健康发展。因此,强调公司对消费者的社会责任,有助于推进我国的商业文化建设,有助于培育良好的社会诚信环境,有助于构建和谐的经营环境,有助于推动经济的可持续发展以及社会的全面进步。

六、强化公司社会责任有助于推动和谐社会的构建

社会和谐是中国特色社会主义的本质属性。当前,在社会经济生活中存在某些不和谐因素。劳资关系的不和谐、消费关系的不和谐等直接影响着社会的和谐与稳定,尤其是群体性的社会经济纠纷更容易激化社会矛盾,制造社会冲突,威胁社会稳定,破坏环境和自然资源,制造两极分化。公司利益冲突尤其是公司与消费者、公司与劳动者、公司与环境利益、公司与其他利益相关者之间的利益冲突已成为遏制经济发展、社会和谐和法治建设的主要矛盾。一方面,一些公司依然肆无忌惮地将公司经营成本外部化,转嫁给利益相关者,而且违法成本过低;另一方面,广大利益相关者的维权成本过高。在立法存在漏洞的情况下,行政保护存在着力所不及的现实问题。

公司自觉承担社会责任就是构建和谐社会一盘棋的重要内容。强化公司社会责任的实质就是把以人为本的科学发展观内化为公司的价值观和具体措施。因此,强化公司社会责任抓住了构建和谐社会的"牛鼻子",抓住了主要矛盾与矛盾的主要方面,找到了公司与利益相关者从对抗走向合作,从冲突走向和谐,从双输走向双赢、共享的金光大道,进而实现公司与劳动者、消费者、环境、社会弱势群体和社会公共利益的和谐相处与良性互动。

总之,强化公司社会责任,不仅有助于在微观的市场活动中弘扬经济民主、社会和谐精神,而且有助于在宏观层面上降低全社会的交易成本,实现公司与多方利益相关者的利益共赢;不仅有助于拉动经济增长,而且有助于落实以人为本的科学发展观、构建和谐社会,还有助于落实依法治国方略,推进人权保护事业的健康发展。

第三节 公司社会责任运动的实践

一、公司社会责任的国际实践

国际公司社会责任运动浩浩荡荡,波澜壮阔。联合国极为重视强化公司的社会责任。联合国秘书长安南在1999年1月31日举行的《世界经济论坛》上首次提出了"全球协议"(Global Compact)新构想。2000年7月26日,全球协议正式启动。全球协议的宗旨是,促使全球协议及其原则成为企业经营战略和经营策略的一部分,推动主要利害关系人之间的合作,并建立有助于联合国目标实现的伙伴关系。[1] 换言之,全球协议力图推动有社会责任感的法人公民(responsible corporate citizenship)运动,从而使企业成为迎接经济全球化挑战、解决全球化问题的重要力量。安南号召公司领导者加入全球协议,从而与联合国机构、劳动者和民间组织一道支持人权、劳动者保护和环境保护中的九项原则。这九项原则源于《世界人权宣言》《国际劳工组织关于工作中的基本原则与权利的宣言》和《里约环境与发展宣言》。在这九项原则中,有两项与人权相关,有四项与劳动标准相关,有三项与环境保护相关。[2]

许多跨国公司(如沃尔玛、宜家、耐克、迪斯尼等)制定了自己的公司社会责任守则,并发布了社会责任报告或可持续发展报告。一些非政府组织也从不同角度制定了较具可操作性的公司社会责任标准,如FLA(公平劳资关系协会)标准、ETI(道德贸易行动)标准、AVE(外贸零售商协会)标准和CCC(清洁服装运动)标准。跨国公司和非政府组织制定的公司社会责任守则目前已多达400余项。[3]

作为民间非政府组织的社会责任国际组织(Social Accountability International,SAI)也于1997年8月设计了社会责任8000(SA8000)标准和认证体系,并根据国际标准化组织(ISO)指南62(质量体系评估和认证机构的基本要求)来评估认可认证机构。[4]

为推进公司社会责任运动,ISO作为全球最具权威性的标准化组织于2002年成立顾问组,从事企业社会责任国际标准的可行性研究。ISO于2004年4月提出《社会责任工作报告》,向全世界征求意见。2004年6月,ISO在瑞典召开社会责任国际研讨会,有66个成员国(其中33个为发展中国家)的355名代表出席会议。会议认为,制定社会责任国际标准的条件尚不具备,但可以制定具有指导性的国际社会责任导则。随后,ISO开始制定社会责任导则。ISO自2004年6月开始,已将"公司社会责任"(CSR)的提法变更为外延更广的"社会责任"。[5]

---

[1] http://www.unglobalcompact.org/Portal/,2020年5月1日访问。

[2] 第一项原则是:公司应当在其影响所及的范围内支持与尊重国际国内的人权保护事业;第二项原则要求公司确保其自身不参与践踏人权的行为;第三项原则要求公司尊重工人的结社自由和集体谈判权利;第四项原则要求公司消除各种形式的强迫性劳动;第五项原则要求公司有效地废除童工;第六项原则要求公司消除招聘和职业上的歧视;第七项原则要求公司对环境挑战采取预防性策略;第八项原则要求公司积极承担更大的环保责任;第九项原则鼓励公司开发和推广环保技术。

[3] 参见陈志理、陈全生:《关于企业社会责任标准问题的研究报告》,"21世纪论坛"2005年会议参考资料,2005年5月20日。

[4] 同上。

[5] 同上。

2010年11月1日,国际标准化组织公布了《国际标准化组织国际标准26000:2010年社会责任指引》(简称"ISO 26000")。该《指引》基于主要利益相关者团体的专家代表达成的国际共识,为各类私人与公共领域的组织提供了和谐的、全球相关的行为指南,并鼓励在世界范围内贯彻执行最佳的社会责任惯例。《ISO26000》包含的指引具有自愿性特点,而非要求,因而不宜成为类似《ISO 9001:2008》和《ISO 14001:2004》的认证标准。[①]

跨国公司的商业领袖们、广大消费者和投资者已经开始觉醒。许多机构投资者积极奉行"公司社会责任投资政策"。这些机构投资者不投资于烟草、赌场等有违社会公益的产业,而只投资于法律和商业伦理鼓励的产业。此种理念值得肯定。

二、我国的公司社会责任实践

我国许多公司开始重视公司社会责任的标准认证工作。2004年5月商务部与原劳动和社会保障部对广东、福建、浙江、江苏四省进行的大规模调查表明,外商对我国劳动密集型出口加工企业提出的社会责任认证已经十分普遍。在东莞和宁波,此种认证更达到百分之百的程度。这类公司主要集中在沿海开放地区,主要是劳动密集型出口加工企业,产品主要销往欧美国家,企业性质多为民营企业和港台投资企业。

为推动我国上市公司的社会责任运动,中国证监会2018年《上市公司治理准则》第8章专门规定了"利益相关者、环境保护与社会责任"。第83条立足于公司的可持续发展目标,呼吁上市公司尊重银行及其他债权人、员工、客户、供应商、社区等利益相关者的合法权利,与利益相关者进行有效的交流与合作,共同推动公司持续健康发展。第84条既从正面要求上市公司为维护利益相关者的权益提供必要的条件;又从反面规定,当利益相关者合法权益受到侵害时,利益相关者应有机会和途径获得赔偿。第85条要求上市公司加强员工权益保护,支持职工代表大会、工会组织依法行使职权;董事会、监事会和管理层应当建立与员工多元化的沟通交流渠道,听取员工对公司经营、财务状况以及涉及员工利益的重大事项的意见。第86条强调上市公司应积极践行绿色发展理念,将生态环保要求融入发展战略和公司治理过程,主动参与生态文明建设,在污染防治、资源节约、生态保护等方面发挥示范引领作用。第87条要求上市公司在保持公司持续发展、提升经营业绩、保障股东利益的同时在社区福利、救灾助困、公益事业等方面积极履行社会责任;鼓励上市公司结对帮扶贫困县或者贫困村,主动对接、积极支持贫困地区发展产业、培养人才、促进就业。

一些上市公司的民间组织也积极推进公司社会责任运动。例如,山东省董事会秘书协会呼请山东省境内的上市公司树立诚信形象,平等对待非股东利害关系人。[②]

2002年,中国企业家协会起草的《诚信经营自律宣言》第19条指出:"公司应当承担社会责任,关心环境保护,促进可持续发展。应当采取措施预防废水、废气、废料、噪声污染土壤、空气和社会环境,以增进社会福利。严禁以直接排放污染或者牺牲社会环境为代价牟取商业利益。"[③]

[①] http://www.iso.org/iso/iso_catalogue/management_and_leadership_standards/social_responsibility/sr_iso26000_overview.htm,2020年5月1日访问。

[②] 辰雨:《山东董秘协会建议树立诚信形象》,参见 http://202.84.17.28/csnews/20020415/216795.asp,2020年5月1日访问。

[③] http://www.cec-ceda.org.cn/body/talk/chenglantong/2002_8_10.html,2020年5月1日访问。

全国工商联等非营利组织也积极鼓励非公有制企业投身于光彩事业,积极承担社会责任。

三、国有企业的社会责任

近年来,国家电网公司、中石油、中远集团等一批中央企业公开发布企业社会责任报告或可持续发展报告,在社会上引起了积极反响。但从整体看,中央企业如何履行社会责任的一些问题需要理清思路,履行社会责任的内涵、方式和方法也有待规范。国务院国有资产监督管理委员会于2007年12月29日发布了《关于中央企业履行社会责任的指导意见》(以下简称为《指导意见》)。《指导意见》要求中央企业增强社会责任意识,积极履行社会责任,成为依法经营、诚实守信的表率,节约资源、保护环境的表率,以人为本、构建和谐企业的表率,努力成为国家经济的栋梁和全社会企业的榜样。中央企业履行社会责任的主要内容有八项:

(1) 坚持依法经营诚实守信。模范遵守法律法规和社会公德、商业道德以及行业规则,及时足额纳税,维护投资者和债权人权益,保护知识产权,忠实履行合同,恪守商业信用,反对不正当竞争,杜绝商业活动中的腐败行为。

(2) 不断提高持续盈利能力。完善公司治理,科学民主决策。优化发展战略,突出做强主业,缩短管理链条,合理配置资源。强化企业管理,提高管控能力,降低经营成本,加强风险防范,提高投入产出水平,增强市场竞争能力。

(3) 切实提高产品质量和服务水平。保证产品和服务的安全性,改善产品性能,完善服务体系,努力为社会提供优质安全健康的产品和服务,最大限度地满足消费者的需求。保护消费者权益,妥善处理消费者提出的投诉和建议,努力为消费者创造更大的价值,取得广大消费者的信赖与认同。

(4) 加强资源节约和环境保护。认真落实节能减排责任,带头完成节能减排任务。发展节能产业,开发节能产品,发展循环经济,提高资源综合利用效率。增加环保投入,改进工艺流程,降低污染物排放,实施清洁生产,坚持走低投入、低消耗、低排放和高效率的发展道路。

(5) 推进自主创新和技术进步。建立和完善技术创新机制,加大研究开发投入,提高自主创新能力。加快高新技术开发和传统产业改造,着力突破产业和行业关键技术,增加技术创新储备。强化知识产权意识,实施知识产权战略,实现技术创新与知识产权的良性互动,形成一批拥有自主知识产权的核心技术和知名品牌,发挥对产业升级、结构优化的带动作用。

(6) 保障生产安全。严格落实安全生产责任制,加大安全生产投入,严防重大、特大安全事故发生。建立健全应急管理体系,不断提高应急管理水平和应对突发事件能力。为职工提供安全、健康、卫生的工作条件和生活环境,保障职工职业健康,预防和减少职业病和其他疾病对职工的危害。

(7) 维护职工合法权益。依法与职工签订并履行劳动合同,坚持按劳分配、同工同酬,建立工资正常增长机制,按时足额缴纳社会保险。尊重职工人格,公平对待职工,杜绝性别、民族、宗教、年龄等各种歧视。加强职业教育培训,创造平等发展机会。加强职代会制度建设,深化厂务公开,推进民主管理。关心职工生活,切实为职工排忧解难。

（8）参与社会公益事业。积极参与社区建设，鼓励职工志愿服务社会。热心参与慈善、捐助等社会公益事业，关心支持教育、文化、卫生等公共福利事业。在发生重大自然灾害和突发事件的情况下，积极提供财力、物力和人力等方面的支持和援助。

《指导意见》要求央企建立和完善履行社会责任的体制机制。把履行社会责任纳入公司治理，融入企业发展战略，落实到生产经营各个环节。明确归口管理部门，建立健全工作体系，逐步建立和完善企业社会责任指标统计和考核体系，有条件的企业要建立履行社会责任的评价机制。《指导意见》要求央企建立社会责任报告制度。有条件的企业要定期发布社会责任报告或可持续发展报告，公布企业履行社会责任的现状、规划和措施，完善社会责任沟通方式和对话机制，及时了解和回应利益相关者的意见建议，主动接受利益相关者和社会的监督。

第四节　建设服务型政府，推动公司社会责任运动

一、加强政府对公司社会责任履行状况的监管

政府机构在监管任何市场（包括资本市场、公司控制权市场、金融市场、产品市场、服务市场、劳动力市场等）时，都应当科学地把握规范与发展之间的辩证关系。发展是目标，规范是前提，和谐是关键，法治是基础，发展与规范应当同时进行。要坚决扭转重发展、轻规范，重政策、轻法律，先发展、后规范的市场监管理念。当然，这里所说的"规范"主要指维持交易伙伴之间公平的交易关系包括债权债务关系，而非指政府对公司的强制或者管制。只有如此，才能在市场经济监管活动中强化公司的社会责任，落实科学的发展观，构建和谐社会。强化公司的社会责任，往往需要政府监管机构贯彻向弱者适度倾斜的原则。

为强化公司的社会责任，政府职能部门应当通过保护型干预、宏观调控型干预、促成型干预与给付型干预，对履行社会责任的公司提供资源，实行政策倾斜，对不履行社会责任的公司予以谴责乃至法律制裁。

二、善用"胡萝卜"政策，鼓励公司自觉履行社会责任

有利于公司利益相关者和商业伦理建设的措施并不一定直接给公司带来商业利益。为避免劣币驱逐良币的现象，鼓励公司自觉为善，政府应推出一系列优惠措施对积极履行社会责任的公司提供各种财产利益与非财产利益，鼓励公司自愿、全面地践行社会责任。

对于社会责任记录良好的公司，政府应当在政府采购活动中优先提供政府采购机会。因此，建议完善《政府采购法》，允许政府采购机构优先采购社会责任记录良好的供应商提供的货物、服务和工程；并在行政法规和部门规章中细化优先采购的操作标准（包括优惠幅度）。类似原理既适用于政府采购行为，也适用于政府与公司签订的其他商事合同，如 BOT 合同、授予公司特许经营权的其他合同。

对于社会责任记录良好的公司，政府应当降低对该公司的行政监管成本，放松行政监管要求（如免去公司登记机关的年检手续），减免行政处罚。在这方面，美国经验值得借鉴。美国《联邦处罚指引》（U.S. Federal Sentencing Guidelines）规定，政府机构可以对那些已经实施良好的公司居民行为、并推出有效的伦理遵守项目的公司从轻或者免除处罚和罚金。美

国联邦和诸州负责监管环境与工作场所的政府机构对那些积极采取措施降低环境、健康与安全损害的公司予以奖励。在许多情况下,这些公司接受的行政检查要少一些,向政府机构报送的书面文件要少一些。在申请经营许可证、变更规划或者其他政府许可时,可以享受优惠待遇或者"快车道"待遇("fast-track" treatment)。[①]

公司从事公益事业捐赠活动时,立法者可以考虑对其提供减免税收的待遇。当然,政府的激励措施不局限于物质奖励。精神奖励有时更重于物质奖励。受我国几千年官本位文化的影响,许多公司十分珍惜自己被政府认同的归属感和成就感。因此,政府还应当对诚信公司予以必要的精神奖励,包括但不限于授予光荣称号、颁发奖状等。

三、善用"大棒"政策,创新政府执法手段,加强对公司社会责任的监管力度

"大棒"政策主要针对法律意义上的公司社会责任而言。若一家公司违反了法律规定的义务,则应当承受相应的法律制裁,包括行政处罚和刑事处罚。执法机关应及时运用法定的行政监督权限、行政调查权限和行政处罚权限,坚决制止和打击损害公司利益相关者的不法行为。

为提高对刑事犯罪行为的责任追究力度,建议有关市场监管者与司法机关建立既严格分工、又密切配合的快速反应机制,切实提高刑事责任手段对经济犯罪分子的打击力度。例如,当工商部门对损害消费者权益的犯罪行为启动行政调查程序时,司法机关应当借助共享信息,同时快速启动刑事侦查程序,从而早日将实施犯罪行为的害群之马绳之以法。

民事责任、行政责任与刑事责任存在着不同的发生根据。当市场主体的某一行为破坏了市场经济秩序,同时违反民事法律规范、行政法律规范和刑事法律规范时,三大法律责任原则上并行不悖,分别适用。只有这样,才能充分发挥法律的补偿、制裁、教育、引导、保护与规范这六大功能。

四、严把市场主体和商品、服务的准入关

若是忘关水龙头导致地板泡水,关掉跑水的水龙头比起拖地板本身更重要。与此类似,为强化对公司利益相关者的保护,有关政府部门应严格市场主体核准与登记制度,把好市场准入关,把生产许可证和经营许可证发放给诚信公司。为兼顾经济行政的廉洁性与公正性,应当严格贯彻《行政许可法》,严格规制政府发放行政许可的范围与程序。行政许可的适用范围要少而精。在公司获得市场准入门票(如卫生许可证)以后,执法部门还应继续密切跟踪,确保公司不滥用市场准入门票。就行政监督而言,事中监督、事后监督与事先引导同等重要。

除了市场主体的准入关,商品和服务的准入关也很重要。近年来,愈演愈烈的食品安全问题实际上暴露出了商品和服务市场无关可守或者有关虚设的严重问题,假冒伪劣商品流向市场宛入无人之境。为避免出现市场准入的死角,应当在落实相关政府部门各自执法职责与权限的基础上,强化部门间的相互配合与支持。

就行政登记而言,各登记机关应当强化其登记职责,切实提高商事行为和法律文件的透

[①] Towards an understanding of Corporate Social Responsibility, http://www.indianngos.com/corporate/l&t/csr5.htm,2020年5月1日访问。

明度和公信力,允许社会公众随时前往登记机关查询登记文件,从而保护作为善意第三人的消费者、投资者和交易伙伴,降低全社会的交易成本,推动我国社会信用制度的建立。

五、政府机构应当善用行政指导手段强化公司社会责任

政府机构应当积极探索行政指导的行为模式,并依法运用其享有的行政权,引导和规劝市场主体的作为与不作为。例如,政府机构可向公司发出《行政指导建议书》或者《行政劝谕书》。再如,市场监督管理机关和相关机构可以在总结执法经验的基础上,及时拟定合同示范文本,并推荐给公司及其利益相关者选择适用,逐渐封杀霸王合同(显失公平的格式合同)。

为引导公司自觉履行社会责任,政府要善于运用政策引导、杠杆引导和信息引导等多种手段,有效地引导市场主体的市场决策行为,提高政府干预意志的透明度、可预期性和可操作性。例如,在鼓励公司参与开发我国大西部方面尤为如此。

六、政府也应自觉履行社会责任

强调政府提供基本公共服务的职责,是由社会主义市场经济体制的本质决定的。提高政府提供基本公共服务的能力是建设服务型政府的重要内容,也是政府转变职能的关键。市场经济体制中的市场机制确保普通消费品(包括商品房、汽车和旅游服务等)的有效供应。但市场也有失灵的时候,尤其在公共物品和公共服务领域。因此,市场经济的社会主义属性要求政府必须在确保市场交易秩序与竞争秩序的基础上履行自己的服务型职责,向社会公众提供良好的公共服务(如公共交通服务)。这既是满足广大消费者基本消费需求的制度保障,也是衡量服务型政府建设进程的重要指标。建设服务型政府对于增强政府、企业、地区和民族经济的竞争力、优化消费与投资环境,保护广大市场主体的自治行为,具有重要的现实意义。

第五节 强化公司社会责任是全社会的共同责任

一、鼓励社会责任投资

欧洲可持续与问责投资论坛(Eurosif, the European Sustainable and Responsible Investment Forum)出版的《2003年欧洲机构投资者的社会责任投资》表明,欧洲机构投资者的社会责任投资在2003年高达3360亿欧元。[1]

这意味着,社会责任投资已成为某些国家金融市场的主流,而且势头越来越猛。2005年,法国的养老储备基金拟斥资6亿欧元用于社会责任投资。[2] 而在美国,尽管自1999年之后的两年内美国的市场表现不佳,但2001年的社会责任投资仍高达23400亿美元。[3]

---

[1] http://www.eurosif.org/pub2/lib/2003/10/srirept/press.shtml,2020年5月1日访问。

[2] http://www.socialfunds.com/news/article.cgi/article832.html,2020年5月1日访问。

[3] Social Investment Forum, 2001 Report on Socially Responsible Investing Trends in the United States, SIF Industry Research Program, November 28, 2001. At http://www.socialinvest.org/areas/research/trends/2001-Trends.htm, 2020年5月1日访问。

鉴于投资者的社会责任取向对于管理层的社会责任表现具有举足轻重的作用,无论是个体投资者还是机构投资者都肩负着推动公司社会责任实践、在商业界落实社会正义的重责大任。随着我国的基金管理公司、保险公司、养老基金作为机构投资者的崛起,强调机构投资者的社会责任投资意义重大。机构投资者投资于具有社会责任感的公司,不仅在法律上和伦理上具有正当性与合法性,而且从长远看有利于基金持有人的利益最大化。

当前,我国一些基金公司在选择投资对象时,往往偏重于公司的财务表现尤其是近期财务表现,缺乏长期投资、战略投资、社会投资的雄才大略。看似对自己的基金持有人利益负责,但长此以往必将助长投资对象的唯利是图行为,最终导致投资对象社会形象与营利水平的集体沦丧。只有未雨绸缪,才能避免基金投资因为潜在的公司社会责任丑闻而一蹶不振。我国的机构投资者都应争当社会责任投资者。正确处理投资的社会性(道德经)与营利性(生意经)之间的辩证关系是推动机构投资不断变革的动力,也是衡量机构投资的智慧和艺术水准的重要标尺。

二、消费者也应树立社会责任思维

既要强调公司的社会责任,也要强调消费者的社会责任。消费者是消费活动的主体。观念又是行为的先导。有必要在全社会范围内通过喜闻乐见、老少皆宜的方式加强对社会责任观念的教育工作,从而树立和强化与公司社会责任相适应的消费观念,培养一批又一批诚信、文明、成熟、理性、具有社会责任感的消费者。

首先,消费者要自觉树立维权意识和自我保护意识。在市场经济社会,商家与消费者之间发生的一切消费关系都是法律关系。消费者的权利很容易受到来自商家或者第三人(包括行业协会和政府部门)的伤害。成熟的消费者应当学会依法维权。不愿、不敢、不善于依法维权的消费者不是真正成熟的消费者。为权利而斗争,既是消费者的个体权利,也是消费者作为社会一分子对强化公司社会责任所作的贡献。消费者提起的公益诉讼,更是其中的典范,应予鼓励。

其次,消费者不仅关注自己的权利,而且应当关怀自己之外的公司利益相关者(如劳动者权利、债权人权利、环境利益)的冷暖。在现代社会,民事权利和商事权利的行使都蕴含着社会义务,因为权利的行使不得违反公序良俗和诚实信用原则,不得以邻为壑,损害他人和社会的利益。这是自消极角度言之。自积极角度言之,应当鼓励消费者的消费行为与保护环境和自然资源、构建社会主义和谐社会、建立社会信用体系、推进社会经济文化均衡全面可持续发展等社会整体利益和社会公共政策保持协调。广大消费者应当树立"绿色消费光荣,破坏环境消费可耻"的新观念,应当拒绝消费直接导致自然环境与自然资源恶化的商品和服务。消费者有权在消费品市场联合抵制不诚信公司的产品,也有权在劳动力市场和证券市场支持诚信公司的发展壮大。2002年的《科恩公司居民研究报告》(A 2002 Cone Corporate Citizenship Study)表明,美国消费者在知悉一家公司的社会责任丑闻之后,有91%的消费者会考虑选择购买其他公司的商品或者服务,85%的消费者会把这条信息传递给亲朋好友,83%的消费者会拒绝投资于该公司,80%的消费者会拒绝前往这家公司工作,76%的消费者会联合抵制这家公司的产品。①

---

① http://www.eurosif.org/pub2/lib/2003/10/srirept/press.shtml,2020年5月1日访问。

三、新闻媒体在强化公司社会责任法方面任重道远

要大造和谐公司的舆论环境,鼓励、支持社会各界人士对有悖公司社会责任的行为进行社会监督和舆论监督。舆论监督成本低、覆盖面广、社会影响快而深远。新闻媒体是广大利益相关者的耳目喉舌,是沟通商家与社会公众的快捷高效通道,是公司失信行为的啄木鸟,是蛀虫公司的天敌,也是政府的得力助手。因此,应当鼓励和支持大众传媒对公司社会责任运动进行经常而有效的监督。

法院要划清正当新闻监督与不当侵害名誉权的法律界限,既鼓励新闻媒体大胆地对有悖于公司社会责任的观念、行为和制度进行鞭挞,也要避免新闻侵权。在某名誉侵权案件中,某消费者买了某电脑公司的笔记本电脑,返修完毕后由于消费者没有携带保修卡,电脑公司又把换好的部件拆下来。后来消费者在网上发帖,题目是《请看我买某某电脑上大当的经过》,其中有"慢得像牛,软得像豆腐"之类的话。两家媒体随后转载。后来商家以消费者和媒体侵害其名誉权为由起诉到法院,一审、二审判决被告名誉侵权成立,被告要赔偿公司损失。其实,就法律上的因素而言,消费者在撰写批评文章监督经营者提供的有瑕疵产品的时候,写作内容可分为两部分:一是对有瑕疵的商品及其生产者和销售者的售后服务的客观事实的描述。这是消费者的客观陈述部分,是硬信息。若消费者颠倒黑白,当然构成名誉侵权。二是消费者基于消费者的身份,又基于产品有瑕疵客观的事实,运用夸张、比喻、拟人的手法来表达对产品质量的不满。这是消费者的主观陈述部分,是软信息。笔者认为,夸张、比喻、拟人的主观评述原则上不构成名誉侵权。另外,从公司的社会责任竞争策略来看,即使公司赢了名誉侵权官司,但有可能输掉市场。裁判者对此不可不察。

为确保新闻监督的有效性,新闻监督可以与公权力的监督、公司和消费者、劳动者等利益相关者的监督结合起来。当然,大众传媒也要恪守新闻监督的真实性、客观性、中立性和公正性原则,承担起应有的社会责任。新闻工作者也要加强职业道德修养,杜绝新闻腐败,尤其是敢于抵制有悖于公司社会责任的有偿新闻与商业广告,绝不利用新闻监督牟取私利。现在的问题不是大众传媒对公司失信问题的监督过了头,而是大众传媒对这一问题的监督还很不够,很薄弱。

当新闻媒体为维护社会公共利益、呵护公司的利益相关者的正当利益诉求而揭露公司的不法行为时,即使新闻媒体与被揭露公司达成了新闻媒体尊重公司的名誉权、公司尊重媒体监督权的和解协议,也不能忽视媒体和公司之外的利益相关者的权益状况。有关执法机构、行业协会和利益相关者组织(如工会和消协)也要本着有则改之、无则加勉的态度,对新闻媒体覆盖的受害利益相关者的权利诉求和相关事实开展相应的调查。换言之,新闻媒体和被监督公司的妥协结果不能吞没故事主人公的维权呼声。

四、建立和完善公司社会责任信息披露制度

传统的公司法为追求保护股东与债权人的立法价值,在信息披露制度上只强调财务信息,很少涉及用工、消费、环境保护等方面的社会信息。建议我国公司法和证券法导入社会公开法律机制,丰富信息披露的外延与内涵,把股东之外的其他利害关系人与股东、证券投资者和债权人一道纳入社会公开机制的保护伞下面,并把信息公开披露的内容由传统的财务性公开,扩大到包括财务性公开和社会性公开在内的广泛内容。

相关政府机构应当据此完善信息披露格式,使信息披露制度惠及包括广大投资者在内的各类利益相关者。上市公司作为全国性公司、透明度最高的公司,在履行社会责任信息披露方面理应率先垂范。为满足广大社会公众的知情权,除了号召公司自觉履行信息披露义务外,还应当保护媒体依法行使舆论监督权。

近年来许多公司开始主动披露社会责任报告。总体而言,披露总比不披露好。社会责任报告的发表至少表明企业开始意识到社会责任品牌的价值,开始意识到企业的命运必须与核心价值观合拍。但也存在一些问题。一是报喜不报忧的报告多,敢于自我剖析和自我批评的报告较少。绝大多数社会责任报告从正面宣传自己如何有爱心,如何捐助失学儿童和灾区人民,缴纳税收如何如何之多。至于从反面客观坦诚自己缺点和问题的少而又少。二是谈及公司对某类利益相关者的社会责任善举时,总是忽视另外一些利益相关者。例如,有些社会责任报告宣传自己如何保护自然环境,却唯独不提自己如何善待劳动者;有些国有企业的社会责任报告宣传公司如何对国家经济安全负责,却没有谈自己对国家股东上交了多少利润;有些社会责任报告宣传公司如何善待劳动者,却未谈及如何善待消费者。这些问题值得社会责任报告的编写者深思明辨。

五、强化行业协会的社会责任

随着我国社会主义市场经济体制改革目标的确立、我国对世界贸易组织的加入以及世界经济的一体化步伐的加快与政府职能的转变,方兴未艾的行业协会将在市场经济舞台上扮演越来越重要的角色。民族企业在国际市场遭遇的不公正反倾销调查与制裁需要行业协会出面组织维权活动,行业内部的诚信自律秩序需要行业协会出面予以构建,消费者权益的保护也离不开行业协会的鼎力支持。因此,党的十六届三中全会指出,要按市场化原则规范和发展各类行业协会等自律性组织;党的十六届六中全会强调,要坚持培育发展和管理监督并重,完善培育扶持和依法管理社会组织的政策,发挥各类社会组织提供服务、反映诉求、规范行为的作用,为经济社会发展服务。2007年5月13日,国务院办公厅发出了《关于加快推进行业协会商会改革和发展的若干意见》。

2007年,世界拉面协会中国分会推波助澜掀起了一场方便面涨价风波。这个协会组织、策划企业商议方便面涨价幅度、步骤、时间,向全行业传递龙头企业上调价格的信息,还通过媒体发布方便面涨价信息,致使部分不明真相的消费者排队抢购。该协会的不法行为虽然最终被有关部门依法查处,但这一风波无疑成为中国行业协会发展史上很不光彩的一页。拉面协会组织方便面集体涨价的行为违反了市场竞争法律规则,构成了不法垄断行为。遗憾的是,方便面集体涨价丑闻的发生绝非个案。即使在拉面协会的违法行为被叫停后,仍有行业协会如蝇逐臭,亦步亦趋。一些行业协会对价格同盟不以为耻,反以为荣。

行业协会既非政府机关,也非营利组织,而是由特定行业内的广大企业依法成立的自律组织。因此,行业协会必须充分发挥对成员企业的自我监督、自我管理、自我约束、自我服务、自我保护、自我教育的社会职能。行业协会作为行业自律组织,作为联系政府与企业、联系消费者与企业的桥梁与纽带既要一手抓行业服务,又要一手抓行业自律。自律就是对会员企业的最大保护。切实加强行业自律,不断增强会员企业的社会责任感,是提高全行业竞争力的重要举措。行业协会要围绕构建双赢和谐市场环境的主旋律,倡导与组织本行业的会员企业自觉服务、服从于维护消费者利益与社会公共利益的根本要求,既要鼓励先进,也要鞭策落后。要鼓励各个行业协会通过制定和实施《社会责任行为守则》和自律规章,规范本行业的竞争秩序,预防和制止不正当竞争行为,制裁损害消费者权利的行为。自律规章和行业承诺的自律水准应当高于法律,至少不应当低于法律,否则就失去了自律的意义。

行业协会作为企业的自律组织,当然要代表本行业的企业利益,切实为行业内的企业服务。但行业协会维护的企业利益只能限于符合法律规定、诚实信用原则与公序良俗原则的正当利益,而不包括企业的不法利益、不当利益。一旦企业利益违反了法律规则,侵害了社会公共利益(包括消费者利益),行业协会就应悬崖勒马,而不应执迷不悟。为避免全行业的诚信株连,维护本行业的商业利益,行业协会应当随时整肃家门。真正对某行业发挥积极推动作用的行业协会应当立足于行业的长远利益与根本利益,而不得以牺牲本行业的根本利益、品牌利益与长远利益为代价,追逐本行业尤其是某一企业的短期利益与财产利益。行业协会要善于通过行业自律树立本行业在广大消费者和社会公众心目中的良好社会形象。

一些行业协会打着与"国际惯例"接轨的幌子,出台某些美其名曰"国际惯例"的行业措施,保护本行业的眼前、短期的蝇头小利,欺诈广大消费者。这些协会一方面不遗余力地移植有利于本行业利益的"国际惯例",另一方面以"不合国情"为理由顽强抵制对消费者有利的"国际惯例"。国际惯例也要打假。"国际惯例"要在中国行得通,必须满足以下四个条件:(1)该做法确实为大多数市场经济国家所普遍采用,而非某一两个国家的某一行业采用的个别习惯,更非某行业中的个别商家的习惯。(2)该做法必须符合中国的国情,尤其是中国的经济发展水平、中国的消费习惯与文化传统。(3)该做法必须符合中国的法律规定,与中国法律抵触的"国际惯例"一概无效。(4)该做法既要遵守中国的法律规定,也要遵守商业伦理的要求。貌似合法、但违反商业伦理的行业做法不仅会招致消费者的反感,而且也会招致广大诚实商家的不满,最终行之不远。[①]

第六节 完善公司社会责任制度的前沿问题展望

一、鼓励公司承担社会责任是《公司法》解释与适用的价值引领

《公司法》第5条体现了立法者对公司社会责任的高度重视,因而位于总则。兼具道德义务倡导性与法律义务强制性的这一条款具有统率公司法分则规定、指导法律解释、引导公司商事活动之效。建议立法者要求公司的设立、治理、运营、重组、破产、监管与裁判等各个环节均始终弘扬社会责任精神,授权董事会在作出重大决策时时公允考虑并增进利益相关者利益,激活公司维持与可持续发展原则,鼓励大公司优先采购中小企业以及环境友好型企业的产品和服务,落实稳就业、稳预期等公共政策。

二、建议明确利益相关者之间利益冲突时的优先顺位,破解"一仆多主"道德困境

公司社会责任的受益人包括消费者、劳动者、债权人、生态环境、自然资源、人类下一代等一系列利益相关者。不同利益相关者对公司主张的社会权性质各异,利益诉求千差万别。在公司资源有限时,利益相关者之间必然存在利益冲突。税收密集型公司(如烟草公司)增

---

① 刘俊海:《国际惯例≠真理》,载《新华文摘》2002年第9期。

加政府税收,但损害消费者健康。生产商提升商品质量与安全度虽造福消费者,但会降低股东短期投资回报率。公司破产财产不足以同时满足劳动债权与担保债权时孰轻孰重,在2006年《企业破产法》起草过程中仁智互见。有人主张物权优于债权,担保债权优于劳动债权获偿;有人主张人权优于物权,劳动债权属于人权范畴。立法者采取了新老划断的中庸之道:《企业破产法》公布前所欠的职工债权优先(第132条);公布后担保债权优先(第109条)。

妥协共赢、中庸和合是人生的最大智慧,也是公司治理的最大智慧。公司利益相关者之间有竞争,也有合作,合作大于竞争。公司社会责任制度设计应着眼于寻求利益相关者的多赢共享与包容普惠。在利益相关者存在利益冲突时,应坚持以下五项原则:

(1) 人权和基本自由优先。劳动者、消费者等利益相关者的人权(生存权、生命权、健康权、隐私权)和基本自由处于压倒一切的优先位置。

(2) 公益优先。在不侵害人权和基本自由的情况下,构成公共利益或公序良俗的利益相关者利益优先于其他利益相关者。整体公益与个体私益严格区别,又相辅相成,相互转化。积万家之私,乃成天下之公。从微观视角看,利益相关者权益为私权;但从宏观视角看,集腋成裘的利益相关者利益能汇聚升华为公益。构成公益的利益相关者利益优位的法理基础在于公益普惠性及其蕴涵的核心伦理价值。

(3) 法律层面的社会责任优先。在公司资源匮乏、无力同时承担法律与伦理层面的社会责任时,法律层面的社会责任优于伦理层面的社会责任。法律义务是公司刚性履行的最低限度义务。

(4) 公司与其利益相关者之间的贡献率互成正比。利益相关方对公司盈利贡献不同,受公司影响各异。对烟草公司盈利贡献最大、受烟草损害最严重的利益相关者是消费者,而非政府。对建筑工程等劳动密集型公司盈利贡献最大、生命健康损害最严重的利益相关者是劳动者。基于权利义务相对称的理念,公司对利益相关者的贡献度也应有异。建议立法者将对公司盈利贡献最大、但受公司损害最严重的利益相关者的社会责任界定为法定义务。

(5) 鼓励企业全面承担社会责任。劳动密集型公司侵害劳动者权益、环境依赖型企业侵害社区居民权益、食品公司侵害消费者权益的现象比比皆是。从大局和长远看,诸多利益相关者既有利益冲突,也共生共荣。利益共同点永远大于利益差异点。努力缩小利益相关者之间的利益冲突,扩大共同利益基础既是商业智慧,也是伦理美德。一些公司侵害利益相关者权益后,又通过捐赠修复公司的商誉,违反了全面承担社会责任的原则。

三、传统公司治理原则和结构要进行社会责任友好型的制度创新

落实董监高对公司的信托义务是公司治理核心。但忠诚于公司并不简单地意味着仅忠诚于股东。公司利益包括股东利益,也包括其他利益相关者利益。公平增进全体利益相关者福祉是公司的使命担当。当股东与其他利益相关者发生利益冲突时,公司应尽力寻求多赢共享、包容普惠的商业方案;如实难两全,利益相关者的法定权利尤其是生存权与基本人权应优先考虑。就诚信度密集型的金融机构而言,若股东与金融消费者发生利益冲突,应采金融消费者优位理念。在评价董监高的忠诚度时,要聚焦其行为是否符合股东利益合理化(而非最大化)原则并关注其他利益相关者的合理诉求。独立董事也不能仅定位于中小股东代言人。《公司法》要转变董事只对股东利益最大化负责的传统态度,授权董事会在作出公

司决策时充分尊重与保护所有利益相关者权益。

四、建议采取抓大放小的公司社会责任立法政策

任何公司,不分产业、规模、投资者所有制,均应自觉履行社会责任。公司社会责任与投资者所有制之间无必然逻辑关联。大公司要践行社会责任,小公司也不得见利忘义。但基于经济力量与社会责任成正比、权利与义务相匹配的公平理念,建议立法者在区分大小公司的基础上因企施策,国有公司比非国有企业、上市公司比非上市公司、跨国公司比当地企业要承担更大的社会责任。

国有公司要比非国有公司承担更大的社会责任。《企业国有资产法》第 3 条规定:"国有资产属于国家所有即全民所有。国务院代表国家行使国有资产所有权";第 17 条第 1 款也要求国家出资企业"接受公众监督,承担社会责任,对出资人负责"。国有企业就是全民所有企业,实质投资者是全国十四亿人民。全民利益和公共利益最大化是完善国有企业治理、提高国企透明度的指南针。[①] 国企是全民企业,理应造福全体国民。强化民企尤其是大型民企的社会责任、遏制民营企业为富不仁的现象也迫在眉睫。

上市公司要比非上市公司承担更大社会责任。据证监会 2020 年 2 月 28 日的证券市场快报,我国沪深两地上市公司共有 3813 家。[②] 上市公司虽远不如非上市公司众多,但在资本市场与公众投资者的护佑之下,经济力量和社会资源远超非上市公司。因此,2002 年《上市公司治理准则》第 6 章规定"利益相关者";2018 年修订版第 3 条强调,"上市公司应当贯彻落实创新、协调、绿色、开放、共享的发展理念,弘扬优秀企业家精神,积极履行社会责任,形成良好公司治理实践",并在第 8 章规定了"利益相关者、环境保护与社会责任"。但 2019 年《上市公司章程指引》中仍无公司社会责任条款。证监会应以深交所 2006 年《上市公司社会责任指引》为蓝本,出台统一的《公众公司社会责任指引》。

跨国公司比当地企业要承担更大的社会责任,原因在于跨国公司可通过在不同法域或市场精心设立一系列关联公司,以规避法律、转嫁风险、逃避税收。鉴于跨国公司风险外溢伤及居民国与东道国的利益相关者,而利益相关者是跨国公司的"恩人",跨国公司理应比区域公司承担更大范围的全球社会责任。

五、建议确立强制性社会责任报告制度

阳光是最好的防腐剂,灯泡是最有效的警察。传统上市公司信息披露制度只强调股东与债权人关注的财务信息,很少涉及其他利益相关者关注的社会信息。应当建立和完善以信息披露为基础的社会责任自律监管机制,它与市场竞争机制、意思自治机制之间的同频共振有助于激浊扬清。

上交所 2008 年发布的《关于加强公司社会责任承担工作暨发布"上海证券交易所公司环境信息披露指引"的通知》鼓励公司在年度社会责任报告中披露每股社会贡献值,并对重视社会责任承担工作、并积极披露社会责任报告的公司优先考虑入选上证公司治理板块。证监会 2012 年版《公开发行证券的公司信息披露内容与格式准则第 2 号——年度报告的内

[①] 刘俊海:《全民股东权利与国企治理现代化》,载《社会科学》2015 年第 9 期。
[②] http://www.csrc.gov.cn/pub/newsite/scb/gzdt/sckb/202003/t20200310_371847.html,2020 年 5 月 1 日访问。

容与格式》第 25 条鼓励公司披露社会责任履行情况,《证券公司年度报告内容与格式准则》第 28 条与之相若。

中国证监会与沪深交易所的行为指引原则性与倡导性强、可操作性弱,缺乏强制性。一些社会责任报告避重就轻,有公关宣传或软广告之嫌。建议《公司法》统一社会责任信息披露规则,强制上市公司在年报、中报和临时报告中增加社会责任信息,并强化信披真实性、准确性、完整性、公平性、及时性、合法性、易得性与易解性。

2019 年 8 月 29 日,《中央企业社会责任蓝皮书(2019)》发布会暨央企社会责任报告集中发布仪式在北京举行,有望实现社会责任报告"全覆盖"。[①] 建议立法者要求非上市国有企业、跨国公司与规模以上公司集团在年报中披露社会责任表现,并鼓励其他中小微公司自觉在年报中披露。

六、公司社会责任理念要贯穿于资本市场各领域

2019 年《证券法》对证券公开发行推行注册制改革,但第 12 条规定的公司首次公开发行新股条件对社会责任优秀企业并无优惠政策。建议《公司法》把社会责任表现纳入 IPO 注册审查范畴,提高善待利益相关者的拟上市公司的优惠权重,严防财务指标好、但社会责任表现恶劣的企业混入资本市场融资。

公司社会责任指数具有彰显核心价值、引导理性投资、激活竞争机制之效。为鼓励社会责任投资,要鼓励证券交易所与学术机构等编制社会责任指数,量化公司对利益相关者的社会责任贡献度。2007 年 12 月 12 日,深圳证券信息有限公司推出国内首个社会责任型指数——泰达环保指数。[②] 2009 年 8 月 5 日,上交所和中证指数有限公司发布上证社会责任指数(代码 000048),指数从披露社会责任报告的上证公司治理板块样本股中挑选 100 只每股社会贡献值最高的公司股票组成样本股。[③] 2018 年 6 月 11 日,上海银行与中国核建等股票进入指数,民生银行与金山股份等股票被调出指数。[④] 鉴于公众利益相关者诉求有异,为确保指数公信力,建议立法者强制证券交易所编制上市公司社会责任指数,确保指数编制公平公正、科学严谨、开放包容、定时更新。

[①] 杜铭:《央企社会责任报告有望实现"全覆盖"》,载《经济日报》2019 年 8 月 30 日。
[②] 《深圳证券信息有限公司推出国内首只社会责任型指数:泰达环保指数》,http://www.szse.cn/aboutus/trends/news/t20071213_517649.html,2020 年 5 月 1 日访问。
[③] 《关于发布上证社会责任指数的公告》,http://www.sse.com.cn/market/sseindex/diclosure/c/c_20150911_3984972.shtml,2020 年 5 月 1 日访问。
[④] 《关于调整上证公司治理指数、上证 180 公司治理指数及上证社会责任指数样本股的公告》,http://www.sse.com.cn/market/sseindex/diclosure/c/c_20180605_4567115.shtml,2020 年 5 月 1 日访问。

第十一章

公司债券

第一节 公司债券市场概述

一、促进公司债券市场大发展大繁荣的重大社会经济意义

资金对于公司,犹如血液之于人体。公司欲在激烈的市场竞争中站稳脚跟,做大做强,占领更大的市场份额,离不开源源不断的资金来源作为公司机器的燃料,其理不言自明。开辟公司资金来源无外两种:要么依赖公司自体,如将公积金转为增加公司资本;要么依赖他人,包括举债与发股。举债是从债权人那里寻求资金来源,如从银行借款、向社会公众发行公司债券皆是,发行新股是从股东那里寻求资金来源。可见,公司债是公司对外大量筹集长期货币资金的重要途径。与新股发行相比,发债既能大批量融资,又不触及现有股东的股权结构和持股比例,因而有其独特魅力。

在成熟的资本市场结构中,债券市场举足轻重。债券对公司融资的贡献度甚至高过股票。缺乏债券市场的资本市场是残缺不全的市场。截至2020年1月,我国债券市场托管余额达到100.4万亿元,市场规模位居世界第二。债券产品涵盖了国债、地方债、金融债、公司信用债、同业存单、"熊猫债"等多类品种。2019年企业部门债券净融资占社会融资总规模的比重将近13%,成为贷款之外实体企业获得资金的第二大渠道。许多诚信度高、有还本付息能力的公司急需通过发债融资优化资产负债结构,降低财务成本,完善企业信用定价,增强公司可持续发展能力。因此,债券市场有助于服务实体经济发展。

债券市场还具有应对重大自然灾害与疫情、维护公共利益、推动社会经济正常运转的社会政策功能。在新冠肺炎疫情发生后,人民银行、证监会建立了债券发行"绿色通道",采取延长债券发行额度有效期、合理调整信息披露时限等针对性措施;及时调整了相关政策并充分利用线上办理业务,确保债券市场发行登记、承销分销、付息兑付、交易结算等各项业务顺利进行;加大了受疫情影响地区机构发行登记、交易、托管等费用减免力度。截至2020年3月10日,已累计发行支持疫情防控债券236只,2095亿元,用于防护及医疗物资采购生产及运输、防疫基础设施及医院施工建设、民生保障、物价稳定等疫情防控领域。[①] 2020年2月5日,湖北省交通投资集团有限公司在中央国债登记结算有限责任公司成功簿记建档发行5年期企业债券30亿元,发行利率3.38%,申购倍数3.16倍。本期债券是国家发改委发布

---

① http://www.pbc.gov.cn/goutongjiaoliu/113456/113469/3987522/index.html,2020年5月1日访问。

《关于疫情防控期间做好企业债券工作的通知》后,全国发行的首单支持疫情防控企业债券。①

公司债券既是公司筹集长期巨额债权资本的融资手段,也是风险偏好较为保守的投资者青睐的首选投资品。随着我国企业和金融改革的推进、城乡居民收入的提高,我国社会储蓄和外汇储备规模稳步增长,大量追求稳定回报的投资者(尤其是证券投资基金、保险资金、商业银行、养老基金等机构投资者)对公司债券等固定收益类金融商品的需求潜力巨大。因此,大力发展债券市场既具有必要性,也具有紧迫性。

二、公司债券法律法体系的不断成熟

长期以来,我国金融体系结构不平衡,公司融资结构以间接融资(银行借贷)为主、直接融资(包括股权融资与债券融资)为辅。我国债券市场的欠发达又导致了我国公司债券的法律制度欠发达。《公司法》和《证券法》虽对公司债券有所规定,但总体言之条文过简。例如,《公司法》第 7 章虽对公司债券设有专章规定,但自第 153 条至第 162 条仅有 10 条。这与《公司法》第 5 章用 21 个条款(自第 125 条至第 145 条)规定股份有限公司的股份发行和转让形成了鲜明对照。作为法律制度的反作用,欠发达的公司债券市场制度又反过来制约了公司债券市场的创新与发展。

2007 年年初的全国金融工作会议作出了"加快发展债券市场"的部署。为发展债券市场、规范公司债券发行行为,保护投资者权益和社会公共利益,2007 年 8 月 14 日,中国证监会正式颁布实施了《公司债券发行试点办法》,标志着我国公司债券发行工作的正式启动。为规范公司债券的发行、交易或转让行为,证监会 2015 年出台了《公司债券发行与交易管理办法》,适用于在我国境内公开发行公司债券并在证券交易所、全国中小企业股份转让系统交易或转让,非公开发行公司债券并按该办法规定承销或自行销售,或在证券交易所、全国中小企业股份转让系统、机构间私募产品报价与服务系统、证券公司柜台转让的情形。

公司债券是《证券法》第 2 条明文列举的法定证券类型。虽然该法 53 次专门提及"股票",20 次专门提到"公司债券",但并不意味着公司债券不如股票重要。除了立法者专门就公司债券规定的六大法律条款,该法有关"证券"的一般法律条款均普适于公司债券。

2019 年《证券法》实施后债券发行注册制已落地生根。2020 年 2 月 29 日国务院办公厅《关于贯彻实施修订后的证券法有关工作的通知》明确公开发行公司债券自 3 月 1 日即应依法经证监会或国家发改委注册。就注册程序而言,由证监会注册决定的发债申请由证监会指定证券交易所负责受理、审核,由国家发改委注册决定的发债申请由国家发改委指定机构负责受理、审核。指定机构主要通过审核问询、回答问题方式开展审核工作,督促发行人完善信息披露内容,并根据审核情况提出同意发行或终止审核的意见。证监会、国家发改委收到审核意见、发行人注册申请文件及相关审核资料后,履行发行注册程序。依《证券法》第 15 条授权,国务院增加要求,发债申请人须具有合理资产负债结构和正常现金流量,鼓励发债募集资金投向符合国家宏观调控政策和产业政策的项目建设。

2020 年 3 月 1 日,国家发改委发布《关于企业债券发行实施注册制有关事项的通知》,重

---

① https://www.chinabond.com.cn/cb/cn/xwgg/zsxw/zqsc/ydjs/20200306/153828537.shtml,2020 年 5 月 1 日访问。

申企业债券发行由核准制改为注册制,国家发展改革委为企业债券法定注册机关,发行企业债券应依法经其注册。国家发展改革委指定中央国债登记结算有限责任公司为受理机构,中央国债登记结算有限责任公司与中国银行间市场交易商协会为审核机构。两家机构应尽快制定相关业务流程、受理审核标准等配套制度,并在规定的时限内完成受理、审核工作。

同日,证监会发布《关于公开发行公司债券实施注册制有关事项的通知》,重申公司债券公开发行注册申请由证券交易所负责受理、审核,并报证监会履行发行注册程序;沪深交易所亦同时公布了公开发行公司债券实施注册制的相关业务安排。

国务院的部署全面严谨,国家发改委、证监会及沪深交易所的执行力亦值得肯定。但遗憾的是,国办通知并未提及银行间债券市场。

三、深化银行间债券市场制度改革是我国债券市场法治建设的重要组成部分

作为中国债券市场的主体部分,银行间债券市场是商业银行、农村信用联社、保险公司、证券公司等金融机构依托于中国外汇交易中心暨全国银行间同业拆借中心和中央国债登记结算公司、银行间市场清算所股份有限公司开展债券买卖和回购的市场。记账式国债的大部分与政策性金融债券亦在该市场发行并上市交易。

《证券法》第2条规定的证券包括"股票、公司债券、存托凭证和国务院依法认定的其他证券"。此处的"公司债券"具有广狭二义。广义的公司债券泛指各类商事企业(包括金融机构)发行的债券。狭义的公司债券限指金融机构之外的商事企业发行的债券。鉴于银行间债券市场中的债券也具有证券属性,商事企业发行的债券当然属于该条款所指的"证券"。

遗憾的是,《证券法》第9条与第16条从狭义的公司债券角度界定了公开发行债券的注册部门是"国务院证券监督管理机构或者国务院授权的部门"。而国务院办公厅《关于贯彻实施修订后的证券法有关工作的通知》又将这两家部门限定解释为证监会和国家发改委,并未提及中国人民银行。之所以如此,是由于中国人民银行并非银行间债券市场中的债券发行注册部门,而系银行间债券市场的监管部门。

但《证券法》第6条规定"证券业和银行业、信托业、保险业实行分业经营、分业管理,证券公司与银行、信托、保险业务机构分别设立。国家另有规定的除外"。此处的"国家另有规定"显然包括《中国人民银行法》。根据该法第32条,中国人民银行有权对金融机构以及其他单位和个人执行有关银行间同业拆借市场、银行间债券市场管理规定的行为进行检查监督。因此,央行监管的银行间债券市场具有正当性与合法性;否则,央行监管银行间债券市场的前提也就不复存在。

鉴于银行间债券市场与证监会监管的公司债券市场、国家发改委监管的企业债券市场都是广义的公司(企业)债券市场的核心组成部分;鉴于新《证券法》的确没有提及银行间债券市场及该等债券发行注册程序;鉴于银行间债券市场的市场化与法治化改革一直走在我国传统公司债券与企业债券的前列,为引领银行间债券市场的大发展大繁荣,有必要通过立法论与解释论两个思路弥补这一立法漏洞。

从解释论而言,建议对《证券法》第2条作扩张解释。根据该条规定,公司债券的发行和交易,适用《证券法》;本法未规定的,适用《公司法》和其他法律、行政法规的规定。"其他法律"显然包括《中国人民银行法》以及配套的行政法规。因此,银行间债券市场仍属于《证券法》调整的证券,《证券法》规定的公司债券发行的条件与程序原则适用于银行间债券市场。

对此,中国人民银行、中国证监会有关负责同志在2020年3月11日就债券市场支持实体经济发展有关问题答记者问时也遵循了这一解释思路:"银行间债券市场金融债券、非金融企业债务融资工具等品种的发行、交易、登记、托管、结算等,由人民银行及其指定机构依照《中国人民银行法》等制定的现行有关规定管理。商业银行等承销机构、信用评级等中介服务机构仍按照现行有关规定在银行间债券市场正常开展业务。"笔者赞同此说。

从立法论而言,建议国务院制定专门的行政法规《公司信用类债券管理条例》,全面整合银行监管的银行间债券市场与证监会监管的公司债券市场、国家发改委监管的企业债券市场,打造统一、稳定、透明、公平、可预期、多赢共享、包容普惠的公司债券市场生态环境。建议激活公司信用类债券部际协调机制,统一监管理念与监管规则,协调监管步伐,实现央行、发改委与证监会等监管部门之间的同频共振与无缝对接,充分发挥中国外汇交易中心暨全国银行间同业拆借中心、中央国债登记结算有限责任公司、中国银行间市场交易商协会与银行间市场清算所股份有限公司的市场自律职责,不断推进银行间债券市场治理体系与治理能力的现代化。统一监管尺度比统一监管机构更现实,协同共治比行政监管更重要。

为积极稳妥地推进公司债券市场的建设,积极防范市场风险,平稳启动公司债券试点工作,中国证监会及相关机构在《公司债券发行试点办法》出台之后正加快推进相关配套工作:一是制定关于资信评级机构的相关规定。中国证监会2007年8月24日发布了《证券市场资信评级业务管理暂行办法》。交易所、证券登记结算公司也发布了公司债券的上市、登记配套规则。二是建立和完善公司债券交易结算平台。上海、深圳证券交易所对债券交易系统作了的完善,中国证券登记结算公司也对债券登记结算进行了相应的安排。三是降低投资者的市场成本。为提高投资者参与证券交易所债券市场的积极性,中国证监会将协调有关部门、证券交易所和中国证券登记结算公司,降低公司债券发行和上市的有关收费标准。

第二节 公司债券的法律性质与类型化

公司债券是指公司依照法定程序发行、约定在一定期限还本付息的有价证券(《公司法》第153条第1款)。中国证监会《公司债券发行试点办法》(以下简称《债券试点办法》)将还本付息的期限界定为一年以上。

一、公司债券的实质是格式化借款合同

《债券试点办法》第9条规定:公司债券每张面值100元,发行价格由发行人与保荐人通过市场询价确定。这就充分揭示了公司债券的契约特点。每一张公司债券都代表着一份借款合同。为适应与成千上万债权人缔结金额巨大的借款合同的融资需求,大幅降低借款合同的缔结成本,借款合同往往采取格式合同的形式甚至无纸化的电子形式。债券持有人为债权人,债券发行公司为债务人。公司债券的法律效力基本上可借助传统合同法原理予以解释。在公司债发行公司发出募集资金的要约后,投资者承诺贷与资金,合同关系即告成立。

二、公司债券是表彰债权的证券

广义的有价证券依其所表示的权利内容,可以分为物权有价证券(如提单和仓单)、债权

有价证券(如债券和票据)与社员权有价证券(如股份有限公司股东所持有的股票和有限责任公司股东所持有的出资证明书)。以债权证券的发行人本人是否为该证券所记载的债务人为准,债权证券可分为由发行人任债务人的债权证券和由第三人任债务人的债权证券。前者包括本票与债券两种,后者则包括汇票与支票两种。其中,本票与债券的共同点在于都由发行人自己作为债务人向证券持有人履行债务。但二者仍存在许多重大差异。本票的主要功能是支付手段,而债券的主要功能是融资手段。

三、公司债券是资本证券

公司债券和股票共同构成了最基本的资本证券。虽然债券和股票的发行者发行证券的目的可能大异其趣,但绝大多数发行人旨在筹集资金,绝大多数购买者则旨在将资金投资于发行人,以图获得投资回报。而票据(本票、汇票和支票)主要是作为支付手段、结算手段和信用手段在商品经济流转中发挥货币代替物的作用,故可统称为货币证券。可见,资本证券与货币证券的功能不同,内容有别。

四、公司债券是要式证券

公司债券作为要式证券,其制作方式和记载事项必须符合法律和法规的强制性规定。例如,公司以实物券方式发行公司债券的,必须在债券上载明公司名称、债券票面金额、利率、偿还期限等事项,并由法定代表人签名,公司盖章(《公司法》第155条)。

五、有担保的公司债券和无担保的公司债券

以公司债券持有人的债权能否得到债券发行人的担保为准,公司债券分为有担保公司债券和无担保公司债券(信用公司债)。广义的担保既包括人保(保证),也包括物保(担保物权);狭义的担保仅指物保。

有担保公司债券有助于投资者在投资之初控制和锁定投资风险,有助于强化投资者的投资信心,因而对投资者具有较强的吸引力。虽然《公司法》和《证券法》均未提及有担保公司债,但依据契约自由精神,公司可以开发和发行有担保公司债券。在实践中,我国已大量存在有担保的公司债券。

无担保公司债的发行公司之所以不向持有人提供债权担保手段,往往源于其卓越的债信资格。经营规模大、竞争实力强、偿债信誉卓著的公司即使不提供担保,投资者也会趋之若鹜。公司债是否附有担保,完全取决于发行公司与投资者之间的力量对比。但《公司法》与《证券法》并不强制发债公司提供担保。从理论上说,若一家公司拒绝对其发行的公司债券提供担保,可能受到投资者的一致反对,进而导致发债失败。当然,重赏之下,必有勇夫。有担保公司债虽具有一定安全性,但发债公司允诺的利息也可能低于无担保公司债。因此,不排除一些投资者在较高利息的引诱下购买无担保公司债券。

但从鼓励有担保公司债的角度出发,立法者和监管者有必要区分有担保公司债与无担保公司债,并采取不同的监管政策。具体说来,对有担保公司债可以设置较为宽松的发行条件,而对无担保公司债设置的发行条件则应该严格一些。

六、记名债券和无记名债券

以债券票面上是否记名为准,公司债券可以分为记名债券和无记名债券(《公司法》第156条)。记名债券与无记名债券的区分实益有三:(1)发行程序不同。公司发行记名公司债券时,应当在公司债券存根簿上载明债券持有人的姓名或者名称及住所;债券持有人取得债券的日期及债券的编号;债券总额,债券的票面金额、利率、还本付息的期限和方式;债券的发行日期。而公司发行无记名公司债券时,只需在公司债券存根簿上载明债券总额、利率、偿还期限和方式、发行日期及债券的编号,而无需记载债券持有人的姓名或者名称及住所、债券持有人取得债券的日期及债券的编号(《公司法》第157条)。(2)转让方式不同。记名公司债券,由债券持有人以背书方式或者法律、法规规定的其他方式转让;转让后由公司将受让人的姓名或者名称及住所记载于公司债券存根簿;否则,受让人不能对抗公司债务人。无记名公司债券的转让,由债券持有人将该债券交付给受让人后即发生转让的效力(《公司法》第160条)。(3)被盗、遗失或者灭失时的补救措施不同。记名债券被盗、遗失或灭失,债券持有人可依《民事诉讼法》规定的公示催告程序,请求法院宣告该债券失效。法院宣告该债券失效后,持有人可向公司申请补发债券。

七、可转债与不可转债

以公司债券能否转换成股票为准,公司债券可以分为可转化成股票的公司债券(简称"可转债")与不可转化成股票的公司债券(简称"不可转债")。可转债与不可转债的区分实益在于,可转债持有人可通过行使契约赋予的选择权,将自己的债权人地位置换为公司的股东地位,而不可转债的持有人则缺乏此种选择权。上市公司经股东大会决议可发行可转债,并在公司债券募集办法中规定具体的转换办法,但应报国务院证券监督管理机构核准。发行可转换为股票的公司债券,应当在债券上标明"可转换公司债券"字样,并在公司债券存根簿上载明可转换公司债券的数额(《公司法》第161条)。发行可转债的,公司应当按照其转换办法向债券持有人换发股票,但债券持有人对转换股票或者不转换股票有选择权(《公司法》第162条)。持有人行使选择权的结果没有溯及既往的效力。换言之,在可转债持有人转换为股东身份后,股东身份自转换行为生效后向未来发生,而不能追溯到可转债持有人取得债权主体身份之时。

可转债的融资魅力在于,适应了社会公众投资者在投资之初虽然并不看好公司的经营前景,但又希望在公司能够给股东带来满意的投资回报之时将自己的债权投资置换为股权投资的需求。当然,可转换公司债持有人享有的选择权为形成权。持有人可凭其单方意思表示行使选择权,发债公司即有义务向其核发股份。此选择权是权利,既可行使,也可放弃。

八、参加公司债和非参加公司债

以持有人是否有权参与债务人公司的治理活动和利润分配为准,公司债券可以分为参加公司债和非参加公司债。参加公司债,是指债权人有权参与债务人公司的治理活动或利润分配的公司债。参加公司债的利率一般并不固定,持有人获得的利息高低要视公司盈利状况而定。非参加公司债,是指债权人无权参与债务人公司的治理活动或利润分配的公司债。非参加公司债载有固定利率。《公司法》和《证券法》在严格划分股权证券与债权证券的基础上,不承认参加公司债。

九、附认股权公司债与非附认股权公司债

以其持有人是否享有认购发债公司新发股份的选择权为准,公司债可分为附认股权的公司债与非附认股权的公司债。附认股权公司债的持有人可以行使选择权,按照一定的价格购买发债公司未来发行的新股。在持有人行使此类权利后,其原已持有的公司债所表彰的债权已然有效,只不过公司债持有人在债权人身份之外又附加了股东身份而已。附认股权公司债不同于非附认股权公司债之处在于,此种公司债背后的法律关系具有复合性,既包括公司与公司债持有人之间的借贷契约关系,也包括公司债持有人与发债公司之间的选择权契约关系。而非附认股权的公司债的持有人则不享有此类选择权。

十、优先顺位公司债与劣后顺位公司债

以其债权受偿顺序为准,公司债券可分为优先顺位公司债与劣后顺位公司债。其中,优先顺位公司债是指优先于其他普通公司债券而获得清偿的公司债,劣后顺位公司债是指劣后于其他普通公司债券而获得清偿的公司债。公司债本质上是一种民事法律关系,因而允许发债公司与其投资者自由约定公司债的清偿顺序。基于公平原则,优先顺位公司债的利息也可能低于劣后顺位公司债的利息。

优先顺位公司债虽然利息较低,但优先受偿;劣后顺位公司债虽然劣后清偿,但利息较高。因此,这两种公司债各具千秋,适合不同投资者的投资需求。当然,公司控制股东和公司高管购买劣后公司债还有优化公司治理的良好效果,即预防控制股东和公司高管的道德风险,并激励公司高管为确保自己的债权实现而勤勉尽责、殚精竭虑地从事公司经营管理工作。

第三节 公司债券的发行

一、发行公司债券的主体

《公司法》第153条第2款要求公司发行公司债券符合《证券法》规定的发行条件。1993年《公司法》在发债权利能力和行为能力的制度设计上存在歧视性待遇。例如,该法第159条将发行公司债券的主体局限于三类主体(股份有限公司、国有独资公司和两个以上的国有企业或者两个以上的其他国有投资主体投资设立的有限责任公司),而不包括纯粹民营的有限责任公司。这一规定连同《刑法》中的非法吸收公众存款罪导致许多民营企业陷入既无法获得银行融资、又无法从市场发债融资的尴尬境地。

根据党的十六届三中全会决定和国务院《关于推进资本市场改革开放和稳定发展的若干意见》(国发〔2004〕3号)的精神,2005年《公司法》和《证券法》删除了1993年《公司法》的规定,从而允许符合法定条件的各类公司平等地利用债券市场筹集资金。民营公司只要具备《证券法》规定的公司债券发行条件,就可以同国家投资的有限责任公司一样依法发行公司债券,从而极大地缓解了民营企业的融资瓶颈,同时为债券市场的繁荣奠定了制度基础。

二、公司债券的发行条件

公司发行公司债券等于与不特定的投资公众签订巨额的借款合同,但作为潜在债权人的投资公众无法对发行公司的债务清偿能力和公信力亲自进行详尽的尽职调查。因此,立法者有必要强行设定公司债券的发行条件,进而确保公司债权持有人能够按照发行公司承诺的时间和利率获得本息。

基于与人为善的服务型立法理念,《证券法》第 15 条规定了公开发行公司债券的合理条件:(1) 具备健全且运行良好的组织机构;(2) 最近三年平均可分配利润足以支付公司债券一年的利息;(3) 国务院规定的其他条件。公开发债筹集资金须按债券募集办法所列资金用途使用;改变资金用途,须经债券持有人会议作出决议。公开发行公司债券筹集的资金,不得用于弥补亏损和非生产性支出。上市公司发行可转换为股票的公司债券,除应符合第 1 款规定的条件外,还应遵守上市公司发行新股的规定;除非按照债券募集办法,上市公司通过收购本公司股份的方式进行公司债券转换。

由于可转换公司债既具有公司债券的特征,又具有潜在公司股份的特点,因此上市公司发行可转换为股票的公司债券,除应符合《证券法》第 15 条第 1 款规定的条件外,还应符合《证券法》关于公开发行股票的条件,并报国务院证券监督管理机构核准。

《证券法》第 17 条禁止失信的发债公司再次公开发行公司债券。凡有下列情形之一的,不得再次公开发行公司债券:(1) 对已公开发行的公司债券或者其他债务有违约或者延迟支付本息的事实,仍处于继续状态;(2) 违反本法规定,改变公开发行公司债券所募资金的用途。

三、公司债券的发行程序

如同股票,公司债券也是良莠不齐、鱼龙混杂。公司债券的发行直接关系到证券投资者的切身利益和证券市场的健康发展。公司申请发行公司债券的具体程序可以分为以下几个步骤:

(一) 由公司股东大会就发行公司债券作出决议

依《公司法》第 37 条第 1 款,对公司发行债券作出决议的权限专属于股东大会,而不属于董事会。这乃因,公司债券的发行虽有利于扩大公司的对外融资渠道,但也会增加公司的债务负担,进而降低了股东分红水准。若公司章程未将公司债券发行的股东会决议规定为特别决议,则应当属于普通股东会决议,只需遵守资本简单多数决规则即可。

(二) 启动注册申请程序

申请公开发行公司债券,应当向国务院授权的部门或者国务院证券监督管理机构报送下列文件:(1) 公司营业执照;(2) 公司章程;(3) 公司债券募集办法;(4) 国务院授权的部门或者国务院证券监督管理机构规定的其他文件。发行人报送的证券发行申请文件,应当充分披露投资者作出价值判断和投资决策所必需的信息,内容应当真实、准确、完整;为证券发行出具有关文件的证券服务机构和人员,必须严格履行法定职责,保证所出具文件的真实性、准确性和完整性(《证券法》第 19 条)。

(三) 注册制

我国对发债审核制度曾采取核准制的态度。为兴利除弊,2019 年《证券法》对公司申请公开发行公司债券采取了注册制,废除了旧《证券法》的核准制,打通了债券市场服务于实体经济的绿色通道。《证券法》第9条规定:"公开发行证券,必须符合法律、行政法规规定的条件,并依法报经国务院证券监督管理机构或者国务院授权的部门注册。未经依法注册,任何单位和个人不得公开发行证券。证券发行注册制的具体范围、实施步骤,由国务院规定。"注册制的全面推行将有利于降低融资成本,提升监管公信力,扩大投资品种范围,扭转资本市场脱实向虚的现象,鼓励资本市场资源流向有担当、有追求、有底线、有前途的实体经济企业,尤其是民营企业。、

（五）法定注册期限

国务院证券监督管理机构或者国务院授权的部门应当自受理证券发行申请文件之日起3个月内,依照法定条件和法定程序作出予以注册或者不予注册的决定,发行人根据要求补充、修改发行申请文件的时间不计算在内;不予注册的,应当说明理由(《证券法》第22条)。

（六）公告公司债券募集文件

债券发行申请经注册后,发行人应在公开发行前公告公开发行公司债券募集文件,并将该文件置备于指定场所供公众查阅。发行证券的信息依法公开前,任何知情人不得公开或者泄露该信息。发行人不得在公告公开发行募集文件前发行证券(《证券法》第23条)。

（七）纠错程序

国务院证券监督管理机构或者国务院授权的部门对已作出的证券发行注册的决定,发现不符合法定条件或者法定程序,尚未发行证券的,应当予以撤销,停止发行。已经发行尚未上市的,撤销发行注册决定,发行人应当按照发行价并加算银行同期存款利息返还证券持有人;发行人的控股股东、实际控制人以及保荐人,应当与发行人承担连带责任,但是能够证明自己没有过错的除外。股票的发行人在招股说明书等证券发行文件中隐瞒重要事实或者编造重大虚假内容,已经发行并上市的,国务院证券监督管理机构可以责令发行人回购证券,或者责令负有责任的控股股东、实际控制人买回证券(《证券法》第24条)。

四、公司债券存根簿的置备

为便于公司向公司债券持有人清偿债务,便于公司债券持有人行使债权,公司发行公司债券应当置备公司债券存根簿。

发行记名公司债券的,应当在公司债券存根簿上载明下列事项:(1)债券持有人的姓名或者名称及住所;(2)债券持有人取得债券的日期及债券的编号;(3)债券总额,债券的票面金额、利率、还本付息的期限和方式;(4)债券的发行日期。发行无记名公司债券的,应当在公司债券存根簿上载明债券总额、利率、偿还期限和方式、发行日期及债券的编号(《公司法》第157条)。

《公司法》第158条还要求记名公司债券的登记结算机构建立债券登记、存管、付息、兑付等相关制度。

第四节　公司债券的流转

一、公司债券的集中交易与协议转让

《公司法》第159条确认了公司债券作为一般证券产品的可转让性。公司债券的转让包

括在证券交易场所之内的集中竞价交易与证券交易场所之外的分散协议转让。《证券法》第37条明确要求依法公开发行的公司债券在依法设立的证券交易所上市交易或者在国务院批准的其他证券交易场所交易。公司债券在证券交易所上市交易时,应当采用公开的集中交易方式或者国务院证券监督管理机构批准的其他方式(《证券法》第38条)。在证券交易所之内的集中竞价交易,按照证券交易所的交易规则转让;在证券交易场所之外协议转让的,转让价格由转让人与受让人约定(《公司法》第159条)。

就协议转让而言,针对公司债券记名与否的不同特点,《公司法》第160条作了不同规定:(1)记名公司债券,由债券持有人以背书方式或者法律、法规规定的其他方式转让,转让后由公司将受让人的姓名或者名称及住所记载于公司债券存根簿。(2)无记名公司债券的转让,由债券持有人将该债券交付给受让人后即发生转让的效力。

二、公司债券的上市条件

公司债券具有高度的流通性。公司债券只有具有高度流通性,才能维持其对广大投资者的魅力,降低公司债券的发行成本。

2019年修订前的《证券法》第57条要求公司债券的上市交易符合下列条件:(1)公司债券的期限为一年以上;(2)公司债券实际发行额不少于人民币5000万元;(3)公司申请债券上市时仍符合法定的公司债券发行条件。2019年《证券法》第47条对此未作规定,而是授权证券交易所上市规则规定上市条件。证券交易所上市规则规定的上市条件,应当对发行人的经营年限、财务状况、最低公开发行比例和公司治理、诚信记录等提出要求。上海证券交易所2007年9月18日发布的《公司债券上市规则》就增加了资信评级要求。

三、公司债券的上市程序

(1)公司董事会决议就公司债券上市问题作出决议。发行公司债券属于股东大会的专属法定职权,而公司债券上市则不属于股东会的专属法定职权。因此,董事会可就公司债券申请上市问题作出决议。

(2)公司申请债券上市交易,应当向证券交易所提出申请,由证券交易所依法审核同意,并由双方签订上市协议。

(3)终止上市。依《证券法》第48条,上市交易的证券,有证券交易所规定的终止上市情形的,由证券交易所按照业务规则终止其上市交易。证券交易所决定终止证券上市交易的,应当及时公告,并报国务院证券监督管理机构备案。

(4)复核程序。对证券交易所作出的不予上市交易、终止上市交易决定不服的,可以向证券交易所设立的复核机构申请复核(《证券法》第49条)。经证券交易所依法审核同意后,由发行公司与证券交易所签订上市协议。

四、公司债券的质押

在一定意义上,公司债券的质押也是广义的债券流转。一乃因公司债持有人的权利上面增加了质押负担;二乃因质押权人获得了对质押债券的交换价值的支配和控制,并有可能在主债务人不能及时足额清偿债务时以质押债券抵偿其债权。

依《民法典》第441条,"以汇票、本票、支票、债券、存款单、仓单、提单出质的,质权自权利凭证交付质权人时设立;没有权利凭证的,质权自办理出质登记时设立;法律另有规定的,从其规定"。该条款由于针对的质押权利十分芜杂,因而未能虑及公司债券的记名与无记名的特殊性。因此,有必要对该条予以解释。公司债持有人以债券出质的,应当与主债权人订立书面合同。无记名债券的质权自债券交付质权人时设立;记名公司债券的质权应以背书方式或者法律、法规规定的其他方式予以设定,同时应当由公司将质押权人的姓名或者名称及住所记载于公司债券存根簿,质押权人才能以其质权对抗发债公司。

依《民法典》第442条,债券的兑现日期先于主债权到期的,质权人可以兑现,并与出质人协议将兑现的价款提前清偿债务或者提存。

第五节 公司债券持有人的利益保护机制

公司债券持有人与发行公司之间存在债权债务关系。由于公司债持有人与发行公司之间存在着信息落差,且已将巨额资金交付发行公司,公司债持有人在债券市场中实际上处于相对弱势地位。为提高债券市场的公信力,必须千方百计地维护好公司债持有人的合法利益。否则,投资者遭遇债券发行公司和债券市场之后必将退避三舍。这对债券市场的发展来说无疑是一个灾难。有鉴于此,发债公司应诚实信用,维护债券持有人享有的法定权利和债券募集办法约定的权利。《公司债券发行与交易管理办法》第4章专门规定了债券持有人权益保护。保护公司债持有人的机制很多,包括但不限于信息披露机制、担保机制、信用评级机制、信托机制与决策机制(公司债持有人会议)等。其中,担保机制仅适用于有担保的公司债券。公司法等民商法律为普通债权人提供的保护机制(如揭开公司面纱制度)也适用于公司债持有人。

一、信息披露机制

(一)信息披露机制是成本较低、效果最好的债权人保护机制

阳光是最好的防腐剂,灯泡是最有效的警察。一旦公司债的潜在投资者意识到发行公司的债信风险,即可敬而远之。失信公司也会见光而亡。投资者即使购买了公司债券,也有机会通过二级市场抛售"地雷"债券。许多投资者纷纷抛售之际,即为发行公司走向衰落之时。但问题在于,债券发行公司往往为一己之私蒙住眼睛,因而从内心深处并不愿及时披露债权人渴望的信息。这就需要公权力(包括立法者与监管者)的干预。《公司法》与《证券法》既要求发行公司在发行阶段公告公司债券募集办法,也要求发行公司在上市交易阶段履行持续信息公开义务。《证券法》第78条要求发行人及法律、行政法规和国务院证券监督管理机构规定的其他信息披露义务人,应当及时依法履行信息披露义务。信息披露义务人披露的信息,应当真实、准确、完整,简明清晰,通俗易懂,不得有虚假记载、误导性陈述或者重大遗漏。证券同时在境内境外公开发行、交易的,其信息披露义务人在境外披露的信息,应当在境内同时披露。

这就揭示了信息披露的基本要求:真实性、准确性、完整性。除此之外,还应强调信息披露的及时性、易解性、易得性与公平性。许多公司披露的信息铺天盖地,似乎也符合真实性、准确性、完整性的基本要求,但许多投资者仍然是水中望月,雾里看花。因此,在继续强调信息披露真实性、准确性、完整性的同时,有必要强化信息披露的易解性与公平性,确保广大投

资者在阅读披露文件时开卷有益。在这方面,有必要倡导信息披露的简明化运动,要求信息披露义务人在依法披露《公司法》《证券法》、行政法规、部门规章与证券交易所自律规章要求的各类信息的同时,运用寥寥数语在短短几页内披露对投资判断最具价值的信息。

(二) 年报、中报与临时报告制度

《证券法》第 79 条要求公司债券上市交易的公司按证监会和证券交易场所规定的内容和格式编制、报送和公告年报和中报:(1) 在每一会计年度结束之日起 4 个月内,报送并公告年度报告,其中的年度财务会计报告应当经符合本法规定的会计师事务所审计;(2) 在每一会计年度的上半年结束之日起 2 个月内,报送并公告中期报告。

《证券法》第 81 条规定了发债公司对可能对上市交易公司债券交易价格产生较大影响的重大事件的临时报告制度。发生可能对上市交易公司债券的交易价格产生较大影响的重大事件,投资者尚未得知时,公司应当立即将有关该重大事件的情况向国务院证券监督管理机构和证券交易场所报送临时报告,并予公告,说明事件的起因、目前的状态和可能产生的法律后果。重大事件包括:(1) 公司股权结构或者生产经营状况发生重大变化;(2) 公司债券信用评级发生变化;(3) 公司重大资产抵押、质押、出售、转让、报废;(4) 公司发生未能清偿到期债务的情况;(5) 公司新增借款或者对外提供担保超过上年末净资产的 20%;(6) 公司放弃债权或者财产超过上年末净资产的 10%;(7) 公司发生超过上年末净资产 10% 的重大损失;(8) 公司分配股利,作出减资、合并、分立、解散及申请破产的决定,或者依法进入破产程序、被责令关闭;(9) 涉及公司的重大诉讼、仲裁;(10) 公司涉嫌犯罪被依法立案调查,公司的控股股东、实际控制人、董事、监事、高级管理人员涉嫌犯罪被依法采取强制措施;(11) 国务院证券监督管理机构规定的其他事项。虽然债券持有人风险远远低于股票持有人,但既然是重大事件,也会对债券持有人的投资判断产生影响。

(三) 发债公司董事与高管的信息披露瑕疵担保义务

依《证券法》第 82 条,董事、高级管理人员应当对证券发行文件和定期报告签署书面确认意见。监事会应当对董事会编制的证券发行文件和定期报告进行审核并提出书面审核意见。监事应当签署书面确认意见。发行人的董事、监事和高级管理人员应当保证发行人及时、公平地披露信息,所披露的信息真实、准确、完整。董事、监事和高级管理人员无法保证证券发行文件和定期报告内容的真实性、准确性、完整性或者有异议的,应当在书面确认意见中发表意见并陈述理由,发行人应当披露。发行人不予披露的,董事、监事和高级管理人员可以直接申请披露。

(四) 虚假陈述的民事责任

依《证券法》第 85 条,信息披露义务人未按照规定披露信息,或者公告的证券发行文件、定期报告、临时报告及其他信息披露资料存在虚假记载、误导性陈述或者重大遗漏,致使投资者在证券交易中遭受损失的,信息披露义务人应当承担赔偿责任;发行人的控股股东、实际控制人、董事、监事、高级管理人员和其他直接责任人员以及保荐人、承销的证券公司及其直接责任人员,应当与发行人承担连带赔偿责任,但是能够证明自己没有过错的除外。

就归责原则而言,立法者对发行公司实行严格责任原则,不问发行公司主观过错之有无及其大小,只要存在虚假记载、误导性陈述或者重大遗漏等情事,就要追究其民事赔偿责任。其根本理念是发行公司以投资者受损为代价而占有了投资者的私人财富。而对控股股东、实际控制人、董事、监事、高级管理人员和其他直接责任人员以及保荐人、承销的证券公司及其直接责任人员采取了过错推定的归责原则,主要乃因此类当事人与债权人相比在信息占有方面处于相对强势地位。立法者对其主观过错持有推定的心态,允许此类当事人自己举证证明自己的清白,进而摆脱民事责任之苦。若此类当事人无力或者无法自证清白,只能说明此类当事人在商事活动中要么存在道德风险,要么存在重大过失。由其对受损投资者承担民事责任于理公平。

二、信用评级机制

证券评级业务是指对下列评级对象开展资信评级服务：中国证监会依法核准发行的债券、资产支持证券以及其他固定收益或者债务型结构性融资证券；在证券交易所上市交易的债券、资产支持证券以及其他固定收益或者债务型结构性融资证券,国债除外；以及前述证券的发行人、上市公司、非上市公众公司、证券公司、证券投资基金管理公司等。

债信评级关系到发债公司及其公司债持有人的切身利益,关系到证券市场的整体信用,因此资信评级机构必须符合法定资质。《公司债券发行与交易管理办法》第19条要求公开发行公司债券时委托具有从事证券服务业务资格的资信评级机构进行信用评级。

《公司债券发行与交易管理办法》第46条要求资信评级机构为公开发行公司债券进行信用评级须符合以下规定：(1)按照规定或约定将评级信息告知发行人,并及时向市场公布首次评级报告、定期和不定期跟踪评级报告；(2)在债券有效存续期间,应当每年至少向市场公布一次定期跟踪评级报告；(3)应充分关注可能影响评级对象信用等级的所有重大因素,及时向市场公布信用等级调整及其他与评级相关的信息变动情况,并向证券交易所或其他证券交易场所报告。

为促进证券市场资信评级业务规范发展,证监会2007年8月24日发布了《证券市场资信评级业务管理暂行办法》,要求从事证券市场资信评级业务(以下简称"证券评级业务")的资信评级机构向中国证监会申请取得证券评级业务许可；未取得许可,任何单位和个人不得从事证券评级业务。资信评级机构从事证券评级业务,应当遵循独立、客观、公正的原则,并应遵循一致性原则,对同一类评级对象评级,或者对同一评级对象跟踪评级,应当采用一致的评级标准和工作程序。评级标准有调整的,应当充分披露。证券评级机构应当制定科学的评级方法和完善的质量控制制度,遵守行业规范、职业道德和业务规则,勤勉尽责,审慎分析。

三、信托机制

(一)信托机制与债券受托管理人的诚信义务

信托机制,就是引入作为受托人的债券受托管理人维护作为受益人的公司债持有人的合法权益。由于公司债持有人量大面广,散居全国各地,在维护权益方面势必存在"搭便车"的心理。信托机制的引入恰恰可以缓解公司债持有人集体行动所面临的高额成本。

《证券法》第92条要求公开发债公司为债券持有人聘请债券受托管理人,并订立债券受托管理协议。受托管理人应当由本次发行的承销机构或者其他经国务院证券监督管理机构认可的机构担任,债券持有人会议可以决议变更债券受托管理人。债券受托管理人应当勤勉尽责,公正履行受托管理职责,不得损害债券持有人利益。债券发行人未能按期兑付债券本息的,债券受托管理人可以接受全部或者部分债券持有人的委托,以自己的名义代表债持有人提起、参加民事诉讼或者清算程序。《公司债券发行与交易管理办法》第48条至第53条规定了债券受托管理人制度。

（二）债券受托管理人与持有人信托关系的建立

公司发债人应当为债券持有人聘请债券受托管理人，并订立债券受托管理协议；在债券存续期限内，由债券受托管理人按照规定或协议的约定维护债券持有人的利益。发行人应当在债券募集说明书中约定，投资者认购或持有本期公司债券视作同意债券受托管理协议、债券持有人会议规则及债券募集说明书中其他有关发行人、债券持有人权利义务的相关约定。这就大大简化了公司债持有人与债券受托管理人逐个建立信托关系的缔约成本。

依《信托法》的基本要求，债券受托管理人扮演受托人的角色，公司债持有人扮演受益人的角色，债券发行公司则扮演委托人的角色。因此，债券受托管理人由债券发行公司选择，托管费用亦由发行公司承担，但债券受托管理人必须为维护和增进公司债持有人的根本利益而行事。托管费用看似由发行公司承担，但羊毛出在羊身上，发行公司可以将成本转嫁出去。既然承人之信、受人之托、纳人之财，债券受托管理人就必须诚实守信，勤勉尽责。债券受托管理人不能借口自己由发行公司选择，自己与发行公司签订债券受托管理协议，未与公司债持有人个别签署债券受托管理协议而否定自己与公司债持有人之间的信托关系。由发行公司选择的债券受托管理人要对真正的受益人（公司债持有人）负责，如同基金管理公司选择的托管银行也要对真正的受益人（基金持有人）负责一样。在这一方面，要注意我国在前几年商品房按揭贷款实践中出现的以下怪相：贷款银行为消费者指定律师，由消费者支付律师费，贷款银行和律师都声称律师的主要职责是维护消费者利益，而消费者竟然感受不到律师对自己所负的信托义务。

（三）债券受托管理人的资质

鉴于债券受托管理人作为受托人应当具有较高的道德水准与专业能力，债券受托管理人由本次发行的承销机构或其他经中国证监会认可的机构担任。债券受托管理人应当为中国证券业协会会员。为避免担保人与债券受托管理人之间的潜在利益冲突，为本次发行提供担保的机构不得担任本次债券发行的受托管理人。

（四）债券受托管理人的核心信托义务

债券受托管理人应当勤勉尽责，公正履行受托管理职责，不得损害债券持有人利益。对于债券受托管理人在履行受托管理职责时可能存在的利益冲突情形及相关风险防范、解决机制，发行人应当在债券募集说明书及债券存续期间的信息披露文件中予以充分披露，并同时在债券受托管理协议中载明。

公开发行公司债券的受托管理人应当履行下列八项职责：(1)持续关注发行人和保证人的资信状况、担保物状况、增信措施及偿债保障措施的实施情况，出现可能影响债券持有人重大权益的事项时，召集债券持有人会议；(2)在债券存续期内监督发行人募集资金的使用情况；(3)对发行人的偿债能力和增信措施的有效性进行全面调查和持续关注，并至少每年向市场公告一次受托管理事务报告；(4)在债券存续期内持续督导发行人履行信息披露义务；(5)预计发行人不能偿还债务时，要求发行人追加担保，并可以依法申请法定机关采取财产保全措施；(6)在债券存续期内勤勉处理债券持有人与发行人之间的谈判或者诉讼事务；(7)发行人为债券设定担保的，债券受托管理协议可以约定担保财产为信托财产，债券受托管理人应在债券发行前或债券募集说明书约定的时间内取得担保的权利证明或其他有关文件,并在担保期间妥善保管;(8)发行人不能偿还债务时,可以接受全部或部分债券持有人的委托,以自己名义代表债券持有人提起民事诉讼、参与重组或者破产的法律程序。就非公开发行公司债券而言,债券受托管理人应按债券受托管理协议的约定履行职责,以尊重意思自治原则。

受托管理人为履行受托管理职责,有权代表债券持有人查询债券持有人名册及相关登记信息、专项账户中募集资金的存储与划转情况。证券登记结算机构应当予以配合。

(五)受托管理人的变更

受托管理人因涉嫌债券承销活动中违法违规正在接受中国证监会调查或出现中国证监会认定的其他不再适合担任受托管理人情形的,在依法变更受托管理人之前,中国证监会可以临时指定中证中小投资者服务中心有限责任公司承担受托管理职责,直至债券持有人会议选任出新的受托管理人为止。

(六)问责机制

若债券受托管理人背信失职、损害债券持有人权益,证监会可以责令其整改,对其直接负责的主管人员和其他直接责任人员可以采取监管谈话、认定为不适当人选等行政监管措施,记入诚信档案并公布。作为受害者的公司债持有人亦可对其提起民事损害赔偿之诉。

四、决策机制:公司债券持有人会议制度

(一)公司债券持有人会议的概念

团结就是力量。人数众多但分布全国各地的债券持有人与发行公司相比处于总体强大、个体弱小的状态。为避免投资者一盘散沙、群龙无首的无序状态,协调广大债券持有人的利益诉求,适度放大公司债持有人的声音,有必要借助公司债持有人会议制度扩大债券持有人对自治事项的参与权与决定权。

公司债券持有人会议是由同次发行的公司债券的持有人组成的、就涉及公司债券持有人的共同利益事项依法作出决策的临时合议机构。

公司债券持有人会议是代表和维护广大债券持有人根本利益的机构,与代表和维护股东根本利益的股东会具有相似之处。不同之处在于,股东会是公司的内部权力机关,是公司的最高决策机构,而公司债持有人会议并非公司的内部机关,而是在公司债务人外部讨论和决定攸关债权人利害关系的重大事项。

《公司法》未规定公司债券持有人会议。这从一个侧面反映了立法者和监管者对公司债券制度的关注程度远逊于对股份制度的关注程度。但2019年《证券法》第92条要求公开发债公司设立债券持有人会议,并应当在募集说明书中说明债券持有人会议的召集程序、会议规则和其他重要事项。此前的《债券试点办法》第26条和第27条规定了债券持有人会议规则及其召集事由。《深圳证券交易所公司债券上市暂行规定》(以下简称《深交所规定》)第4章也专门规定了债券持有人会议制度,颇值肯定。遗憾的是,《深交所规定》仅适用于上市交易的公司债券持有人会议,而且条文过简。

(二)公司债券持有人会议规则

《公司债券发行与交易管理办法》第54条要求公司债发行人在债券募集说明书中约定债券持有人会议规则。债券持有人会议规则应当公平、合理。债券持有人会议规则应当明确债券持有人通过债券持有人会议行使权利的范围,债券持有人会议的召集、通知、决策机制和其他重要事项。债券持有人会议依法形成的决议对全体债券持有人有约束力。

《公司债券发行与交易管理办法》第 48 条第 2 款要求发行人在债券募集说明书中约定，投资者认购或持有本期公司债券视作同意债券受托管理协议、债券持有人会议规则及债券募集说明书中其他有关发行人、债券持有人权利义务的相关约定。这种默示同意规则旨在早日确立公司债券持有人会议的程序规则，以扫除日后公司债券持有人集会的法律障碍。

作为弥补立法漏洞的权宜之计，在不与公司债券持有人会议制度的设计理念相悖的情况下，对公司债券持有人会议的召集与表决等事宜可参照适用《公司法》有关股东会规则的规定。例如，公司债持有人可以书面委托他人代理出席会议并行使表决权。

（三）债券持有人会议的召集事由

《公司债券发行与交易管理办法》第 55 条列举了债券受托管理人应召开债券持有人会议的法定事由：(1) 拟变更债券募集说明书的约定；(2) 拟修改债券持有人会议规则；(3) 拟变更债券受托管理人或受托管理协议的主要内容；(4) 发行人不能按期支付本息；(5) 发行人减资、合并、分立、解散或者申请破产；(6) 保证人、担保物或者其他偿债保障措施发生重大变化；(7) 发行人、单独或合计持有本期债券总额 10% 以上的债券持有人书面提议召开；(8) 发行人管理层不能正常履行职责，导致发行人债务清偿能力面临严重不确定性，需要依法采取行动的；(9) 发行人提出债务重组方案的；(10) 发生其他对债券持有人权益有重大影响的事项。当然，债券持有人会议规则也可自由增列召开债券持有人会议的其他事由。

（四）债券持有人会议的召集人

债券持有人会议的召集人既包括债券发行公司，也包括债券受托管理人与持有债券超过一定比例的公司债券持有人。依《公司债券发行与交易管理办法》第 55 条，在债券受托管理人应召集而未召集债券持有人会议时，单独或合计持有本期债券总额 10% 以上的债券持有人有权自行召集债券持有人会议。依《深交所规定》第 4.5 条第 2 款，债券持有人自行召集召开债券持有人会议的，在公告债券持有人会议决议前，其持有债券的比例不得低于 10%；并应当在发出债券持有人会议通知前申请在上述期间锁定其持有的公司债券。

召集人召集公司债券持有人会议应当遵守程序严谨的基本理念。《深交所规定》第 4.1 条要求会议召集人以公告方式向公司债券持有人发出会议通知。会议通知中应当列明会议召开的时间、地点、方式，以及会议召集人和债权登记日等事项，并充分、完整地披露所有提案的具体内容。会议召集人还应当同时在该所指定网站上披露有助于公司债券持有人对拟讨论的事项作出合理判断所必需的其他资料。债券受托管理人或债券持有人自行召集债券持有人会议的，应当在发出债券持有人会议通知前书面通知发行人董事会并将有关文件报送该所备案（《深交所规定》第 4.5 条第 1 款）。

债券持有人会议通知发出后，无正当理由不得延期或取消，会议通知中列明的提案亦不得取消。一旦出现延期或取消的情形，会议召集人应当在原定召开日期的至少两个交易日之前发布通知，说明延期或取消的具体原因。延期召开债券持有人会议的，会议召集人应当在通知中公布延期后的召开日期（《深交所规定》第 4.3 条）。

债券持有人会议召开前有临时提案提出的，应于召开日期的至少 10 个交易日前提出；会议召集人应当在召开日期的至少两个交易日前发出债券持有人会议补充通知，披露提出临时提案的债券持有人姓名或名称、持有债券的比例和新增提案的内容（《深交所规定》第 4.4 条）。

债券持有人会议期间发生突发事件导致会议不能正常召开的,会议召集人应当立即向该所报告,说明原因并披露相关情况(《深交所规定》第4.6条)。

(五) 债券持有人会议决议的主持人

债券持有人会议决议的主持人原则上应以召集人的身份而定。发债公司担任召集人的,由发行公司的董事长主持债券持有人会议;董事长不能履行职务或者不履行职务的,由副董事长主持;副董事长不能履行职务或者不履行职务的,由半数以上董事共同推举一名董事主持。债券受托管理人担任会议召集人的,由受托管理人自己(受托管理人为自然人的)或者受托管理人公司的董事长或者其授权人士担任。债券持有人担任会议召集人的,由召集人自己(持有人为自然人的)或者召集人公司董事长或其授权人士担任。

(六) 债券持有人会议的表决规则

鉴于债券持有人会议决议对债权持有人利害关系的重要性,同次发行的公司债券持有人的表决活动应当遵循平等原则以及债券数额多数决原则。而多数决原则的计算基础在于最小的债券计量单位皆代表一个表决权。持有的债券金额越多,表决力越大。

(七) 债券持有人会议决议的公开披露

《深交所规定》第4.2要求债券持有人会议召集人在会议结束当日(如在非交易日召开会议的,则提交公告时间顺延至次一交易日),将会议决议公告文稿、会议决议和法律意见书报送该所,经该所登记后于次一交易日披露大会决议公告。该所要求提供债券持有人会议记录的,会议召集人应当按该所要求提供。

债券持有人会议决议公告应当包括以下内容:(1) 会议召开的时间、地点、方式、召集人和主持人,以及是否符合有关法律、法规、部门规章和公司章程的说明;(2) 出席会议的债券持有人(代理人)人数、所持(代理)债券数额及比例;(3) 每项提案的表决方式;(4) 每项提案的表决结果;(5) 法律意见书的结论性意见,若债券持有人会议出现否决提案的,应当披露法律意见书全文(《深交所规定》第4.7条)。

发行人在债券持有人会议上向债券持有人通报的事件属于未曾披露的本规定所规定重大事件的,应当将该通报事件与债券持有人会议决议公告同时披露(《深交所规定》第4.8条)。

参酌《公司法》第22条有关瑕疵公司股东会决议的规定,公司债券持有人可对存在程序瑕疵的债券持有人会议决议向法院提起撤销之诉,并对存在内容瑕疵的债券持有人会议决议向法院提起无效确认之诉。

五、增信与偿债保障措施

《公司债券发行与交易管理办法》第56条鼓励发债公司采取内外部增信机制、偿债保障措施,提高偿债能力,控制公司债券风险。内外部增信机制、偿债保障措施包括但不限于下列方式:(1) 第三方担保;(2) 商业保险;(3) 资产抵押、质押担保;(4) 限制发行人债务及对外担保规模;(5) 限制发行人对外投资规模;(6) 限制发行人向第三方出售或抵押主要资产;(7) 设置债券回售条款。公司债券增信机构可成为中国证券业协会会员。

《公司债券发行与交易管理办法》第57条要求发行人在债券募集说明书中约定构成债券违约的情形、违约责任及其承担方式以及公司债券发生违约后的诉讼、仲裁或其他争议解决机制。

第十二章

公司财务会计制度

第一节 概 述

一、公司财务会计制度的概念与作用

公司财务会计制度是公司利用货币价值形式组织、记录和规范其商事活动的法律规则，是公司法的重要制度。公司财务会计制度既是会计法的重要内容，也是公司法的重要内容。

《公司法》第8章专门规定了公司财务会计制度。《公司法》第163条还要求公司依照法律、行政法规和国务院财政部门的规定建立本公司的财务、会计制度。

公司财务会计制度是涉及公司及其广大股东、债权人等利益相关者的公共产品。公司财务会计信息是衡量和判断一家公司财务状况和经营成果的基本手段。而公司财务会计制度的主要目的在于实现公司财务会计信息的真实、公允。因此，建立健全公司财务会计制度意义重大。

首先，公司财务会计制度有利于保护股东利益与投资者（即将成为股东的商事主体）的共益权与自益权。对于不具有控制权的中小股东来说，由于缺乏直接指挥、组织和参与经营管理活动的机会，自然在信息占有上处于相对的弱势地位。他们无论行使参与公司治理的权利，还是行使分取财产利益的权利，抑或遏制公司高管人员的道德风险，都离不开对公司财务会计信息的及时全面把握。即使有限责任公司的股东转让股权，也离不开转让双方对公司净资产及其真实股权价值的共识，而这种共识的达成又离不开真实、公允的财务会计信息。对于决定是否购买某家股份公司股份的投资者来说，更需要了解该公司真实公允的财务会计信息，以免误入歧途。对于公开发行股份公司以及上市公司来说，财务会计信息披露更是信息披露制度的核心内容。

其次，公司财务会计制度有利于保护债权人尤其是自愿债权人（如银行债权人）利益。与中小股东相比，债权人对债务人公司的财务信息更处于水中望月、雾里看花的状态。虽然担保制度能提高债权实现的概率，但担保制度并不能代替财务会计制度。对债务人公司来说，债权担保的成本较高（如提供真实、合法、充分、有效的担保手段），而提供财务会计信息的成本较低（可用接近零成本的方式对多个债权人提供财务会计信息）。对债权人而言，担保制度只能提高债权实现的概率，但无法确保债权人在第一时间放弃与债务人公司的商事交易活动。一旦债权人获取的财务会计信息有假，无论主合同和担保合同的效力是否受到影响（债权人在特定情形下有权选择行使撤销权抑或追究主债务人违约责任），债权人的权

利的行使必然要付出较高成本。若债权人在缔结主债权合同和担保合同之前获取了真实公允的财务会计信息,对于债务人公司和担保公司的资产负债状况、资产构成等信息一目了然,就可以改换其他债务人和交易伙伴。

再次,公司财务会计制度有利于保护国家的税收债权。许多公司的偷税漏税活动的主要手段是"造假账",即制作虚假的财务会计报告。为预防国家税收的"跑冒滴漏"现象,健全公司纳税信用体系,提高税收征收机关打击偷税漏税活动的执法能力,就必须建立健全公司财务会计制度。

最后,公司财务会计制度有利于督促公司自身提高经营管理水平,完善公司治理。真实公允的财务会计信息如同公司的多项体检指标。当财务会计信息显示公司投资方向、经营计划的失误时,公司决策者应当立即扭转公司航线;当财务会计信息显示某公司高管人员的道德风险(如超出职务消费标准,以公司资金为自己购买别墅)时,公司应当立即采取措施纠正高管的道德风险、罢免高管甚至启动民事诉讼和刑事诉讼程序;当财务会计信息显示公司经营存在违法行为(如提供商业贿赂)时,公司应当立即纠正违法行为。因此,公司财务会计制度不仅有利于股东、债权人和税收征管者,而且有利于公司自身控制法律风险、道德风险和市场风险,完善公司治理,增强公司的竞争力。

二、公司财务会计制度的立法演变

为规范会计行为,保证会计资料真实、完整,加强经济管理和财务管理,提高经济效益,全国人大常委会于1985年1月21日通过了《会计法》,后于1993年12月29日、1999年10月31日、2017年11月4日三次修订。财政部于1992年11月30日公布了经国务院1992年11月16日批准的《企业财务通则》和《企业会计准则》。

为发挥注册会计师在社会经济活动中的鉴证和服务作用,加强对注册会计师的管理,维护社会公共利益和投资者的合法权益,促进社会主义市场经济的健康发展,全国人大常委会于1993年10月31日通过了《注册会计师法》(2014年8月31日修正)。

为规范企业财务会计报告,保证财务会计报告的真实、完整,国务院于2000年6月21日发布了依《会计法》制定的《企业财务会计报告条例》。

为规范企业会计确认、计量和报告行为,保证会计信息质量,财政部于2006年2月15日发布了《企业会计准则——基本准则》(以下简称《基本准则》)及其配套的《企业会计准则第1号——存货》等38项具体准则以及48项注册会计师审计准则。企业会计准则体系自2007年1月1日起在上市公司范围内施行,鼓励其他企业执行;凡执行该38项具体准则的企业不再执行现行准则、《企业会计制度》和《金融企业会计制度》。注册会计师审计准则体系自2007年1月1日起在境内会计师事务所施行。为便利新企业会计准则的实施,财政部还于2006年11月发布了依《基本准则》及其配套的38项具体准则制定的《企业会计准则——应用指南》(以下简称《应用指南》)。这标志着适应我国市场经济发展要求、与国际惯例趋同的企业会计准则体系和注册会计师审计准则体系正式建立。

为贯彻落实《公司法》等法律法规,规范企业财务制度,财政部于2006年12月4日公布了修订后的《企业财务通则》,自2007年1月1日起施行。为适应金融体制改革的需要,规范金融企业的财务行为,防范和化解金融企业财务风险,财政部于2006年公布了《金融企业财务规则》。

三、新企业会计准则体系的构成

从内容上看,我国新企业会计准则主要包括四大制度板块:会计确认制度、会计计量制度、会计报告制度和会计记录制度。从规范形式上看,新企业会计准则体系由《基本准则》、38项目具体会计准则与38项应用指南等三部分构成。

《基本准则》在整个会计准则体系中起着统率和指引作用,主要规范财务报告目标、会计基本假设、会计基础、会计信息质量要求、会计要素的确认、计量和报告原则等。《基本准则》不仅指导未来的具体准则起草工作,而且对尚未有具体准则规范的会计实务问题提供行为指引。它于2014年7月23日进行了修订。

38项具体准则分为一般业务准则、特殊业务准则和报告类准则,主要规范企业发生的具体交易或者事项的确认、计量和报告,为企业处理会计实务问题提供具体而统一的标准。就具体准则的体例编排而言,财政部根据"一般准则在前、特殊业务和行业准则居中、报告准则断后,按照准则所涉及主要报表项目在报表中的顺序依次排列"的基本原则,对38项具体准则逐一编号。

38项《企业会计准则——应用指南》包括具体准则解释和附录两部分,为企业执行新会计准则提供了操作性规范。其中的附录是根据会计准则规定的156个会计科目及其主要账务处理。38项具体准则和应用指南正文与国际财务报告准则的内部结构基本相同。

第二节 公司会计信息质量要求

会计准则不仅是沟通企业与投资者的通用语言,也是对企业进行市场约束的有效工具。因此,《基本准则》第2章专门规定了会计信息质量要求。会计信息质量要求的提出看似面对公司会计活动的基本要求,充其量面对审计机构的审计需求。实际上,会计信息质量要求并非仅仅服务于公司自身的利益诉求,更重要的是要服务于股东、债权人、潜在投资者、潜在交易伙伴(包括消费者)、监管者和社会中介机构等方方面面的会计信息使用者。因此,为确保会计信息使用者获取足够的会计信息,作出理性的投资、交易、监督与监管决策,必须强调使用者友好型的会计信息的质量要求。

一、真实性

公司会计信息的真实性是会计信息的生命之所在,也是会计信息质量的第一要求。《会计法》第13条明文禁止任何单位和个人伪造、变造会计凭证、会计账簿及其他会计资料,提供虚假的财务会计报告。《基本准则》第12条要求公司以实际发生的交易或者事项为依据进行会计确认、计量和报告,如实反映符合确认和计量要求的各项会计要素及其他相关信息,保证会计信息真实可靠、内容完整。真实性是一个广义的概念,在外延上还包括完整性的要求。实话只说一半等于撒谎。会计信息造假不仅触犯法律,而且于理不合。当前,会计信息的真实性和完整性仍是公司会计信息质量改进工作中的头号顽症。

二、相关性

会计信息的相关性也可称为会计信息的有用性,强调企业提供的会计信息应当与财务会计报告使用者的经济决策需要相关,有助于财务会计报告使用者对企业过去、现在或者未来的情况作出评价或者预测(《基本准则》第 13 条)。据此,公司提供的会计信息应当能公允地反映公司的财务状况、经营成果和现金流量,进而满足会计信息使用者的需要。强调会计信息的相关性的实质是督促公司及其他编制主体要树立用户本位主义、用户中心主义的会计信息观,杜绝公司自我中心主义的会计信息观,反对公司为转移使用者的视线而故意"顾左右而言他"。

三、易解性

企业提供的会计信息应当清晰明了,便于财务会计报告使用者理解和使用(《基本准则》第 14 条)。这是指企业的会计核算和编制的财务会计报告应当清晰明了,成为报告使用者友好型的会计信息。在公司生活中,上市公司的会计信息铺天盖地,但真正能被广大各种投资者理解和消化的信息并不多见。这个现象恰恰说明了会计信息易解性的重要性与迫切性。笔者认为,从制度设计的前瞻改革来看,应当积极推进公司财务报告的简明化运动,把会计信息的生产、加工和审计鉴证的会计审计过程留给诚信的专业人士,而把简明易懂、内容可信的会计审计结果提供给使用者。

四、可比性

企业提供的会计信息应当具有可比性。同一企业不同时期发生的相同或者相似的交易或者事项,应当采用一致的会计政策,不得随意变更。确需变更的,应当在附注中说明。不同企业发生的相同或者相似的交易或者事项,应当采用规定的会计政策,确保会计信息口径一致、相互可比(《基本准则》第 15 条)。可见,会计信息的可比性必须同时满足纵向比较(本公司的历史比较)和横向比较(特点时点或时段的不同公司之间的比较)的双重要求,才能满足债权人和投资者对公司的历史发展轨迹及其在同行业或者其他具有可比性的公司群体中的竞争力作出客观的判断。此外,依《会计法》第 20 条第 2 款规定,公司向不同的会计资料使用者提供的财务会计报告,其编制依据应当一致。

五、实质性

企业应当按照交易或者事项的经济实质进行会计确认、计量和报告,不应仅以交易或者事项的法律形式为依据(《基本准则》第 16 条)。该条脱胎于《会计制度》第 11 条"企业应当按照交易或事项的经济实质进行会计核算,而不应当仅仅按照它们的法律形式作为会计核算的依据"。只有透过现象看本质,才能使得财务会计报告对使用者开卷有益。

六、重要性

企业提供的会计信息应当反映与企业财务状况、经营成果和现金流量等有关的所有重要交易或者事项(《基本准则》第 17 条)。重要交易或者事项的省略或错报会影响使用者据此作出的商业或者监管决策。重要性应根据企业所处环境,从项目的性质和金额大小两方面加以判断。《会计制度》第 11 条也要求企业的会计核算应当遵循重要性原则的要求,在会计核算过程中对交易或事项应当区别其重要程度,采用不同的核算方式。对资产、负债、损益等有较大影响,并进而影响财务会计报告使用者据以作出合理判断的重要会计事项,必须按照规定的会计方法和程序进行处理,并在财务会计报告中予以充分、准确的披露;对于次要的会计事项,在不影响会计信息真实性和不至于误导财务会计报告使用者作出正确判断的前提下,可适当简化处理。相比之下,《基本准则》第17条更加强调全面披露所有重要交易或者事项,而删除了允许适当简化次要的会计事项的要求。这种变化可以解释为财政部旨在预防公司及其聘用的审计机构滥用重要交易或者事项的自由裁量权,规避重要性原则的适用。

七、谨慎性

在现实中,投资者和债权人上当受骗的主要原因是,他们信赖的财务会计报告偏离了谨慎性,甚至不惜信口开河,颠倒黑白。为使得用户得以对公司的财务状况与经营状况获得完整、客观、全面的信息,进而作出理性判断,企业对交易或者事项进行会计确认、计量和报告应当保持应有的谨慎,不应高估资产或者收益、低估负债或者费用(《基本准则》第18条)。因此,会计确认、计量和报告的活动应当具有理性主义的色彩,不应具有信马由缰的浪漫主义和理想主义色彩。

八、及时性

企业对于已经发生的交易或者事项,应当及时进行会计确认、计量和报告,不得提前或者延后(《基本准则》第19条)。实践证明,违反及时性原则的财务会计信息无论是恶意滞后,还是恶意提前,都有可能欺诈或者误导投资者和债权人。因此,及时性不仅是上市公司信息披露的基本要求,也是其他类型公司制作和提供会计信息时应当遵循的基本原则。

九、信息技术创新对提高会计信息质量的促进作用

信息技术的日新月异也为使用者友好型的会计信息质量的制度创新提供了宝贵的技术手段。例如以 XBRL(可扩展商业报告语言,Extensible Business Reporting Language)为代表的互动式财务报表,就给投资者提供了自助式的、可自行加工和验证的实时财务信息,提高了会计信息的及时性,节约了会计信息的编制成本,也对可靠性等传统的财务会计概念以及财务报表格式和内容等提出了巨大挑战。

第三节 财务会计报告、会计要素和会计计量属性

一、公司财务会计报告的概念

公司财务会计报告是指企业对外提供的反映企业某一特定日期的财务状况和某一会计期间的经营成果、现金流量等会计信息的文件。财务会计报告的目标是向财务会计报告使用者提供与企业财务状况、经营成果和现金流量等有关的会计信息,反映企业管理层受托责任履行情况,有助于财务会计报告使用者(包括投资者、债权人、政府及其有关部门和社会公众等)作出经济决策。

《公司法》第164条仅原则要求公司在每一会计年度终了时编制财务会计报告,并依法经会计师事务所审计;财务会计报告应当依照法律、法规和国务院财政部门的规定制作;至

于财务会计报告的具体构成则未作规定。

《会计法》第 20 条第 2 款规定,财务会计报告由会计报表、会计报表附注和财务情况说明书组成。根据《基本准则》第 44 条,财务会计报告包括会计报表及其附注和其他应当在财务会计报告中披露的相关信息和资料。会计报表至少应当包括资产负债表、利润表、现金流量表等报表。小企业编制的会计报表可以不包括现金流量表。会计要素包括资产、负债、所有者权益、收入、费用和利润。

《企业会计准则第 30 号——财务报表列报》第 2 条将财务报表界定为对企业财务状况、经营成果和现金流量的结构性表述。财务报表至少应当包括下列组成部分:(1) 资产负债表;(2) 利润表;(3) 所有者权益(或股东权益,下同)变动表;(4) 现金流量表;(5) 附注。

二、资产负债表及其会计要素

(一)资产负债表

资产负债表,又称静态会计报表,是指反映企业在某一特定日期的财务状况的会计报表。它具体反映公司在某一特定日期的静态财产状况,即资产、负债及股东权益状况。资产负债表体现了"资产=负债+股东权益"的恒等式。该恒等式还可改写为:"股东权益=资产－负债"或者"负债=资产－股东权益"。《基本准则》第 45 条要求资产负债表按照资产、负债和所有者权益(或者股东权益,下同)分类分项列示。资产和负债应当分别流动资产和非流动资产、流动负债和非流动负债列示。

(二)资产

资产是指企业过去的交易或者事项形成的、由企业拥有或者控制的、预期会给企业带来经济利益的资源。其中,"企业过去的交易或者事项"包括购买、生产、建造行为或其他交易或者事项。相比之下,预期在未来发生的交易或者事项不形成资产。"由企业拥有或者控制",是指企业享有某项资源的所有权,或者虽然不享有某项资源的所有权,但该资源能被企业所控制。"预期会给企业带来经济利益"是指直接或者间接导致现金和现金等价物流入企业的潜力。依《基本准则》第 21 条,符合《基本准则》第 20 条的资产定义的资源,在同时满足以下条件时,确认为资产:(1) 与该资源有关的经济利益很可能流入企业;(2) 该资源的成本或者价值能可靠地计量。在资产负债表上,资产应当按照其流动性分类分项列示,包括流动资产、长期投资、固定资产、无形资产及其他资产(《企业财务会计报告条例》第 9 条)。

(三)负债

负债是指企业过去的交易或者事项形成的、预期会导致经济利益流出企业的现时义务。现时义务是指企业在现行条件下已承担的义务。未来发生的交易或者事项形成的义务,不属于现时义务,不应当确认为负债。符合前述负债定义的义务,在同时满足以下条件时才能被确认为负债:(1) 与该义务有关的经济利益很可能流出企业;(2) 未来流出的经济利益的金额能可靠地计量。在资产负债表上,负债应当按照其流动性分类分项列示,包括流动负债、长期负债等。

(四)所有者权益

所有者权益,又称股东权益,指企业资产扣除负债后由所有者享有的剩余权益。所有者权益金额取决于资产和负债的计量。所有者权益项目应当列入资产负债表。

所有者权益的来源包括所有者投入的资本、直接计入所有者权益的利得和损失、留存收益等。"直接计入所有者权益的利得和损失"是指不应计入当期损益、会导致所有者权益发生增减变动的、与所有者投入资本或者向所有者分配利润无关的利得或者损失。"利得"是指由企业非日常活动所形成的、会导致所有者权益增加的、与所有者投入资本无关的经济利益的流入。"损失"是指由企业非日常活动所发生的、会导致所有者权益减少的、与向所有者分配利润无关的经济利益的流出。

资产负债表中的所有者权益类至少应当单独列示反映下列信息的项目：(1) 实收资本（或股本）；(2) 资本公积；(3) 盈余公积；(4) 未分配利润。在合并资产负债表中，企业应当在所有者权益类中单独列示少数股东权益。

三、利润表及其会计要素

（一）利润表

利润表是指反映企业在一定会计期间的经营成果的会计报表。利润表至少应当单独列示反映下列信息的项目：(1) 营业收入；(2) 营业成本；(3) 营业税金；(4) 管理费用；(5) 销售费用；(6) 财务费用；(7) 投资收益；(8) 公允价值变动损益；(9) 资产减值损失；(10) 非流动资产处置损益；(11) 所得税费用；(12) 净利润。金融企业可以根据其特殊性列示利润表项目。利润表应当按照各项收入、费用以及构成利润的各个项目分类分项列示。

（二）收入

收入是指企业在日常活动中形成的、会导致所有者权益增加的、与所有者投入资本无关的经济利益的总流入。收入只有在经济利益很可能流入从而导致企业资产增加或者负债减少、且经济利益的流入额能可靠计量时才能予以确认。符合收入定义和收入确认条件的项目，应当列入利润表。在利润表上，收入应当按照其重要性分项列示。

（三）费用

费用是指企业在日常活动中发生的、会导致所有者权益减少的、与向所有者分配利润无关的经济利益的总流出。费用只有在经济利益很可能流出从而导致企业资产减少或者负债增加、且经济利益的流出额能可靠计量时才能予以确认。费用应当按照功能分类，划分为从事经营业务发生的成本、管理费用、销售费用和财务费用等。

（四）利润

利润是指企业在一定会计期间的经营成果。利润包括收入减去费用后的净额、直接计入当期利润的利得和损失等。直接计入当期利润的利得和损失是指应当计入当期损益、会导致所有者权益发生增减变动的、与所有者投入资本或者向所有者分配利润无关的利得或者损失。利润金额取决于收入和费用、直接计入当期利润的利得和损失金额的计量。利润项目应当列入利润表。在利润表上，利润应当按照营业利润、利润总额和净利润等利润的构成分类分项列示。

四、所有者权益变动表

所有者权益变动表是关系股东切身利益的重要财务会计报表，也是潜在投资者评判某公司投资价值的重要参照指标。因此，《企业会计准则第 30 号——财务报表列报》第 5 章规定了所有者权益（或股东权益，下同）变动表。所有者权益变动表应当反映构成所有者权益的各组成部分当期的增减变动情况。当期损益、直接计入所有者权益的利得和损失，以及与所有者(或股东)的资本交易导致的所有者权益的变动,应当分别列示。

所有者权益变动表至少应当单独列示反映下列信息的项目:(1)净利润;(2)直接计入所有者权益的利得和损失项目及其总额;(3)会计政策变更和差错更正的累积影响金额;(4)所有者投入资本和向所有者分配利润等;(5)按照规定提取的盈余公积;(6)实收资本(或股本)、资本公积、盈余公积、未分配利润的期初和期末余额及其调节情况。

五、现金流量表

(一)现金流量表

现金流量表是指反映企业在一定会计期间的现金和现金等价物流入和流出的会计报表。"现金"具有广狭二义。狭义"现金"与"现金等价物"相对,仅指企业库存现金以及可以随时用于支付的存款。"现金等价物"是指企业持有的期限短、流动性强、易于转换为已知金额现金、价值变动风险很小的投资。《企业会计准则第 31 号——现金流量表》提及的"现金"是广义概念,除非同时提及现金等价物,均包括现金和现金等价物。

(二)基本要求

依《企业财务会计报告条例》第 11 条和《企业会计准则第 31 号》第 4 条,现金流量表应当分别经营活动、投资活动和筹资活动列报现金流量。现金流量表应当按照经营活动、投资活动和筹资活动的现金流量分类分项列示。其定义以及列示应当遵循下列规定:(1)经营活动,是指企业投资活动和筹资活动以外的所有交易和事项。在现金流量表上,经营活动的现金流量应当按照其经营活动的现金流入和流出的性质分项列示;银行、保险公司和非银行金融机构的经营活动按照其经营活动特点分项列示。(2)投资活动,是指企业长期资产的购建和不包括在现金等价物范围内的投资及其处置活动。在现金流量表上,投资活动的现金流量应当按照其投资活动的现金流入和流出的性质分项列示。(3)筹资活动,是指导致企业资本及债务规模和构成发生变化的活动。在现金流量表上,筹资活动的现金流量应当按照其筹资活动的现金流入和流出的性质分项列示。

六、附注

《基本准则》第 48 条和《企业会计准则第 30 号——财务报表列报》第 31 条则将附注界定为对在会计报表(包括资产负债表、利润表、所有者权益变动表和现金流量表等)中列示项目所作的说明(包括文字描述或明细资料),以及对未能在这些报表中列示项目的说明等。《企业会计准则第 30 号——财务报表列报》第 33 条要求附注一般按照下列顺序披露:(1)财务报表的编制基础;(2)遵循企业会计准则的声明;(3)重要会计政策的说明,包括财务报表项目的计量基础和会计政策的确定依据等;(4)重要会计估计的说明,包括下一会计期间内很可能导致资产和负债账面价值重大调整的会计估计的确定依据等;(5)会计政策和会计估计变更以及差错更正的说明;(6)对已在资产负债表、利润表、所有者权益变动表和现金流量表中列示的重要项目的说明,包括终止经营税后利润的金额及其构成情况等;(7)或有和承诺事项、资产负债表日后非调整事项、关联方关系及其交易等需要说明的事项。

七、合并财务报表

合并财务报表是指反映母公司和其全部子公司形成的企业集团整体财务状况、经营成果和现金流量的财务报表。母公司,是指有一个或一个以上子公司的企业;子公司,是指被母公司控制的企业。依《企业财务会计报告条例》第 28 条,按照国家统一的会计制度的规定,需要编制合并会计报表的企业集团,母公司除编制其个别会计报表外,还应当编制企业集团的合并会计报表。《企业会计准则第 33 号——合并财务报表》第 4 条亦要求母公司编制合并财务报表。合并财务报表至少应当包括五部分:合并资产负债表、合并利润表、合并所有者权益变动表、合并现金流量表和附注。

合并财务报表的合并范围应当以控制为基础加以确定。控制,是指一个企业能决定另一个企业的财务和经营政策,并能据以从另一个企业的经营活动中获取利益的权力。母公司应当将其全部子公司纳入合并财务报表的合并范围。母公司的控制权表现形式有二:一是控制被投资公司股东大会决议时半数以上的表决权;二是虽未控制被投资公司股东大会决议时半数以上的表决权,但在事实上能控制该公司。

合并财务报表应当以母公司和其子公司的财务报表为基础,根据其他有关资料,对子公司的长期股权投资按照权益法调整后,由母公司编制。母公司应当统一子公司所采用的会计政策,使子公司采用的会计政策与母公司保持一致。子公司所采用的会计政策与母公司不一致的,应当按照母公司的会计政策对子公司财务报表进行必要的调整;或者要求子公司按照母公司的会计政策另行编报财务报表。

八、会计计量属性

企业在对会计要素进行计量时,一般应当采用历史成本,采用重置成本、可变现净值、现值、公允价值计量的,应当保证所确定的会计要素金额能取得并可靠计量。

(1) 历史成本。在历史成本计量下,资产按照购置时支付的现金或者现金等价物的金额,或者按照购置资产时所付出的对价的公允价值计量。负债按照因承担现时义务而实际收到的款项或者资产的金额,或者承担现时义务的合同金额,或者按照日常活动中为偿还负债预期需要支付的现金或者现金等价物的金额计量。

(2) 重置成本。在重置成本计量下,资产按照现在购买相同或者相似资产所需支付的现金或者现金等价物的金额计量。负债按照现在偿付该项债务所需支付的现金或者现金等价物的金额计量。

(3) 可变现净值。在可变现净值计量下,资产按照其正常对外销售所能收到现金或者现金等价物的金额扣减该资产至完工时估计将要发生的成本、估计的销售费用以及相关税费后的金额计量。

(4) 现值。在现值计量下,资产按照预计从其持续使用和最终处置中所产生的未来净现金流入量的折现金额计量。负债按照预计期限内需要偿还的未来净现金流出量的折现金额计量。

(5) 公允价值。在公允价值计量下,资产和负债按照市场参与者在计量日发生的有序交易中,出售资产所能收到或者转移负债所需支付的价格计量。

第四节 公司财务会计报告的编制和提供

一、编制主体

公司应当在每一会计年度终了时编制财务会计报告,并依法经会计师事务所审计;财务会计报告应当依照法律、法规和国务院财政部门的规定制作(《公司法》第 164 条)。此处的"每一会计年度终了时"主要是指每一会计年度终了后 3 个月内,即每年 3 月 31 日之前。

从公司财务会计报告的使用者的角度看,公司是编制财务会计报告的义务主体和行为主体。而就公司内部的机构和人员而言,按照《企业会计准则》和《企业会计制度》的规定,编制财务报表是公司管理层包括董事会成员的责任。这种责任包括:(1)设计、实施和维护与财务报表编制相关的内部控制,以使财务报表不存在由于舞弊或错误而导致的重大错报;(2)选择和运用恰当的会计政策;(3)作出合理的会计估计。

即使存在会计师事务所对财务报表的审计制度,也并不取代或者当然排除、限制公司管理层依法编制财务会计报告的责任。正如《中国注册会计师审计准则第 1101 号》第 3 条所言,按照中国注册会计师审计准则的规定对财务报表发表审计意见是注册会计师的责任;在被审计单位治理层的监督下,按照适用的会计准则和相关会计制度的规定编制财务报表是被审计单位管理层的责任;财务报表审计不能减轻被审计单位管理层和治理层的责任。

二、编制依据:会计凭证与会计账簿

财务会计报告并非无源之水、无本之木。《会计法》第 20 条第 1 款要求财务会计报告根据经过审核的会计账簿记录和有关资料编制,并符合本法和国家统一的会计制度关于财务会计报告的编制要求、提供对象和提供期限的规定。《企业财务会计报告条例》第 23 条也要求企业按照国家统一的会计制度规定的会计报表格式和内容,根据登记完整、核对无误的会计账簿记录和其他有关资料编制会计报表,做到内容完整、数字真实、计算准确,不得漏报或者任意取舍。

(一)会计凭证

依《会计法》第 14 条,会计凭证包括原始凭证和记账凭证。办理《会计法》第 10 条所列的经济业务事项,必须填制或者取得原始凭证并及时送交会计机构。会计机构、会计人员必须按照国家统一的会计制度的规定对原始凭证进行审核,对不真实、不合法的原始凭证有权不予接受,并向单位负责人报告;对记载不准确、不完整的原始凭证予以退回,并要求按照国家统一的会计制度的规定更正、补充。原始凭证记载的各项内容均不得涂改;原始凭证有错误的,应当由出具单位重开或者更正,更正处应当加盖出具单位印章。原始凭证金额有错误的,应当由出具单位重开,不得在原始凭证上更正。记账凭证应当根据经过审核的原始凭证及有关资料编制。

(二)会计账簿

《会计法》第 3 条要求公司依法设置会计账簿,并保证其真实、完整。依《会计法》第 15 条,会计账簿包括总账、明细账、日记账和其他辅助性账簿。会计账簿应当按照连续编号的页码顺序登记。会计账簿记录发生错误或者隔页、缺号、跳行的,应当按照国家统一的会计

制度规定的方法更正,并由会计人员和会计机构负责人(会计主管人员)在更正处盖章。使用电子计算机进行会计核算的,其会计账簿的登记、更正,应当符合国家统一的会计制度的规定。

依《会计法》第 16 条,各单位发生的各项经济业务事项应当在依法设置的会计账簿上统一登记、核算,不得违反本法和国家统一的会计制度的规定私设会计账簿登记、核算。为预防公司财务造假,《公司法》第 171 条禁止公司在法定会计账簿之外另立会计账簿。公司违反《公司法》规定,在法定的会计账簿以外另立会计账簿的,除了承担民事责任,还应由县级以上人民政府财政部门责令改正,处以 5 万元以上 50 万元以下的罚款(《公司法》第 201 条)。

依《会计法》第 17 条,各单位应当定期将会计账簿记录与实物、款项及有关资料相互核对,保证会计账簿记录与实物及款项的实有数额相符、会计账簿记录与会计凭证的有关内容相符、会计账簿之间相对应的记录相符、会计账簿记录与会计报表的有关内容相符。会计机构、会计人员发现会计账簿记录与实物、款项及有关资料不相符的,按照国家统一的会计制度的规定有权自行处理的,应当及时处理;无权处理的,应当立即向单位负责人报告,请求查明原因,作出处理(《会计法》第 29 条)。

(三) 会计凭证、会计账簿与会计报告之间的关系

依《会计法》规定,会计凭证、会计账簿与会计报告之间既有区别,也有关联。首先,记账凭证应当根据经过审核的原始凭证及有关资料编制(第 14 条)。其次,会计账簿登记必须以经过审核的会计凭证为依据,并符合有关法律、法规和国家统一的会计制度的规定(第 15 条)。再次,财务会计报告应当根据经过审核的会计账簿记录和有关资料编制(第 20 条)。最后,公司应当定期将会计账簿记录与实物、款项及有关资料相互核对,保证会计账簿记录与实物及款项的实有数额相符、会计账簿记录与会计凭证的有关内容相符、会计账簿之间相对应的记录相符、会计账簿记录与会计报表的有关内容相符(第 17 条)。可见,原始凭证、会计凭证、会计账簿与会计报告之间环环相扣,层层递进。这也意味着,在其中的任何一个环节上都会存在财务造假的道德风险。

三、财务会计报告对股东的公布

《企业财务会计报告条例》第 32 条要求企业依照企业章程的规定,向投资者提供财务会计报告。国务院派出监事会的国有大型企业、国有重点金融机构和省、自治区、直辖市人民政府派出监事会的国有企业,应当依法定期向监事会提供财务会计报告。

为便于股东行使对公司财务信息的知情权以及在股东大会上的表决权,公司应当及时将财务会计报告提交给股东。但鉴于有限责任公司与股份有限公司的组织形态有所不同,《公司法》规定的财务会计报告提交和备置方式亦有不同。(1) 直接送交股东。鉴于有限责任公司股东人数有限,有限责任公司应当依照章程规定的期限将财务会计报告送交各股东。(2) 置备于公司。鉴于股份有限公司人数可能众多,股份有限公司的财务会计报告应当在召开股东大会年会的 20 日前置备于本公司,供股东查阅,而无需将财务会计报告一一送交各股东。(3) 公告。鉴于公开发行股票的股份有限公司股东数量成千上万,既不可能直接送交诸股东,又不可能苛求诸股东从五湖四海赶往公司住所查阅和索取财务会计报告,此类公司必须公告其财务会计报告(《公司法》第 165 条)。

上市公司除了依法及时披露年度财务会计报告,还必须依照法律、法规的规定在每会计年度内半年公布一次财务会计报告(《公司法》第145条)。具体说来,上市公司、公司债券上市交易的公司、股票在国务院批准的其他全国性证券交易场所交易的公司,应当按照国务院证券监督管理机构和证券交易场所规定的内容和格式编制定期报告,并按照以下规定报送和公告:(1) 在每一会计年度结束之日起4个月内,报送并公告年度报告,其中的年度财务会计报告应当经符合本法规定的会计师事务所审计;(2) 在每一会计年度的上半年结束之日起2个月内,报送并公告中期报告(《证券法》第79条)。

有限责任公司股东有权查阅、复制财务会计报告和会计账簿(《公司法》第33条)。股份有限公司股东也有权前往公司查阅公司财务会计报告(《公司法》第97条)。

对于依法应予审计的公司财务会计报告,公司除了向股东提供财务会计报告,还要提交审计机构对其出具的审计报告。

四、财务会计报告对公司职工代表大会的公布

依《企业财务会计报告条例》第35条,国有企业、国有控股的或者占主导地位的企业,应当至少每年一次向本企业的职工代表大会公布财务会计报告,并重点说明下列事项:(1) 反映与职工利益密切相关的信息,包括管理费用的构成情况,企业管理人员工资、福利和职工工资、福利费用的发放、使用和结余情况,公益金的提取及使用情况,利润分配的情况以及其他与职工利益相关的信息;(2) 内部审计发现的问题及纠正情况;(3) 注册会计师审计的情况;(4) 国家审计机关发现的问题及纠正情况;(5) 重大的投资、融资和资产处置决策及其原因的说明;(6) 需要说明的其他重要事项。

五、公司财务会计报告的批准

依现代公司法通例,公司财务会计报告由股东大会予以批准。依《公司法》第37条第1款,股东会有权审议批准公司的年度财务预算方案、决算方案,审议批准公司的利润分配方案和弥补亏损方案。鉴于年度财务预算方案、决算方案、利润分配方案和弥补亏损方案是财务会计报告的核心内容,《公司法》的规定应解释为公司财务会计报告由股东大会予以批准。鉴于公司管理层有义务编制财务会计报告,财务会计报告应经公司董事会批准后再提交股东大会审议。因此,能否及时编制与批准公司财务会计报告是衡量董事会是否勤勉的重要标准。

第五节 公司财务会计报告审计

一、公司财务会计报告审计的概念与作用

公司财务会计报告审计是指由公司委托注册会计师依据法律规定和注册会计师审计准则对公司的财务会计报告进行审查验证、并出具书面意见的公司外部财务监督活动。为提高公司财务会计报告的真实性、公允性与公信力,《公司法》第164条建立了强制审计制度:公司应当在每一会计年度终了时编制财务会计报告,并依法经会计师事务所审计。

注册会计师的审计职责与公司管理层的会计职责(依法编制财务会计报告)截然有别,

不容混淆。既不能以公司管理层的会计责任取代注册会计师的审计责任,也不能以注册会计师的审计责任取代公司管理层的会计责任。注册会计师不能越俎代庖,主动或者被动地替被审计公司编制财务会计报告。但在实践中,一些公司聘请同一家会计师事务所扮演编制和审计财务会计报告的双重角色,不仅彻底抹杀了被审计者与审计者、被监督者与监督者之间的法律边界,而且留下了注册会计师协助被审计公司做假账的失信记录。笔者认为,为维护财务会计报告审计制度的公信力,避免财务会计报告工作中"打假球""吹黑哨"的失信现象,必须旗帜鲜明地禁止审计机构为其曾经协助编制财务会计报告的公司出具审计意见。

在通常情况下,公司财务会计报告的委托人是公司。在例外情况下,获得法律授权的行政机关、法院或者仲裁机构也可委托会计师事务所对公司财务状况进行专项审计。例如,中国证监会认为有必要时,可以委托会计师事务所、资产评估机构对证券公司的财务状况、内部控制状况、资产价值进行审计或者评估(《证券法》第 139 条)。

公司财务会计报告审计不仅是公司财务会计制度中的重要内容,也是完善公司治理的关键。首先,公司财务会计报告审计制度有利于提高公司财务会计报告的公信力。公司即使已经按照企业会计准则和《企业会计制度》的规定编制财务会计报告,并在所有重大方面公允反映了该公司在上一会计年度 12 月 31 日的财务状况以及上一会计年度的经营成果和现金流量,但由于缺乏外部独立审计机构的审查验证,也容易使得股东和债权人对其公信力大打折扣。而有了审计机构的专业审计服务,加之审计机构审计不当的损害赔偿责任以及审计机构的失信制裁机制,债权人和投资者就容易接受和信赖经审计机构审查验证过的公司财务会计报告。

其次,公司财务会计报告审计制度有利于提高公司财务会计报告的编制质量。在没有外部约束与监督的情况下,公司编制财务会计报告时有可能胆大妄为地实施"造假"行为。而有了审计机构未来审计的潜在威胁,公司在编制财务会计报告时有可能好自为之,以避免审计机构出具否定意见的审计报告及其引发的严重后果。

最后,公司财务会计报告审计制度有利于扭转公司与其他利益相关者之间的信息不对称局面。在现代市场经济社会,市场主体沦为弱者的原因不仅仅在于经济实力的弱小,更在于信息占有的不对称。占有信息多(包括数量与质量)的主体得以雄踞为强者,占有信息少的主体只能沦落为弱者。保护中小股东和债权人合法权益的关键点在于扭转中小股东在控制股东与管理层面前、债权人在债务人公司目前的信息弱势地位。而中立、客观、权威、专业的会计师事务所的审计服务有助于督促公司管理层披露公司的重要财务会计信息。

二、审计机构的资格

审计机构应当依法取得财政主管部门颁发的审计业务资格。但依据法律规定在某些特殊审计领域存在特别门槛的,需要从有关主管部门取得特别审计业务资格。因此,依据法律规定或者被审计公司所在行业的特殊性质,需要聘请取得特别审计业务资格的审计机构的,公司应当聘请具有特别审计业务资格的审计机构。例如,从事证券期货相关业务资格(审计及资产评估)、国有大型企业审计业务资格、金融相关审计业务资格和其他各种业务资格、中国证监会颁发的执行 A 股公司补充审计试点业务及首次发行证券过程中的专项复核业务资格等都属于特别审计业务资格。

尽管会计师事务所的审计业务存在着法律门槛,也要鼓励依法取得相应业务资格的会计师事务所之间开展公平竞争,反对不公平竞争现象。

三、会计师事务所的选择程序

为保障会计师事务所的独立性,真正发挥外部审计的监督作用,公司聘用、解聘承办公司审计业务的会计师事务所,依照公司章程的规定,由股东会、股东大会或者董事会决定,而不能由董事长或者总经理一人独断(《公司法》第169条第1款)。鉴于《公司法》修改仍贯穿了股东会中心主义而非董事会中心主义的立法态度,在公司章程对股东会或者董事会的决策职权约定不明的情况下,应当由股东会聘用、解聘承办公司审计业务的会计师事务所。

上市公司董事会聘用、解聘审计机构时要遵守特别的公司治理要求。例如,上市公司审计委员会负责监督及评估外部审计工作,提议聘请或者更换外部审计机构(《上市公司治理准则》第39条)。又如,经全体独立董事同意,独立董事可独立聘请外部审计机构和咨询机构,对公司的具体事项进行审计和咨询,相关费用由公司承担(《关于加强社会公众股股东权益保护的若干规定》第2条第3项)。

公司股东会或董事会就解聘会计师事务所进行表决时,应当允许会计师事务所陈述意见(《公司法》第169条第2款)。此即会计师事务所"喊疼"的权利。此制度设计旨在赋予被解聘会计师事务所的意见表达自由,进而使得股东会或董事会了解会计师事务所被解聘的真实原因以及其过错、冤屈之有无,也可使得会计师事务所有机会博得具有正义感的股东或董事的支持,最终激浊扬清,扶正祛邪。

从完善公司治理角度而言,董事会在聘请或解聘担任公司年度财务报告审计机构的会计师事务所时,应当严格遵守公开、公平、公正原则,既要尽量为公司节约审计费用,又要确保审计机构的职业道德、专业水平和服务质量,还要为审计机构之间的公平竞争创造条件。

四、财务报表审计的目标

财务报表审计的目标是注册会计师通过执行审计工作,对财务报表的下列方面发表审计意见:财务报表是否按照适用的会计准则和相关会计制度的规定编制;财务报表是否在所有重大方面公允反映被审计单位的财务状况、经营成果和现金流量。

财务报表审计属于鉴证业务,注册会计师的审计意见旨在提高财务报表的可信赖程度。审计工作不能对财务报表整体不存在重大错报提供担保。审计意见不是对被审计单位未来生存能力或管理层经营效率、效果提供的保证。

五、注册会计师的职业操守和职业怀疑

注册会计师在开展审计业务时应当遵守相关的职业道德规范,恪守独立、客观、公正的原则,保持专业胜任能力和应有的关注,并对执业过程中获知的信息保密;应当遵守会计师事务所质量控制准则;应当按照审计准则的规定执行审计工作。

《注册会计师法》第22条禁止注册会计师实施下列行为:(1)在执行审计业务期间,在法律、法规规定不得买卖被审计单位的股票、债券或者不得购买被审计单位或者个人的其他财产的期限内,买卖被审计的单位的股票、债券或者购买被审计单位或者个人所拥有的其他

财产;(2)索取、收受委托合同约定以外的酬金或者其他财物,或者利用执行业务之便,谋取其他不正当的利益;(3)接受委托催收债款;(4)允许他人以本人名义执行业务;(5)同时在两个或者两个以上的会计师事务所执行业务;(6)对其能力进行广告宣传以招揽业务;(7)违反法律、法规的其他行为。

在计划和实施审计工作时,注册会计师应当保持职业怀疑态度,充分考虑可能存在导致财务报表发生重大错报的情形。职业怀疑态度是指注册会计师以质疑的思维方式评价所获取审计证据的有效性,并对相互矛盾的审计证据,以及引起对文件记录或管理层和治理层提供的信息的可靠性产生怀疑的审计证据保持警觉。

六、会计师事务所的协助调查业务

实践中,许多公司的监事们具有大胆履行监督职责的热情甚至激情。但由于自身财务知识的匮乏,无法将扑朔迷离的公司财务状况调查清楚。在这种情况下,监事们只能借助外脑,向会计师事务所求援。但1993年《公司法》并未赋予监事会、监事的签单权,致使监事们在事实上无法代表公司聘请专业化的"啄木鸟"到公司"会诊"。

有鉴于此,我国现行《公司法》第54条第2款规定:"监事会、不设监事会的公司的监事发现公司经营情况异常,可以进行调查;必要时,可以聘请会计师事务所等协助其工作,费用由公司承担。"这一规定的突破性意义有二:一是提供了会计师事务所应公司监事会、监事之邀调查公司经营情况的商业机会,进而开拓了会计师事务所的新型业务;二是赋予了监事会、监事的签单权,使得监事会、监事有权名正言顺地代表公司向会计师事务所支付调查费用。这对于扩大会计师行业的市场份额,激活监事会的监督职能,完善公司治理而言都是多赢选择。

七、注册会计师协会的行业自律

依《注册会计师法》第4条和第38条,注册会计师协会是由注册会计师组成的、具有法人资格的社会团体。中国注册会计师协会是注册会计师的全国组织,省、自治区、直辖市注册会计师协会是注册会计师的地方组织。《注册会计师法》第5章又专门规定了注册会计师协会的自律地位。注册会计师应当加入注册会计师协会。中国注册会计师协会依法拟订注册会计师执业准则、规则,报国务院财政部门批准后施行。注册会计师协会应当支持注册会计师依法执行业务,维护其合法权益,向有关方面反映其意见和建议。注册会计师协会应当对注册会计师的任职资格和执业情况进行年度检查。此外,中国注册会计师协会组织实施注册会计师全国统一考试。

注册会计师协会不仅具有确定注册会计师准入门槛、拟订注册会计师执业准则、规则的职责,而且具有行业自律的职责。自律也是自我服务、自我保护的重要内容。例如,为做好上市公司2007年度财务报表审计工作,规范注册会计师的执业行为,保证审计质量,维护公众利益,中国注册会计师协会于2008年1月10日发出《关于做好上市公司2007年度财务报表审计工作的通知》。这些自律措施值得肯定。

第六节 公司净利润的分配

一、股利分配的必要性和前提条件

公司的营利性意味着公司股东要分取股利。而股东的分红利益又与公司利益、债权人利益之间存在着利益冲突。股利分配不仅涉及股东分红权的实现问题,也涉及债权人、潜在投资者的利益保护问题。为贯彻资本维持原则、保护公司债权人,必须确保股利源于公司的可分配利润。换言之,股东分红必须以公司利润的存在为前提。换言之,公司有利润时,公司不一定向股东分红;但公司向股东分红时,必须存在公司利润。此即无利润即无红利原则。若允许公司滥用公司资本向股东分配股利,便意味着向股东返还了出资,从而损害了资本维持原则。因此,股利分配的资金来源不能求诸公司资本,而只能求诸公司的净利润。许多国家和地区的公司法对股利分配的资金来源作出严格的法律规定。既要反对公司竭泽而渔的过度分红政策,也要反对公司背后的控制股东和管理层推行的有利不分的恶意不分红政策。《公司法》第 166 条对股利分配的条件与程序作了严格规定。《企业财务通则》第 6 章又专章规定了收益分配。有关股利分配的实质要件与程序要件,参见本书第 5 章第 9 节。

二、公司年度净利润的分配顺序

公司的营业收入减除营业支出(如营业税金及附加、业务及管理费、资产减值损失和其他业务成本)的余额是营业利润。营业利润加上营业外收入、减去营业外支出的余额是利润总额。利润总额减去所得税费用的余额是正数的,该余额即为公司的年度净利润;若净利润是负数的,该余额即为公司的净亏损。在公司出现净亏损的情况下,不存在净利润的分配问题;而在公司出现净利润的情况下,存在净利润如何分配的问题。

依《公司法》第 166 条和《企业财务通则》第 50 条,企业年度净利润除法律、法规另有规定外,按以下顺序分配:

(1)弥补以前年度亏损。公司的法定公积金不足以弥补以前年度亏损的,在提取法定公积金之前,应当先用当年利润弥补亏损(《公司法》第 166 条第 2 款)。

(2)提取法定公积金。公司分配当年税后利润时,应当提取利润的 10% 列入公司法定公积金。公司法定公积金累计额为公司注册资本的 50% 以上的,可以不再提取。

(3)提取任意公积金。公司从税后利润中提取法定公积金后,经股东会或者股东大会决议,还可以从税后利润中提取任意公积金(《公司法》第 166 条第 1 款至第 3 款)。公司不依法提取法定公积金的,由县级以上人民政府财政部门责令如数补足应当提取的金额,可以对公司处以 20 万元以下的罚款(《公司法》第 203 条)。

(4)向股东分配利润。公司以前年度未分配的利润并入本年度利润,在充分考虑现金流量状况后,向投资者分配。属于各级人民政府及其部门、机构出资的公司,应当将应付国有利润上缴财政(《企业财务通则》第 50 条第 1 款)。只有当公司符合法定的股利分配的实质要件时,方能分配股利;否则,没有可资分配的利润却仍然分配股利,即构成违法行为。股东会、股东大会或者董事会在公司弥补亏损和提取法定公积金之前向股东分配利润的,股东必须将违反规定分配的利润退还公司(《公司法》第 166 条第 5 款)。《企业财务通则》第 51 条亦规定,公司弥补以前年度亏损和提取盈余公积后,当年没有可供分配的利润时,不得向投资者分配利润,但法律、法规另有规定的除外。

三、公司公积金制度

公司公积金是指公司依法提列的、积累于公司内部、用于弥补未来公司亏损、扩大生产经营规模和转增资本的财产盈余。公司公积金与公司资本的共性在于,都是公司会计中的数字,而非某项特定财产。公司公积金制度的作用在于,巩固公司的资本基础,提高公司对债权人的清偿能力,构筑保护债权人利益的又一道防护堤。

以其提取行为是否源于法律的强制性规定为准,公积金分为法定公积金(强制公积金)与任意公积金。前者基于法律的强制规定,诸如法定盈余公积金与资本公积金;后者则基于公司的自由决定,诸如根据公司章程或者股东会决议提列的特别盈余公积金。

以其来源为准,公司公积金可划分为盈余公积金与资本公积金。其中,盈余公积金源自公司税后利润。而资本公积金来源于公司盈余之外的其他财源渠道,包括:(1)股东实际缴付的出资超出注册资本的差额。根据《公司法》第167条,股份有限公司以超过股票票面金额的发行价格发行股份所得的溢价款应当列为公司资本公积金。至于有限责任公司是否也存在资本溢价款的问题,语焉不详。实际上,即使在有限责任公司也有可能存在资本溢价款的问题。在股东争先恐后认购出资份额时,有可能承诺以高于认缴出资的数额缴纳出资。针对这一问题,《企业财务通则》第17条考虑得较为周到:"对投资者实际缴付的出资超出注册资本的差额(包括股票溢价),企业应当作为资本公积管理。经投资者审议决定后,资本公积用于转增资本。国家另有规定的,从其规定。"该条既适用于股份有限公司,也适用于有限责任公司。(2)国务院财政部门规定列入资本公积金的其他收入。例如,依《企业会计准则第12号——债务重组》第6条,公司将债务转为资本的,债务人应当将债权人放弃债权而享有股份的面值总额确认为股本(或者实收资本),股份的公允价值总额与股本(或者实收资本)之间的差额确认为资本公积。

公司公积金的用途有三:(1)弥补公司的亏损;(2)扩大公司生产经营;(3)转为增加公司资本。法定公积金转为资本时,所留存的该项公积金不得少于转增前公司注册资本的25%。但依《公司法》第168条第1款规定,资本公积金不得用于弥补公司的亏损。可见,只有盈余公积金可以用于弥补公司的亏损。资本公积金只能用于扩大公司生产经营或者转为增加公司资本。依《企业财务通则》第19条,公司以资本公积、盈余公积转增实收资本,由股东会履行财务决策程序后,办理相关财务事项和工商变更登记。

四、股利的分配标准

公司弥补亏损和提取公积金后所余税后利润,有限责任公司依《公司法》第34条的规定分配;股份有限公司按照股东持有的股份比例分配,但股份有限公司章程规定不按持股比例分配的除外(《公司法》第166条第4款)。(1)就有限公司而言,股东按照实缴的出资比例分取红利,但是全体股东约定不按照出资比例分取红利或者不按照出资比例优先认缴出资的除外(《公司法》第35条)。(2)就股份有限公司而言,股份有限公司按照股东持有的股份比例分配,但股份有限公司章程规定不按持股比例分配的除外。

无论是有限责任公司,还是股份有限公司,股东的分红比例均可与其出资比例脱钩,符合私法自治精神。但两类公司在这一问题上的制度设计有所不同:(1)有限责任公司股东原则上按其实缴出资比例(而非认缴的出资比例)分取红利,而股份有限公司股东原则上按其持股比例分红;(2)排斥前述法定默示分红比例的法律文件在有限责任公司是股东协议,在股份有限公司是公司章程即可。这乃因,股份有限公司人数众多的股东之间很难甚至不可能就分红比例与出资比例的脱钩问题达成一致决议,因此立法者只要求股份有限公司章程就分红比例与出资比例之间的脱钩问题作出规定即可。

第七节 公司内部控制制度

一、公司内部控制制度的意义

公司内部控制是由公司董事会、监事会、经理层和全体员工实施的、旨在实现控制目标的过程。内部控制的目标是合理保证企业经营管理合法合规、资产安全、财务报告及相关信息真实完整,提高经营效率和效果,促进企业实现发展战略。公司内部控制制度是现代公司财务会计制度的重要组成部分,也是完善公司治理的重要措施。但长期以来,我国许多公司对于公司内部控制制度重视不够,致使内部控制秩序紊乱,加剧了公司的经营风险、财务风险和法律风险。

为加强和规范企业内部控制,提高企业经营管理水平和风险防范能力,促进企业可持续发展,维护市场经济秩序和公众利益,财政部会同证监会、审计署、原银监会、原保监会依《公司法》《证券法》《会计法》和其他有关法律法规,于2008年7月10日颁布了《企业内部控制基本规范》(以下简称《规范》)。五部门在其《印发〈企业内部控制基本规范〉的通知》中指出,该《规范》自2009年7月1日起在上市公司范围内施行,鼓励非上市的大中型企业执行。执行本规范的上市公司,应当对本公司内部控制的有效性进行自我评价,披露年度自我评价报告,并可聘请具有证券、期货业务资格的会计师事务所对内部控制的有效性进行审计。依该《规范》第2条,本《规范》适用于中华人民共和国境内设立的大中型企业;小企业和其他单位可参照本规范建立与实施内部控制。

《企业内部控制基本规范》具有部门规章的性质。上市公司作为强制适用范围之内的当事人必须严格执行,其他公司尤其是非上市的大中型公司也应见贤思齐,择善而从,自觉按照《企业内部控制基本规范》提出的高标准和严要求执行。该《规范》第6条也鼓励公司根据有关法律法规、本规范及其配套办法,制定本企业的内部控制制度并组织实施。这对增强公司自身的核心竞争力、完善公司治理具有举足轻重的重要意义。

二、公司建立与实施有效的内部控制的原则

企业建立与实施内部控制时,应当遵循下列原则:(1)全面性原则。内部控制应当贯穿决策、执行和监督全过程,覆盖企业及其所属单位的各种业务和事项。(2)重要性原则。内部控制应当在全面控制的基础上,关注重要业务事项和高风险领域。(3)制衡性原则。内部控制应当在治理结构、机构设置及权责分配、业务流程等方面形成相互制约、相互监督,同时兼顾运营效率。(4)适应性原则。内部控制应当与企业经营规模、业务范围、竞争状况和风险水平等相适应,并随着情况的变化及时加以调整。(5)成本效益原则。内部控制应当

权衡实施成本与预期效益,以适当的成本实现有效控制。

三、完善公司内部控制的内部环境

企业建立与实施有效的内部控制,应当包括内部环境、风险评估、控制活动和内部监督等要素。其中,内部环境是企业实施内部控制的基础,一般包括治理结构、机构设置及权责分配、内部审计、人力资源政策、企业文化等。公司内部控制机制的核心难点恰恰在于内因。

企业应当根据国家有关法律法规和企业章程,建立规范的公司治理结构和议事规则,明确决策、执行、监督等方面的职责权限,形成科学有效的职责分工和制衡机制。股东(大)会享有法律法规和企业章程规定的合法权利,依法行使企业经营方针、筹资、投资、利润分配等重大事项的表决权。董事会对股东(大)会负责,依法行使企业的经营决策权。监事会对股东(大)会负责,监督企业董事、经理和其他高级管理人员依法履行职责。经理层负责组织实施股东(大)会、董事会决议事项,主持企业的生产经营管理工作。

董事会负责内部控制的建立健全和有效实施。监事会对董事会建立与实施内部控制进行监督。经理层负责组织领导企业内部控制的日常运行。公司应当成立专门机构或者指定适当的机构具体负责组织协调内部控制的建立实施及日常工作。

公司董事会应当下设审计委员会。审计委员会负责审查企业内部控制,监督内部控制的有效实施和内部控制自我评价情况,协调内部控制审计及其他相关事宜等。审计委员会负责人应当具备相应的独立性、良好的职业操守和专业能力。

企业应当结合业务特点和内部控制要求设置内部机构,明确职责权限,将权利与责任落实到各责任单位。企业应当通过编制内部管理手册,使全体员工掌握内部机构设置、岗位职责、业务流程等情况,明确权责分配,正确行使职权。

企业应当加强内部审计工作,保证内部审计机构设置、人员配备和工作的独立性。内部审计机构应当结合内部审计监督,对内部控制的有效性进行监督检查。内部审计机构对监督检查中发现的内部控制缺陷,应当按照企业内部审计工作程序进行报告;对监督检查中发现的内部控制重大缺陷,有权直接向董事会及其审计委员会、监事会报告。

企业应当制定和实施有利于企业可持续发展的人力资源政策。人力资源政策应当包括下列内容:(1)员工的聘用、培训、辞退与辞职;(2)员工的薪酬、考核、晋升与奖惩;(3)关键岗位员工的强制休假制度和定期岗位轮换制度;(4)掌握国家秘密或重要商业秘密的员工离岗的限制性规定;(5)有关人力资源管理的其他政策。企业应当将职业道德修养和专业胜任能力作为选拔和聘用员工的重要标准,切实加强员工培训和继续教育,不断提升员工素质。

企业应当加强文化建设,培育积极向上的价值观和社会责任感,倡导诚实守信、爱岗敬业、开拓创新和团队协作精神,树立现代管理理念,强化风险意识。董事、监事、经理及其他高级管理人员应当在企业文化建设中发挥主导作用。企业员工应当遵守员工行为守则,认真履行岗位职责。

企业应当加强法制教育,增强董事、监事、经理及其他高级管理人员和员工的法制观念,严格依法决策、依法办事、依法监督,建立健全法律顾问制度和重大法律纠纷案件备案制度。

四、风险评估制度

风险评估是企业及时识别、系统分析经营活动中与实现内部控制目标相关的风险,合理确定风险应对策略。企业应当根据设定的控制目标,全面系统持续地收集相关信息,结合实际情况,及时进行风险评估。

(一)风险识别

君子不立危墙之下。企业开展风险评估,应当准确识别与实现控制目标相关的内部风险和外部风险,确定相应的风险承受度。风险承受度是企业能够承担的风险限度,包括整体风险承受能力和业务层面的可接受风险水平。

企业识别内部风险,应当关注下列因素:(1)董事、监事、经理及其他高级管理人员的职业操守、员工专业胜任能力等人力资源因素;(2)组织机构、经营方式、资产管理、业务流程等管理因素;(3)研究开发、技术投入、信息技术运用等自主创新因素;(4)财务状况、经营成果、现金流量等财务因素;(5)营运安全、员工健康、环境保护等安全环保因素;(6)其他有关内部风险因素。

企业识别外部风险,应当关注下列因素:(1)经济形势、产业政策、融资环境、市场竞争、资源供给等经济因素;(2)法律法规、监管要求等法律因素;(3)安全稳定、文化传统、社会信用、教育水平、消费者行为等社会因素;(4)技术进步、工艺改进等科学技术因素;(5)自然灾害、环境状况等自然环境因素;(6)其他有关外部风险因素。

(二)风险分析

企业应当采用定性与定量相结合的方法,按照风险发生的可能性及其影响程度等,对识别的风险进行分析和排序,确定关注重点和优先控制的风险。企业进行风险分析,应当充分吸收专业人员,组成风险分析团队,按照严格规范的程序开展工作,确保风险分析结果的准确性。

(三)风险应对策略

企业应当未雨绸缪,根据风险分析的结果,结合风险承受度,权衡风险与收益,确定风险应对策略。企业应当合理分析、准确掌握董事、经理及其他高级管理人员、关键岗位员工的风险偏好,采取适当的控制措施,避免因个人风险偏好给企业经营带来重大损失。

为有效控制风险,公司应当综合运用风险规避、风险降低、风险分担和风险承受等风险应对策略:(1)风险规避是企业对超出风险承受度的风险,通过放弃或者停止与该风险相关的业务活动以避免和减轻损失的策略;(2)风险降低是企业在权衡成本效益之后,准备采取适当的控制措施降低风险或者减轻损失,将风险控制在风险承受度之内的策略;(3)风险分担是企业准备借助他人力量,采取业务分包、购买保险等方式和适当的控制措施,将风险控制在风险承受度之内的策略;(4)风险承受是企业对风险承受度之内的风险,在权衡成本效益之后,不准备采取控制措施降低风险或者减轻损失的策略。

风险应对策略最忌讳的是"刻舟求剑"。企业应当结合不同发展阶段和业务拓展情况,持续收集与风险变化相关的信息,进行风险识别和风险分析,及时调整风险应对策略。

五、控制活动

控制活动是企业根据风险评估结果,采用相应的控制措施,将风险控制在可承受度之内。具体说来,企业应当结合风险评估结果,通过手工控制与自动控制、预防性控制与发现性控制相结合的方法,运用相应的控制措施,将风险控制在可承受度之内。企业应当根据内部控制目标,结合风险应对策略,综合运用控制措施,对各种业务和事项实施有效控制。控制措施一般包括:不相容职务分离控制、授权审批控制、会计系统控制、财产保护控制、预算控制、运营分析控制和绩效考评控制等。

权力过于集中必然滋生腐败与风险。不相容职务分离控制要求企业全面系统地分析、梳理业务流程中所涉及的不相容职务,实施相应的分离措施,形成各司其职、各负其责、相互制约的工作机制。

越权行事、职责不清是许多公司风险的重要来源。公司应当完善授权审批控制制度。授权审批控制要求企业根据常规授权和特别授权的规定,明确各岗位办理业务和事项的权限范围、审批程序和相应责任。企业应当编制常规授权的权限指引,规范特别授权的范围、权限、程序和责任,严格控制特别授权。常规授权是指企业在日常经营管理活动中按照既定的职责和程序进行的授权。特别授权是指企业在特殊情况、特定条件下进行的授权。企业各级管理人员应当在授权范围内行使职权和承担责任。企业对于重大的业务和事项,应当实行集体决策审批或者联签制度,任何个人不得单独进行决策或者擅自改变集体决策。

会计系统瘫痪、会计资料虚假残缺是威胁公司内部控制的致命环节。会计系统控制要求企业严格执行国家统一的会计准则制度,加强会计基础工作,明确会计凭证、会计账簿和财务会计报告的处理程序,保证会计资料真实完整。企业应当依法设置会计机构,配备会计从业人员。从事会计工作的人员,必须取得会计从业资格证书。会计机构负责人应当具备会计师以上专业技术职务资格。大中型企业应当设置总会计师。设置总会计师的企业,不得设置与其职权重叠的副职。

公司财产是公司发展的物质基础,也是债权人的担保财产。财产保护控制要求企业建立财产日常管理制度和定期清查制度,采取财产记录、实物保管、定期盘点、账实核对等措施,确保财产安全。企业应当严格限制未经授权的人员接触和处置财产。

预算约束疲软也容易滋生道德风险与法律风险。预算控制要求企业实施全面预算管理制度,明确各责任单位在预算管理中的职责权限,规范预算的编制、审定、下达和执行程序,强化预算约束。

公司日常运营中的风险荆棘丛生。运营分析控制要求企业建立运营情况分析制度,经理层应当综合运用生产、购销、投资、筹资、财务等方面的信息,通过因素分析、对比分析、趋势分析等方法,定期开展运营情况分析,发现存在的问题,及时查明原因并加以改进。

绩效考评不公会严重挫伤公司内部人尤其是高管和员工诚实守信、勤勉尽责的积极性、主动性与创造性。绩效考评控制要求企业建立和实施绩效考评制度,科学设置考核指标体系,对企业内部各责任单位和全体员工的业绩进行定期考核和客观评价,将考评结果作为确定员工薪酬以及职务晋升、评优、降级、调岗、辞退等的依据。

此外,企业应当建立重大风险预警机制和突发事件应急处理机制,明确风险预警标准,对可能发生的重大风险或突发事件,制定应急预案、明确责任人员、规范处置程序,确保突发事件得到及时妥善处理。

六、信息与沟通

耳聪目明、信息畅通是公司处于良好内部控制状态的重要标志。许多公司的崩溃也源于信息沟通不畅及其引发的决策迟钝和决策错误等问题。因此,现代公司必须注重信息与沟通机制的建立健全。信息与沟通是企业及时、准确地收集、传递与内部控制相关的信息,确保信息在企业内部、企业与外部之间进行有效沟通。企业应当建立信息与沟通制度,明确内部控制相关信息的收集、处理和传递程序,确保信息及时沟通,促进内部控制有效运行。

1. 信息的获取

企业应当对收集的各种内部信息和外部信息进行合理筛选、核对、整合,提高信息的有用性。企业可以通过财务会计资料、经营管理资料、调研报告、专项信息、内部刊物、办公网络等渠道,获取内部信息。企业可以通过行业协会组织、社会中介机构、业务往来单位、市场调查、来信来访、网络媒体以及有关监管部门等渠道,获取外部信息。

2. 信息的传递

企业应当将内部控制相关信息在企业内部各管理级次、责任单位、业务环节之间,以及企业与外部投资者、债权人、客户、供应商、中介机构和监管部门等有关方面之间进行沟通和反馈。信息沟通过程中发现的问题,应当及时报告并加以解决。重要信息应当及时传递给董事会、监事会和经理层。

3. 信息技术的运用

企业应当运用信息技术加强内部控制,建立与经营管理相适应的信息系统,促进内部控制流程与信息系统的有机结合,实现对业务和事项的自动控制,减少或消除人为操纵因素。企业应当利用信息技术促进信息的集成与共享,充分发挥信息技术在信息与沟通中的作用。企业应当加强对信息系统开发与维护、访问与变更、数据输入与输出、文件储存与保管、网络安全等方面的控制,保证信息系统安全稳定运行。

4. 反舞弊机制

企业应当建立反舞弊机制,坚持惩防并举、重在预防的原则,明确反舞弊工作的重点领域、关键环节和有关机构在反舞弊工作中的职责权限,规范舞弊案件的举报、调查、处理、报告和补救程序。企业至少应当将下列情形作为反舞弊工作的重点:(1)未经授权或者采取其他不法方式侵占、挪用企业资产,牟取不当利益;(2)在财务会计报告和信息披露等方面存在的虚假记载、误导性陈述或者重大遗漏等;(3)董事、监事、经理及其他高级管理人员滥用职权;(4)相关机构或人员串通舞弊。

企业应当建立举报投诉制度和举报人保护制度,设置举报专线,明确举报投诉处理程序、办理时限和办结要求,确保举报、投诉成为企业有效掌握信息的重要途径。举报投诉制度和举报人保护制度应当及时传达至全体员工。

七、内部监督

内部监督是企业对内部控制建立与实施情况进行监督检查,评价内部控制的有效性,发现内部控制缺陷,应当及时加以改进。企业应当依《企业内部控制基本规范》及其配套办法,制定内部控制监督制度,明确内部审计机构(或经授权的其他监督机构)和其他内部机构在内部监督中的职责权限,规范内部监督的程序、方法和要求。

内部监督分为日常监督和专项监督。日常监督是指企业对建立与实施内部控制的情况进行常规、持续的监督检查；专项监督是指在企业发展战略、组织结构、经营活动、业务流程、关键岗位员工等发生较大调整或变化的情况下，对内部控制的某一或者某些方面进行有针对性的监督检查。专项监督的范围和频率应当根据风险评估结果以及日常监督的有效性等予以确定。

企业应当制定内部控制缺陷认定标准，对监督过程中发现的内部控制缺陷，应当分析缺陷的性质和产生的原因，提出整改方案，采取适当的形式及时向董事会、监事会或者经理层报告。内部控制缺陷包括设计缺陷和运行缺陷。企业应当跟踪内部控制缺陷整改情况，并就内部监督中发现的重大缺陷，追究相关责任单位或者责任人的责任。

企业应当结合内部监督情况，定期对内部控制的有效性进行自我评价，出具内部控制自我评价报告。内部控制自我评价的方式、范围、程序和频率，由企业根据经营业务调整、经营环境变化、业务发展状况、实际风险水平等自行确定。

企业应当以书面或者其他适当的形式，妥善保存内部控制建立与实施过程中的相关记录或者资料，确保内部控制建立与实施过程的可验证性。

八、其他内部控制机制

接受企业委托从事内部控制审计的会计师事务所，应当根据《规范》及其配套办法和相关执业准则，对企业内部控制的有效性进行审计，出具审计报告。会计师事务所及其签字的从业人员应当对发表的内部控制审计意见负责。为企业内部控制提供咨询的会计师事务所，不得同时为同一企业提供内部控制审计服务。

五部门关于《印发〈企业内部控制基本规范〉的通知》指出，执行本规范的上市公司，应当对本公司内部控制的有效性进行自我评价，披露年度自我评价报告，并可聘请具有证券、期货业务资格的会计师事务所对内部控制的有效性进行审计。

公司还应当建立内部控制实施的激励约束机制，将各责任单位和全体员工实施内部控制的情况纳入绩效考评体系，促进内部控制的有效实施。

第十三章

特殊类型公司

第一节 一人公司

一、一人公司的概念和类型

《公司法》第 57 条第 2 款将一人公司界定为由一名投资者(含法人和自然人)依法设立的有限责任公司。一人公司乃公司中的特殊类型,是能够独立承担民事责任的商事主体,享有法人的权利能力与行为能力。一人公司对公司全部财产享有法人所有权,一人股东对公司享有各种股东权利,并以其出资为限对公司债务承担有限责任。股东除享有一般股东权利外,还享有股东大会、董事会、监事会甚至经理的权力。

《公司法》第 2 章开辟第 3 节专门设计了"一人有限责任公司的特别规定"。依该法第 57 条规定:"一人有限责任公司的设立和组织机构,适用本节规定;本节没有规定的,适用本章第一节、第二节的规定。"因此,第 3 节规定作为特别法律规范在适用上应当优先于本章第 1 节、第 2 节有关有限责任公司的一般法律规范,但本节特别规范未作规定或者规定不明时,应当补充适用本章第 1 节、第 2 节有关有限责任公司的一般法律规范。立法者求真务实的立法态度颇值肯定。

一人公司不同于个人独资企业。(1) 前者是独立的企业法人,具有完全的民事权利能力、民事行为能力和民事责任能力,是有限责任公司中的特殊类型;而后者不是独立的企业法人,不能以其财产独立承担民事责任。(2) 一人公司及其股东就其公司所得和股东股利分别缴纳企业所得税和个人所得税,而个人独资企业自身不缴纳企业所得税,只待投资者取得投资回报时缴纳个人所得税。(3) 一人公司需要原则满足公司法为股权多元化的公司设置的公司资本制度、公司财务会计审计制度以及公司治理制度,而个人独资企业只适用《个人独资企业法》。

以其产生时间为准,一人公司可分为设立意义上的一人公司与存续意义上的一人公司;以其股东的持股比例为准,一人公司可分为实质上的一人公司与形式上的一人公司。实质上的一人公司,指虽然登记在册的股东有多人,但只有一名股东的持股比例占有绝对多数(如 95%),而其他股东的持股比例很低,甚至仅具有象征意义的有限责任公司。名义上的一人公司,指在公司登记机关登记在册的股东仅有一名的有限责任公司。综合上述两个划分标准,一人公司可分为四种:(1) 设立阶段出现的实质一人公司;(2) 设立阶段出现的形式一人公司;(3) 存续阶段出现的实质一人公司;(4) 存续阶段出现的形式一人公司。

二、一人公司制度的积极作用

一人公司制度具有一系列积极功能:(1)有利于深化国有企业改革,实施大公司和大企业集团的战略,推动国有资产的优化组合与合理配置。(2)有利于弘扬公司的资合性,充分保护公民和企业的开业自由,吸引民间资本,扩大投资渠道,推动我国中小企业、特别是民营企业的迅猛发展。(3)有利于鼓励低收入阶层投资兴业,增加税收和就业机会,维护社会稳定。(4)有利于发挥其治理结构简单高效、决策灵活的特点,提升公司的竞争力。一人公司有助于简化公司内部法律关系,不存在股东冲突问题。当然,股东决策的灵活性也与股东决策的任意性、风险性紧密相随。(5)有利于确定投资收益和投资风险的唯一归属者,激发投资者单独投资创业的积极性,避免多名投资者由于缺乏合作、宽容与尊重精神而互相拆台、明争暗斗的"窝里斗"现象在公司内部出现。

三、一人公司的特殊治理制度

一人公司的重大决策者属于一人股东。一人公司股东只有一人,不存在传统意义上的股东会。从实体职权看,股东大会的职权应由一人股东单独行使,而不应由立法者规定由股东之外的第三人代劳。凡在公司股东大会权限范围内的决策事项,一人股东的决定就是公司的最高意思表示。从运作程序看,一人股东行使股东会职权时,可豁免适用股权多元化公司中的股东会应当遵循的程序性规范,如召集期限、决议要件等。股东按照规范化的股东大会制度运作时,只能由该股东自任召集人、主持人、出席人、表决人。一人股东就是一个流动的股东会,就是股东会的化身,就是公司的最高意思决定机关。自言自语的"股东会"、散步的"股东会"由此而登上历史舞台。

为厘清公司行为与股东行为之间的法律边界,指导一人公司股东在用足用够股东会权力的同时,保存必要证据,也为赋予债权人的知情权,《公司法》第61条要求股东作为股东会化身实施的公司决策行为采取书面形式:"一人有限责任公司不设股东会。股东作出本法第37条第1款所列决定时,应当采用书面形式,并由股东签名后置备于公司。"为提高公司书面决策行为的公信力,应当鼓励一人公司将其股东的书面决策予以公证。

从股权结构看,一人公司就是普通公司的简写版、缩微版。一人股东意味着公司股东会,公司股东会意味着一人股东。与股权多元化的公司相比,公司治理的权力可以更多地回归股东。一人股东享有的公司治理权力应当更大,而不是更小。一人股东可以凭借其股权直接经营管理公司。

既为法人,一人公司应与股权多元化公司在治理结构形式上保持必要的匹配与协调。立法者无权强制一人公司设立董事会,也无法禁止公司设立董事会。作为折中之道,一人公司可设立董事会或执行董事。至于究竟设立董事会抑或执行董事,委诸公司和股东自治。既然选任董事权力归属一人股东,一人股东可自告奋勇亲任公司董事或执行董事。

四、一人公司的权利能力

根据私法自治精神,法无禁止的行为,公司皆可实施。凡是其他公司享有的权利能力和行为能力,一人公司皆可享有。一名自然人可与其设立的一人有限责任公司共同设立公司。

无论是一人股东,还是一人有限责任公司均为独立的公司股东。此类公司并非一人公司,而系二人有限责任公司或二人股份有限公司。当然,此类公司的股权结构在公司登记机关应当披露清楚。

第二节 有限合伙

有限合伙是介于普通合伙企业与公司之间的中间企业组织形态。有限合伙在某些国家(如德国、日本)被称为"两合公司"。我国2006年修订的《合伙企业法》的主要亮点是在增加债权人保护的立法目标之外,允许法人担任普通合伙人,引进了有限合伙(LP)和有限责任合伙(LLP)。

虽然有限合伙并非严格意义上的公司,但鉴于有限合伙与两合公司并无实质区别,又鉴于合伙人可由公司担任,因此本节对有限合伙予以探讨。

一、有限合伙的组织形态

有限合伙,是指由有限合伙人和普通合伙人共同组成,有限合伙人以其出资额为限对有限合伙承担责任;普通合伙人对合伙债务承担无限连带责任的合伙形式。因此,《合伙企业法》第2条第3款规定,有限合伙企业由普通合伙人和有限合伙人组成,普通合伙人对合伙企业债务承担无限连带责任,有限合伙人以其认缴的出资额为限对合伙企业债务承担责任。《合伙企业法》第61条规定:"有限合伙企业由2个以上50个以下合伙人设立;但是,法律另有规定的除外。有限合伙企业至少应当有一个普通合伙人。"

有限合伙与普通合伙一样,都不具有独立的法人资格。可见,有限合伙与具有法人资格的公司有着截然区别。但有限合伙具备普通公司的一个重要特性,即投资者的有限责任。例如,有限合伙中的有限合伙人对合伙债务负有限责任,公司股东也对公司债务承担有限责任,区别在于,有限合伙中只有部分投资者(有限合伙人)享有有限责任待遇,而公司中的全体投资者都享有有限责任待遇。在某种意义上,有限合伙堪称有限责任公司制度与普通合伙制度的有机融合,是介于普通合伙企业与公司之间的中间企业组织形态。

在德国,合伙在许多方面被视为法人。例如,依德国《商法典》第124条,商业合伙(无限公司)可以自己的名义取得权利,设定义务,取得土地上的所有权和他物权,并可以起诉或者应诉。我国《公司法》确认的公司仅限于股东对公司债务承担有限责任的有限责任公司与股份有限公司,不包括"两合公司"或者有限合伙。因此,在现有立法框架下,我国的一般合伙或者有限合伙不具有独立的法人资格。但另一方面,我国近年来的民商立法和民事争讼立法开始较多地使用"自然人、法人或者其他组织"代称民事主体。其中的"其他组织"当然包括合伙(含有限合伙)在内。

二、有限合伙制度的优点

首先,有限合伙中的有限合伙人对合伙债务承担有限责任,有利于极大调动投资者的投资热情。在有限合伙中,普通合伙人既享有对合伙事务的管理权,又对合伙债务承担无限责任,这就把普通合伙人与有限合伙的命运紧紧捆在一起,为普通合伙人殚精竭虑、提高有限合伙的经营绩效提供了巨大的动力和压力,从而避免或者降低了普通合伙人的道德风险。

由于有限合伙人对合伙债务负有限责任,有限合伙人之间不必相互信任,这就有助于有限合伙企业吸引较多的有限合伙人入伙,从而筹集更多的资本。

其次,有限合伙有利于实现投资者与"投知者"的最佳组合,做到有钱的出钱,有力的出力。富人的最大财富在于金钱资本,而智者的最大财富在于智能资本。金钱资本的联合未必产生最佳的财富;同样,没有金钱资本的支撑,智能资本自身也不会自动创造财富。有限合伙制度使得出资较少的普通合伙人也能独揽合伙企业的经营管理大权,从而实现以小搏大的资本放大功能。

再次,从为投资者节约纳税的角度着眼,投资者采取有限合伙有利于避免双重征税。对于有限合伙人而言,要想获得有限责任待遇、降低投资风险,投资于有限责任公司或者股份有限公司亦无不可;但投资于有限合伙的主要经济动因在于,合伙的税收优惠待遇要多于公司的税收优惠待遇。

最后,有限合伙的经营活动比公司的经营活动更具有保密性。凡是公司,都要满足起码的信息披露制度要求,即公示要求。上市公司遵守的信息披露要求比起其他类型的公司来说更加严格。而依《合伙企业法》的规定,合伙企业应当遵守的信息披露要求要比公司宽松得多,而且此种要求仅以满足合伙企业债权人和政府监管机构为限。

三、有限合伙人的权利

为确保有限合伙人的法律地位具有确定性与可预见性,《合伙企业法》明确规定了有限合伙人的权利与义务。有限合伙人的权利包括:

(1)知情权。为了解和监督有限合伙的经营状况和财务状况,有限合伙人有权获取经审计的有限合伙企业财务会计报告,并对涉及自身利益的情况,查阅有限合伙企业财务会计账簿等财务资料(《合伙企业法》第68条第2款第4项和第5项)。此处的"等财务资料"应当理解为包括"原始凭证"在内。

(2)分红权,即参与分配利润的权利。这是有限合伙人的主要权利。

(3)咨询权。有限合伙人有权对企业的经营管理提出建议,但是否采纳应由普通合伙人决定。

(4)监督权。有限合伙人有权参与选择承办有限合伙企业审计业务的会计师事务所(《合伙企业法》第68条第2款第3项)。

(5)直接诉权。在有限合伙企业中的利益受到侵害时,向有责任的合伙人主张权利或者提起诉讼(《合伙企业法》第68条第2款第7项)。

(6)代表诉权。执行事务合伙人怠于行使权利时,有限合伙人有权督促其行使权利或者为本企业的利益以自己的名义提起诉讼。

(7)决策参与权。有限合伙人有权参与决定普通合伙人入伙、退伙(《合伙企业法》第68条第2款第1项)。

(8)关联交易权。有限合伙人可以同本有限合伙企业进行交易;但合伙协议另有约定的除外(《合伙企业法》第70条)。

(9)竞争业务开业权。有限合伙人可以自营或者同他人合作经营与本有限合伙企业相竞争的业务;但合伙协议另有约定的除外(《合伙企业法》第71条)。

(10)合伙权益出质权。有限合伙人可以将其在有限合伙企业中的财产份额出质;但合伙协议另有约定的除外(《合伙企业法》第72条)。

(11) 合伙权益转让权。有限合伙人可以按照合伙协议的约定向合伙人以外的人转让其在有限合伙企业中的财产份额,但应当提前30日通知其他合伙人(《合伙企业法》第73条)。有限合伙人转让合伙权益时,只需通知其他合伙人即可,而无需征得其他合伙人同意。

(12) 合伙权益变价权。有限合伙人的自有财产不足清偿其与合伙企业无关的债务的,该合伙人可以其从有限合伙企业中分取的收益用于清偿;债权人也可依法请求法院强制执行该合伙人在有限合伙企业中的财产份额用于清偿。法院强制执行有限合伙人的财产份额时,应当通知全体合伙人。在同等条件下,其他合伙人有优先购买权(《合伙企业法》第74条)。

四、有限合伙人的义务

作为获得权利的对价,有限合伙人也要履行相应的义务。

(一) 积极义务

有限合伙人应当按照合伙协议的约定按期足额缴纳出资;未按期足额缴纳的,应当承担补缴义务,并对其他合伙人承担违约责任。基于债权保全制度中的代位权法理,当有限合伙人怠于或者拒绝按照合伙协议的约定按期足额缴纳出资时,应当对公司债权人承担补充赔偿责任。为确保有限合伙人出资的真实性,《合伙企业法》除了维持对普通合伙人登记的现行要求外,还要求有限合伙企业登记事项中载明有限合伙人的姓名或者名称及认缴的出资数额。当然,合伙协议应当具有相当的灵活性,以便允许分阶段出资。根据分阶段出资协议,只有当合伙企业具有资本需求时,合伙企业才通知合伙人提供资本。

(二) 消极义务

《合伙企业法》第68条第1款从反面规定:"有限合伙人不执行合伙事务,不得对外代表有限合伙企业。"这是由有限合伙企业的特殊治理结构决定的。倘非如此,任由有限合伙人对内执行合伙事务、对外代表有限合伙企业,则缺乏经营专长、存在道德瑕疵的有限合伙人有可能把企业经营得债台高筑,然后由普通合伙人对企业债务承担连带清偿责任,难免有失公平。

因此,作为享有有限责任待遇的对价,有限合伙人不得参与有限合伙的经营管理。问题在于,一旦有限合伙人参与有限合伙经营管理,是否绝对丧失有限责任待遇。对此,有两种立法例:有些国家(包括美国和澳大利亚)的立法例认为,经营管理权仅归普通合伙人,一旦有限合伙人参与有限合伙经营管理,有限合伙人就丧失有限责任待遇。但合伙债权人要剥夺有限合伙人的有限责任待遇,或者有限合伙人要证明维持自己有限责任待遇的正当性,就必须弄清有限合伙人的哪些行为构成对经营管理行为的介入。美国许多法院判例涉及有限合伙人参与企业监督的行为是否构成了对合伙企业经营管理的介入。应当说,这个问题在普通法系,尤其是美国,一直没有得到圆满解决。而其他一些国家(如德国)的立法则持相反态度,一般允许有限合伙人参与企业经营管理,而不剥夺其有限责任待遇。

在实践中,要彻底划清有限合伙人参与经营管理与有限合伙人行使监督权和咨询权的界限,并不容易。为对此界限的划分作出具有可操作性的规定,《合伙企业法》第68条强调,有限合伙人的下列行为,不视为执行合伙事务:参与决定普通合伙人入伙、退伙;对企业的经营管理提出建议;参与选择承办有限合伙企业审计业务的会计师事务所;获取经审计的有限合伙企业财务会计报告；对涉及自身利益的情况，查阅有限合伙企业财务会计账簿等财务资料；在有限合伙企业中的利益受到侵害时，向有责任的合伙人主张权利或者提起诉讼；执行事务合伙人怠于行使权利时，督促其行使权利或者为本企业的利益以自己的名义提起诉讼；依法为本企业提供担保。

若有限合伙人不能慎独自律，有可能丧失有限责任待遇。《合伙企业法》第76条规定了"表见合伙人"制度："第三人有理由相信有限合伙人为普通合伙人并与其交易的，该有限合伙人对该笔交易承担与普通合伙人同样的责任。有限合伙人未经授权以有限合伙企业名义与他人进行交易，给有限合伙企业或者其他合伙人造成损失的，该有限合伙人应当承担赔偿责任。"可见，篡夺合伙事务管理权的有限合伙人对内（对普通合伙人）、对外（对债权人）承担相应的民事责任。

五、普通合伙人的权利

由于有限合伙人不参与合伙事务的经营管理，有限合伙的管理机构只能由普通合伙人组成。普通合伙人的主要权利表现在：

(1) 经营管理权。《合伙企业法》第67条规定："有限合伙企业由普通合伙人执行合伙事务。执行事务合伙人可以要求在合伙协议中确定执行事务的报酬及报酬提取方式。"因此，普通合伙人负责有限合伙的经营管理，表现在内外两个方面：对内执行合伙事务，对外代表有限合伙。但严格说来，对合伙事务进行管理既是普通合伙人的权利，也是他们对有限合伙人和有限合伙所负的一项义务。

(2) 按照数倍于出资比例的标准分取投资回报的权利。例如，虽然有限合伙人的出资比例是99%，可以仅按80%分取投资回报，而普通合伙人的出资比例虽是10%，但可以按20%分取投资回报。从表面上看，有限合伙人似乎吃亏，实则不然：一则普通合伙人蒙受的潜在风险大（无限责任）；二则普通合伙人投入的管理活动可以把有限合伙人的"馅饼"做大，虽然有限合伙人的相对收益比例只有80%，但由于"馅饼"的总量增大了，80%的收益分配比例带来的绝对收益还是比有限合伙人自己从事经营管理活动的投资回报高；三则有限合伙人自愿接受有限合伙的制度安排。为避免利润分配的天平过于失衡，《合伙企业法》第69条禁止有限合伙企业将全部利润分配给部分合伙人；但合伙协议另有约定的除外。

六、普通合伙人的义务

(1) 忠实义务。从《信托法》角度看，普通合伙人立于受托人的地位，有限合伙人则立于委托人和受益人的地位。普通合伙人对其他合伙人应当恪守诚实信用义务，并专注于增进全体合伙人的利益，不能从事竞业禁止活动，不能开展利益冲突交易，不得以牺牲有限合伙人的利益为代价，谋取个人利益。

(2) 善管义务。一般说来，法律对善管义务的要求较之对忠实义务的要求宽松一些。笔者认为，这是合乎情理的，也合乎公司经营的实践。因为善管义务基本上可归入普通合伙人经营能力的范畴，每个人的能力又参差不齐；而忠实义务基本上可归入普通合伙人道德品质的范畴，人们不会容忍能力不同的人在遵守法律化的道德义务时适用不同的标准。但法律又不能不对普通合伙人善管义务是否被履行以及履行程度如何规定一个衡量标准；否则，善管义务规定有被沦为具文之虞。为减轻法官判案难度，未来《合伙企业法》修改时应当明确规定普通合伙人履行善管义务的内容和衡量标准,并引进经营判断规则。

七、法人原则上可担任普通合伙人

1993年《公司法》和1997年《合伙企业法》既未明确允许公司担任合伙人,也未禁止公司担任合伙人。公司可否担任合伙人本属公司转投资的范畴,但因其投资对象的特殊性而在《公司法》修改过程中荡起涟漪。对于公司担任有限合伙人的权利能力,各界基本不存在根本分歧。

2005年《公司法》第15条规定:"公司可向其他企业投资;但除法律另有规定外,不得成为对所投资企业的债务承担连带责任的出资人。""法律"目前主要是指在2005年《公司法》修订之后于2006年修订的《合伙企业法》。该《合伙企业法》第2条第1款明确允许法人担任普通合伙人;只不过在第3条出于立法政策的特别考量,禁止国有独资公司、国有企业、上市公司以及公益性的事业单位、社会团体成为普通合伙人。

第三节 外商投资公司

一、公司法与外资三法是一般法与特别法的关系

在邓小平理论指引下,我国于20世纪70年代末开始对外开放,陆续颁布了《中外合作经营企业法》《中外合资经营企业法》和《外资企业法》,出台了一系列配套法规和规章,建立了三套外资企业立法体系。外国投资者既可同中国的企业、其他经济组织设立中外合资经营企业、中外合作经营企业,也可设立外商合资企业、外商独资企业。这些外商投资企业立法对于我国吸引外来资本、技术和先进管理经验,对于外国投资者追求投资回报、开辟我国市场都发挥了积极的作用,受到了国内外投资者的充分肯定。

三套外商投资企业立法体系颁布于《公司法》出台之前。《公司法》第217条规定:"外商投资的有限责任公司和股份有限公司适用本法;有关外商投资的法律另有规定的,适用其规定。"可见,《公司法》与三套外商投资企业立法仍为一般法与特别法的关系。《公司法》与三套外商投资企业立法就同一事项有不同规定时,优先适用外商投资企业立法;《公司法》就某一事项没有规定、外商投资企业立法对此有规定时,应当优先适用外商投资企业立法;《公司法》就某一事项有规定、外商投资企业立法对此无规定时,应当补充适用《公司法》;《公司法》与三套外商投资企业立法就同一事项均无规定时,应当适用《公司法》的基本原则(如资本多数决原则、股东平等原则)、商事习惯和公司法理。法院和仲裁机构裁决有关外商投资企业的纠纷时,也应当根据上述精神确定裁判案件的法律依据。

为澄清《公司法》第217条的含义,理顺《公司法》与外商投资企业法在公司审批登记管理环节的适用关系,原国家工商行政管理总局、商务部、国家外汇管理局、海关总署于2006年4月联合印发了《关于外商投资的公司审批登记管理法律适用若干问题的执行意见》(工商外企字[2006]81号,以下简称《执行意见》),对外商投资的公司在审批、登记、管理过程中存在的一些法律适用问题提出了指导意见。

二、外商投资企业法与公司法的主要制度区别

既然外商投资企业法是公司法的特别法,就必然存在着外商投资企业法与公司法的制度差异。兹将这些制度差异简述如下:

(一) 投资主体的差异

《公司法》对于股东的资格包括国籍并无任何限制。《中外合作经营企业法》和《中外合资经营企业法》将外方投资者界定为"外国公司""企业"和"其他经济组织或个人"等四类主体,而对中方投资者的界定中只有"公司、企业和其他经济组织",没有"个人",这对中国的个人投资者来说显然不公,对于从海外留学归来的高端技术人才来说尤为可惜。这些留学人才为达到与外国公司合作投资的目的,只能先行注册一家公司,然后再以这家公司的名义与外商共同投资设立企业。如此一来,徒增不必要的交易成本。

(二) 企业治理机构的差异

《中外合资经营企业法》虽然将中外合资经营企业界定为"有限责任公司",但第6条规定:"董事会根据平等互利的原则,决定合营企业的重大问题。董事会的职权是按合营企业章程规定,讨论决定合营企业的一切重大问题:企业发展规划、生产经营活动方案、收支预算、利润分配、劳动工资计划、停业,以及总经理、副总经理、总工程师、总会计师、审计师的任命或聘请及其职权和待遇等。"诚如《中外合资经营企业法实施条例》第30条所言,"董事会是合营企业的最高权力机构,决定合营企业的一切重大问题"。《中外合作经营企业法》第12条也规定董事会或者联合管理机构依照合作企业合同或者章程的规定决定合作企业的重大问题。至于股东会和监事会则榜上无名,而且董事会实行一人一票规则和人头多数决规则。而国内投资者设立的有限责任公司依《公司法》应当设立股东会、董事会及监事会等公司机关,而股东会实行按照出资比例行使表决权的规则以及资本多数决规则。

(三) 企业设立程序的差异

根据外商投资企业立法,外商设立有限责任公司实行绝对审批制,一律报经对外经济贸易主管部门批准;而依《公司法》第6条,国内股东要设立有限责任公司,实行登记制为主、审批制为辅的原则。

(四) 股权转让程序的差异

依《中外合作经营企业法》和《中外合资经营企业法》,投资者相互之间转让股权须履行四个环环相扣的法定程序:转让双方签署股权转让协议;合营(合作)他方同意;对外经济贸易主管机关批准;公司登记机关办理变更登记程序。例如,依《中外合作经营企业法》第10条规定:"中外合作者的一方转让其在合作企业合同中的全部或者部分权利、义务的,必须经他方同意,并报审查批准机关批准。"《中外合资经营企业法实施条例》第20条规定:"合营一方向第三者转让其全部或者部分股权的,须经合营他方同意,并报审批机构批准,向登记管理机构办理变更登记手续。合营一方转让其全部或者部分股权时,合营他方有优先购买权。合营一方向第三者转让股权的条件,不得比向合营他方转让的条件优惠。违反上述规定的,其转让无效。"

通说认为,未经对外经济贸易主管部门批准的股权转让合同属于无效合同或者效力尚未发生的合同,即使合同已经实际履行完毕也是如此。而对内资的有限责任公司而言,股东即使向股东之外的第三人转让股权,该转让合同也仅需双方当事人签署以及全体股东过半

数以上同意即可生效,而无需对外经济贸易主管部门的行政批准。

三、外资三法与公司法的统一并轨

外资三法按照投资者身份单独立法的思路,要么催生超国民待遇,要么催生歧视性待遇。就前者而言,受企业分套立法的影响,《外资企业和外国企业所得税法》在区分内外资企业的法律待遇上走得更远:在所得税税率、税收减免、税收返还三个方面对外资企业实行分地区、有重点、多层次的税收优惠办法,创设了所谓的"超国民待遇原则",既违反了WTO规则中的国民待遇原则,也为《补贴与反补贴措施协议》所明令禁止。这种双重征税标准一直延续到《企业所得税法》的出台。

就后者而言,对外商投资产业政策也有看客下菜的禁止性与限制性规定。虽然外商投资产业目录在过去的几十年中不断改版与放宽,但中外有别的结构性立法缺陷难以避免地导致外商投资在市场准入时面临的歧视性待遇。

趋利避害是商人的通性。立法者按投资者身份是否为外国人而将企业立法区分为内资企业法与外资企业法,不仅导致了我国企业法律体系的叠床架屋,而且违反了市场主体平等原则、公司与股东平等原则,容易诱发制度间的不当竞争与套利,徒增公司与股东等公司利益相关者的守法合规成本以及由此派生出来的监管成本与争讼成本,降低了公司效率。

制度套利诱发了假外资企业与假内资企业。有的外国投资者通过股权信托/代持方式按照《公司法》注册成立有限责任公司,而非根据外资企业法注册成立外资企业。有的国内投资者热衷于通过股权信托按照外资企业法在境外注册成立外国企业。有的中国公民和中资企业甚至不远万里到域外(尤其是开曼群岛和维尔京群岛)及港澳台地区注册公司,然后返回我国国内/大陆/内地注册外商投资公司。其实质股东和实际控制人依然是中国公民和企业。外国投资者股权信托现象引发了投资者是否因涉嫌规避法律而导致公司设立无效的争议,国内投资者以外商名义设立外资企业的情况更复杂。由于外资企业比内资公司享有许多税收优惠,人们有充足理由谴责"假合资"现象。

制度套利诱发了法律风险,增加了交易的不确定性。海外上市的互联网企业普遍采取的VIE架构就利用了内外资企业分套立法的制度缝隙。结果,这一法律架构使得外资以"犹抱琵琶半遮面"方式进入外资禁入的产业领域。对这一法律规避技巧的合法性与正当性一直存有争议,它既是悬在投资者头上的达摩克利斯之剑,也是监管者与裁判机构长期以来无法化解的内心纠结与不敢正视的尴尬。

制度套利增加了争讼成本。内外企业制度的严格差异与公司注册的自由选择交互作用的结果是滋生不必要的纠纷以及不必要的争讼成本。笔者在仲裁实践中发现,许多三资企业的外方股东虽是外国公司,但外国公司的控制股东和实质股东却是中国公民和中国企业。在有些案件中,隐名控制股东和实际控制人虽是中国公民、且实际居住在中国大陆,但由于股东的法定注册地在域外,仲裁文书的送达也旷日持久。

随着企业所得税立法的内外统一以及我国对外开放的深度和广度的提高,消除"假内资企业"与"假外资企业"现象滋生的企业制度土壤势在必行。《外商投资法》废止了外资三法、推动了内资企业与外资企业的法律并轨,有助于从根源上预防与减少假内资与假外资的制度套利及法律风险。从长远目标看,过去曾仅向域外投资者开放的市场领域也应逐步向国内投资者打开大门。

因此，党的十八届三中全会强调，"实行统一的市场准入制度，在制定负面清单基础上，各类市场主体可依法平等进入清单之外领域。探索对外商投资实行准入前国民待遇加负面清单的管理模式"；"统一内外资法律法规，保持外资政策稳定、透明、可预期"。

鉴于《公司法》与三套外资企业法是一般法与特别法的关系，为贯彻党的十八届三中全会精神，进一步释放改革活力，扩大对外开放的内涵与外延，进一步吸引外国资本、先进技术与管理经验，建立开放型市场经济体系，实现民富国强的中国梦，抓紧推动《公司法》与三套外资企业法的联动修改与并轨改革已迫在眉睫，刻不容缓。

全国人大常委会副委员长王晨在 2019 年 3 月 8 日向十三届全国人大二次会议作关于外商投资法草案的说明时指出，外资三法主要规范外商投资企业的组织形式、组织机构和生产经营活动准则，随着社会主义市场经济体制和中国特色社会主义法律体系的建立和不断完善，"外资三法"的相关规范已逐步为公司法、合伙企业法、民法总则、物权法、合同法等市场主体和市场交易方面的法律所涵盖；同时，新形势下全面加强对外商投资的促进和保护、进一步规范外商投资管理的要求，也大大超出了"外资三法"的调整范围。因此，我国于 2019 年 3 月 15 日通过了《外商投资法》，自 2020 年 1 月 1 日起施行。前述"外资三法"同时废止。《外商投资法》确立了内外一致的国民待遇原则，有助于从根源上同时消除超国民待遇与歧视性待遇。

《外商投资法》第 31 条明确宣示了外资三法与公司法等一般企业法的最终统一并轨："外商投资企业的组织形式、组织机构及其活动准则，适用《中华人民共和国公司法》、《中华人民共和国合伙企业法》等法律的规定。"这句话微言大义，空前凸显和提高了《公司法》《合伙企业法》与《个人独资企业法》的一般法地位。

为实现立法并轨的平稳顺利，《外商投资法》第 42 条第 2 款规定："本法施行前依照《中华人民共和国中外合资经营企业法》、《中华人民共和国外资企业法》、《中华人民共和国中外合作经营企业法》设立的外商投资企业，在本法施行后 5 年内可以继续保留原企业组织形式等。具体实施办法由国务院规定。"

根据《外商投资法》授权，《外商投资法实施条例》第 44 条规定："外商投资法施行前依照《中外合资经营企业法》、《外资企业法》、《中外合作经营企业法》设立的外商投资企业（以下称现有外商投资企业），在外商投资法施行后 5 年内，可以依照《公司法》、《合伙企业法》等法律的规定调整其组织形式、组织机构等，并依法办理变更登记，也可以继续保留原企业组织形式、组织机构等。自 2025 年 1 月 1 日起，对未依法调整组织形式、组织机构等并办理变更登记的现有外商投资企业，市场监督管理部门不予办理其申请的其他登记事项，并将相关情形予以公示。"

《外商投资法》将外资企业纳入公司法等普通企业法的范畴，最终实现了内外资企业立法的统一并轨，有助于全面提升企业立法的科学性、公平性与包容性，根除作为特别规则的劣法规则凌驾于作为一般规则的善法规则的现象，终结法律规则间大量简单重复的现象，填补理性的企业与投资者厌恶的法律漏洞。

为落实中外投资者在公司组织形式上的平等待遇原则，笔者 2002 年在《中国法学》再次撰文呼吁实现外资企业立法与公司立法的并轨，赋予外资企业国民待遇。建议立法者坚持平等原则与国民待遇原则，整合游离于《公司法》之外的特别制度资源，以壮士断腕的勇气，及时废止外资企业法，大胆将全部外商投资公司纳入公司法的调整轨道，倾力打造统一公法、普通公司法、一般公司法，并尽快废止与普通公司法相抵触的各类立法文件。这意味着，传统的外资公司法将被统一的《公司法》所取代。[①]

四、《外商投资法》遵循了海纳百川的服务型立法理念

其一，《外商投资法》是外资的促进法、鼓励法与保护法。人往高处走，水往低处流。在资本市场全球化的今天，资本是候鸟，没有国籍可言。因此，《外商投资法》的主旋律就是进一步扩大对外开放，积极促进外商投资，保护外商投资合法权益，规范外商投资管理，推动形成全面开放新格局，积极扩大对外开放，促进外商投资。该法向全世界发出中国将改革开放进行到底的明确政治信号与法律信号，展现中国积极推动新一轮高水平对外开放、营造国际一流营商环境的决心与善意。因此，《外商投资法》是外资促进法、鼓励法与保护法，而不是取缔法、限制法、打压法。

其二，《外商投资法》是外资领域的龙头法。该法的定位是外商投资领域的基础性法律，是有关外商投资活动全面的、基本的法律规范，在外资领域起龙头作用、具有统领性质，奠定了外商投资准入、促进、保护、管理等基本制度框架的"四梁八柱"。例如，《外商投资法》第7条明确了促进保护管理外资的职责分工："国务院商务主管部门、投资主管部门按照职责分工，开展外商投资促进、保护和管理工作；国务院其他有关部门在各自职责范围内，负责外商投资促进、保护和管理的相关工作。县级以上地方人民政府有关部门依照法律法规和本级人民政府确定的职责分工，开展外商投资促进、保护和管理工作。"

其三，《外商投资法》是洋为中用、中西结合的包容法。该法立足中国国情，考虑到了当前发展阶段与利用外资工作的实际现状，针对外商投资的准入、促进、保护、管理等推出的中国方案具有中国特色。该法也大胆借鉴了国际先进经验，致力于与国际通行的国际规则、国际惯例和营商环境无缝接轨、精准对标与有机衔接。例如，工会制度既是中国特色，也是许多国家的国际惯例。因此，《外商投资法》第8条规定："外商投资企业职工依法建立工会组织，开展工会活动，维护职工的合法权益。外商投资企业应当为本企业工会提供必要的活动条件。"因此，外商对此在感情上容易接受。

其四，《外商投资法》是坚持内外一致的国民待遇法。立法者承诺，外商投资在准入前享受国民待遇加负面清单管理；外商投资在准入后享受国民待遇，国家对内资和外资的监督管理，适用相同的法律制度和规则。手心手背都是肉。内资企业与外资企业都是中国市场经济大家庭的成员。因此，《外商投资法》从字里行间体现了推进我国市场经济体制改革市场化、法治化、全球化、诚信化、透明化的价值取向，对法治政府建设、司法公信力建设、行政审批改革、加强产权平等保护、打造内外资公平竞争的市场环境等方面提出了更严格的要求。一言以蔽之，中国没有把外企当外人。当然，内资企业特别是民营企业也不要吃醋。凡是对外资开放的产业，对内资企业包括民营企业当然也要无条件开放。这才是真正的国民待遇原则。在授予外国企业和投资者国民待遇时，也必须赋予内资企业国民待遇；否则，有反客为主、本末倒置之嫌。当然，国民待遇原则也有例外。礼尚往来是人之常情，也是国际商业交往规则。该法第40条规定了对等原则："任何国家或者地区在投资方面对中华人民共和国采取歧视性的禁止、限制或者其他类似措施的，中华人民共和国可以根据实际情况对该国

[①] 刘俊海：《中国加入WTO后公司法的修改前瞻》，载《中国法学》2002年第6期。

家或者该地区采取相应的措施。"此举有助于倒逼其他国家或地区善待我国投资者。

五、《外商投资法》的主要制度创新

(一)准入前国民待遇加负面清单管理制度

《外商投资法》是法无禁止即可为的赋权法。该法的最大亮点是准入前国民待遇加负面清单管理制度。该制度是外商投资监管制度的基石,其他监管制度均由此派生而来。

《外商投资法》第4条规定:"国家对外商投资实行准入前国民待遇加负面清单管理制度。前款所称准入前国民待遇,是指在投资准入阶段给予外国投资者及其投资不低于本国投资者及其投资的待遇;所称负面清单,是指国家规定在特定领域对外商投资实施的准入特别管理措施。国家对负面清单之外的外商投资,给予国民待遇。负面清单由国务院发布或者批准发布。中华人民共和国缔结或者参加的国际条约、协定对外国投资者准入待遇有更优惠规定的,可以按照相关规定执行。"

从"法无授权不可为"的正面清单制度走向"法无禁止即可为"的负面清单制度,是中国法治现代化的核心标志,也是高水平吸引外资的善意之举。该法第28条又细化了负面清单制度的内涵与外延:"外商投资准入负面清单规定禁止投资的领域,外国投资者不得投资。外商投资准入负面清单规定限制投资的领域,外国投资者进行投资应当符合负面清单规定的条件。外商投资准入负面清单以外的领域,按照内外资一致的原则实施管理。"从长远看,负面清单会越来越短,外资准入的空间越来越大。

为确保负面清单制度落地生根,该法第36条区分不同情形规定了相应的监管措施和法律责任:(1)外国投资者投资外商投资准入负面清单规定禁止投资的领域的,由有关主管部门责令停止投资活动,限期处分股份、资产或者采取其他必要措施,恢复到实施投资前的状态;有违法所得的,没收违法所得;(2)外国投资者的投资活动违反外商投资准入负面清单规定的限制性准入特别管理措施的,由有关主管部门责令限期改正,采取必要措施满足准入特别管理措施的要求;逾期不改正的,依照前款规定处理;(3)外国投资者的投资活动违反外商投资准入负面清单规定的,除依照前两款规定处理外,还应当依法承担相应的法律责任。

《外资企业法》第2条拓宽了外商投资的外延:"在中华人民共和国境内(以下简称中国境内)的外商投资,适用本法。本法所称外商投资,是指外国的自然人、企业或者其他组织(以下称外国投资者)直接或者间接在中国境内进行的投资活动,包括下列情形:(1)外国投资者单独或者与其他投资者共同在中国境内设立外商投资企业;(2)外国投资者取得中国境内企业的股份、股权、财产份额或者其他类似权益;(3)外国投资者单独或者与其他投资者共同在中国境内投资新建项目;(4)法律、行政法规或者国务院规定的其他方式的投资。本法所称外商投资企业,是指全部或者部分由外国投资者投资,依照中国法律在中国境内经登记注册设立的企业。"伸缩自如的第四项兜底条款使得外商直接投资与间接投资(如股权代持或 VIE 架构)都被一网打尽。"企业"既包括公司,也包括个人独资企业、合伙企业、信托与合作社企业。

鉴于金融行业同其他行业和领域相比具有特殊性,《外商投资法》第41条规定:"对外国投资者在中国境内投资银行业、证券业、保险业等金融行业,或者在证券市场、外汇市场等金融市场进行投资的管理,国家另有规定的,依照其规定。"这意味着,若相关金融立法对外商投资另有特别规定,特别法规定优先适用;若无,则补充适用《外商投资法》。

实际上,即使在金融业,中国的对外开放也在阔步前行。在《外商投资法》颁布后,尤为如此。为贯彻落实党中央、国务院关于进一步扩大对外开放的决策部署,按照"宜快不宜慢、宜早不宜迟"的原则,国务院金融稳定发展委员会办公室2019年7月20日发布了《关于进一步扩大金融业对外开放的有关举措》,推出11条金融业对外开放措施。

(二)外商投资促进的系统化

《外商投资法》的核心是促进外资与中国经济共同成长。为积极促进外商投资,该法第3条庄严承诺:"国家坚持对外开放的基本国策,鼓励外国投资者依法在中国境内投资。国家实行高水平投资自由化便利化政策,建立和完善外商投资促进机制,营造稳定、透明、可预期和公平竞争的市场环境。"为将这一承诺落地生根,《外商投资法》第2章浓墨重彩地专门规定了12项投资促进措施。

1. 企业友好型政策的普惠化

根据《外商投资法》第9条,外商投资企业依法平等适用国家支持企业发展的各项政策。这是外企准入后的国民待遇原则。国企与民企之间、外企与内企之间的法律地位与社会地位都是平等的。现代法治社会不存在企业之间的三六九等,不存在所有制的优越与卑贱的问题。依据中国法律在中国境内注册成立的任何企业,包括准入后的外商投资企业,都依法享受国民待遇。即使对外国投资者准入前,也实行国民待遇原则加负面清单制度。基于投资者所有制性质与国籍的歧视性待遇,无论是优惠性的超国民待遇,还是歧视性的亚国民待遇,都缺乏正当性与合法性。无论是民企,还是国企,无论是内企,还是外企,都是我国社会主义市场经济大家庭的重要成员。各类企业必须依法经营,公平竞争,互利合作,共同发展。外企与内企依法取得的权利都是平等的,没有等级贵贱之别。

2. 立法建言的制度化

根据该法第10条第1款,制定与外商投资有关的法律、法规、规章,应当采取适当方式征求外商投资企业的意见和建议。作为落户中国的企业居民,外商投资企业既是营商法律环境的受益者,也是营商法律环境的塑造者、见证者和参与者。立法者在我国历史上第一次赋予外商投资企业对攸关自己切身利益的立法活动享有知情权、建议权,值得肯定。随着科学立法、透明立法、开门立法的制度化、规范化与常态化,外企的建言献策不再是奢望。

3. 外商投资政策(红头文件)与裁判文书的透明度

《外商投资法》第10条第2款规定:"与外商投资有关的规范性文件、裁判文书等,应当依法及时公布。"该条款解除了外商的两大顾虑:一是政府部门内部的红头文件对外商切身利益有重大影响,但由于秘而不宣,外商只能蒙在鼓里,无法未雨绸缪地预防与控制与之相关的风险;二是法院同案不同判的现象会导致外商无所适从,无法规划与筹划未来的商业模式与契约安排。

实现红头文件与裁判文书的透明化,既是促进外商投资的必要措施,也是法治营商环境的起码要求。笔者作为最高人民法院信息化专家咨询委员,欣慰地看到近年来法院信息化建设不断提速,中国审判流程信息公开网、中国庭审公开网、中国裁判文书网与中国在执行信息公开网等四大公开平台已经建成,全国企业破产重整案件网、全国法院减刑假释暂予监外执行信息网、中国司法案例网等新型公开平台也开始上线运行。北京、杭州和广州等地的互联网法院创新了"网上案件网上审理"的诉讼模式,微法院小程序的运用开始普及。虽然信息化建设中存在着重建设轻应用、重技术轻内容、重系统轻协调、重整体轻细节、重便捷轻安全、重设施轻人才等薄弱环节,但智慧法院前景可期。

"裁判文书"具有广狭二义。广义概念包括仲裁机构的裁决书与调解书在内,而狭义概念仅包括法院的裁判文书(判决书、调解书与裁定书)。由于《仲裁法》规定了仲裁案件不公开审理的制度,以尊重双方当事人的商业秘密,因此要推动仲裁机构裁判文书上网必须采取变通方式,如在出版裁决书时要对当事人的姓名或名称甚至敏感证据采取脱敏化、脱密化技术措施。

4. 外商投资服务体系的精准化

《外商投资法》第11条规定:"国家建立健全外商投资服务体系,为外国投资者和外商投资企业提供法律法规、政策措施、投资项目信息等方面的咨询和服务。"这是建设服务型政府的需要,也是外商初次来华投资时亟需解决的痛点问题。只有直面外商投资的焦虑感,才能确保外资促进措施不空转。

5. 投资促进合作机制的全球化

《外商投资法》第12条规定:"国家与其他国家和地区、国际组织建立多边、双边投资促进合作机制,加强投资领域的国际交流与合作。"在经济全球化时代,各国经济既有竞争,也有合作。为促进资本、商品、服务、信息与人员在全球范围内的自由流动,需要在消除双重征税、保护外商产权、限制国有化征收以及歧视性待遇等诸多方面采取多赢共享、互利共赢的国际合作。国际合作的初级阶段是双边投资协定为载体的双边合作,高级阶段是多边投资公约为载体的多边合作。我国已与多国签署了双边投资保护协定。与美国的双边投资保护协定虽然尚未签署,但已磋商谈判多年。

6. 特殊经济区域和试验性政策措施的有序化

在总结对外开放经验教训的基础上,从全国一盘棋角度出发,《外商投资法》第13条规定:"国家根据需要,设立特殊经济区域,或者在部分地区实行外商投资试验性政策措施,促进外商投资,扩大对外开放。"这一外资促进政策体现了循序渐进的战略智慧,有助于避免重蹈各地混乱无序的招商乱象,也有助于引导外资理性研究与发现中国的特殊经济区域和试验性政策措施。鼓励高水平的外资开放需要试验田,但试验田的选择不是随意的,而应建立在科学论证与法律决策基础之上。

7. 投资优惠的合法化

《外商投资法》第14条规定了国家层面的投资优惠措施:"国家根据国民经济和社会发展需要,鼓励和引导外国投资者在特定行业、领域、地区投资。外国投资者、外商投资企业可以依照法律、行政法规或者国务院的规定享受优惠待遇。"

该条是着眼于我国特定行业、领域与地区存在的短板而言的。为扶持落后的特定行业、领域与地区,国家有权也有义务推出投资优惠措施。市场具有自发性特点。涓滴效应需要时间。而且,涓滴效应能否最终由优势的行业、领域或地区传导到弱势的行业、领域或地区也是问号。

当然,内资企业特别是民营企业也不要吃醋。凡是对外资开放的产业,对内资企业包括民营企业当然也要无条件开放。这才是真正的国民待遇原则。在授予外国企业和投资者国民待遇时,也必须赋予内资企业国民待遇;否则,有反客为主、本末倒置之嫌。因为,手心手背都是肉。

8. 国家立标参与权

《外商投资法》第15条第1款规定："国家保障外商投资企业依法平等参与标准制定工作,强化标准制定的信息公开和社会监督。"稳步提升并严格落实产品标准和服务标准是建设质量强国、惠及广大消费者的关键。为避免外企或内企输在起跑线上,必须鼓励开门立标、民主立标、透明立标。无论是国家标准,还是行业标准,都要鼓励外企与内企平等参与,公平博弈,彻底终结标准的散乱差现象。标准弱,质量弱、企业劣;标准强,则质量强、企业优。

过去曾有一些跨国企业看客下菜,在中国与国外市场推行双重产品标准,歧视中国消费者。为遏制跨国公司的失信行为,该条第2款规定："国家制定的强制性标准平等适用于外商投资企业。"歧视性双重标准可休矣。

9. 国货优先的政府采购政策

《政府采购法》第10条规定："政府采购应当采购本国货物、工程和服务。但有下列情形之一的除外:(1)需要采购的货物、工程或者服务在中国境内无法获取或者无法以合理的商业条件获取的;(2)为在中国境外使用而进行采购的;(3)其他法律、行政法规另有规定的。前款所称本国货物、工程和服务的界定,依照国务院有关规定执行。"

《外商投资法》第16条规定："国家保障外商投资企业依法通过公平竞争参与政府采购活动。政府采购依法对外商投资企业在中国境内生产的产品、提供的服务平等对待。"因此,外商投资企业在中国境内生产的产品也是国货。鹬蚌相争,渔翁得利。鼓励外资企业通过公平竞争参与政府采购市场,有助于降低采购成本,节约纳税人资金,也彰显了海纳百川的开放精神与大国胸襟。

该条所说的"公平竞争"主要是指公开招标方式。虽然《政府采购法》第26条规定了政府采购的六种方式(公开招标、邀请招标、竞争性谈判、单一来源采购、询价与国务院政府采购监督管理部门认定的其他采购方式),但强调,"公开招标应作为政府采购的主要采购方式"。此外,该法第28条重申,"采购人不得将应当以公开招标方式采购的货物或者服务化整为零或者以其他任何方式规避公开招标采购"。因此,外资企业在政府采购市场脱颖而出的关键仍然是产品、服务或工程的质量标准和性价比等核心竞争力。

2019年3月8日的《外商投资法(草案)》第16条曾规定："国家保障外商投资企业依法通过公平竞争参与政府采购活动。政府采购依法对外商投资企业在中国境内生产的产品平等对待。"对此,有些代表提出,政府采购的范围既包括产品,也包括服务。草案第16条仅规定政府采购依法对外商投资企业在中国境内生产的产品平等对待,是否包括服务,不够明确,建议研究修改。宪法和法律委员会经研究,建议采纳这一意见,将相关规定修改为"政府采购依法对外商投资企业在中国境内生产的产品、提供的服务平等对待"。最终表决通过的《外商投资法》第16条采纳了这一建议。

虽然该条款鼓励政府采购外商投资企业的产品和服务,但仍漏掉了《政府采购法》规定的第三类采购对象:工程。笔者认为,虽然该条款未提及"工程"二字,但从立法本意看,外商投资企业提供的工程(包括软件开发与安装工程)都应包括在内。因为,《政府采购法》第2条规定的政府采购对象同时涵盖了货物(产品)、工程和服务。其中,"本法所称货物,是指各种形态和种类的物品,包括原材料、燃料、设备、产品等。本法所称工程,是指建设工程,包括建筑物和构筑物的新建、改建、扩建、装修、拆除、修缮等。本法所称服务,是指除货物和工程以外的其他政府采购对象"。因此,政府采购对象都应被《外商投资法》一网打尽。

10. 融资通道的多元化

如同人生下来就要喝水,融资是每个企业与生俱来的权利。但长期以来,外资企业与民营企业都面临融资难、融资贵、融资手段单一的尴尬局面。为拓宽外企融资通道,《外商投资法》第 17 条规定:"外商投资企业可以依法通过公开发行股票、公司债券等证券和其他方式进行融资。"

建议我国多层次的资本市场,无论是主板市场、中小板市场、创业板市场、新三板市场还是科创板市场,无论是一级市场还是二级市场,都应对外资企业打开大门。也建议我国资本市场尽快开放国际版,允许优秀的外国企业来华上市,造福中国股民。

11. 地方招商措施的合法化

为落实守约践诺的诚信政府理念,避免"新官不理旧账"的教训,《外商投资法》第 18 条规定:"县级以上地方人民政府可以根据法律、行政法规、地方性法规的规定,在法定权限内制定外商投资促进和便利化政策措施。"因此,地方政府在法定权限内制定的外商投资促进和便利化政策措施都合法有效,都有法律拘束力。因此,建议地方政府量力而行,适度承诺;一旦承诺,就要诚信履约。君子一言,驷马难追。包括 J(钩)Q(圈)K(抠)在内的"关门打狗"的失信招商引资伎俩将成为历史。

12. 外商投资服务的全方位

吸引外资是举国之事。纳税人越多,纳税能力越强,政府越高兴。为提高外资服务水平,《外商投资法》第 19 条要求:"各级人民政府及其有关部门应当按照便利、高效、透明的原则,简化办事程序,提高办事效率,优化政务服务,进一步提高外商投资服务水平。有关主管部门应当编制和公布外商投资指引,为外国投资者和外商投资企业提供服务和便利。"

2019 年 3 月 8 日的《外商投资法(草案)》第 19 条第 1 款的文字表述曾是:"各级人民政府及其有关部门应当按照便利、高效、透明的原则,进一步提高外商投资服务水平。"在审议过程中,有些全国人大代表建议按照"放管服"改革的要求,在草案第 19 条第 1 款中对政府及其有关部门提高外商投资服务水平作出更加具体明确的规定。宪法和法律委员会经研究,建议将这一款修改为:"各级人民政府及其有关部门应当按照便利、高效、透明的原则,简化办事程序,提高办事效率,优化政务服务,进一步提高外商投资服务水平。"最终出台的《外商投资法》采纳了该建议。新增的 18 个字意味深长。这表明,立法者重视打通服务型政府建设在促进外商投资方面的最后一公里。

(三) 外商投资保护的具体化

有恒产者有恒心,而有恒产的前提是恒法,恒法的关键是产权保护。鉴于保护外商投资者权益是《外商投资法》的核心,该法不仅在总则第 5 条明确规定:"国家依法保护外国投资者在中国境内的投资、收益和其他合法权益",而且在第 2 章详细规定了多项投资保护措施。

1. 产权保护:不征收原则及其例外

过于任性的政府征收或征用是外国直接投资中的大忌。凡是征收征用肆无忌惮的地方,外商都会战战兢兢,退避三舍。为保护产权,遵循国际通例,《外商投资法》第 20 条确立了不征收为原则、依法征收征用为例外的法律规则。该条规定:"国家对外国投资者的投资不实行征收。在特殊情况下,国家为了公共利益的需要,可以依照法律规定对外国投资者的投资实行征收或者征用。征收、征用应当依照法定程序进行,并及时给予公平、合理的补偿。"因此,约束征收征用的法律机制有三:一是必须基于公共利益的需要,而不是商业利益或者个人利益的需要;二是必须履行法定程序(如听证程序、复议程序、诉讼和/或仲裁程序);三是补偿必须公平合理。笔者认为,所谓公平合理,意味着及时性、充分性与有效性。其核心是市场化补偿。

2. 资金流动的自由化

人往高处走,水往低处流。资金的自由流动是市场经济具有包容度的最低要求。《外商投资法》第21条规定:"外国投资者在中国境内的出资、利润、资本收益、资产处置所得、知识产权许可使用费、依法获得的补偿或者赔偿、清算所得等,可以依法以人民币或者外汇自由汇入、汇出。"

3. 知识产权保护力度加大

在知识经济时代,知识产权已成为财富的中心,也是产权保护的重中之重。市场经济就是契约经济。中外合资各方必须弘扬契约自由、契约公平、契约严守的契约精神,任何一方都不得强买强卖。坦率地说,强制转让技术的确是中美贸易谈判中涉及的敏感问题。在《外商投资法》起草中,立法者勇于担当,明确禁止滥用行政权、强制技术转让,体现了负责任大国应有的契约精神,值得点赞。

为推进简政放权、放管结合、优化服务改革,更大程度激发市场、社会的创新创造活力,2019年3月2日国务院公布的《关于修改部分行政法规的决定》删去了《中外合资经营企业法实施条例》第43条第2款第3项、第4项。该两项条款曾要求技术转让协议的期限一般不超过10年;技术转让协议期满后,技术输入方有权继续使用该项技术。之所以删除,因为这些条款具有强制技术转让的色彩。

2019年3月8日的《外商投资法(草案)》第22条曾表述为:"国家保护外国投资者和外商投资企业的知识产权,保护知识产权权利人和相关权利人的合法权益,鼓励基于自愿原则和商业规则开展技术合作。外商投资过程中技术合作的条件由投资各方遵循公平原则平等协商确定,行政机关及其工作人员不得利用行政手段强制转让技术。"

在审议过程中,有些全国人大代表建议修改该条第1款,强化责任追究。宪法和法律委员会经研究,建议将相关规定修改为:"国家保护外国投资者和外商投资企业的知识产权,保护知识产权权利人和相关权利人的合法权益;对知识产权侵权行为,严格依法追究法律责任。"

最终出台的《外商投资法》第22条采纳了该建议:"国家保护外国投资者和外商投资企业的知识产权,保护知识产权权利人和相关权利人的合法权益;对知识产权侵权行为,严格依法追究法律责任。国家鼓励在外商投资过程中基于自愿原则和商业规则开展技术合作。技术合作的条件由投资各方遵循公平原则平等协商确定。行政机关及其工作人员不得利用行政手段强制转让技术。"

严究知识产权侵权责任,不仅是政治表态,更是对司法救济体系与仲裁体系在知识产权可诉性、可裁性与可执行性方面的能力建设提出了更严格的要求。

4. 政府及公务员对外资企业所负的保密义务

在2019年3月8日全国人大代表审议的《外商投资法(草案)》中缺乏对政府及公务员对外资企业商业秘密的保护义务。但在审议过程中,有些全国人大代表提出,行政机关及其工作人员对在履行职责过程中知悉的外国投资者、外商投资企业的商业秘密应当保密,建议增加相关规定。

宪法和法律委员会经研究,建议增加一条规定:行政机关及其工作人员对于履行职责过程中知悉的外国投资者、外商投资企业的商业秘密,应当依法予以保密,不得泄露或者非法向他人提供。同时对行政机关工作人员违反保密义务的法律责任作了规定。

最终出台的《外商投资法》采纳了该建议,专门增加了第23条:"行政机关及其工作人员对于履行职责过程中知悉的外国投资者、外商投资企业的商业秘密,应当依法予以保密,不得泄露或者非法向他人提供。"该法第39条配套增加了法律责任条款:行政机关工作人员在外商投资促进、保护和管理工作中泄露、非法向他人提供履行职责过程中知悉的商业秘密的,依法给予处分;构成犯罪的,依法追究刑事责任。

5. 把地方红头文件关进法治的笼子

《外商投资法》第24条强化了对制定涉及外商投资规范性文件的约束:"各级人民政府及其有关部门制定涉及外商投资的规范性文件,应当符合法律法规的规定;没有法律、行政法规依据的,不得减损外商投资企业的合法权益或者增加其义务,不得设置市场准入和退出条件,不得干预外商投资企业的正常生产经营活动。"

该条与第18条相互照应,相辅相成。后者从正面鼓励地方政府依法制定外商投资促进和便利化政策措施;前者从反面禁止地方政府通过红头文件减损外企之权益、增加外企之义务。依反对解释,倘若规范性文件旨在为外资企业增益减损,则属有效。

6. 政府守约践诺法治化

《外商投资法》第25条要求地方政府守约践诺:"地方各级人民政府及其有关部门应当履行向外国投资者、外商投资企业依法作出的政策承诺以及依法订立的各类合同。因国家利益、社会公共利益需要改变政策承诺、合同约定的,应当依照法定权限和程序进行,并依法对外国投资者、外商投资企业因此受到的损失予以补偿。"因此,政府失信必须付出代价。招商引资合同要严守,未写入合同的招商承诺(如谅解备忘录)也是合同,也要严守。即使合同与承诺无效,政府也要对善意信赖政府承诺的外商与外资企业由此而遭受的损失承担缔约过错责任。

7. 投诉渠道的多元化

法院和仲裁机构作为裁判者,必须对争议双方一视同仁,始终保持黑脸包公的本色,认法不认人,认理不认人。法院要切实做到开门立案,凡诉必理,慎思明辨,求索规则,辨法析理,胜败皆明法。谁有理,就保护谁。谁的法律依据过硬,就保护谁。谁的证据过硬,就保护谁。

为消除外商投诉无门的顾虑,《外商投资法》第26条建立了外商投资企业投诉工作机制:"国家建立外商投资企业投诉工作机制,及时处理外商投资企业或者其投资者反映的问题,协调完善相关政策措施。外商投资企业或者其投资者认为行政机关及其工作人员的行政行为侵犯其合法权益的,可以通过外商投资企业投诉工作机制申请协调解决。外商投资企业或者其投资者认为行政机关及其工作人员的行政行为侵犯其合法权益的,除依照前款规定通过外商投资企业投诉工作机制申请协调解决外,还可以依法申请行政复议、提起行政诉讼。"

8. 外商行业自律机制的健全

一个篱笆三个桩,一个好汉三个帮。只有行业自律才能预防诚信株连,提升行业公信。为激活商会与协会的自律功能,《外商投资法》第 27 条规定:"外商投资企业可以依法成立和自愿参加商会、协会。商会、协会依照法律法规和章程的规定开展相关活动,维护会员的合法权益。"商会协会的核心角色定位是要实现自我教育、自我约束、自我管理、自我服务、自我提升。

2019 年 3 月 8 日全国人大代表审议的《外商投资法(草案)》第 26 条曾规定,"外国投资者、外商投资企业可以依法成立和自愿参加商会、协会。"有些全国人大代表提出,目前涉外商会、协会都是由外商投资企业组成,草案的上述表述不够准确,建议研究修改。宪法和法律委员会经研究,建议删除这一条中的"外国投资者"。最终出台的《外商投资法》第 27 条采纳了这一建议。这意味着外国投资者无需在中国成立外国投资者协会。

(四) 外商投资监管的法治化

1. 外资企业要慎独自律

权利有边界,自由有限度。法治化的市场经济不允许任何特权企业、特权公民、特权商人,更不容忍法外企业与法外个人的存在。为鼓励外资企业慎独自律、见贤思齐,预防风险外溢,《外商投资法》第 6 条规定:"在中国境内进行投资活动的外国投资者、外商投资企业,应当遵守中国法律法规,不得危害中国国家安全、损害社会公共利益。"外资企业应完善内部治理体系和内部风险控制体系。

2. 核准备案与行政许可

法治政府贵在法无授权不可为、法定职责必须为、违法作为必问责。因此,主管部门无论是对国企还是民企、对内资企业还是外资企业,都要一碗水端平地提供行政服务,包括行政许可与行政指导。《外商投资法》第 29 条规定:"外商投资需要办理投资项目核准、备案的,按照国家有关规定执行。"第 30 条规定:"外国投资者在依法需要取得许可的行业、领域进行投资的,应当依法办理相关许可手续。有关主管部门应当按照与内资一致的条件和程序,审核外国投资者的许可申请,法律、行政法规另有规定的除外。"

3. 行政监管

《外商投资法》第 32 条规定:"外商投资企业开展生产经营活动,应当遵守法律、行政法规有关劳动保护、社会保险的规定,依照法律、行政法规和国家有关规定办理税收、会计、外汇等事宜,并接受相关主管部门依法实施的监督检查。"谁有病,谁吃药。谁违规,谁受罚。谁失信,谁担责。监管者不能搞选择性执法。建议全面推行"两随机一公开"的制度。

2019 年 3 月 8 日全国人大代表审议的《外商投资法(草案)》第 31 条规定:"外商投资企业开展生产经营活动,应当依照有关法律、行政法规和国家有关规定办理税收、会计、外汇等事宜,并接受有关主管部门依法实施的监督检查。"在全国人大代表审议过程中,有代表建议在相关条款中进一步明确外商投资企业保护职工合法权益的内容。宪法和法律委员会经研究,建议采纳上述意见,在草案修改稿第 32 条增加规定,外商投资企业应"遵守法律、行政法规有关劳动保护、社会保险的规定"。最终出台的《外商投资法》做了上述修改。

4. 反垄断审查机制

《外商投资法》第 33 条规定:"外国投资者并购中国境内企业或者以其他方式参与经营者集中的,应当依照《中华人民共和国反垄断法》的规定接受经营者集中审查。"

5. 信息报告制度

《外商投资法》第 34 条建立了外商投资信息报告制度："国家建立外商投资信息报告制度。外国投资者或者外商投资企业应当通过企业登记系统以及企业信用信息公示系统向商务主管部门报送投资信息。外商投资信息报告的内容和范围按照确有必要的原则确定；通过部门信息共享能够获得的投资信息，不得再行要求报送。"违者，由商务主管部门依该法第 37 条责令限期改正；逾期不改正的，处 10 万元以上 50 万元以下的罚款。

6. 安全审查制度

《外商投资法》第 35 条对外商投资安全审查制度作了原则规定："国家建立外商投资安全审查制度，对影响或者可能影响国家安全的外商投资进行安全审查。依法作出的安全审查决定为最终决定。"这意味着，安全审查决定不具有可诉性，既不能申请行政复议，也不能提起行政诉讼。

7. 失信制裁制度

市场有眼睛，法律有牙齿。《外商投资法》第 38 条规定："对外国投资者、外商投资企业违反法律、法规的行为，由有关部门依法查处，并按照国家有关规定纳入信用信息系统。"

8. 公务员的廉政勤政责任

我国传统文化倡导学而优则仕，乃源于对公务人员的德才兼备的期许。为倒逼公务员以身作则，《外商投资法》第 39 条规定了公务员的廉政勤政责任："行政机关工作人员在外商投资促进、保护和管理工作中滥用职权、玩忽职守、徇私舞弊的，或者泄露、非法向他人提供履行职责过程中知悉的商业秘密的，依法给予处分；构成犯罪的，依法追究刑事责任。"

第四节 国有独资公司

一、国有独资公司的概念和特殊性

《公司法》第 64 条第 2 款将国有独资公司界定为国家单独出资、由国务院或者地方人民政府委托本级人民政府国有资产监督管理机构履行出资人职责的有限责任公司。

国有独资公司作为有限责任公司之一种，既具有投资主体的特殊性，也具有公司的一般性以及股东的一般性。因此，《公司法》有关有限责任公司制度的一般规定（第 2 章第 1 节和第 2 节）与国有独资公司制度是一般法与特别法的关系。在第 2 章第 4 节对国有独资公司作出特别规定时，此种特别规定优先适用；但在第 2 章第 4 节对国有独资公司未作特别规定时，应当补充适用新《公司法》有关有限公司的一般规定。

国有独资公司作为一人有限公司（一人公司）之一种，既具有自身特殊性，也具有一人公司的一般性。因此，相对于第 2 章第 3 节"一人有限责任公司的特别规定"而言，第 2 章第 4 节"国有独资公司的特别规定"是特别法律规范，而第 2 章第 3 节是一般法律规范。遗憾的是，《公司法》第 64 条规定："国有独资公司的设立和组织机构，适用本节规定；本节没有规定的，适用本章第一节、第二节的规定。"这就忽视了第 3 节"一人有限责任公司"作为一般法律规定的补充适用地位。于是，当国有独资公司的特别规定以及《公司法》第 2 章第 1 节和第 2 节的一般规定出现漏洞时，似乎就不能对国有独资公司补充适用一人公司的规定，包括第 64 条的法人人格滥用推定制度。建议未来《公司法》修改时，将一人公司制度作为国有独资公司补充适用的一般法律制度。

二、代行股东权的国家股东代理机构

《公司法》第66条将国家股东代理人界定为国有资产监督管理机构："国有独资公司不设股东会,由国有资产监督管理机构行使股东会职权。国有资产监督管理机构可以授权公司董事会行使股东会的部分职权,决定公司的重大事项,但公司的合并、分立、解散、增加或者减少注册资本和发行公司债券,必须由国有资产监督管理机构决定;其中,重要的国有独资公司合并、分立、解散、申请破产的,应当由国有资产监督管理机构审核后,报本级人民政府批准。前款所称重要的国有独资公司,按照国务院的规定确定。"

依《公司法》第66条,国家股东代理人既可亲自行使股东会职权,也可授权公司董事会行使股东会的部分职权。至于是否授权、授权多寡,要取决于国家股东代理人代行国家股权的能力以及不同公司的具体情况。若国家股东代理人有足够的精力、编制和人员直接行使股东权利,国家股东代理人就可以不授权公司董事会行使股东会的部分职权。该条较为贴近代理人尽量亲自为被代理人提供代理服务、大幅压缩代理环节和代理成本的代理本意。

但依其性质不宜授权董事会行使的股东会职权不得授权董事会行使。例如,选举和更换非由职工代表担任的董事、监事;决定有关董事、监事的报酬事项;审议批准董事会的报告;审议批准监事会或者监事的报告;审议批准公司的年度财务预算方案、决算方案;审议批准公司的利润分配方案和弥补亏损方案等即属此例。

《公司法》第65条重申,国有独资公司章程由国家股东代理人制定,或者由董事会制订报国家股东代理人批准。究竟采取哪种方式,由国家股东代理人酌定。

三、国有独资公司的董事会

《公司法》第67条第1款规定,国有独资公司设董事会,依照本法第46条、第66条的规定行使职权。董事每届任期不得超过3年。董事会成员中应当有公司职工代表。职工董事由公司职工代表大会选举产生,而其他董事则由国有资产监督管理机构委派。至于职工董事的名额及其在董事会中的比例,立法者未如职工监事制度那样强制规定1/3的最低比例。对此,应当根据公司自治精神,由公司章程予以规定。笔者建议,最佳的职工监事比例为大致1/3。若职工董事比例太高,很容易以非专业的、且以职工利益最大化为取向的职工意见吞没和否定经营管理专业人士所作的专业的、前瞻的、兼顾职工利益和国家股东利益的判断。若职工董事比例太低,则职工董事的微弱声音难以放大。

国有独资公司的董事长的产生办法有别于其他有限责任公司或股份有限公司。例如,依《公司法》第44条第3款规定,有限责任公司的董事长、副董事长的产生办法由章程规定。可见,公司法尊重普通有限责任公司的公司自治。依《公司法》第109条,股份有限公司的董事长和副董事长由董事会以全体董事的过半数选举产生。而依《公司法》第67条第3款规定,国有独资公司的董事长、副董事长由国有资产监督管理机构从董事会成员中指定。

《公司法》第66条在重申国有独资公司不设股东会的态度的基础上,强调公司董事会可以行使股东会授予的部分职权,并作了相应调整:(1)明确了股东会的职权由国有资产监督管理机构行使,这就明确了股东会职权的行使主体。(2)明确了国有资产监督管理机构可以授权公司董事会行使股东会的部分职权,决定公司的重大事项。值得注意的是,国有资产监督管理机构可以授权公司董事会,也可不作此种授权。至于在特定的国有独资公司中是否授权,要取决于国有资产监督管理机构的国家资本控制能力。国有资产监督管理机构有能力亲自行使股东会职权的,应当亲自行事,不宜由于行使股东会职权的繁琐之苦而一授了之。原因很简单:股东的所思所想在价值取向上不同于董事会。(3)重申了必须由国有资产监督管理机构决定的事项(公司的合并、分立、解散、增加或者减少注册资本和发行公司债券)。笔者认为,对于那些与董事会切身利益存在潜在冲突的特定事项(决定有关董事、监事的报酬事项;审议批准董事会的报告;审议批准监事会或者监事的报告;审议批准公司的年度财务预算方案、决算方案;审议批准公司的利润分配方案和弥补亏损方案)的决策权,国有资产监督管理机构应当亲力亲为,不得拱手送给董事会。(4)为确保国家股东对国有独资公司的重大组织行为的控制权,将二级国家股东代理机构对特定重大事项的决策权上收于一级国家股东代理机构。该条增加规定:"重要的国有独资公司合并、分立、解散、申请破产的,应当由国有资产监督管理机构审核后,报本级人民政府批准。"

四、国有独资公司的监事会

1993年《公司法》没有要求国有独资公司设立监事会。实践证明,监事会制度的虚位容易滋生国有独资公司的内部人控制现象。为完善国有独资公司治理,2005年《公司法》要求国有独资公司设立监事会。该法第70条规定:"国有独资公司监事会成员不得少于5人,其中职工代表的比例不得低于1/3,具体比例由章程规定。监事会成员由国有资产监督管理机构委派;但监事会成员中的职工代表由公司职工代表大会选举产生。监事会主席由国有资产监督管理机构从监事会成员中指定。"监事会行使该法第53条第1项至第3项规定的职权和国务院规定的其他职权。一些国有独资公司的监事会成员中的职工代表不足1/3,亟待补缺。但监事会在职工监事补缺之前实施的行为、作出的决策仍对公司具有拘束力。

五、国有独资公司高管兼职之禁止

为避免国有独资公司董事长、副董事长、董事、经理擅自兼职的现象,预防兼职过多影响其对国有独资公司的忠诚度与勤勉度,《公司法》第69条禁止国有独资公司的董事长、副董事长、董事、高级管理人员,未经国有资产监督管理机构同意,在其他有限责任公司、股份有限公司或者其他经济组织兼职。换言之,只要经过国有资产监督管理机构同意,董事长、副董事长、董事、高级管理人员就可以在其他有限责任公司、股份有限公司或者其他经济组织(包括国有独资公司控股或者参股的公司)兼职。

第五节　企业国有资产法对国有企业的法律规制

一、《企业国有资产法》的出台背景

长期以来,我国国有企业改制过程中的国有资产流失现象一直引起社会公众的强烈关注。但遗憾的是,我国一直没有《企业国有资产法》。国有资产在改制中的流失途径多种多样,包括但不限于资产评估机构缺乏诚信,使国有资产的价值被低估;改制过程中,在海外设立的国有企业缺乏应有的监管;国家持股或控股的企业通过关联交易将国有企业的股份、资

产、利润转移给第三者,若此等等。《物权法》立法过程中的一个焦点问题就是如何保护国家的财产权利,预防国有资产流失,实现国有资产保值增值。

为巩固和发展国有经济,保障国有资产权益,发挥国有经济在国民经济中的主导作用,堵塞国有资产流失的制度漏洞,预防国有资产受到不法侵害,我国全国人大常委会于2008年10月28日通过了《企业国有资产法》。该法共9章77条,自2009年5月1日起施行。依该法第2条,该法所称"企业国有资产"(以下称国有资产),是指国家对企业各种形式的出资所形成的权益,包括但不限于物权、股权、知识产权和债权等民事权利。

企业国有资产即国有经营性资产以企业的经营范围为准,可分为金融类资产和非金融类资产。当然,在经济生活中,由于非金融类产业的国有企业也会参股甚至控股商业银行、保险公司、证券公司和基金管理公司等金融机构,因此金融类资产和非金融类资产的划分并非泾渭分明。但无论是工业企业,还是金融企业,都适用《企业国有资产法》。该法第76条明文规定:"金融企业国有资产的管理与监督,法律、行政法规另有规定的,依照其规定。"这表明,在我国,对金融企业而言,《企业国有资产法》是一般法,而其他《商业银行法》《保险法》《投资基金法》和《证券法》等法律和行政法规属于特别法。

二、国家出资企业的产权结构:国家统一所有基础上的信托架构

《企业国有资产法》第5条将国家出资企业归纳为四类:国家出资的国有独资企业、国有独资公司,以及国有资本控股公司、国有资本参股公司。长期以来,国有资产究竟是国家所有?政府所有?还是人民所有?从理论上看一直存在争论。

《企业国有资产法》第3条明确界定的企业国有资产的投资者权利归属制度适用于各类国家出资企业:"国有资产属于国家所有即全民所有。国务院代表国家行使国有资产所有权。"这一条款讲清了三层意思:(1)从形式上看,国家是国有资产的权利主体。换言之,名义权利主体是国家这个唯一权利主体。(2)从实质上看,实质权利主体是全民即全国14亿人民。严格说来,国家是法律形式意义上的权利主体,而国家背后的14亿人民才是实质意义上的权利主体。把全民界定为国有资产的实质权利主体,有助于把全民利益和社会公共利益最大化作为强化国有资产监管、完善国有企业治理、提高国有企业透明度的指南针。在一定意义上看,国有独资企业和国有独资公司是股东人数最多、透明度最高的公众公司。(3)从权利主体的代理人角度看,国务院是代表国家行使国有资产所有权的一级法定代理机构。

14亿人民群众无法聚集一堂,事必躬亲,遂由主体单一的国家代表全国人民行使股权。问题是,国家作为全民利益的法律化身又是一个虚拟的法律人格,国家行为不得不借助立法机关、行政机关和司法机关在法定权限内分别实施。于是,立法者将国家对被投资企业的投资者享有的权利委托给国务院行使。可见,国家出资企业的投资者权利结构完全符合信托关系尤其是他益信托的法律要求。其中,全国人民是受益人(实质权利人),国家是委托人,国务院是受托人。

在明确投资者的权利归属的同时,还要明确企业自身的产权结构。就《全民所有制工业企业法》调整的国有独资企业而言,国家对企业财产享有所有权,企业对其占有的财产享有经营权,而无法人财产权。而对于改制为现代公司的国有独资公司、国家参股和控股的公司而言,国有企业既然是独立的企业法人,当然享有独立的法人所有权和经营权。换言之,国

家对其出资设立公司享有的权利为股权,而非物权,更非所有权。

从公司制企业的产权结构看,"国有企业"的概念并不准确。相反,国有企业应当界定为国家投资设立的企业,包括全资控股的企业(包括《全民所有制工业企业法》调整的国有独资企业和《公司法》调整的国有独资公司)以及非全资控股的企业。因此,《企业国有资产法》第5条使用了"国家出资企业"的概念。通览该法,只有第7条偶尔使用了"国有企业"的通俗化概念。当然,有些国有企业属于竞争性领域,而有些国有企业属于非竞争性领域;有些国有企业追求营利最大化,有些国有企业则追求营利合理化与社会公共利益最大化。但国家股权的性质在任何产业领域的公司都具有共同性。

至于通常所说的"地方国有企业",严格说来,应指"省有企业""市有企业""县有企业"或"区有企业",不能笼统称为"国有企业"。对于省、区、市、县一级所有的资产投资形成的股份,则可借鉴国家股代理人模式。当然,国有资产与地方公共资产的划分有赖于我国财政体制和国有资产经营管理体制的深化改革。笔者认为,国有资产长远改革的目标是建立国有、省有、市有、县有等分级所有的国有资产结构。

从《企业国有资产法》的立法表述看,中央政府与地方政府共享受托职责并不意味着国家出资企业的产权的多元化。因为,地方政府仅以法定代表机构的身份代表国家,为受益人(全国人民)的利益而对国家出资企业履行出资人职责,享有出资人权益。地方政府履行出资人职责是为谋求受益人(全国人民)的利益,享有出资人权益也是为谋求受益人(全国人民)的利益。因此,享有出资人权益获得的财产利益(包括股利)应当归属于全国人民,而非归属地方财政,也非归属地方政府行政区划内的部分人民,更非归属地方政府自身。以代表权凌驾于受益人权利,或者以代表权否定受益人权利、以代表权虚化受益人权利的理论和措施都不符合《企业国有资产法》的要求。

三、中央政府与地方政府的分级代理体制

国务院作为中央政府代表国家行使国有资产所有权。国家行政机关系统既包括处于金字塔塔尖的中央政府,还包括处于金字塔塔基的地方政府。国务院究竟应当独享代理权,还是与地方政府分享代理权?由于我国国家出资企业数量众多,国务院作为受托人和代理人难以事必躬亲,国务院只能与地方政府共享代理权。

为解决国家股权代理人缺位问题,国务院2003年5月13日发布的《企业国有资产监督管理暂行条例》第4条规定,"国家实行由国务院和地方人民政府分别代表国家履行出资人职责,享有所有者权益,权利、义务和责任相统一,管资产和管人、管事相结合的国有资产管理体制";第5条将国务院代表国家履行出资人职责的企业限于关系国民经济命脉和国家安全的大型国有及国有控股、国有参股企业,重要基础设施和重要自然资源等领域的国有及国有控股、国有参股企业;而将其他国有及国有控股、国有参股企业交由省级人民政府和设区的市、自治州级人民政府代表国家履行出资人职责。这显然是一种"统一所有、分级代理"的制度设计。

《企业国有资产法》在第3条确认国务院代表国家行使国有资产所有权的基础上,又在第4条确认了"统一所有、分级代理"的改革经验,把部分受托人和代理人的职责让渡给地方政府:"国务院和地方人民政府依照法律、行政法规的规定,分别代表国家对国家出资企业履行出资人职责,享有出资人权益。国务院确定的关系国民经济命脉和国家安全的大型国家

出资企业,重要基础设施和重要自然资源等领域的国家出资企业,由国务院代表国家履行出资人职责。其他的国家出资企业,由地方人民政府代表国家履行出资人职责。"此种表述与《企业国有资产监督管理暂行条例》基本相同。

政府本身由诸多部门构成。为提高国家股东的代理效率,政府必然将法律赋予的国家股东代理权转委托给政府设立的部门或者机构。相对于政府的代理人身份而言,接受政府转委托的部门或者机构为国家股东的复代理人,仍对被代理人履行忠实与勤勉义务。

作为国家股东(实质股东为14亿人民)的代理人,各级国家股东代理机构应当诚实守信、勤勉尽责。国家股东与其一级代理人(国务院和地方政府)、复代理人(包括国委等)之间的法律关系除了适用《企业国有资产法》外,补充适用民法中的代理制度。

四、履行出资人职责的机构

《企业国有资产法》第2章专章规定了"履行出资人职责的机构"。相对于政府的一级代理机构而言,"履行出资人职责的机构"堪称国家股东的二级代理机构。

1993年《公司法》第67条和第72条规定,国家授权投资的机构、国家授权投资的部门和国务院授权的经营管理制度健全、经营状况较好的大型国有独资公司皆可成为国家股东代理人。因此,国家股东代理人既有国家授权投资部门,也有国家授权投资机构,还有国务院授权的经营管理制度健全、经营状况较好的大型国有独资公司。

相比之下,2005年《公司法》第65条第2款将原《公司法》有关"国家授权投资的机构或者国家授权的部门"的权利与义务一概转交国资委统一行使,明确了国资委作为国家股东在国有独资公司中的代理人的地位。依此类推,国家股东在股东多元化有限公司中的股权可由各级政府授权本级国资委代为行使。

《企业国有资产法》扩大了国家股东代理人的外延。该法第2章专章规定了履行出资人职责的机构,第11条建立了国务院和地方人民政府对其下属机构(包括国资监管机构等)的第二次转授权:国务院国资委和地方政府按国务院规定设立的国资委根据本级政府授权代表本级政府对国家出资企业履行出资人职责;国务院和地方政府根据需要可授权其他部门、机构代表本级人民政府对国家出资企业履行出资人职责。可见,除国资委可以成为国家股东代理机构外,得到本级人民政府授权的行政机关或者机构也可成为国家股东代理机构。

为彻底解决国有资产投资多头管理、无人负责的问题,落实国家股东的代理人,《企业国有资产监督管理暂行条例》第6条要求国务院,省、自治区、直辖市人民政府,设区的市、自治州级人民政府,分别设立国有资产监督管理机构;国有资产监督管理机构根据授权,依法履行出资人职责,依法对企业国有资产进行监督管理。国务院已于2003年成立国有资产监督管理委员会(以下简称"国资委"),地方政府层面的国资委也步其后尘,鱼贯而出。相对国务院这一级代理人而言,国资委就是国家股东在中央层次的二级代理人。《企业国有资产法》第11条第1款继续规定,国务院国有资产监督管理机构和地方人民政府按照国务院的规定设立的国有资产监督管理机构,根据本级人民政府的授权,代表本级人民政府对国家出资企业履行出资人职责。

虽然目前担任国家股东二级代理机构的主体是各级政府的国资委,但国务院还授权其他有关部门和机构履行国家股东二级代理机构的职责。例如,财政部就获得国务院授权对中国邮政集团公司以及国有金融机构等行使股权。有鉴于此,《企业国有资产法》第11条第

2款规定,国务院和地方人民政府根据需要可授权其他部门、机构代表本级人民政府对国家出资企业履行出资人职责。

《企业国有资产法》第12条第1款和第2款将国家股东二级代理机构行使的权利性质界定为股权,并对股权内容作了详细列举:(1)代表本级人民政府对国家出资企业依法享有资产收益、参与重大决策和选择管理者等出资人权利;(2)依照法律、行政法规的规定,制定或者参与制定国家出资企业的章程。

在实践中,经常有人把国资委对国家出资企业享有的权利概括为"管人、管事、管资产"。这七字表述朗朗上口,简便易记,但并不准确。

管人并不意味着国资委可以直接任免国家出资企业的所有董事、监事、高级和中级管理人员,也并不意味着国资委可以直接越过企业聘用和解聘企业的全体劳动者。相反,国资委只能依《企业国有资产法》第22条的授权,依照法律、行政法规以及企业章程的规定,任免或者建议任免国家出资企业的下列人员:(1)任免国有独资企业的经理、副经理、财务负责人和其他高级管理人员;(2)任免国有独资公司的董事长、副董事长、董事、监事会主席和监事(但不包括经理、副经理、财务负责人和其他高级管理人员,这些高级管理人员由董事会而非国资委聘任);(3)向国有资本控股公司、国有资本参股公司的股东会、股东大会提出董事、监事人选(但不能越过股东会直接任免董事、监事,也不能越过董事会直接聘任经理、副经理、财务负责人和其他高级管理人员)。至于国家出资企业中应当由职工代表出任的董事、监事,依照有关法律、法规的规定由职工民主选举产生。至于普通劳动者的聘任与解聘,更由企业直接按照《劳动法》和《劳动合同法》的规定建立和解除劳动合同关系。

管事也并不意味着国资委可以直接决定企业的所有事项。相反,只有股东会决策权限之内的事项才由国资委单独行使决策权(在国有独资公司中)或者与其他股东在股东会上共同行使决策权(在股东多元化的国有资本控股公司、国有资本参股公司中);至于属于董事会、监事会和经理层的决策事项只能由董事会、监事会和经理层依法自主决策,国资委原则上不宜干预。《企业国有资产法》第5章对于关系国有资产出资人权益的重大事项有专门规定,兹不赘述。

管资产也并不意味着国资委可以直接对企业资产行使占有、使用、收益和处分的权利。股权不等同于物权。股权内容多为请求权,而物权为支配权。国家股东出资以后对其出资财产丧失了所有权、换回了股权,企业则对国家出资财产享有物权和其他民事权利。国家股东代理机构只能通过自益权与共益权的行使实现投资目的,而不能直接对企业资产享有物权。对此,《企业国有资产法》第16条确认了企业的法人财产权包括物权:"国家出资企业对其动产、不动产和其他财产依照法律、行政法规以及企业章程享有占有、使用、收益和处分的权利。国家出资企业依法享有的经营自主权和其他合法权益受法律保护。"

《企业国有资产法》第12条第3款对国家股东二级代理机构的代理权作了一定限制。具体说来,对法律、行政法规和本级人民政府规定须经本级人民政府批准的履行出资人职责的重大事项,国家股东二级代理机构不得越俎代庖,必须报请本级人民政府批准。

依《企业国有资产法》第14条,国家股东代理人既要依照法律、行政法规以及企业章程履行出资人职责,保障出资人权益,防止国有资产损失;又要维护企业作为市场主体依法享有的权利,除依法履行出资人职责外,不得干预企业经营活动。

国家股权具有股权的一般性,属于民事权利的范畴。因此,政府及其所属国家股权代理机构行使股权时要遵循民事权利行使的一般规则,而非行政权力行使的一般规则。《企业国有资产法》第 6 条也要求国务院和地方人民政府按照政企分开、社会公共管理职能与国有资产出资人职能分开、不干预企业依法自主经营的原则,依法履行出资人职责。这就体现了公权与私权严格分离、国家股权与民间股权之间地位平等、国家股权与企业法人财产权严格区分的基本理念。

据此而论,国资委与其他股东、国资委与公司之间的法律关系为平等民事主体之间的横向民事关系,而非行政机关与行政相对人之间的纵向行政关系。公司或其他股东认为自身权益受到国资委不法侵害、需要对其提起诉讼的,应当提起民事诉讼,而非行政诉讼。国资委的行为也不能拘束国家股东及其代理机构之外的第三人(包括股东)。

国资委是代表本级政府履行出资人职责、负责监督管理企业国有资产的直属特设机构,不是行政机关,不享有行政权力,仅代理行使国家作为财产所有人和股东享有的民事权利。作为国家股权代理人,国资委应充分行使各项股东权(包括董事候选人提名权和股利分配请求权)。为从总体上盘活国有资产,国家股东权代理人应按照有进有退的原则,在代理权限范围内适时适度向其他投资主体出售国家股份,并适时适度从其他投资主体买进股份。

五、国家股东代理人道德风险的预防

凡是有代理关系存在的地方,必然存在代理成本和道德风险。无论代理链条延长到哪里,复代理人都要对作为实质权利人和投资者的全国人民诚实守信、勤勉尽责,善尽代理人的信托义务。因此,如何理顺国有资产权利的代理关系、遏制代理人的道德风险,依然是《企业国有资产法》实施中的重要挑战。

代理权与其说是代理人的一种权力,不如说是对被代理人所负的义务。依据代理关系原理,国资委可再与授权投资机构(如国有资产经营公司)建立转委托关系,被代理的本人仍是国家股东。国家股东(被代理人)与国资委(代理人)、投资机构(复代理人)之间的代理关系应适用代理法的一般法理。国家股东权代理人和复代理人违反代理人义务的,应对国家股东承担民事责任;圆满履行代理人义务的,有权向国家股东行使报酬给付请求权与费用补偿请求权。

国家股东代理机构作为各级政府转委托的复代理人,仍然要对终极的被代理人(国家股东及其背后的全民的利益)负有诚信义务。为确保国家股东代理人的诚实守信与勤勉尽责,《企业国有资产法》第 15 条要求国家股东代理人对本级人民政府负责,向本级人民政府报告履行出资人职责的情况,接受本级人民政府的监督和考核,对国有资产的保值增值负责;并按照国家有关规定,定期向本级人民政府报告有关国有资产总量、结构、变动、收益等汇总分析的情况。

六、国家股东代表的法律地位

鉴于国家股东代理人是法人、而非自然人,国家股东权的行使自然离不开作为自然人的股东代表。股东代表既非国家出资企业的董事,亦非国家股东的代理人,而是国家股东二级代理机构的代表人。确切而言,股东代表可以说是国家股东代理人的使者和信使。形象地说,股东代表与其委派机构之间的关系犹如拉线木偶。

股东代表参加公司股东会的使命不是根据自己的内心意志作出意思表示,而是转达国家股东代理人的意思表示。股东代表只要在股东会议上准确、完整地转达了国家股东代理人的意思表示,且不存在损害公司利益和股东利益的不当行为,即可免于对公司和股东承担民事责任。即使股东代表转达的意思表示损害了公司和广大股东的利益,只要此种转达行为发生在执行股东代理人指示的职务行使过程中,相应的民事责任就由派出机构(而非股东代表)自身承担。

依《企业国有资产法》第13条,履行出资人职责的机构委派的股东代表参加国有资本控股公司、国有资本参股公司召开的股东会会议、股东大会会议,应当按照委派机构的指示提出提案、发表意见、行使表决权,并将其履行职责的情况和结果及时报告委派机构。因此,股东代表职责有四:一是在股东会召开前及时就股东会决议事项请示委派机构,由委派机构对股东会议题议案作出赞同、否定或者弃权的意思表示;二是积极参加股东会;三是按照委派机构的指示提出提案、发表意见、行使表决权;四是将其履行职责的情况和结果及时报告委派机构。

七、国家出资企业的法律地位

《企业国有资产法》第3章专章规定了"国家出资企业"的法律地位。

国家出资企业既享有物权,也享有经营权。物权是公司自治与公司资本制度的基础。《民法典》第269条明文保护各类营利法人依法享有的物权:"营利法人对其不动产和动产依照法律、行政法规以及章程享有占有、使用、收益和处分的权利。营利法人以外的法人,对其不动产和动产的权利,适用有关法律、行政法规以及章程的规定";第207条规定了物权平等保护原则:"国家、集体、私人的物权和其他权利人的物权受法律平等保护,任何组织或者个人不得侵犯。"

与之相呼应,《企业国有资产法》第16条也重申,"国家出资企业对其动产、不动产和其他财产依照法律、行政法规以及企业章程享有占有、使用、收益和处分的权利。国家出资企业依法享有的经营自主权和其他合法权益受法律保护"。可见,立法者授予国家出资企业法人财产权利的内涵与外延远比1988年《全民所有制工业企业法》授予企业的"经营权"要慷慨大方。

国家出资企业不仅对企业财产享有物权、债权和知识产权等诸多权利,而且对企业经营活动享有公司自治的自由空间。这就彻底颠覆了1988年《全民所有制工业企业法》和1992年《全民所有制工业企业转换经营机制条例》确立的所有权与经营权适度分离的理论,将所有权与经营权全部归还企业。《民法典》确立的物权神圣原则和《公司法》确立的公司自治原则是国家出资企业具有创新能力和竞争能力的两大法律支柱。

八、国家出资企业的社会责任

国家出资企业是全民所有的企业。这就决定了国家出资企业要比其他企业承担更多的社会责任。有鉴于此,《企业国有资产法》第17条第1款要求国家出资企业从事经营活动时遵守法律、行政法规,加强经营管理,提高经济效益,接受政府及政府有关部门、机构依法实施的管理和监督,接受社会公众的监督,承担社会责任,对出资人负责。概括起来,国家出资企业要对国家负责,对人民负责,对社会负责。就企业的营利责任而言,该法第18条第2款要求国家出资企业依照法律、行政法规以及企业章程的规定,向出资人分配利润,以满足国家股东分红权。

九、国家出资企业的治理要求

《企业国有资产法》第17条第2款要求国家出资企业依法建立和完善法人治理结构,建立健全内部监督管理和风险控制制度。内部控制的五大目标是:合理保证企业经营管理合法合规;资产安全;财务报告及相关信息真实完整;提高经营效率和效果;促进企业实现发展战略。为增强企业财务会计信息的真实性与完整性,《企业国有资产法》第18条第1款还要求国家出资企业依照法律、行政法规和国务院财政部门的规定,建立健全财务、会计制度,设置会计账簿,进行会计核算,依照法律、行政法规以及企业章程向出资人提供真实、完整的财务、会计信息。

鉴于国企高管中的腐败和懈怠现象日益猖獗,《企业国有资产法》第26条重申了董监高的诚信义务:国家出资企业的董监高,应当遵守法律、行政法规以及企业章程,对企业负有忠实义务和勤勉义务,不得利用职权收受贿赂或者取得其他非法收入和不当利益,不得侵占、挪用企业资产,不得超越职权或者违反程序决定企业重大事项,不得有其他侵害国有资产出资人权益的行为。鉴于本书公司治理一章对此有详细论述,在此不赘述。

依《公司法》规定,包括国家出资企业在内的各类企业都要建立监事会制度。因此,《企业国有资产法》第19条重申,国有独资公司、国有资本控股公司和国有资本参股公司依《公司法》的规定设立监事会。

1988年《全民所有制工业企业法》本身并未要求传统国有独资企业即全民所有制企业设立监事会制度。但在总结传统国有独资企业的监事会制度试点的基础上,《企业国有资产法》第19条要求国有独资企业由履行出资人职责的机构按照国务院的规定委派监事组成监事会。国有独资企业的监事会与公司制国家出资企业的监事会存在制度设计的重大差异。前者可以称为外设监事会,后者可称为内部监事会。外设监事会的监事完全由国家股东代理人委派。而国有独资公司的内设监事会中的部分监事由国家股东代理人委派,部分监事由职工代表选举产生;国家控股或参股公司的内设监事会部分监事由国家股东代理人委派,部分监事则由职工代表选举产生。

四类国家出资企业的监事会都要依照法律、行政法规以及企业章程对董事、高级管理人员执行职务的行为进行监督,对企业财务进行监督检查。

《企业国有资产法》第20条要求国家出资企业依照法律规定,通过职工代表大会或者其他形式,实行民主管理。

十、国家出资企业管理者的选择与考核

根据《企业国有资产法》第22条,履行出资人职责的机构依照法律、行政法规以及企业章程的规定,任免或者建议任免国家出资企业的下列人员:(1)任免国有独资企业的经理、副经理、财务负责人和其他高级管理人员;(2)任免国有独资公司的董事长、副董事长、董事、监事会主席和监事;(3)向国有资本控股公司、国有资本参股公司的股东会、股东大会提出董事、监事人选。国家出资企业中应当由职工代表出任的董事、监事,依照有关法律、行政法规的规定由职工民主选举产生。

从以上规定,可以看出三点:

(1) 国家股东二级代理机构的人事权与国家股东的身份密切相关,而且只能行使股东权利,不能行使股东之外的权力。例如,依法应由职工民主选举产生的职工董事与职工监事就不能由国家股东任免或者建议任免。

(2) 在没有改制为公司制企业的国有独资企业,不存在董事会制度和监事会制度,因此国家股东可以直接任免国有独资企业的经理、副经理、财务负责人和其他高级管理人员。

(3) 在国有独资公司中,国家股东是唯一股东,因此没有股东会制度。国家股东作为股东会的化身,可行使股东会的全部权力。除了经理层之外,国有独资公司还必须设置董事会和监事会,经理、副经理和财务负责人由董事会依法任免。因此,国家股东基于股东会的权力,有权任免国有独资公司的董事和监事。但国家股东是否有权任免国有独资公司董事长、副董事长、监事会主席?笔者持否定见解。因为,国家股东任命的董事和监事可分别通过董事会与监事会选举产生董事长、副董事长和监事会主席。由董监事分别选举产生董事长、副董事长和监事会主席有助于充分发扬董事会民主与监事会民主,有助于督促董事长、副董事长和监事会主席认真倾听其他董事监事的声音和建议。而剥夺了董监事对董事长、副董事长和监事会主席的选择权、确立了国家股东对董事长、副董事长和监事会主席的直接任命权,则会强化董事长、副董事长和监事会主席的唯上思想、专权意识和官本位意识,民主决策意识则会受到严重削弱。建议《企业国有资产法》修改时,废除国家股东对董事长、副董事长和监事会主席的直接任命权,并代之以董监事的选举权。

(4) 在股权多元化的国有资本控股公司和国有资本参股公司,公司中既有董事会与监事会,也有股东会。因此,国家股东既不能直接任免经理、副经理、财务负责人和其他高级管理人员,也不能直接任免董事长、副董事长、董事、监事会主席和监事,只能向股东会、股东大会提出董事、监事人选。至于被提名人能否当选,则视出席股东会的资本多数意见而定。

依《企业国有资产法》第29条,该法第22条第1款第1项、第2项规定的企业管理者,国务院和地方人民政府规定由本级人民政府任免的,依照其规定;履行出资人职责的机构依照该法第4章的规定对上述企业管理者进行考核、奖惩并确定其薪酬标准。

依《企业国有资产法》第23条,履行出资人职责的机构任命或者建议任命的董监高,应当具备下列条件:(1)有良好的品行;(2)有符合职位要求的专业知识和工作能力;(3)有能够正常履行职责的身体条件;(4)法律、行政法规规定的其他条件。董监高在任职期间出现不符合前款规定情形或者出现《公司法》规定的不得担任公司董监高情形的,履行出资人职责的机构应当依法予以免职或者提出免职建议。

依《企业国有资产法》第24条,履行出资人职责的机构对拟任命或者建议任命的董监高的人选,应当按照规定的条件和程序进行考察。考察合格的,按照规定的权限和程序任命或者建议任命。国家股东代理机构作为"伯乐",要出于公心而审慎选贤用贤,择取德才兼备的"千里马"。上述规定具有浓厚的倡导性色彩,亦未规定违反该条的法律责任。用人腐败是最大的腐败。笔者建议建立公司高管的公开招考制度,强化社会公众的知情权、参与权和监督权,并明确规定用人失察,尤其是买官卖官的法律责任。

十一、职务兼任的限制与禁止

《企业国有资产法》第25条第1款严格限制国家出资企业董监高的兼职行为。首先,未经履行出资人职责的机构同意,国有独资企业和国有独资公司的董事、高级管理人员不得在其他企业兼职。此处的"其他企业"既包括国家出资企业，也包括其他类型的企业；既包括与本企业有竞争关系的企业，也包括与本企业没有竞争关系的企业。其次，未经股东会、股东大会同意，国有资本控股公司与国有资本参股公司的高管不得在经营同类业务的其他企业兼职。换言之，经股东会同意，此类公司高管就可以在经营同类业务的其他企业兼职。但广大股东在参与股东会决策时，仍应充分评估竞业兼职对企业的潜在道德风险与市场风险。当然，即使未经股东会同意，此类公司的高管也可在不经营同类业务的其他企业兼职。由于此类公司是股权多元化公司，不同于股权单一化的国有独资企业和固有独资公司，立法者对此类高管的兼职限制稍有放松。

其次，未经履行出资人职责的机构同意，国有独资公司的董事长不得兼任经理。未经股东会、股东大会同意，国有资本控股公司的董事长不得兼任经理。没有改制为公司制企业的国有独资企业不存在董事会和董事长制度，因而不存在董事长兼任经理的问题。之所以严格限制国有独资公司和国有资本控股公司的董事长兼任经理，主要理由有三：一是董事长与经理的法律角色不同。董事长的职责在于团结董事会成员及时作出董事会决议，指引公司经营管理的航线，贵在举重若轻，提高董事会的决策力；而经理的职责在于将董事会决议付诸实施，贵在举轻若重，提高公司经理层的执行力。二是国有独资公司和国有资本控股公司的规模较大，高管担任董事长兼任经理后，要么殚精竭虑、疲于奔命地勤勉工作，以同时符合两个工作岗位的称职要求；要么顾此失彼，无法同时兼顾，两个角色都没有扮演好。三是人非圣贤，每个人的性格均有优缺。有人擅长决策、不擅长执行，有人擅长执行、不擅长决策。若决策力和执行力无法两全的高管硬性同时担任董事长和经理职务，必然强人所难。

再次，董事、高级管理人员不得兼任监事。这是为了严格区分公司的经营管理职能与监督职能。

十二、企业管理者的激励机制

国企管理者的定位究竟是公务员，还是商人和职业经理人，直接影响着制度设计的内容。笔者认为，最有效的约束机制是激励机制，而非约束机制。因为，把企业利益与管理者薪酬利益挂钩绑定后，企业利益与管理者利益就会出现同向联动、同舟共济。企业管理者为实现自己利益最大化，也会恪尽职守。

《企业国有资产法》草案三次审议过程中，不少委员、代表提出，目前企业高管薪酬太高，同时针对企业高管的奖惩措施也不完善，这不仅不利于保护国有资产和出资人的权益，同时还可能引起社会矛盾。全国人大常委会高度关注这一问题，也曾考虑在立法中对企业高管年薪作出具体规定，但经过反复研究，发现确定企业高管年薪涉及的因素相当复杂，同时考虑到该法重在保护国有资产的权益，维护国有资产的安全，因此最终对备受关注的企业高管薪酬问题未作出具体规定，仅作了原则性规定。

《企业国有资产法》第27条指出了国企管理者薪酬的市场化改革方向。一是为贯彻按劳动贡献分配薪酬的公平理念，强化国家出资企业管理者勤勉经营的激励机制，国家要建立国家出资企业管理者经营业绩考核制度。履行出资人职责的机构应当对其任命的企业管理者进行年度和任期考核，并依据考核结果决定对企业管理者的奖惩。二是为消除国家出资企业管理者薪酬的畸高畸低现象，要求履行出资人职责的机构按照国家有关规定，确定其任命的国家出资企业管理者的薪酬标准。

为预防管理者的道德风险、健全问责机制,《企业国有资产法》第 28 条要求国有独资企业、国有独资公司和国有资本控股公司的主要负责人接受依法进行的任期经济责任审计。

十三、关系国有资产出资人权益的重大事项

(一) 一般规定

鉴于国家出资企业在企业重组等领域存在的损害债权人和投资者权益的不法现象,《企业国有资产法》第 30 条要求国家出资企业合并、分立、改制、上市,增加或者减少注册资本,发行债券,进行重大投资,为他人提供大额担保,转让重大财产,进行大额捐赠,分配利润,以及解散、申请破产等重大事项,应当遵守法律、行政法规以及企业章程的规定,不得损害出资人和债权人的权益。

在实践中,在国家出资企业合并、分立、改制、上市,增加或者减少注册资本,发行债券,进行重大投资,为他人提供大额担保,转让重大财产,进行大额捐赠,分配利润,以及解散、申请破产等重大事项中往往潜伏着道德风险和法律风险,受益者往往是企业内部人,受损者往往是国家出资人、债权人和广大职工。此类道德风险之所以发生主要源于企业一把手的"一言堂"现象。有鉴于此,《企业国有资产法》强调了对于重大事项的民主治理机制,旨在消除企业一把手的"一言堂"现象。

就国有独资企业、国有独资公司的投资者决策机制而言,国有独资企业、国有独资公司合并、分立,增加或者减少注册资本,发行债券,分配利润,以及解散、申请破产,由履行出资人职责的机构决定(《企业国有资产法》第 31 条)。就经营层决策机制而言,国有独资企业、国有独资公司有该法第 30 条所列事项的,除依法由履行出资人职责的机构决定的以外,国有独资企业由企业负责人集体讨论决定,国有独资公司由董事会决定(《企业国有资产法》第 32 条)。

就国有资本控股公司、国有资本参股公司的投资者决策机制而言,国有资本控股公司、国有资本参股公司有《企业国有资产法》第 30 条所列事项的,依照法律、行政法规以及公司章程的规定,由公司股东会、股东大会或者董事会决定。由股东会、股东大会决定的,履行出资人职责的机构委派的股东代表应当依《企业国有资产法》第 13 条的规定行使权利。

在特定情况下,人民政府作为企业国有资产的高阶位代理人对其所属国资委和股东代表的决定草案享有批准权。依《企业国有资产法》第 34 条,重要的国有独资企业、国有独资公司、国有资本控股公司的合并、分立、解散、申请破产以及法律、行政法规和本级人民政府规定应当由履行出资人职责的机构报经本级人民政府批准的重大事项,履行出资人职责的机构在作出决定或者向其委派参加国有资本控股公司股东会会议、股东大会会议的股东代表作出指示前,应当报请本级人民政府批准。至于《企业国有资产法》所称的重要的国有独资企业、国有独资公司和国有资本控股公司,按照国务院的规定确定。此外,国家出资企业发行债券、投资等事项,有关法律、法规规定应当报经政府或者政府有关部门、机构批准、核准或者备案的,从其规定。

国家出资企业投资应当符合国家产业政策,并按照国家规定进行可行性研究;与他人交易应当公平、有偿,取得合理对价。

(二) 国有企业改制

《企业国有资产法》对于国有企业改制规定了行为准则,有助于预防企业改制中的国有

资产流失黑洞。当前,一些国有企业负责人滥用企业改制之机,推行信息不公开、对价不公允、程序不严谨的管理层收购(MBO)活动,有些管理者甚至自买自卖,用国有资产买国有资产,然后,就将其据为个人或者自己的利益集团所有。为保护国有资产免于受到不法侵害,保护广大职工和债权人的合法权益,《企业国有资产法》第5章第2节规定了企业改制内容。

国有企业改制是指国有企业的公司制改革,包括国有独资企业改为国有独资公司,国有独资企业、国有独资公司改为国有资本控股公司或者非国有资本控股公司,国有资本控股公司改为非国有资本控股公司。

企业改制应当依照法定程序,由履行出资人职责的机构决定或者由公司股东会、股东大会决定。重要的国有独资企业、国有独资公司、国有资本控股公司的改制,履行出资人职责的机构在作出决定或者向其委派参加国有资本控股公司股东会会议、股东大会会议的股东代表作出指示前,应当将改制方案报请本级人民政府批准。

企业改制应当制定改制方案,载明改制后的企业组织形式、企业资产和债权债务处理方案、股权变动方案、改制的操作程序、资产评估和财务审计等中介机构的选聘等事项。企业改制涉及重新安置企业职工的,还应当制定职工安置方案,并经职工代表大会或者职工大会审议通过。

企业改制应当按照规定进行清产核资、财务审计、资产评估,准确界定和核实资产,客观、公正地确定资产的价值。企业改制涉及以企业的实物、知识产权、土地使用权等非货币财产折算为国有资本出资或者股份的,应当按照规定对折价财产进行评估,以评估确认价格作为确定国有资本出资额或者股份数额的依据。不得将财产低价折股或者有其他损害出资人权益的行为。除《企业国有资产法》之外,国务院办公厅2003年11月30日转发的国务院国资委《关于规范国有企业改制工作的意见》明确要求健全制度,规范运作。

(三) 与关联方的交易

近年来,许多国有企业家落马的主要原因是,利用关系人开设的公司与自己任职的国有企业秘密从事不公允的关联交易,疯狂攫取国家和人民的财富。为从根本上封杀此类不法行为,《企业国有资产法》重拳出击非法的关联方交易行为,该法第5章第3节专门规定了"与关联方的交易";"关联方"被界定为"本企业的董事、监事、高级管理人员及其近亲属,以及这些人员所有或者实际控制的企业"。

国家出资企业的关联方不得利用与国家出资企业之间的交易,谋取不当利益,损害国家出资企业利益。

国有独资企业、国有独资公司、国有资本控股公司不得无偿向关联方提供资金、商品、服务或者其他资产,不得以不公平的价格与关联方进行交易。

未经履行出资人职责的机构同意,国有独资企业、国有独资公司不得有下列行为:(1) 与关联方订立财产转让、借款的协议;(2) 为关联方提供担保;(3) 与关联方共同出资设立企业,或者向董监高及其近亲属所有或者实际控制的企业投资。

国有资本控股公司、国有资本参股公司与关联方的交易,依《公司法》和有关行政法规以及公司章程的规定,由公司股东会、股东大会或者董事会决定。由公司股东会、股东大会决定的,履行出资人职责的机构委派的股东代表,应当依照《企业国有资产法》第13条的规定行使权利。公司董事会对公司与关联方的交易作出决议时,该交易涉及的董事不得行使表决权,也不得代理其他董事行使表决权。

(四) 资产评估

资产评估是导致国有资产严重流失的漏洞之一。为堵塞资产评估的制度漏洞，《企业国有资产法》设计了一系列法律规则。国有独资企业、国有独资公司和国有资本控股公司合并、分立、改制，转让重大财产，以非货币财产对外投资，清算或者有法律、法规以及企业章程规定应当进行资产评估的其他情形的，应当按照规定对有关资产进行评估。

国有独资企业、国有独资公司和国有资本控股公司应当委托依法设立的符合条件的资产评估机构进行资产评估；涉及应当报经履行出资人职责的机构决定的事项的，应当将委托资产评估机构的情况向履行出资人职责的机构报告。

国有独资企业、国有独资公司、国有资本控股公司及其董监高应当向资产评估机构如实提供有关情况和资料，不得隐瞒或者提供虚假情况和资料，不得与资产评估机构串通评估作价。

资产评估机构及其工作人员受托评估有关资产，应当遵守法律、行政法规以及评估执业准则，独立、客观、公正地对受托评估的资产进行评估。资产评估机构应当对其出具的评估报告负责。

(五) 国有资产转让

国有资产转让，是指依法将国家对企业的出资所形成的权益转移给其他单位或者个人的行为，按照国家规定无偿划转国有资产的除外。国有资产转让应当有利于国有经济布局和结构的战略性调整，防止国有资产损失，不得损害交易各方的合法权益。

国有资产转让由履行出资人职责的机构决定。履行出资人职责的机构决定转让全部或者部分国有资产，致使国家对该企业不再具有控股地位的，应当报请本级人民政府批准。

国有资产转让应当遵循等价有偿和公开、公平、公正的原则。除按照国家规定可以直接协议转让的以外，国有资产转让应当在依法设立的产权交易场所公开进行。转让方应当如实披露有关信息，征集受让方；征集产生的受让方为两个以上的，转让应当采用公开竞价的交易方式。转让上市交易的股份依《证券法》的规定进行。

国有资产转让应当以依法评估的、经履行出资人职责的机构认可或者由履行出资人职责的机构报经本级人民政府核准的价格为依据，合理确定最低转让价格。

法律、行政法规或者国务院国有资产监督管理机构规定可向本企业的董监高或者其近亲属，或者这些人员所有或者实际控制的企业转让的国有资产，在转让时，上述人员或者企业参与受让的，应当与其他受让参与者平等竞买；转让方应当按照国家有关规定，如实披露有关信息；相关的董监高不得参与转让方案的制定和组织实施的各项工作。

国有资产向境外投资者转让的，应当遵守国家有关规定，不得危害国家安全和社会公共利益。

十四、国有资本经营预算制度

《企业国有资产法》首次以国家法律的形式确认了国家股东即全民股东分红权。该法第18条第2款明确要求，"国家出资企业应当依照法律、行政法规以及企业章程的规定，向出资人分配利润"。该法第6章还专门规定了国有资本经营预算制度。

2007年12月11日，财政部和国资委制定发布了《中央企业国有资本收益收取管理暂行办法》，其中第9条规定：资源型国企上交利润的10%；一般竞争性国企上交5%；军工、转制科研院所国企暂缓3年上交或者免交。而在此之前,我国国有企业已经有13年没有上缴利润了。

国家股东向国有企业收取利润有助于真正理清国家参与的两类不同法律关系,即私法关系(民事法律关系)与公法关系(行政法律关系)。股权关系是典型的私法关系,而税收关系是典型的公法关系。长期以来,尤其在计划经济体制下,国家参与的法律关系混沌未开,公权关系和私权关系经常被混淆在一起。1994年以来国家对国有企业采取的以税代利的做法抹杀了国家作为投资者(股东)的一般性,并以国家公权力的角色取代了国家的民事权利(包括股东权利)。

立法者在14年以后重提国家股东的分红权,恰恰是朝着正本清源、理顺不同法律关系的正确方向进步。当然,无论是私法关系还是公法关系,还可细分。例如,在私法关系中,国家除了基于股东资格而与企业发生股权关系,还基于国有资源物权主体资格而与企业发生债权关系(如资源的特许使用费)。法律关系的梳理对于我们下一步大力建设社会主义法治国家,完善社会主义市场经济体制,推进社会主义民主政治有重要意义。

十五、监督管理与问责机制

《企业国有资产法》规定了国企负责人的法律责任。市场有眼睛,法律有牙齿。依该法第71条,国家出资企业的董事、监事、高级管理人员利用职权收受贿赂或者取得其他非法收入和不当利益的;侵占、挪用企业资产的;在企业改制、财产转让等过程中,违反法律、行政法规和公平交易规则,将企业财产低价转让、低价折股的;违法与本企业进行交易的;向资产评估机构、会计师事务所隐瞒或者提供虚假情况和资料,或者与资产评估机构、会计师事务所串通出具虚假资产评估报告、审计报告的;违反法律、行政法规和企业章程规定的决策程序,决定企业重大事项的,要对造成的国有资产损失承担赔偿责任;属于国家工作人员的,并依法给予处分;此类因上述行为取得的收入依法予以追缴或者归国家出资企业所有;构成犯罪的,依法追究刑事责任。

徒法不足以自行。要充分发挥《企业国有资产法》兴利除弊的法治功能,必须强化各级人大及其常委会的监督职能,强化国务院和地方政府对其授权机构履职情况的监督,强化各级国资委对国家出资企业财务和治理情况的监督,强化审计机关对国有资本经营预算的执行情况和属于审计监督对象的国家出资企业的审计监督。更为重要的是,还要强化作为国有企业真正大股东的14亿人民的社会监督。《企业国有资产法》第66条之所以强调国务院和地方人民政府应当依法向社会公布国有资产状况和国有资产监督管理工作情况,接受社会公众的监督,原因也在于此。

第十四章

公司终止

第一节 概 述

一、公司解散、清算与终止的"三部曲"

在市场经济的汪洋大海之中，成千上万的公司自生自灭，如同人体细胞的新陈代谢。公司法既要鼓励投资兴业，也要确保公司理性退市。公司的市场退出机制与公司的市场准入机制同等重要。公司解散与清算制度作为公司的正常退出机制，使得市场经济通过公司的新陈代谢而保持永恒的活力和秩序。

公司的终止是指公司法律人格的绝对消灭。公司注销登记是公司终止的重要标志。公司注销登记手续完结后，公司才能"寿终正寝"。公司的终止不是无缘无故发生的，公司解散是公司终止的原因。公司清算程序是公司终止的必经程序。公司清算程序终结后，公司才能依法办理公司注销登记手续。公司解散既包括自行解散（任意解散），也包括强制解散。公司清算既包括破产清算程序，也包括非破产清算程序；非破产清算程序既包括公司的自行清算，也包括法院的强制清算。

首先，公司解散是公司终止的原因。公司解散是指引起公司人格消灭的法律事实。除公司因合并、分立需要解散的外，公司因本身不能存续的事由导致的解散是公司终止的原因和前奏，是公司启动终止程序中的首要环节。

其次，公司清算程序是公司终止的必经程序。公司解散并不立即导致公司人格的消灭。相反，出现解散事由的公司在清算目的范围内视为依然存续，清算中的公司与解散事由出现前的公司在法律人格上是同一民事主体。公司清算制度的功能在于，一方面立即停止公司的积极活动，另一方面及时了结公司既有的法律关系，清理债权债务关系。

最后，公司的终止又称公司的消灭，是指公司丧失公司法律人格和民事主体资格，不再具有民事权利能力和民事行为能力的事实状态和法律状态。公司终止以后，公司丧失民事主体资格，不再具有民事权利能力和民事行为能力，以公司为中心发生的法律关系原则上亦归消灭。公司终止之前的必经环节依次分别是解散与清算。公司终止以公司办理注销登记完结为标志，而非以被吊销企业法人营业执照为标志。

二、我国公司退出机制方面存在的法律问题

在完善的公司法治框架下，公司生得容易，死得坦然。改革开放以来，我国公司的设立

门槛越来越低,但公司的退出机制存在严重问题。许多债务人公司滥用公司解散制度逃废债务,尤其是银行债务。这些公司的企业法人营业执照被吊销或者被撤销后,往往出现人去楼空的现象。由于债务人公司无法及时进行清算,公司缔结的债权债务关系无法及时清理,债权人讨债无门。即使债权人诉到法院,但由于1993年《公司法》的立法漏洞致使司法实践中的裁判标准并不统一。很多公司出现解散事由后,控制股东和公司高管不但不及时清算,甚至故意借解散之机逃废债务,严重损害了债权人利益,危害了交易安全,贬损了公司制度的公信力。

三、立法框架

为保护第三人的信赖利益,维护交易安全,建立健康、有序的公司退出机制,2005年《公司法》在第10章"公司解散和清算"中明确规定了公司解散与清算的条件和程序。为完善公司退出法律机制,保护公司债权人合法权益、统一执法尺度,最高人民法院自2001年年初开始起草《关于审理涉及企业法人解散案件若干问题的规定》(以下简称《企业法人解散司法解释》)。2004年2月,《企业法人解散司法解释(送审稿)》完成并已提交审判委员会讨论时,恰逢《公司法》进行大规模修订,司法解释的起草工作暂停。

2005年《公司法》修订后,最高人民法院再次启动司法解释工作。最为重要的变化是,最高人民法院改弦易辙,将《企业法人解散司法解释》从企业法人制度的轨道转向《公司法》的轨道。鉴于2005年《公司法》在1993年《公司法》基础上对公司解散和清算部分进行了调整,又鉴于公司制企业法人随着我国企业改制的不断深化已成为我国经济社会中最主要的企业类型,最高人民法院将原《企业法人解散司法解释(送审稿)》更名为《关于适用〈中华人民共和国公司法〉若干问题的规定(二)》。2008年5月5日,最高人民法院审判委员会第1447次会议通过了《关于适用〈中华人民共和国公司法〉若干问题的规定(二)》(以下简称《公司法解释(二)》)。2008年5月19日,最高人民法院对外公开发布该司法解释。该司法解释包括公司司法解散制度和公司清算制度两部分,共计24条。

本章论述原则上适用于各类公司的解散清算程序,但法律、法规另有规定的除外。例如,国务院2001年颁布的《金融机构撤销条例》对金融机构撤销后的清算程序等问题作出了明确规定,因此金融机构被撤销的情况应当适用《金融机构撤销条例》的有关规定。由于《外商投资企业清算办法》已于2008年初被国务院废止,外商投资企业的清算程序原则上也应适用《公司法》第10章和《公司法解释(二)》的有关规定。

第二节 公司解散事由

《公司法》第180条列举了公司解散的五大事由:(1)章程规定的营业期限届满或者章程规定的其他解散事由出现;(2)股东会或者股东大会决议解散;(3)因公司合并或者分立需要解散;(4)依法被吊销营业执照、责令关闭或者被撤销;(5)法院依照本法第182条的规定予以解散。

一、章程规定的营业期限届满或者其他解散事由出现

该解散事由属于公司自行解散(任意解散)的范畴。公司股东作为公司的生身父母,可

以自由确定公司的存续期间。若公司章程载明公司的存续期间而非永续存在,除非股东大会修改章程以延长公司存续期间,公司就存在解散事由。"其他解散事由"泛指公司章程自由设计的其他退股情形,包括但不限于产品和服务的消费结构的急剧恶化、特定消费者群体的消失等。

为贯彻公司维持原则、避免公司的不必要解散,促成公司的正常存续,《公司法》第181条采取了与人为善的立法态度:"公司有本法第180条第1项情形的,可以通过修改公司章程而存续。依照前款规定修改公司章程,有限责任公司须经持有2/3以上表决权的股东通过,股份有限公司须经出席股东大会会议的股东所持表决权的2/3以上通过。"之所以要求延长公司寿命的股东会决议为特别决议,是为防范延长公司存续期间给股东带来的投资风险,并提醒出资较多的股东格外当心。

在公司实践中,有些章程规定的营业期限已经届满,但公司既不通过修改公司章程而存续,又不及时进行清算。在这一情况下,小股东的利益保护遂成为新问题。一种观点认为公司应当进入解散程序,小股东可以据此行使剩余财产分配请求权;另一种观点认为,该公司视为自动延续存在,小股东自然可以据此请求公司购买自己持有的股份;还有一种观点认为,小股东有权请求公司召集临时股东会或董事会,以决定公司的未来命运。笔者持第一种观点。原因很简单,既然公司未作出延长公司寿命的股东会决议,就应当把这种情况解释为股东不愿继续投资于公司。

二、公司决议解散

这属于公司自行解散即公司自己决定终止的范畴,体现了公司自治的精神。公司既然可以基于股东共同的意思表示而成立,就可以基于股东共同意思表示而解散。公司成立的目的在于实现某一特定经营目的,若该经营目的已经实现或根本不能实现,则公司丧失了存在意义。公司之所以决议解散,往往乃因公司的设立目的已经完成(如项目公司已经完成对某小区的商品房开发和销售活动)或确定不能完成。在当今世界,市场格局变动不居,竞争日趋激烈。有些公司在设立之前确定的经营目标在企业设立之后不久就被证明不可能实现。出于急流勇退的战略思路,一些投资者希望早日解散公司、取回投资,转而从事其他投资兴业活动。

在实践中,有些公司在作出解散决议之前就已经进入歇业状态,甚至长期没有开展经营活动。公司的存在价值在于不间断地持续开展经营活动,为投资者创造投资回报,并为利害相关者创造社会福祉。不管出于市场原因或者其他原因(如股权斗争),若一个企业法人长期不开展经营活动,处于长期休眠状态,此类公司就失去了存在价值,从而成为退出市场的合理理由。

为慎重起见,许多立法例将解散公司的股东会决议明确为绝对多数决的特别决议,而非简单多数决的普通决议。依《公司法》第43条第2款,股东会会议作出公司解散的决议,必须经代表2/3以上表决权的股东通过。依该法第66条,国有独资公司的解散必须由国有资产监督管理机构决定;其中,重要的国有独资公司合并、分立、解散、申请破产的,应当由国有资产监督管理机构审核后,报本级人民政府批准。该法第103条第2款规定,股份公司股东大会作出公司解散的决议,必须经出席会议的股东所持表决权的2/3以上通过。

《公司登记管理条例》第42条第3项除了列举股东会、股东大会决议解散的情形外,还增加了"一人有限责任公司的股东、外商投资的公司董事会决议解散"的特殊情形。这样表述在逻辑上更加周延。因为,一人公司和中外合资经营企业、中外合作经营企业不设股东会,只有董事会。值得注意的是,并非所有的外商投资的公司都不设股东会。例如,外商投资的股份有限公司和全部股东为外商的有限责任公司就可依《公司法》设立股东会。在此类公司作出解散决议时,就应当召开股东会,董事会不能越俎代庖。

三、因公司合并或者分立需要解散

公司因合并或分立而发生公司的终止结果,属于法定解散事由的范畴。但由于在这种情况下,只发生公司权利义务关系的概括性转移和继受,因合并或者分立而消失的公司不需履行清算程序即可办理公司注销登记手续。

四、依法被吊销营业执照、责令关闭或者被撤销

依法被吊销营业执照、责令关闭或者被撤销均属于公司意志之外的公权力运作的结果,属于强制解散的范畴。虽然公司及其投资者和管理者不愿意解散,但若该公司违反了法律与行政法规(包括《公司登记管理条例》)中的强制性规定(例如从事违法经营活动、逾期未办理年检手续等),即应予以解散。依国际通例,当企业法人的目的和行为违反法律、公共秩序和善良风俗时,法院或有关行政机关可以依法强行解散法人。

在我国,吊销企业法人营业执照是工商行政管理机关对违法违规公司处以的行政处罚。例如,《公司登记管理条例》第32条第2款规定:"公司的经营范围中属于法律、行政法规或者国务院决定规定须经批准的项目被吊销、撤销许可证或者其他批准文件,或者许可证、其他批准文件有效期届满的,应当自吊销、撤销许可证、其他批准文件或者许可证、其他批准文件有效期届满之日起30日内申请变更登记或者依照本条例第6章的规定办理注销登记。"再如,《公司登记管理条例》第67条规定:"公司成立后无正当理由超过6个月未开业的,或者开业后自行停业连续6个月以上的,可以由公司登记机关吊销营业执照。"

公司被责令关闭或者被撤销也属强制解散范畴,其与吊销企业法人营业执照的不同在于处罚机关不同。此类处罚机关往往是市场监督管理机关之外的业务监管机构(如卫生行政部门、质监部门、银保监会、证监会等)。在计划经济体制下,全民所有制企业上级主管部门兼有企业投资者的角色,有权决定撤销或关闭其下属企业法人。随着国有企业公司制改革步伐的加快,产权结构日趋多元化,股份制企业法人很难再找到唯一的上级主管部门,取而代之的是国家股东代理机构。除国有独资公司的国家股东代理机构可依法定条件与程序解散国有独资公司外,其他政府部门无权随意撤销或关闭、解散公司。因此,有权决定撤销或关闭企业法人的行政机关主要是依法享有市场监管权限(包括市场准入权限)的行政监管机构,而作为传统全民所有制企业上级主管部门的"主管婆婆"将逐渐淡出历史舞台。

五、司法解散

法院有权根据适格股东之诉请,依《公司法》第182条的规定解散公司。公司发生法律、法规规定的其他解散事由时,亦应予以解散。

第三节　公司僵局及其救济

公司僵局宛如电脑死机,是公司法实践中常见的疑难杂症之一。由于闭锁性公司尤其是有限责任公司的人合性以及传统文化中的"窝里斗"基因,加之市场风险与道德风险、法律风险的纠结,会带来更多的公司僵局案件。2005年《公司法》修改之前,法院曾长期对公司僵局案件采取不受理的消极态度,主要的逻辑思维是认为此类案件属于公司的"家务事",法院不宜干预。2005年《公司法》修改之后,法院受理的公司僵局案件开始增多,个别法院采取了积极解散的司法态度。

公司僵局犹如婚姻僵局,有聚有散。但解散公司比起夫妻离婚更加残酷。因为,离婚判决仅关系不复存在,虽然离婚对孩子的身心健康还有影响,但孩子还茁壮成长;而公司解散的结果不仅导致股东合作关系的消灭,而且导致公司主体资格的消灭。因此,法院对于公司僵局案件应当采取大胆受理、审慎裁判的态度。

一、公司僵局

在闭锁性较强的公司形态尤其是有限责任公司中,股东之间具有较强的人合性。股东关系犹如婚姻关系。对于公司治理来说,好人与好制度同等重要。若股东之间的互信基础荡然无存,就很容易导致公司治理陷入僵局。

公司僵局是指公司经营管理出现严重困难,继续存续会使股东利益受到重大损失、且无法通过其他途径化解的公司状态。公司僵局应当具备以下要件:

(一)公司经营管理发生严重困难

公司经营管理发生的严重困难与其说是公司财务层面中的严重困难,不如说是公司治理中的严重困难。公司经营管理发生严重困难简称为公司治理的严重困难。

公司僵局与公司财务状况没有必然关联。公司治理严重困难相当于夫妻感情确已破裂,不是家庭陷入财务困难。若公司治理功能顺畅,运作正常,即使公司财务存在困难,公司也可自愿采取相应的应对措施,从而避免公司解体的厄运。若公司财务状况良好、盈利甚丰,但公司治理机制瘫痪、陷入治理僵局,也应认定公司僵局现象的存在。当然,公司治理僵局与公司财务困难也可能同时存在。

有鉴于此,《公司法解释(二)》第1条明确规定:"股东以知情权、利润分配请求权等权益受到损害,或者公司亏损、财产不足以偿还全部债务,以及公司被吊销企业法人营业执照未进行清算等为由,提起解散公司诉讼的,人民法院不予受理。"换言之,若股东提起解散公司诉讼时的理由表述为公司经营严重亏损,或者其股东权益受到侵害,或者公司被吊销营业执照后未进行清算等,因不属于公司法所规定的解散公司诉讼案件提起的事由,因此法院在受理环节即应将其拒之门外。

公司经营管理发生严重困难泛指公司股东会或董事会无法正常运作,包括无法正常开会;或虽然开始能够开会,但最后无法形成决议等多种情况。类似于电脑在运行中非正常死机的情况。常见的主要情形包括:(1)股东会失灵。股东会常年无法正常召开,或虽然能够召开,但无法作出决议。例如,股东会表决时陷入僵局,多年连续无法在年度股东大会上选举出新一届董事会成员接替任期届满的董事会成员。(2)董事会失灵。例如,董事会在公司经营管理活动中陷入了僵局,而股东无力打破僵局,导致公司即将或正在遭受无法恢复的损害或公司的经营管理活动无法按照对广大股东有利的方式继续进行。董事长拒绝、怠于履行职权,而董事会又未能将其罢免、选任新董事长的情况也属于董事会失灵的一种。即使董事会发生了僵局,若股东会有能力通过股东大会的决议改选董事会,从而使董事会正常开展经营活动,法院就不能解散公司。(3)经营层失灵。这主要指经营层的道德风险而言。例如,大股东兼董事长私自携带公章悄然出走,隐姓埋名;二股东兼总经理擅自携带企业法人营业执照从人间蒸发;三股东兼财务总监席卷税务登记证和增值税发票后移居境外。若董事会不能及时换将并将公司印信追回或宣告作废,则公司经营就陷入了瘫痪。

《公司法解释(二)》第1条明确列举了公司经营管理发生严重困难的四种情形:(1)公司持续两年以上无法召开股东会或者股东大会,公司经营管理发生严重困难的;(2)股东表决时无法达到法定或者章程规定的比例,持续两年以上不能做出有效的股东会或者股东大会决议,公司经营管理发生严重困难的;(3)公司董事长期冲突,且无法通过股东会或者股东大会解决,公司经营管理发生严重困难的;(4)经营管理发生其他严重困难,公司继续存续会使股东利益受到重大损失的情形。这四种情形的共性是股东会僵局和董事会僵局造成公司经营管理上的严重困难,即公司机关陷入事实上的瘫痪状态,公司治理结构完全失灵,不能正常进行经营活动,若任其继续存续下去,将会造成公司及其股东利益的重大损失。该条列举的四项事由既是法院受理解散公司诉讼案件时进行形式审查的依据,也是法院判决是否解散公司的实体审查标准。

公司僵局之形成源于多种原因。其一,不合理的股权结构容易导致公司僵局。在实践中,常有不少公司的股东在股权结构中各自持股一半,各自推选等额董事进入董事会。若公司章程或股东协议没有预先提供相应的化解僵局之策,一旦股东之间就投资理念、投资策略、治理思路甚至各自利益发生冲突,就很容易使公司陷入无法正常经营的窘境。

其二,不合理的议事方式与表决程序设计容易导致公司僵局。若一家章程规定股东会或董事会决议时实行全员一致决议的原则,迟早会产生公司僵局。因为,只要股东会或董事会的与会者之一喜怒无常,故意逆其他与会者的意志而动,则股东会或董事会很难作出决议。笔者认为,这种一致联动的议事规则无疑赋予了任何一名股东、任何一名董事的一票否决权。在某种程度上,可以说少数派股东或少数派董事的一票否决权比起美国总统对国会法案的否决权还要大。

其三,杳无音信的股东或董事失踪容易导致公司僵局。若多数股东或多数董事离开公司后下落不明,长期杳无音信,致使股东会或董事会无法正常召开或作出决议,公司就有可能陷入僵局。此外,法人股东也存在着"失踪"的可能性。法人股东自身由于脱钩改制、国有资产划拨等诸种原因也可能产生法人股东自身的投资者不清,进而导致法人股东无法选派股东代表,或该法人股东推荐到公司的董事无法正常履行职责。若多家法人股东均有类似情形发生,也会发生公司僵局。

其四,股东和高管的道德风险也容易导致公司僵局。前已述及,兹不赘述。

(二)继续存续会使股东利益受到重大损失

继续存续会使股东利益受到重大损失,这是法院解散公司的第二个必要条件。若公司僵局的持续时间很短;或者公司僵局的持续时间较长,但对股东利益并未造成重大损失,法院仍然不能解散公司。此处的"重大损失"系相对于轻微损失、一般损失而言。这需要法官在个案当中行使自由裁量权。立法者之所以将公司僵局的继续存续导致股东利益受到重大损失作为解散公司的必要条件,旨在昭示立法者对公司解散的慎重之情以及妥善平衡公司利益与股东利益的良苦用心。既然股东利益遭受的损失较小,而解散公司给其他股东、公司高管、劳动者和其他利益相关者带来的损失更大,立法者当然不能选择这种笨拙的立法选项。

(三)通过其他途径不能解决

不是所有的公司僵局都不可逆转,不是所有的公司僵局都不能化解。法院在考虑运用解散公司手段救济小股东的时候,应当穷尽对公司、股东和其他利益相关者最为和缓的救济手段。若能够在股东查账、股东转股和股东退股的诸种方案中找到其他和缓、有效的救济途径,就应回避解散公司之路。因此,《公司法》第182条"通过其他途径不能解决"的法律要求不仅是股东提起解散公司之诉的前置条件之一,也是法院动员双方当事人采取副作用更轻的替代措施的授权依据。

最高人民法院在起草《公司法解释(二)》时对于《公司法》第182条的"通过其他途径不能解决"的前置性程序未作解释,主要是考虑到,"公司法之所以做此规定,是基于对公司永久存续性特征考虑的,即当公司经营管理发生严重困难,继续存续会使股东利益受到重大损失时,还是寄希望于公司能够通过公司自治等方式解决股东、董事之间的僵局,从而改变公司瘫痪状态,而不轻易赋予股东通过司法程序强制解散公司的权利"。因此,最高人民法院认为,法院在受理解散公司诉讼案件时,还是有必要审查这个条件是否成就。当然,对于何为"通过其他途径不能解决",法院可能更多的是进行形式审查,对于起诉股东而言,其声明应归结为其已经采取了能够采取的其他方法而不能得到解决、而不得不寻求司法救济的表述,该前置性程序的意义更多在于其导向性。①

二、法院对公司僵局的应有态度与救济手段

公司司法解散是指在公司陷入僵局、且无法通过其他途径打破时,适格股东有权请求法院或仲裁机构予以解散。由于公司股权结构、控制权结构乃至股东会或董事会议事方式与表决程序设计的诸多原因,公司陷入僵局的现象并不罕见。既然公司无法启动自愿解散程序,又不具备破产条件,公司似乎只能坐以待毙,别无他途。为遏制和减少公司僵局给公司乃至股东们造成不必要的巨大财产损失,许多立法例纷纷确认了司法解散制度。其共同点在于,借助司法权的力量,在法定的特定例外情形下应股东、债权人或公权力的请求,强制解散公司。就救济中小股东而言,司法解散也是无可奈何时的一把利刃。

美国《模范商事公司法》(RMBCA)第14.30条对公司的司法解散制度可谓粲然大备:有下列情形之一的,法院可以裁定解散公司:(1)检察官能够证明存在下列事实之一,并向法院提起解散公司之诉:公司通过欺诈手段取得了公司设立章程,或者公司持续超越或者滥用法律赋予的权限。(2)股东能够证明存在下列事实之一,并向法院提起解散公司之诉:其一,公司董事会在公司经营管理活动中陷入了僵局,而股东无力打破僵局,导致公司即将或者正在遭受无法恢复的损害,或者由于公司僵局的存在,导致公司的经营管理活动无法按照

---

① 刘岚:《规范审理公司解散和清算案件——最高人民法院民二庭负责人答本报记者问》,载《人民法院报》2008年5月19日。

对广大股东有利的方式继续进行。其二,公司的董事或者管理人员已经、正在或者将要实施不法、压榨或者欺诈的行为。其三,股东们在行使表决权时陷入僵局,而且至少连续在两次年度股东大会上未能选举出新一届董事接替已经到期的董事会成员。其四,公司资产正在被滥用或者浪费。(3)债权人能够证明存在下列事实之一,并向法院提起解散公司之诉:其一,债权人的债权已经被法院判决所确认,但判决未获执行,而且公司已经丧失债务清偿能力。其二,公司书面承认债权人的债权合法有效、已经到期,但公司已经丧失债务清偿能力。(4)公司向法院提起法院监督下的自愿解散公司之诉。

美国特拉华州《公司法》第273条第1项规定:"若本州公司的股东只有两名,且各自持股50%,共同从事合资经营活动;而且,股东无法通过协议解散公司、分配公司资产,任何股东均可向法院提起诉讼,请求法院按照双方事先约定的计划分配公司资产,或者在没有分配计划的情况下解散公司,但公司章程或者股东书面协议另有约定的除外。"

日本原《商法典》第406条之二第1款规定:"公司于下列情形有不得已的事由时,持有公司全部股东表决权1/10以上的股东可请求法院解散公司:1.公司在业务执行中遭遇显著困难,已经产生或者可能产生公司难以挽回的损失时;2.对公司财产的管理或者处分显著失当,危及公司存续时。"

我国台湾地区"公司法"第11条也规定:"公司之经营,有显著困难或重大损害时,法院得据股东之申请,于征询中央主管机关及目的事业中央主管机关意见,并通知公司提出答辩后,裁定解散。前项申请,在股份公司,应有继续6个月以上持有已发行股份总数10%以上股份之股东提出之。"

我国1993年《公司法》并未规定司法解散制度,致使在公司出现公司僵局或公司多年无法正常经营和运转时,股东仍然无法脱身公司,对公司利益和职工利益亦产生不利影响。全体股东尤其是小股东形同坐牢。借鉴国际先进立法经验,为打破公司僵局和股东枷锁,确保反目股东能够早日各奔前程投资创业,2005年《公司法》确认了出现公司僵局时股东享有解散公司诉权:"公司经营管理发生严重困难,继续存续会使股东利益受到重大损失,通过其他途径不能解决的,持有公司全部股东表决权10%以上的股东,可以请求人民法院解散公司。"《公司法解释(二)》细化了股东请求法院解散公司之诉的裁判规则。

为贯彻公司维持原则,避免股东滥诉,彰显法律对公司生命的尊重,贯彻公司维持原则,充分尊重并增进公司背后的股东、高管、债权人、劳动者和其他利益相关者的福祉,现行《公司法》第182条严格限定了提起解散公司诉讼的事由。法院对于股东的解散公司之诉应当大胆受理,谨慎裁判。

解散公司是对中小股东的最后一个救济措施。通过解散公司,可彻底摧垮控制股东和公司高管剥削和压迫中小股东的"吸血管",从根本上消灭控制股东和公司高管通过关联交易、高薪回报、过度的奢侈型职务消费的物质基础,并使公司净资产多快好省地回流到股东怀抱。这对于失信的控制股东和公司高管无疑是釜底抽薪的当头一棒,而对于饱受欺凌的中小股东来说则是一个心灵受到抚慰、损失受到补偿、得以沐浴公正之光的雪中送炭之举。

解散公司不仅是中小股东的诉权,也是确保全体股东早日摆脱痛苦、各奔前程的福音。公司僵局发生时,公司对内决策和经营系统彻底陷入瘫痪,公司对外业务无法开展,业务量和现金流日渐枯竭,公司办公用房租金、设备维护费用和人员开支等各种费用开支日积月累,几成天文数字。在这种情况下,解散公司无疑是公司止损、股东分手的明智选择。当然,在一定程度上,解散公司诉权也可被称为公司的"安乐死"。

解散公司虽有前述之功效,但毕竟是公司在例外情形下无可奈何的问题解决方案而已。解散公司的负面作用非常明显:高管和劳动者会失去工作,其他股东失去投资对象,消费者失去了一个供应商,政府失去一个纳税人。再从救济小股东的角度看,条条道路通罗马。在启动解散公司之诉前,小股东应当尝试查账权、股利分配请求权、请求大股东收购自己的股份、请求公司回购股权。只有当前述较为缓和的救济途径于事无补时,才能适用这一救济途径。

三、原告股东的资格

公司与其所有的利益相关者都存在着唇齿相依、唇亡齿寒的共荣共存关系。并非任何股东均可向法院提起解散公司之诉。为预防个别股东恶意滥用诉讼,预防控制权较少的小股东随意提起解散公司之诉的道德风险,《公司法》第182条将请求法院解散公司的原告股东的范围锁定为持有公司全部股东表决权10%以上的股东。

为落实《公司法》第182条立法宗旨,实现原告股东与其所在公司和其他股东之间利益平衡,《公司法解释(二)》第1条将原告股东解释为"单独或者合计持有公司全部股东表决权10%以上的股东"。换言之,无论是单独股东还是多名股东,只要其持有的表决权比例达到公司全部股东表决权10%以上,就可以在前述任何一种公司僵局现象产生时依法提起解散公司之诉。若提起解散公司诉讼的股东不具备上述持股条件的,法院对其诉请不予受理。

本条在确定原告股东的门槛时没有考虑到股东的出资比例、持股比例,而是考虑到了股东的表决权比例。这是借鉴了日本原《商法典》第406条之二第1款规定的立法例。立法者之所以作如此选择,主要考虑到解散公司不仅仅关系到股东自身的财产利益,更关乎整个公司的生死存亡,具有强烈的控制权色彩。既然解散公司会对公司、其他股东等利益相关者产生重大影响,立法者运用股东表决权的百分比来界定原告股东的资格亦无不可。

四、公司的诉讼地位

司法实践中,有观点反对将公司列为被告,而主张列其他股东为被告。理由是:股东提起诉讼的目的是提前终止公司经营,其实质是要求解除股东之间存续公司的合意。该类案件原告的诉请系针对公司的其他股东,故公司是被请求解散的客体,法院的判决对其具有法律上的利害关系,应作为无独立请求权第三人参加诉讼。

在股东之间发生的外商投资企业合同解除纠纷案件中,仲裁机构可以做出解除合同的裁判,但不宜做出解散公司或者清算公司的裁判。理由之一是,外商投资企业并非此类纠纷的一方当事人,股东之间的正常协议不能当然拘束外商投资公司。因此,有必要警惕忽视外商投资公司主体的合同主义态度。

笔者认为,在原告股东提起解散公司之诉时,应当将公司列为被告。从公司法角度看,公司不仅是股东的投资客体和投资工具,而且也是具有独立法人资格的民事主体。股东欲通过诉讼消灭公司的主体资格,当然应当将公司列为被告,并赋予其作为被告享有的各类民事诉讼权利。公司应当积极应诉,既可针锋相对对原告股东的诉讼请求进行答辩,也有权向法院提交替代性解决方案,并向法院出示相关证据,甚至可以提出反诉。从程序法角度看,解散公司诉讼案件性质上属于变更之诉,系变更股东和公司之间的出资与被出资的法律关系,属有关公司组织方面的诉讼,因此股东请求解散公司诉讼的被告应当是公司。股东之间关于出资设立公司的协议随着公司的成立已经履行完毕,不存在解除设立协议的问题,因此其他股东不应作为解散公司诉讼案件的被告。

鉴于解散公司诉讼案件的审理活动可能影响其他公司股东的利益甚巨,鉴于解散公司之诉中的调解工作尚需其他股东参与诉讼,鉴于其他股东参加诉讼有助于法院查明案情、及时听取其他利益相关者尤其是其他股东对解散公司的意见和要求,因此原告提起解散公司诉讼时应当及时告知其他股东,法院也可依职权通知其他股东参加诉讼,其他股东可自由决定以共同原告或第三人的身份参加诉讼。

《公司法解释(二)》第4条也规定:"股东提起解散公司诉讼应当以公司为被告。原告以其他股东为被告一并提起诉讼的,人民法院应当告知原告将其他股东变更为第三人;原告坚持不予变更的,人民法院应当驳回原告对其他股东的起诉。原告提起解散公司诉讼应当告知其他股东,或者由人民法院通知其参加诉讼。其他股东或者有关利害关系人申请以共同原告或者第三人身份参加诉讼的,人民法院应予准许。"可见,其他股东可以加入原告股东一方成为共同原告,也可加入第三人的行列,但不宜被列为被告。

有法官问,作为大股东的董事长想解散公司时,法院如何确定案件当事人？在此种情况下,原告是大股东兼董事长,被告依然是公司。至于公司既可由法定代表人出庭,也可由其他诉讼代理人出庭。换言之,大股东兼董事长既可坐在原告席上,也可坐在被告席上。当大股东兼董事长坐在原告席上时,公司可委托他人作为诉讼代理人坐在被告代理人席上;当大股东兼董事长坐在被告席上时,大股东可委托他人作为诉讼代理人坐在原告代理人席上。

五、上市公司股东可否行使解散公司诉权

《公司法》第182条并未将股东的解散公司之诉的对象限制为有限责任公司。从理论上说,无论是有限责任公司,还是股份有限公司(包括上市公司)都可在司法解散之列。

但鉴于上市公司具有较强的开放性,股份的流通性最强;鉴于公司解散关系到成千上万股东的合法权益;鉴于股东对于陷入僵局的公司可随时"用脚投票",笔者认为应从严适用解散公司制度。必要时,法院可引入临时管理人制度,指定专业人士负责公司僵局期间的公司经营管理工作。截至目前,中国上市公司尚无适用《公司法》第182条的先例。

为预防原告股东在法院驳回其解散公司的判决生效后立即再次起诉,影响公司的正常经营和对外交易安全,建议最高人民法院司法解释对原告股东再次起诉设置最短的合理期限(例如,一个财务会计年度)。

六、注重调解

和谐社会就是妥协社会。《公司法解释(二)》第5条强调法院审理解散公司诉讼案件时,应当注重调解。当事人协商同意由公司或者股东收购股份,或者以减资等方式使公司存续,且不违反法律、行政法规强制性规定的,法院应予支持。当事人不能协商一致使公司存续的,法院应当及时判决。经法院调解公司收购原告股份的,公司应当自调解书生效之日起6个月内将股份转让或者注销。股份转让或者注销之前,原告不得以公司收购其股份为由对抗公司债权人。

《公司法解释(二)》第5条之所以特别提到应当注重调解,主要是基于企业维持主义和

维护交易安全的考量。只要公司没有违反法律强制性规定,在其非自愿解散时,公权力机关应尽可能不去强制其解散。因此,在公司股东或董事出现僵局时,只要尚有其他途径能够解决矛盾,应尽可能采取其他方式解决,从而使公司免于遭受解散。这也是《公司法》之所以规定"通过其他途径不能解决"时,股东才能诉请解散公司的原因。即便股东依法诉诸法院,法院仍有必要通过公权力的介入,尽可能通过股东离散而非公司解散的方式来解决股东之间的矛盾。基于此,司法解释强调,法院在审理解散公司诉讼时应当特别注重调解。即使以解散公司的形式结案,也可采取调解的形式。

实际上,原告股东之所以向法院提起公司解散之诉,多源于其苦大仇深、又无法用脚投票的窘境。若法院判决为其提供一条退出之路,原告股东必会感激涕零。因此,解散公司只能是解决股东权救济问题的最后一道防线。在开出这剂"猛药"之前,法院应当三思而行,尽量拿出让原告股东、其他股东、经营者和债权人等利益相关者皆大欢喜的问题解决方案。

法院应当通过释明权之行使,告知原告股东、被告公司和参加诉讼的其他股东(第三人)寻求解散公司之外的其他替代性补救措施,包括但不限于股权转让、退股、公司分立等措施。就股权转让而言,既可由原告股东购买其他股东的股权,也可由其他股东购买原告股东的股权,还可由全体股东外的第三人购买原告股东的股权,甚至整体收购全体股东持有的全部股权。无论由谁购买股权,原告股东把自己的股权转让出去后都可脱离苦海。诉讼目的既已实现,原告股东即可撤诉。但法院的案件受理费应当由双方当事人协商确定;协商不成的,应当由公司承担。

总之,法院为股东提供的较为缓和的替代救济方案能够有效地避免公司解散对无辜的多名股东、债权人和职工等利害相关人的巨大伤害,也能有效地满足遭受排挤或压榨的小股东收回投资的愿望。

七、判决的既判力

《公司法解释(二)》第 6 条规定:"人民法院关于解散公司诉讼作出的判决,对公司全体股东具有法律约束力。人民法院判决驳回解散公司诉讼请求后,提起该诉讼的股东或者其他股东又以同一事实和理由提起解散公司诉讼的,人民法院不予受理。"

法院的生效判决对参加诉讼的当事人和未参加诉讼的其他股东具有当然的既判力,其司法理念在于,解散公司的判决是综合考量公司对股东和其他利害关系人的存在价值和弊端而对公司命运本身所作的处分。法院判决解散公司的,公司进入清算阶段,公司人格最终因清算完毕而终结,该判决当然对公司和公司其他股东,甚至包括公司的董事、监事、高管人员和职工等均有效力。法院判决驳回原告股东的诉讼请求的,因法院对原告据以提起解散公司的具体事实和理由已经作出了生效判决,在其据以主张解散公司的事实和理由不能得到法院支持的情况下,根据一事不再理的原则,提起该诉讼的股东和其他股东不能再以相同的事实和理由向法院提起诉讼请求解散公司。

应当注意的问题有二:第一,"同一事实和理由"系指"同一个"事实和理由,而非"同一类"事实和理由。第二,之所以将"提起该诉讼的股东"和"公司其他股东"分别列举表述,意在维持公司法律关系的稳定性,并强调法院裁判行为对其他股东的法律约束力,即法院判决驳回原告股东的诉讼请求后,不仅该原告股东不得再以同一事实和理由提起解散公司诉讼,其他公司股东亦不得再以同一事实和理由提起解散公司诉讼。

八、解散公司案件与公司清算案件的相互独立性

《公司法解释（二）》第2条规定："股东提起解散公司诉讼，同时又申请人民法院对公司进行清算的，人民法院对其提出的清算申请不予受理。人民法院可以告知原告，在人民法院判决解散公司后，依据公司法第183条和本规定第7条的规定，自行组织清算或者另行申请人民法院对公司进行清算。"

股东请求解散公司和申请法院对公司进行清算，这是两个独立的诉请。《公司法解释（二）》第2条之所以规定法院在受理股东提起的解散公司诉讼时暂不受理其提出的清算申请，原因在于：第一，两个诉的种类截然不同，股东请求解散公司诉讼是变更之诉，公司清算案件则是非讼案件，两者审判程序不同，无法合并审理；第二，股东在提起解散公司诉讼时，公司解散的事实并未发生，公司是否解散尚需法院的生效判决予以确定。而且，即使法院判决解散后，按照《公司法》第183条，原则上仍应由公司在解散事由出现之日起15日内成立清算组自行清算，只有在公司逾期不成立清算组进行清算时，方可向法院申请强制清算。

九、财产保全与证据保全

解散公司诉讼是变更之诉，而非给付之诉。法院判决生效后仅仅变更了原有的公司法律关系，而无财产给付的内容，不存在强制执行问题。从理论上讲，法院审理解散公司诉讼案件本无财产保全之必要。但股东提起解散公司诉讼是基于股东之间或董事之间的僵局症状，因此法院判决公司解散后，公司很难顺利地开展自行清算活动，导致股东被迫启动强制清算程序。为确保未来公司强制清算程序的顺利进行，兼顾公司和公司其他股东的利益、防止个别股东滥诉给公司和其他股东造成不必要损失，《公司法解释（二）》第3条对解散公司之诉中的财产保全作出了例外规定："股东提起解散公司诉讼时，向人民法院申请财产保全或者证据保全的，在股东提供担保且不影响公司正常经营的情形下，人民法院可予以保全。"因此，法院在此情形下进行财产保全应当要求股东提供相应的担保，且以不影响公司正常经营为前提。同理，为满足将来公司清算的需要，《公司法解释（二）》第3条确认了证据保全制度。

十、管辖法院

为维护法治权威与司法统一，杜绝地方法院争管辖或者彼此推诿的现象，《公司法解释（二）》第24条规定，解散公司诉讼案件由公司住所地法院管辖。公司住所地是指公司主要办事机构所在地。公司办事机构所在地不明确的，由其注册地法院管辖。基层法院管辖县、县级市或者区的公司登记机关核准登记公司的解散诉讼案件；中级法院管辖地区、地级市以上的公司登记机关核准登记公司的解散诉讼案件。

第四节　清算中公司的独特法律地位

一、清算中公司的法律人格

公司解散事由出现后，应当依法启动清算程序。在清算终结之前（包括清算过程中以及

应当清算而未清算两种情况),由于利害相关者间的权利义务关系尚未了结,法律只能承认该公司的人格继续存在。换言之,处于清算状态中的公司仍是公司,清算中的公司与解散事由出现前的公司共享同一法律人格。清算中的公司的法律人格无需立法者重新拟制。除法律另有规定外,清算中的公司对其依法终止前发生的债务仍以其全部财产独立承担民事责任。

过去曾有一种误解:似乎清算期间,公司就不具备法人资格,不再是独立的民事主体了。为澄清这一误会,《公司法》第186条第3款明确规定:"清算期间,公司存续,但不得开展与清算无关的经营活动。"其中的"公司存续"可谓点睛之笔。为配合该条之落实,《公司登记管理条例》第69条第3款规定:"公司在清算期间开展与清算无关的经营活动的,由公司登记机关予以警告,没收违法所得。"

《公司法》的上述态度肯定了清算前后公司资格的连贯性和稳定性,有助于确定清算中的公司的权利义务归属。因为,在公司人格终止之前,股东在法律上尚不能跨越公司攫取利益、行使权利、履行义务。这一态度还有助于在公司终止前妥当消灭利害相关者之间的既存法律关系(包括股权关系、债权关系),从而将公司解散给社会、国家和债权人的冲击和负面影响降到最低限度。

清算中公司的法人资格也决定了清算中公司参与诉讼与仲裁的权利能力与行为能力。清算中的公司有权以自己的名义作为民事诉讼中的原告、被告或者第三人的身份参加诉讼活动;或者以申请人或者被申请人的身份参加仲裁活动。依《公司法》预留的制度接口,《公司法解释(二)》第10条规定:"公司依法清算结束并办理注销登记前,有关公司的民事诉讼,应当以公司的名义进行。公司成立清算组的,由清算组负责人代表公司参加诉讼;尚未成立清算组的,由原法定代表人代表公司参加诉讼。"

二、清算中公司的权利能力和行为能力

既然清算中的公司尚未丧失其法律人格,那么此类公司的权利能力和行为能力是否与正常经营的状态下范围一致呢?在司法实践中不无争论。其实,《民法通则》第40条对此早有定论。该条规定:"法人终止,应当依法进行清算,停止清算范围外的活动。"这意味着,进入清算状态的公司不能继续开展清算范围之外的经营活动,但可以开展清算范围内的活动,旨在尽量缩小债权债务关系的缔结,维护交易安全。遗憾的是,该条并未正面肯定进入清算状态的公司究竟可以从事哪些活动。

为填补《民法通则》第40条的立法漏洞,《公司法》第186条第3款明确规定:"清算期间,公司存续,但不得开展与清算无关的经营活动。"最高人民法院《关于审理涉及公司解散案件若干问题的规定草案(送审稿)》第2条也曾认为,公司出现解散事由时,法人资格依然存续,但只能从事以清算为目的民事行为。

《公司法解释(二)》第10条规定:"公司依法清算结束并办理注销登记前,有关公司的民事诉讼,应当以公司的名义进行。公司成立清算组的,由清算组负责人代表公司参加诉讼;尚未成立清算组的,由原法定代表人代表公司参加诉讼。"因此,公司出现解散事由、依法清算完毕前,有关公司的民事诉讼,仍应以公司自己的名义进行。

《公司法》和《公司法解释(二)》的规定意味着,清算中公司虽然还具备法人资格,但由于特定解散事由的发生,其权利能力和行为能力均受限制。详言之,清算中公司应当停止与清

算无关的一切经营活动,但是清算中公司有权开展与清算有关的经营活动(如向债务人追索债权、履行尚未履行的合同、向债权人履行债务、协调债权人之间的利益关系、向股东分配剩余财产等行为)。

清算中的公司违反规定从事清算范围外的活动,应认定该行为无效。行为相对人明知企业法人已经发生解散事由的,应由行为相对人和清算中的企业法人根据各自过错承担相应的民事责任。对于无效行为的处理,法院应当援引《民法典》有关无效行为的救济措施(如返还财产、赔偿损失、追缴财产等)。

《公司法》一方面承认清算中的公司具有法律人格,另一方面又将其权利能力和行为能力锁定在清算范围之内,有助于预防财务状况已经严重恶化的公司孤注一掷,殃及更多的债权人,以图维护交易安全。

第五节　清算组及其组成人员的法律地位

一、清算组的法律地位

公司法人进入清算状态后,商事权利能力和行为能力受到极大限制。因而,公司机关的活动重心在于结束常态下的经营活动,转入清算活动,包括清理债权债务,了结企业现务,办理企业法人的终止手续。鉴于经营活动与清算活动的差异以及清算活动的复杂性、专业性,法律将清算职权交由特设的清算组履行。

一旦公司进入清算程序,其原有的经营管理机关(董事会)即处于冻结状态,作用殆失。取而代之的公司机关为依法成立的清算组。在清算目的范围内,清算组作为清算中公司的临时机关,与解散事由出现前公司的机关具有同等的法律地位。具体说来,清算组行使清算中公司的代表及执行机关的职能,对内执行清算事务,履行对内的决策和管理行为;对外代表公司了结债权债务,参与民事诉讼活动。

二、清算组不是适格的民事诉讼主体

清算组的清算活动有时会涉及对外债权的追索诉讼。在司法实践中,一些法官撇开清算中的公司的主体资格,将清算组列为原告或者被告。之所以如此,乃由于相关司法解释也持相同态度。例如,最高人民法院《关于贯彻执行〈中华人民共和国民法通则〉若干问题的意见(试行)》第60条就规定:"清算组织是以清算企业法人债权、债务为目的而依法成立的组织。它负责对终止的企业法人的财产进行保管、清理、估价、处理和清偿。对于涉及终止的企业法人债权、债务的民事诉讼,清算组可以用自己的名义参加诉讼。"最高人民法院《关于适用〈中华人民共和国民事诉讼法〉若干问题的意见》第51条也重申了类似立场,"企业法人未经清算即被撤销,有清算组织的,以该清算组织为当事人;没有清算组织的,以作出撤销决定的机构为当事人"。

不少省级法院出台的审判指导意见也沿袭了上述观点。例如,北京市高级人民法院2001年发布的《关于企业下落不明、歇业、撤销、被吊销营业执照、注销后诉讼主体及民事责任承担若干问题的处理意见(试行)》第6条指出,"企业歇业后,已成立清算组负责清理债权债务的,清算组延续歇业企业的法人资格,为诉讼主体,债权人起诉歇业企业应以清算组为

被告";第 12 条指出,"企业被撤销后,成立清算组清理债权债务的,清算组为诉讼主体,可以起诉应诉。债权人起诉被撤销的企业应以清算组为被告";第 16 条指出,"企业被吊销营业执照后,成立清算组负责清理债权债务的,清算组为诉讼主体,债权人起诉被吊销营业执照的企业应以清算组为被告"。

笔者认为,以清算组为当事人的观点缺乏法理依据。首先,只有清算中的公司才是实体民事关系中的权利义务承受者与民事诉讼中的诉讼主体。因为,清算中公司与解散事由出现前的公司系同一民事主体。所以,清算中的公司仍以自己名义参加诉讼活动。至于清算组只不过是清算中的公司的机关而已。如同自然人的眼睛或者耳朵不能作为诉讼主体一样,股东大会、董事会、监事会不能取代公司人格成为诉讼当事人,清算组也不能吞没清算中的公司的诉讼主体。

其次,清算组自身缺乏独立对外承担民事责任的责任财产。清算组没有独立的法律人格。因此,清算组虽然对清算中的公司财产负有保护和管理之责,但清算组作为公司清算阶段的临时特别机关并不具有独立的法律人格,更无独立于清算中公司以及清算组成员的责任财产。因此,若清算组败诉,清算组无法独立担责。

再次,清算组缺乏取得胜诉利益的正当性和合法性依据。在基于清算中公司发生的法律关系中,即使清算组胜诉,上诉利益也应当归属清算中的公司,而非归清算组自身。

最后,在司法和仲裁实践中,清算组作为当事人参加的诉讼和仲裁活动,无论胜诉还是败诉,实际上都归属清算中的公司。因此,既然清算中的公司具有法律人格,具有实体法上的权利能力与行为能力,就应当赋予其参加诉讼活动和仲裁活动的权利能力与行为能力。

因此,笔者历来主张,在具体的诉讼活动中,公司组成清算组的,由清算组的负责人代表公司参加诉讼;未成立清算组的,仍由原法定代表人(董事长或者总经理)作为诉讼代表人参加诉讼。解散的公司作为被告经依法传唤,无正当理由拒不到庭的,可依《民事诉讼法》第 144 条缺席审理、缺席判决。

依《公司法》预留的制度接口,《公司法解释(二)》第 10 条正本清源,明确指出:"公司依法清算结束并办理注销登记前,有关公司的民事诉讼,应当以公司的名义进行。公司成立清算组的,由清算组负责人代表公司参加诉讼;尚未成立清算组的,由原法定代表人代表公司参加诉讼。"因此,公司出现解散事由、依法清算完毕前,有关公司的民事诉讼,成立清算组的,应当由清算组负责人代表公司参加诉讼活动。

三、清算组的成立时间

公司解散事由发生后,便会触发公司的清算程序,然后办理公司注销登记。法人注销登记之时为法人终止之时。公司清算实践中的最大的问题是,公司虽然解散了,但公司尚未履行清算程序,公司人格尚未终止,公司法人的退出机制尚未建立起来。因此,《公司法》的任务之一是尽快启动和完成公司清算程序,尤其是确保清算组的尽快成立。

《民法通则》第 47 条要求:"企业法人解散,应当成立清算组织,进行清算。企业法人依法被撤销、被宣告破产的,应当由其主管机关或者法院组织有关机关和有关人员成立清算组织,进行清算。"遗憾的是,该条并未限定清算组的成立时间。

依《公司法》第 183 条,公司因本法第 180 条第 1 项、第 2 项、第 4 项、第 5 项规定而解散的,应当在解散事由出现之日起 15 日内成立清算组,开始清算。有限责任公司的清算组由股东组成,股份有限公司的清算组由董事或者股东大会确定的人员组成。其中,"15日"的时间起算点为"解散事由出现之日起",进而明确了成立清算组的时限。若某公司多年不接受年度检验而被公司登记机关吊销企业法人营业执照。那么,该公司应当自其吊销企业法人营业执照之日起在15日内成立清算组。依《公司登记管理条例》第41条,公司清算组应当自成立之日起10日内将清算组成员、清算组负责人名单向公司登记机关备案。

四、清算组的组成

《公司法》第183条区分有限责任公司与股份有限公司两种情况,分别确定了清算组的组成人员:(1)有限责任公司解散的,清算组由股东组成。换言之,立法者将有限责任公司股东视为法定的清算组成员。(2)股份有限公司解散的,清算组由董事或者股东大会确定的人员组成。而根据1993年《公司法》第191条,股份有限公司的清算义务主体并不必然包括董事,而是泛指"股东大会确定的人员"。若股东大会迟迟不能召开,则"股东大会确定的人员"成了海市蜃楼,公司清算程序也将因此而搁浅。按照现行《公司法》,若股份公司的股东大会迟迟不能召开,因而确定不了"清算人员",则公司董事作为当然的清算组成员。

可见,清算组组成人员的范围主要包括以下人士:(1)有限责任公司股东和股份有限公司的董事(当然清算人);(2)公司章程预先确定或股东会选定的清算人(章定清算人);(3)法院根据利害关系人申请指定的清算人(指定清算人)。

《公司法解释(二)》第8条规定,法院受理公司清算案件,应当及时指定有关人员组成清算组。清算组成员可以从下列人员或者机构中产生:(1)公司股东、董监高;(2)依法设立的律师事务所、会计师事务所、破产清算事务所等社会中介机构;(3)依法设立的律师事务所、会计师事务所、破产清算事务所等社会中介机构中具备相关专业知识并取得执业资格的人员。

从长远看,我国应当鼓励发展一支德才兼备的专业化公司清算师队伍。清算师个人可接受委托担任清算组成员,清算师事务所也可接受清算组的委托完成清算程序中的某一项或者综合性的清算工作。当然,清算师不是清算义务人,亦非当然的清算组成员。

法院指定的清算组成员有下列情形之一的,法院可以根据债权人、股东的申请,或者依职权更换清算组成员:(1)有违反法律或者行政法规的行为;(2)丧失执业能力或民事行为能力;(3)有严重损害公司或者债权人利益的行为。

清算组由数人组成时,可以相互推选一名或者多名清算组成员代表公司;未选定时,所有清算组成员均可代表公司。公司对于清算组成员的代表权限制,原则上不能对抗善意第三人。清算组就清算事务作出决策时,应当采取类似于董事会的议事规则包括一人一票、少数服从多数的规则。

五、清算组的主要职权

在清算组登场以后,清算组便取得了对公司资产和各类资源的控制权。《公司法》第184条将清算组在清算期间行使的职权概括为七个方面:(1)清理公司财产,分别编制资产负债表和财产清单;(2)通知、公告债权人;(3)处理与清算有关的公司未了结的业务;(4)清缴所欠税款以及清算过程中产生的税款;(5)清理债权、债务(包括收取债权和清偿债务);(6)处理公司清偿债务后的剩余财产;(7)代表公司参与民事诉讼活动。此处所说的"参与民事诉讼活动"应当作广义解释,既包括参与民事诉讼活动,也包括参与行政诉讼活动、行政复议活动和仲裁活动。

清算组的职权既是权力,也是义务。《公司法》第184条列举的前六项职权既是清算组的职权,也是清算程序中的重要内容。清算组成员应当根据决策合法、程序严谨的精神,严格执行清算程序。虽然清算组成立后董事会处于冻结状态,清算组履行职权时要接受公司章程与股东会决议的约束。

六、清算组成员的诚信义务

清算组成员(清算人)如同公司的董事、监事和高管,其与公司之间存在有偿的委托合同关系。与清算组成员相对,公司乃立于委托人的地位。从信托法角度看,清算组成员与公司及其债权人之间也存在着信托关系。其中,清算组成员为受托人,公司立于委托人地位,公司及其债权人则立于受益人地位。在公司进入普通清算程序的情况下,若公司资产足以清偿债权人,则享受信托受益权的当事人不仅包括债权人,还包括公司及其背后的全体股东。

清算组成员与公司之间的权利义务关系类似于董事与公司之间的权利义务关系。清算组成员承人之信,受人之托,纳人之财,定当诚实守信、勤勉尽责。因此,《公司法》第189条第1款从正面明文要求,"清算组成员应当忠于职守,依法履行清算义务"。此即清算组成员的信托义务。信托义务又包含忠实义务与勤勉义务。其中,忠实义务强调清算组成员的行为(包括作为与不作为)不得背叛公司及其全体股东的利益。该条第2款明文禁止清算组成员利用职权收受贿赂或者其他非法收入,不得侵占公司财产。之所以如此,是因为公司的债权人或者受让清算中公司财产的交易伙伴为谋求自身的私利,有可能斥资收买位高权重的清算组成员,该款的规定乃着眼于清算组成员的忠诚义务。

只要是清算组成员从其懈怠或者失信行为中牟取私利,就属于违反忠诚义务的行为。例如,有些清算组成员在聘请中介机构提供专业服务时为捞取更多的回扣,故意放慢清算程序的节奏。清算时间越长,中介机构的利润越多,清算组成员也有可能从中营私舞弊。再如,有些清算组成员为谋取私利,故意对股东或者债权人隐瞒真相,制造假象。又如,有些清算组成员纵容清算中公司的原高管采取各种手段转移和占用公司的清算财产。

与忠诚义务相对应的是勤勉义务。勤勉义务要求清算组成员不仅品德端正,而且工作水平精湛、勤勤恳恳、兢兢业业地提供高效服务,进而最大限度地增进公司及其债权人的福祉。当然,勤勉义务的衡量标准仅仅要求特定清算组成员尽到理性的普通清算组成员在相同或者近似情况下应当尽到的审慎和注意程度。尽不到,就要承担相应的民事责任。在现实生活中,违背勤勉义务的行为随处可见。例如,有些清算组成员由于其他兼职过多而无力实质性地推进清算程序,致使公司的清算财产(包括股票和房地产)价值暴跌,就属此类。再如,若由于清算组成员的监督过失导致其聘请的中介机构(如资产管理公司)未能以最优的价格将公司资产处置给他人,也属于勤勉义务之违反。

七、清算组成员的民事责任

清算组在整个清算程序中扮演主角。清算组成员在从事清算事务时能否干干净净做人、兢兢业业做事,直接关系着公司股东及其债权人的切身利益。若清算组成员从事清算事务时,违反法律、法规或者公司章程给公司或者债权人造成损失,即应对公司、股东和债权人承担连带民事责任。

《公司法》第189条第3款从反面规定了失信清算组成员对公司或公司的债权人的民事赔偿责任:"清算组成员因故意或者重大过失给公司或者债权人造成损失的,应当承担赔偿责任。"该条中的归责原则对于清算组成员来说较为宽松。因为,只有当清算组成员主观上存在故意或者重大过失给公司或者债权人造成损失时,才承担赔偿责任。若清算组成员主观上仅有轻过失,则无需对公司或者债权人承担赔偿责任。至于赔偿范围的界定,应当贯彻实际损失赔偿原则。若某有限责任公司被吊销企业法人营业执照进入清算程序后,清算组在债权人申报债权期间,就擅自对其青睐的某债权人进行清偿,只是其他债权人未受清偿,则没有受偿的债权人有权请求清算组成员对自己在清算程序正常进行时能够受偿的金额为限承担赔偿责任。

《公司法解释(二)》第23条重申,清算组成员从事清算事务时,违反法律、行政法规或者公司章程给公司或者债权人造成损失,公司或者债权人主张其承担赔偿责任的,法院应依法予以支持。有限责任公司的股东、股份有限公司连续180日以上单独或者合计持有公司1%以上股份的股东,依据《公司法》第151条第3款的规定,以清算组成员有前款所述行为为由向法院提起诉讼的,法院应予受理。可见,若公司拒绝或者怠于对失信清算组成员提起诉讼,则股东有权对其提起股东代表诉讼。

若公司债权人认为自己利益受到了失信清算组成员的损害,也可对其提起民事诉讼。但债权人只能对清算组成员提起诉讼,而不能对清算组成员所在单位提起民事诉讼,更不宜由某清算组成员来自某行政机关而对其该行政机关提起行政诉讼。例如,某非银行金融机构由于负债累累而被责令行政关闭、进入清算程序。某机构债权人不仅对打折清偿方案不满意,而且认为清算组成员在处置公司资产时存在自买自卖的道德风险,遂对清算组成员所在的数家行政机关提起行政诉讼。后来法院驳回了该行政诉讼。法院的这一裁定正确,这乃因,适格被告是清算组成员,而非清算组成员所在单位。清算组成员以自己的名义、专业能力和信誉开展清算活动,而非以自己所在单位的名义开展清算活动。

失信的清算组成员既承担民事责任,也承担相应的行政处罚。例如,依《公司登记管理条例》第70条第2款,"清算组成员利用职权徇私舞弊、谋取非法收入或者侵占公司财产的,由公司登记机关责令退还公司财产,没收违法所得,并可以处以违法所得1倍以上5倍以下的罚款"。

第六节 公司清算程序

一、公司清算程序的概念

公司的清算程序,指整理、终结被解散公司所发生的法律关系,并依法定条件和顺序分配其财产的法律的程序。为解决公司清算难、甚至不能清算的问题,《公司法》在简化公司设立程序的同时,完善了公司的清算程序。《公司登记管理条例》和《公司法解释(二)》又对公司解散程序中的操作细节作了认真修补。

以解散原因为准,公司清算程序可分破产清算程序与普通清算程序。对于公司的破产清算程序,需要严格遵守《企业破产法》及其相关司法解释的规定;而对于公司的普通清算程序,需要严格遵守《公司法》及其相关司法解释的规定。本节讨论的公司清算程序为普通清算程序。

以清算程序的启动主体为准,公司清算程序可分自行清算程序与强制清算程序。自行清算程序是指公司在其发生解散事由后自行启动的清算程序;强制清算程序是指法院应债权人或者股东之诉请而启动的清算程序。法律鼓励公司"安乐死",即公司自行组织清算。若公司逾期不成立清算组进行清算,债权人和股东可依《公司法》第183条申请法院指定有关人员组成清算组进行清算。

二、公司清算程序的作用

清算程序的作用之一在于消灭公司法律人格。依《公司法》第10章规定,公司被依法宣告破产、公司决定解散或者公权力机关决定解散后,法人资格并非即告消灭,必须在履行清算程序后始归消灭。只有待清算程序终结后,公司法人资格始归于消灭。未经清算程序,公司法人资格不能予以消灭。即使清算人怠于发动清算程序或履行清算义务,也不影响公司的法人资格。因此,假定一家公司股东会决议解散,但决议作出后3年内仍未进入清算程序,此时公司仍具有法人资格,仍然具有诉讼中的当事人能力。可见,清算程序是消灭公司人格的必经之路。

清算程序的作用之二在于尊重股东的清算权。依法履行公司清算程序,既是股东所负义务,也是股东享有的权利之一,此即公司清算请求权。股东的清算请求权受法律尊重。一些公司登记机关在未经履行清算程序的前提下,就为该公司办理注销登记手续,无疑侵害了股东的清算权,违反了法定清算程序。因此,公司登记机关以及其他相关部门(如外商投资主管部门)在公司清算程序中的法律角色定位的确存在不少偏差。殊不知,公司登记机关只能吊销具备解散条件的公司的《企业法人营业执照》,但不能跨越公司清算程序直接为其办理注销登记手续。实践中,一些公司登记机关就因未经清算程序办理了注销登记而在行政诉讼中蒙受不利后果。在司法实践中,一些法院对于究竟在审判阶段还是在执行阶段解决清算程序问题,也缺乏统一认识。在某些情况下,中小股东的清算请求权还会受到控制股东或者经营者的干扰或阻挠。

清算程序的作用之三在于保护债权人的合法权益。公司之灭亡与自然人死亡的不同之处在于,自然人死亡时往往有继承人继承其债权债务关系,而公司灭亡时并无类似的债权债务继承制度,目前一些债务人公司为逃避债务,故意不办理年检。公司登记机关在吊销此类公司的企业法人营业执照后,由于缺乏强制的清算程序,债权人的合法权益往往得不到保护。而清算程序的启动有助于理清公司债权债务关系,进而及时清偿公司对外债务。由于在非破产清算程序中,作为债务人的清算公司的资产大于对外负债,因此从理论上说债权人往往能够获得足额清偿。

因此,清算程序不是走过场,而是充分彰显实体正义与程序正义的重要制度。

三、清算程序

(一) 通知公告程序

债权人保护程序即通知、公告债权人的程序是清算程序的重中之重。《公司法》第185条要求清算组自成立之日起10日内通知债权人,并于60日内在报纸上公告。这意味着,

《公司法》允许清算组在法定期限内只公告一次。这就要求债权人格外留意债务人公司的清算信息。值得注意的是,通知债权人的程序与公告债权人的程序是并行不悖的。既不能以通知程序代替公告程序,也不能以公告程序取代通知程序。依《公司法》第185条第3款,在申报债权期间,清算组不得对债权人进行清偿。

为增强《公司法》第185条的可诉性,《公司法解释(二)》第11条规定,公司清算时,清算组应当按照《公司法》第185条的规定将公司解散清算事宜书面通知全体已知债权人,并根据公司规模和营业地域范围在全国或者公司注册登记地省级有影响的报纸上进行公告。清算组未按照前款规定履行通知和公告义务,导致债权人未及时申报债权而未获清偿,债权人主张清算组成员对因此造成的损失承担赔偿责任的,法院应依法予以支持。

(二)申报债权

债权人应当自接到通知书之日起30日内,未接到通知书的自公告之日起45日内,向清算组申报其债权。债权人申报债权,应当说明债权的有关事项,并提供证明材料。清算组应当对债权进行登记。在申报债权期间,清算组不得对债权人进行清偿(《公司法》第185条)。之所以如此规定,是为确保债权人之间的公平受偿。

虽然债权人有权申报债权,但并非债权人申报的所有债权都会得到清算组的确认与核定。若债权人对清算组核定的债权存有异议,而又不能得到充分的纠错程序,必然会给债权人造成严重的不公平。因此,《公司法解释(二)》第12条规定了债权人异议程序:公司清算时,债权人对清算组核定的债权有异议的,可以要求清算组重新核定。清算组不予重新核定,或者债权人对重新核定的债权仍有异议,债权人以公司为被告向法院提起诉讼请求确认的,法院应予受理。

(三)补充申报债权

在实践中,经常出现债权人漏报债权的现象。但债权人可否补充申报债权,补充申报的债权是否应受偿,现行《公司法》语焉不详。有鉴于此,《公司法解释(二)》第13条规定:债权人在规定的期限内未申报债权,在公司清算程序终结前补充申报的,清算组应予登记。公司清算程序终结,是指清算报告经股东会、股东大会或者法院确认完毕。

债权人补充申报的债权,可以在公司尚未分配财产中依法清偿。公司尚未分配财产不能全额清偿,债权人主张股东以其在剩余财产分配中已经取得的财产予以清偿的,法院应否予以支持?《公司法解释(二)》第14条第1款对此持肯定态度,但债权人因重大过错未在规定期限内申报债权的除外。此处的"重大过错"既包括主观故意,也包括重大过失。

鉴于补充申报的债权不同于及时申报的债权,为确保清算程序的正常进行,《公司法解释(二)》第14条第2款规定,债权人或者清算组以公司尚未分配财产和股东在剩余财产分配中已经取得的财产,不能全额清偿补充申报的债权为由,向法院提出破产清算申请的,法院不予受理。

(四)制订清算方案

清算组在清理公司财产、编制资产负债表和财产清单后,应当制定清算方案,并报股东会、股东大会或者法院确认(《公司法》第186条第1款)。《公司法解释(二)》第15条第1款对此作了细化:公司自行清算的,清算方案应当报股东会或者股东大会决议确认;法院组织清算的,清算方案应当报法院确认。换言之,"法院确认"仅适用于《公司法》第183条的情形,即公司逾期不成立清算组进行清算,债权人可以申请法院指定有关人员组成清算组进行清算的情形。

为确保清算方案的合法性，《公司法解释（二）》第 15 条规定了执行未经确认的清算方案的清算行为的法律后果：未经确认的清算方案，清算组不得执行。执行未经确认的清算方案给公司或者债权人造成损失，公司、股东或者债权人主张清算组成员承担赔偿责任的，法院应依法予以支持。

（五）分配剩余财产

依《公司法》第 186 条第 2 款，分配公司剩余财产的顺序是：(1) 支付清算费用；(2) 支付职工的工资、社会保险费用和法定补偿金；(3) 缴纳所欠税款；(4) 清偿公司债务；(5) 向股东分配剩余财产。其中，有限责任公司按照股东的出资比例分配，股份有限公司按照股东持有的股份比例分配。但在清偿公司债务之前，清算组不得将公司财产分配给股东。将劳动者债权界定为法定优先权旨在保护劳动者权利，扶持劳动者在劳资关系中的弱势地位。

（六）报请股东会或法院确认清算报告

公司清算结束后，清算组应当制作清算报告，报请股东会或法院确认（《公司法》第 188 条）。股东会或法院确认清算报告后，视为清算组成员对公司的责任已经解除，但清算组成员实施违法行为的不在此限。

（七）办理注销登记手续

剩余财产分配之后，清算程序的最后环节是办理公司注销登记手续。公司清算结束后，清算组应当制作清算报告，报股东会、股东大会或者法院确认，并报送公司登记机关，申请注销公司登记，公告公司终止。具体说来，公司清算组应当自公司清算结束之日起 30 日内，向原公司登记机关申请注销登记（《公司法》第 188 条、《公司登记管理条例》第 42 条）。

公司申请注销登记，应当提交下列文件：(1) 公司清算组负责人签署的注销登记申请书；(2) 法院的破产裁定、解散裁判文书，公司依《公司法》作出的决议或者决定，行政机关责令关闭或者公司被撤销的文件；(3) 股东会、股东大会、一人有限公司的股东、外商投资的公司董事会或者法院、公司批准机关备案、确认的清算报告；(4)《企业法人营业执照》；(5) 法律、行政法规规定应当提交的其他文件。国有独资公司申请注销登记，还应当提交国有资产监督管理机构的决定，其中，国务院确定的重要的国有独资公司，还应当提交本级人民政府的批准文件（《公司登记管理条例》第 43 条）。

（八）清算时限

根据《公司法解释（二）》第 16 条，法院组织清算的，清算组应当自成立之日起 6 个月内清算完毕；因特殊情况无法在 6 个月内完成清算的，清算组应当向法院申请延长。

四、普通清算程序与破产清算程序的衔接

若公司资不抵债，长期不能清偿到期债务，达到了破产界限，就应启动破产清算程序。由于我国制定了统一的《企业破产法》，《公司法》将破产清算问题全部交由《企业破产法》予以规定。这样既可实现《公司法》条文的简约化，又可确保《公司法》与《企业破产法》的无缝制度对接。

在多种情况下，清算组能够按照既定清算程序，圆满履行自己的职权，最终顺利办理公司注销登记手续。但在某些情况下，清算组可能无功而返。若清算组在清理公司财产、编制资产负债表和财产清单后，发现公司财产不足清偿债务，应当向法院申请宣告破产。公司经法院裁定宣告破产后,清算组应当将清算事务移交给法院(《公司法》第187条)。公司被依法宣告破产的,依照有关企业破产的法律实施破产清算(《公司法》第190条)。

实现非破产的公司清算程序向公司破产清算程序的转化旨在强化法院与债权人对清算程序的干预力度,在完结清算公司全部债权债务关系时充分体现债权人公平受偿的原则。相比之下,在普通清算程序中,清算公司及其董事、股东往往在清算过程中处于主导地位,而法院与债权人往往处于从属、消极的监督地位。而在破产清算程序中,法院与债权人可以积极地干预清算事务的执行,甚至于行使必要的决策权(如债权人会议与债权人委员会制度)。

为降低债权人的债权实现成本,避免债权人由于费时花钱的破产清算程序而遭受财产损失,最大限度提高债权人的受偿比例,尽快消灭失败公司的既存法律关系,《公司法解释(二)》第17条充分尊重清算公司与其债权人之间的契约自由,鼓励清算公司与其债权人通过低成本的协商机制消灭悬而未结的债权债务关系,及时终结公司清算程序。该条规定:"人民法院指定的清算组在清理公司财产、编制资产负债表和财产清单时,发现公司财产不足清偿债务的,可以与债权人协商制作有关债务清偿方案。债务清偿方案经全体债权人确认且不损害其他利害关系人利益的,人民法院可依清算组的申请裁定予以认可。清算组依据该清偿方案清偿债务后,应当向人民法院申请裁定终结清算程序。债权人对债务清偿方案不予确认或者人民法院不予认可的,清算组应当依法向人民法院申请宣告破产。"因此,司法解释既鼓励公司与其债权人通过低成本的绿色协商通道了断债权债务关系,也把这种协商通道建立在契约自由的基础之上。日本、韩国以及我国台湾地区的公司法中也有类似制度安排。

协商机制是谋求清算公司与其债权人和股东等利害关系主体利益多赢的重要方案,因此虽然司法解释规定了进入司法程序的公司强制清算中的协商机制,但未规定自行清算程序中的协商机制。笔者认为,从鼓励意思自治的角度看,只要公司自行清算不损害利害关系人的合法权利,又经全体债权人一致同意的,协商机制也适用于自行清算程序。

五、行政清算程序之废除

1993年《公司法》第192条曾规定:"公司违反法律、行政法规被依法责令关闭的,应当解散,由有关主管机关组织股东、有关机关及有关专业人员成立清算组,进行清算。"这一规定体现了行政权对民事生活的过度干预,混淆了民事关系与行政关系的法律边界。

其一,行政权干预的界限在于作出剥夺公司经营资格的行政决定,启动公司清算程序;至于公司如何清算,则属于债权人、债务人公司与债务人公司股东之间的民事关系,行政权不宜干预。即使行政解散之后的公司迟迟无法清算,利害关系人还可以寻求司法救济,行政权不宜全程介入到底。毕竟,干预而不越位、帮忙而不添乱是行政干预的箴言。

其二,行政机关往往缺乏组织清算的必要人力、物力和精力以确保其全程干预公司清算过程。一旦行政权介入公司清算的领域,侵害了民事权利,行政机关又很容易陷入行政复议和行政诉讼的尴尬境地。当然,为维护社会公众利益,防范金融风险,应在例外情况下对金融机构要保留必要的行政清算,2005年《公司法》对此有所规定。

其三,随着非公有制经济的发展、政府职能的转变、行业协会的发展,目前许多公司缺乏计划经济体制下的企业主管部门。鉴于目前公司的最高决策机关是其内部的股东大会或者董事会(在中外合资经营或者合作经营的有限责任公司),而非外部的主管部门,鉴于传统的企业主管部门越来越罕见,1993年《公司法》仍然苛求公司的"主管机关"主导行政解散之后的清算程序,实有缘木求鱼之嫌。

有鉴于此,2005年《公司法》删除了1993年《公司法》第192条的行政清算程序,并将行政解散之后的清算程序与自愿解散清算程序并轨,在第184条建立了囊括公司自愿解散、行政解散与司法解散等情形的统一的清算程序。

第七节　法院强制清算程序

一、法院强制清算程序的启动机制

病人生病,医生治病。公司自治机制可能失灵,但司法权不能失灵。在公司自行清算机制失灵的情况下,法院主导下的强制清算机制应当及时登场。具体说来,若公司逾期不成立清算组进行清算,债权人可依《公司法》第183条申请法院指定有关人员组成清算组进行清算。法院应当受理该申请,并及时组织清算组进行清算。可见,法院在公司的债权人提出清算申请时在公司清算程序中扮演着更加活跃的角色。立法者之所以赋予债权人向法院申请强制清算的权利,主要是鉴于公司拒绝或者怠于启动清算程序,会严重危及债权人的切身利益和社会经济秩序维护。

当公司出现解散事由时,清算义务人应当及时组成清算组对公司进行清算,以了结法人既存的债权债务关系。当清算义务人未及时组成清算组进行清算时,债权人既有权申请法院指定有关人员组成清算组进行清算,也有权向该公司住所地法院提起要求清算义务人进行清算的诉讼,法院应予受理,并判令清算义务人依法启动清算程序。清算义务人应当组成清算组,并在判决确定的期限内完成清算程序。如因特殊情况不能在判决确定期限内完成清算程序,清算义务人可以申请法院延长清算期限,法院可以酌情确定是否延长期限、以及延长期限的长短。

2005年《公司法》施行后,一些债权人向法院提起诉讼,请求法院依据该法第184条指定有关人员成立清算组,并对公司进行清算。一些地方法院认为缺乏清算规则,法院对清算效力的认定缺乏法律依据,故对此类案件暂不受理。这一司法态度虽具有一定的合理性,体现了清算案件的复杂性和法院的畏难情绪,但应当本着打造服务型法院的精神尽快更新观念,积极受理适格的债权人提起的清算公司的诉请。

为保护公司债权人启动公司普通清算程序的积极性、主动性与创造性,《公司法解释(二)》第7条将逾期不成立清算组进行清算的情形作了扩张解释:(1)公司解散逾期不成立清算组进行清算的;(2)虽然成立清算组但故意拖延清算的;(3)违法清算可能严重损害债权人或者股东利益的。具有以上三种情形之一,债权人即可申请法院指定清算组进行清算,法院对此应予积极受理。

《公司法》仅授权公司的债权人申请法院指定清算,仅规定公司解散后股东有义务进行清算,而未授权公司的股东申请法院指定有关人员组成清算组。于是,在股东不清算、又没有债权人申请法院清算的情况下,尤其是在公司僵局的情况下,公司如何清算就成了一道难题。为减少"僵尸公司"对社会经济秩序的不当冲击,笔者认为,依据类推解释的方法,在公司逾期不成立清算组进行清算的情况下,股东也可申请法院指定有关人员组成清算组进行清算。股东也可在请求法院解散公司的同时,请求法院指定有关人员组成清算组。

依《公司法解释(二)》第 7 条,若债权人未提起清算申请,公司股东申请法院指定清算组对公司进行清算的,法院应予受理。因此,与《公司法》第 183 条相比,《公司法解释(二)》将强制清算的申请主体由债权人扩大到债权人和股东。

二、公司清算案件的性质

《公司法》第 183 条的公司清算案件属于公司普通清算案件,即非破产清算案件。公司普通清算案件在性质上属于非讼案件,类似于公司破产清算案件。公司普通清算案件与公司破产清算案件的主要区别在于,公司清算程序及其启动的原因不同,司法权介入的深浅程度不同。这乃因,法院受理公司普通清算案件的理论前提是公司资产足以偿还对外所负的全部债务,债权人权益的实现具有一定的物质基础,法院在清算程序中介入的力度可以柔和一些;而法院受理公司破产清算案件的理论前提是公司资不抵债,债务人公司的资产不足以偿还对外所负的全部债务,债权人的债权必然无法全额受偿,债权人究竟受偿比例如何在清算程序终结之前并不确定,因此法院在清算程序中的介入力度应当加大。

法院在公司强制清算中的主要职责包括指定和更换清算组成员、确认清算方案和清算报告、决定是否延长清算期限、裁定终结强制清算程序。因此,法院在受理公司清算案件后不是在指定完清算组成员之后就万事大吉,而是需要监督整个清算程序完毕、裁定终结清算程序后,案件才算审结完毕。

三、管辖法院

为维护法治权威与司法统一,杜绝地方法院争管辖或者彼此推诿的现象,《公司法解释(二)》第 24 条规定,公司清算案件由公司住所地法院管辖。公司住所地是指公司主要办事机构所在地。公司办事机构所在地不明确的,由其注册地法院管辖。基层法院管辖县、县级市或者区的公司登记机关核准登记公司的清算案件;中级法院管辖地区、地级市以上的公司登记机关核准登记公司的清算案件。

笔者认为,公司清算案件在诉讼程序的适用上应适用特别程序;清算费用及受理费的收费标准可参照破产程序中的清算程序收取。

四、一审终审程序的可行性

我国目前法院对于公司清算案件采取普通审判程序,遵循两审终审原则。《民事诉讼法》第 15 章规定了特别程序。依《民事诉讼法》第 178 条,依照本章程序审理的案件,实行一审终审。鉴于公司清算案件的主旨是在公司自治机制失灵、公司无法自行启动清算程序的情况下,借助司法权强力启动清算程序,并非涉及公司解散的决策行为,笔者建议将公司清算案件推向一审终审程序。好处是避免了失信之人恶意滥用二审程序,故意拖延审判时日,以隐藏和转移公司财产,欺诈诚信股东和债权人。

第八节 公司终止

一、公司终止与自然人死亡的区别

前已述及,公司的终止是指公司法律人格的绝对消灭。公司的终止有别于自然人的死亡。自然人一旦死亡(含自然死亡与宣告死亡),民事权利能力和行为能力均告终止,死者的民事权利义务关系由其继承人根据遗嘱和《民法典》的相关规定开始继承。自然人法律人格的消灭不以清算程序之完结作为前置程序。而公司寿终正寝(法律人格的消灭)则以清算程序与公司注销登记手续之完成作为前置程序。唯有完成清算程序,才能顺利了结公司与其他利害关系人之间的法律关系,才能预防公司随意终止给利害关系人尤其是债权人带来的不测损失。在一定程度上可以说,没有清算程序,没有公司注销登记,就谈不上公司生命的终结。因此,《公司法》第186条第3款规定:"清算期间,公司存续,但不得开展与清算无关的经营活动。公司财产在未依照前款规定清偿前,不得分配给股东。"

二、公司终止的法律效果

公司终止的标志是完成公司注销登记手续。经公司登记机关注销登记,公司终止(《公司登记管理条例》第44条)。换言之,公司注销登记之日即为公司法律人格消灭之日。

公司终止后,不仅公司的债务清偿责任得以解除,投资者的责任亦予解除。这是法人终止与非法人终止的根本区别。例如,依《合伙企业法》第91条,合伙企业注销后,原普通合伙人对合伙企业存续期间的债务仍应承担连带责任。《个人独资企业法》第28条也规定:"个人独资企业解散后,原投资人对个人独资企业存续期间的债务仍应承担偿还责任,但债权人在5年内未向债务人提出偿债请求的,该责任消灭。"对个人独资企业投资者的5年免责期限如何起算,值得研究。从文义解释看,似以个人独资企业发生解散事由之日起算,但鉴于解散为清算的原因,清算过程又需持续一段期间,清算之后才能办理注销登记手续,因此应以个人独资企业终止之日(即企业登记机关办理企业注销登记之日)起算。

三、公司终止后的股东代表诉讼

在司法实践中,有小股东在公司注销以后才发现控制股东实施了损害公司利益的不法行为。那么,小股东可否对控制股东和清算组成员提起民事诉讼?公司终止后,法律推定公司各方当事人的法律关系已经彻底清结。若有相反证据证明,在公司终止之前,控制股东和清算组成员损害了公司利益,则控制股东和清算组成员仍应就此对公司承担民事责任。其他股东可以就此代表公司对其提起股东代表诉讼。问题在于,公司既已消灭,控制股东和清算组成员对谁承担民事责任?

在公司债权人已经全部获得清偿的情况下,能够从控制股东侵权责任中受益的民事主体已经限缩为公司的其他股东。其他股东可以自己的名义、为自己的利益而对实施侵权行为的控制股东提起直接诉讼。《公司法解释(二)》第23条第3款明确规定,若公司已经清算完毕注销,上述股东可参照《公司法》第151条第3款的规定,直接以清算组成员为被告、其他股东为第三人向法院提起诉讼。

在公司债权人没有全部获得清偿的情况下,能够从控制股东和清算组成员侵权责任中受益的民事主体首先是债权人,然后才是股东。只有当债权人全部获得清偿后,其他股东才能按照持股比例或者公司章程、股东协议的约定分享剩余财产利益。在此种情况下,未获清偿的债权人有权以自己名义对控制股东和清算组成员提起民事诉讼,并根据自己的债权比例和追偿后的金额获得清偿。若债权人不提起诉讼,股东也可兼为公司的债权人和侵权股东之外的股东的利益对侵权股东和清算组成员提起诉讼。侵权股东和清算组成员赔偿的财产金额应当首先用于清偿公司债权人,剩余金额可以按股东持股比例或者公司章程、股东协议的约定分配于适格股东(侵权股东除外)。

第九节 清算义务人的义务与责任

一、清算义务人的界定

由于我国社会信誉体系尤其是失信制裁机制的缺失,控制股东和公司高管往往怠于履行公司的清算义务,导致"僵尸"公司、"植物人"公司、"垃圾"公司比比皆是。股东遗弃公司的现象严重。即便清算组得以成立,也时常发生清算组内部的冲突与纠纷。为确保清算程序的顺利启动,明确清算义务人具有其必要性。

依《公司法》第183条,有限责任公司的清算组由股东组成,股份有限公司的清算组由董事或者股东大会确定的人员组成。逾期不成立清算组进行清算的,债权人可以申请法院指定有关人员组成清算组进行清算。法院应当受理该申请,并及时组织清算组进行清算。

《公司法》第183条是否隐含着清算义务人的概念,不无争论。实践中,经常有人认为,此处的"股东""董事或者股东大会确定的人员"应当负有及时启动清算程序的义务。问题在于,该条并未赋予债权人申请法院强制有限责任公司的股东、股份有限公司的董事或者股东大会确定的人员继续实际履行清算义务的规定。若此类人员拒绝或者怠于担任清算组成员,债权人可以申请法院指定有关人员组成清算组进行清算。如此一来,似乎有限责任公司的股东、股份有限公司的董事或者股东大会确定的人员并非法定的清算义务人,而是法定的清算组成员。

《公司法解释(二)》第18条规定了有限责任公司的股东、股份有限公司的董事和控股股东的民事赔偿责任。此处的"有限责任公司的股东、股份有限公司的董事和控股股东"大致上相当于清算义务人的概念。与《公司法》第183条列举的清算义务人外延相比,"控股股东"是《公司法解释(二)》新增的清算义务人。

清算义务人的清算义务主要表现为组织清算组,担任清算组成员,启动清算程序,并竭尽全力对清算组的清算工作履行必要的协助义务(如提供财务会计报告和会计账簿、原始凭证、公司财产清单等)。建议将公司的清算义务人统一确定为公司的董事,而不宜将有限责任公司的股东作为清算义务人。从法理上说,股东仅对公司负有及时足额出资的义务,而不对公司负有清算义务。

清算义务人若在法定期限内没有履行或者没有适当履行清算义务给债权人造成损失的,应当依法对债权人承担赔偿责任。《公司法解释(二)》详细规定了清算义务人的民事赔偿责任。

二、追究清算义务人民事责任的必要性与正当性

在公司实践中,公司解散不依法进行清算的现象非常突出。有相当数量的公司在解散后人去楼空,公司本应清算但久不清算,甚至故意借解散之机逃废债务,严重损害了债权人利益,并严重危害了社会经济秩序。为强化清算义务人依法清算的法律责任,督促清算义务人依法及时启动清算程序,有效地保护公司债权人的合法权益,遏制和消除应清算、却不予清算的突出问题,建立和谐、健康、有序的法人退出机制,《公司法解释(二)》规定了清算义务人不适当履行清算义务的民事责任。明确清算义务人的民事责任,既是保护债权人的事后救济措施,也是事先警醒清算义务人及时启动清算程序的制度设计,有助于督促和约束清算义务人见贤思齐,好自为之。

在《公司法解释(二)》起草过程中,应否规定清算义务人不适当履行清算义务的民事责任,一直存有争议。赞成观点从保护债权人的角度出发,主张加大对清算义务人应当清算而不清算的民事责任,以净化我国目前不诚信的市场环境;反对观点从保护股东和公司高管的角度出发,强调法人制度,担心这样规定会损害清算义务人的权益。

最高人民法院认为,从"乱世用重典"的角度考虑,为遏制目前这种借解散逃废债务的恶劣行为,加大清算义务人的责任对规范市场、保护债权人合法权益有其积极意义;而且,在规定清算义务人该清算不清算要承担相应民事责任后,清算义务人会在借解散之机逃废债务和依法清算了结公司债务中进行利益权衡,若其仍然选择该清算不清算的,则说明其愿意承担这样的后果,因此根本不用担心这样规定会损害清算义务人的权益。[①] 笔者亦赞同此说。只有大幅提高清算义务人的违法成本,大幅降低公司债权人的维权成本,才能从制度上保障公司清算程序的顺利进行,实现退出公司与其股东、高管和债权人各得其所的利益共享局面。

三、清算义务人拒绝或者怠于履行清算义务的民事责任

其一,有限责任公司的股东、股份有限公司的董事和控股股东未在法定期限内成立清算组开始清算,导致公司财产贬值、流失、毁损或者灭失,债权人有权要求其在造成损失范围内对公司债务承担赔偿责任。依《公司法解释(二)》第18条第1款,若清算义务人在法定期限内未及时启动清算程序,致使公司财产贬值、流失、毁损或者灭失等实际损失的,清算义务人仅在损失范围内对公司的债务承担赔偿责任;若清算义务人在法定期限内未依法启动清算程序,并未造成公司财产的实际损失,则清算义务人不对公司的债权人承担任何赔偿责任。例如,若清算义务人迟迟不启动公司清算程序,致使该公司的对外债权因罹于诉讼时效而转化为自然债务,该公司的债权人就有权请求股东承担违反清算义务的赔偿责任,赔偿责任限额为超过诉讼时效的上述债权金额。值得注意的是,清算义务人的此种赔偿责任并不等于股东对债权人的无限连带清偿责任,而且此种赔偿责任仅限于由于清算义务人未在法定期限内及时履行清算义务而给债权人造成的损失,而与清算义务人是否存在瑕疵出资或者抽逃出资行为无涉。

[①] 刘岚:《规范审理公司解散和清算案件——最高人民法院民二庭负责人答本报记者问》,载《人民法院报》2008年5月19日。

其二,有限责任公司的股东、股份有限公司的董事和控股股东因怠于履行义务,导致公司主要财产、账册、重要文件等灭失,无法进行清算,债权人有权要求其对公司债务承担连带清偿责任。《公司法解释(二)》第18条第2款明确支持债权人的这一请求权。从责任形态上看,有限责任公司股东作为清算义务人的责任是因其怠于履行义务致使公司无法清算所应承担的侵权责任。为遏制系统性践踏清算程序、侵害债权人利益的行为,有必要通过连带责任机制加重清算义务人的民事责任。为免予承担此种连带责任的违法成本,清算义务人也应慎独自律,自觉履行清算义务。但在实践中出现了一些职业债权人,从其他债权人处大批量超低价收购僵尸企业的"陈年旧账"后,对批量僵尸企业提起强制清算之诉,在获得法院对公司主要财产、账册、重要文件等灭失的认定后,请求有限责任公司的股东对公司债务承担连带清偿责任。有的法院没有准确把握上述规定的适用条件,判决没有"怠于履行义务"的小股东或者虽"怠于履行义务"但与公司主要财产、账册、重要文件等灭失没有因果关系的小股东对公司债务承担远远超过其出资数额的责任,导致出现利益明显失衡的现象。需要明确的是,上述司法解释关于有限责任公司股东清算责任的规定,其性质是因股东怠于履行清算义务致使公司无法清算所应当承担的侵权责任。为避免小股东清算义务过苛、出现不公平结果,《九民纪要》要求各地法院在认定有限责任公司股东是否应当对债权人承担侵权赔偿责任时,应当注意把握三个问题:首先,严格认定"怠于履行清算义务"要件。"怠于履行义务"是指有限责任公司的股东在法定清算事由出现后,在能够履行清算义务的情况下,故意拖延、拒绝履行清算义务,或者因过失导致无法进行清算的消极行为。股东举证证明其已经为履行清算义务采取了积极措施,或者小股东举证证明其既不是公司董事会或者监事会成员,也没有选派人员担任该机关成员,且从未参与公司经营管理,以不构成"怠于履行义务"为由,主张其不应当对公司债务承担连带清偿责任的,法院依法予以支持。其次,不能忽略因果关系要件。有限责任公司股东承担责任的条件是,股东的怠于履行清算义务行为,导致了财产、账册、文件灭失,最终造成无法清算的后果,这其中包含了因果关系要件。有限责任公司的股东举证证明其"怠于履行义务"的消极不作为与"公司主要财产、账册、重要文件等灭失,无法进行清算"的结果之间没有因果关系,主张其不应对公司债务承担连带清偿责任的,法院依法予以支持。最后,要依法适用诉讼时效制度。公司债权人请求股东对公司债务承担连带清偿责任,股东以公司债权人对公司的债权已经超过诉讼时效期间为由抗辩,经查证属实的,法院依法予以支持;诉讼时效期间自公司债权人知道或者应当知道公司无法进行清算之日起计算。最高人民法院适度限制无辜中小股东的清算责任,遏制二手债权人的道德风险,旨在求得债权人与中小股东利益的动态平衡。

其三,实际控制人依《公司法解释(二)》第18条第3款也要承担由于其过错导致的不能清算的民事责任。若公司财产贬值、流失、毁损或者灭失,甚至于公司主要财产、账册、重要文件等灭失,导致公司无法进行清算的情形系实际控制人原因造成,债权人主张实际控制人对公司债务承担相应民事责任的,法院应依法予以支持。因此,隐名股东和实际控制人要想躲在暗处玩弄"拉线木偶游戏"也会引火烧身。

为确保清算程序的及时启动,未来公司法改革时可在立法中创设清算义务违反的更重责任:清算义务人未在法定期限内及时履行清算义务的,应当对公司债权人承担无限连带责任。为回避自己的严苛责任,清算义务人也会尽职尽责地履行清算义务。这仅是立法论层面的建议。就目前立法和司法解释而言,还不能推导出清算义务人的此种严格责任。

四、清算义务人恶意处置财产的民事责任

依《公司法解释(二)》第 19 条,有限责任公司的股东、股份有限公司的董事和控股股东以及公司的实际控制人在公司解散后,恶意处置公司财产给债权人造成损失,债权人有权诉请法院责令清算义务人对公司债务承担相应赔偿责任。至于赔偿范围,应当理解为公司财产由于被恶意处置而遭受的实际损失。

该条旨在遏制清算义务人无偿或者低价处置公司财产的机会主义行为和道德风险,督促清算义务人在处置公司财产时恪守等价有偿原则,进而尊重公司债权人的合法权益。

五、清算义务人不当办理公司注销登记的民事责任

(一) 未经依法清算,以虚假的清算报告骗取公司登记机关办理法人注销登记的民事责任

依《公司法解释(二)》第 19 条,有限责任公司的股东、股份有限公司的董事和控股股东以及公司的实际控制人在公司解散后未经依法清算,以虚假的清算报告骗取公司登记机关办理法人注销登记,债权人有权诉请法院责令清算义务人对公司债务承担相应赔偿责任。至于赔偿责任的大小,则视债权人过失以及清算义务人过失的大小而定。该条旨在遏制清算义务人擅越公司清算程序的道德风险,督促清算义务人在办理注销登记前善始善终地履行公司清算程序。

(二) 未经清算即办理注销登记,导致公司无法进行清算的民事责任

依《公司法解释(二)》第 20 条,公司解散应当在依法清算完毕后,申请办理注销登记。公司未经清算即办理注销登记,导致公司无法进行清算,债权人主张有限责任公司的股东、股份有限公司的董事和控股股东,以及公司的实际控制人对公司债务承担清偿责任的,法院应依法予以支持。

相比之下,《公司法解释(二)》第 19 条的以虚假的清算报告骗取公司登记机关办理法人注销登记的行为具有欺诈的特点,而第 20 条的不当注销登记行为则导致公司注销后无法进行清算。清算义务人无论是提交虚假清算报告,还是导致公司无法进行清算,都应承担相应的民事责任。

六、清算义务人债务清偿承诺的法律效力

只要公司登记机关严格按照《公司登记管理条例》操作公司注销登记程序,就不会产生公司登记机关仅凭清算义务人的一纸承诺就为其办理注销登记的现象。

笔者认为,若清算义务人未履行或者未适当清算义务,而且在申请注销公司登记过程中,承诺对公司债务承担偿还、保证责任的,应按照其承诺的内容对公司债务承担相应的民事责任(如保证责任);清算义务人承诺负责处理公司债权债务的,应在造成公司财产损失范围内对公司债务承担赔偿责任。

针对公司未经依法清算即办理注销登记,股东或者第三人在公司登记机关办理注销登记时承诺对公司债务承担责任的现象,《公司法解释(二)》第 20 条也明确规定,债权人主张其对公司债务承担相应民事责任的,法院应依法予以支持。

七、清算义务人承担民事责任后的追偿权

除一人公司外,清算义务人往往表现为多数人,在股份有限公司尤为如此。由于违反清算义务的主体较多,各自的主观过错又有不同,清算义务人在对公司的债权人承担民事责任后,当然有权对尚未足额向公司的债权人承担民事责任的其他清算义务人行使追偿权。

有鉴于此,《公司法解释(二)》第21条规定:"有限责任公司的股东、股份有限公司的董事和控股股东,以及公司的实际控制人为二人以上的,其中一人或者数人按照本规定第18条和第20条第1款的规定承担民事责任后,主张其他人员按照过错大小分担责任的,人民法院应依法予以支持。"

八、瑕疵出资和抽逃出资的股东的民事责任

本书前已述及,瑕疵出资股东既对公司承担资本充实责任,也对公司的债权人承担连带清偿责任;公司设立时的有限责任公司其他所有股东或者股份有限公司的全体发起人在未缴出资范围内对公司债务也要承担连带清偿责任。

为确保公司债权人足额受偿,扩大公司清算财产的范围,《公司法解释(二)》第22条规定,公司解散时,股东尚未缴纳的出资均应作为清算财产。"股东尚未缴纳的出资"包括到期应缴未缴的出资,以及依《公司法》第26条和第80条的规定分期缴纳尚未届满缴纳期限的出资。若公司财产不足以清偿债务,债权人主张未缴出资股东,以及公司设立时有限责任公司的其他所有股东或者股份有限公司的全体发起人在未缴出资范围内对公司债务承担连带清偿责任的,法院应依法予以支持。

与此相若,公司解散时,抽逃出资股东抽逃的财产也属于公司的清算财产。若公司财产不足以清偿债务,债权人主张抽逃出资股东在抽逃出资范围内对公司债务承担连带清偿责任的,法院也应依法予以支持。

若清算义务人既存在着瑕疵出资或者抽逃出资的行为,又存在不履行清算义务的行为,则债权人既有权要求瑕疵出资或者抽逃出资股东以其瑕疵出资或者抽逃出资的金额为限对公司的债务承担连带清偿责任,也有权追究清算义务人违反清算义务的赔偿责任。

九、清算义务人滥用公司法人资格的民事责任

若作为清算义务人的股东滥用公司人格,致使股东与公司在财产、财务、业务、机构和人员等诸方面混淆不分,严重侵害了债权人的利益,则债权人有权援引《公司法》第20条第3款,请求法院责令该股东对公司债务承担连带责任。

十、拒绝或怠于清算公司的股东不得新设公司的立法争点

在现实经济生活中,公司清算难的现象普遍存在。许多空壳公司的股东拒绝或者怠于履行清算义务。一旦空壳公司失去利用价值,原实际股东或控股股东旋即不辞而别,注册另外一家新公司。如此一来,一些股东可以无穷无尽地利用空壳公司对外拖欠大量债务,而债权人则无处讨要债权。

为预防奸诈股东通过滥设公司的形式欺诈债权人,也为督促股东积极履行清算义务,国务院2004年12月28日提请全国人大常委会审议的《公司法修订草案》第230条曾规定:"公司清算未结束的,股东不得设立新的公司或者其他企业。公司解散,股东应当组织清算

而未组织清算,或者公司清算结束后未到公司登记机关申请注销公司登记的,股东不得设立新的公司或者其他企业,由公司登记机关予以公布。"

在《公司法》修改过程中,有些全国人大常委会委员和地方、部门、企业提出,这一规定对不参与公司经营的股东过于严苛,实践中也很难操作。对股份有限公司特别是上市公司尤其缺乏可操作性,国外也无此立法例。法律委员会经同国务院法制办研究,建议删去这一条。[①] 2005年《公司法》也删除了这一规定。

笔者认为,该条有矫枉过正之嫌,在有其他失信制裁机制存在的情况下,该条可以考虑删除,对股份有限公司甚至上市公司来说尤为如此。从法理上看,不能由于个别股东不履行清算义务而殃及其他无辜股东。而且,该制度自身不具有可操作性。若不履行清算义务的股东借用第三人的名义新设公司,公司登记机关并无火眼金睛。当然,删除这一制度并非不是否定或者软化清算制度,而是要求债权人通过其他途径强化清算义务人的清算义务和清算责任。

2005年《公司法》出台之后,国务院据此修改《公司登记管理条例》。《公司登记管理条例修改征求意见稿》(2005年11月11日)第23条又试图限制未清算公司中的未履行清算义务的股东的投资能力:"公司进入清算程序后,在清算未完结并办理注销登记前,股东仍未按规定履行出资义务的,公司登记机关对该股东投资设立新的公司和其他企业的申请不予受理"。前已述及,该制度缺乏可操作性。即使有了股东实名登记制和全国公司登记机关联网的尽快推行,也无法预防漏网之鱼。2005年最终修订出台的《公司登记管理条例》也没有增加这一规定。

十一、清算资金缺乏的问题及其对策

现实生活中经常出现由于清算资金不足导致的法院无法指定清算人履行清算职责的情况。为彻底扭转当前某些案件中清算费用不足、清算账目不清、清算义务主体拒绝或者怠于履行清算义务的状况,建议建立公司清算基金制度,要求公司股东在公司成立之时缴存一定数额的公司清算基金,以备日后公司清算之需。形象地说,公司出生之时,股东先把"买棺材的钱"准备出来。也许这一制度能够解决、至少缓解公司清算资金不足导致公司无法清算、清算不能的老大难问题。遗憾的是,该建议在2005年《公司法》修改过程中未获采纳,值得未来《公司法》修改时研究。

《公司法》未规定公司普通清算程序中的债权人会议制度。建议未来《公司法》修改时增加债权人会议制度。实践证明,债权人会议制度的缺乏容易使得清算中公司及其清算组对债权人封锁信息,实行各个击破的策略,最终降低债权人的受偿率。

十二、严厉打击妨害清算罪

2011年修订的《刑法》第162条规定了妨害清算罪。公司、企业进行清算时,隐匿财产,对资产负债表或者财产清单作虚伪记载或者在未清偿债务前分配公司、企业财产,严重损害债权人或者其他人利益的,对其直接负责的主管人员和其他直接责任人员,处5年以下有期

---

① 全国人大法律委员会副主任委员洪虎2005年8月23日在第十届全国人民代表大会常务委员会第十七次会议上所作的《关于〈中华人民共和国公司法(修订草案)〉修改情况的报告》。

徒刑或者拘役,并处或者单处2万元以上20万元以下罚金。隐匿或者故意销毁依法应当保存的会计凭证、会计账簿、财务会计报告,情节严重的,处5年以下有期徒刑或者拘役,并处或者单处2万元以上20万元以下罚金。单位犯前款罪的,对单位判处罚金,并对其直接负责的主管人员和其他直接责任人员,依照前款的规定处罚。最高人民检察院和公安部2001年4月18日发布的《关于经济犯罪案件追诉标准的规定》将追诉标准确定为:造成债权人或者其他人直接经济损失数额在10万元以上。

当前,许多公司陷入清算不能的状态,既有法院司法权介入不够的原因,也有拒不清算、妨害清算的违法成本不高的原因。为激活公司清算程序,建议严格追究拒不清算、妨害清算的民事责任与刑事责任。在追究民事责任方面,受害小股东和债权人要发挥主导作用;在追究刑事责任方面,司法机关也要按照罪刑法定、无罪推定、疑罪从无的原则,精准打击犯罪,维护公司清算制度的尊严。